KB181809

# 어서와
# C++는 처음이지!

최신버전 C++14 반영

# 어서와 C++는 처음이지!

천인국 지음

INFINITY BOOKS

**국립중앙도서관 출판시도서목록(CIP)**

어서와 C++는 처음이지! / 천인국 지음. -- [고양] : INFINITYBOOKS, 2017
p. ; cm
ISBN 979-11-85578-34-7 93000 : ₩30000

C++ 프로그래밍[C++ programming]
C 언어[--言語]

005.133-KDC6
005.133-DDC23 CIP2017029753

# 머리말

C++언어는 C언어에 객체 지향 특징을 추가한 언어로 빠른 실행 속도를 가진 응용 프로그램을 제작하는데 강점을 가지는 언어입니다. 따라서 C언어를 학습하였다면 C++를 사용하는 것이 어렵지 않습니다. 최근에 C++ 언어에는 많은 변화가 있었습니다. C++11, C++14 버전이 발표되었고 차기 버전 C++17, C++20 등이 작업 중입니다. 최근 버전에서는 그동안 C++의 약점이라고 지적되었던 것들이 많이 수정되었습니다. 대표적인 것이 파이썬이나 자바스크립트 언어에서 인기를 끌고 있는 범위(range)-기반의 반복 루프, 타입 자동 추론 기능, 보편적인 초기화, 람다식입니다. C++ 언어의 창시자 Bjarne Stroustrup도 "최신 C++은 새로운 언어 같은 느낌을 준다"고 말하고 있습니다. 반면에 C++언어에는 많은 기능이 포함되어 있기 때문에 상당히 복잡하고 난해합니다. 그래서 많은 기능 중에서 자신에게 필요하고 중요한 것만 선별하는 것도 중요합니다.

이 책은 다음과 같은 목표를 가지고 제작되었습니다.

- 적절한 그림을 가능한 많이 사용하여 보다 친숙하고, 지루하지 않으며 독자들이 이해하기 쉬운 교재를 만들려고 노력하였습니다.
- "캡슐화", "정보 은닉", "다형성"과 같은 객체 지향의 핵심적인 개념들에 대하여 상당한 페이지를 할당하여서 철저하게 설명하였습니다.
- 그래픽 라이브러리 SFML을 소개하고 이것을 이용하여 그래픽 기반의 간단한 게임을 작성하였습니다.
- STL 라이브러리 중에서 중요한 자료 구조인 벡터를 미리 소개하여서 실제 프로그램에서 사용해 보도록 하였습니다.

본 교재를 집필하는 동안, 오류가 없는 책을 만들기 위하여 나름대로의 노력을 다하였으나, 저자가 지닌 지식의 한계로 말미암아, 부족한 부분과 오류가 있을 것으로 예상됩니다. 앞으로 계속되는 수정을 통하여 보다 더 완벽하고 충실한 교재가 되도록 최선의 노력을 다할 것임을 약속드립니다. 격려해주시는 많은 교수님과 인피니티북스 관계자 여러분들께 깊이 감사드립니다. C++를 공부하는 많은 이들이 이 책을 통하여 좀 더 재미있게 C++를 학습할 수 있다면 필자에게는 큰 보람이 될 것입니다.

2017년 12월

저자 천인국

# 강의계획

1학기를 16주로 가정하여 다음과 같은 진행을 생각할 수 있습니다. 상황에 따라 일부 내용은 제외될 수 있습니다. 7장과 16장은 기말 프로젝트 시행 시에 학생들에게 읽기 숙제로 내줄 수 있습니다.

| 주 | 해당 chapter | 주제 |
|---|---|---|
| 1 | 1장 | C++언어 기초사항 |
| 2 | 2장 | 제어구조와 배열 |
| 3 | 3장 | 함수와 문자열 |
| 4 | 4장 | 클래스와 객체 |
| 5 | 5장 | 생성자와 접근제어 |
| 6 | 6장 | 객체 배열과 벡터 |
| 7 | 8장 | 포인터와 동적 객체 생성 |
| 8 | 중간 고사 | 중간 평가 및 프로젝트 제안서 발표 |
| 9 | 9장 | 복사 생성자와 정적 멤버 |
| 10 | 10장 | 연산자 중복과 프렌드 함수 |
| 11 | 11장 | 상속 |
| 12 | 12장 | 다형성과 가상 함수 |
| 13 | 13장 | 입출력, 파일 처리 |
| 14 | 14장 | 예외 처리와 템플릿 |
| 15 | 15장 | STL과 람다식 |
| 16 | 기말 고사 | 기말 평가 및 프로젝트 결과 발표 |

# 책의 구성

이 책은 C++ 입문자들을 위하여 기술되었습니다. 입문자들이 쉽게 개념을 이해하고 실력을 기를 수 있도록 다양한 학습 장치들을 배치하였습니다.

이번 장에서 무엇을 배워야 하는 지를 제시하였다.

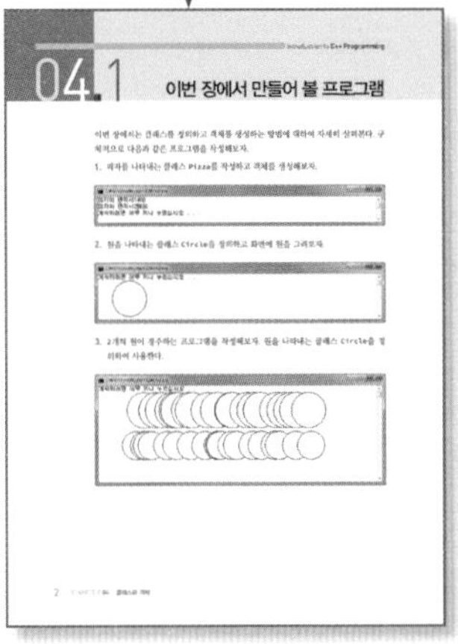

04.1 이번 장에서 만들어 볼 프로그램

다양한 그림을 사용하여 지루하지 않도록 하였다.

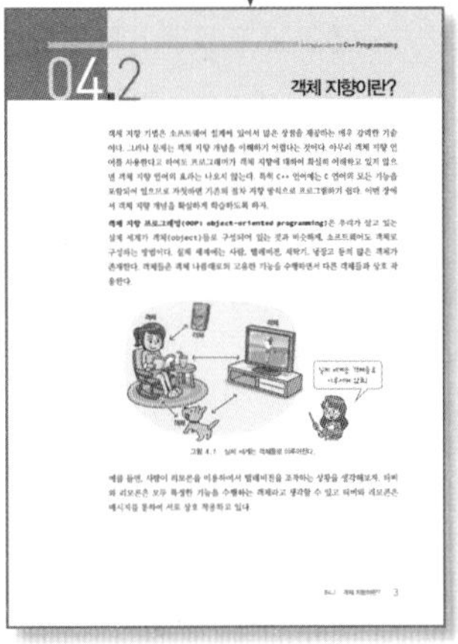

04.2 객체 지향이란?

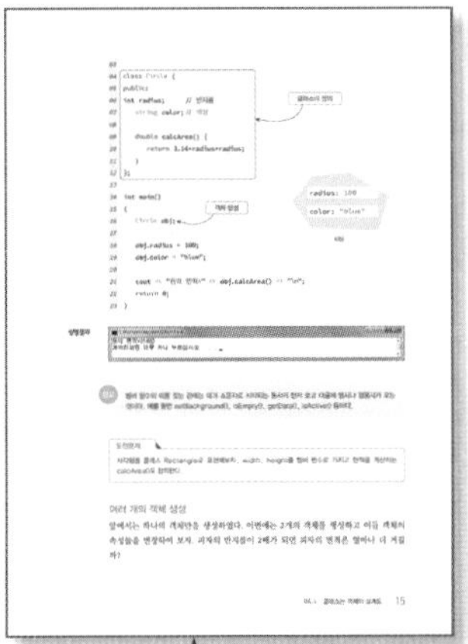

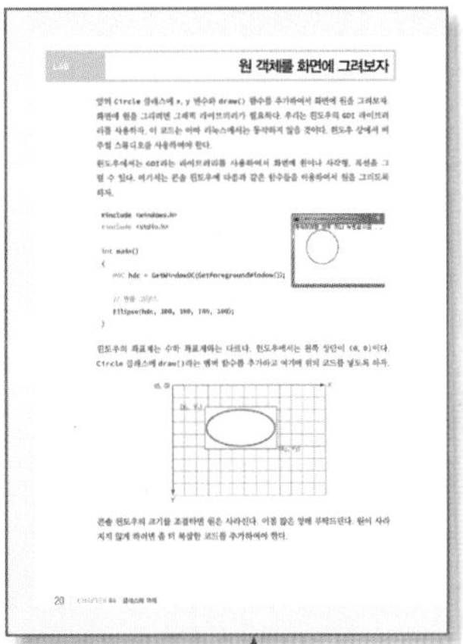

원 객체를 화면에 그려보자

본문에 대한 보충 설명이나 참고 사항을 정리하였다.

본문에서 학습한 내용을 확인하는 실습 문제를 수록하였다.

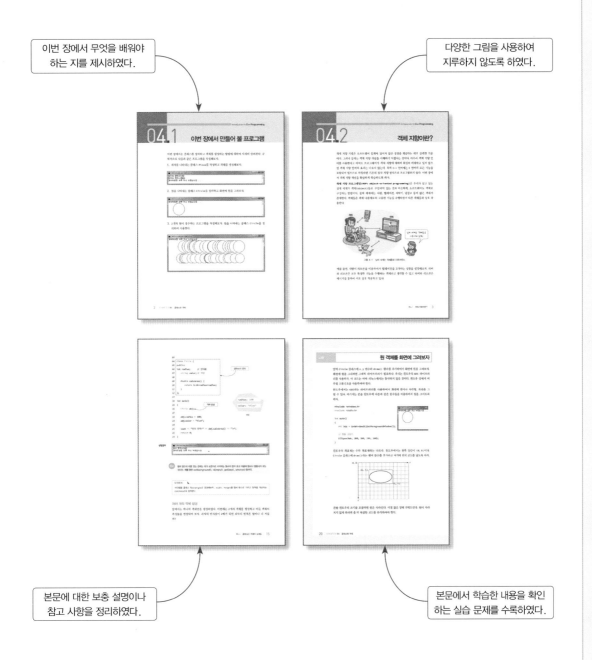

# 차례

CHAPTER

# 01 기초 사항

## 학습목표

- C++ 언어의 역사와 특징에 대하여 살펴본다.
- 입력과 출력에 대하여 학습한다.
- 비주얼 스튜디오를 설치한다.
- 간단한 예제 프로그램을 컴파일하고 실행한다.
- 변수와 수식의 개념을 학습한다.

## 학습목차

C++는 C의 향상된 버전인가요?
C++는 C와 완전히 호환되면서도 객체 지향 기법을 사용할 수 있는 언어입니다.

# 01.1 이번 장에서 만들어 볼 프로그램

이번 장에서는 다음과 같은 프로그램을 작성해본다.

**1.** 현재 가지고 있는 돈으로 최대로 살 수 있는 캔디의 개수를 계산해보자.

```
C:\Windows\system32\cmd.exe
현재 가지고 있는 돈: 1000
캔디의 가격: 300
최대로 살 수 있는 캔디의 개수=3
캔디 구입 후 남은 돈=100
계속하려면 아무 키나 누르십시오 . . .
```

**2.** 사용자로부터 섭씨 온도를 읽어서 화씨 온도로 변환하는 프로그램을 작성해보자.

```
C:\Windows\system32\cmd.exe
화씨온도 60도는 섭씨온도 15.5556입니다.
계속하려면 아무 키나 누르십시오 . . .
```

**3.** 2개의 주사위를 던졌을 때 주사위의 합을 출력하는 프로그램을 작성해보자.

```
C:\Windows\system32\cmd.exe
두 주사위 합=4
계속하려면 아무 키나 누르십시오 . . .
```

# 01.2 소프트웨어의 중요성

"우리 아이들의 상당수는 현재 존재하지 않는 일자리를 가질 것이다. 이런 시대에 대비하기 위해 반드시 필요한 것이 소프트웨어 교육이다."

서울 코엑스에서 열린 '2016 글로벌 소프트웨어(SW) 교육 포럼' 기조강연에서 미래학자인 토머스 프레이가 한 말이다. 토마스 프레이는 가까운 미래에 50% 정도의 직업은 컴퓨터와 인공지능, 로봇이 대체할 것으로 보았다. 벌써 우리들은 주위에서 컴퓨터가 일자리를 위협하고 있음을 보고 있다. 예를 들어서 자율주행 자동차는 운전사라는 직업을 사라지게 할 수도 있다. 공장에서는 이미 많은 로봇들이 단순 작업자를 대신하고 있다. 회계사나 금융, 보험 관련 일자리도 위험하다. 인공지능 로봇 어드바이저가 그 자리를 대신할지도 모른다. 요즘은 신문기사도 로봇이 작성하고 있다.

컴퓨터가 우리들의 일자리를 위협하는 시대에 우리는 어떻게 해야 할까? 가만히 생각해보면 컴퓨터가 널리 사용됨에 따라 늘어나는 일자리도 많다. 예를 들어서 프로그래머, 웹디자이너, 컴퓨터 보안전문가 등 새로 창출된 일자리도 많다. 또 무인자동차, 사물인터넷, 3D 프린팅, 가상현실 등의 분야에서도 엄청난 일자리가 창출될 것이다. 새로 창출되는 일자리를 살펴보면 모두 소프트웨어와 관련이 깊다. 아직도 컴퓨터는 자신이 실행하는 코드를 자동으로 생성하지 못한다. 우리나라에 와서 큰 충격을 안겼던 인공지능 알파고도 결국은 프로그래머들이 개발한 프로그램이었다. 그러므로 앞으로 소프트웨어를 다루는 능력은 선택이 아니고 필수가 될 것이다.

우리는 코닥의 예를 잊지 말아야 한다. 코닥은 1889년에 설립되어서 120년 넘게 필름과 카메라 시장을 주도하였던 혁신 기업이었다. 하지만 코닥은 아날로그 필름에서 디지털 카메라로 시장이 옮겨가는 과정에서 적응에 실패하였다. 디지털 카메라 기술도 코닥이 1975년에 최초로 개발하였지만 아날로그 필름에 집착하였고 결국은 디지털 환경에 적응하지 못하면서 경영 위기에 이르게 됐다.

# 01.3 프로그래밍과 프로그래밍 언어

컴퓨터에서 프로그램이 하는 일은 무엇일까? **프로그램(program)**이란 우리가 하고자 하는 작업을 컴퓨터에게 전달하여 주는 역할을 하는 것이다. 프로그램은 컴퓨터에게 무엇을 어떻게 시킬 지를 기록해놓은 **작업 지시서**라고 보면 된다. 프로그램 안에는 "무엇을 어떤 식으로 해라" 와 같은 형태의 **명령어(instruction)**들이 들어 있다.

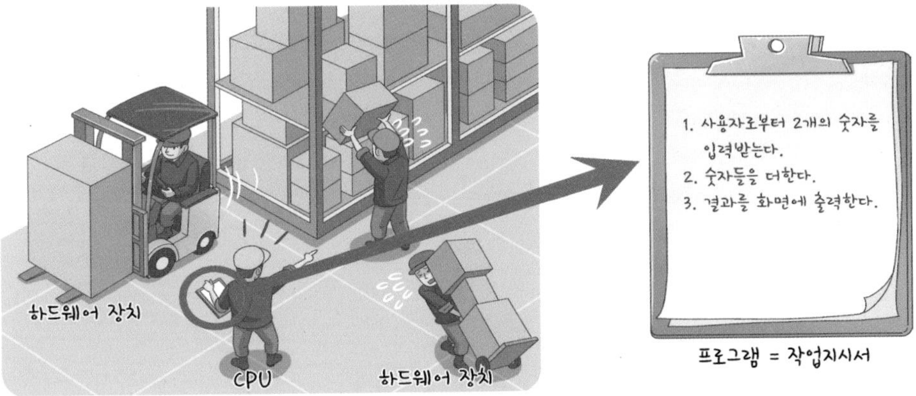


컴퓨터에 작업을 시키려면 컴퓨터가 작업의 내용을 이해해야 한다. 어떤 언어를 이용해서 명령할 것인가? 사람이 사용하는 언어(자연어라고 한다)를 사용하면 컴퓨터는 이해할 수 없다. 컴퓨터가 이해할 수 있는 언어로 명령을 내려야 하는 것이다.

사실 컴퓨터가 알아듣는 언어는 한가지이다. 즉 0과 1로 구성되어 있는 "00110111 0001010..."과 같은 형태의 **기계어(machine language)이다**. 컴퓨터는 이러한 이진수 형태를 바로 이해할 수 있다. 실제로 초기의 컴퓨터에서는 이러한 기계어를 사용하여 프로그램을 했었다.

**참고** 애플의 음성인식 앱인 시리(Siri)나 구글의 구글 나우(Google Now)가 자연어를 이해하는 것처럼 보이지만 이는 컴퓨터가 이해하는 것이 아니라 탑재된 음성 인식 SW가 자연어를 기계어로 번역해주는 것이다. 결론적으로 컴퓨터는 기계어로 된 명령어만 이해한다.

# 01.4 컴파일러는 무엇인가?

인간이 기계어로 프로그램을 할 수 있다면 아무런 문제는 없다. 하지만 아래의 코드를 보라. 인간의 언어와는 달라도 너무 다르다.

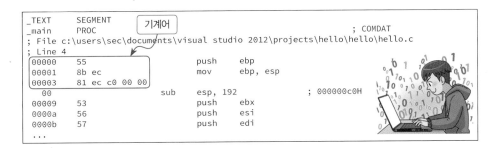

기계어

```
_TEXT     SEGMENT
_main     PROC                                                   ; COMDAT
; File c:\users\sec\documents\visual studio 2012\projects\hello\hello\hello.c
; Line 4
00000     55                       push    ebp
00001     8b ec                    mov     ebp, esp
00003     81 ec c0 00 00
  00                       sub     esp, 192                  ; 000000c0H
00009     53                       push    ebx
0000a     56                       push    esi
0000b     57                       push    edi
 ...
```

기계어는 인간에게는 상당히 불편한 언어이었기 때문에 사람이 이해하기 쉬운 프로그래밍 언어가 만들어지게 된다. 프로그래밍 언어는 기계어와 인간이 사용하는 자연어 중간쯤에 위치한다. 인간이 프로그래밍 언어로 프로그램을 작성하면 컴파일러라는 소프트웨어가 프로그램을 기계어로 바꾸어준다. 이렇게 번역하는 작업을 **컴파일(compile)**이라고 하고 이러한 작업을 하는 소프트웨어를 **컴파일러(compiler)**라고 한다. 이것은 영어를 말하는 사람과 한국어를 말하는 사람이 중간에 통역을 두고 이야기하는 것과 비슷하다.

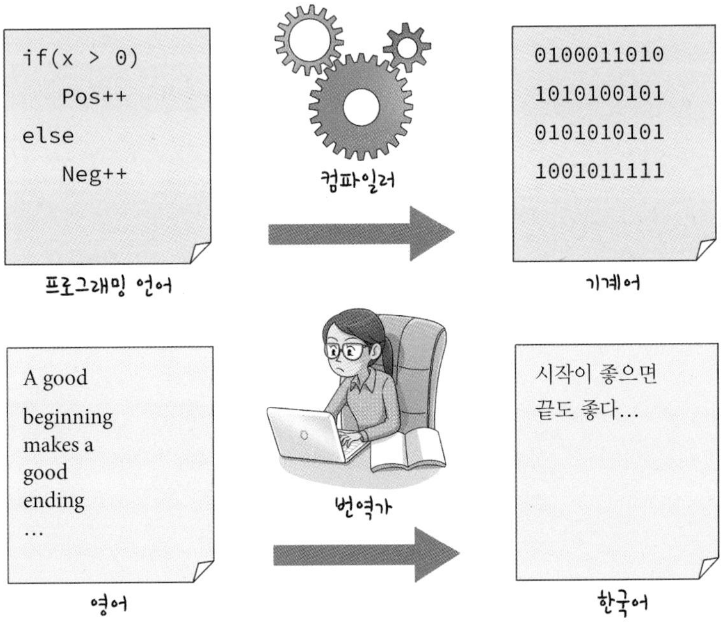

인간은 기계어를 학습하기에는 너무 힘들고 컴퓨터가 인간의 언어를 이해한다는 것은 먼 미래의 이야기이다. 당장 구글이나 마이크로소프트 빙(Bing) 번역기를 돌려보면 '아직도 갈 길이 멀다'라는 생각을 지울 수 없다. 많이 좋아졌지만 엉뚱한 번역을 하는 탓에 안쓰러울 때도 있다. 따라서 중간에 통역의 역할을 하는 **프로그래밍 언어**를 두고 작업을 지시하는 것이다. C 언어는 이러한 프로그래밍 언어의 일종이다.

# 01.5 C++ 언어

C++라는 이름이 의미하는 것처럼 C++는 C언어에 객체 지향 프로그래밍 기능을 추가하여서 만든 언어이다. C++를 사용하면 C언어처럼 절차지향 프로그래밍(procedural programming)을 할 수 있다. 여기에 복잡한 프로그램을 작성하는데 매우 효과적인 방법으로 알려진 객체 지향 프로그래밍(object-oriented programming) 방법을 사용할 수 있다. 또한 템플릿을 이용하는 일반화 프로그래밍(generic programming) 기능까지 추가되었다. 이 용어들은 앞으로 차례대로 학습할 것이다.

C++는 현재에도 고성능 소프트웨어 개발을 위한 탁월한 언어 중의 하나로서 소프트웨어 산업에서 광범위하게 사용된다. C++를 이용하면 운영 체제나 게임 애플리케이션과 같은 다양한 종류의 소프트웨어를 제작할 수 있다.

## C++의 역사

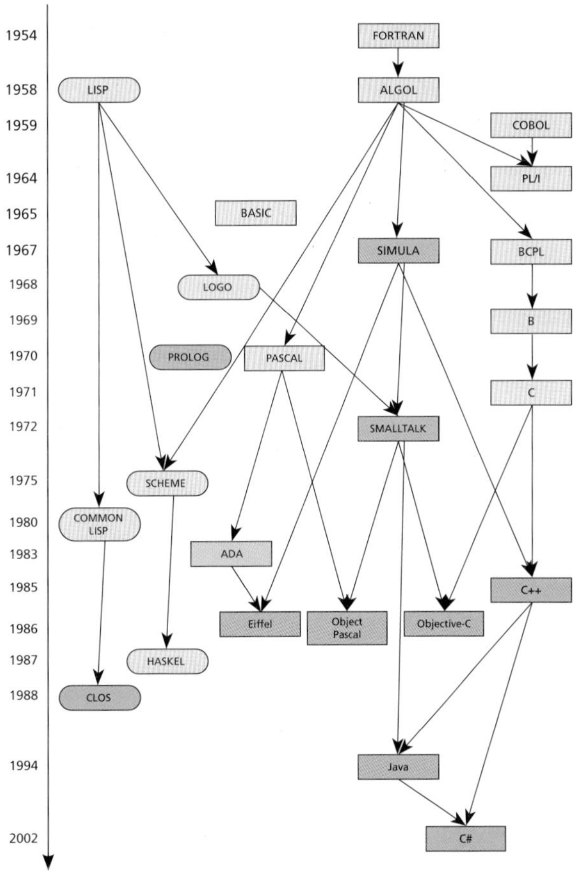


C++는 1980년대 초에 AT &T 벨연구소의 Bjarne Stroustrup에 의하여 개발되었다. C++는 이름에 ++(증가 연산자)가 들어 있는 것처럼 C언어를 유지하면서 확장한 것이다.

Stroustrup은 1979년부터 C언어에 클래스 개념을 추가한 "C with Classes" 언어를 개발하기 시작하였다. Stroustrup은 대규모의 소프트웨어를 개발할 때 Simula라는 언어의 객체 지향 개념이 매우 유용함을 깨달았다. 하지만 Simula는 상당히 느렸고 반면에 C 언어는 상당히 빠르지만 객체 지향의 개념이 없었다. C++는 C

언어에 클래스 개념을 추가하고 이어서 가상 함수, 연산자 중복 정의, 다중 상속, 템플릿, 예외 처리 등이 기능이 차례로 추가되었다. 이들 용어들은 모두 이 책의 나머지 부분에서 학습할 것이다.

**그림 1.1** C++언어의 개발자 Bjarne Stroustrup

C++에 대한 표준은 ANSI(American National Standards Institute)와 ISO(International Standard Organization)에 의하여 공동으로 개발되었다. 1993년 3월에 워킹 드래프트를 발표하였고 1997년에 공식적인 표준으로 지정되었다. 2011년도에는 C++ 11이 발표되었다. C++ 11에는 많은 새로운 특징들이 추가되었으며 2014년도에는 C++ 14가 ISO에 의하여 최신 표준으로 지정되었다. C++ 14는 C++ 11에 새로운 특징을 추가하였으며 표준 라이브러리도 확장되었다.

| 연도 | C++ 표준 | 비공식적인 이름 |
|---|---|---|
| 1998 | ISO/IEC 14882:1998 | C++98 |
| 2003 | ISO/IEC 14882:2003 | C++03 |
| 2011 | ISO/IEC 14882:2011 | C++11 |
| 2014 | ISO/IEC 14882:2014 | C++14 |
| 2017 | 아직 정해지지 않음 | C++17 |
| 2020 | 아직 정해지지 않음 | C++20 |

### C언어에 추가된 기능

C++ 언어의 가장 큰 특징은 C 언어의 거의 모든 것을 지원하면서 객체 지향을 추가하였다는 점이다. 구체적으로 다음과 같은 기능들이 추가되었다.

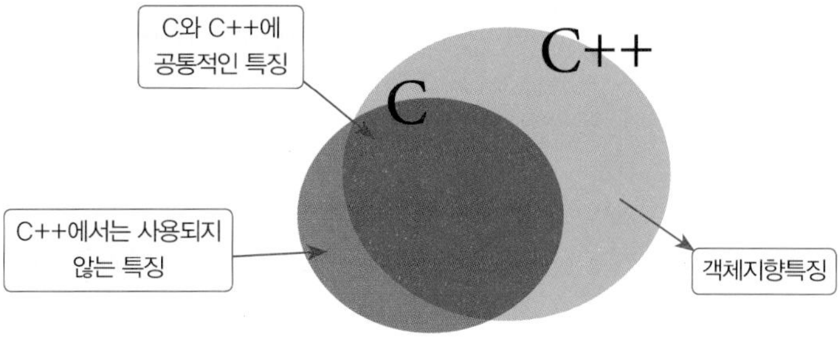


- **클래스(class)**: 클래스를 이용하여 하나의 객체의 속성과 동작들을 한곳으로 모아서 정의할 수 있다.
- **상속(inheritance)**: 클래스를 상속받아서 기존의 코드를 재사용할 수 있다.
- **다형성(polymorphism)**: 동일한 함수가 객체의 종류에 따라서 다르게 동작하는 것이다.
- **연산자 중복(operator overloading)**: 대상에 따라서 동일한 연산자로 새로운 연산을 정의할 수 있다.
- **참조 타입(reference type)**: 변수의 별명을 만들어서 변수와 같이 사용할 수 있다.
- **훨씬 큰 표준 라이브러리**: C 언어와는 비교가 되지 않는 풍부한 표준 라이브러리를 제공한다.
- **함수 중복(function overloading)**: 매개 변수만 다르면 동일한 이름의 함수를 여러 개 만들 수 있다.
- **new와 delete 연산자**: 동적 메모리 할당과 해제를 담당하는 연산자이다.
- **제네릭(generics)**: 클래스 정의를 자료형에 상관없이 재사용하는 기술이다.

### 최신 C++의 특징(Modern C++)

최근 몇 년간 C++가 많이 바뀌었다. C++ 11과 C++ 14는, 많은 새로운 기능을 도입하고 있어서 창시자 Bjarne Stroustrup도 "최신 C++은 새로운 언어 같은 느낌을 준다"고 말하고 있다. 최신 C++은 완전히 새로운 프로그래밍 스타일로 변경되었다. 특히 C++에 파이썬의 특징들이 많이 추가되었다. 파이썬에서 많은 인기를 얻고 있는 범위(range)-기반의 반복 루프, 타입 자동 추론 기능, 보편적인 초기화, 람다식 등이 C++에 추가되었다.

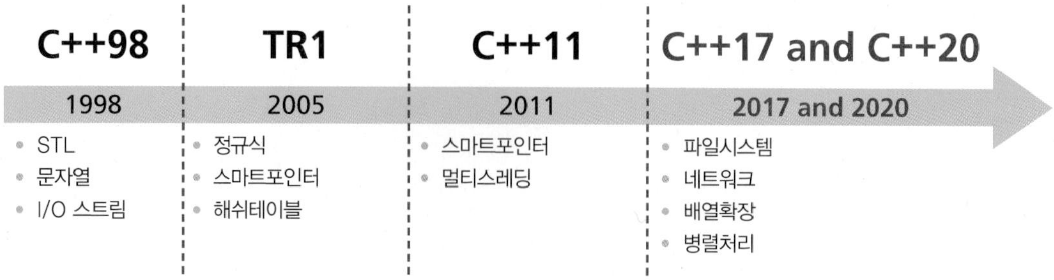


C++는 세계에서 가장 널리 사용되는 프로그래밍 언어 중 하나이다. 잘 작성된 C ++ 프로그램은 빠르고 효율적이다. C++ 언어는 재미있고 흥미진진한 게임부터 고성능 과학 소프트웨어, 장치 드라이버, 내장 프로그램 및 윈도우 클라이언트 응용 프로그램에 이르기까지 다양한 응용 프로그램을 만들 수 있으므로 다른 언어보다 유연하다. 20년 이상 동안 C++는 많은 문제를 해결하는 데 사용되어 왔다. 전통적인 C++ 프로그래머는 C++가 현대적인 C++(모던 C++)로 변화하였다는 것을 모르는 사람이 많다.

C++의 원래 요구 사항 중 하나는 C 언어와의 호환성이었다. 그 이후로 C++은 많은 후속 기능 향상을 통해 몇 차례 업그레이드되었다. 이 유산으로 인해 C++은 종종 다중 패러다임 프로그래밍 언어라고 불린다. C++에서는 원시 포인터, 배열, Null 종료 문자열, 사용자 지정 데이터 구조 등이 그대로 남아 있어서 순전히 절차적인 C-스타일 프로그래밍을 수행할 수도 있다. 이러한 C-스타일 프로그래밍을 한다면 C++의 핵심적인 기능인 객체 지향 프로그래밍을 포기하는 것이 된다. 따라서 이것은 주의하여야 한다. 다음과 같은 기능들이 최근의 C++에 추가되었다.

- 자동 타입 추론(auto 키워드 사용)
- 범위 기반 루프
- 람다식
- 스마트 포인터
- 벡터, 목록 및 맵과 같은 표준 템플릿 라이브러리 (STL) 컨테이너
- STL 알고리즘
- std :: string 및 std :: wstring 형식
- 오류 조건을 보고하고 처리하는 예외
- STL std :: atomic <> (<atomic> 참조)를 사용하여 잠금 없는 스레드 간 통신

## C++ 프로그래밍 시에 주의해야할 점

C++ 언어는 대부분의 C언어 문법을 포함하고 있다. 따라서 개발자가 C언어 스타일로 프로그래밍하는 것도 얼마든지 가능하다. 하지만 객체 지향 프로그래밍이나 일반화 프로그래밍은 단순히 C언어에 몇 개만 추가하면 되는 것이 아니라 코딩의 패러다임 자체를 변경해야 한다. 즉 설계부터 새롭게 해서 프로그램을 작성해야 한다. 따라서 이 책을 읽는 독자들은 C와 C++는 완전히 다른 언어로 간주하고 학습하여야 한다. 이 책에서는 4장까지는 절차 지향 방법으로 설명한다. 처음부터 클래스 개념을 제시하는 것도 좋지만 여러 가지 기초적인 개념들은 절차 지향 방법으로 이해하는 것이 쉽기 때문이다. 하지만 5장부터는 반드시 객체 지향만을 사용해서 프로그램 하도록 하자.

참고

**Java와 C#은 C++와 어떤 관계가 있을까?**

Java는 Sun Microsystem에서 개발된 객체 지향 언어이고 C#은 Microsoft에서 개발되었다. C++는 Java와 C#의 부모에 해당하는 언어라고 할 수 있다. Java와 C#가 C++언어의 특징을 추가하거나 삭제하였지만 전반적인 문법이나 객체 모델은 거의 같다고 할 수 있다. 따라서 C++를 학습한 후에 Java나 C#을 학습하는 것은 비교적 쉽다.

Java나 C#은 다른 종류의 컴퓨터에서도 바로 실행되는 이식성있는 프로그램을 작성하는데 유용하다. 이것은 Java나 C#은 가상 기계의 코드를 생성하기 때문이다. 하지만 C++는 기계어 코드를 생성하기 때문에 다른 종류의 컴퓨터에서는 실행이 불가능하다. 하지만 C++는 빠른 속도로 실행이 가능하다는 장점이 있다. 따라서 이식성있는 소프트웨어를 원한다면 Java나 C#이 유리하지만 고성능의 소프트웨어를 목표로 한다면 C++가 최적이다.

Q&A

**Q** C++ 언어 속에 C언어 문법을 포함하고 있다는데 그렇다면 C언어는 안 배워도 되는 것 아닌가요?

**A** 반드시 C언어를 배워야하는 것은 아니지만 C언어를 알고 있으면 도움이 된다. C언어는 근본적으로 절차지향 프로그래밍에 바탕을 두고 있고 C++언어는 객체 지향을 더 강조한다. 따라서 C언어를 학습한 사람은 절차 지향적보다는 객체 지향적으로 생각하도록 전환하여야 한다.

# 01.6 왜 C++를 사용하는가?

C++는 2016년도 IEEE spectrum Top Programming Language ranking에서 4위를 차지하고 있다. 개발자들은 왜 C++를 아직도 사용하고 있고 C++의 강점은 무엇일까?

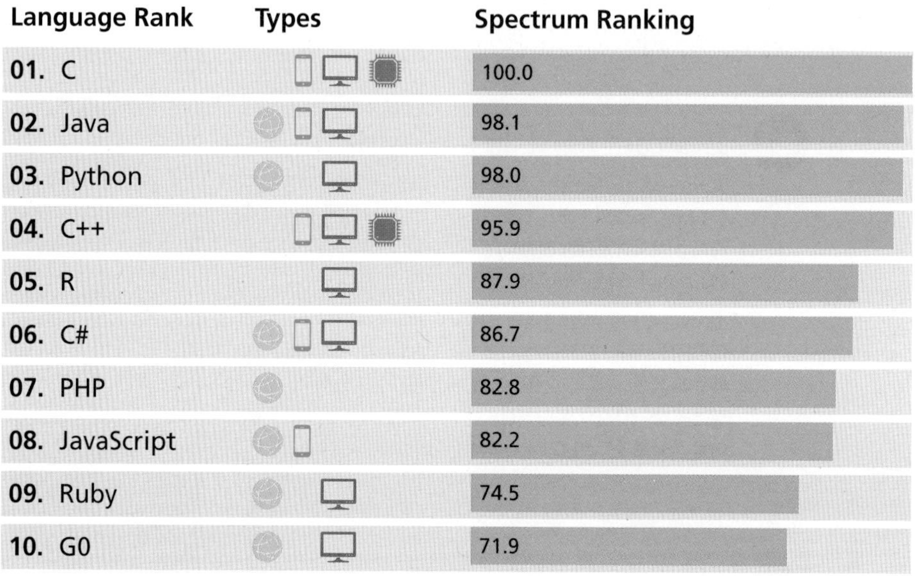
Language Rank
Types
Spectrum Ranking
01. C
100.0
02. Java
98.1
03. Python
98.0
04. C++
95.9
05. R
87.9
06. C#
86.7
07. PHP
82.8
08. JavaScript
82.2
09. Ruby
74.5
10. G0
71.9

C++가 배우기 쉽지 않은 언어라는 것은 우리가 인정하여야 한다. 초보자가 학습하기 쉬운 언어라면 파이썬이나 자바를 들 수 있다. C++가 악명을 떨치게 된 것은 지원하는 기능이 워낙 많기 때문이다. 하지만 기능이 많다고 해서 전부 다 이용하라는 의미는 아니다. 자신이 필요한 기능만 이용하면 된다.

우리는 C++의 장점과 단점을 확실하게 알아야 한다. 입문자들은 파이썬이나 자바가 C++보다 더 쉽다고 한다. 파이썬이나 자바가 더 배우기 쉬운 것은 아마도 사실일 것이다. 파이썬이나 자바도 객체 지향 프로그래밍을 지원하지만 C++와는 약간의 차이점이 있다. 이 차이점을 확실하게 알아야 짜증내지 않고 C++를 학습할 수 있을 것이다.

파이썬이나 자바 같은 언어에서는 많은 부분을 실행시간(런타임)에 처리한다. 예를 들면 메모리 중에서 사용이 끝난 공간을 자동적으로 모아주는 기능(쓰레기 수집기)을 실행 시간에 실행한다. 이것 때문에 실행 속도의 상당한 저하가 있지만 프로그래머들은 편리하게 프로그램을 작성할 수 있다. C++는 다르다. C++는 성능을 중요시하기 때문에 최대한 많은 것을 컴파일시간에 처리하는 것을 지향한다. 예를 들어서 메모리 관리도 최대한 프로그래머가 직접 관리하게 한다. 이것은 최신 버전에서도 마찬가지이다. 파이썬이나 자바처럼 메모리를 자동으로 관리해주는 기능을 제시하였지만 이러한 기능은 모두 컴파일시간에 처리된다(스마트 포인터). 따라서 실행 속도는 빨라진다. 이러한 특징 때문에 게임과 같이 고성능을 요하는 프로그램들은 C++로 작성되는 경우가 많다. 따라서 만약 개발을 빠르게 하고 싶고 실행 속도는 별로 신경 쓰지 않는 애플리케이션은 파이썬이나 자바를 사용하는 것이 아마도 좋을 것이다. 하지만 실행 속도가 중요하다면 C++ 언어를 선택하여야 한다.

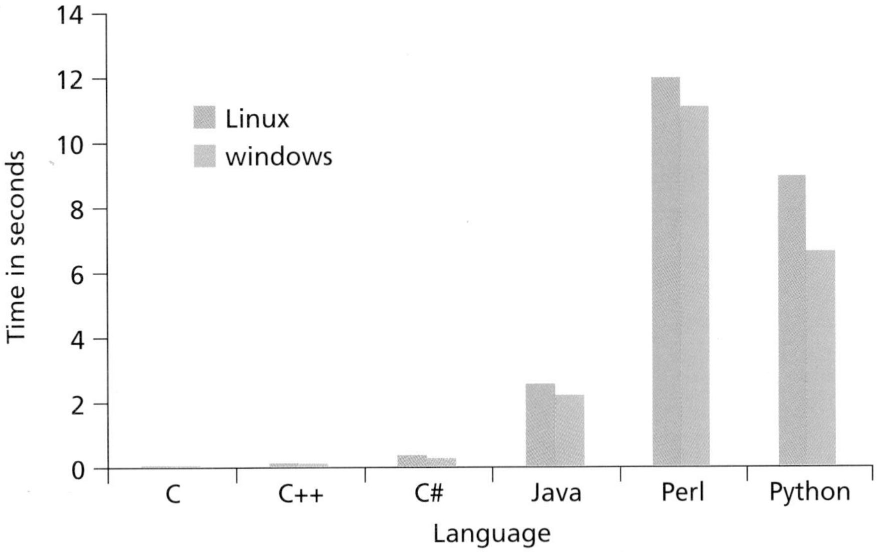


(출처: https://www.researchgate.net/)

위의 표에서 알 수 있듯이 C++는 자바나 파이썬에 비해서는 10-100배 정도 빠르다. C++의 장점을 정리하여 보자. 다음과 같은 몇 가지를 들 수 있다.

- C++로 작성된 프로그램은 속도가 빠르다.
- C++은 멀티패러다임 프로그래밍을 지원한다. 즉 절차지향, 객체 지향, 제네릭 방법을 동시에 지원한다.
- 하드웨어에 접근할 수 있다.
- 메모리를 효율적으로 사용한다.
- C언어 프로그램을 그냥 가져다가 사용할 수 있다.
- 고성능의 게임이나 인공지능, 장치 드라이버에 적합하다.

자바나 C#, 파이썬은 프로그래머의 생산성이 중요할 때 우수한 언어이지만, 속도와 성능이 가장 중요한 시점에 한계를 나타낸다. 높은 성능과 속도, 특히 하드웨어가 제한적인 장치의 경우, 최신 C++보다 뛰어난 것은 없다. 성능이 다시 각광받는 시대이기 때문에 C++는 다시 재조명받고 있다.

# 01.7 절차 지향 vs 객체 지향

## 절차 지향 프로그래밍

**절차 지향 프로그래밍(procedural programming)**은 기본적으로 프로시저를 사용하여 프로그램을 작성하는 프로그래밍 방식이다. 어떤 절차(순서)에 따라 명령어를 실행한다는 의미는 아니다. 절차는 **프로시저(procedure)를 번역한 것으로** 함수, 서브루틴, 프로시저 등으로 다양하게 불린다. 만약 독자들이 C 언어 프로그래밍 경험이 있다면 아마도 함수를 많이 사용하였을 것이다. C 언어의 함수가 바로 프로시저이다. 프로시저는 단순히 실행되어야 하는 일련의 명령어들을 포함하고 있다. 우리는 언제든지 작성된 프로시저를 호출하여 일을 시킬 수 있다.

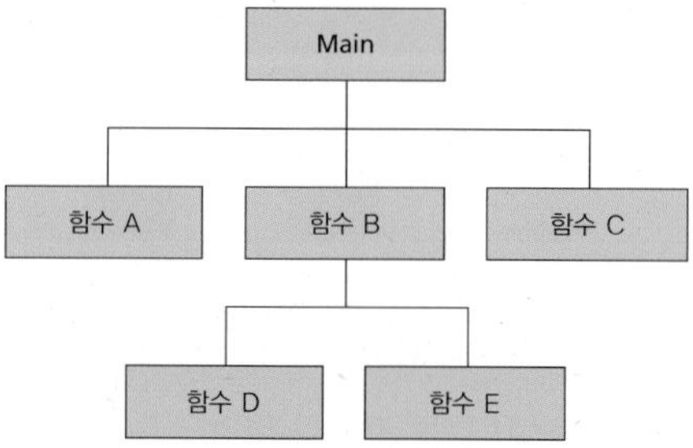


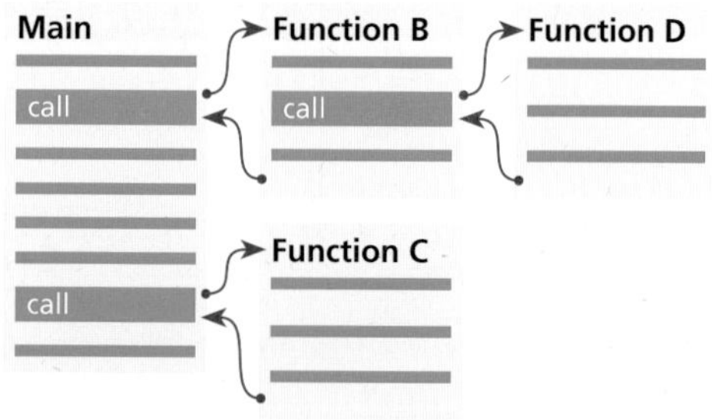


절차 지향 프로그래밍에서 가장 중요한 것은 주어진 작업을 프로시저(procedure)들로 분리하는 것이다. 객체 지향에서는 주어진 작업을 객체(object)로 분리한다.

| 절차 지향 | 객체 지향 |
|---|---|
| 프로시저 | 메소드 |
| 구조체(레코드) | 객체 |
| 모듈 | 클래스 |
| 프로시저 호출 | 메시지 |

## 객체 지향 프로그래밍

C++는 객체 지향 언어이다. 따라서 이 책에서는 객체라는 용어가 많이 등장하게 된다. 객체에 대해서는 차후에 자세하게 다루겠지만 우선 간단히 객체 지향 프로그래밍에 대하여 설명하고 지나가자.

**객체 지향 프로그래밍(object-oriented programming: OOP)**은 실제 세계가 객체(object)들로 구성되어 있는 것과 비슷하게 소프트웨어도 객체 단위로 작성하는 방법이다. 우리가 살고 있는 실제 세계에는 사람, 동물, 건물, 자동차, 시계, 토스터, 세탁기 등의 많은 객체가 존재한다. 객체들은 객체 나름대로의 고유한 기능을 수행하면서 다른 객체들과 상호 작용한다.

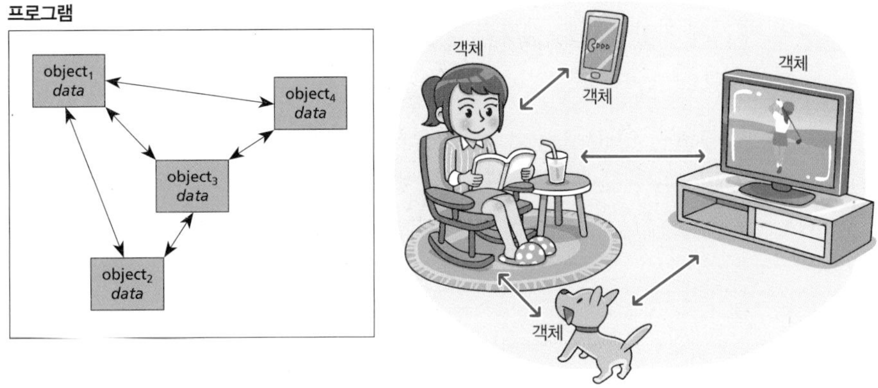


그림 1.2 실제 세계는 객체들로 이루어진다.

예를 들면, 사람이 자동차를 운전하는 상황을 생각해보자. 사람과 자동차는 모두 특정한 기능을 수행하는 객체라고 생각할 수 있고 사람과 자동차는 속도계, 브레이크 페달, 가속 페달 등을 통하여 서로 상호 작용하고 있다.

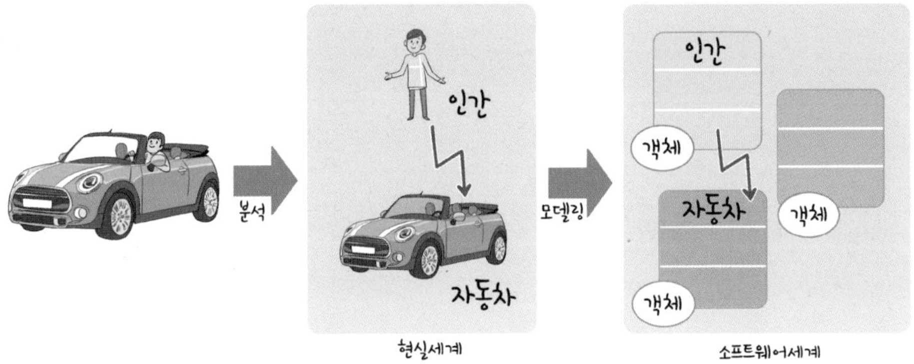


그림 1.3 객체 지향 방법은 현실 세계를 모델링하는 것

소프트웨어 개발도 이와 같이 하는 방식을 객체 지향 방법(object-oriented approach)이라고 한다. 다양한 기능을 하는 객체들이 존재하고 이러한 객체들을 조합하여 자기가 원하는 기능을 구현하는 기법이다. 그림 1.3의 예에서 인간과 자동차는 객체로 표현되며 이들 객체들이 메시지를 전달하여 서로 상호 작용하면서 원하는 작업을 수행하게 된다.

객체 지향 방법의 최대 목표는 코드의 재사용(reuse)이다. 지금까지의 프로그램 개발이 힘들었던 이유는 다른 사람들이 개발한 유용하고 좋은 코드를 재사용할 수 없었기 때문이다. 다른 사람이 개발한 신뢰성있는 코드를 쉽게 가져와서 사용할 수 있다면 빠른 시간 안에 우수한 품질의 프로그램을 작성할 수 있을 것이다. 많은 상업적인 회사들이 객체 지향 형태로 제작된 다양한 클래스 라이브러리들을 판매한다.

**Q&A**

**Q** C++ 언어를 사용하여 프로그램을 작성할 때 객체 지향을 반드시 써야 하는 건가요?

**A** 꼭 그런 건 아닙니다. 하지만 C++는 프로그래머에게 많은 선택을 할 수 있도록 하지요. 사실 객체 지향을 아예 사용하지 않을 수도 있어요. 하지만 대부분의 경우에, 객체 지향을 사용하는 것이 큰 규모의 소프트웨어를 만들 때 유용합니다.

**중간점검**

1. 객체 지향 프로그래밍은 _______들을 조합하여서 프로그램을 작성하는 기법이다.
2. 객체 지향 프로그래밍의 시작은 _________년대에 개발된 _______언어이다.

# 01.8 C++ 프로그램 개발 단계

프로그램의 개발 단계를 좀 더 자세하게 살펴보자. 당연하지만 컴퓨터가 있어야 하고 몇 가지의 소프트웨어가 설치되어야 한다.

- 소스 파일을 작성할 수 있는 텍스트 에디터가 필요하다.
- 소스 파일을 컴퓨터가 이해할 수 있는 기계어로 변환하여 주는 컴파일러가 필요하다.

우리는 텍스트 에디터와 컴파일러가 통합되어 있는 비주얼 스튜디오를 사용할 예정이다. 전체적인 과정은 다음과 같다.

1 텍스트 에디터로 C++ 언어 프로그램을 작성하여 파일로 저장한다.

텍스트 에디터로 작성된 프로그램을 소스 프로그램이라고 하고 이것을 확장자가 ".cpp"인 파일로 저장한 것을 소스 파일(source file)이라고 한다.

↓ hello.cpp

2 소스 파일을 컴파일한다.

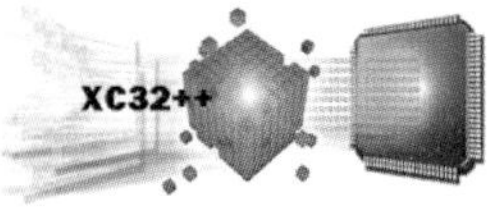


컴파일러(compiler)는 소스 파일을 분석하여 컴퓨터에서 실행이 가능하도록 기계어로 변환한다. 컴파일러는 소스 파일의 문장을 분석하여 문법에 맞도록 작성되었는지를 체크한다. 만약 오류가 발견되면 사용자에게 오류를 통보하고 프로그래머는 소스 작성 단계로 되돌아가서 소스 파일을 수정하여야 한다.

↓ hello.exe

3 프로그램을 실행한다.

컴파일이 성공적으로 수행되면 실행 가능한 파일이 만들어진다. 예를 들어서 소스 파일이 hello.cpp였다면 hello.exe 파일이 생성된다. 이 실행 파일을 가리키는 아이콘을 더블클릭하거나 통합 개발 환경 안에서 실행 메뉴를 선택하면 프로그램이 실행된다.

# 01.9 비주얼 스튜디오 설치하기

예전에는 에디터, 컴파일러, 디버거 등이 별도의 분리된 프로그램이었다. 따라서 프로그래머들은 매번 여러 개의 프로그램을 반복적으로 수행시켜야 했다. **통합 개발 환경(IDE: integrated development environment)**과 같은 소프트웨어 도구들이 등장하면서 우리는 더욱 간편하고 효율적으로 프로그램을 작성할 수 있게 되었다. 통합 개발 환경은 프로그램 개발에 필수적인 편집, 컴파일, 실행, 디버깅 기능을 하나로 통합한 도구이다. 통합 개발 환경도 일종의 프로그램이다. 즉 우리는 프로그램을 이용하여 프로그램을 더 빠르고 쉽게 제작할 수 있는 것이다. 통합 개발 환경은 프로그램 개발과 관련된 전체 과정을 아주 쉽게 해준다. 따라서 적어도 하나의 통합 개발 환경은 반드시 배워두어야 한다.

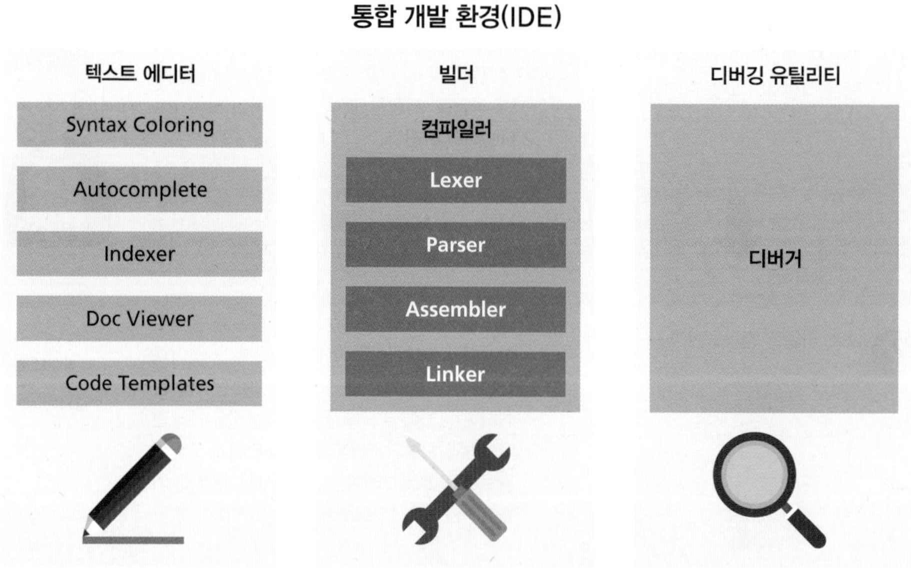


## 비주얼 스튜디오

윈도우즈에서의 대표적인 통합 개발 도구는 마이크로소프트사의 **비주얼 스튜디오(Visual Studio)**이다. 비주얼 스튜디오는 마이크로소프트사가 윈도우즈 운영체제에서 응용 프로그램 제작을 위하여 제공하는 통합 개발 환경이다. 비주얼 스튜디오는 윈도우 상에서 동작하는 거의 모든 형태의 프로그램을 제작할 수 있는 강력한 도구이며 윈도우에서 수행되는 많은 프로그램들이 비주얼 스튜디오로 작성되고 있다. 최근의 비주얼 스튜디오는 하나의 틀 안에서 C, C++, C#, 자바스크립트, 파이썬, 비주얼 베이직,

HTML&CSS 등의 여러 프로그래밍 언어를 사용하여 서로 다른 프로그램을 개발할 수 있도록 되어 있다. 따라서 사용법을 한 번만 학습해 두면 두고두고 사용할 수 있다. 이것은 햇수로 20년이 넘게 프로그래머들이 사용해온 역사적인 도구인 만큼 절대 없어질 것 같지 않다. 즉 여러분들이 안심하고 배워도 된다는 뜻이다.

하지만 우리가 주로 작성할 프로그램은 콘솔(console) 형태의 간단한 프로그램이다. 콘솔 프로그램은 콘솔 창을 이용하여 텍스트 형태로 입력과 출력을 하는 아주 간단한 프로그램을 의미한다. 주로 문자 입출력만이 가능하며 윈도우나 그래픽은 불가능하다. 하지만 너무 실망할 필요는 없다. C 언어만 잘 학습하면 차후에 얼마든지 화려한 프로그램을 작성할 수 있다. 그리고 항상 중요한 것은 화려한 외양보다 내용이다.

### 비주얼 스튜디오 버전

마이크로 소프트에서는 사용자의 용도에 맞추어서 몇 가지의 비주얼 스튜디오 버전을 제공하고 있다.

- 커뮤니티(Visual Studio Community) 버전은 "기업 외 응용 프로그램 빌드 개발자를 위한 완벽한 기능의 확장 가능한 무료 도구"이다.
- 프로페셔널 버전(Visual Studio Professional)은 "개별 개발자 또는 소규모 팀을 위한 전문적인 개발자 도구 및 서비스"라고 되어 있다.
- 엔터프라이즈 버전(Visual Studio Enterprise)은 "고급 테스트 및 DevOps를 포함해서 어떠한 크기나 복잡한 프로젝트까지 개발 팀을 위한 고급 기능이 포함된 엔터프라이즈급 솔루션"이라고 표시되어 있다.

여러분들은 엔터프라이즈 버전을 사용하고 싶겠지만 가격도 만만치 않고 설치에도 많은 시간이 걸린다. 학생이나 입문자는 커뮤니티 버전으로 충분하다.

## 비주얼 스튜디오 설치

1. 웹 사이트 **https://www.visualstudio.com/ko/에** 접속하면 다음과 같은 화면이 나타난다.

2. 위의 화면에서 [Community 2017]를 선택하고 다운로드되는 파일을 [실행(R)]하면 된다.

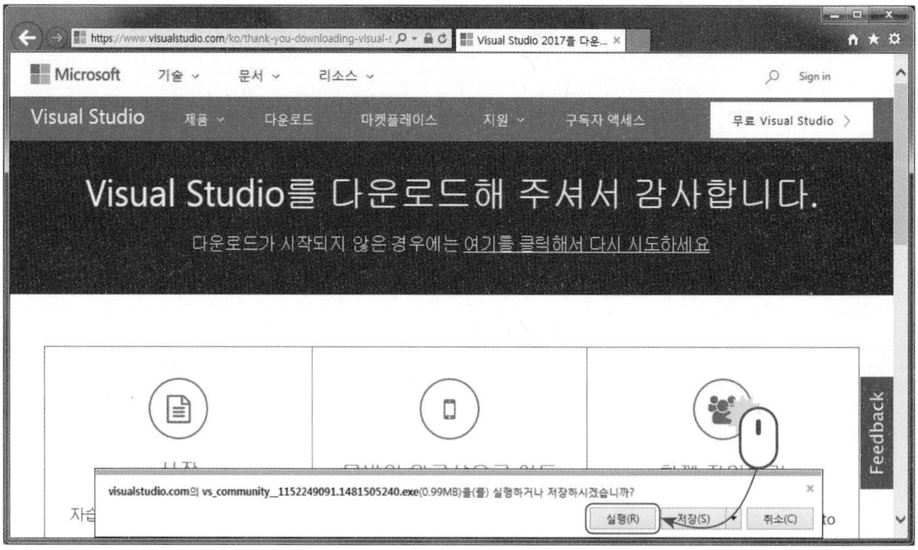

3. 다음과 같은 화면에 나오면 [계속]을 누른다.

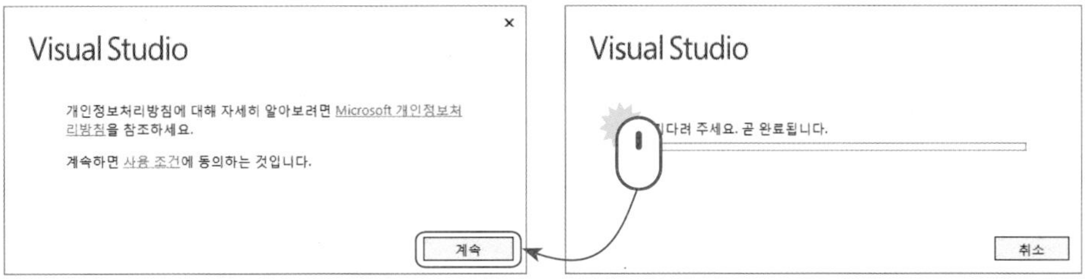


4. 다음 화면에서는 자신이 사용할 프로그래밍 언어와 개발 환경을 선택할 수 있다. 우리는 C++를 사용한 데스크톱 개발을 선택한다. 나중에 필요하면 다른 프로그래밍 언어는 추가 설치가 가능하다.

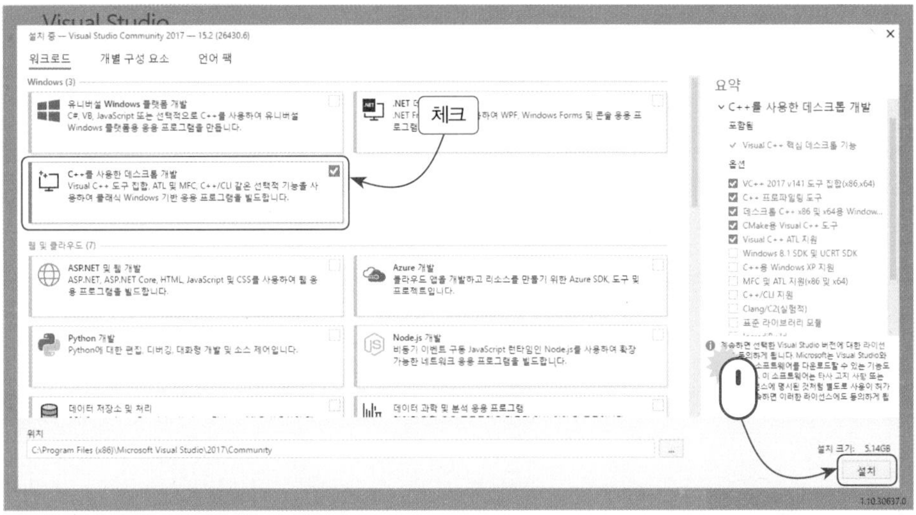


5. 설치에 상당한 시간이 걸린다. 설치가 완료되면 다음과 같은 화면에 등장한다.

6. 위의 프로그램을 종료한다.

# 01.10 비주얼 스튜디오 사용하기

윈도우의 [시작] 버튼을 누르고 [Visual Studio 2017]를 찾아서 실행한다. 다음과 같은 로그인 화면이 뜬다. 마이크로소프트 계정이 있다면 로그인하면 된다. 없다면 [나중에 로그인] 버튼을 누른다. 이어서 [Visual Studio 시작] 버튼을 누른다.

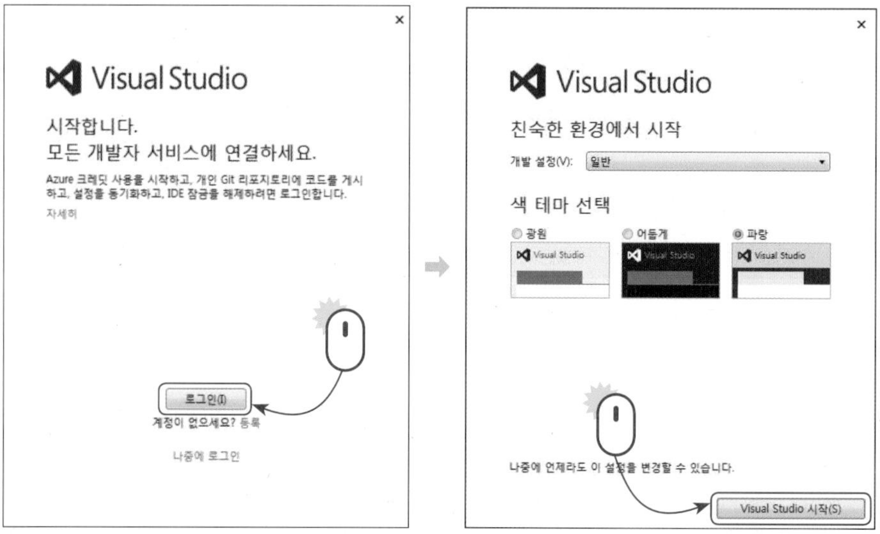


다음과 같은 화면이 등장한다. 시작 페이지는 여러 가지 정보를 주는 화면이다. X표시를 눌러서 없앤다.

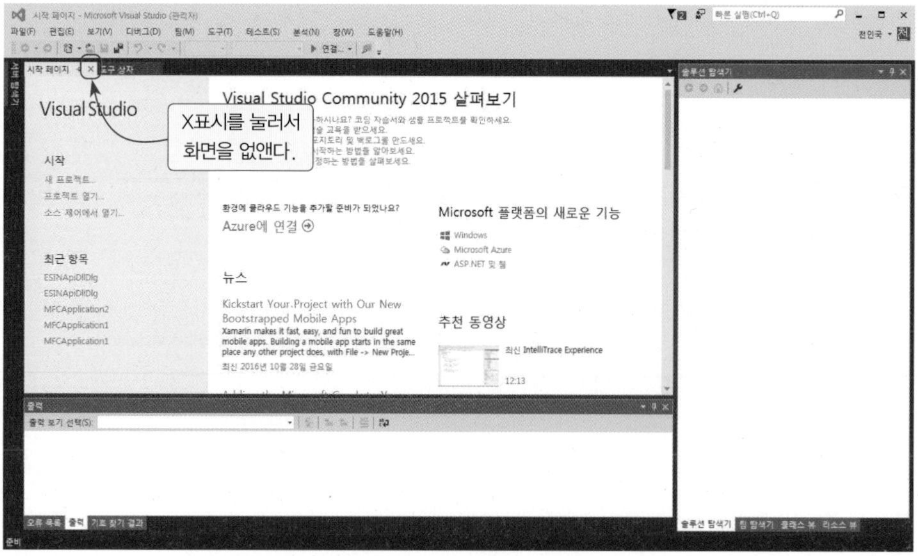

## 프로젝트의 생성

본격적으로 프로그램을 작성하기 전에 먼저 솔루션과 프로젝트를 작성하여야 한다. **프로젝트(project)**는 하나의 실행 파일을 만드는데 필요한 소스 코드, 아이콘, 이미지, 데이터들이 들어 있는 컨테이너이다. **솔루션(solution)**은 여러 프로젝트들을 가지고 있는 컨테이너이다. 소스 코드와 데이타가 모여서 하나의 프로젝트가 되고 여러 프로젝트들이 모여서 하나의 솔루션이 된다.

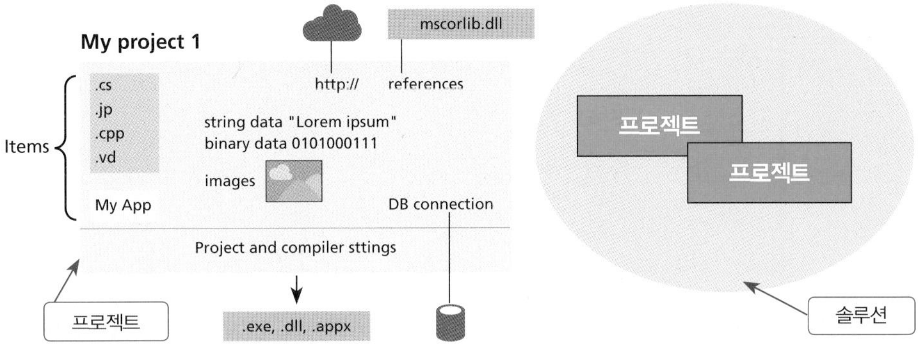


솔루션을 생성하고 프로젝트를 생성하는 것이 올바른 순서이지만 사용자가 새로운 프로젝트를 만들면 자동으로 솔루션이 생성된다. 따라서 솔루션을 먼저 생성할 필요는 없다.

1. 새로운 프로젝트를 만들려면 [파일] → [새로 만들기] → [프로젝트] 메뉴를 선택한다.

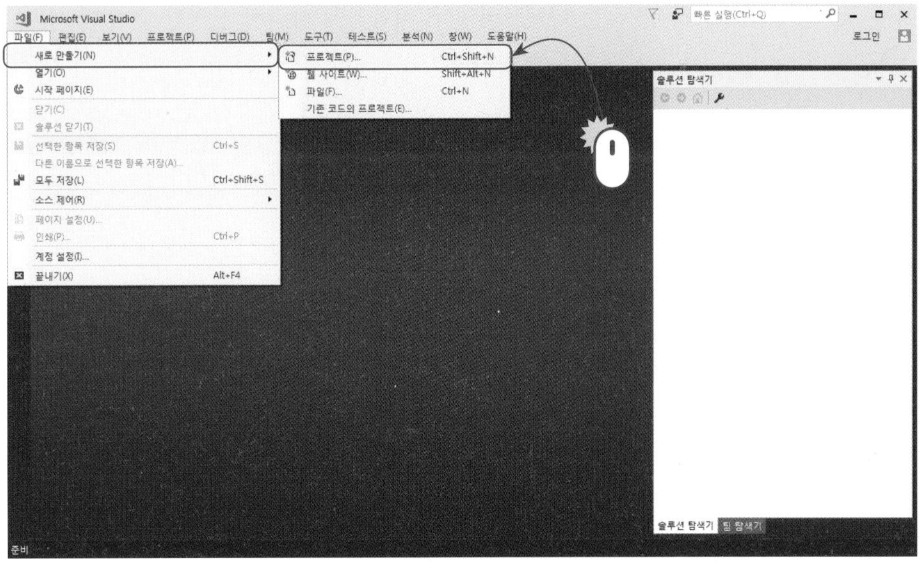


참고 우리는 당분간 하나의 솔루션과 하나의 프로젝트만 있으면 된다.

2. 대화 상자에서 템플릿으로 [Visual C++]를 선택하면 이번에는 다음과 같은 화면이 나타난다.

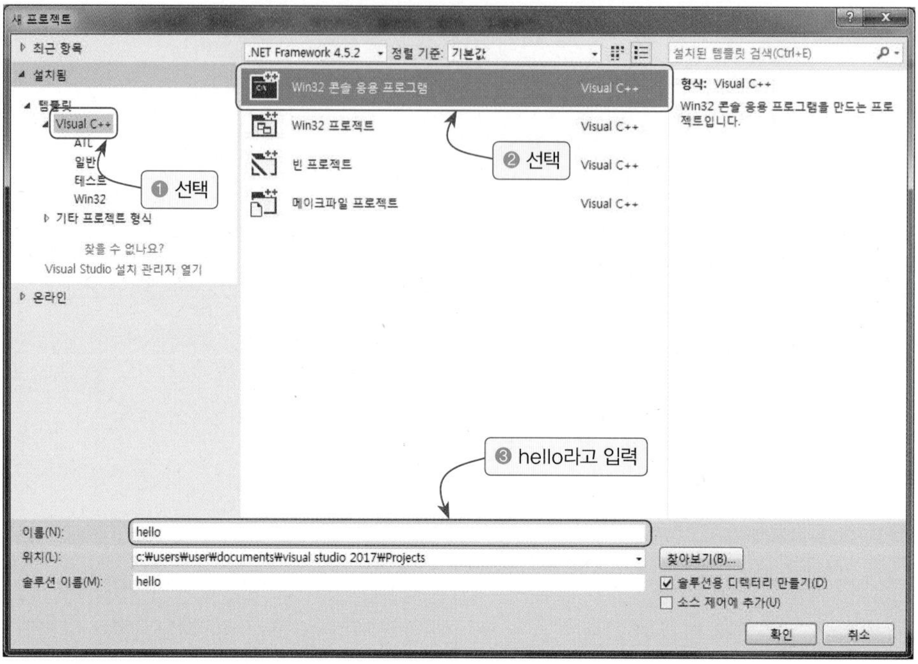


화면의 오른쪽에서 프로젝트 형식으로 "Win32 콘솔 응용 프로그램"을 선택한다. 프로젝트 이름은 우리가 마음대로 선택할 수 있다. "hello"라고 입력한다. "위치"는 소스가 저장되는 디렉토리이다. 사용자에 따라서 변경할 수 있다.

3. Win32 응용 프로그램 마법사가 시작된다.

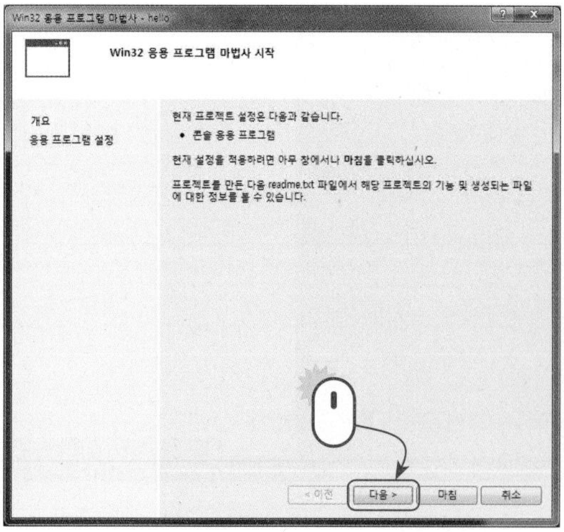


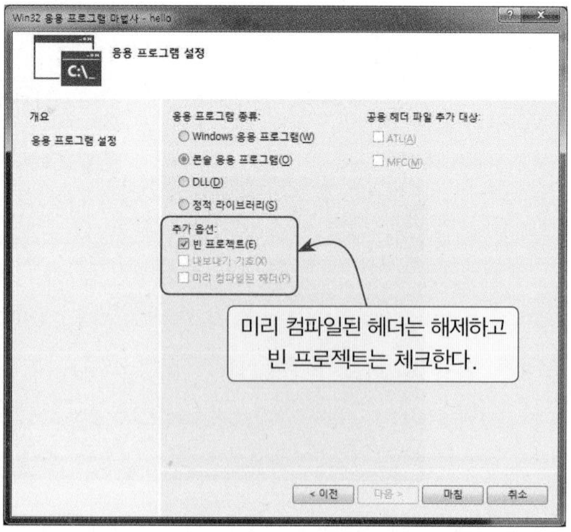


여기서는 응용 프로그램의 종류를 [콘솔 응용 프로그램]으로 선택하고 추가 옵션으로는 [빈 프로젝트]만을 선택한다. [빈 프로젝트]는 처음에 아무것도 들어 있지 않은 프

로젝트를 의미한다. 기존에 체크되어 있는 것은 지워야 한다. 이것을 수정하지 않으면 앞으로 귀찮은 오류가 발생한다. 반드시 확인하도록 하자. [마침] 버튼을 누르면 다음과 같은 화면이 나타난다.

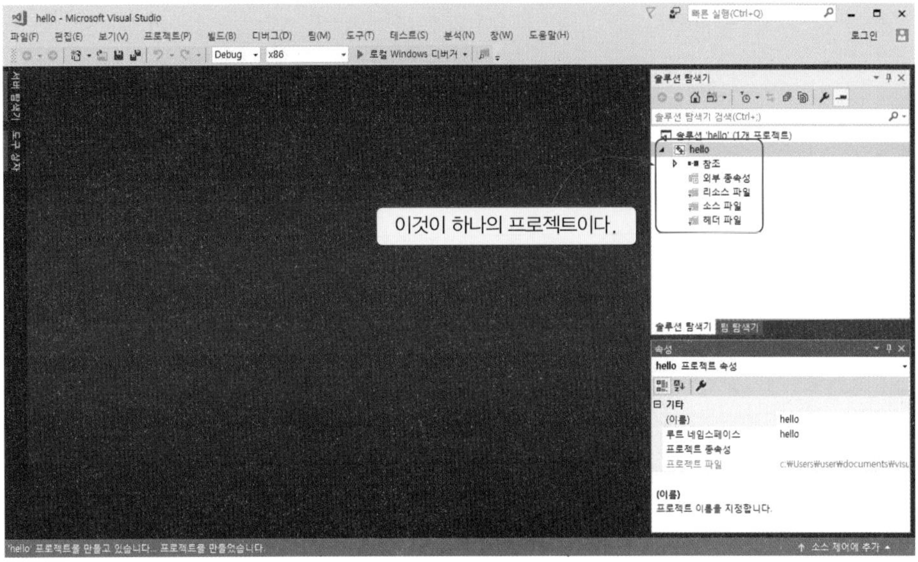


## 소스 파일 작성

1. 앞에서 프로젝트를 생성하였다. 이제 프로젝트 안에 소스 파일을 추가해보자. 프로젝트에 소스 파일을 추가하려면 화면 오른쪽의 솔루션 탐색기의 [소스 파일] 폴더 위에서 마우스 오른쪽 버튼을 누르고 [추가] → [새항목]을 선택한다.

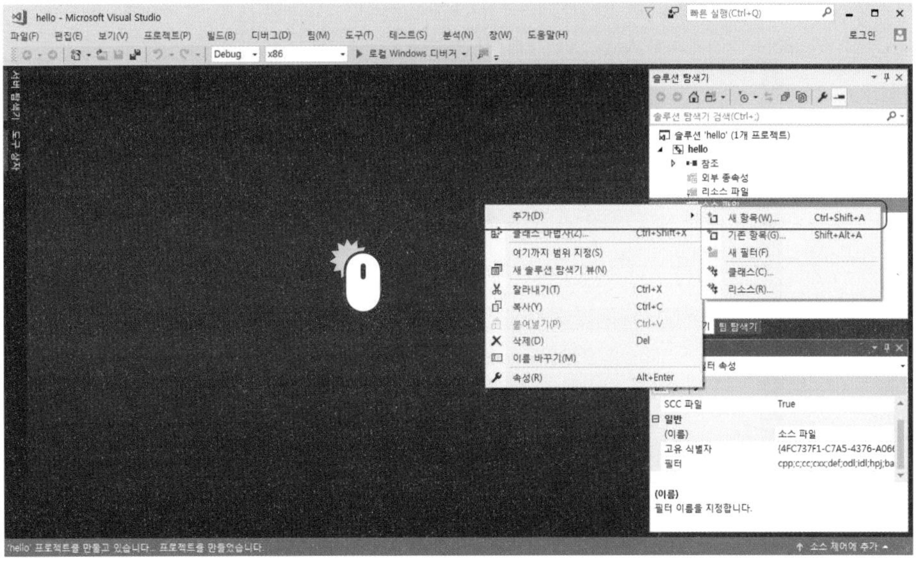

2. 설치된 템플릿 중에서 [C++ 파일(.cpp)]를 선택하고 파일 이름 hello를 입력한다. [추가] 버튼을 누르면 다음과 같이 소스를 편집할 수 있는 창이 나타난다.

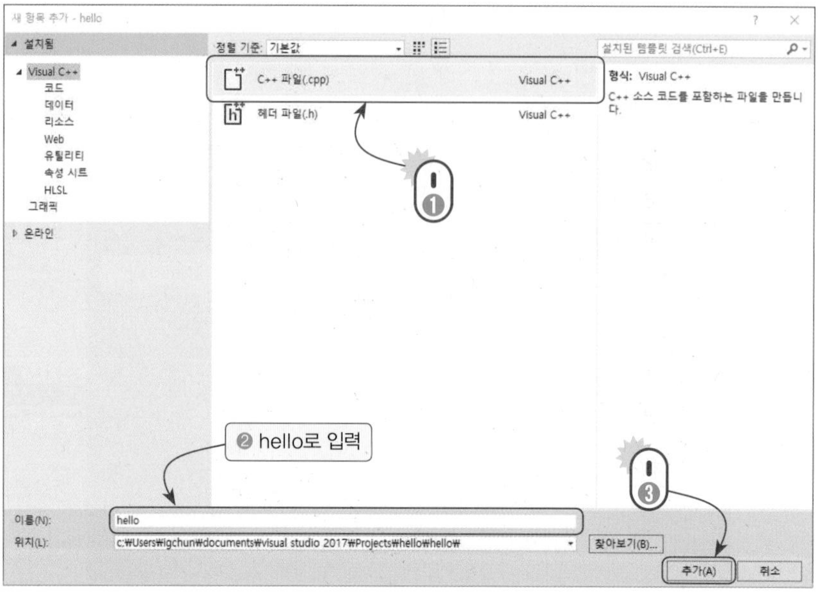


3. 오른쪽 상단에 있는 솔루션 탐색기에 보면 솔루션 hello 아래에 프로젝트 hello가 있음을 알 수 있다. 프로젝트 hello 아래에는 리소스 파일, 소스 파일, 외부 종속성, 참조, 헤더 파일 폴더가 보인다. 우리가 추가한 hello.cpp는 소스 파일 폴더에 들어 있다. hello.cpp 파일을 더블 클릭하면 hello.cpp이 열리면서 에디터가 실행되어 오른쪽 화면에서 소스 코드를 입력할 수 있다.

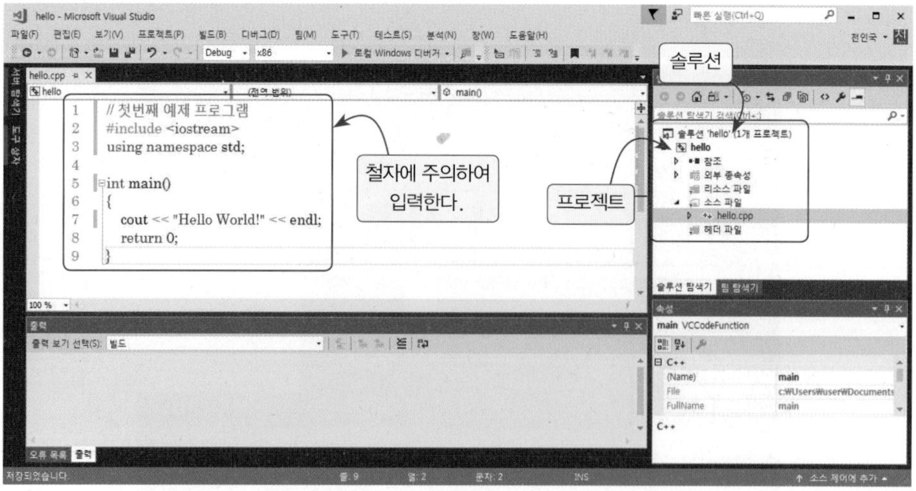


이 상태에서 왼쪽 윈도우에 소스를 입력하면 된다. 다음의 소스를 주의하여서 그대로 입력하여 보자. 소스 코드를 입력할 때는 흔히 한 두 글자는 틀리기 쉽다. 그러나 한 글자만 틀려도 프로그램은 컴파일 되지 않는다(우리가 상대하는 것이 단순한 컴퓨터라는 것을 이해하여야 한다. 그리고 한 두 글자씩 틀리는 것은 전문 프로그래머들도 자주 하는 실수이니 너무 자책하지 않아도 된다). 따라서 처음에는 다음을 참조하여 다음의 코드를 보이는 대로 그대로 입력하도록 하자.

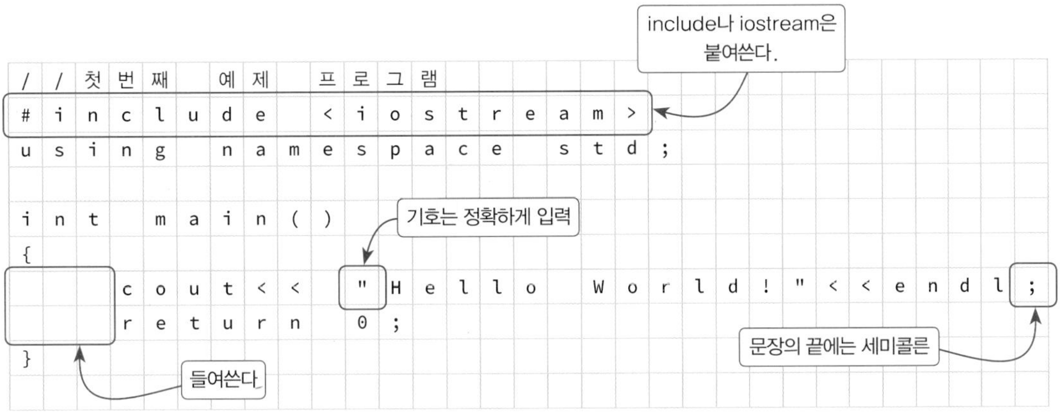


**그림 1.4** 소스 코드를 위와 같이 입력하여야 한다.

**참고** 먼저 자동으로 들여쓰기를 하려면, 소스 영역을 마우스로 선택하고 [편집] → [고급] → [선택 영역 서식]을 클릭한다.

**Q&A**

**Q** 비주얼 스튜디오로 프로그램을 작성할 때, 비주얼 스튜디오에서 지원하는 에디터만을 써야 하나요?

**A** 다른 텍스트 에디터를 사용해도 된다. 예를 들어서 메모장을 이용하여 소스 파일을 작성해도 된다. 단 에디터를 사용하여 파일을 저장할 때 파일의 확장자가 cpp로 끝나야 된다. 확장자가 cpp인 파일은 프로젝트의 [소스 파일]이라고 되어 있는 부분에 추가할 수 있다. [소스 파일] 위치에서 마우스 오른쪽 버튼을 누르고 [추가] → [기존 항목] 메뉴를 선택하면 삽입시킬 파일을 물어본다.

## 컴파일과 링크

소스 코드를 모두 입력하였으면 컴파일과 링크를 하여 실행 파일을 만들어보자. 컴파일과 링크를 하여서 완전한 실행 파일을 생성하는 것을 흔히 빌드(`build`)라고 한다. 변경된 소스 파일은 빌드 전에 자동으로 저장된다. 우리가 입력한 프로그램을 빌드하려면 [빌드] 메뉴의 [솔루션 빌드]를 선택하면 된다.

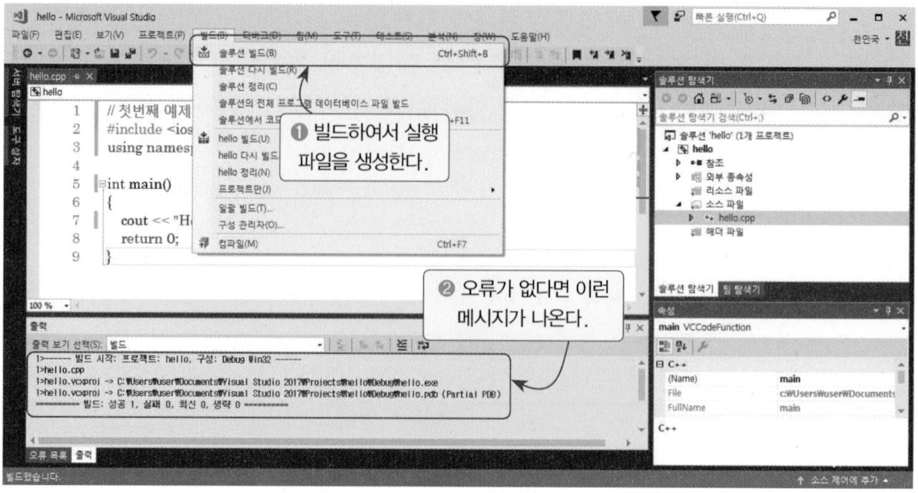


위의 화면은 컴파일과 링크 과정에서 오류와 경고의 숫자가 0이라는 것을 나타낸다. 만약 여러분이 입력하는 과정에서 철자를 잘못 입력하게 되면 오류와 경고가 0이 아닐 수가 있다. 이 경우에는 입력한 소스 코드를 다시 한 번 책과 비교해보면서 오류를 수정한 다음, 다시 빌드를 하여야 한다.

### 프로그램 실행

지금까지 작성한 프로그램을 실행시키려면 [디버그] → [디버깅하지 않고 시작] 메뉴 항목을 선택한다. 만약 오류가 없다면 다음과 같은 콘솔 창이 뜨고 여기에 `Hello World!`가 출력된다. 이 상태에서 아무키나 누르면 프로그램이 종료되고 다시 비주얼 스튜디오로 되돌아간다.

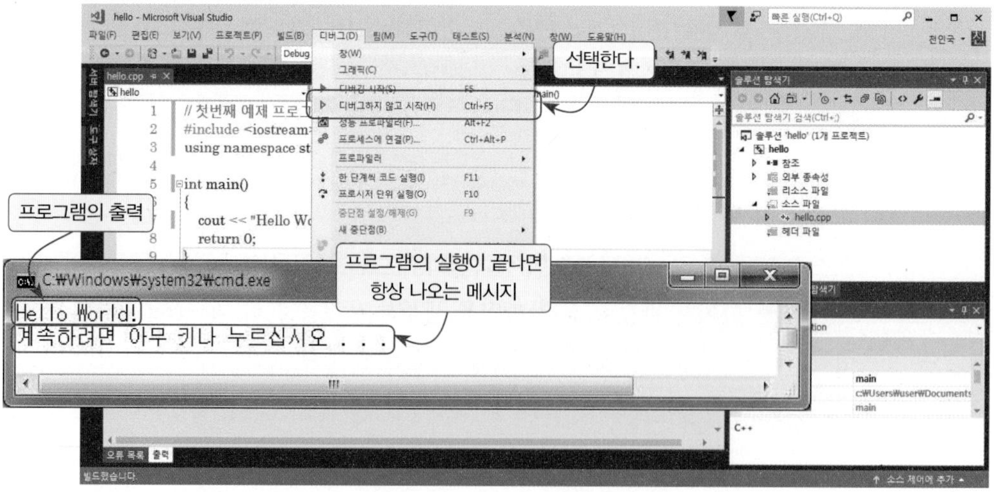


**참고** 빌드할 때 [Ctrl] + [Shift] + B를 입력하여도 된다. 실행시킬 때는 [Ctrl] + F5를 선택하여도 된다.

위의 실행 화면에서 “계속하려면 아무 키나 누르십시오...”는 프로그램의 출력이 아니고 계속 진행하려면 아무 키나 누르라는 안내 메시지이다. 이 메시지는 항상 프로그램을 실행시켰을 때 항상 나오는 메시지이다. “`Hello World!`”가 예제 프로그램의 출력이 된다. 위와 같은 화면이 나오면 프로그램이 성공적으로 실행된 것이다. 이 프로그램에 대한 설명은 다음 절에서 자세하게 살펴보자.

### 실수할 수도 있다!

프로그래밍을 처음 배우는 여러분은 코드를 입력할 때 실수할 수 있다. 솔직히 말하자면 실수할 수 있는 것이 아니라 아주 아주 많이, 정말 정말 자주 실수할 것이다. 하지만 위로가 될 수 있는 것은 누구나 그렇다는 것이고, 한참 코드를 짜놓은 다음에 자주 머리를 쥐어뜯는 자신을 곧 발견하게 될 것이다.

프로그램에서는 한글자만 잘못되어도 실행할 수 없다. 예를 들어서 여러분이 다음과 같은 문장을 입력하여 실행할 때, 세미콜론 ; 하나만 생략하여도 다음과 같은 오류가 발생한다.

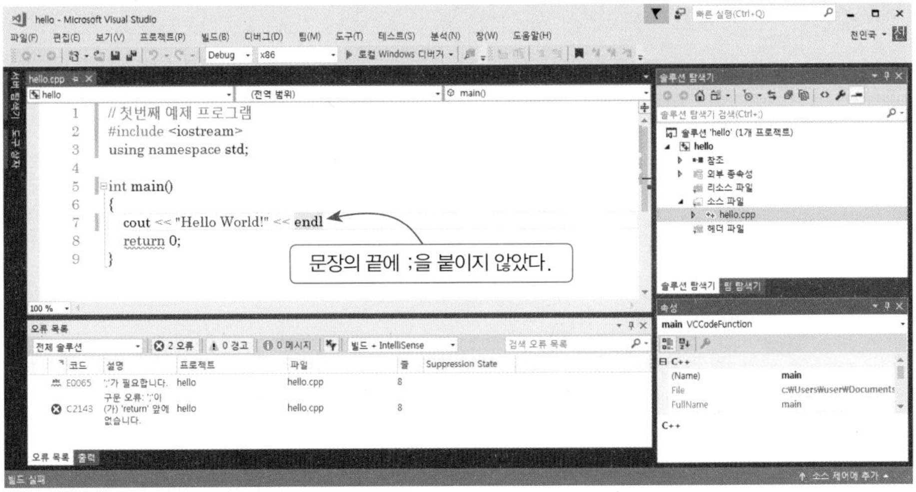

오류 메시지를 보면 return 앞에 ;이 없다고 되어 있다. 이러한 오류를 문법적인 오류(syntax error)라고 한다. 사람 같으면 세미콜론 ; 하나가 생략되었다고 금방 알아차려서 세미콜론을 자동으로 추가하여 실행할 수도 있겠지만 컴퓨터는 절대로 그렇게 하지 않는다.

컴퓨터는 원리원칙만 따지는 깐깐한 모범생 같다. 절대로 타협은 없고 프로그램이 정확하지 않으면 대충 추측한 다음 실행하는 법도 없다(참 비인간적이기는 하지만 여러분도 나처럼 결국에는 이 사실을 받아들이리라 생각한다). 더구나, 이세돌과 알파고의 대결에서 보았듯이 요즘은 컴퓨터도 상당한 지능도 가지고 있다. 그러니까 컴퓨터도 '따옴표가 하나 생략되었다'라는 사실을 알고 있다는 뜻이다(중요한 것은 알고만 있다는 것이다!). 하지만 원래 프로그램은 논리적으로 정교해야 하니까, 컴퓨터 혼자서 대충 추측해서 진행하지는 않는 것이다. 예를 들어 우주선 프로그램에서 컴퓨터가 마음대로 추측해서 대충 실행한다면 어떤 일이 벌어지게 될까? 우주비행사가 잠깐 화장실에 다녀온 사이에 우주선이 어느 이름 모를 별에 서있을 수 있는 것이다. 이런 안타까운 일이 벌어지지 않기 위해 컴퓨터는 개발자에게 오류 메시지만을 보여주고 고치도록 기다리는 것이다.

C++언어에서는 여러 가지 형태의 기호를 많이 사용한다. C++언어에서는 소괄호, 중괄호, 대괄호, 콜론 등이 아무 많이 사용된다. 이들 기호를 입력할 때는 마지막 한 글자까지 정확하게 입력하여야 한다. 비주얼 스튜디오에서는 코드의 색상이 적절하게 변경되면서 오류를 찾는 데 도움을 준다. 오류가 발생했다고 겁을 집어먹으면 안 될 일이다. 비주얼 스튜디오가 알려주는 오류 메시지를 보고 하나씩 고쳐 나가면 충분히 수정할 수 있다.

**참고** '경고'는 프로그램이 실행되는 데는 문제가 없지만 무언가 석연치 않는 결과를 가져올 수도 있는 문제가 발견되었을 경우에 표시된다.

**Q&A**

**Q** 비주얼 스튜디오에서는 소스 파일, 오브젝트 파일, 실행 파일이 어디에 저장되나요?

**A** 소스 파일 hello.cpp는 d:/sources/hello/hello 폴더에 저장된다. 오브젝트 파일 hello.obj는 d:/sources/hello/hello/Debug 폴더에 저장된다. 실행 파일은 d:/sources/hello/Debug 폴더에 저장된다. 3개의 파일을 찾아보도록 하자.

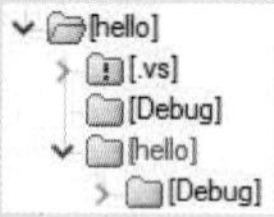


**Q&A**

**Q** 비주얼 스튜디오로는 윈도우 기반의 프로그램은 작성할 수 없나요?

**A** 그럴리가! 예제 프로그램은 명령어 창에서만 실행되지만 C++ 언어는 근본적으로 윈도우 프로그래밍에 적합하다. 실제로 윈도우 기반의 프로그래밍에서 가장 많이 사용되는 언어이다. 이 책에서 윈도우 프로그램을 예제로 제시하지 않는 이유는 윈도우 기반 프로그램들은 기본적으로 크기가 상당히 크고 복잡하기 때문이다. 콘솔 기반의 프로그램은 상대적으로 크기가 작다.

**중간점검**

1. 새로운 프로젝트를 생성하고 프로젝트에 소스 파일을 추가하는 메뉴는 무엇인가?
2. 프로젝트에 속하는 소스 파일을 컴파일하여 실행하는 메뉴는 무엇인가?
3. C 언어에서는 대문자와 소문자를 구별하는가?

# 01.11 첫번째 프로그램 분석

앞에서 컴파일하여 실행하여 본 hello.cpp 프로그램을 분석하여 보자.

**hello.cpp**

```
// 첫 번째 예제 프로그램
#include <iostream>
using namespace std;

int main()
{
    cout << "Hello World!"<< endl;
    return 0;
}
```

주석 / 헤더파일 / 이름 공간 설정 / 함수 선언 / 화면에 문자열 출력

실행결과

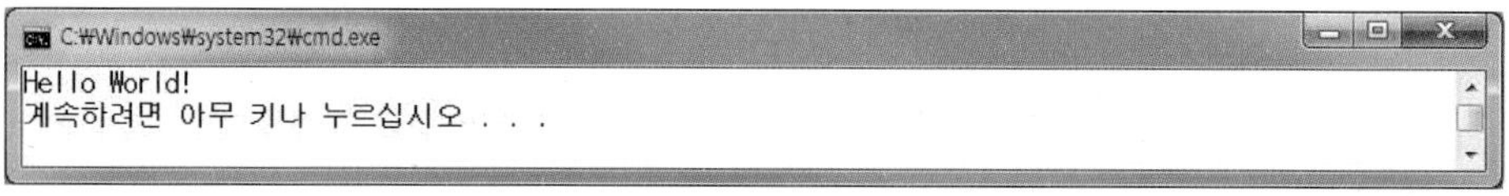


## // 첫 번째 예제 프로그램

위의 문장은 주석(comment)이다. 주석이란 코드를 설명하는 글이다. 주석은 프로그램의 실행에 영향을 끼치지 않는다. C++에서는 2가지 종류의 주석을 사용할 수 있다. 하나는 C언어에서도 사용하였던 /* ... */이다. /*부터 */까지가 주석으로 간주된다. 또 하나는 //이다. //부터 줄의 끝까지가 주석으로 취급된다.

## #include 〈iostream〉

위의 문장은 현재의 위치에 iostream이라는 헤더 파일을 포함시키라는 전처리기(preprocessor) 지시어이다. iostream 헤더 파일에는 표준 입출력에 필요한 클래스들과 객체들이 정의되어 있다. 따라서 입출력을 위하여 cin과 cout와 같은 객체를 사용하려면 반드시 iostream 파일을 포함시켜야 한다.

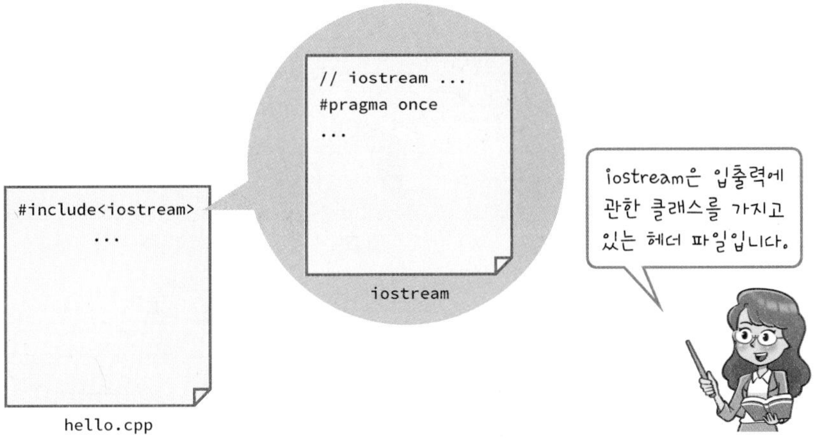


**그림 1.5** 헤더 파일 포함

## using namespace std;

C++ 프로그램에서는 변수 이름이나 함수 이름과 같은 수많은 이름(식별자)들이 사용되고 이들 이름들은 이름 공간(name space)이라고 하는 영역으로 분리되어 저장되어 있다.

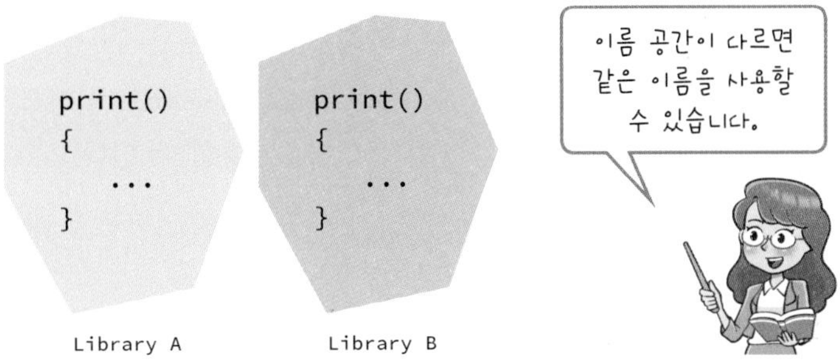


**그림 1.6** 이름 공간

이름 공간이 다르면 동일한 이름을 사용할 수 있다. 예를 들어서 그림 1.6에서 LibraryA라는 이름 공간과 LibraryB라는 이름 공간에서는 모두 print라고 하는 동일한 이름을 사용할 수 있다. 우리가 모임에서 자기소개를 할 때 김철수라는 이름이 여럿 있으면 "컴퓨터공학과 김철수입니다"라고 소개하는 것과 같은 것이다.

C++에서 이름을 사용할 때에는 반드시 "공간::이름"과 같이 공간명을 이름 앞에 붙여야 한다. 출력을 담당하는 객체인 cout은 std라고 하는 이름 공간에 속한다. 따라서 cout은 원칙적으로 다음과 같이 사용하여야 한다.

```
std::cout << "Hello World!" << std::endl;
```

하지만 이름 앞에 매번 std를 붙이는 것은 번거롭다. 이런 경우에 사용할 수 있는 것이 using 지시어이다.

```
using namespace std;
```

위의 문장은 우리가 현재 사용하는 이름 공간을 std로 설정하는 문장이다. 따라서 std 안의 모든 이름은 std를 붙이지 않고서도 사용할 수 있다.

```
cout << "Hello World!" << std::endl;
```

## int main()

위의 문장은 main() 함수를 정의하는 문장이다. 함수(function)란 특정한 작업을 수행하는 코드의 집합이다. 함수는 입력이 주어지면 출력을 만들어내는 블랙 박스와 같다.

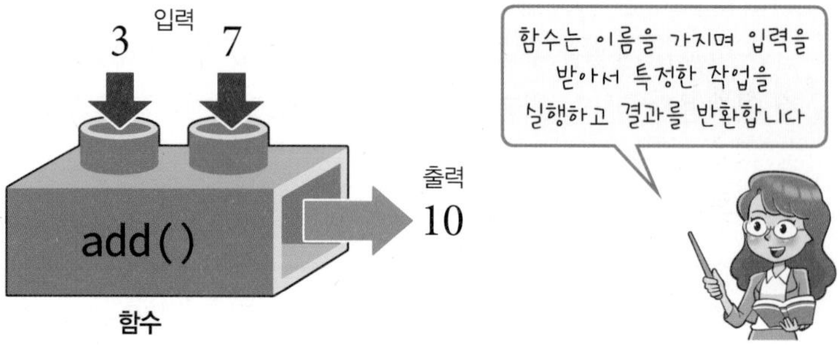


그림 1.7 함수

하나의 프로그램은 여러 개의 함수들로 이루어진다. 그러나 우리는 당분간 main() 함수만을 사용할 것이다. main() 함수는 특별한 의미가 있다. 왜냐하면 모든 C++ 프로그램은 main()에서 시작하기 때문이다. 따라서 모든 C++ 프로그램에는 반드시 하나의 main() 함수가 있어야 한다.

간단하게 함수에 대한 설명을 하여 보자. int main()은 함수의 이름과 함수의 입출력을 나타낸다. int, main은 C++ 언어에서 모두 미리 정해진 단어로 키워드(keyword)라고 한다. int main()에서 int는 출력 타입이고 main은 함수 이름을 의미한다. 함수 main은 입력은 없고 출력을 int 형태로 내보낸다는 것을 의미한다. int는 정수 타입을 나타낸다. 따라서 출력은 정수 형태임을 알 수 있다. 함수의 몸체는 {로 시작해서 }로 종료한다.

## cout << "Hello World! " << endl ;

위의 문장은 콘솔 화면에 "Hello World!"라는 문자열을 출력하고 이어서 endl(end of line)을 출력하는 문장이다. cout은 콘솔 화면에 데이터를 출력하는 작업을 맡은 객체이다. 화면에 데이터를 출력하려면 cout과 << 연산자를 사용하면 된다. 어떤 종류의 데이터도 << 연산자를 사용하여 출력할 수 있다.

```
cout << 10;
cout << "C++ 언어를 좋아합니다.";
```

한 줄에 여러 개의 << 연산자를 사용하여도 된다. 왼쪽에서 오른쪽으로 순서대로 출력된다.

```
cout << 10 << "개의 사과가 있습니다.";
```

endl은 화면에서 줄을 바꾸는 제어 문자이다. endl이 화면으로 출력되면 화면의 커서가 새로운 줄로 이동하게 된다. endl은 줄바꿈을 나타내는 특수 문자인 '\n'과 동일하다.

## return 0;

return은 함수가 작업을 끝내고 작업의 결과를 반환할 때 사용된다. return 0; 문장이 실행되면 main( 함수는 작업을 끝내고 외부로 0값을 반환한다. 여기서 외부라고 하는 것은 이 프로그램을 실행시킨 윈도우 10과 같은 운영 체제를 가리킨다. 보통 0의 값은 프로그램이 정상적으로 종료했음을 나타낸다.

> **참고** C++는 C언어의 확장이다. 따라서 기존의 printf()나 scanf()도 얼마든지 사용이 가능하다. 만약 cout과 cin이 마음에 들지 않으면 printf()나 scanf()를 사용하도록 하자. 단 이 경우, stdio.h 헤더 파일을 포함하여야 한다.

**참고** 여러분이 C언어에 익숙하다면 이런 질문을 던질 수 있다. "왜 헤더파일의 끝에 .h를 붙이지 않지요?" 이런 질문을 던지는 여러분이 있다면 박수를 보내고 싶다. 정말 좋은 지적을 한 것이다. C++에서는 기존의 C헤더파일에만 .h를 붙이고 C++의 헤더 파일에는 .h를 붙이지 않기로 했다. 조금 복잡한가? 하지만 이것은 저자가 정한 것이 아닌 만큼 그냥 받아들이길 바란다.

**중간점검**

1. 앞의 프로그램에서 #include <iostream> 문장을 없애면 어떤 오류가 발생하는가?
2. 자신의 이름과 소속을 출력하는 프로그램을 작성해보자.
3. endl의 의미는 무엇인가?
4. 이름 공간은 무엇 때문에 필요한가?

# 01.12 변수와 자료형

우리는 앞에서 화면에 “Hello World!”를 출력하는 프로그램을 작성하였지만 이러한 프로그램은 사실 별로 쓸모는 없다. 프로그램이 어떤 유용한 동작을 하려면 변수가 필요하다. 프로그램에서 **변수(variable)**는 데이터(값)를 저장하는 상자이다. 변수들은 식별을 위하여 이름을 가지고 있다. 아래 그림에서 상자의 앞면에는 표시되어 있는 i가 변수의 이름이다.

변수는 사용하기 전에 반드시 다음과 같이 선언하여야 한다. int는 정수를 나타내는 자료형이다. i는 변수 이름이다. 변수의 이름은 알파벳과 숫자, 밑줄문자를 조합하여 지으면 된다.

**문법 1.1** **변수 선언**

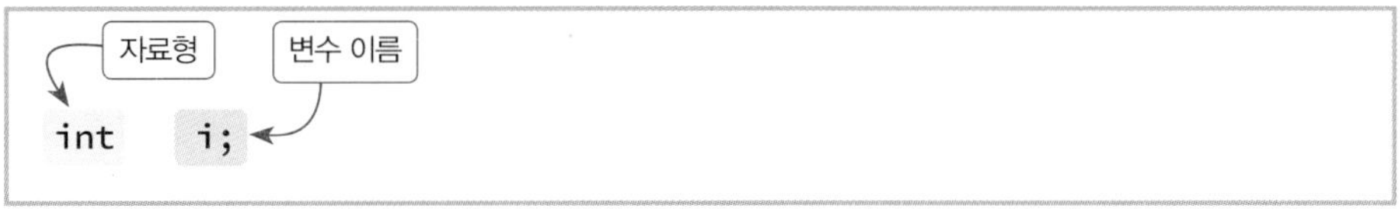


변수가 가지고 있는 값은 언제든지 다른 값으로 변경이 가능하다. 그래서 변수(변할 수 있는 수)라는 이름이 붙은 것이다. 변수 i를 선언하고 변수 i에 100을 저장하는 코드는 다음과 같다. 변수에 값을 저장할 때는 = 기호를 사용한다.

```
int i;              // 변수 i를 선언한다.
i = 100;            // 변수 i에 100을 저장한다.
```

변수를 선언과 동시에 초기화하려면 다음과 같은 형식을 사용한다.

```
int i = 100;        // 변수 i를 선언하고 100으로 초기화한다.
```

NEW C++11 C++14

C++11부터는 변수를 초기화할 때 우리는 보편적 초기화 방법을 사용할 수 있다. 이것은 C++11에서 새롭게 도입된 것으로 그동안 혼란의 극치였던 초기화 방법을 통일한 것이다. 그동안 C++에는 초기화 방법이 너무 많아서 많은 혼동을 가져왔다. 각 초기화 방법들은 서로 다른 형식을 사용해왔다. C++11에서는 이것들을 전부 통일한 것이다.

보편적 초기화 방법에서는 { }를 사용하여 변수의 값을 초기화한다. 예를 들면 다음과 같다.

```
int i { 100 };              // int i=100;과 동일하다.
string s { "hello" };       // string s="hello";와 동일하다.
```

보편적 초기화 방법은 변수의 초기화 뿐만 아니라 배열이나 객체의 초기화에도 그대로 적용할 수 있다. 이 책에서는 호환성을 위하여 고전적인 초기화 방법을 주로 사용하고 있지만 보편적 초기화 방법도 많이 사용해보자.

변수의 값을 출력하려면 다음과 같은 문장을 사용한다.

```
cout << i; // 변수 i의 값을 출력한다.
```

## 자료형

변수는 상자와 같다고 하였다. 우리가 일상 생활에서 사용하는 상자에는 여러 가지 종류가 있는 것처럼 변수에도 여러 가지 종류가 존재한다. 정수를 저장할 수 있는 변수도 있고 실수를 저장할 수 있는 변수도 있다. 데이터의 종류를 자료형(data type)이라고 한다.

자료형을 크게 나누면 정수형, 부동 소수점형, 문자형, 부울형으로 나눌 수 있다. 정수형은 정수 타입의 데이터를 저장할 수 있다. 문자형은 하나의 문자를 저장할 수 있다. 정수형은 저장할 수 있는 정수의 크기에 따라서 short, int, long, long long으로 나누어진다.

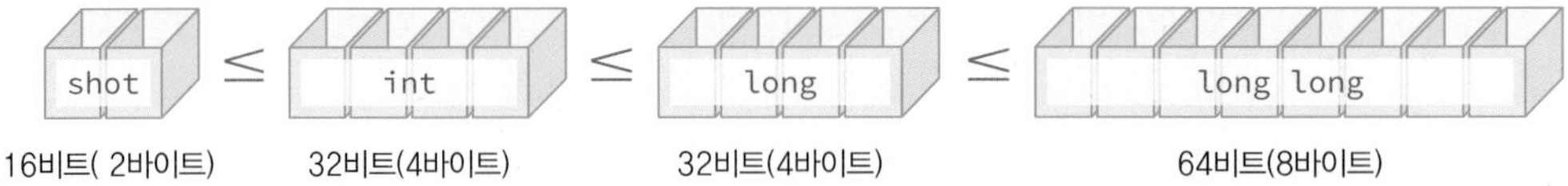


**그림 1.8** C++에서는 short, int, long, long long형을 이용하여 정수를 표현한다.

long long은 최근에 추가된 정수형으로 64비트로 정수를 표시한다. long long은 굉장히 넓은 범위의 정수를 표현할 수 있다.

부동 소수점형은 실수형의 데이터를 저장한다. C++에서는 float, double, long double로 실수를 나타낸다. float는 32비트로 실수를 나타낸다. double과 long double은 64비트를 사용하여서 보다 정밀한 실수 표현이 가능하다.

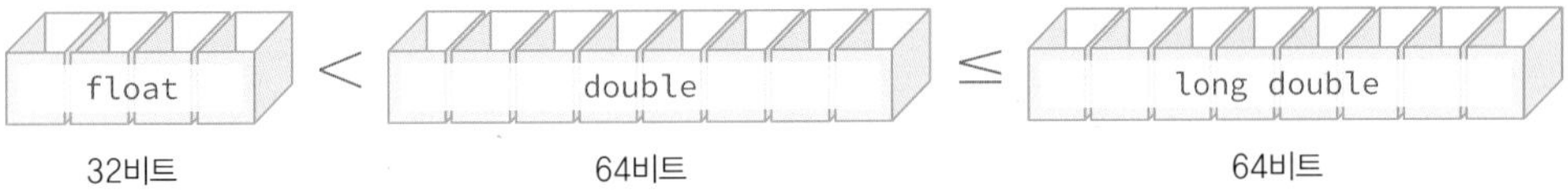


그림 1.9 C++에서는 float, double형, long double형을 이용하여 실수를 표현한다.

표 1.1에 많이 사용되는 자료형들을 간단히 정리하였다. char형은 문자를 저장할 수 있는 1 바이트의 공간을 차지하며 int형은 정수 계산을 위한 가장 자연스러운 크기가 된다(통상적으로 4바이트).

표 1.1 기본 자료형

| 자료형 | | 설명 | 바이트수 | 범위 |
|---|---|---|---|---|
| 정수형 | short | short형 정수 | 2 | -32768~32767 |
| | int | 정수 | 4 | -2147483648~2147483647 |
| | long | long형 정수 | 4 | -2147483648~2147483647 |
| | long long | 64비트 정수 | 8 | -9,223,372,036,854,775,808~9,223,372,036,854,775,807 |
| 문자형 | char | 문자 및 정수 | 1 | -128~127 |
| 부울형 | bool | 참이나 거짓을 나타낸다. | 1 | true, false |
| 부동소수점형 | float | 단일정밀도 부동소수점 | 4 | 1.2E-38~3.4E38 |
| | double | 두배정밀도 부동소수점 | 8 | 2.2E-308~1.8E308 |
| | long double | 두배정밀도 부동소수점 | 8 | 2.2E-308~1.8E308 |

C++가 지원하는 자료형의 크기는 다음과 같다.

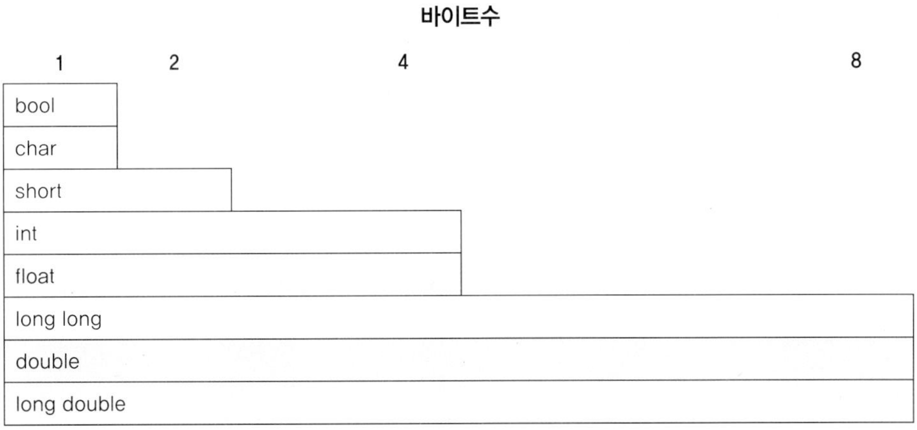


## bool형

bool형은 C++에 ANSI/ISO 표준으로 추가되었다. bool형의 변수는 참(true) 또는 거짓(false)만을 가질 수 있다. 주로 선택문이나 반복문에서 조건을 나타내는데 사용된다.

전통적으로 C언어에서는 0을 거짓으로 간주하고 0이 아닌 값은 참으로 사용해왔다. 하지만 이것은 많은 혼란을 야기하여서 장점보다는 단점이 더 부각되었다. 예를 들어서 많은 사람들의 예상과 달리 -1과 같은 음수도 참으로 간주된다. bool형을 사용하면 참과 거짓만을 가지는 변수를 생성할 수 있다.

```
#include <iostream>
using namespace std;        // 지금부터 이름공간으로 std를 사용한다.

int main()
{
   bool b;
   b = true;
   return 0;
}
```

## 문자형

char 자료형을 사용하면 하나의 문자를 저장하는 변수를 정의할 수 있다. 개별 문자는 'a'와 같이 작은따옴표를 사용하여 표시한다.

```
char ch;
ch = 'a';
```

## 문자열

C++는 문자열을 위한 string 타입을 제공한다. string 타입을 사용하면 문자열을 결합시키는 연산을 + 연산자를 사용하여서 매우 쉽게 할 수 있다. 예를 들어보자.

string.cpp

```
#include <iostream>
#include <string>          // 문자열을 사용하려면 string 파일을 포함하여야 한다.
using namespace std;       // 지금부터 이름공간으로 std를 사용한다.

int main()
{
   string s1 = "Good";
   string s2 = "Morning";
   string s3 = s1 + " " + s2 + "!";
   cout << s3 << endl;
   return 0;
}
```

실행결과

```
C:\Windows\system32\cmd.exe
Good Morning!
계속하려면 아무 키나 누르십시오 . . .
```

string을 사용하려면 string이라는 헤더 파일을 포함하여야 한다. string 헤더 파일을 포함시키지 않고 컴파일을 하면 이상한 오류가 발생한다. 주의하도록 하자. 위의 코드에서 string은 문자열 타입을 나타낸다. int i;라고 하면 정수형의 변수가 하나 만들어지는 것처럼 string s1;하면 문자열 타입의 변수가 하나 만들어진다. string 타입의 변수끼리 더하면 문자열이 합쳐지게 된다.

문자열끼리 비교하려면 == 연산자를 사용하면 된다. 예를 들면 다음과 같다.

```
string s1 = "Good";
string s2 = "Bad";
bool b = (s1 == s2);
```

string 타입은 C언어에서의 char형 배열을 사용하여 문자열을 표현하는 것보다 훨씬 편리하다. 우리는 C++ 언어를 사용하고 있으므로 지금부터 string 타입을 많이 사용하여 보자.

문자열과 숫자를 합하려면 숫자에 to_string() 함수를 적용한 후에 합한다. 예를 들어서 "사과"에 정수 10을 합쳐서 "사과 10개"라는 문자열을 만들려면 다음과 같은 코드를 이용한다.

```
string s1 = "사과";
string s2;

s2 = s1 + " " + to_string(10) + "개";
cout << s2 << endl;
```

to_string()을 사용하지 않고 다음과 같이 문자열과 정수를 합하면 오류가 발생한다.

```
s2 = s1 + " " + 10 + "개"; // 오류 발생!
```

## 기호 상수

변수 선언 앞에 const를 붙이면 변수의 값이 변경되지 않음을 나타낸다. 즉 상수가 된다. 이것을 기호 상수라고 한다.

```
const double TAX_RATE = 0.25;       // 기호 상수 선언
int income=1000;
income = income - TAX_RATE * income;
```

기호 상수는 상수 값을 그대로 쓰는 방법에 비하여 몇 가지의 장점을 지닌다. 첫 번째 장점은 기호 상수를 사용하면 프로그램을 읽기가 쉬워진다는 것이다. 기호 상수의 두 번째 장점은 프로그램이 동일한 상수를 여러 곳에서 사용하고 있는 경우에 상수 값을 변경하려고 하는 경우, 쉽게 할 수 있다는 것이다.

**참고** 변수는 반드시 초기화하여야 한다. 변수를 초기화하지 않으면 아무런 의미가 없는 쓰레기값이 저장되어 있게 된다.

**중간점검**

1. 변수와 상수의 차이점은 무엇인가?
2. 왜 정수를 하나의 자료형으로 하지 않고 char, int, short, long 등의 여러 가지 자료형으로 복잡하게 분류하여 사용하는가?
3. 숫자값을 직접 사용하는 것보다 기호 상수를 사용하는 것의 이점은 무엇인가?
4. 변수 x와 y를 int형으로 선언하여 보라. x는 0으로, y는 1로 초기화된다.
5. 하나의 문장을 사용하여서 변수 x와 y를 bool형으로 선언하여 보라.

# 01.13 auto

NEW C++11 C++14

C++11 이전에는 auto라는 키워드는 있었지만 아마 가장 적게 이용된 키워드 중의 하나였을 것이다. auto는 단순히 자동 변수라는 의미만을 가지고 있었다. 즉 지역 변수가 함수 안에서 선언되었다가 함수가 종료되면 자동으로 소멸되는 것을 의미하였다.

하지만 C++11가 발표되면서 auto의 시대가 왔다. C++11부터는 auto의 의미가 변경되었다. 먼저 다음과 같은 선언을 살펴보자.

```
double d = 1.0;
```

우리가 변수 d를 double으로 선언하였지만 컴파일러는 이미 초기값 1.0을 보고 변수 d가 double 형이라는 것을 알 수 있다. 이런 경우에는 double을 생략해도 되지 않을까? 이런 경우에 자료형을 생략할 때 사용하는 키워드가 바로 auto이다. 이것을 자동 타입 추론(automatic type deduction)이라고 부른다.

```
auto d = 1.0; // 1.0은 double형 리터럴이어서 d의 자료형은 double이 된다.
```

auto 키워드는 함수를 정의할 때도 사용할 수 있다. 아직 우리는 함수에 대하여 학습하지 않았다. C 언어를 알고 있는 독자들만 아래의 내용을 읽으면 된다. 다음과 같은 프로그램이 가능하다.

```
auto add(int x, int y)
{
   return x + y;
}

int main()
{
   auto sum = add(5, 6); // add()는 정수값을 반환하므로 sum은 int형이 된다.
   return 0;
}
```

앞으로 초기값은 줄 수 있지만 자료형이 생각하지 않으면 일단 auto를 사용해보자.

# 01.14 출력과 입력

C++에서는 콘솔 입력은 cin 객체가, 콘솔 출력은 cout 객체가 담당한다. 이들은 모두 iostream 라이브러리에 포함되어 있다. 따라서 cin과 cout을 사용하려면 iostream을 포함하여야 한다.

## 출력

cout은 콘솔에 데이터를 출력하는 작업을 맡고 있는 객체이다. 객체를 정의하는 방법은 4장부터 본격적으로 다루어 질 것이다. 그때까지는 객체를 사용하는 방법만 알고 있으면 된다. cout은 << 연산자를 통하여 출력할 대상을 받는다. cout을 사용하는 기본 형식은 다음과 같다.

**문법 1.2 출력 방법**

```
cout << n;
```

값들을 화면에 출력하려면 다음과 같이 한다. 다음 문장은 100이라는 값을 화면에 출력한다.

```
cout << 100;
```

변수 i의 값을 화면에 출력하려면 다음과 같이 한다.

```
int i = 100;
cout << i;
```

문자열이나 변수의 값을 혼합하여서 출력하는 것도 가능하다.

```
int i = 100;
cout << "변수 i의 값은";
cout << i;
cout << "입니다."
cout << endl;
```

endl은 줄을 바꾸는 특수한 문자이다. 위 문장을 실행하면 화면에 “변수 i의 값은 100입니다.”라는 출력 결과가 나오게 된다. 만약 출력할 데이터가 여러 개라면 다음과 같이

<<을 여러 번 이어서 사용하면 된다.

```
cout << "변수 i의 값은 " << i << "입니다." << endl;
```

위의 문장은 "변수 i의 값은 "이라는 문자열을 출력하고 이어서 변수 i의 값을 출력하고 마지막으로 "입니다."를 출력하라는 의미이다.

cout은 변수의 자료형에 따라 적절하게 출력할 수 있다.

```
int i;
float f;
cout << i;  // 정수 형식으로 i의 값이 출력된다.
cout << f;  // 실수 형식으로 f의 값이 출력된다.
```

## 입력

C++에서 입력을 담당하는 객체는 무엇일까? cin이 그것이다. 키보드로부터 데이터를 입력받으려면 다음과 같은 형식을 사용하면 된다.

**문법 1.3 입력 방법**

```
cin >> n;
```

cin도 변수의 타입에 따라서 자동적으로 입력 형식이 결정된다. 즉 int 타입의 변수가 지정되면 자동적으로 100와 같은 정수 형식으로 읽어서 변수에 저장하고 float 타입의 변수인 경우에는 자동적으로 3.14와 같은 실수 형식으로 읽어서 저장하게 된다.

```
int i;
cin >> i;   // 정수를 읽어서 i에 저장

double f;
cin >> f;   // 실수를 읽어서 f에 저장
```

문자열은 cin에서 string 타입의 변수로 읽으면 된다. string 타입을 사용하려면 string 헤더 파일을 포함하여야 한다. 이것을 포함하지 않으면 이상한 오류가 발생할 것이다. 간단한 예로 사용자의 이름을 받아서 환영 메시지를 출력하는 코드를 만들어 보면 다음과 같다.

**cin.cpp**

```
#include <iostream>
#include <string>
```

```
using namespace std;

int main()
{
    string name;
    cout << "이름을 입력하시오: ";
    cin >> name;
    cout << name << "을 환영합니다." << endl;
    return 0;
}
```

**실행결과**

```
C:\Windows\system32\cmd.exe
이름을 입력하시오: 홍길동
홍길동을 환영합니다.
계속하려면 아무 키나 누르십시오 . . .
```

**중간점검**

1. "변수 i의 값:"과 변수 i의 값을 이어서 출력하는 출력문을 작성하라.
2. 키보드로부터 double형의 실수를 받아서 변수 n에 저장하는 문장을 작성하라.
3. 키보드로부터 문자열을 받아서 변수 s에 저장하는 문장을 작성하라.

# 01.15 수식과 연산자

C++는 상당히 많은 종류의 연산자를 제공하는 데 이런 풍부한 연산자 지원이 C++의 큰 장점이기도 하다. 제공하는 연산자가 많다는 것은 그만큼 데이터를 가공할 수 있는 능력이 탁월하다는 뜻이며 이런 연산자들을 자유자재로 사용할 수 있으면 복잡한 연산을 간단하게 처리할 수 있다. 우선 기본적으로 기본적인 4칙 연산을 제공하는 산술 연산자가 있다.

표 1.2 산술 연산자

| 연산자 | 의미 |
|---|---|
| x + y | x와 y를 더한다 |
| x − y | x에서 y를 뺀다 |
| x * y | x와 y를 곱한다 |
| x / y | x를 y로 나눈다 |
| x % y | x를 y로 나눈 나머지 |

변수 x 와 변수 y를 더하여 변수 result에 저장하려면 다음과 같은 문장을 사용한다.

```
result = x + y;
```

위의 문장을 그림으로 그리면 다음과 같다.

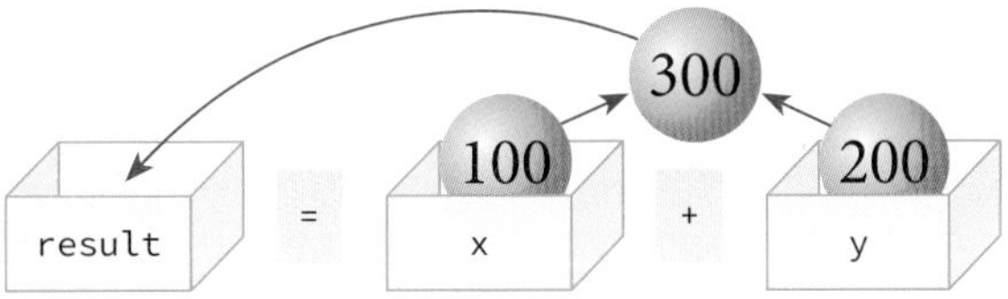


(정수/정수)를 계산하면 결과는 항상 정수가 된다. 예를 들어서 (5/2)은 정수 2이다. 소수점이하는 사라진다. 하지만 피연산자 중에서 하나만 실수이면 전체 계산 결과는 실수가 된다. 예를 들어서 (5.0/2.0)은 2.5가 된다.

산술 연산자 중에서 나머지 연산자 %는 생각보다 많이 사용되는 중요한 연산자이다. x%y는 x를 y로 나누어서 남은 나머지를 반환한다. 예를 들어 10%3은 1이다. 10을 3으로 나누면 몫은 3이고 나머지는 1이 된다. 나머지 연산자를 이용하면 짝수와 홀수를 쉽게 구분할 수 있다는 것이다. 즉 어떤 수 x를 2로 나누어서 나머지가 0이면 짝수이다.

++ 연산자는 변수의 값을 하나 증가시킨다. 반대로 --연산자는 변수의 값을 하나 감소시킨다.

```
int x = 10;
x++;              // x는 11
x--;              // x는 10
```

LAB

# 최대한도의 사탕사기

철수가 가지고 있는 돈으로 최대한의 사탕을 사려고 한다. 현재 1000원이 있고 사탕의 가격이 300원이라고 하자. 최대한 살 수 있는 사탕의 개수와 나머지 돈은 얼마인가? 정수 나눗셈 연산자 /와 나머지 연산자 %를 사용해보자.

```
C:\Windows\system32\cmd.exe
현재 가지고 있는 돈: 1000
캔디의 가격: 300
최대로 살 수 있는 캔디의 개수=3
캔디 구입 후 남은 돈=100
계속하려면 아무 키나 누르십시오 . . .
```

현재 가지고 있는 돈과 캔디의 가격을 저장할 변수 money와 candy_price를 정수형 변수로 선언한다. 최대한 살 수 있는 사탕의 수는 money/candy_price로 계산할 수 있다. 정수형 변수끼리의 나눗셈이므로 소수점 이하는 없어지게 된다. 나머지 돈의 money/candy_price로 계산할 수 있다.

SOLUTION

# 최대한도의 사탕사기

modulo.cpp

```
#include <iostream>
using namespace std;

int main()
{
    int money;
    int candy_price;

    cout << "현재 가지고 있는 돈: ";
    cin >> money;
    cout << "캔디의 가격: ";
    cin >> candy_price;

    // 최대한 살 수 있는 사탕 수
    int n_candies = money / candy_price;
    cout << "최대로 살 수 있는 캔디의 개수=" << n_candies << endl;

    // 사탕을 구입하고 남은 돈
    int change = money % candy_price;
    cout << "캔디 구입 후 남은 돈=" << change << endl;
    return 0;
}
```

LAB

# 화씨온도를 섭씨온도로 바꾸기

우리나라는 섭씨 온도를 사용하지만 미국에서는 화씨 온도를 사용한다. 화씨 온도를 섭씨 온도로 바꾸는 프로그램을 작성하여 보자. 변환식은 다음과 같다.

$$섭씨온도 = \frac{5}{9}(화씨온도 - 32)$$

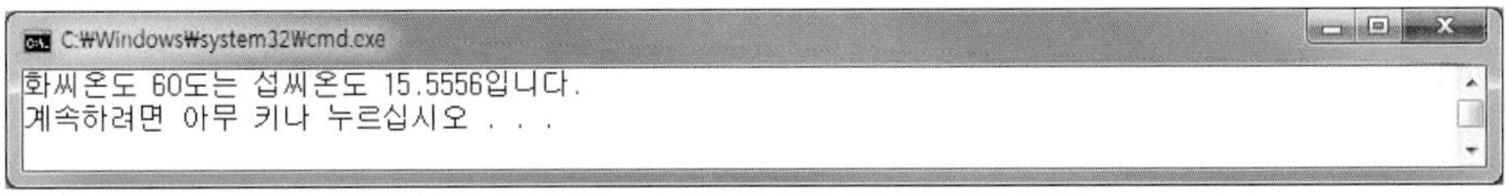


여기서 주의할 점은 수식을 입력할 때 `5/9`로 하면 안 된다는 점이다. `5/9`라고 적으면 정수간의 나눗셈이 되어서 항상 `0`으로 계산된다. 반드시 `5.0/9.0`으로 적어주어야 한다. 화씨 온도를 섭씨 온도로 바꾸는 변환식을 문장으로 만들어보면 다음과 같다.

```
c_temp = (5.0 / 9.0) * (f_temp - 32);
```

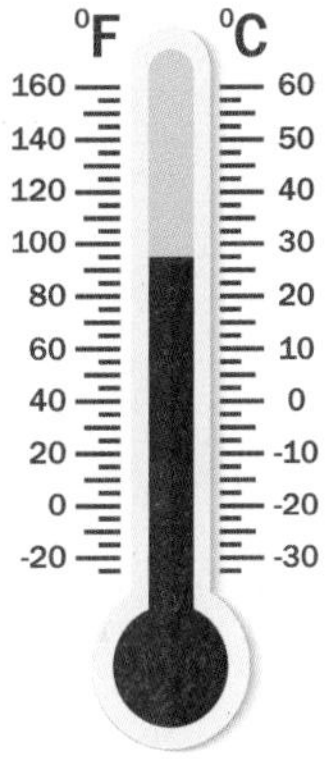

SOLUTION

# 화씨온도를 섭씨온도로 바꾸기

**temp.cpp**

```
#include <iostream>
using namespace std;

int main()
{
    double f_temp = 60;
    double c_temp;

    c_temp = (5.0 / 9.0) * (f_temp - 32);
    cout << "화씨온도 " << f_temp << "도는 섭씨온도 " << c_temp
                                                  << "입니다." << endl;
    return 0;
}
```

**도전문제**

1. 화씨 온도를 사용자로부터 받게끔 수정하라.
2. 이 프로그램과는 반대로 섭씨 온도를 입력하여 화씨 온도로 변환하는 프로그램을 작성하라.

LAB

# 주사위 게임

2개의 주사위를 던져서 주사위의 합을 표시하는 프로그램을 작성해보자. 주사위를 던지면 랜덤한 수가 나와야 한다. 따라서 난수를 생성하는 코드가 필요하다.

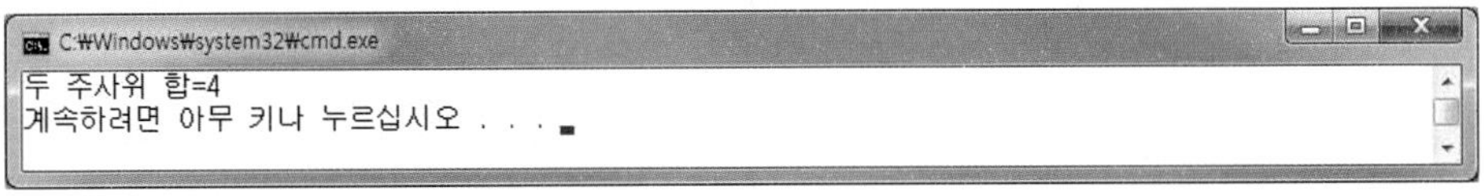


C++ 프로그램에서는 다음과 같은 문장을 이용하여 1부터 6 사이의 난수를 발생시킬 수 있다.

```
#include <iostream>
#include <ctime>
#include <cstdlib>
using namespace std;

int main()
{
   srand(time(NULL));
   int number = (rand()%6) + 1;
   return 0;
}
```

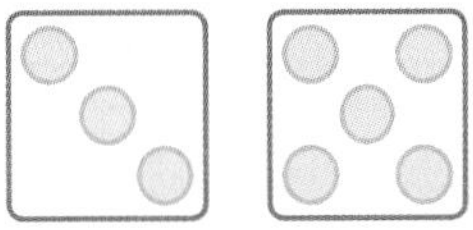

SOLUTION

# 주사위 게임

전체 소스는 다음과 같다.

dice.cpp

```
#include <iostream>
#include <ctime>
#include <cstdlib>
using namespace std;

int main()
{
    srand(time(NULL));
    int dice1 = (rand() % 6) + 1;
    int dice2 = (rand() % 6) + 1;

    cout << "두 주사위 합=" << dice1 + dice2 << endl;
    return 0;
}
```

**도전문제**

주사위의 개수를 6개로 늘려보자. 6개의 주사위를 랜덤하게 던지고 그 합을 계산하여서 출력한다.

## EXERCISE

1. 절차지향 프로그래밍과 객체 지향 프로그래밍을 비교하여 보시오. 인터넷을 참조해도 좋다.

| 프로그래밍 방법 | 개요 | 프로그램 작성 단위 | 대표적인 언어 |
|---|---|---|---|
| 절차 지향 프로그래밍 | | | |
| 객체 지향 프로그래밍 | | | |

2. C++언어는 C 언어에 무엇을 추가한 언어인가? 인터넷을 참고해도 좋다.

3. 다음 문장 중에서 틀린 부분을 올바르게 수정하시오.

❶ `#include <iostream.h>`

❷ `using std namespace;`

❸ `cin << 100;`

❹ `100 >> cout;`

4. 이름 공간(namespace)이란 무엇이며 왜 필요한가?

5. 이름 공간을 지정하는 문장 using namespace std;를 사용하지 않으려고 한다. 아래 코드는 어떻게 수정하여야 하는가?

```
#include <iostream>
#include <string>

int main()
{
   string name;
   cout << "이름을 입력하시오 "<< endl;
   cin >> name;
   return 0;
}
```

6. 다음 프로그램에 존재하는 오류를 수정하고 각 문장에 주석을 붙여보라.

```
#include <iostream.h>

int main
{
    cout < 'C++ is fast' < endl
    return 0;
}
```

7. 다음과 같은 의사 코드를 구현하는 C++ 프로그램을 작성해보자.

❶ speed 변수를 60 (km/h)로 설정한다.

❷ time 변수를 2.5 (시간)로 설정한다.

❸ 이동한 거리를 계산하고 distance 변수에 답을 저장한다.

❹ 계산된 거리를 적절한 메시지와 함께 사용자에게 표시한다.

## PROGRAMMING EXERCISE

1. 사용자에게 주어, 동사, 목적어를 각각 물어보고 이것들을 합하여(주어+동사+목적어) 형태로 출력하는 프로그램을 작성해보자.

```
C:\Windows\system32\cmd.exe
주어: I
동사: have
목적어: book

I have a book
계속하려면 아무 키나 누르십시오 . . .
```

**Tip** string 헤더 파일을 포함하여 string 클래스를 사용하면 간편하다. 목적어를 출력하기 전에 "a"를 출력한다.

2. 사용자의 나이를 물어보고 10년 후에 몇 살이 되는지를 출력하는 프로그램을 작성해보자.

```
C:\Windows\system32\cmd.exe
나이: 20
10년 후에는 30살이 됩니다.
계속하려면 아무 키나 누르십시오 . . .
```

**Tip** 나이를 나타내는 변수 age를 선언하고 age+10을 출력한다.

3. 직각 삼각형의 양면 길이를 읽어서 빗변 길이를 계산하는 프로그램을 작성하라.

```
C:\Windows\system32\cmd.exe
첫 번째 변: 3
두 번째 변: 4

빗변 길이: 5
계속하려면 아무 키나 누르십시오 . . .
```

**Tip** 피타고라스의 정리를 이용하여 빗변의 길이를 계산한다. 제곱근은 sqrt()로 계산한다. math.h 헤더 파일을 포함시킨다.

4. 상자의 길이(L), 너비(W), 높이(H)를 입력하라는 메시지를 표시한다. 그러면 프로그램은 상자의 부피와 표면적을 계산하여 표시하는 프로그램을 작성해 보자. 상자의 부피는 L × W × H와 같고 상자의 표면적은 2 × [(L × W) + (L × H) + (H × W)]와 같다.

```
길이: 3
너비: 4
높이: 5

상자의 부피: 60
상자의 표면적: 94
계속하려면 아무 키나 누르십시오 . . .
```

5. 우리나라에서 많이 사용되는 면적의 단위인 평을 평방미터로 환산하는 프로그램을 작성하라. 여기서 1평은 3.3058 $m^2$이다. 변수들의 자료형은 어떤 것을 선택하는 것이 좋은가? 기호 상수를 이용하여 1평당 평방미터를 나타내어라.

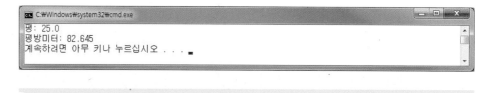

```
평: 25.0
평방미터: 82.645
계속하려면 아무 키나 누르십시오 . . .
```

**Tip** const를 변수 정의 앞에 붙이면 기호 상수가 된다.

6. 시, 분, 초로 표현된 시간을 초 단위의 시간으로 변환하는 프로그램을 작성하라. 예를 들어 1시간 1분 1초는 3661초이다.

```
시: 1
분: 1
초: 1
전체 초: 3661
계속하려면 아무 키나 누르십시오 . . .
```

**Tip** 1시간은 3600초이다.

**7.** 구의 표면적과 체적을 구하는 프로그램을 작성하라. 구의 반지름은 실수로 입력된다. 아래의 공식을 사용하라.

$$A = 4\pi r^2$$

$$V = \frac{4}{3}\pi r^2$$

```
C:₩Windows₩system32₩cmd.exe
반지름: 5.0
표면적: 3114.16
부피: 5190.27
계속하려면 아무 키나 누르십시오 . . .
```

**Tip** 세 번 곱하는 것은 그냥 r*r*r로 적어주면 간편하다. pow(r, 3) 함수를 사용하여도 된다.

**8.** 퀴즈, 중간고사, 기말고사의 성적을 사용자로부터 입력받아서 성적 총합을 계산하는 프로그램을 작성해보자.

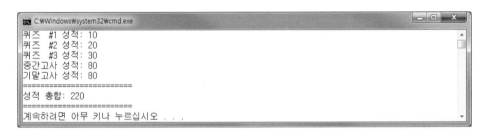

```
C:₩Windows₩system32₩cmd.exe
퀴즈  #1 성적: 10
퀴즈  #2 성적: 20
퀴즈  #3 성적: 30
중간고사 성적: 80
기말고사 성적: 80
==========================
성적 총합: 220
==========================
계속하려면 아무 키나 누르십시오 . . .
```

**Tip** 사용자로부터 값을 받을 때는 cin을 사용한다.

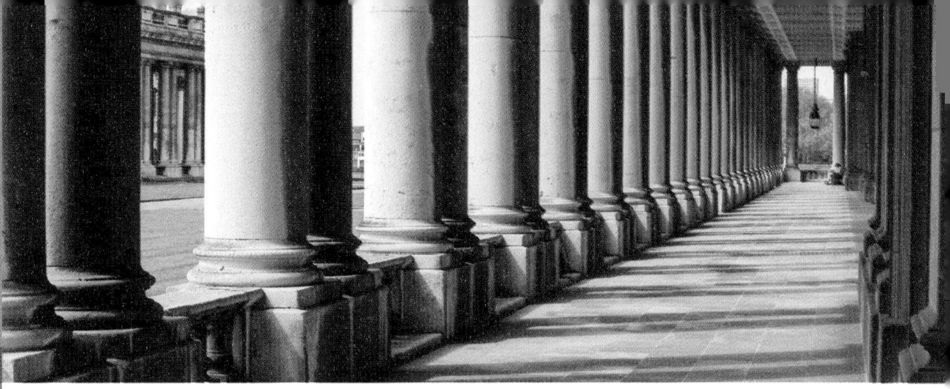

CHAPTER

# 02 제어 구조와 배열

## 학습목표

- if-else 문에 대하여 학습한다.
- 중첩 if-else 문에 대하여 학습한다.
- while 문에 대하여 학습한다.
- for 문에 대하여 학습한다.
- 배열에 대하여 학습한다.

## 학습목차

저는 C언어는 이미 배웠는데 이번 장은 안 봐도 되나요?
최근의 버전 C++14에서는 많은 부분이 업그레이드되었습니다. 주의하세요!

# 02.1 이번 장에서 만들어 볼 프로그램

이번 장에서는 다음과 같은 프로그램을 작성해본다.

**1.** 숫자 맞추기 게임을 구현해보자.

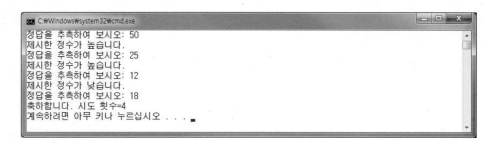

```
C:\Windows\system32\cmd.exe
정답을 추측하여 보시오: 50
제시한 정수가 높습니다.
정답을 추측하여 보시오: 25
제시한 정수가 높습니다.
정답을 추측하여 보시오: 12
제시한 정수가 낮습니다.
정답을 추측하여 보시오: 18
축하합니다. 시도 횟수=4
계속하려면 아무 키나 누르십시오 . . .
```

**2.** 초등학교 조카를 위하여 산수 문제를 자동으로 출제하고 채점하는 프로그램을 만들어보자.

```
C:\Windows\system32\cmd.exe
산수 문제를 자동으로 출제합니다.
41+67=108
맞았습니다.
계속하려면 아무 키나 누르십시오 . . .
```

**3.** Tic-Tac-Toe 게임을 작성해보자.

```
C:\Windows\system32\cmd.exe
(x, y) 좌표: 1 1
---|---|---
   |   |
---|---|---
   | X |
---|---|---
   |   |
---|---|---
(x, y) 좌표: 2 2
---|---|---
   |   |
---|---|---
   | X |
---|---|---
   |   | 0
---|---|---
(x, y) 좌표:
```

# 02.2 제어 구조

1장에서 작성한 프로그램은 간단한 실행 모델을 따른다. 즉 첫 번째 문장부터 실행하고 순차적으로 다음 문장을 실행한다. 그러나 많은 프로그래밍 상황에서 이 순차적인 프로그램 실행 흐름은 적합하지 않다. 이것은 자동차를 운전할 때 직진만 계속하는 것과 같다. 운전을 하다보면 상황에 따라 좌회전이나 우회전도 하여야 한다.

순차 구조, 선택 구조, 반복 구조는 프로그램을 이루는 3가지의 중요한 제어 구조이다. 대부분의 프로그램은 3가지의 제어 구조를 조립하여 이루어진다.

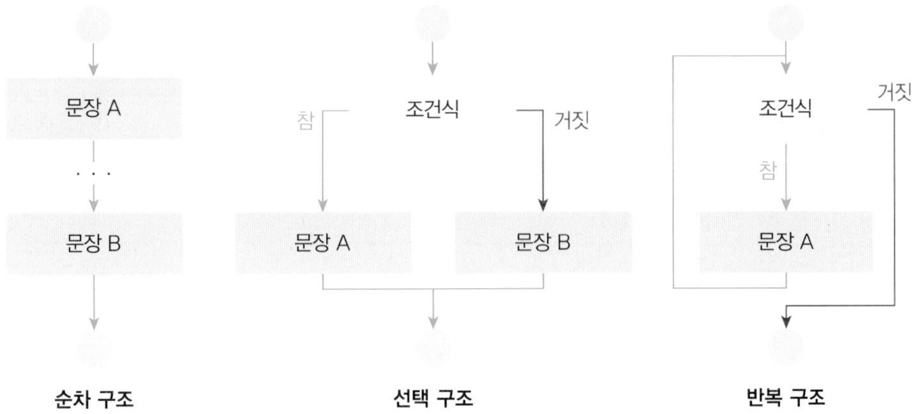


이 장에서는 C++의 관계 연산자와 논리 연산자를 소개하고 선택 구조인 `if-else` 문을 설명한다. 반복 구조로는 `while` 문과 `for` 문을 학습한다. 또 여러 개의 변수를 동시에 만들 수 있는 배열에 대하여 학습한다.

## 관계 연산자

관계 연산자(`relational operator`)는 두 개의 피연산자를 비교하는데 사용된다. 예를 들면 "x와 y가 같은가?", "x가 y보다 큰가?" 등을 따지는데 사용된다. 관계 연산자의 결과는 참(`true`) 아니면 거짓(`false`)으로 계산된다. C++에서는 다음과 같은 6가지의 관계 연산자를 사용한다.

```
(1 == 2) // 거짓(false)
(10 > 4) // 참(true)
(2 != 3) // 참(true)
```

**표 2.1** 관계 연산자

| 연산자 | 의미 |
|---|---|
| x == y | x와 y가 같은가? |
| x != y | x와 y가 다른가? |
| x > y | x가 y보다 큰가? |
| x < y | x가 y보다 작은가? |
| x >= y | x가 y보다 크거나 같은가? |
| x <= y | x가 y보다 작거나 같은가? |

참이나 거짓을 저장할 수 있는 자료형은 `bool`이다. `bool` 형식의 변수는 `true` 및 `false` 값을 가질 수 있다. 예를 들어, 수식 `(1 == 2)`은 `false` 값을 갖는다. 관계 연산자를 이용하여 간단한 관계 수식을 만들고 수식의 결과를 `bool` 변수에 저장하고 출력하여 보자.

**bool.cpp**

```
#include <iostream>
using namespace std;

int main() {
   bool b;
   b = (1 == 2);

   cout << std::boolalpha;
   cout << b << endl;

   return 0;
}
```

부울값을 true 또는 false로 출력하게 한다. 이것이 없으면 1 또는 0으로 출력된다.

**실행결과**

```
C:\Windows\system32\cmd.exe
false
계속하려면 아무 키나 누르십시오 . . .
```

C++에 `bool` 타입이 도입되기 전까지는 참과 거짓을 나타낼 때에 정수값을 사용하였다. 즉 `0`의 값은 거짓으로 간주되었고 `0`을 제외한 모든 값은 참으로 간주되었다. 관계 연산자나 논리 연산자는 수식이 참이면 `1`을 생성하였고 거짓이면 `0`을 생성하였다. 현재에도 예전 프로그램과의 호환성을 위하여 C++는 `bool` 타입과 `int` 타입은 서로 호환된다.

## 논리 연산자

논리 연산자는 여러 개의 조건을 조합하여 참인지 거짓인지를 따질 때 사용한다. 예를 들어 "비가 오거나 눈이 오면 지하철을 이용한다."라는 문장에는 "비가 온다"는 조건과

"눈이 온다"는 조건 중에서 하나라도 만족되면 지하철을 이용한다는 의미가 포함되어 있다. C++에는 조건들을 다양하게 묶을 수 있는 논리 연산자들이 준비되어 있다.

표 2.2 논리 연산자

| 연산자 | 의미 |
|---|---|
| x && y | AND 연산, x와 y가 모두 참이면 참, 그렇지 않으면 거짓 |
| x \|\| y | OR 연산, x나 y중에서 하나만 참이면 참, 모두 거짓이면 거짓 |
| !x | NOT 연산, x가 참이면 거짓, x가 거짓이면 참 |

AND 연산자는 두 개의 피연산자가 모두 참일 때만 연산 결과가 참이 된다.

```
(x == 3) && (y == 3)
```

위의 수식에서 x의 값이 3이고 y의 값이 3인 경우에만 참이 된다. 만약 어느 하나라도 3이 아니면 전체 수식의 값은 거짓이 된다.

OR 연산자는 하나의 피연산자만 참이면 연산 결과가 참이 된다.

```
(x == 3) || (y == 3)
```

위의 수식에서 x나 y 중에서 하나만 3이면 전체 수식은 참이 된다.

NOT 연산자는 피연산자의 값을 반대로 만든다. 즉 참이면 거짓으로, 거짓이면 참으로 만든다.

```
!(x == 3)
```

위의 수식의 값은 x가 3이면 거짓이 되고 x가 3이 아니면 참이 된다.

**중간점검**

1 관계 수식의 결과로 생성될 수 있는 값은 무엇인가?

2 (3 >= 2) + 5의 값은?

3 다음의 조건에 해당하는 논리 연산식을 만들어 보시오. 변수는 적절하게 선언되어 있다고 가정한다.

"무주택 기간 3년 이상, 가구주의 연령이 40세 이상, 가족의 수가 3명 이상"

4 C++에서 "2< x <10"와 같은 수식을 잘못된 결과를 가진다. 올바르게 수정해보자.

5 다음 수식의 값은?

```
(true && false) || (false)
```

# 02.3 if–else 문

if-else 문장은 주어진 조건이 참이냐 거짓이냐에 따라서 서로 다른 문장을 실행한다. if-else 문은 다음과 같은 형식을 가진다.

문법 2.1 if-else 문

```
if ( 조건식 )  {
     문장1
}
else {
     문장2
}
```

if-else 문에서 조건식이 참이면 문장1이 실행된다. 조건식이 거짓이면 문장2가 실행된다. 예를 들어서 다음의 문장은 변수 x가 100이면 “x가 100입니다”를 출력한다. 변수 x가 100이 아니면 “x가 100이 아닙니다.”를 출력한다.

```
if( x == 100 )
   cout << "x가 100입니다." << endl;
else
   cout << "x가 100이 아닙니다." << endl;
```

여기서 else 절은 생략될 수도 있다.

```
if( x == 100 )
   cout << "x가 100입니다." << endl;
```

만약 조건에 따라서 두 개 이상의 문장이 실행되어야 한다면 다음과 같이 중괄호를 이용하여 문장들을 묶어서 한꺼번에 실행시킬 수 있다.

```
if( x == 100 ) {
   cout << "x의 값을 출력합니다." << endl;
   cout << "x가 100입니다." << endl;
}
```

## 예제 #1

하나의 예로 사용자로부터 받은 두개의 정수 중에서 더 큰 수를 찾는 프로그램을 작성하여 보자.

**greater.cpp**

```cpp
#include <iostream>
using namespace std;

int main() {
    int x, y;

    cout << "x값을 입력하시오: "; // 입력 안내 출력
    cin >> x;

    cout << "y값을 입력하시오: "; // 입력 안내 출력
    cin >> y;

    if (x > y)
        cout << "x가 y보다 큽니다. " << endl;
    else
        cout << "y가 x보다 큽니다. " << endl;
    return 0;
}
```

**실행결과**

```
C:\Windows\system32\cmd.exe
x값을 입력하시오: 10
y값을 입력하시오: 20
y가 x보다 큽니다.
계속하려면 아무 키나 누르십시오 . . .
```

# 02.4 중첩 if-else 문

if…else문은 조건식이 참인지 거짓인지에 따라 2개의 문장 중에서 하나를 실행한다. 가끔은 3개 이상의 조건을 검사해야 하는 경우도 있다. 이럴 때는 연속적인 if-else 문을 사용하면 된다. 연속적인 if-else 문으로 여러 조건을 검사하고 각 조건에 대해 서로 다른 코드를 실행할 수 있다.

**문법 2.2** 중첩 if-else 문

```
if ( 조건식 )  {
    문장1
}
else if {
    문장2
}
else {
    문장3
}
```

예를 들어서 변수 x의 값이 양수, 음수, 0인지를 검사하는 코드는 다음과 같다.

```
if (x > 0)
   cout << "x는 양수입니다." << endl;
else if (x < 0)
   cout << "x는 음수입니다." << endl;
else
   cout << "x는 0입니다." << endl;
```

만약 x가 0보다 크면 "x는 양수입니다."가 출력된다. 그렇지 않고 x가 0보다 작으면 "x는 음수입니다."가 출력된다. 이것도 아니라면 "x는 0입니다."가 출력된다.

간단한 예제로 사용자로부터 나이를 받아서 어린이, 청소년, 성인을 구분하는 프로그램을 작성하여 보자. 연속적인 if-else 문을 사용하여서 프로그램을 작성하였다.

**age.cpp**

```cpp
#include <iostream>
using namespace std;

int main()
{

   int age;      // 나이
   cout << "나이를 입력하시오: ";
   cin >> age;

   if (age <= 12)
      cout << "어린이입니다." << endl;
   else if (age <= 19)
      cout << "청소년입니다." << endl;
   else
      cout << "성인입니다." << endl;

   return 0;
}
```

**실행결과**

```
C:\Windows\system32\cmd.exe
나이를 입력하시오: 20
성인입니다.
계속하려면 아무 키나 누르십시오 . . .
```

**참고** C++에서는 다음과 같이 if-else 문장 안에서 변수 선언도 가능하다.

```cpp
if( int condition=get_status() ) { ... }
```

이 경우 get_status()의 반환값이 condition 변수에 저장되고 이 값이 참이면 블록이 실행된다.

**중간점검**

1 컵의 사이즈를 받아서 100 ml미만은 small, 100 ml이상 200 ml미만은 medium, 200 ml 이상은 large라고 출력하는 if-else 문을 작성하시오.

LAB

# 비밀 코드 맞추기

컴퓨터가 숨기고 있는 비밀 코드를 추측하는 게임을 작성해보자. 비밀 코드는 a부터 z 사이의 문자이다. 컴퓨터는 사용자의 추측을 읽고 자신의 비밀 코드와 비교하며 비밀코드가 앞에 있는지 아니면 뒤에 있는지를 알려준다. 즉 사용자에게 힌트를 준다. 예를 들어 비밀 코드가 h이고 플레이어가 c를 입력하면 화면에 "c 뒤에 있음"과 같은 내용이 표시된다.

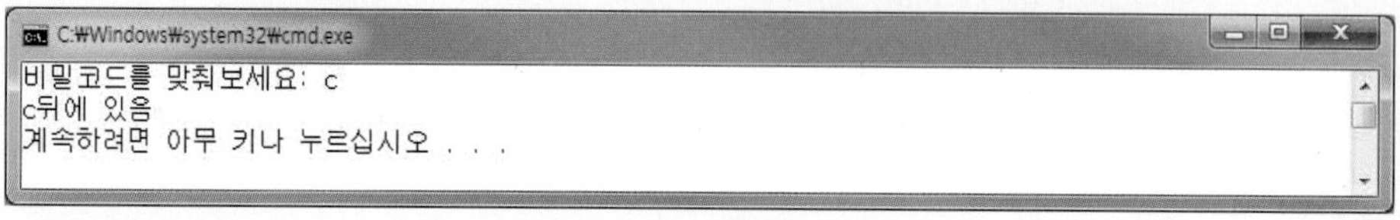


다행스럽게도 C++의 관계 연산자는 문자도 비교할 수 있다. C++는 알파벳 순서에 따라 문자를 비교한다. 문자 a가 문자 b보다 알파벳 순서로 앞에 있기 때문에 a < b 라는 수식은 참을 반환한다.

SOLUTION

# 비밀 코드 맞추기

code.cpp

```
#include <iostream>
using namespace std;

int main()
{
    char secret_code = 'h';

    cout << "비밀코드를 맞춰보세요: " ;
    char code;
    cin >> code;
    if (code < secret_code)
        cout << code << "뒤에 있음" << endl;
    else if (code > secret_code)
        cout << code << "앞에 있음" << endl;
    else
        cout << "맞추었습니다." << endl;
    return 0;

}
```

LAB

# 세 개의 정수 중에서 큰 수 찾기

사용자로부터 받은 3개의 정수 중에서 가장 큰 수를 찾는 프로그램을 작성해보자.

동일한 문제라고 하더라도 여러 가지 알고리즘을 생각할 수 있다. 이 문제에 대한 알고리즘도 여러 가지가 존재한다. 3개의 정수 중에서 가장 큰 수를 찾을 때 논리 연산자와 연속적인 `if-else`문을 사용하여서 다음과 같이 작성할 수도 있다.

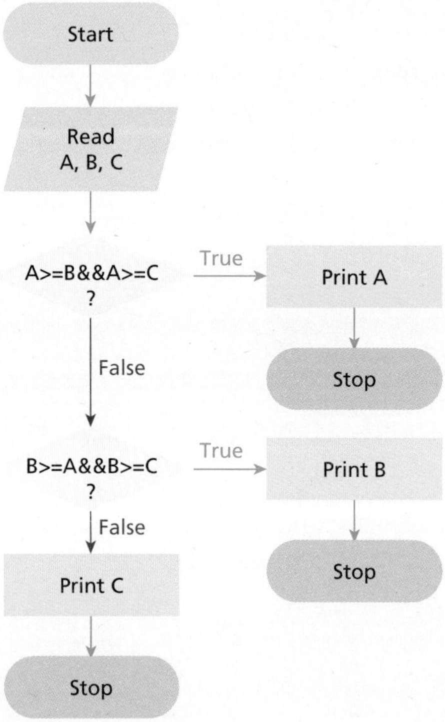

SOLUTION

# 세 개의 정수 중에서 큰 수 찾기

**larger.cpp**

```
#include <iostream>
using namespace std;

int main()
{
   int a, b, c, largest;

   cout << "3개의 정수를 입력하시오: ";
   cin >> a >> b >> c;

   if (a > b && a > c)          // a가 b보다 크고 a가 c보다 크면
      largest = a;
   else if (b > a && b > c)     // b가 a보다 크고 b가 c보다 크면
      largest = b;
   else                         // 그렇지 않으면 c가 최대값인 것은 자명하다.
      largest = c;

   cout << "가장 큰 정수는" << largest << endl;
   return 0;
}
```

# 02.5 switch 문

switch 문은 여러 개의 가능한 실행 경로 중에서 하나를 선택하는데 사용된다. switch문은 switch 안에 들어 있는 수식을 계산하여서 case 절과 비교한다. 일치하는 case 절이 있으면 case 절의 문장들이 실행되다가 break 문에 도달하면 종료된다. 만약 case 절에서 일치하는 정수값을 찾지 못하면 최종적으로 default 절이 실행된다. switch 문은 정수형에 대해서만 동작하는 것에 유의하라.

예를 들어서 정수를 입력받아서 영어로 출력하는 프로그램을 살펴보자. 만약 사용자가 2를 입력하였다면 화살표와 같은 순서를 거쳐서 실행된다.

**switch.cpp**

```
#include <iostream>
using namespace std;     // 지금부터 이름공간으로 std를 사용한다.

int main()
{
    int number;
    cout << "숫자를 입력하시오:";
    cin >> number;
    switch (number) {
    case 0:
        cout << "zero\n";
        break;
    case 1:
        cout << "one\n";
        break;
    case 2:
        cout << "two\n";
        break;
    default:
        cout << "many\n";
        break;
    }

    return 0;
}
```

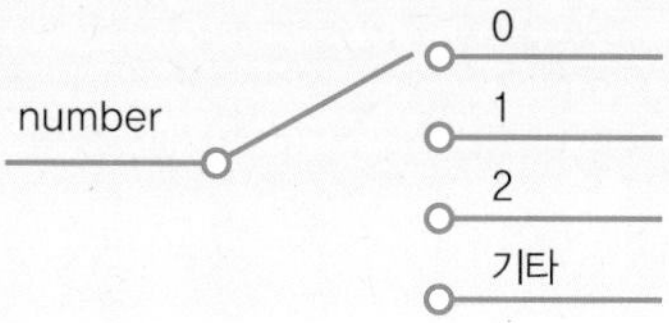

**실행결과**

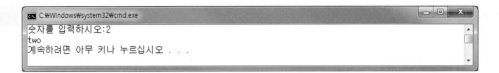

```
C:\Windows\system32\cmd.exe
숫자를 입력하시오:2
two
계속하려면 아무 키나 누르십시오 . . .
```

만약 `case` 절 안에 `break` 문이 없으면 다음 `case`절의 문장들을 계속하여 실행하게 된다. `default` 문은 어떤 `case` 문과도 일치되지 않는 경우에 선택되어 실행된다. `default`문은 없을 수도 있다. 미처 예상하지 못한 값을 알아내기 위하여 가급적 `default` 문을 포함시키는 것이 좋다.

**중간점검**

1. case 절에서 break 문을 생략하면 어떻게 되는가?
2. 변수 fruit의 값이 각각 1, 2, 5일 때, 다음 코드의 출력을 쓰시오.

```
switch(fruit) {
   case 1:  cout <<"사과";
            break;
   case 2:  cout <<"배";
   case 3:  cout <<"바나나";
            break;
   default: cout <<"과일";
}
```

# 02.6 while 루프

반복 구조는 같은 처리 과정을 여러 번 되풀이하는 구조이다. `while` 루프는 조건이 만족되면 반복을 계속하는 구조이다.

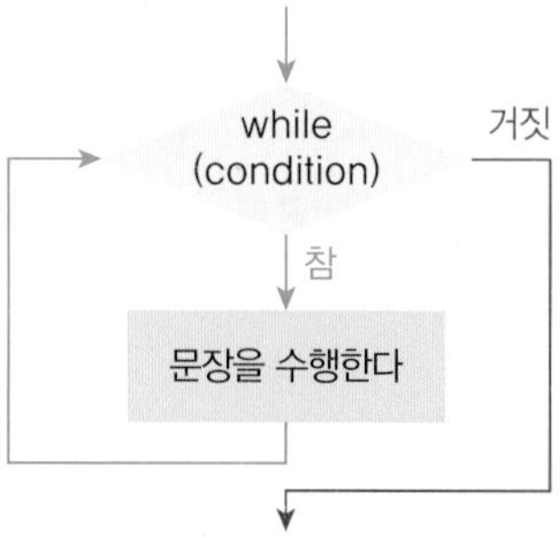


`while` 루프의 문법은 다음과 같다.

**문법 2.3** while 루프

```
while (조건식) {
    문장
}
```

`while` 루프는 조건식이 참이면 반복을 계속한다. 조건식이 거짓으로 계산되면 반복을 중단한다. 예를 들어서 카운트다운 예제를 만들어보자.

**countdown.cpp**

```
#include <iostream>
using namespace std;

int main()
{
   int n = 10;
   while (n > 0) {
      cout << n << " ";
```

```
        n--;
    }
    cout << "발사! \n";
}
```

첫 번째 문장에서 변수 n을 10으로 설정한다. 10부터 카운트 다운된다. while 문에서 조건식 (n>0)이 참이면 블록이 반복 실행된다. 블록에서는 n의 값을 출력하고 n을 하나 감소시킨다. 이러한 반복은 조건식 (n>0)이 참인 동안에는 계속된다.

### 예제 #1

하나의 예제로 반복문을 사용하여서 구구단을 출력하여 보자.

**LoopExample2.cpp**

```
#include <iostream>
using namespace std;

int main()
{
    int n;
    int i = 1;

    cout << "구구단 중에서 출력하고 싶은 단을 입력하시오: ";
    cin >> n;
    while (i <= 9) {
        cout << n << "*" << i << "=" << n * i << endl;
        i++;
    }
    return 0;
}
```

실행결과

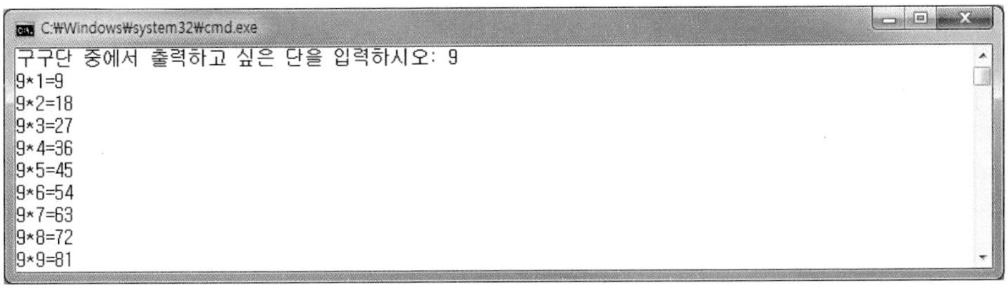

C:\Windows\system32\cmd.exe
구구단 중에서 출력하고 싶은 단을 입력하시오: 9
9*1=9
9*2=18
9*3=27
9*4=36
9*5=45
9*6=54
9*7=63
9*8=72
9*9=81


### 프로그램 설명

여기서는 먼저 사용자로부터 출력하고 싶은 구구단의 단수를 받아서 변수 n에 저장한다. 여기서의 루프 제어 변수는 i이다. i의 초기값이 0이 아니고 1인 것에 유의하라. 구구단은 1부터 곱해야 하기 때문에 0이 아니고 1로 초기화를 하였다. 그리고 반복 루프도 9보다 작거나 같을 때까지 반복하도록 하였다.

## do-while 루프

do-while 루프는 while 루프와 아주 유사하지만 먼저 문장을 실행하고 조건을 나중에 검사한다. do-while 루프의 형식은 다음과 같다.

**문법 2.4 do-while 문**

```
do {
    문장
} while( 조건식 );
```

do-while 루프에서는 조건이 만족되지 않아도 적어도 한번은 "문장"을 실행한다. 예를 들어서 사용자가 "종료"를 입력하기 전까지는 사용자의 입력을 그대로 화면에 출력하는 프로그램을 작성해보자.

```
C:\Windows\system32\cmd.exe
문자열을 입력하시오: dog
사용자의 입력: dog
문자열을 입력하시오: cat
사용자의 입력: cat
문자열을 입력하시오: 종료
사용자의 입력: 종료
계속하려면 아무 키나 누르십시오 . . .
```

**do_while.cpp**

```
#include <iostream>
#include <string>
using namespace std;

int main()
{
    string str;
    do {
        cout << "문자열을 입력하시오: ";
        getline(cin, str);
        cout << "사용자의 입력: " << str << endl;
    } while (str != "종료");
    return 0;
}
```

getline()은 사용자로부터 한 줄의 텍스트를 받을 때 사용하는 함수이다. str << cin; 문장을 사용하면 하나의 단어밖에 입력받지 못한다. do-while 루프는 일반적으로 "문장"이 한번은 실행되어야 하는 경우에 선호된다.

# 02.7 for 루프

for 루프는 일정한 횟수만큼 반복할 때 유용하게 사용된다. for 루프의 형식은 다음과 같다.

**문법 2.5** for 루프

```
for( 초기식 ; 조건식 ; 증감식 ) {
    문장
}
```

초기식을 실행한 후에 조건식이 참인 동안, 문장을 반복한다. 한번 반복이 끝날 때마다 증감식이 실행된다.

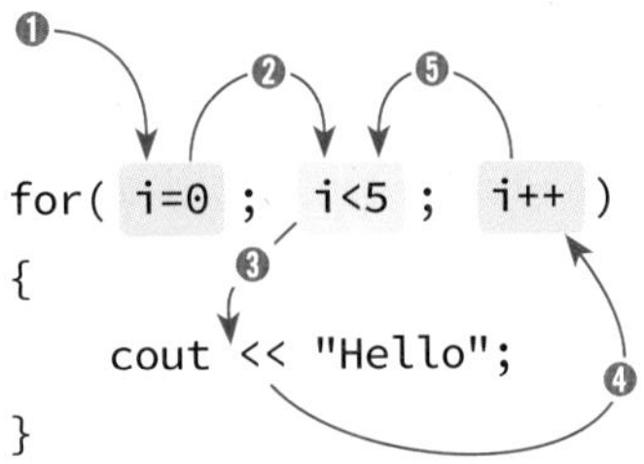


- ❶ 초기식은 반복에 사용되는 변수를 선언하거나 초기화한다. 반복이 시작될 때 딱 한번 실행된다.
- ❷, ❸ 만약 조건식이 참이면 문장을 실행한다. 거짓으로 계산되면 반복은 종료하게 된다.
- ❹ 증감식은 한 번의 반복 뒤에 실행된다. 증감식은 제어 변수를 증가하거나 감소하게 된다.
- ❺ 다시 조건을 검사한다. 참이면 반복을 계속하고 거짓이면 반복을 중단한다.

간단한 예로 1부터 10까지의 정수를 더하여 합을 구하는 프로그램을 살펴보자.

**sum.cpp**

```
#include <iostream>
using namespace std;

int main()
```

```
05 {
06     int sum = 0;
07     for (int i = 1; i <= 10; i++)
08             sum += i;
09
10     cout << "1부터 10까지의 정수의 합 = " << sum << endl;
11     return 0;
12 }
```

C++에서는 for문의 초기식에서 변수를 선언할 수 있다.

**실행결과**

```
C:\Windows\system32\cmd.exe
1부터 10까지의 정수의 합 = 55
계속하려면 아무 키나 누르십시오 . . .
```

### 프로그램 설명

- 6 변수 sum은 정수들의 합을 저장한다.
- 7-8 유의할 점은 초기식 안에서 변수를 선언하는 방법이다. 이 변수의 범위는 선언된 위치에서부터 for 블록의 끝까지이다. 통상적으로 루프를 제어하는데 사용되는 변수는 초기식에서 선언하는 것이 좋다. 이들 변수를 초기식 안에 선언하는 것은 변수의 생존 범위를 제한하고 따라서 오류를 줄이게 된다.

  for 문에서 첫 번째 단계인 초기화 문장은 i = 1이다. 즉 변수 i의 초기값을 1로 만드는 것이다. for 문의 두 번째 단계는 i <= 10이다. 이것은 변수 i가 10보다 작거나 같은지를 검사한다. i는 1로 초기화되어 있으므로 조건은 참이 되고 sum += i; 문장이 실행되어 sum에 1이 더해진다. 다시 증감 문장인 i++가 실행되고 i의 값은 2가 된다. 다시 조건 i<=10이 검사되고 참이므로 다시 sum += i; 문장이 실행되어 sum에 2가 더해진다. for 문은 조건식이 거짓이 될 때까지 계속 실행되고 i가 11이 되면 조건식이 거짓이 된다.
- 10 조건식이 거짓이 되면 for 문이 끝나게 되고 for 문 아래에 있는 cout 문이 실행되어서 화면에 sum의 값이 출력된다.

### 예제

이번 예제에서는 팩토리얼 값을 계산하여 보자. 팩토리얼이란 다음과 같이 정의된다.

$$n! = 1 \times 2 \times 3 \times \ldots \times n$$

**Factorial.cpp**

```
#include <iostream>
using namespace std;

```

```
int main()
{
    long fact = 1;
    int n;

    cout << "정수를 입력하시오:";
    cin >> n;

    for (int i = 1; i <= n; i++)
        fact = fact * i;

    cout << n << "!은 " << fact << "입니다.\n";

    return 0;
}
```

**실행결과**

```
C:\Windows\system32\cmd.exe
정수를 입력하시오:10
10!은 3628800입니다.
계속하려면 아무 키나 누르십시오 . . .
```

### 프로그램 설명

- C++에서는 초기식에서 필요한 변수를 선언할 수 있다. 위의 예에서 루프를 제어하는 변수인 i가 초기식에서 선언되었다.
- 먼저 변수 fact를 long형으로 정의한다. 팩토리얼의 값은 생각보다 아주 커질 수 있다. 여기서 fact의 초기값은 반드시 1이어야 한다. 0이면 안 된다. 왜냐하면 팩토리얼은 정수를 전부 곱해서 계산하는 것이므로 초기값이 0이면 결과는 0이 되어 버린다. 따라서 반드시 1로 초기화를 시켜야 한다.
- 사용자로부터 정수를 하나 입력받는다. 입력받은 정수는 변수 n에 저장된다. for 루프를 사용하여 fact에 i의 값을 곱한 결과값을 다시 fact에 저장한다. i의 초기값도 0이 아닌 1이어야 한다. n까지 곱해져야 하므로 for 루프가 끝나는 값도 n이 된다.

## break 문

break 문은 반복 루프를 벗어나기 위하여 사용한다. 반복 루프 안에서 break 문이 실행되면 반복 루프는 즉시 중단되고 반복 루프 다음에 있는 문장이 실행된다.

**break.cpp**

```
#include <iostream>
using namespace std;
```

```
int main()
{
    for (int i = 1; i < 10; i++)
    {
        cout << i << " ";
        if (i == 4)
                break;
    }
    return 0;
}
```

i가 4가 되면 반복루프를 빠져 나온다.

실행결과

```
C:\Windows\system32\cmd.exe
1 2 3 4 계속하려면 아무 키나 누르십시오 . . .
```

## continue 문

continue 문은 현재 수행하고 있는 반복 과정의 나머지를 건너뛰고 다음 반복 과정을 강제적으로 시작하게 만든다. 반복 루프에서 continue 문을 만나게 되면 continue 문 다음에 있는 후속 코드들은 실행되지 않고 건너뛰게 된다.

**continue.cpp**

```
#include <iostream>
using namespace std;

int main()
{
    int i = 0;
    do {
            i++;
            cout << "continue 문장 전에 있는 문장" << endl;
            continue;
            cout << "continue 문장 후에 있는 문장" << endl;
    } while (i < 3);
    return 0;
}
```

실행결과

```
C:\Windows\system32\cmd.exe
continue 문장 전에 있는 문장
continue 문장 전에 있는 문장
continue 문장 전에 있는 문장
계속하려면 아무 키나 누르십시오 . . .
```

중간점검

**1** 다음 코드의 출력을 쓰시오.

```
int n = 12;
while (n > 0) {
   n = n - 2;
   if( n == 6 )
      break;
   cout << n << endl;
}
```

Q&A

**Q** 3가지의 반복문 for, while, do...while 중에서 어떤 것을 사용해야 하나요?

**A** 여기에 대한 대답은 "음, 글쎄요…, 편한대로…"이다. 이렇게 대답할 수 밖에 없는 이유는 개인적인 취향을 타기 때문이다. 일반적인 선택 기준은 루프의 반복 횟수를 아는 경우에는 for 루프가 while 루프에 비하여 약간 더 편리하다고 할 수 있다. 즉 루프 제어 변수를 증가하는 것을 잊어버린다거나 하는 일이 while 루프에 비하여 덜 발생한다. 만약 조건만 존재하고 정확한 반복 회수는 모르는 경우에는 while 구조가 좋다. 만약 반드시 한번은 수행되어야 하는 문장들이 있다면 do...while 구조가 제격이다.

또한 while과 for는 반복하기 전에 조건을 검사하는 구조이고 do...while은 먼저 실행한 후에 반복 조건을 검사한다. 특별한 경우가 아닌 일반적인 경우에는 반복을 하기 전에 조건 검사를 하는 것이 좋다. 뭐든지 실행하기 전에 면밀하게 사전 조사를 하는 것이 좋은 것과 마찬가지이다.

## LAB 자음과 모음 개수 세기

사용자로부터 영문자를 받아서 자음과 모음의 개수를 세는 프로그램을 작성하여 보자. 모음보다는 자음이 훨씬 많으므로 default를 이용하여서 자음을 세도록 하자.

C:\Windows\system32\cmd.exe
영문자를 입력하고 콘트롤-Z를 치세요
a
b
c
d
e
^Z
모음: 2
자음: 3

사용자로부터 문자를 받으려면 문자형 변수를 선언한 후에 다음과 같이 한다.

```
char ch;
cin >> ch;
```

모음의 경우에는 case 절을 각각 만들어 주고 자음의 경우에는 default 절을 사용해 보자.

```
switch (ch) {
   case 'a': case 'i': case 'e': case 'o': case 'u':
      // 모음 처리
   default:
      // 자음 처리
}
```

SOLUTION

# 자음과 모음 개수 세기

letters.cpp

```
#include <iostream>
using namespace std;

int main()
{
   int vowel = 0, consonant = 0;
   char ch;

   cout << "영문자를 입력하고 콘트롤-Z를 치세요" << endl;
   while (cin >> ch) {
      switch (ch) {
      case 'a':  case 'i':  case 'e':  case 'o':  case 'u':
         vowel++;   break;
      default:
         consonant++;   break;
      }
   }
   cout << "모음: " << vowel << endl;
   cout << "자음: " << consonant << endl;
   return 0;
}
```

도전문제

대문자도 모음과 자음으로 분리해 보자.

# 숫자 맞추기 게임

if 문과 do...while 문을 동시에 사용하는 예제를 작성하여 보자. 이 예제는 숫자 알아맞히기 게임이다. 프로그램은 1부터 100사이의 정수를 저장하고 있고 사용자는 질문을 통하여 그 정수를 알아맞히려고 노력한다. 사용자가 답을 제시하면 프로그램은 자신이 저장한 정수와 비교하여 제시된 정수가 더 높은지 낮은지 만을 알려준다. 프로그램은 do...while 루프를 사용하여 사용자가 정확하게 정수를 알아맞힐 때까지 반복한다. 사용자가 정답을 알아맞히면 몇 번 만에 알아맞혔는지를 화면에 출력한다. 사용자가 제시한 정수와 정답을 비교하는데 if 문이 사용된다.

```
C:\Windows\system32\cmd.exe
정답을 추측하여 보시오: 50
제시한 정수가 높습니다.
정답을 추측하여 보시오: 25
제시한 정수가 높습니다.
정답을 추측하여 보시오: 12
제시한 정수가 낮습니다.
정답을 추측하여 보시오: 18
축하합니다. 시도 횟수=4
계속하려면 아무 키나 누르십시오 . . .
```

**도전문제**

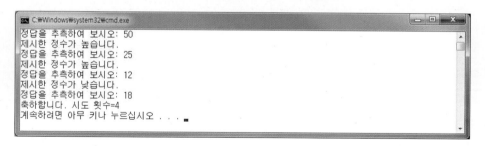

1. 프로그램을 수정하여 컴퓨터가 생성한 숫자를 사용자가 추측하는 대신, 사용자가 비밀리에 결정한 번호를 컴퓨터가 추측하도록 하라. 사용자는 컴퓨터가 추측한 숫자가 높거나 낮은지를 컴퓨터에 알려야한다.
2. 사용자가 어떤 숫자 (1-100)를 생각하던 간에 7번 이하의 추측으로 컴퓨터가 맞출 수 있도록 프로그램 1을 수정하라.

SOLUTION

# 숫자 맞추기 게임

guess_number.cpp

```
// 반복을 이용한 게임 프로그램
#include <iostream>
#include <time.h>
using namespace std;

int main()
{
   srand(time(NULL));

   int answer = rand() %100;    // 정답
   int guess;
   int tries = 0;
   // 반복 구조
   do {
      cout << "정답을 추측하여 보시오: ";
      cin >> guess;
      tries++;

      if (guess >answer)        // 사용자가 입력한 정수가 정답보다 높으면
         cout << "제시한 정수가 높습니다.\n";
      if (guess <answer)        // 사용자가 입력한 정수가 정답보다 낮으면
         cout << "제시한 정수가 낮습니다.\n";
   } while (guess != answer);

   cout << "축하합니다. 시도 횟수=" << tries << endl;

   return 0;
}
```

3개의 변수가 선언되어서 사용된다. 변수 answer는 정답을 저장하고 있다. 현재 정답은 59로 고정되어 있어서 변경이 안 되지만 난수 발생기를 사용한다면 실행할 때마다 무작위로 숫자를 결정할 수 있다. 변수 guess에는 사용자가 입력한 정수가 저장된다. 만약 answer와 guess가 일치하면 반복이 종료된다. tries는 사용자의 시도 회수를 기록한다.

반복 루프는 do…while 루프를 이용하여 구현되었다. 먼저 사용자로부터 정수를 받아야 하기 때문이다. 정수를 Scanner 객체를 통하여 받은 후에, 이것을 answer에 저장된 정수와 비교한다. if 문을 사용하여 guess가 answer보다 작은지 큰지를 검사하여 적당한 메시지를 출력한다. do…while 루프의 마지막 조건 검사 부분에서 guess가 answer와 같은지를 검사한다. 만약 guess가 answer와 같으면 반복을 중단하고 시도 횟수를 출력한 다음에 종료한다.

LAB

# 도형의 면적 계산하기

여러 가지 도형의 면적을 계산하는 프로그램을 작성해보자. 사용자에게 도형을 선택하라고 요청한 후, 사용자의 입력을 기다리고 이를 처리하기 위해 3개의 `if-else` 블록을 사용한다. 사용자가 유효한 선택 사항 (즉, 1, 2, 3)을 입력하면 프로그램은 지정된 모양의 면적을 계산한다. 그렇지 않으면, 프로그램은 입력된 선택 사항이 유효하지 않음을 사용자에게 알린다.

```
C:\Windows\system32\cmd.exe
도형을 선택하시오(1, 2, 3): 1
가로: 100
세로: 200
면적: 20000
계속하려면 아무 키나 누르십시오 . . .
```

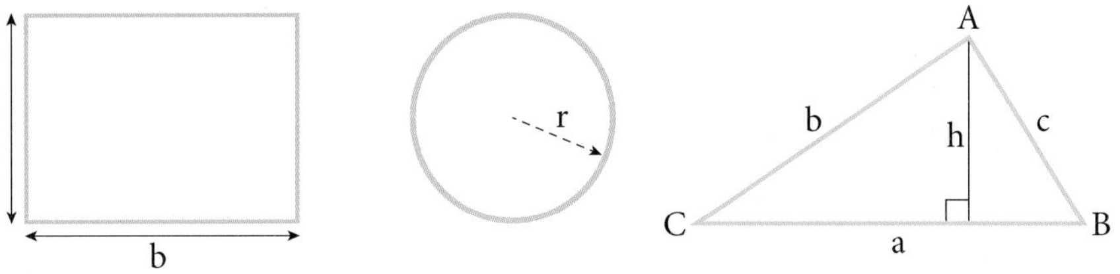


$A = ab$ $A = \pi r^2$ $A_\Delta = \frac{1}{2}ah$

SOLUTION

# 도형의 면적 계산하기

**shape_area.cpp**

```cpp
#include <iostream>
using namespace std;

int main()
{
   int choice, area, length, width;
   cout << "도형을 선택하시오(1, 2, 3): ";
   cin >> choice;
   if (choice == 1) { // 사각형
      cout << "가로: ";
      cin >> length;
      cout << "세로: ";
      cin >> width;
      area = length*width;
      cout << "면적: " << area << endl;
   }
   else if (choice == 2) { // 삼각형
   }
   else if (choice == 2) {       // 원
   }
   else {
      cout << "올바르지 못한 선택입니다." << endl;
   }
   return 0;
}
```

**도전문제**

삼각형과 원의 면적을 계산하는 코드를 추가해보자.

LAB

# 산수 문제 자동 출제

초등학교 학생들을 위한 산수 문제를 자동으로 출제하는 프로그램을 작성해보자. 덧셈 문제들을 자동으로 생성하여야 한다. 피연산자는 0에서 99사이의 숫자의 난수로 하자. 한번이라도 맞으면 종료한다.

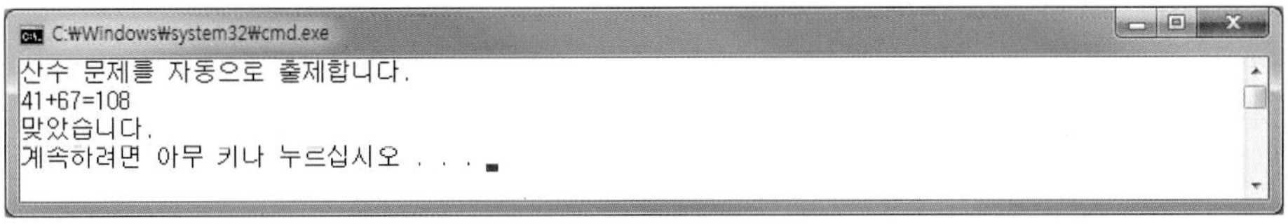


난수는 어떻게 만들까? 난수는 rand() 함수를 호출하면 된다. rand()는 0부터 32767 사이의 난수를 우리에게 반환한다. 이것을 0부터 99 사이의 난수로 변환하려면 다음과 같이 나머지 연산자 %를 사용한다.

```
#include <stdlib.h>          // 이 헤더파일을 반드시 포함시킨다.

int main()
{
   int x = rand() % 100;    // 0부터 99 사이의 난수가 생성된다.
   int y = rand() % 100;
   ...
}
```

무한 루프는 다음과 같이 생성한다. 무한 루프 안에서 if-else를 사용하여 사용자의 답도 체크하여야 한다.

```
while(true) {
   ...
}
```

SOLUTION

# 산수 문제 자동 출제

math.cpp

```
#include <iostream>
#include <stdlib.h>
using namespace std;

int main()
{
   int i, ans;
   cout << "산수 문제를 자동으로 출제합니다." << endl;

   while (true) {
      int x = rand() % 100;
      int y = rand() % 100;
      cout << x << "+" << y << "=";
      cin >> ans;
      if (x + y == ans) {
         cout << "맞았습니다." << endl;
         break;
      }
      else
         cout << "틀렸습니다." << endl;
   }
   return 0;
}
```

도전문제

뺄셈이나 곱셈, 나눗셈 문제도 출제할 수 있는가?

# 02.8 배열

**배열(array)**은 같은 종류의 데이터들이 순차적으로 메모리에 저장되는 자료 구조이다. 각각의 데이터들은 인덱스(번호)를 사용하여 독립적으로 접근된다. 배열을 이용하면 대용량의 데이터를 동일한 이름으로 쉽게 저장하고 처리할 수 있다.

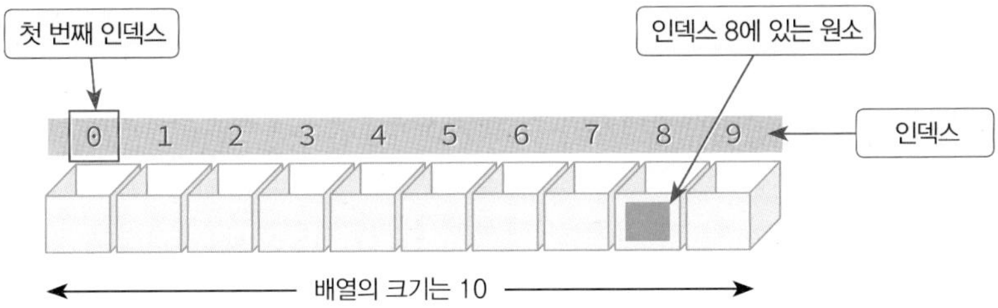


**그림 2.1** 배열의 개념

배열을 사용하려면 배열을 정의하여야 한다. 다음은 크기가 10인 int형 배열을 정의한 것이다.

**문법 2.6 배열 선언**

배열의 요소에는 번호가 붙어 있는데 이것을 인덱스(index) 또는 첨자(subscript)라고 부른다. 배열의 이름이 scores라면 배열 요소는 scores[0], scores[1], scores[2], scores[3], … scores[9]로 표시된다. C++에서는 항상 배열 요소의 번호가 0부터 시작함을 명심하여야 한다.

배열의 요소에 접근하려면 하려면 배열의 이름에 대괄호를 붙이고 번호를 적어주면 된다. 예를 들어서 다음과 같은 문장은 인덱스 5에 있는 배열 요소에 80을 저장하는 문장이다.

```
scores[5] = 80;
```

참고 배열의 크기를 const 지시자로 만들어진 기호 상수로 지정하면 배열의 크기를 변경하기가 쉬워진다. 즉 다른 부분의 변경없이 기호 상수의 정의만 바꾸면 된다.

```
const int STUDENTS=10;
int scores[STUDENTS];
```

다음과 같이 #define을 사용하여도 된다.

```
#define STUDENTS 10
int scores[STUDENTS];
```

## 예제 #1

학생들의 성적을 입력받아서 평균을 구하는 프로그램을 배열을 이용하여서 작성하여 보자. 배열 요소들은 인덱스를 통해서 접근되고 처리될 수 있다. 배열의 요소들은 0부터 시작하는 번호를 가진다. 따라서 크기가 10인 배열의 경우, 유효한 인덱스의 범위는 0에서 9까지이다.

**array1.cpp**

```
#include <iostream>
using namespace std;

int main()
{
   const int STUDENTS = 10;
   int scores[STUDENTS];
   int sum = 0;
   int i, average;

   for (i = 0; i < STUDENTS; i++)
   {
      cout << "학생들의 성적을 입력하시오: ";
      cin >> scores[i];
   }

   for (i = 0; i < STUDENTS; i++)
      sum += scores[i];

   average = sum / STUDFNTS;
   cout << "성적 평균= " << average << endl;

   return 0;
}
```

배열의 크기를 상수로 정의

배열 정의

실행결과

```
C:\Windows\system32\cmd.exe
학생들의 성적을 입력하시오: 10
학생들의 성적을 입력하시오: 20
학생들의 성적을 입력하시오: 30
학생들의 성적을 입력하시오: 40
학생들의 성적을 입력하시오: 50
학생들의 성적을 입력하시오: 60
학생들의 성적을 입력하시오: 70
학생들의 성적을 입력하시오: 80
학생들의 성적을 입력하시오: 90
학생들의 성적을 입력하시오: 100
성적 평균= 55
```

## 배열의 초기화

배열은 어떻게 초기화를 할까? 배열은 여러 개의 요소로 이루어진다. 따라서 초기값도 하나가 아니고 요소의 개수만큼이 필요하다. 배열을 초기화하려면 다음과 같이 콤마로 분리된 초기값들의 리스트를 대입하면 된다.

```
int sales[5] = { 100, 200, 300, 400, 500 };
```

위의 문장이 실행되면 배열은 다음과 같이 초기화된다.

| | 0 | 1 | 2 | 3 | 4 |
|---|---|---|---|---|---|
| sales | 100 | 200 | 300 | 400 | 500 |

만약 초기값의 개수가 요소들의 개수보다 적은 경우에는 앞에 있는 요소들만 초기화된다. 나머지 배열 요소들은 0으로 초기화된다.

```
int sales[5] = { 100, 200, 300 };
```

| | 0 | 1 | 2 | 3 | 4 |
|---|---|---|---|---|---|
| sales | 100 | 200 | 300 | 0 | 0 |

배열의 크기가 비어있고 초기값의 리스트만 있는 경우에는 컴파일러가 자동으로 초기값들의 개수만큼의 배열 크기를 설정한다.

```
int sales[] = { 100, 200, 300, 400, 500, 600, 700 };
```

| | 0 | 1 | 2 | 3 | 4 | 5 | 6 |
|---|---|---|---|---|---|---|---|
| sales | 100 | 200 | 300 | 400 | 500 | 600 | 700 |

배열 sales의 크기는 초기값의 개수에 따라서 7이 된다.

NEW C++11 C++14

## C++11와 C++14에서의 배열의 초기화

최신의 C++에서는 배열에 대해서도 다음과 같은 보편적 초기화(universal initiali

zation) 문법을 사용할 수 있다. 즉 변수와 초기값 사이에 등호(=)가 없어도 된다. 다음의 2개의 문장은 동일하다.

```
int scores[] = { 10, 20, 30 };
int scores[] { 10, 20, 30 };
```

보편적 초기화 방법은 일반 변수 초기화나 문자열 초기화, 객체 초기화에도 사용할 수 있다.

```
int a{ 0 };          // int a=0;과 동일하다.
string s{ "hello" };          // string s="hello";
vector<string> list{ "alpha", "beta", "gamma" }; // 벡터 생성시 초기화
```

보편적 초기화 방법은 그동안 혼란의 극치였던 초기화 방법을 통일한 것이다. 그동안 C++에는 초기화 방법이 너무 많아서 많은 혼동을 가져왔다. 각 초기화 방법들은 서로 다른 형식을 사용해왔다. C++11에서는 이것들을 전부 통일한 것이다. 우리도 많이 사용하도록 하자.

> 경고
>
> **초기화를 시키지 않으면?**
>
> 함수 외부에 정의된 배열은 자동적으로 0으로 초기화된다. 하지만 함수 내부에 정의된 배열은 쓰레기 값을 가진다. 주의하도록 하자.

> 경고
>
> 배열을 사용할 때 조심하여야 하는 부분이 인덱스의 범위이다. 인덱스가 배열의 크기를 벗어나게 되면 프로그램에 치명적인 오류를 발생시킨다. 컴파일러는 프로그래머가 유효 범위 안에 있는 인덱스를 사용하고 있는지를 확인하여 주지 않는다. C++에서는 프로그래머가 인덱스가 범위를 벗어나지 않았는지를 확인하고 책임을 져야 한다. 예를 들어서 다음의 배열 선언이 있다고 하자.
>
> ```
> int scores[10];
> ```
>
> 위의 배열에서 사용할 수 있는 인덱스의 범위는 0에서 9까지이다. 다음과 같은 문장은 아주 위험한 문장이다.
>
> ```
> scores[10] = 99;          // 오류! 인덱스 10은 적합한 범위가 아니다.
> ```
>
> 이 경우에는 최악의 경우, 컴퓨터 시스템 자체가 중단될 수 있다. 왜냐하면 배열 범위를 벗어나는 인덱스를 사용하면 엉뚱한 변수의 값을 변경하는 결과를 가져오기 때문이다.

**중간점검**

1. n개의 요소를 가지는 배열의 경우, 첫 번째 요소의 번호는 무엇인가?
2. n개의 요소를 가지는 배열의 경우, 마지막 요소의 번호는 무엇인가?
3. 범위를 벗어나는 인덱스를 사용하면 어떻게 되는가? 즉 int a[10];과 같이 선언된 배열이 있는 경우, a[10]에 6을 대입하면 어떻게 되는가?
4. 배열 a[6]의 요소를 1, 2, 3, 4, 5, 6으로 초기화하는 문장을 작성하라.

# 02.9 범위-기반 for 루프

NEW C++11 C++14

배열에 대해서는 범위-기반 for 루프(range-based for loop)를 사용할 수 있다. 이 형식은 배열 안에 들어 있는 모든 값에 대하여 반복할 때 사용된다. 파이썬에서 이러한 형식의 반복 루프를 도입하여서 큰 호응을 얻고 있다.

**문법 2.7 범위-기반 for 루프**

```
for( 변수 : 범위 ) {
    문장
}
```

이러한 for 루프는 "범위" 안의 모든 요소에 대하여 반복하게 되고, 반복할 때마다 "변수"가 요소의 값으로 설정된다. 여기서 "범위"란 배열, 컨테이너, 시퀀스 등이 될 수 있다. 우리는 아직 시퀀스나 컨테이너는 아직 다루지 않았기 때문에 정수 배열에 대해서만 예제를 작성해보자.

**array1.cpp**

```cpp
#include <iostream>
#include <string>
using namespace std;

int main()
{
   int list[] = { 1, 2, 3, 4, 5, 6, 7, 8, 9, 10 };
   for (int i : list) {
      cout << i << " ";
   }
   cout << endl;
}
```

**실행결과**

```
C:\Windows\system32\cmd.exe
1 2 3 4 5 6 7 8 9 10
계속하려면 아무 키나 누르십시오 . . .
```

배열은 항목들을 모아 놓은 컨테이너라고 생각할 수 있다. 코드에서 list는 배열로서 10개의 정수가 여기에 모여 있다. 여기서 for 루프의 콜론(:) 앞에 int형의 변수 i가 선언되어 있다. 반복할 때마다 변수 i는 배열의 요소값으로 초기화되고 우리는 이것을 반복 루프에서 사용할 수 있다. 혹시 파이썬으로 프로그램해본 경험이 있다면 이것이 얼마나 편리한지 잘 알고 있을 것이다. 앞으로 많이 사용하도록 하자.

우리는 아직 참조자를 학습하지 않았는데 여기서는 참조자를 사용하면 변수에 배열 요소를 복사하지 않고도 반복이 가능하다. 참조자는 3장에서 살펴보겠지만 변수의 별칭이다. 다음과 같이 작성하는 것이 효율적이다. 참조자를 사용하면 복사할 필요가 없어서 실행 속도가 빨라진다.

```
for (int& i : list) {
   cout << i << " ";
}
```

배열의 요소들을 참조자가 가리키면서 반복된다.

1장에서 학습한 auto를 여기서 사용하여도 된다. 최신의 C++에서는 다음과 같은 스타일의 코드를 가장 권장하고 있다.

```
for (auto& i : list) {
   cout << i << " ";
}
```

만약 for 루프 안에서 배열 요소의 값을 변경해야 한다면 다음과 같은 코드는 잘못된 코드이다.

**array2.cpp**

```
#include <iostream>
#include <string>
using namespace std;

int main()
{
   int list[] = { 1, 2, 3, 4, 5, 6, 7, 8, 9, 10 };
   for (int i : list) {
      i = i*i;
   }
   for (int i : list) {
      cout << i << " ";
   }
}
```

**실행결과**

```
C:\Windows\system32\cmd.exe
1 2 3 4 5 6 7 8 9 10
계속하려면 아무 키나 누르십시오 . . .
```

위의 실행 결과를 보면 전혀 변경되지 않았는데, 변수 i로 배열의 요소들이 복사되기 때문이다. 변수 i의 값을 아무리 변경해보았자 배열 요소의 값은 바뀌지 않는다.

이때는 다음과 같이 참조자를 사용하여야 한다. 참조자는 배열 요소들의 별칭이므로 배열 요소들이 변경된다.

```
...
for (int& i : list) {
    i = i*i;
}
```

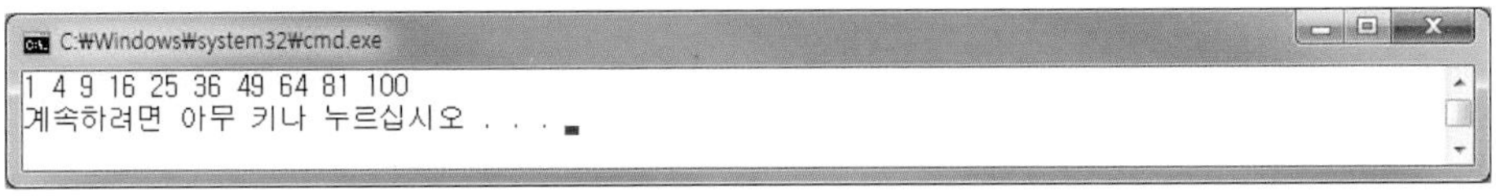

LAB

# 배열에서 최대값 찾기

크기가 100인 배열을 1부터 100 사이의 난수로 채우고 배열 요소 중에서 최대값을 찾아보자. 최대값을 찾으려면 반복하기 전에 배열의 첫 번째 요소를 최대값으로 가정하고 두 번째 요소부터 현재의 최대값과 비교한다. 더 큰 값이 발견되면 최대값을 교체한다. 범위-기반 루프를 사용해보자.

```
C:₩Windows₩system32₩cmd.exe
42 68 35 1 70 25 79 59 63 65
최대값=79
계속하려면 아무 키나 누르십시오 . . .
```

먼저 의사 코드를 작성하여 보자. 최대값을 구할 때는 일단 배열의 첫 번째 원소를 최대값으로 가정한다. 배열의 두 번째 원소부터 마지막 원소까지 이 최대값과 비교한다. 만약 배열의 원소가 현재의 최대값보다 크다면 이것을 새로운 최대값으로 변경하면 된다.

```
첫 번째 원소를 최대값 max라고 가정한다.
for(auto& e: list)
    if ( e > max )
        max = e;
반복이 종료되면 max에 최대값이 저장된다.
```

SOLUTION

# 배열에서 최대값 찾기

range.cpp

```
#include <iostream>
#include <stdlib.h>
using namespace std;

int main()
{
   int list[10];
   int max;

   for (int& elem : list)
   {
      elem = rand() % 100 + 1;
      cout << elem << " ";
   }
   cout << endl;
   max = list[0];
   for (auto& elem : list)
   {
      if (elem > max)
         max = elem;
   }
   cout << "최대값=" << max << endl;
   return 0;
}
```

auto로 하여도 된다.

LAB

# 사과를 제일 좋아하는 사람찾기

사람들 10명(사람1, 사람2, ...)에게 아침에 먹는 사과의 개수를 입력하도록 요청하는 프로그램을 작성한다. 데이터가 입력되면 프로그램은 데이터를 분석하여 누가 가장 많은 사과를 아침으로 먹었는지 출력한다.

```
C:\Windows\system32\cmd.exe
아침에 먹는 사과의 개수: 10
아침에 먹는 사과의 개수: 9
아침에 먹는 사과의 개수: 8
아침에 먹는 사과의 개수: 7
아침에 먹는 사과의 개수: 6
아침에 먹는 사과의 개수: 5
아침에 먹는 사과의 개수: 4
아침에 먹는 사과의 개수: 3
아침에 먹는 사과의 개수: 2
아침에 먹는 사과의 개수: 1

가장 많이 사과를 먹은 사람번호=0
```

**도전문제**

제일 적게 먹은 사람도 찾도록 코드를 수정해보자. 어디만 수정하면 되는가?

**도전문제**

먹은 사과의 개수 순으로 출력할 수 있는가? 버블 정렬과 같은 정렬 알고리즘이 필요하다.

## SOLUTION 사과를 제일 좋아하는 사람찾기

```cpp
#include <iostream>
using namespace std;

int main()
{
    const int SIZE = 10;
    int list[SIZE];
    int max, person;

    for (int& elem : list)
    {
        cout << "아침에 먹는 사과의 개수: ";
        cin >> elem;
    }
    cout << endl;
    max = list[0];
    person = 0;
    for (int i = 1; i < SIZE; i++)
    {
        if (list[i] > max) {
            max = list[i];
            person = i;
        }
    }
    cout << "가장 많이 사과를 먹은 사람번호=" << person << endl;
    return 0;
}
```

사람의 번호를 알아야 하므로 기존의 for루프를 사용하였다.

# 02.10 2차원 배열.

다차원 배열은 “배열의 배열(arrays of arrays)”로 불린다. 예를 들어서 2차원 배열은 요소로 이루어진 2차원 테이블을 상상하면 된다. 바둑판이나 체스판도 2차원 배열의 예이다.

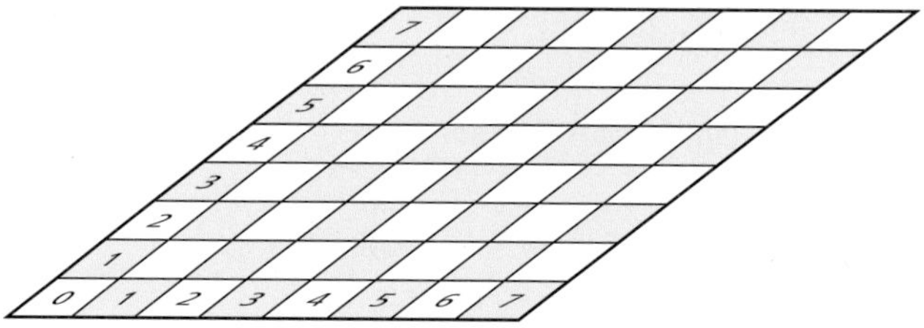


2차원 배열은 배열 요소들이 2차원으로 배열되어 있다. 2차원 배열은 행과 열을 나타내는 2개의 인덱스를 가진다.

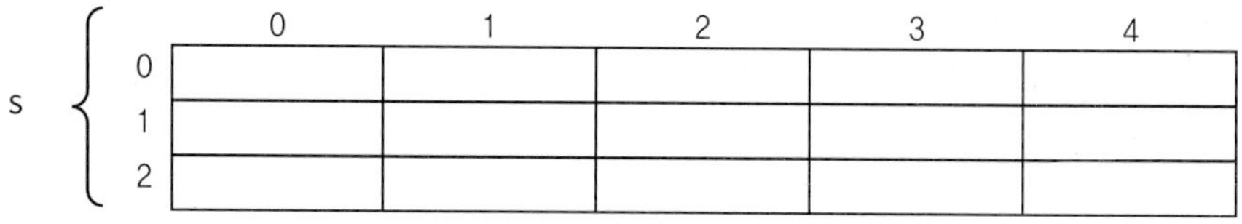


위의 그림에서 s는 int 형식의 5개의 요소를 가지고 있는 배열이 3개 모인 것이다. s를 선언하는 문법은 다음과 같다.

```
int s[3][5];
```

위의 배열은 s[0][0], s[0][1], s[0][2], … , s[2][3], s[2][4]까지의 모두 15개의 요소를 가진다. 첫 번째 인덱스를 행번호라고 하고 두 번째 인덱스를 열번호라고 한다. 2차원 배열에서도 인덱스는 0부터 시작한다. 행(row)과 열(column)로 이야기를 하면 배열 s는 3개의 행으로 이루어졌고 각 행에는 5개의 요소가 있다고 할 수 있다. s[i][j]는 배열 s의 i번째 행과 j번째 열의 요소이다.

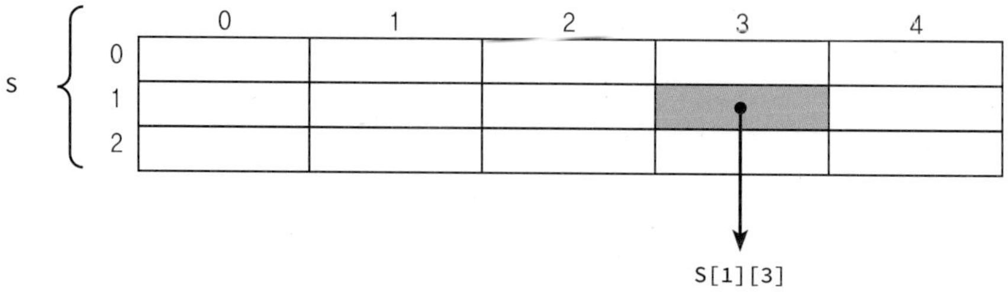

항상 인덱스는 0부터 시작하는 것을 명심하자.

다차원 배열은 2차원에 국한되지 않는다. 필요한 만큼의 차원을 가질 수 있다. 하나의 차원이 늘어날 때마다 필요한 메모리의 양은 지수함수적으로 증가한다. 예를 들면 다음과 같은 배열을 보자.

```
char data[100][100][100][100][100];
```

위의 문장은 100억개의 char에 해당하며 이 배열을 위하여 약 10GB의 메모리가 필요하다.

### 2차원 배열의 초기화

2차원 배열도 1차원과 마찬가지로 선언과 동시에 초기화할 수 있다. 다만 같은 행에 속하는 초기값들을 중괄호 { }로 따로 묶어주어야 한다.

```
int s[3][5] = {
   { 1, 2, 3, 4, 5 },        // 첫 번째 행의 요소들의 초기값
   { 2, 4, 6, 8, 10 },       // 두 번째 행의 요소들의 초기값
   { 3, 6, 9, 12, 15 }       // 세 번째 행의 요소들의 초기값
};
```

| S | 0 | 1 | 2 | 3 | 4 |
|---|---|---|---|---|---|
| 0 | 1 | 2 | 3 | 4 | 5 |
| 1 | 2 | 4 | 6 | 8 | 10 |
| 2 | 3 | 6 | 9 | 12 | 15 |

### 예제 #1

구구단표의 일부(1단, 2단, 3단)를 2차원 배열에 저장하고 출력해보자.

gugu.c

```
#include <iostream>
using namespace std;

#define WIDTH 9
#define HEIGHT 3

int main()
{
    int table[HEIGHT][WIDTH];
    int r, c;

```

```
    for (r = 0; r < HEIGHT; r++)
        for (c = 0; c < WIDTH; c++)
            table[r][c] = (r + 1)*(c + 1);

    for (r = 0; r < HEIGHT; r++) {
        for (c = 0; c < WIDTH; c++) {
            cout << table[r][c] << ", ";
        }
        cout << endl;
    }
}
```

**실행결과**

```
C:\Windows\system32\cmd.exe
1, 2, 3, 4, 5, 6, 7, 8, 9,
2, 4, 6, 8, 10, 12, 14, 16, 18,
3, 6, 9, 12, 15, 18, 21, 24, 27,
계속하려면 아무 키나 누르십시오 . . .
```

**중간점검**

1. 다차원 배열 int a[3][2][10]에는 몇 개의 요소가 존재하는가?
2. 다차원 배열 int a[3][2][10]의 모든 요소를 0으로 초기화하는 문장을 작성하시오.

LAB

# Tic-Tac-Toe 게임

최근에 알파고(alphago)라는 인공지능 컴퓨터가 우리를 깜짝 놀라게 하고 있다. 우리는 바둑과 약간 유사한 tic-tac-toe 게임을 구현하여 보자. Tic-Tac-Toe 게임은 2명의 경기자가 오른쪽과 같은 보드를 이용하여서 번갈아가며 0와 X를 놓는 게임이다. 오목이 아닌 삼목이라고 할 수 있다. 같은 글자가 가로, 세로, 혹은 대각선 상에 놓이면 이기게 된다. 물론 최근의 게임과 비교하면 아주 고전적인 게임이지만 한번 구현해보기로 하자. 우리가 만든 게임은 사람과 사람이 대결하는 게임이다. 하지만 컴퓨터와 사람이 대결하는 프로그램도 "도전 문제"로 시도하여 보자. 한 경기자씩 보드의 좌표를 입력한다.

보드 게임에서는 보드를 board[][]라는 2차원 배열을 이용하여 표현하자. 의사 코드는 다음과 같다.

```
보드를 나타내는 2차원 배열 board[3][3]를 정의한다.
보드를 초기화한다.
for(k=0;k<9;k++) {
   사용자로부터 좌표 x, y를 받는다.
   보드를 화면에 출력한다.
   if( 현재 경기자가 'X'이면 )
      board[x][y] = 'X'
   else
      board[x][y] = 'O'
}
```

## SOLUTION Tic-Tac-Toe 게임

```
#include <iostream>
using namespace std;

int main()
{
   char board[3][3];
   int x, y, k, i;

   // 보드를 초기화한다.
   for (x = 0; x < 3; x++)
      for (y = 0; y < 3; y++) board[x][y] = ' ';

   // 사용자로부터 위치를 받아서 보드에 표시한다.
   for (k = 0; k < 9; k++) {
      cout << "(x, y) 좌표: ";
      cin >> x >> y;
      board[x][y] = (k % 2 == 0) ? 'X' : 'O';
                                       // 현재의 순번에 따라 'X', 'O'중 선택

      // 보드를 화면에 그린다.
      for (i = 0; i < 3; i++) {
         cout << "---|---|---" << endl;
         cout << board[i][0] << " | " << board[i][1] << " | " << board[i][2]
                                                             << endl;
      }
      cout << "---|---|---" << endl;
   }

   return 0;
}
```

**도전문제**

컴퓨터와 사람이 대결하는 프로그램으로 수정해보자. 컴퓨터는 간단한 규칙을 사용한다. 예를 들면 보드의 모서리에 두고 모서리가 찼으면 보드의 중앙에 둔다.

LAB

# 지뢰 찾기

지뢰찾기는 예전에 윈도우에 무조건 포함되어 있어서 상당히 많은 사람들이 즐겼던 프로그램이다. 2차원의 게임판 안에 지뢰가 숨겨져 있고 이 지뢰를 모두 찾아내는 게임이다. 지뢰가 없는 곳을 클릭했을 때 숫자가 나오면 주변칸에 지뢰가 숨겨져 있다는 것을 의미한다. 예를 들어서 숫자가 2이면 주변칸에 지뢰가 두개 있다는 의미가 된다.

지뢰찾기 게임을 위한 기초 작업을 하여 보자. 10×10 크기의 2차원 배열을 만들고 여기에 지뢰를 숨긴다. 지뢰가 아닌 곳은 .으로 표시하고 지뢰인 곳은 #로 표시하여 보자. 어떤 칸이 지뢰일 확률은 난수를 발생시켜서 결정한다. 전체의 30%를 지뢰로 하고 싶으면 0부터 99 사이의 난수를 생성하여서 30보다 적은 경우에만 지뢰를 놓으면 된다.

## SOLUTION 지뢰 찾기

```
#include <iostream>
#include <time.h>
using namespace std;

int main()
{
   bool board[10][10]={ 0 };
   srand(time(NULL));

   for (int i = 0; i < 10; i++)
      for (int j = 0; j < 10; j++)
         if ((rand() % 100) < 30)
            board[i][j] = true;

   for (int i = 0; i < 10; i++) {
      for (int j = 0; j < 10; j++)
         if (board[i][j])
            cout << "# ";
         else
            cout << ". ";
      cout << endl;
   }
   return 0;
}
```

난수를 발생하여서 30% 확률로 지뢰를 저장한다.

게임판을 출력한다.

위의 코드에서 `srand(time(NULL));` 문장은 난수 발생기의 시드값을 현재 시간으로 설정하는 문장이다. 헤더 파일 `time.h`을 포함시켜야 한다.

**도전문제**

위의 코드를 바탕으로 실제 지뢰찾기 게임을 작성하여 보자.

## EXERCISE

1. for(int x=0; x<10; x++) { }이 종료되었을 때 x의 최종값은?

❶ 10 ❷ 9 ❸ 0 ❹ 1

2. while(x<100) y++;에서 y++는 언제 실행되는가?

❶ x가 100보다 작을 때 ❷ x가 100보다 클 때

❸ x가 100과 같을 때 ❹ 항상

3. 다음의 중첩 반복문은 몇 번이나 반복되는가?

```
for(i = 0; i < 10; i++)
   for(k = 1; k <= 3; k++)
```

4. do-while 반복 구조는 최소한 몇 번 반복하는가?

❶ 0 ❷ 1 ❸ 무한정 ❹ 가변적

5. 다음 코드의 실행결과를 써라.

```
short i;
for (i = 1; i >= 0; i++)
   printf("%d\n", i);
```

6. 다음 코드의 실행결과를 써라.

```
int i = -2;
while (++i) {
   printf("하이 \n");
}
```

7. 다음 코드의 실행결과를 써라.

```
i = 0;
for( ; ; )
{
   if( i > 10 )
      break;
   if( i < 6 )
      continue;
   printf("%d", i);
   i++;
}
```

**8.** 다음 코드를 C++14 버전의 범위-기반 루프로 변경하여 보자.

```
int test[10];
for(int i = 1; i < 10; i++)
    test[i] = 0;
```

**Tip** 배열 요소가 변경되므로 참조자를 사용하여야 한다.

## PROGRAMMING EXERCISE

1. 사용자로부터 2개의 문자열을 읽어서 같은지 다른지를 화면에 출력한다.

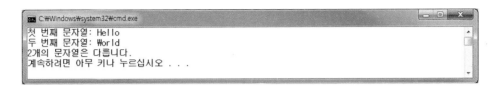

```
C:\Windows\system32\cmd.exe
첫 번째 문자열: Hello
두 번째 문자열: World
2개의 문자열은 다릅니다.
계속하려면 아무 키나 누르십시오 . . .
```

**Tip** string 클래스를 사용하여 s1 == s2와 같이 문자열이 같은지의 여부를 검사한다.

2. 5개의 음료(콜라, 물, 스프라이트,주스, 커피)를 판매하는 자동판매기 머신을 구현하여 보자. 사용자가 1부터 5사이의 숫자를 입력하여 음료수를 선택할 수 있게 한다. 사용자가 선택한 음료를 출력한다. 사용자가 1~5 이외의 숫자를 선택하면 "오류. 선택이 유효하지 않습니다. 돈을 반환합니다."라는 내용을 출력한다.

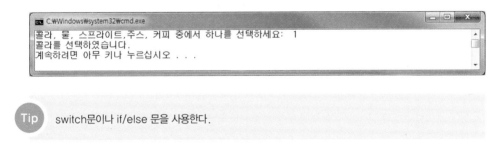

```
C:\Windows\system32\cmd.exe
콜라, 물, 스프라이트,주스, 커피 중에서 하나를 선택하세요: 1
콜라를 선택하였습니다.
계속하려면 아무 키나 누르십시오 . . .
```

**Tip** switch문이나 if/else 문을 사용한다.

3. 배열 days[]를 아래와 같이 초기화하고 배열 요소의 값을 다음과 같이 출력하는 프로그램을 작성하시오.

```
31, 29, 31, 30, 31, 30, 31, 31, 30, 31, 30, 31
```

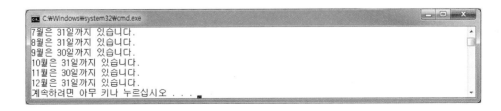

```
C:\Windows\system32\cmd.exe
7월은 31일까지 있습니다.
8월은 31일까지 있습니다.
9월은 30일까지 있습니다.
10월은 31일까지 있습니다.
11월은 30일까지 있습니다.
12월은 31일까지 있습니다.
계속하려면 아무 키나 누르십시오 . . .
```

**Tip** 배열의 초기화는 중괄호를 사용한다.

4. 사용자에게 정수를 5번 입력하도록 요청하는 프로그램을 작성한다. 만약 사용자가 5를 전혀 입력하지 않았다면 "인내심이 강합니다. 사용자 승"를 출력한다. 사용자가 한번이라도 5를 입력하였으면 "5를 입력하였군요! 컴퓨터 승"이라고 출력하고 프로그램을 종료한다.

```
C:\Windows\system32\cmd.exe
7월은 31일까지 있습니다.
8월은 31일까지 있습니다.
9월은 30일까지 있습니다.
10월은 31일까지 있습니다.
11월은 30일까지 있습니다.
12월은 31일까지 있습니다.
계속하려면 아무 키나 누르십시오 . . .
```

Tip for문을 사용해본다.

5. 사용자로부터 정수를 입력받아서 계속 더하는 프로그램을 작성해보자. 사용자가 0을 입력하면 지금까지 입력된 모든 정수의 합계를 출력하고 종료한다.

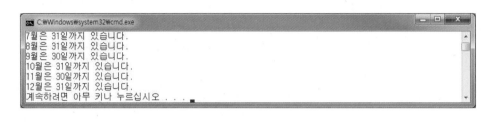

```
C:\Windows\system32\cmd.exe
정수를 입력하시오: 10
정수를 입력하시오: 20
정수를 입력하시오: 30
정수를 입력하시오: 0
합계=60
계속하려면 아무 키나 누르십시오 . . .
```

Tip do/while문을 사용해본다.

6. 다음과 같은 출력을 생성하는 프로그램을 작성하여 보자.

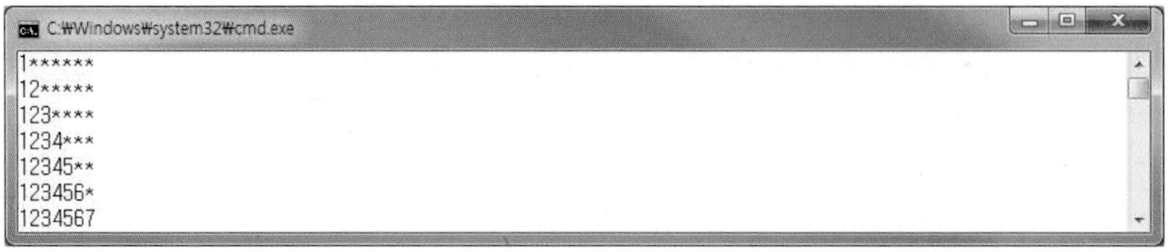

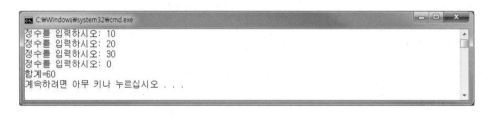

```
C:\Windows\system32\cmd.exe
1******
12*****
123****
1234***
12345**
123456*
1234567
```

Tip 중첩 for문을 사용해 본다.

7. 1부터 100까지의 자연수 중에서 3의 배수를 출력하여 보자.

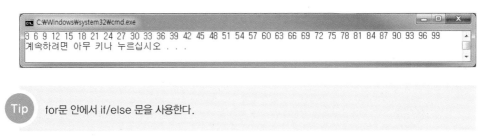

```
C:\Windows\system32\cmd.exe
3 6 9 12 15 18 21 24 27 30 33 36 39 42 45 48 51 54 57 60 63 66 69 72 75 78 81 84 87 90 93 96 99
계속하려면 아무 키나 누르십시오 . . .
```

**Tip** for문 안에서 if/else 문을 사용한다.

8. 사용자가 입력한 정수의 모든 약수를 화면에 출력하는 프로그램을 작성한다.

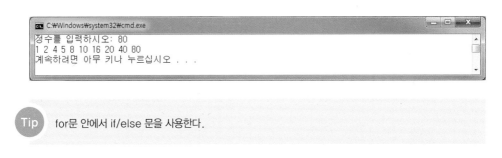

```
C:\Windows\system32\cmd.exe
정수를 입력하시오: 80
1 2 4 5 8 10 16 20 40 80
계속하려면 아무 키나 누르십시오 . . .
```

**Tip** for문 안에서 if/else 문을 사용한다.

9. 반복문을 이용하여 화씨 온도 0도부터 100까지의 구간에 대하여 10도 간격으로 섭씨 온도로 환산하는 표를 작성하라. `c = (f - 32.0) * 5.0 / 9.0;` 수식으로 화씨 온도를 섭씨 온도로 변환할 수 있다.

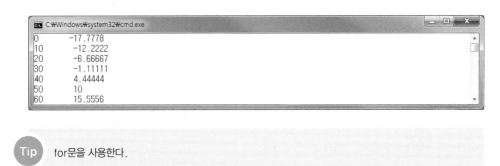

```
C:\Windows\system32\cmd.exe
0        -17.7778
10        -12.2222
20        -6.66667
30        -1.11111
40        4.44444
50        10
60        15.5556
```

**Tip** for문을 사용한다.

10. 피타고라스의 정리는 직각 삼각형에서 직각을 낀 두 변의 길이를 a, b라고 하고, 빗변의 길이를 c라고 하면 $a^2 + b^2 = c^2$의 수식이 성립한다는 것이다. 각 변의 길이가 100보다 작은 삼각형 중에서 피타고라스의 정리가 성립하는 직각 삼각형은 몇 개나 있을까? 3중 반복문을 이용하여 피타고라스의 정리를 만족하는 3개의 정수를 찾도록 한다.

```
C:\Windows\system32\cmd.exe
3 4 5
4 3 5
5 12 13
6 8 10
7 24 25
8 6 10
8 15 17
```

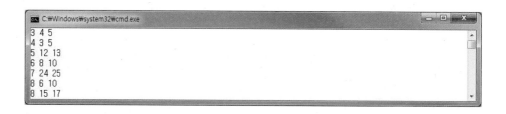

**Tip** 3중 반복 루프를 사용하여 문제를 해결한다. a, b, c에 1부터 100까지의 모든 값을 하나씩 대입하면서 $a^2 + b^2 = c^2$의 수식이 성립하는지 살펴본다.

**11.** $1^2 + 2^2 + 3^3 + ... + n^2$의 값을 계산하여 출력하여 보자.

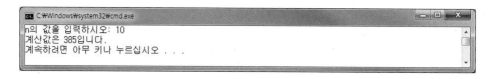

```
C:\Windows\system32\cmd.exe
n의 값을 입력하시오: 10
계산값은 385입니다.
계속하려면 아무 키나 누르십시오 . . .
```

**Tip** i를 1부터 n까지 증가시키면서 sum에 i*i를 더한다. sum의 초기값은 0이어야 한다.

**12.** 3-6-9 게임을 구현해보자. 1부터 100까지 센다. 중간에 3의 배수가 나오면 "박수"라고 출력한다. 3의 배수가 아니면 현재 숫자를 출력한다.

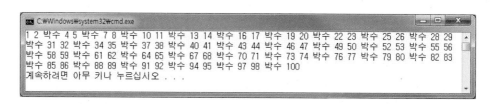

```
C:\Windows\system32\cmd.exe
1 2 박수 4 5 박수 7 8 박수 10 11 박수 13 14 박수 16 17 박수 19 20 박수 22 23 박수 25 26 박수 28 29
박수 31 32 박수 34 35 박수 37 38 박수 40 41 박수 43 44 박수 46 47 박수 49 50 박수 52 53 박수 55 56
박수 58 59 박수 61 62 박수 64 65 박수 67 68 박수 70 71 박수 73 74 박수 76 77 박수 79 80 박수 82 83
박수 85 86 박수 88 89 박수 91 92 박수 94 95 박수 97 98 박수 100
계속하려면 아무 키나 누르십시오 . . .
```

**Tip** 3의 배수는 3으로 나누어서 나머지가 0이다.

**13.** 피보나치 수열을 계산하는 프로그램을 작성해보자. 피보나치 수열은 0과 1부터 시작하며 앞의 두 수를 더하여 뒤의 수를 만든다.

```
0, 1, 1, 2, 3, 5, 8, 13, 21, 34, ...
```

```
몇 항까지 구할까요: 10
0 1 1 2 3 5 8 13 21 34
계속하려면 아무 키나 누르십시오 . . .
```

**Tip** 변수를 사용하여 이전의 항을 기억하고 있어야 한다.

**14.** 간단한 계산기 프로그램을 작성하여 보자. 먼저 사용자로부터 하나의 문자를 입력받는다. 이어서 사용자로부터 2개의 숫자를 입력받는다. 사용자로부터 받은 문자가 '+'이면 두수의 덧셈을, 문자가 '–'이면 뺄셈을, 문자가 '*'이면 곱셈을, 문자가 '/'이면 나눗셈을 수행하도록 작성하라. 나눗셈의 경우, 분모가 0이 아닌지를 먼저 검사하여야 한다.

```
연산의 종류: +
숫자를 입력하시오: 10 20
계산의 결과 : 30
계속하려면 아무 키나 누르십시오 . . .
```

**Tip** switch 문을 사용해본다.

**15.** 컴퓨터와 가위, 바위, 보 게임을 하는 프로그램을 작성하라. 컴퓨터는 사용자에게 알리지 않고 가위, 바위, 보 중에서 임의로 하나를 선택한다. 사용자는 프로그램의 입력 안내 메시지에 따라서, 3개 중에서 하나를 선택하게 된다. 사용자의 선택이 끝나면 컴퓨터는 누가 무엇을 선택하였고 누가 이겼는지, 비겼는지를 알려준다.

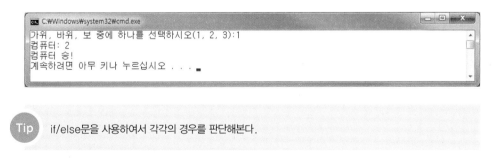

```
가위, 바위, 보 중에 하나를 선택하시오(1, 2, 3):1
컴퓨터: 2
컴퓨터 승!
계속하려면 아무 키나 누르십시오 . . .
```

**Tip** if/else문을 사용하여서 각각의 경우를 판단해본다.

**16.** 라스베가스에서 50달러를 가지고 도박을 하는 사람이 있다. 한 번의 도박에 1달러를 건다고 가정하자. 돈을 따거나 잃을 확률은 0.5로 동일하다고 가정하자. 도박사는 가진

돈을 다 잃거나 목표 금액인 250달러에 도달하면 도박을 중지한다. 도박사가 목표 금액에 도달하는 확률이 얼마나 되는지를 계산해보자.

```
C:\Windows\system32\cmd.exe
초기 금액 $50
목표 금액 $250
1000 중의 212번 승리
이긴 확률=21.200000
평균 배팅 횟수 = 10475.208000
계속하려면 아무 키나 누르십시오 . . .
```

**Tip**

rand()를 호출하여서 난수를 발생시킨다. 난수의 값이 0.5보다 작으면 이긴 것으로 한다.
다음의 코드를 참조한다.

```
bets++;                                              // 배팅 횟수 증가
if ((double)rand()/RAND_MAX < 0.5) cash++;           // $1을 딴다.
else                               cash--;           // $1을 잃는다.
```

Introduction to
**C++ Programming**

CHAPTER

# 03 함수와 문자열

## 학습목표

- 함수의 기본적인 개념을 이해한다.
- 인수와 매개변수의 개념을 이해한다.
- 함수의 인수 전달 방법 2가지를 이해한다.
- 중복 함수를 이해한다.
- 디폴트 매개 변수를 이해한다.
- 문자열의 구성을 이해한다.
- string 클래스의 사용법을 익힌다.

## 학습목차

C언어에서는 문자열 처리가 어려웠어요.
C++에는 문자열을 나타내는 string이 있으니 많이 사용하세요.

# 03.1 이번 장에서 만들어 볼 프로그램

이번 장에서는 다음과 같은 프로그램을 작성해본다.

**1.** 2개, 3개, 4개의 정수의 합을 계산할 수 있는 함수 `sum()`을 작성하여 사용해보자.

**2.** `string` 클래스를 이용하여서 행맨 게임을 작성해보자.

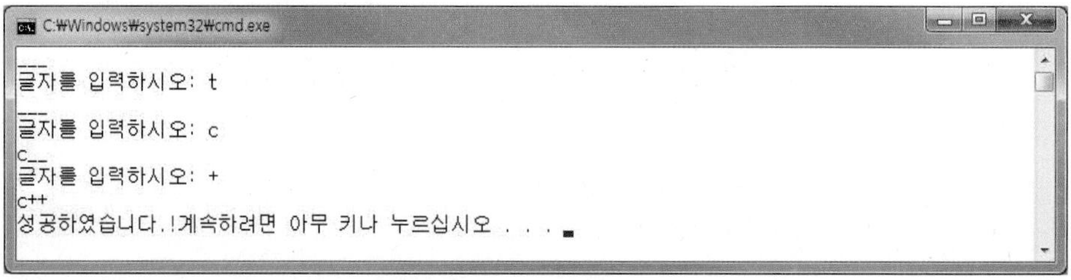

# 03.2 함수란?

함수(function)란 특정 작업을 수행하여 그 결과를 반환하는 블랙박스와 같은 것이다. 예를 들어서 sqrt()라는 함수는 제곱근을 계산하여 그 결과를 반환한다. 미리 만들어진 함수를 단순히 사용할 수도 있지만 프로그래머도 함수를 만들 수 있다. 각 함수들은 레고 블록처럼 다른 함수들과 연결될 수 있으며 다른 프로그램에서도 사용될 수 있다. 함수라는 개념을 사용하게 되면 코드의 재활용 가능, 가독성 증대, 유지 관리의 용이 등의 많은 장점이 있다.

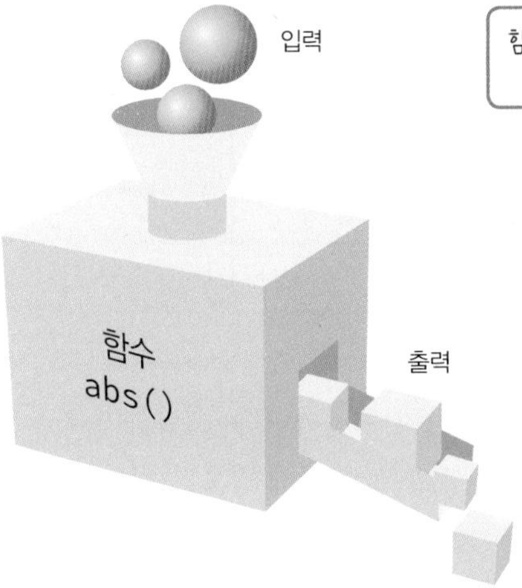

예를 들어서 2개의 정수 중에서 큰 수를 반환하는 함수 max()를 작성하면 다음과 같다.

**문법 3.1** **함수 정의**

반환형 → `int`, 함수이름 → `max`, 매개변수 → `(int x, int y)`, 문장들 → `return x;`

```
int  max(int x, int y)
{
    if( x>y )
        return x;
    else
        return y;
}
```

함수를 정의할 때는 함수가 반환하는 값의 유형을 가장 먼저 적어준다. 이것을 함수의 반환형(return type)이라고 한다. max()는 정수를 반환하기 때문에 반환형은 int형으로 지정되었다. 이어서 함수의 이름 max를 적는다. 다음으로 매개 변수(parameter)들을 차례대로 적어준다. 매개 변수는 함수의 입력을 전달하는 변수이다. 함수의 몸체는 중괄호 { ... }로 둘러싸인 부분이다. 함수의 몸체 안에는 함수가 수행하는 작업에 필요한 문장들이 들어간다. max() 함수의 몸체에는 2개의 정수 중에서 큰 수를 찾아서 반환하는 문장들이 들어 있다.

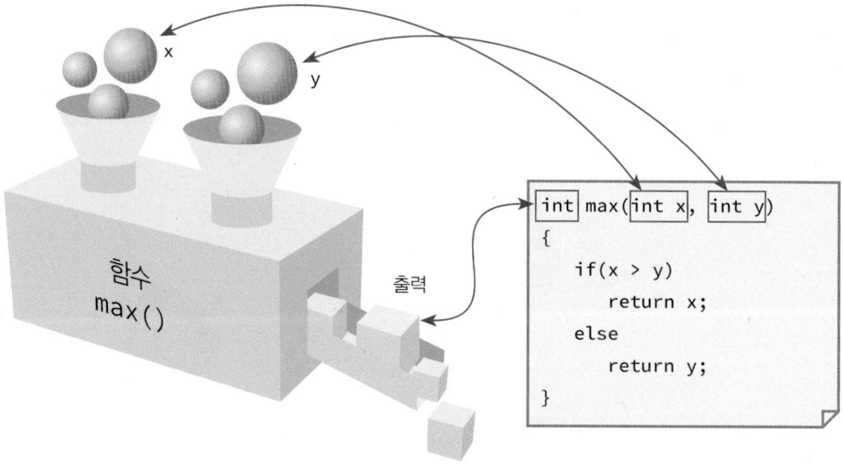


함수를 정의하는 목적은 함수를 사용하기 위해서이다. 그렇다면 함수를 사용하려면 어떻게 하여야 하는가? 함수의 이름을 써주고 함수가 필요로 하는 데이터를 나열한 다음, 세미콜론을 붙이면 된다. 이것을 함수 호출(function call)이라고 한다. 함수가 호출되면 함수 안에 있는 문장들이 순차적으로 실행되며 문장들의 실행이 끝나면 호출한 위치로 되돌아간다. 이때 작업의 결과값을 호출한 곳으로 전달할 수 있다. 예를 들어서 main() 함수에서 max() 함수를 호출한다고 하면 다음과 같은 순서로 프로그램이 실행된다.

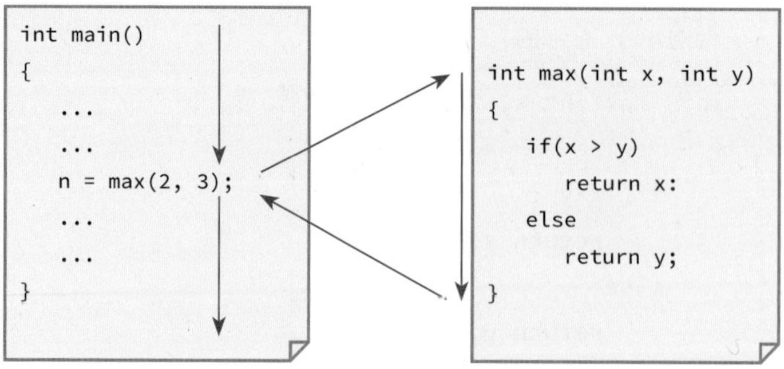


**그림 3.1** 함수 호출

max(2, 3)과 같이 함수를 호출하면 2과 3은 max()의 매개변수인 x와 y로 전달된다. 여기서 2와 3을 인수라고 하고 변수 x와 y를 매개 변수라고 한다. max() 함수가 호출되면 main() 함수의 실행은 잠시 중단되고 max() 함수 안의 문장들이 실행된다. max() 함수가 종료되면 main() 함수의 실행이 재개된다. max()는 x와 y 중에서 더 큰 수를 찾아서 반환한다. 반환된 값은 main()에서 변수 n에 저장되었다.

여기까지 설명한 내용을 완전한 프로그램을 살펴보면 다음과 같다.

**func1.cpp**

```
#include <iostream>
using namespace std;

// 함수 정의
int max(int x, int y)
{
   if (x>y)
      return x;
   else
      return y;
}

int main()
{
   int n;
   n = max(2, 3);          // 함수 호출
   cout << "연산 결과 = " << n << endl;
   return 0;
}
```

**실행결과**

```
C:\Windows\system32\cmd.exe
연산 결과 = 3
계속하려면 아무 키나 누르십시오 . . .
```

# LAB 함수 만들기

정수의 제곱값을 구하는 함수를 만들어보자. 먼저 함수 이름을 결정하여야 한다. 함수가 하는 기능이 정수를 제곱하는 것이므로 square라고 하자. 다음에는 함수의 반환값과 매개 변수를 결정하여야 한다. 정수의 제곱을 하여야 하므로 외부에서 정수를 받아야 한다. 따라서 매개 변수는 한 개의 정수가 된다. 매개 변수 이름도 지어야 하는데 그냥 n이라고 하자. 제곱한 값도 역시 정수이므로 함수의 반환값은 int형이 된다.

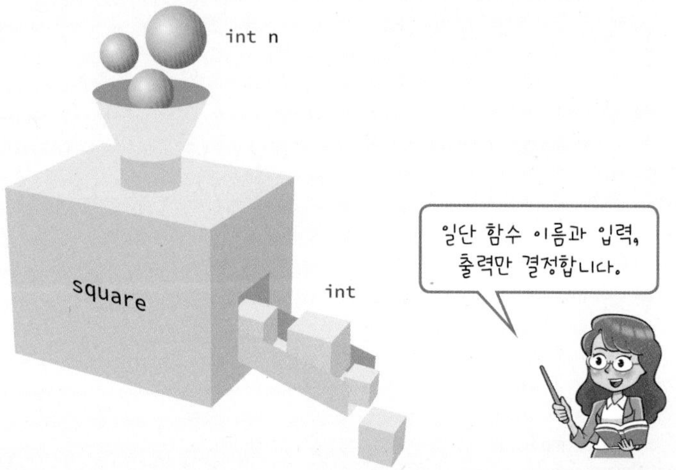


함수를 정의하려면 반환형을 먼저 쓰고 함수 이름, 매개 변수 순으로 쓰면 된다. 다음은 함수 몸체인데 중괄호를 먼저 적고 그 안에 문장들을 넣으면 된다. 어떤 문장을 넣어야 할까? 매개 변수로 받은 n을 제곱하여 그 값을 반환하면 된다. 함수에서 값을 반환하는 문장은 뒤에 자세히 배우겠지만 return이다. 키워드 return 다음에 반환하려는 값이나 변수를 적어주면 된다. C++에서는 제곱하는 연산자는 없고 그냥 n*n으로 계산한다.

```
C:\Windows\system32\cmd.exe
제곱할 정수를 입력하시오: 3
9
계속하려면 아무 키나 누르십시오 . . .
```

# SOLUTION 함수 만들기

```
#include <iostream>
using namespace std;

int square(int n)
{
   return(n*n);
}

int main()
{
   int n;
   cout << "제곱할 정수를 입력하시오: ";
   cin >> n;

   cout << square(n) << endl;
   return 0;
}
```

함수 작성

함수 호출

**중간점검**

1. 함수 이름 앞에 void가 있다면 무슨 의미인가?
2. 함수가 작업을 수행하는데 필요한 데이터로서 외부에서 주어지는 것을 무엇이라고 하는가?
3. 함수 몸체는 어떤 기호로 둘러 싸여 있는가?
4. 두개의 정수의 곱을 반환하는 함수 mult(int x, int y)를 작성하여 보자.

# 03.3 함수 원형 정의

전달된 정수를 제곱하여 반환하는 square() 함수를 호출하는 프로그램을 다음과 같이 작성할 수도 있다.

```
#include <stdio.h>

int square(int n);
int main()
{
    int result;
    result = square(5);
    printf("%d \n", result);
}

int square(int n)
{
    return(n * n);
}
```

함수 원형이다. 반환형과 매개변수가 정의된다.

함수 호출이 이루어지고 함수가 반환한 값은 result 변수에 대입된다.

함수 정의

실행결과

```
C:\Windows\system32\cmd.exe
25
계속하려면 아무 키나 누르십시오 . . .
```

일반적으로 함수를 사용할 때는 미리 컴파일러에게 함수에 대한 정보를 알려야 한다. 이것을 **함수 원형(function prototype)**이라고 한다. 함수 원형은 함수가 사용되기 전에 정의되어야 한다. 함수 원형은 함수의 이름, 매개변수, 반환형을 함수가 정의되기 전에 미리 한번 써주는 것이다. 함수 원형은 함수 헤더에 세미콜론(;)만을 추가한 것과 똑같다. 다만 함수 원형에서는 매개 변수의 이름은 적지 않아도 된다. 매개 변수의 자료형만 적으면 된다. 예를 들면 다음과 같다.

```
int square(int);
int get_integer      (void);
```

매개 변수의 이름은 생략하여도 된다. 반드시 끝에 ;을 붙여야 한다.

함수 원형은 왜 필요한 것일까? 함수 원형은 컴파일러에게 미리 함수에 대한 정보를 주어서 함수의 매개 변수 검사, 반환형 검사 등을 하게 하기 위한 것이다. 만약 함수 원형이 없다면 컴파일러는 함수 `square()`가 어떤 매개 변수를 가지는 함수인지 반환형은 무엇인지를 전혀 알 수가 없다. 따라서 컴파일러가 해야 할 중요한 검사를 할 수가 없게 된다. 함수 원형이 미리 주어진다면 함수 정의를 만나기 전에도 함수 호출시, 인수의 유형과 개수가 정확한지, 반환값도 정확하게 사용하고 있는지를 검사할 수 있다. 만약 유형이 일치하지 않는 것이 발견되면 오류 메시지를 출력한다.

# 03.4 함수 호출시 인수 전달 방법

함수의 매개 변수에 인수를 전달할 때는 2가지의 방법이 있다.

- 값으로 호출하기(call-by-value): 함수 호출시 인수의 값이 매개 변수로 복사되는 방법이다.
- 참조로 호출하기(call-by-reference): 원본 인수가 함수에 전달되는 방법이다. "참조로 호출하기" 방식에서 매개 변수를 변경하면 원본 인수가 변경된다.

### "값으로 호출하기"

이 방법에서는 함수에 전달되는 것은 인수의 값이다. 인수의 값이 매개변수로 복사되는 것이다. 아래의 그림에서 max() 함수를 호출할 때, 변수 a와 b의 값이 매개 변수 x와 y로 **복사**된다. 이것이 C++에서 함수를 호출할 때, 인수를 전달하는 기본적인 방법이다. 매개 변수 x와 y를 변경한다고 해서 원본 변수 a와 b에 영향을 주지 않기 때문에 안전성이 있는 방법이다.

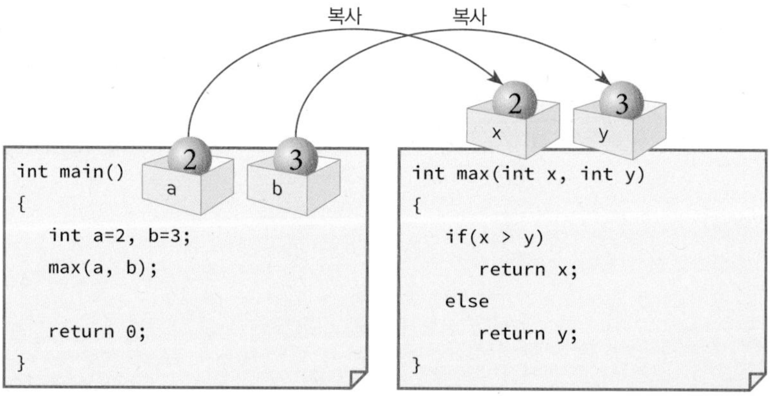


### "참조로 호출하기"

어떤 경우에는 함수 안에서 외부 변수를 변경할 필요가 있다. 이때 사용하는 것이 "참조에 의한 호출"이다. C++에서는 포인터를 사용하지 않고도 참조자를 이용하여 참조에 의한 호출을 구현할 수 있다. 참조자(reference)는 변수의 별명이라고 생각할 수 있다.

예를 들어서 변수 var를 선언하여 보자.

```
int var = 10;
```

이 변수에 또 하나의 이름을 붙여보자. 즉 ref라고 하는 별명을 붙여보는 것이다. 왜 별명이 필요한지는 나중에 가면 알게 된다. 참조자를 선언하려면 다음과 같이 &기호를 사용한다.

```
int &ref = var;
```

위의 문장의 “참조자 ref는 변수 var의 별명(alias)이다”라는 뜻이다. 여기서 조심해야 할 것은 &기호가 변수의 주소를 계산하는 연산자가 아니라는 점이다.

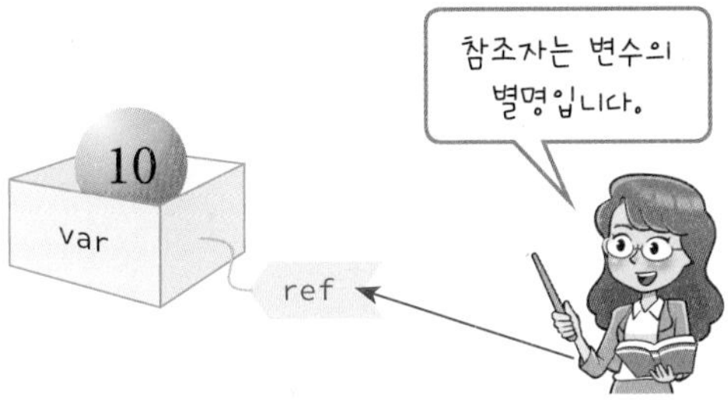


그림 3.2 참조자는 변수의 다른 이름

참조자는 변수에 대한 별명이므로 참조자에 값을 대입하면 당연히 참조자가 참조하는 변수의 값이 변경된다.

```
ref = 20;   // 변수 var의 값이 20으로 변경된다.
```

생각해보면 코드에 원본 변수가 있는데 별명을 지어서 별명을 부를 필요는 없다. 그렇다면 참조자는 주로 어디에 사용되는 것일까? 바로 “참조로 호출하기”에 사용된다.

다음 코드를 주의 깊게 살펴보자. modify() 함수의 매개 변수들이 & 기호를 사용하여 참조 변수로 선언되었다. modify() 함수 안에서는 x와 y의 값을 2배로 변경하는데 x와 y는 변수 a와 b의 별명이므로 a와 b도 2배로 된다. 함수 modify() 안에서 main() 안에 선언된 변수의 값을 변경할 수 있는 것이다.

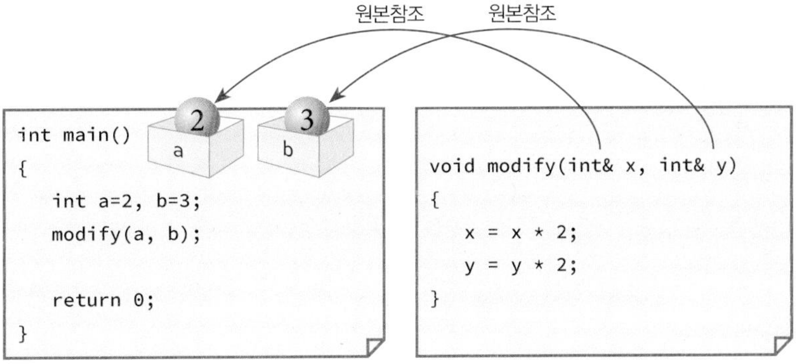

"참조로 호출하기"가 실행되면 값이 복사되는 것이 아니라 원본 변수가 전달된다. 따라서 함수 안에서 매개 변수의 값을 변경하면 매개 변수와 연결된 원본 변수의 값도 변경된다.

> **참고** C언어에서 "참조로 호출"을 구현하려면 변수의 주소를 넘기고 함수에서는 그것을 포인터 변수로 받아야 한다. 하지만 포인터를 통하여 변수에 접근하는 것이 어렵기 때문에 C++에서는 참조자를 만들었다. 따라서 우리도 포인터보다는 참조자를 많이 사용하도록 하자.

> **참고** 참조자를 선언할 때, &의 위치는 중요하지 않다. 다음은 모두 동일한 선언이다.

```
int& ref = var;
int &ref = var;
```

> **경고** 함수의 매개변수 외에 참조자를 사용하려면 반드시 선언과 동시에 초기화하여야 한다.

LAB

# swap() 함수 만들기

전통적인 예제인 swap() 함수를 이용하여서 설명하여 보자. swap()은 주어진 변수의 값을 교환하는 함수이다. swap(a, b)와 같이 호출하면 변수 a와 변수 b의 값이 교환되면 된다.

다음과 같이 swap()을 구현하면 잘못된 방법이 된다. 올바르게 수정해보자. 참조자를 사용한다.

```
#include <stdio.h>

void swap(int x, int y)
{
   int tmp;

   tmp = x;
   x = y;
   y = tmp;
}

int main()
{
   int a = 100, b = 200;

   printf("a=%d b=%d\n", a, b);
   swap(a, b);
   printf("a=%d b=%d\n", a, b);
   return 0;
}
```

**실행결과**

```
C:\Windows\system32\cmd.exe
a=100 b=200
a=100 b=200
계속하려면 아무 키나 누르십시오 . . .
```

## SOLUTION swap() 함수 만들기

```
#include <stdio.h>

void swap(int& x, int& y)
{
   int tmp;

   tmp = x;
   x = y;
   y = tmp;
}

int main()
{
   int a = 100, b = 200;

   printf("a=%d b=%d\n", a, b);
   swap(a, b);
   printf("a=%d b=%d\n", a, b);
   return 0;
}
```

매개변수를 참조자로 선언한다.

**실행결과**

```
C:₩Windows₩system32₩cmd.exe
a=100 b=200
a=200 b=100
계속하려면 아무 키나 누르십시오 . . .
```

# 03.5 중복 함수

C++언어에서는 같은 이름의 함수를 여러 개 정의할 수 있다. 예를 들어서 거듭제곱을 구하는 함수 square()를 예로 살펴보자. C++에서는 정수와 실수를 받아서 거듭제곱을 계산하는 함수를 square()라는 동일한 이름으로 작성할 수 있다.

```
// 정수값을 제곱하는 함수
int square(int i)
{
   return i*i;
}

// 실수값을 제곱하는 함수
double square(double i)
{
   return i*i;
}
```

얼핏 보면 함수의 이름이 같으면 함수 호출 시에 문제가 발생할 것 같다. 하지만 조그만 더 생각해보면 두개의 square() 함수는 이름이 같아도 구별이 된다. 두개의 함수가 가지고 있는 매개 변수의 형태가 다르기 때문이다. 첫 번째 square() 함수의 매개 변수 타입은 int이고 두 번째 square() 함수의 매개 변수 타입은 double이다. 따라서 컴파일러는 두개의 함수를 충분히 구별할 수 있다. 이와 같이 동일한 이름의 함수를 여러 개 정의하는 것을 **중복 함수(overloaded functions)**라고 한다.

만약 square(10)과 같이 호출되면 첫 번째 square() 함수가 호출되고 square(2.0)와 같이 호출되면 두 번째 square() 함수가 호출된다. 매개 변수의 개수, 타입, 순서를 시그니처(signature)라고 한다. 중복 함수는 이름은 같지만 시그니처는 달라야 한다.

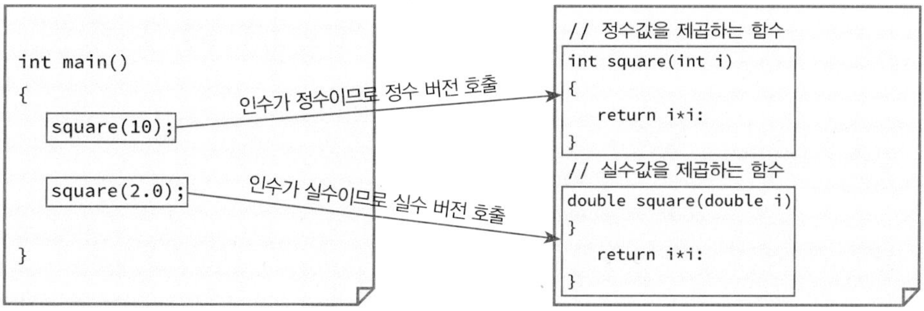


그림 3.3 중복 함수의 개념

중복 함수는 같은 처리를 다양한 대상에 대하여 수행하는 경우에 많이 사용된다. 중복 함수는 함수의 이름을 작성하는 수고를 덜어주면서 동시에 프로그램을 좀 더 읽기 쉽게 만든다. 예를 들어서 중복 함수 기능이 없다면 주어진 값을 제곱하는 함수는 다음과 같이 여러 개가 존재하여야 한다.

```
int square_int(int);
double square_double(double);
short square_short(short);
```

중복 함수를 사용하면 다음과 같이 같은 이름에 매개 변수만 변경하여서 함수를 정의하는 것이 가능하다.

```
int square(int);
double square(double);
short square(short);
```

간단하게 예제로 확인하여 보자.

**overloaded_func.cpp**

```
#include <iostream>
using namespace std;

// 정수값을 제곱하는 함수
int square(int i)
{
   cout << "square(int) 호출" << endl;
   return i*i;
}

// 실수값을 제곱하는 함수
double square(double i)
{
   cout << "square(double) 호출" << endl;
   return i*i;
}

int main()
{
   cout << square(10) << endl;
   cout << square(2.0) << endl;
   return 0;
}
```

실행결과

```
C:\Windows\system32\cmd.exe
square(int) 호출
100
square(double) 호출
4
계속하려면 아무 키나 누르십시오 . . .
```

경고 반환형이 다르다고 해서 함수를 중복시킬 수는 없다.

```
int square(int);
double square(int);     // 오류!! - 반환형이 다르더라도 중복 안됨!
```

LAB

# 중복 함수

정수, 실수, 문자를 모두 출력할 수 있는 `print()` 함수를 중복 함수로 정의하고 사용해 보자.

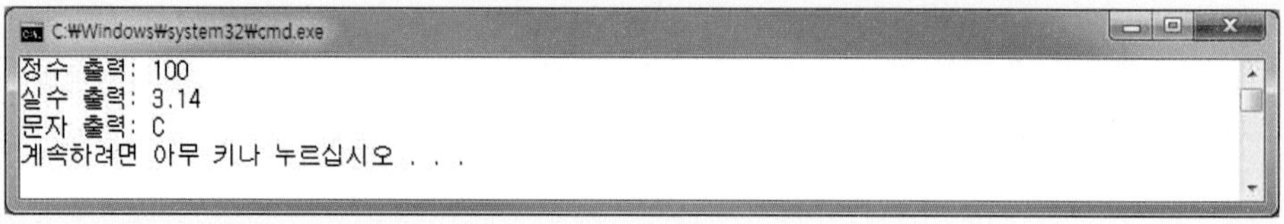


중복 함수로 정의하려면 매개 변수의 수와 형태가 달라야 한다. 다음과 같은 함수 원형을 참조한다.

```
void print(int);
void print(double);
void print(char);
```

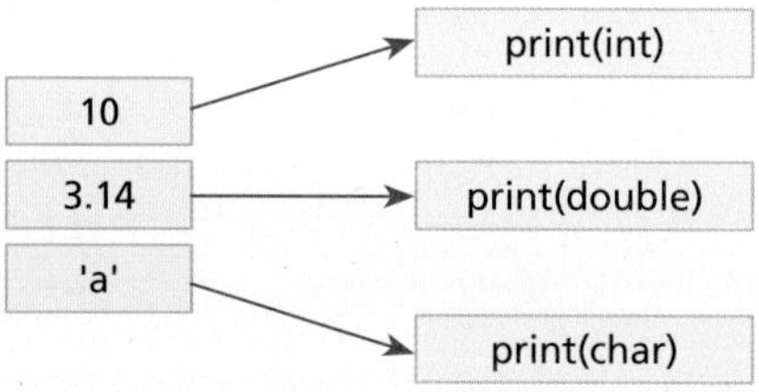

SOLUTION

# 중복 함수

```
#include <iostream>
using namespace std;

void print(int i) {
    cout << "정수 출력: " << i << endl;
}
void print(double f) {
    cout << "실수 출력: " << f << endl;
}
void print(char c) {
    cout << "문자 출력: " << c << endl;
}

int main()
{
    print(100);   // 정수를 출력하기 위하여 호출한다.
    print(3.14);  // 정수를 출력하기 위하여 호출한다.
    print('C');   // 문자를 출력하기 위하여 호출한다.
    return 0;
}
```

**중간점검**

1 절대값을 계산하는 absolute() 함수를 정수 버전과 실수 버전으로 작성해보자.

```
int absolute(int);
double absolute(double);
```

# 03.6 디폴트 인수

함수 호출 시에는 모든 매개 변수에 대하여 값을 전달하여야 한다. 예를 들어서 특정 문자를 여러 번 출력하는 display() 함수를 호출하려면 반드시 2개의 인수를 전달하여야 한다.

```
// 문자 c를 n번 반복하여 화면에 출력한다.
void display(char c, int n)
{
    for (int i = 0; i < n; i++)
        cout << c;
    cout << endl;
}
```

하지만 세상일이 뜻대로만 되면 얼마나 좋겠는가? 현실은 그저 냉정하기만 하다. 바로 '프로그래머가 인수를 까맣게 잊어버릴 수 있다'는 것이다. display()에 전달되는 인수가 만약 2개가 아니라면 '컴파일 오류'가 발생한다. 바로 이럴 때를 대비해서 기본적인 값이 매개 변수에 들어가 있으면 어떨까? 다행히 C++에서는 인수를 전달하지 않아도 디폴트값을 대신 넣어주는 기능이 있다. 이것을 디폴트 인수(default argument)라고 한다.

위의 display() 함수에 인수가 전달되지 않으면 매개 변수 c는 '*'라고 가정하고 매개 변수 n은 10이라고 가정하는 코드는 다음과 같다.

**default.cpp**

```
#include <iostream>
using namespace std;

// 문자 c를 n번 반복하여 화면에 출력한다.
void display(char c = '*', int n = 10)
{
    for (int i = 0; i < n; i++)
        cout << c;
    cout << endl;
}

int main()
{
```

```
    cout << "아무런 인수가 전달되지 않는 경우:\n";
    display();

    cout << "\n첫 번째 인수만 전달되는 경우:\n";
    display('#');

    cout << "\n모든 인수가 전달되는 경우:\n";
    display('#', 5);

    return 0;
}
```

**실행결과**

```
C:\Windows\system32\cmd.exe
아무런 인수가 전달되지 않는 경우:
**********

첫 번째 인수만 전달되는 경우:
##########

모든 인수가 전달되는 경우:
#####
계속하려면 아무 키나 누르십시오 . . .
```

display(char c='*', int n=10)와 같이 함수를 정의하면 첫 번째 매개 변수 c는 '*'라는 디폴트 값을 가지고, 두 번째 인수 n은 10이라는 디폴트 값을 가진다. 함수로 인수가 전달되지 않으면 이 디폴트 값을 이용하여서 함수가 실행된다.

- 함수 호출 display()은 인수가 없으므로 디폴트 값이 사용된다. 즉 '*' 문자가 10개 그려진다.
- 함수 호출 display('#')은 1개의 인수뿐이다. 따라서 매개변수 c에는 '#'이 전달되고 매개변수 n은 디폴트 값인 10을 가지게 된다.
- 함수 호출 display('#', 5)는 정상적으로 2개의 인수를 가지고 있으므로 매개변수 c에는 '#'이 전달되고 매개변수 n에는 5가 전달된다.

### 디폴트 인수 vs 함수 중복 정의

디폴트 인수 기능을 사용하면 중복 정의되는 함수의 개수를 줄일 수 있다. 예를 들어서 여러 가지 타입의 데이터를 출력하는 print() 함수가 다음과 같이 정의되었다고 가정하자.

```
int print( int i ); // 정수 출력
int print( double dvalue ); // 실수 출력
int print( double dvalue, int prec ); // 주어진 정밀도로 실수 출력
```

디폴트 인수 기능을 사용하여 다음과 같이 함수의 개수를 줄일 수 있다.

```
int print( int i ); // 정수 출력
int print( double dvalue, int prec=2 ); // 주어진 정밀도로 실수 출력
```

만약 prec이 주어지지 않으면 디폴트 값인 2를 사용한다. 우리는 다음과 같이 print()를 호출할 수 있다.

```
double d = 3.141592;
print( d );
print( d, 0 );
```

### 디폴트 인수 사용시 주의점

어떤 함수도 디폴트 인수를 가질 수 있다. 하지만 여기에는 하나의 규칙이 있다. 디폴트 인수는 반드시 마지막 인수이어야 한다. 다음과 같이 정의하는 것은 안 된다.

```
int print( double dvalue = 0.0, int prec ); // 오류이다!
```

이 대목에서 여러분은 다음과 같은 말을 할 수 있다. "왜 디폴트 매개 변수를 반드시 오른쪽에서 왼쪽으로 정의해야 해요?" func()이 다음과 같이 정의되어 있고 func(100, 200)과 같이 인수가 전달되었다고 하자.

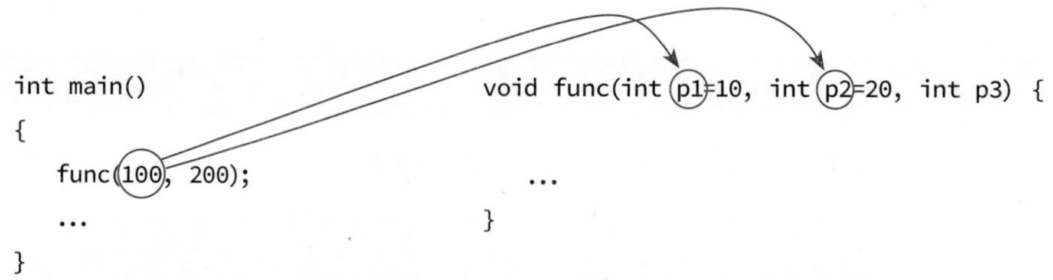


100과 200은 어떤 매개 변수로 가는 값일까? 200은 매개 변수 p3로 가는 것 같다. 하지만 100이 매개 변수 p1로 가는 값인지 매개 변수 p2로 가는 값인지를 컴파일러가 구별할 길이 없다. 따라서 반드시 디폴트 인수 지정은 오른쪽에서 시작하여서 왼쪽으로 진행하여야 한다.

**중간점검**

**1** 다음의 함수 선언이 잘못된 이유를 설명하라.

```
int moveto(int x=0, int y, int z=0);
```

**2** 다음과 같은 함수 선언을 가지는 함수 호출 중 잘못된 것은?

```
int sub(int a, int b=100, int c=100);
```

(a) sub(0, 0, 0);　　(b) sub(0);　　(c) sub()　　(d) sub(0, 0);

# LAB 디폴트 매개 변수 실습하기

sum() 함수를 작성한다. sum()은 정수 2개의 합을 계산할 수도 있고 3개, 4개까지 정수의 합을 계산할 수 있다. 즉 다음과 같이 호출할 수 있다.

```
int main()
{
    cout << "sum(10, 15)=" << sum(10, 15) << endl;
    cout << "sum(10, 15, 25)=" << sum(10, 15, 25) << endl;
    cout << "sum(10, 15, 25, 30)=" << sum(10, 15, 25, 30) << endl;
    return 0;
}
```

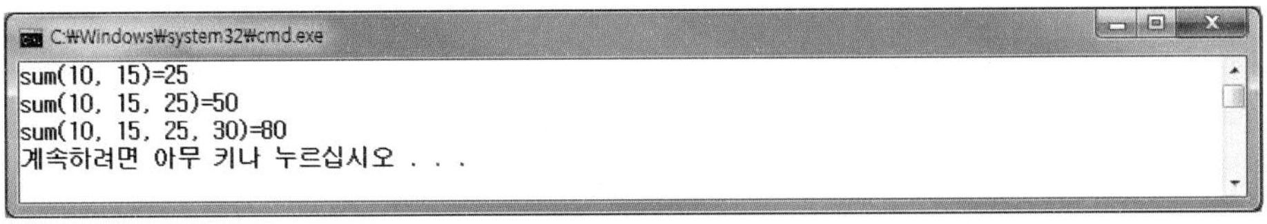
C:\Windows\system32\cmd.exe
sum(10, 15)=25
sum(10, 15, 25)=50
sum(10, 15, 25, 30)=80
계속하려면 아무 키나 누르십시오 . . .

창의력을 발휘해보자.

SOLUTION

# 디폴트 매개 변수 실습하기

default_para.cpp

```
#include <iostream>
using namespace std;

int sum(int x, int y, int z = 0, int w = 0)
{
    return x + y + z + w;
}

int main()
{
    cout << "sum(10, 15)=" << sum(10, 15) << endl;
    cout << "sum(10, 15, 25)=" << sum(10, 15, 25) << endl;
    cout << "sum(10, 15, 25, 30)=" << sum(10, 15, 25, 30) << endl;

    return 0;
}
```

**도전문제**

주어진 3개의 정수를 출력하는 printValues(x, y, z)를 작성해보자. y와 z가 주어지지 않으면 0으로 간주한다. 디폴트 매개 변수를 사용한다.

# 03.7 인라인 함수

함수 호출 시에는 약간의 오버헤드가 발생한다. 즉 함수 호출 전에 모든 레지스터(CPU 안의 저장 공간)가 저장되어야 하고 인수들을 복사되어야 한다. 함수 호출 후에는 레지스터들이 다시 복구되어야 한다. 만약 아주 간단한 함수라면 함수 안의 문장을 실행하는 시간보다 함수 호출을 준비하는 시간이 더 걸릴 수도 있다. 따라서 크기가 작은 함수의 경우에는 차라리 함수 호출을 하지 않고 코드를 복사하여서 넣어주는 편이 효율적일 수 있다.

C++에는 이런 경우를 대비하여서 inline이라고 하는 키워드가 준비되어 있다. 만약 함수 이름 앞에 inline이 붙으면 컴파일러는 함수를 생성하지 않고 함수의 코드를 호출한 곳에 직접 집어넣는다. 이러한 함수를 인라인 함수(inline function)라고 한다. 함수를 인라인으로 만들면 함수 호출 오버헤드가 사라지므로 프로그램이 더 빠르게 실행할 수 있다.

인라인 함수로 정의하려면 함수의 반환형 앞에 inline만 붙이면 된다. 하나의 예로 주어진 값을 제곱하는 함수를 인라인 함수로 작성하여보면 다음과 같다.

```
// 실수값을 제곱하는 함수
inline double square(double i)
{
    return i*i;
}
```

| 중간점검 | |
|---|---|
| | 1 두 개의 정수 중에서 큰 수를 반환하는 get_max() 함수를 인라인 함수로 작성하여보자. |

# 03.8 문자열

문자열은 "Hello World!"와 같이 문자들의 나열(sequence)이다. 문자열은 프로그램에서 아주 많이 사용된다. C 언어에서는 문자열을 char형 배열로 나타낸다. 또 strcat()와 같은 어려운 함수를 사용하여 문자열 2개를 합칠 수 있었다(C 언어를 모른다면 신경 쓰지 말자). 하지만 C++ 언어에서는 string 클래스를 이용하여서 문자열을 쉽게 저장하고 처리할 수 있다. 아직 우리는 클래스(class)에 대하여 학습하지 않았지만 클래스란 객체지향의 핵심적인 개념으로 변수와 함수를 묶은 것이다. 클래스 안에 정의된 변수와 함수를 각각 멤버 변수와 멤버 함수라고 한다. 클래스는 4장부터 자세히 학습할 예정이다.

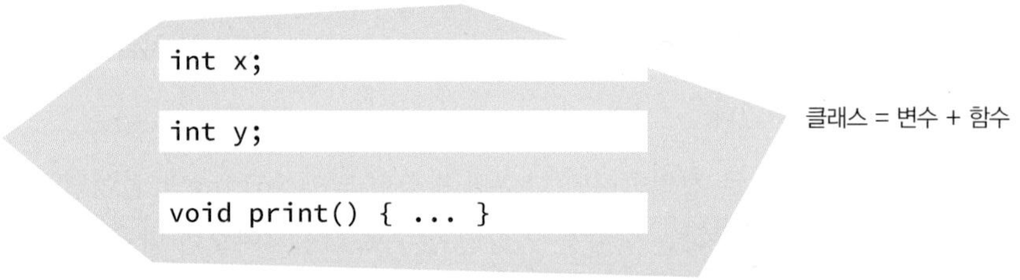


## string 클래스

string은 문자열을 나타내기 위하여 작성된 클래스이다. string 클래스 안에는 문자열 저장 및 처리에 필요한 변수들과 함수들이 정의되어 있다. string 클래스를 사용하게 되면 string 클래스가 자세한 세부 사항을 모두 담당하기 때문에 프로그래머는 아주 편리하게 사용할 수 있다. 또한 string 클래스는 문자열 처리에 필요한 여러 가지 다양한 함수들을 제공한다. 프로그래머들은 이러한 함수들이 내부적으로 어떻게 구현되는지 모르더라도 얼마든지 함수들을 사용할 수 있다. 이것이 객체 지향의 장점이다.

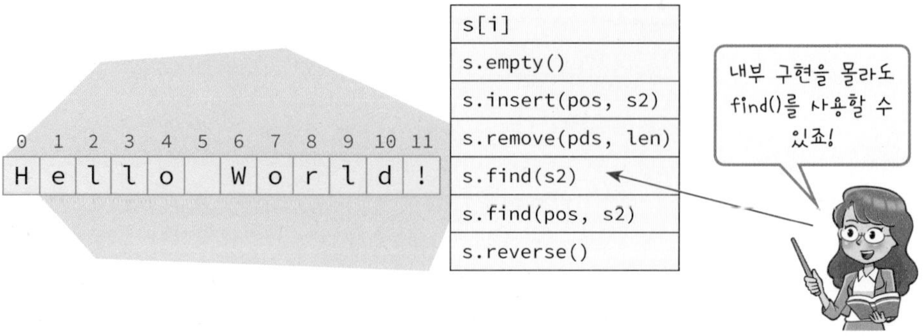

### string 객체

클래스는 정수를 나타내는 자료형 int와 같이 사용자가 정의하는 자료형의 일종으로 생각할 수 있다. 따라서 클래스를 이용하여 변수를 정의할 수 있다. 이것을 객체(object)라고 한다. 클래스는 와플을 찍어내는 형틀이고 객체가 바로 와플이 된다.

string 클래스는 string이라는 헤더 파일에 정의되어 있다. 따라서 string 클래스를 사용하려면 먼저 string 헤더 파일을 포함시켜야 한다. string 클래스는 std 이름 공간에 속해있기 때문에 using 지시어를 사용하여서 std 이름 공간을 사용하겠다고 명시하여야 한다.

```
#include <string>
using namespace std;
```

예를 들어서 string 클래스를 이용하여서 문자열 객체를 생성하려면 다음과 같이 한다.

```
string s;                          // string 객체 s를 생성한다.
```

만약 string 객체를 생성과 동시에 초기화하려면 다음과 같이 한다.

```
string s = "Hello World!";         // string 객체를 생성하고 초기화한다.
```

C++11에서 지원하는 보편적인 초기화 방법을 사용하면 다음과 같이 초기화할 수 있다.

```
string s{ "Hello World!" };        // string 객체를 생성하고 초기화한다.
```

### 문자열의 결합

string 클래스를 사용하면 두 개의 문자열을 + 연산자를 이용하여 결합할 수 있다. C++에서 연산자는 재정의가 가능하다. + 연산자는 정수를 더하는데 사용되지만 문자열 객체를 더할 때도 사용할 수 있는 것이다. + 연산자의 정의가 피연산자의 자료형에 따라서 다르게 정의되는 것이다.

```
string subject = "Money";
string other = " has no value if it is not used";
string sentence = subject + other;
                                    // "Money has no value if it is not used"
```

= 연산자를 이용하여서 하나의 문자열 객체를 다른 문자열 객체에 대입할 수도 있다.

```
string s1 = "Hello";
string s2;
s2 = s1;            // s2는 "Hello"
```

기존의 문자열에 다른 문자열을 추가하려면 += 연산자를 사용할 수 있다.

```
string s1 = "Hello";
string s2 = " World!";
s1 += s2;           // s1은 "Hello World!"
```

+ 연산자를 이용하여 몇 개의 문자열을 합쳐보자.

**string3.cpp**

```
#include <iostream>
#include <string>
using namespace std;

int main()
{
   string s1 = "Slow", s2 = "steady";
   string s3 = "the race.";
   string s4;

   s4 = s1 + " and " + s2 + " wins " + s3;
   cout << s4 << endl;
   return 0;
}
```

실행결과

```
C:\Windows\system32\cmd.exe
Slow and steady wins the race.
계속하려면 아무 키나 누르십시오 . . .
```

### 문자열의 비교

string 클래스를 사용하면 == 연산자나 > 연산자, < 연산자들이 우리가 기대하는 대로 정의되어 있다. 즉 string 객체의 경우, 다음과 같은 문장을 사용하여서 문자열이 동일한 지를 검사할 수 있다.

```
string s1 = "Hello", s2 = "World";
if( s1 == s2 )
    cout << "동일한 문자열입니다." << endl;
else
    cout << "동일한 문자열이 아닙니다." << endl;
```

또한 < 연산자나 > 연산자를 사용하면 사전적인 순서로 어떤 문자열이 앞이 나오는지를 검사할 수 있다.

```
if( s1 > s2 )
    cout << "s1이 앞이 있습니다. " << endl;
else
    cout << "s2가 앞이 있습니다. " << endl;
```

### string 클래스를 사용하는 입출력

string 클래스도 >>와 << 연산자를 정의하여서 입출력 연산을 구현하고 있다. 다만 문자열 입력에 있어서는 약간 복잡하다. 먼저 >> 연산자를 이용하여서 cin에서 string 객체로 입력하는 경우에 공백 문자가 있으면 입력을 중단하게 된다. 예를 들어서 다음과 같은 프로그램에서 사용자가 "서울특별시 종로구 10번지"를 입력하면 s의 값은 "서울특별시"가 되고 나머지 단어들은 입력을 대기하게 된다.

```
string s;
cin >> s;
```

한 줄 전체를 읽으려면 getline()이라는 함수를 사용한다. getline()은 cin 안에 정의된 함수가 아니다. getline()은 매개 변수로 cin을 받는다. getline()도 string 라이브러리에 정의되어 있다. 만약 한 문자씩 읽고자 한다면 cin의 멤버 함수인 get()을 사용할 수 있다.

```
string line;
getline(cin, line);
```

사용자로부터 이름과 주소를 받아서 친근하게 인사하는 프로그램을 작성해보자.

strtest1.cpp

```cpp
#include <iostream>
#include <string>
using namespace std;

int main()
{
   string s1, addr;

   cout << "이름을 입력하시오 : ";
   cin >> s1;
   cin.ignore(); // 엔터키를 없애기 위하여 필요하다.

   cout << "주소를 입력하시오 : ";
   getline(cin, addr);
   cout << addr << "의 " << s1 << "씨 안녕하세요? " << endl;
   return 0;
}
```

실행결과

```
C:\Windows\system32\cmd.exe
이름을 입력하시오 : 홍길동
주소를 입력하시오 : 서울특별시 종로구
서울특별시 종로구의 홍길동씨 안녕하세요?
계속하려면 아무 키나 누르십시오 . . .
```

### 멤버 함수 호출

우리는 string 클래스가 가지고 있는 많은 멤버 함수들을 사용할 수 있다. 객체가 생성된 후에 객체의 멤버 함수를 호출하려면 도트(.) 연산자를 사용한다. 예를 들어서 string 클래스는 size()라는 이름의 멤버 함수를 가지고 있다. size()는 문자열의 길이를 계산하여 반환한다. 멤버 함수를 사용하려면 다음과 같이 객체 뒤에 도트 연산자를 붙이고, 호출하는 멤버 함수 이름을 적어주면 된다.

```cpp
string s = "Hello World!";
int size = s.size();          // size는 12가 된다.
```

클래스가 제공하는 멤버 함수를 알려면 클래스의 제작자가 우리한테 주는 설명서를 읽어보아야 한다. string 클래스의 경우, C++ 문서를 보면 string 클래스가 제공하는 멤버 함수들이 자세하게 나열되어 있다. string 클래스에는 문자열의 추가, 삭제, 검색을 위한 많은 멤버 함수들이 존재한다. 그 중에서 몇 가지만 다음 표에 나타내었다.

| 멤버 함수 | 설명 |
|---|---|
| s[i] | i번째 원소 |
| s.empty() | s가 비어있으면 true 반환 |
| s.insert(pos, s2) | s의 pos 위치에 s2를 삽입 |
| s.remove(pos, len) | s의 pos 위치에 len만큼을 삭제 |
| s.find(s2) | s에서 문자열 s2가 발견되는 첫번째 인덱스를 반환 |
| s.find(pos, s2) | s의 pos 위치부터 문자열 s2가 발견되는 첫번째 인덱스를 반환 |

문자열 중에서 “Rome”이 몇 번째 위치에 있는지를 계산하는 프로그램은 다음과 같다.

**strtest2.cpp**

```
#include <iostream>
#include <string>
using namespace std;

int main()
{
    string s="When in Rome, do as the Romans.";

    int index = s.find("Rome");
    cout << index << endl;
    return 0;
}
```

실행결과

```
C:\Windows\system32\cmd.exe
8
계속하려면 아무 키나 누르십시오 . . .
```

## string 객체에서 문자 추출하기

string 객체에서 각각의 문자를 추출하려면 배열처럼 [] 연산자를 적용하면 된다. 예를 들어서 line이라는 string 객체에서 첫 번째 문자를 꺼내려면 line[0]라고 하면 된다. i번째 문자를 추출하려면 line[i]라고 하면 된다. 사용자가 입력한 주민등록번호에서 '-' 문자를 삭제하는 프로그램을 작성하여 보자.

**string4.cpp**

```
#include <iostream>
#include <string>
using namespace std;

int main()
```

```
{
    string s;
    cout << "주민등록번호를 입력하시오: ";
    cin >> s;

    cout << "-가 제거된 주민등록번호: ";
    for (auto& c : s) {
        if (c == '-') continue;
        cout << c;
    }
    cout << endl;

    return 0;
}
```

실행결과

```
C:\Windows\system32\cmd.exe
주민등록번호를 입력하시오: 123456-123456
-가 제거된 주민등록번호: 123456123456
계속하려면 아무 키나 누르십시오 . . .
```

## 문자열의 배열

문자열의 배열도 얼마든지 선언할 수 있다. 친구들의 이름을 배열에 저장하고 하나씩 꺼내서 인사말을 만들어보자. 최신 기법을 사용하라.

**string5.cpp**

```
#include <iostream>
#include <string>
using namespace std;

int main()
{
    string list[] = { "철수", "영희", "길동" };

    for (auto& x : list)
        cout << (x + "야 안녕!") << endl;
    return 0;
}
```

실행결과

```
C:\Windows\system32\cmd.exe
철수야 안녕!
영희야 안녕!
길동야 안녕!
계속하려면 아무 키나 누르십시오 . . .
```

**중간점검**

1 문자열은 클래스 ________의 객체로 저장할 수 있다.

2 문자열의 길이를 반환하는 멤버 함수는 __________이다.

LAB

# 해밍 거리 구하기

유전자는 몇 개의 문자로 표시된다. 2개의 문자열을 받아서 동일한 위치에 틀린 글자가 몇 개나 있는지를 계산하는 프로그램을 작성해보자. 이것을 해밍 거리(Hamming distance)라고 한다.

- 입력: 동일한 길이의 2개의 DNA 문자열
- 출력: 문자열 간의 해밍 거리

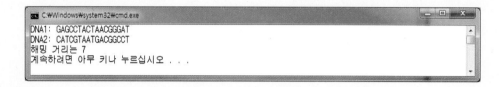

```
C:\Windows\system32\cmd.exe
DNA1: GAGCCTACTAACGGGAT
DNA2: CATCGTAATGACGGCCT
해밍 거리는 7
계속하려면 아무 키나 누르십시오 . . .
```

참고 DNA 구조는 A, G, C, T는 아데닌(Adenine), 구아닌(Guanine), 사이토신(Cytosine), 타이민(Thymine)이 2중 나선 구조로, 기다란 사슬 두 가닥이 새끼줄처럼 꼬여 있는 구조를 가지고 있다.

SOLUTION

# 해밍 거리 구하기

```
#include <iostream>
#include <string>
using namespace std;

int main()
{
    string s1, s2;
    int count = 0;

    cout << "DNA1: ";
    cin >> s1;
    cout << "DNA2: ";
    cin >> s2;

    if (s1.length() != s2.length())
        cout << "오류: 길이가 다름" << endl;
    else {
        for (int i = 0; i < s1.length(); i++)      {
            if (s1[i] != s2[i])
                count += 1;
        }
        cout << "해밍 거리는 " << count << endl;
    }
    return 0;
}
```

## LAB 행맨

휠오브포천(wheel of fortune) 또는 행맨(hangman)과 같은 단어 게임을 제작하여 보자. 빈칸으로 구성된 문자열이 주어지고 사용자는 문자열에 들어갈 글자들을 하나씩 추측해서 맞추는 게임이다.

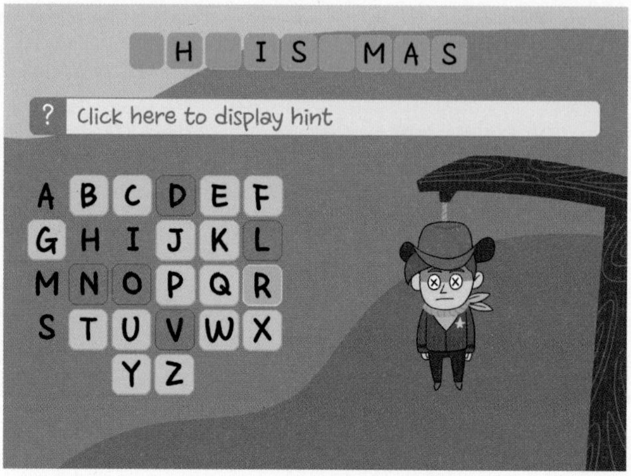


사용자가 문자열에 들어 있는 글자를 말했으면 화면에 그 글자를 출력한다. 일정한 횟수만 시도할 수 있게 하라.

```
C:\Windows\system32\cmd.exe
___
글자를 입력하시오: t
___
글자를 입력하시오: c
c__
글자를 입력하시오: +
c++
성공하였습니다.!계속하려면 아무 키나 누르십시오 . . .
```

**도전문제**

10개의 문자열에서 하나를 선택하여 문제로 출제하도록 소스를 변경해보자.

# SOLUTION 행맨

**hangman.cpp**

```
#include <iostream>
#include <string>
using namespace std;

int main()
{
    char ch;
    string solution;
    string list[] =
    {
        "the",
        "c++",
        "programming",
        "language",
    };
    int n = rand() % 4;
    solution = list[n];

    string guess(solution.length(),  '_');

    while (true)
    {
        cout << guess << endl;
        cout << "글자를 입력하시오: ";
        cin >> ch;
        for (int i=0;i< solution.length();i++)
        {
            if (ch == solution[i])
            {
                guess[i] = ch;
            }
        }

        if (solution == guess)
        {
            cout << solution << endl;
            cout << "성공하였습니다.!";
            break;
        }
    }
    return 0;
}
```

solution의 길이를 가지고 '_'으로 초기화된 문자열 생성

## EXERCISE

1. 다음 중 올바른 함수 원형 정의가 아닌 것은?

❶ `int funct(char x, char y);` ❷ `double funct(char x)`

❸ `void funct();` ❹ `char x();`

2. "`int func(char x, float v, double t);`"와 같은 원형을 가지는 함수 `func()`의 반환값은?

❶ `char` ❷ `int` ❸ `float` ❹ `double`

3. 다음 중 올바른 함수 호출은?

❶ `func;` ❷ `func x, y;` ❸ `func();` ❹ `int func();`

4. 다음 중 함수를 올바르게 구현한 것은?

❶ `void func(int x=100, int y) { }`

❷ `void func(int x) { }`

❸ `void func(int x, int y=100) { }`

❹ `void func(x) { }`

5. "함수 호출 시 모든 인수는 값으로 전달된다"는 진실인가? 거짓인가?

6. 2개의 `double`형을 받아서 큰 수를 반환하는 함수 `get_max()`의 원형을 작성하라.

7. 다음 프로그램에서 잘못된 부분은 무엇인가?

```
float divide(float x, float y)
{
   return x / y;
}

double divide(float x, float y)
{
   return x / y;
}
```

**8.** 다음 프로그램에서 잘못된 부분은 무엇인가?

```
void k() {
   cout << "함수 k()" << endl;
   void p() {
      cout << "함수 p()" << endl;
   }
}
```

**9.** 다음의 문장에 의하여 생성되는 출력은 무엇인가?

```
string s{"Hello World!"};
int i = s.find("W", 0);
cout << i << endl;
```

**10.** 다음의 문장에 의하여 생성되는 출력은 무엇인가?

```
string s1="Hello";
string s2="World!";
string s3=s1+" "+s2;
cout << s3 << endl;
```

**11.** 다음의 문장에 의하여 생성되는 출력은 무엇인가?

```
string s1="Hello";
string s2="Hi";
bool b = ( s1 == s2 );
cout << b << endl;
```

## PROGRAMMING EXERCISE

1. 3개의 정수 중에서 최대값을 찾는 함수 `maximum(x, y, z)`를 정의하고 테스트하라.

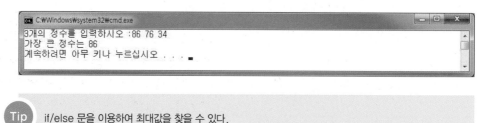

```
3개의 정수를 입력하시오 :86 76 34
가장 큰 정수는 86
계속하려면 아무 키나 누르십시오 . . .
```

**Tip** if/else 문을 이용하여 최대값을 찾을 수 있다.

2. 사용자에게 구의 반지름을 입력받아서 구의 부피를 계산하고 출력하는 프로그램을 작성한다. 수식 `(4.0 / 3.0 * 3.14 * pow(radius, 3))`을 계산하여 반환하는 `inline` 함수 `calc_volume()`을 작성하여 호출한다. 디폴트 인수 기능도 사용해보자.

```
반지름을 입력하시오: 10.0
구의 부피는 4186.67
계속하려면 아무 키나 누르십시오 . . .
```

**Tip** pow() 함수 호출 대신에 radius*radius*radius을 사용하여도 된다.

3. 다른 두 변이 주어 졌을 때 직각 삼각형의 빗변을 계산하는 함수 `hypot()`를 정의해보자. 이 함수는 두 개의 `double`형 인수를 취해야 하고 빗변을 `double`형으로 반환해야 한다.

```
직각삼각형의 한변: 3.0
직각삼각형의 한변: 4.0
빗변: 5
계속하려면 아무 키나 누르십시오 . . .
```

**Tip** sqrt() 함수를 사용하여서 제곱근을 계산할 수 있다.

4. 정수를 1과 자신만으로 나눌 수 있다면 소수라고 한다. 예를 들어 2, 3, 5 ,7은 소수이다. 주어진 숫자가 소수인지 여부를 결정하는 함수 `prime()`을 작성한다. 이 함수를 이용하여 2와 100 사이의 모든 소수를 판별하고 출력하는 프로그램을 작성해보자.

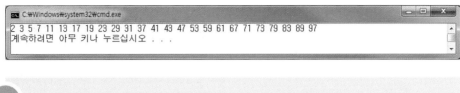

```
C:\Windows\system32\cmd.exe
2 3 5 7 11 13 17 19 23 29 31 37 41 43 47 53 59 61 67 71 73 79 83 89 97
계속하려면 아무 키나 누르십시오 . . .
```

**Tip** 2부터 (자기자신-1)로 나누어서 한번이라도 나머지가 0이면 소수가 아니다.

5. 화면에 “`Hello`”를 출력하는 `sayHello()` 함수를 작성한다. `sayHello()`는 하나의 매개 변수 n을 가지는데 n은 “`Hello`” 출력을 반복하는 횟수를 나타낸다. 만약 인수가 주어지지 않으면 n의 값으로 1을 가정한다.

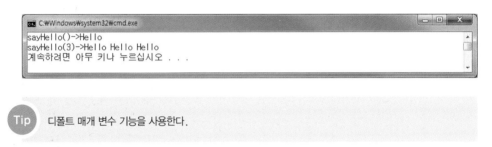

```
C:\Windows\system32\cmd.exe
sayHello()->Hello
sayHello(3)->Hello Hello Hello
계속하려면 아무 키나 누르십시오 . . .
```

**Tip** 디폴트 매개 변수 기능을 사용한다.

6. 사용자가 입력하는 전화번호에서 기호 (와 )를 삭제한 형태로 출력하는 프로그램을 작성해보자. 사용자가 “`quit`”를 입력하면 종료한다.

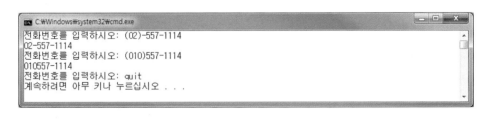

```
C:\Windows\system32\cmd.exe
전화번호를 입력하시오: (02)-557-1114
02-557-1114
전화번호를 입력하시오: (010)557-1114
010557-1114
전화번호를 입력하시오: quit
계속하려면 아무 키나 누르십시오 . . .
```

**Tip** str이 문자열이라면 for (auto& c : str) .. 구문도 사용할 수 있다.

**7.** 사용자로부터 문자열 5개를 읽어서 가장 긴 문자열을 화면에 출력한다.

```
C:\Windows\system32\cmd.exe
문자열을 입력하시오:: abc
문자열을 입력하시오:: abcd
문자열을 입력하시오:: abcde
문자열을 입력하시오:: abcdef
문자열을 입력하시오:: abcdefg
제일 긴 문자열:  abcdefg
계속하려면 아무 키나 누르십시오 . . .
```

**Tip** string의 배열을 만들어서 사용자의 입력을 저장하고 string 클래스의 멤버 함수인 size()를 사용한다.

**8.** `0`부터 `9`까지의 난수를 `100`번 생성하여 가장 많이 생성된 수를 출력하는 프로그램을 작성하시오. 난수는 `rand()` 함수를 사용하여 생성하라.

```
C:\Windows\system32\cmd.exe
가장 많이 생성된 수:  1
계속하려면 아무 키나 누르십시오 . . .
```

**Tip** 크기가 10인 배열에 나타나는 횟수를 저장한다.

**9.** 난수 발생 함수인 `rand()`를 사용하여서 `2`개의 주사위를 굴려서 합이 `7`, `11`이면 사용자가 이기고 주사위의 합이 `2`, `3`, `12`이면 사용자가 지는 게임을 작성해 보자.

```
C:\Windows\system32\cmd.exe
사용자의 주사위:  1+2=3
사용자가 졌습니다.
계속하려면 아무 키나 누르십시오 . . .
```

**Tip** dice1 = rand()%6+1; 하여서 주사위를 굴릴 수 있다.

**10.** "동전 던지기"를 시뮬레이트하는 프로그램을 작성한다. 프로그램이 동전을 `100`번 던지고 동전의 각면이 나타나는 횟수를 세어 출력한다. 난수를 발생하여서 `0` 또는 `1`을 반환하는 `flip()` 함수를 작성하여 사용하라. 프로그램이 "동전 던지기"를 올바르게 시뮬레이트하는 경우, 동전의 각 면이 대략 절반정도 나타난다.

```
C:\Windows\system32\cmd.exe
동전의 앞면:  58
동전의 뒷면:  42
계속하려면 아무 키나 누르십시오 . . .
```

**Tip** rand()%2; 하여서 0이면 앞면, 1이면 뒷면으로 생각하면 된다.

**11.** 간단한 철자 교정 프로그램을 작성하여 보자. 문자열을 입력으로 받아서 문자열 안에 마침표가 있으면 문자열의 첫 번째 문자가 대문자인지를 검사한다. 만약 대문자가 아니면 대문자로 변환한다. 또한 문장의 끝에 마침표가 존재하는지를 검사한다. 역시 마침표가 없으면 넣어준다. 즉 입력된 문자열이 "c++ is easy"라면 "C++ is easy."로 변환하여 화면에 출력한다.

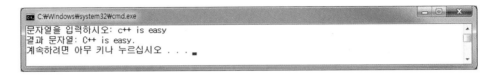

```
C:\Windows\system32\cmd.exe
문자열을 입력하시오: c++ is easy
결과 문자열: C++ is easy.
계속하려면 아무 키나 누르십시오 . . .
```

**Tip** getline(cin, s)을 이용하여 한 줄을 입력받는다. toupper()를 사용하면 대문자로 변경할 수 있다.

**12.** 사용자로부터 받은 문자열에서 각각의 문자가 나타나는 빈도를 계산하여 출력하는 프로그램을 작성하시오.

```
C:\Windows\system32\cmd.exe
문자열을 입력하시오: meet at midnight
a: 1
b: 0
c: 0
d: 1
e: 2
f: 0
```

**Tip** 문자는 아스키코드로 표현되고 0에서 255까지의 값을 가진다. 따라서 크기가 256인 정수 배열을 선언하고 다음과 같이 반복 루프를 통하여 빈도를 구한다.

```
int counter[256] =  {0} ;
string s;
cout << "문자열을 입력하시오: ";
getline(cin, s);

for (int i = 0; i < s.size(); i++) {
   counter[s[i]]++;
}
```

13. 사용자로부터 암호를 입력받는다. 사용자의 암호가 해킹에 대하여 안전한지의 여부를 검사한다. 만약 암호 안에 대문자, 소문자, 숫자가 모두 들어있으면 안전한 암호로 간주한다. 만약 사용자의 암호가 3가지 종류의 문자를 다 가지고 있지 않으면 프로그램은 보안을 위하여 더 강한 암호를 고려하라고 제안한다.

```
C:\Windows\system32\cmd.exe
암호를 입력하시오: abc23
안전하지 않습니다.
계속하려면 아무 키나 누르십시오 . . .
```

```
C:\Windows\system32\cmd.exe
암호를 입력하시오: abcABC23
안전합니다.
계속하려면 아무 키나 누르십시오 . . .
```

**Tip** 암호 안에 소문자, 대문자, 숫자가 섞여 있는지를 검사한다.

14. 단어 애나그램(anagram) 게임을 작성해보자. 영어 단어를 이루는 글자들이 뒤죽박죽 섞인 것을 받아서 순서대로 재배치하는 게임을 애나그램 게임이라고 한다.

```
C:\Windows\system32\cmd.exe
epalp은 어떤 단어가 스크램블된 것일까요? alppe
epalp은 어떤 단어가 스크램블된 것일까요? apple
축하합니다.
계속하려면 아무 키나 누르십시오 . . .
```

**Tip** 문자열 안의 글자들을 섞으려면 난수가 필요하다. 2개의 난수를 발생시켜서 그 위치의 글자들을 서로 바꾸면 된다. 이것을 문자열의 길이만큼 반복한다. 물론 난수의 범위는 문자열 안이어야 한다.

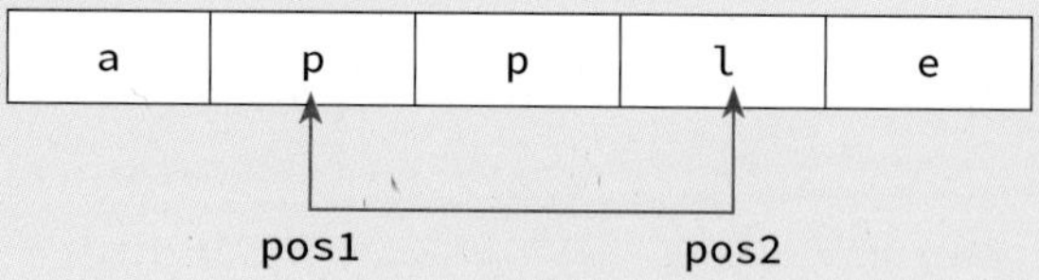

Introduction to
**C++ Programming**

CHAPTER

# 04 클래스와 객체

## 학습목표

- 객체 지향 기법을 이해한다.
- 클래스를 작성할 수 있다.
- 클래스에서 객체를 생성할 수 있다.
- 생성자를 이용하여 객체를 초기화할 수 있다.
- 접근자와 설정자를 사용할 수 있다.

## 학습목차

객체지향 프로그래밍에서 '객체'의 의미가 뭔가요?
우리가 살고 있는 세계의 모든 것(사람, 자동차, TV)이 객체가 될 수 있습니다. 추상적인 개념도 필요하다면 객체로 정의할 수 있습니다.

# 04.1 이번 장에서 만들어 볼 프로그램

이번 장에서는 클래스를 정의하고 객체를 생성하는 방법에 대하여 자세히 살펴본다. 구체적으로 다음과 같은 프로그램을 작성해보자.

**1.** 피자를 나타내는 클래스 `Pizza`를 작성하고 객체를 생성해보자.

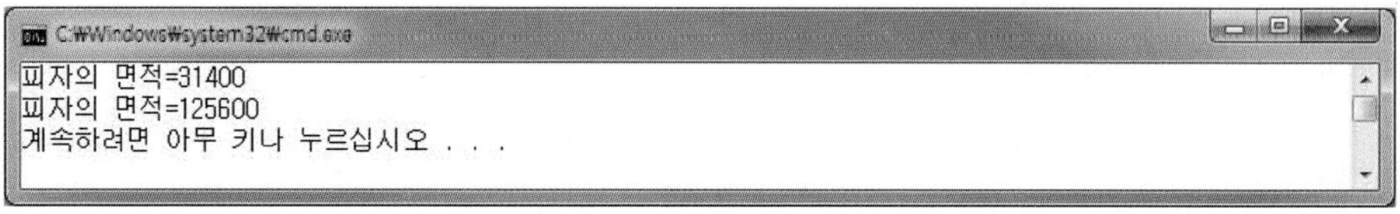


**2.** 원을 나타내는 클래스 `Circle`을 정의하고 화면에 원을 그려보자.

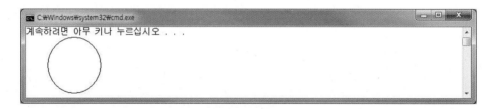


**3.** 2개의 원이 경주하는 프로그램을 작성해보자. 원을 나타내는 클래스 `Circle`을 정의하여 사용한다.

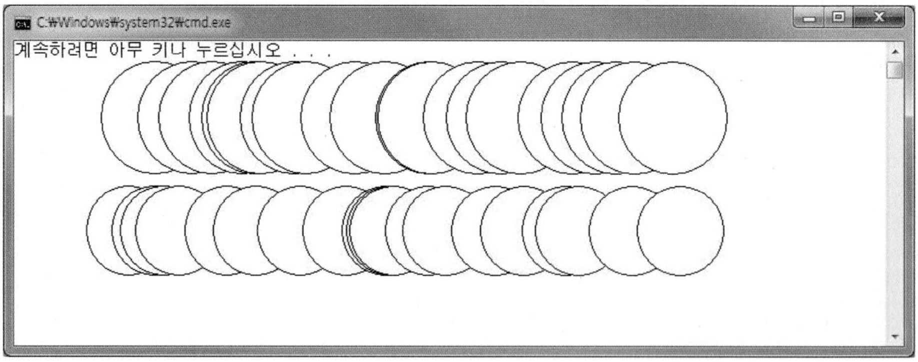

# 04.2 객체 지향이란?

객체 지향 기법은 소프트웨어 설계에 있어서 많은 장점을 제공하는 매우 강력한 기술이다. 그러나 문제는 객체 지향 개념을 이해하기 어렵다는 것이다. 아무리 객체 지향 언어를 사용한다고 하여도 프로그래머가 객체 지향에 대하여 확실히 이해하고 있지 않으면 객체 지향 언어의 효과는 나오지 않는다. 특히 C++ 언어에는 C 언어의 모든 기능을 포함되어 있으므로 자칫하면 기존의 절차 지향 방식으로 프로그램하기 쉽다. 이번 장에서 객체 지향 개념을 확실하게 학습하도록 하자.

**객체 지향 프로그래밍(OOP: object-oriented programming)**은 우리가 살고 있는 실제 세계가 객체(object)들로 구성되어 있는 것과 비슷하게, 소프트웨어도 객체로 구성하는 방법이다. 실제 세계에는 사람, 텔레비전, 세탁기, 냉장고 등의 많은 객체가 존재한다. 객체들은 객체 나름대로의 고유한 기능을 수행하면서 다른 객체들과 상호 작용한다.

**그림 4.1** 실제 세계는 객체들로 이루어진다.

예를 들면, 사람이 리모콘을 이용하여서 텔레비전을 조작하는 상황을 생각해보자. 티비와 리모콘은 모두 특정한 기능을 수행하는 객체라고 생각할 수 있고 티비와 리모콘은 메시지를 통하여 서로 상호 작용하고 있다.

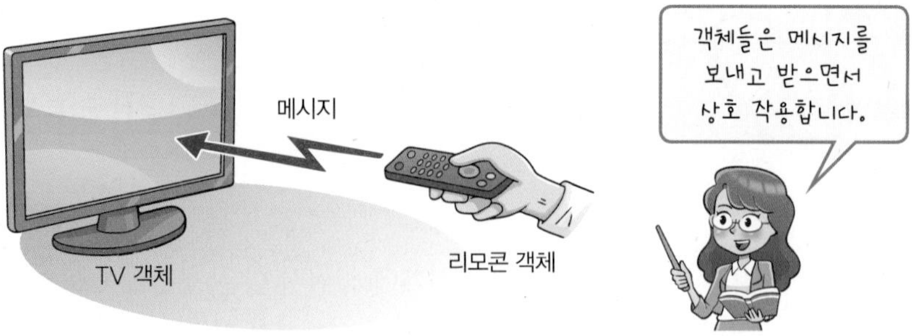


**그림 4.2** 객체들은 서로 메시지를 주고받으면서 상호작용한다.

소프트웨어 개발도 이와 같이 하는 방식을 객체 지향이라고 한다. 다양한 기능을 하는 소프트웨어 객체들이 존재하고 이러한 객체들을 조합하여 자기가 원하는 기능을 구현하는 기법이다. 위의 그림에서 티비와 리모콘은 소프트웨어 객체로 표현되며 이들 소프트웨어 객체들이 메시지를 전달하여 서로 상호 작용하면서 원하는 작업을 수행하게 된다. 프로그램에서는 현실 세계에서 볼 수 있는 물리적인 객체도 사용하지만 소프트웨어 세계에서만 존재하는 객체도 사용한다. 예를 들면 화면의 윈도우나 버튼도 하나의 객체로 취급된다.

### 절차 지향과 객체 지향

현재 많이 사용되는 프로그래밍 기법은 절차 지향 프로그래밍과 객체 지향 프로그래밍으로 나눌 수 있다. 여기서 그 차이를 알아보자.

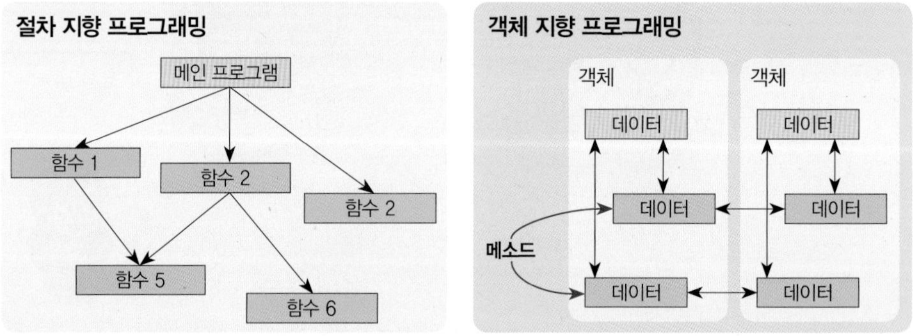


**그림 4.3** 절차 지향 프로그래밍과 객체 지향 프로그래밍의 비교

### 절차 지향 프로그래밍

**절차 지향 프로그래밍(procedural programming)**은 **프로시저(procedure)**를 기반으로 하는 프로그래밍 방법이다. 프로시저는 일반적으로 함수를 의미한다. 절차 지향 프로그래밍으로 번역하는 것보다는 "프로시저 지향 프로그래밍"라는 용어가 더 적합한 것 같다. 설차 지향 프로그래밍에서 전체 프로그램은 함수들의 집합으로 이루어진다. 많은 언어(C언어 등등)에서 지원하는 방법이다. 함수는 입력이 들어와서 출력이 나

가는 블랙 박스(black box)로 간주된다. 절차 지향에서 사용되는 설계 방법은 하향식 설계(top down design)이라고도 불린다. 하향식 설계 방법에서는 문제를 더 작은 서브 프로시저로 분해하여 원하는 수준에 도달할 때까지 이 과정을 반복함으로써 시스템을 설계하는 방법을 말한다. 그림 4.3의 왼쪽을 참조하기 바란다.

절차 지향 프로그래밍은 오랫동안 좋은 방법으로 여겨졌다. 하지만 문제는 없었을까? 가장 중요한 단점은 데이터가 함수와 분리된다는 점이다. 많은 경우에, 절차 지향 방법에서는 데이터가 프로그램의 중요한 부분임에도 불구하고 프로그래머들은 함수 작성에만 신경을 쓰게 된다. 구체적으로 절차 지향 방법에서는 다음과 같은 문제가 발생할 수 있다.

### 과도한 전역 변수의 사용

많은 경우, 데이터는 전역 변수에 저장된다. 이 경우, 데이터에 접근하는 것을 통제할 수 없어서 어떤 함수든지 쉽게 데이터를 변경할 수 있다. 일반적으로 규모가 큰 프로그램의 경우, 많은 함수들이 쉽게 접근하게 하기 위해서 전역 변수에 핵심적인 데이터를 저장하게 된다. 하지만 전역 변수는 모든 함수에 대하여 개방되어 있기 때문에 전역 변수의 값을 잘못 설정할 가능성도 많아진다.

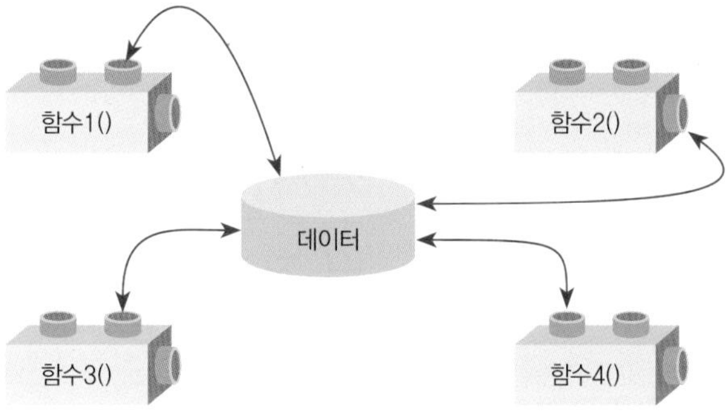

절차 지향 프로그래밍에서는 데이터와 함수가 묶여 있지 않다.

**그림 4.4** 절차 지향 프로그래밍

### 프로그램의 이해가 어려워진다.

절차 지향에서는 작업들이 함수로 작성된다. 하지만 인간이 동시에 이해할 수 있는 함수의 숫자는 제한되어 있다. 따라서 서로 상호 작용하는 수백 개의 함수를 이해하는 것은 쉽지 않다.

### 변경하고 확장하기가 어렵다.

절차 지향의 경우, 프로그램의 복잡도가 어느 정도 이상으로 커지게 되면 프로그램을 변경하기가 어려워진다. 종종 하나의 함수를 수정하면 다른 함수들이 영향을 받게 되기 때문이다.

### 객체 지향 프로그래밍

이후로 연구가 진행될수록 서로 관련된 함수와 데이터를 묶어서 생각해야한다는 점이 명백해졌다. 객체 지향 프로그래밍(object-oriented programming)은 데이터와 함수를 하나의 덩어리로 묶어서 생각하는 방법이다. 데이터와 함수를 하나의 덩어리(객체)로 묶는 것을 **캡슐화(encapsulation)**라고 부른다. 객체 지향 프로그래밍 방법은 현재 가장 각광받고 있는 프로그래밍 기술이다. 객체 지향은 현실 세계를 시뮬레이션하는 언어였던 1960년대의 시뮬라(SIMULA)라는 언어에 기반을 두고 있다.

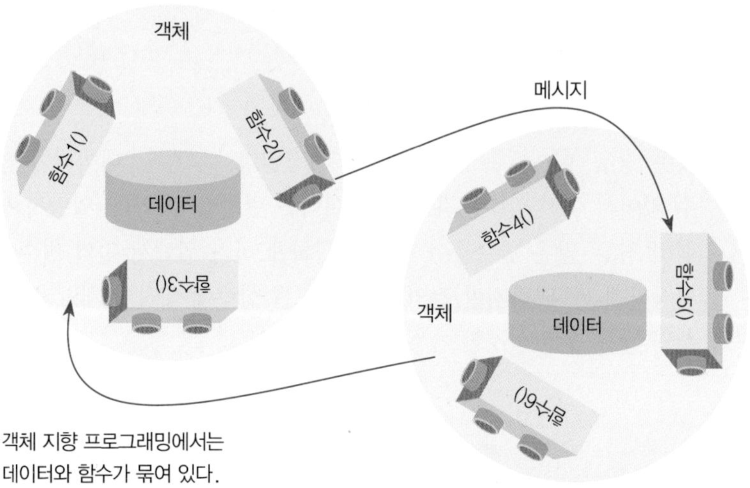


그림 4.5 객체 지향 프로그래밍

객체 지향으로 소프트웨어를 작성하는 것은 컴퓨터 하드웨어 부품을 구입하여서 컴퓨터를 조립하는 것과 비슷하다. 컴퓨터 조립 업체들이 아주 빠른 시간에서 새로운 모델의 컴퓨터를 시장에 내어 놓을 수 있는 것은 부품 하나하나를 자신들이 만들지 않고 다른 업체의 부품을 구입하여 조립만 하기 때문이다. 예를 들어서 CPU, 메모리, 메인보드, 그래픽 카드, 파워 서플라이, 디스크 드라이브 등은 외부에서 공급받아서 사용한다.

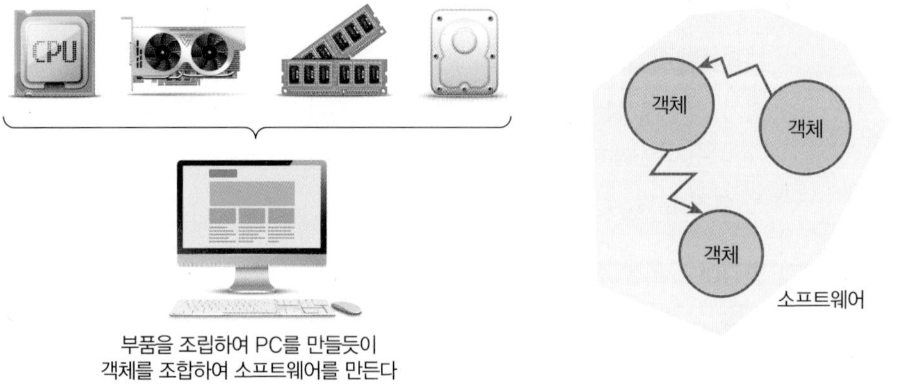


그림 4.6 객체 지향 방법

객체 지향 소프트웨어도 컴퓨터 조립처럼 객체를 조립하여서 프로그램을 작성하자는 취지이다. 객체를 직접 작성할 것이냐 아니면 외부에서 사올 것이냐는 하는 것은 예산과 시간에 따라 달라진다. 기본적으로 우리가 원하는 사양을 객체가 만족하기만 하면 객체가 어떤 식으로 구현되었느냐는 중요하지 않다. 예를 들어서 컴퓨터에서 디스크 드라이브가 디스크를 읽고 쓰기만 한다면 우리가 디스크 드라이브의 내부 구조에 대해서는 신경 쓰지 않는 것과 같다.

**중간점검**

1. 객체 지향 프로그래밍은 ________들을 조합하여서 프로그램을 작성하는 기법이다.
2. 객체 지향 프로그래밍의 시작은 __________년대에 개발된 ________언어이다.

# 04.3 객체는 무엇으로 구성되는가?

**객체(Object)**는 그 이름에서 볼 수 있듯이, 객체 지향 기술의 핵심 개념이다. 객체는 현실 세계에서 존재하는 객체들을 흉내 내어서 소프트웨어 상에서 구현한 것이다. 객체는 상태와 동작을 가지고 있다. **객체의 상태(state)**는 객체의 속성이다. 예를 들어, 자동차 객체의 경우, 속성은 차종, 색상, 기어, 속도, 연식, 배기량, 주행 거리, 연비 등을 생각할 수 있다. **객체의 동작(behavior)**은 객체가 취할 수 있는 동작이다. 자동차를 예로 들면, 출발하기, 멈추기, 가속하기, 감속하기, 방향 전환하기, 기아 변속하기, 전진하기, 후진하기 등이 여기에 해당된다.

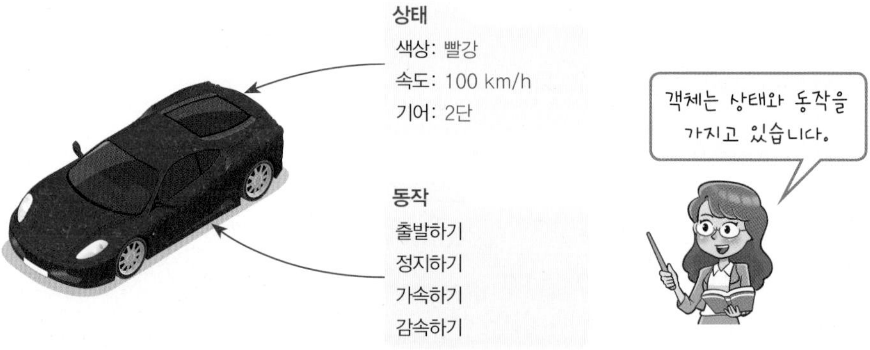


그림 4.7 자동차 객체의 예

객체의 상태와 동작은 프로그램에서 변수와 함수로 표현할 수 있다. 즉 객체는 변수와 함수로 이루어져 있는 코드의 묶음이라 할 수 있다.

- **멤버 변수(member variable)**: 객체 안의 변수에는 객체의 상태를 저장한다. 객체 안에 포함된 변수를 일반적인 변수와 구별하기 위하여 특별히 **멤버 변수 또는 필드(field)**라고 한다.
- **멤버 함수(member function)**: 객체 안의 함수는 특정한 동작(작업)을 수행한다. C++에서 함수는 객체 없이도 정의할 수 있으므로 역시 일반적인 함수와 구별하기 위하여 객체 안의 함수를 **멤버 함수 또는 메소드(method)**라고 한다.

자동차의 경우에는 그림 4.8과 같은 멤버 변수와 멤버 함수를 생각할 수 있다.

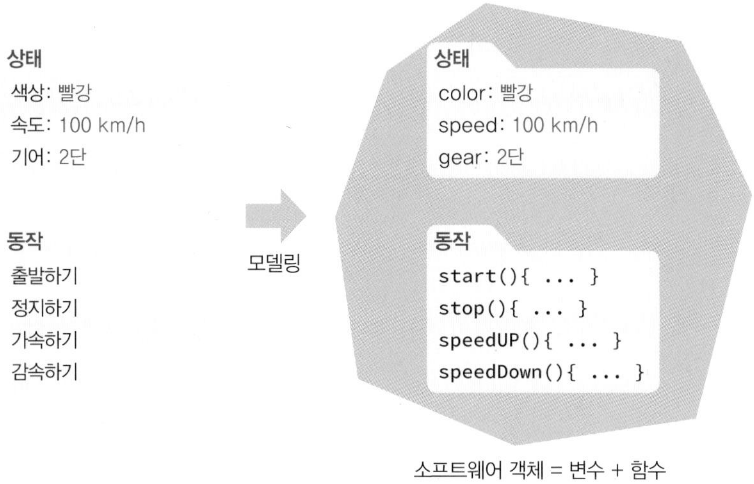


**그림 4.8** 멤버 변수와 멤버 함수

**중간점검**

1 다음과 같은 실제 세계의 객체에서 객체의 가능한 상태와 객체가 수행할 수 있는 동작을 정리하여 보자.

| 객체 | 상태 | 동작 |
|---|---|---|
| 전구 | | |
| 라디오 | | |
| 사각형 | | |
| 자전거 | | |
| 원 | | |

# 04.4 클래스는 객체의 설계도

우리는 객체 지향 프로그램이 객체로 구성된다는 사실을 알았다. 그런데 같은 종류의 객체는 하나만 있을까? 현실 세계에서도 예를 들면 자동차는 하나만 있는 것이 아니다. 철수네도 같은 브랜드의 자동차를 가지고 있을 수 있고, 영희네도 같은 브랜드의 자동차를 가질 수 있다. 자동차는 공장에서 어떻게 만들어지는가? 엔지니어가 설계하여서 설계도를 만들고 이 설계도에 의하여 각각의 자동차가 만들어진다.

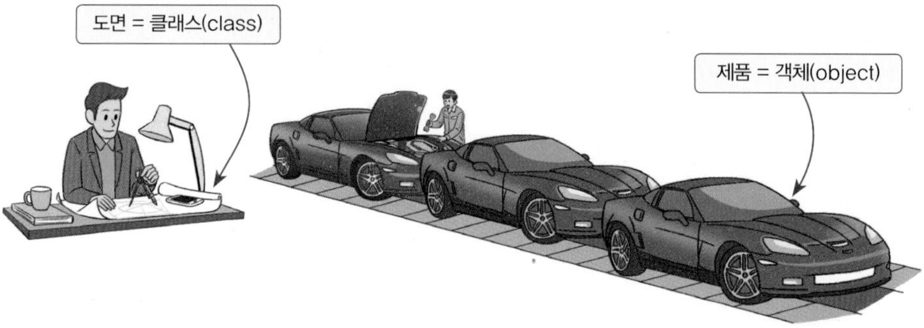


**그림 4.9** 객체를 클래스라는 설계도로 생성된다.

객체 지향 소프트웨어에서도 같은 객체들이 여러 개 필요한 경우도 있다. 이러한 객체들은 모두 하나의 설계도로 만들어진다. 바로 이 설계도를 클래스(`class`)라고 한다. 다시 말하면 클래스(`class`)란 어떤 종류의 모든 객체에게 공통인 멤버 변수와 멤버 함수를 정의하는 형틀(`template`) 또는 청사진(`blueprint`)이라 할 수 있다. 객체 지향 프로그램에서는 기본적인 빌딩블록이 클래스가 된다. 프로그램을 만들어간다고 하는 것은 클래스를 하나씩 추가해나가는 과정이다. 객체 지향에서는 클래스로부터 만들어지는 객체를 그 클래스의 **인스턴스(`instance`)**라고 한다. 객체(`object`)라는 용어는 너무 많은 의미를 가지고 있기 때문이다.

객체가 생성될 때마다 각 객체에 필요한 기억 공간이 할당된다. 각각의 객체에 필요한 공간이란 무엇일까? 다시 자동차의 예로 돌아가 보자. 같은 설계도로 만든 자동차라고 하더라도 각 자동차의 속도, 주행 거리, 기어 등의 상태는 다르다. 따라서 같은 클래스로 만든 객체라고 하더라도 각기 다른 상태 값을 가질 수 있다. 따라서 이들 상태 값을 저장할 공간이 객체마다 필요하다. 즉 객체마다 멤버 변수의 값은 달라진다.

멤버 함수의 경우는 약간 다르다. 멤버 함수는 같은 클래스에 속하는 객체이면 모두 동일하다. 자동차를 예로 들면, 전조등을 켜는 방법은 같은 설계도로 만든 자동차이면 모두 동일하다. 따라서 객체의 멤버 함수들은 객체마다 저장되는 것이 아니라 하나의 멤버 함수를 공유한다. 정리하면 같은 클래스의 인스턴스들은 멤버 함수는 공유하지만 멤버 변수는 각각 가지고 있다.

### 클래스 작성하기

클래스는 다음과 같이 정의된다.

**문법 5.1** **클래스 정의**

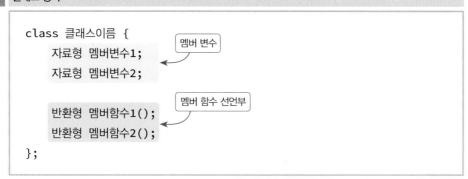

```
class 클래스이름 {
    자료형 멤버변수1;
    자료형 멤버변수2;

    반환형 멤버함수1();
    반환형 멤버함수2();
};
```

(멤버 변수) (멤버 함수 선언부)

클래스는 class라는 키워드로 시작한다. 이어서 클래스 이름을 적고, 중괄호 안에 멤버 변수와 멤버 함수를 나열하면 된다.

우리는 아주 간단한 클래스부터 작성해보자. 원을 나타내는 클래스 Circle을 정의하여 보자. 클래스는 class 키워드를 이용하여 정의한다.

class 키워드로 클래스 선언

클래스 이름

접근 지정자

멤버 변수

멤버 함수

```
class Circle {
public:
    int radius;
    string color;

    double calcArea() {
        return 3.14*radius*radius;
    }
};
```

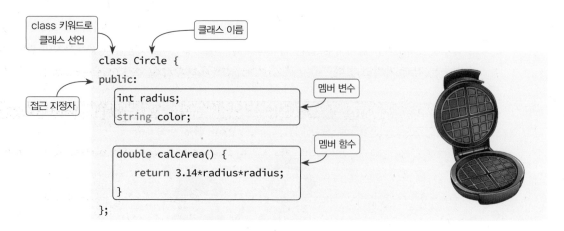

클래스를 정의하려면 먼저 클래스 이름을 결정하여야 한다. 원을 나타내는 클래스의 이름은 `Circle` 라고 하자. 일반적으로 클래스 이름은 명사로 하며, 첫 글자는 대문자로 한다. 이어서 등장하는 키워드 `public`은 외부에서 멤버들을 자유롭게 사용할 수 있음을 의미한다. `Circle` 클래스 안에는 원의 반지름을 나타내는 `radius` 변수와 원의 색상을 나타내는 `color` 변수를 선언한다. 멤버 함수로는 원의 반지름을 계산하여 반환하는 `calcArea()` 함수를 정의한다. 클래스의 정의가 끝나면 반드시 ;을 붙여야 한다.

위의 클래스 정의에서 `public`은 접근 지정자이다. 접근 지정자는 다음 3가지 중의 하나이다.

- `private` 멤버는 클래스 안에서만 접근(사용)될 수 있다.
- `protected` 멤버는 클래스 안과 상속된 클래스에서 접근이 가능하다(상속은 아직 학습하지 않았다).
- `public` 멤버는 어디서나 접근이 가능하다.

`Circle` 클래스 안의 변수와 함수는 모두 `public`으로 선언되어 있다. 물론 이렇게 하는 것은 좋은 것은 아니다. 하지만 현재는 `public`으로 선언되어 있기 때문에 어디서나 `Circle` 클래스의 변수와 함수를 자유롭게 사용할 수 있다.

### 객체 생성하기

클래스를 선언하였다고 해서 객체가 생성된 것은 아니다. 클래스의 정의는 객체를 찍어내는 틀을 만든 것에 불과하다. 틀을 사용하여 객체를 생성해야 드디어 객체를 사용할 수 있다.

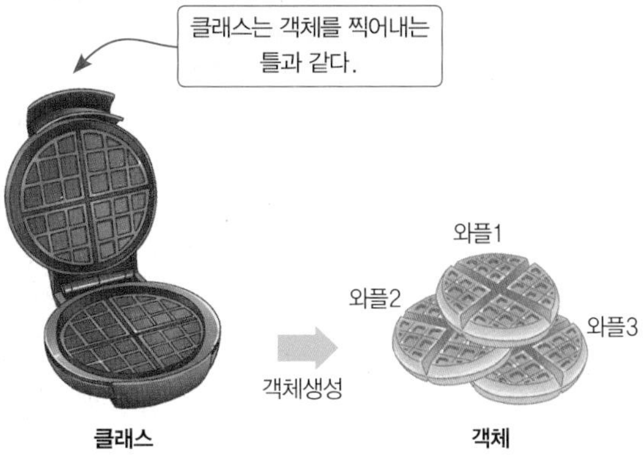


객체 지향 소프트웨어에서도 객체들이 동일한 방법으로 생성된다. C++에서 객체를 생성하는 방법은 기초 자료형을 사용하여 변수를 선언하는 방법과 아주 유사하다. 예를 들어서 int형의 변수를 선언하려면 우리는 다음과 같이 한다.

```
int x;
```

여기서 int가 자료형의 이름이고 x가 변수의 이름이다.

클래스 Circle로 객체를 생성하려면 다음과 같이 한다. 여기서 Circle을 자료형으로 생각하고 obj를 변수라고 생각하면 된다. 실제로 컴파일러 입장에서는 클래스를 사용자-정의 자료형(UDT: user-defined type)으로 취급한다(컴파일러는 클래스에 특별한 의미를 부여하지 않는다는 뜻이다).

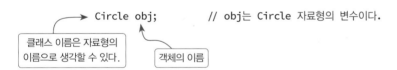

```
Circle obj;          // obj는 Circle 자료형의 변수이다.
```

클래스 이름은 자료형의 이름으로 생각할 수 있다.

객체의 이름

위의 문장이 실행되면 obj라는 객체가 실제로 생성된다. 즉 물리적인 실체를 가지게 되는 것이다. 이처럼 실제로 생성된 객체를 클래스의 **인스턴스(instance)**라고도 부른다. 이는 객체(object)라는 용어가 많은 의미를 가지고 있으므로 그 의미를 더 확실히 하기 위해서이다.

### 객체의 멤버 접근

객체 안에 정의된 멤버 변수와 멤버 함수를 사용하려면 어떻게 해야 할까? 이들 멤버에 접근하기 위해서는 도트(.) 연산자를 사용한다. 예를 들어서 obj 객체의 변수 radius에 값을 대입하려면 다음과 같이 한다.

```
obj.radius = 3;          // obj의 멤버 변수인 radius에 3을 저장한다.
```

obj 객체의

radius 멤버 변수에 접근

하나의 클래스에서 많은 객체가 생성될 수 있기 때문에 어떤 객체의 어떤 멤버인지를 적어주어야 한다. 객체 지향의 관점에서 보면 클래스안의 멤버 변수를 직접 사용하는 것은 바람직하지 않다. 객체내의 멤버 변수는 간접적으로 접근하는 것이 객체 지향의 원칙이다. 이것은 뒤에서 보다 자세하게 살펴보기로 하자. 여기서는 이렇게도 할 수 있다는 정도로 알아두자.

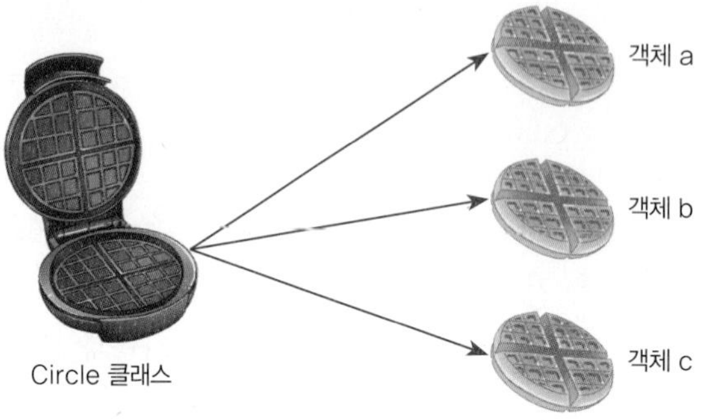


도트 연산자를 이용하여 멤버 함수도 호출할 수 있다.

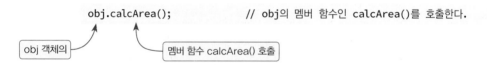

```
obj.calcArea();            // obj의 멤버 함수인 calcArea()를 호출한다.
```

obj 객체의 ← 멤버 함수 calcArea() 호출

이제까지 작성된 전체 소스는 다음과 같다. 비주얼 스튜디오로 컴파일하여 실행해보자.

**circle1.cpp**

```
#include <iostream>
using namespace std;

class Circle {
public:
   int radius;   // 반지름
   string color; // 색상

   double calcArea() {
      return 3.14*radius*radius;
   }
};

int main()
{
   Circle obj;
```

클래스의 정의

객체 생성

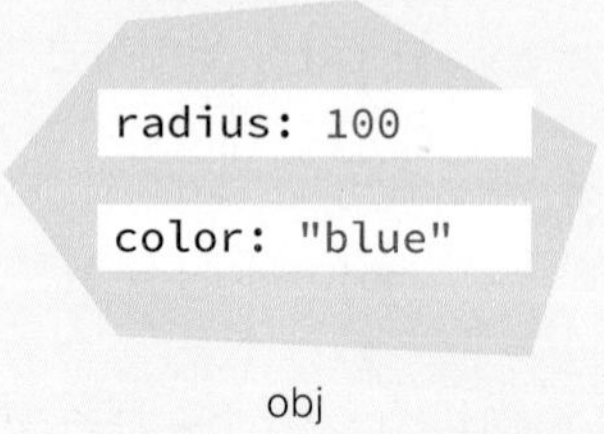

```

    obj.radius = 100;
    obj.color = "blue";

    cout << "원의 면적=" << obj.calcArea() << "\n";
    return 0;
}
```

**실행결과**

```
C:\Windows\system32\cmd.exe
원의 면적=31400
계속하려면 아무 키나 누르십시오 . . .
```

**참고** 멤버 함수의 이름 짓는 관례는 대개 소문자로 시작되는 동사가 먼저 오고 다음에 명사나 형용사가 오는 것이다. 예를 들면 setBackground(), isEmpty(), getData(), isActive() 등이다.

**도전문제**

사각형을 클래스 Rectangle로 표현해보자. width, height를 멤버 변수로 가지고 면적을 계산하는 calcArea()도 정의한다.

### 여러 개의 객체 생성

앞에서는 하나의 객체만을 생성하였다. 이번에는 2개의 객체를 생성하고 이들 객체의 속성들을 변경하여 보자. 피자의 반지름이 2배가 되면 피자의 면적은 얼마나 더 커질까?

**circle2.cpp**

```
#include <iostream>
using namespace std;

class Circle {
public:
    int radius;   // 반지름
    string color; // 색상

    double calcArea() {
        return 3.14*radius*radius;
    }
};

```

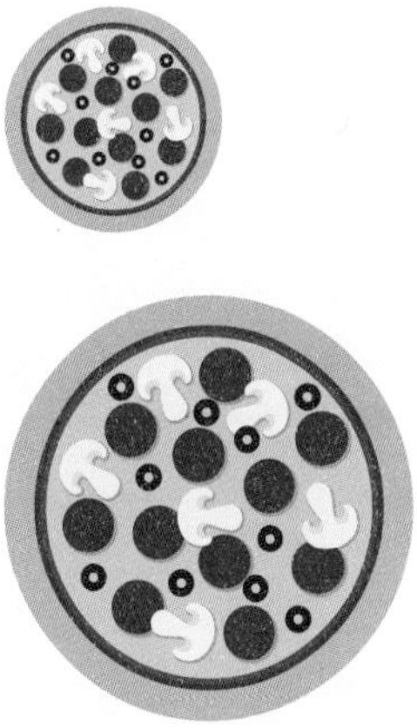

```
int main()
{
   Circle pizza1, pizza2;

   pizza1.radius = 100;
   pizza1.color = "yellow";
   cout << "피자의 면적=" << pizza1.calcArea() << "\n";

   pizza2.radius = 200;
   pizza2.color = "white";
   cout << "피자의 면적=" << pizza2.calcArea() << "\n";
   return 0;
}
```

**실행결과**

```
C:\Windows\system32\cmd.exe
피자의 면적=31400
피자의 면적=125600
계속하려면 아무 키나 누르십시오 . . .
```

위의 실행 결과에서 피자의 반지름이 2배가 되면 면적은 거의 4배로 증가함을 알 수 있다(피자를 주문할 때 기억하도록 하자). 여러 개의 객체가 생성되면 객체 안에 저장되는 것은 무엇일까? 객체마다 멤버 변수의 값은 달라진다. 예제에서 pizza1의 radius와 pizza2의 radius는 별도의 변수이다. 하지만 멤버 함수는 어떨까? 모든 객체마다 멤버 함수는 동일하다. 따라서 멤버 함수는 객체 안에 별도로 저장될 필요가 없다. 같은 클래스에서 생성된 객체들은 멤버 함수들을 공유한다. 예제에서 pizza1의 calcArea()와 pizza2의 calcArea()는 동일한 코드를 공유한다.

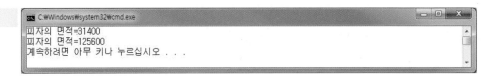

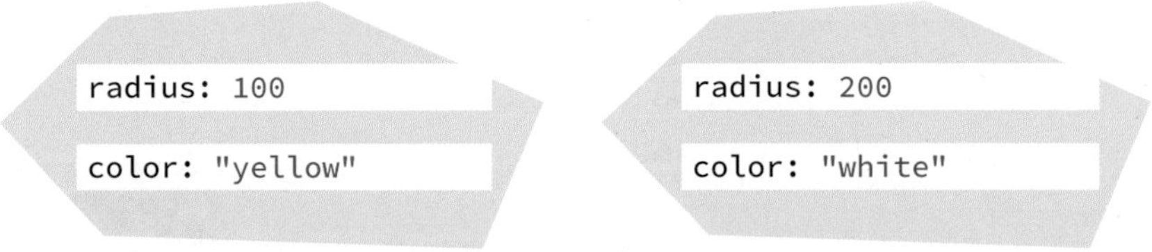


pizza 1　　　　pizza 2

**참고** 멤버 변수는 클래스 안의 어디서나 선언할 수 있고 어디서나 사용이 가능하다.

**중간점검**

1. 객체들을 만드는 설계도에 해당되는 것이 ____________이다.
2. 클래스 선언 시에 클래스 안에 포함되는 것은 _____과 ______이다.
3. 객체의 멤버에 접근하는데 사용되는 연산자는 ________이다.
4. 강아지를 나타내는 클래스를 작성하여 보라. 강아지의 이름, 종, 색깔 등을 멤버 변수로 지정하고 짖기, 물기, 먹기 등의 멤버 함수를 정의하여 보라.

LAB

# 사각형을 클래스로 나타내자

클래스 몸체는 멤버들에 대한 선언으로 이루어진다. Rectangle 클래스는 2개의 멤버 변수 (width와 height)와 1개의 멤버 함수 calcArea()를 가지고 있다. 클래스 정의는 세미콜론(;)으로 종료된다.

```
class Rectangle {
public:
   int width, height;
   int calcArea() {
      return width*height;
   }
};
```

Rectangle 클래스를 테스트하는 코드를 작성해 보자.

**실행결과**

```
C:\Windows\system32\cmd.exe
사각형의 넓이: 12
계속하려면 아무 키나 누르십시오 . . .
```

# SOLUTION 사각형을 클래스로 나타내자

위의 클래스를 가지고 하나의 객체를 생성하는 프로그램을 작성해보자.

**rect1.cpp**

```
#include <iostream>
using namespace std;

class Rectangle {
public:
   int width, height;
   int calcArea() {
      return width*height;
   }
};

int main()
{
   Rectangle obj;

   obj.width = 3;
   obj.height = 4;
   int area = obj.calcArea();
   cout << "사각형의 넓이: " << area<<endl;
   return 0;
}
```

**실행결과**

## LAB 원 객체를 화면에 그려보자

앞의 Circle 클래스에 x, y 변수와 draw() 함수를 추가하여서 화면에 원을 그려보자. 화면에 원을 그리려면 그래픽 라이브러리가 필요하다. 우리는 윈도우의 GDI 라이브러리를 사용하자. 이 코드는 아마 리눅스에서는 동작하지 않을 것이다. 윈도우 상에서 비주얼 스튜디오를 사용하여야 한다.

윈도우에서는 GDI라는 라이브러리를 사용하여서 화면에 원이나 사각형, 직선을 그릴 수 있다. 여기서는 콘솔 윈도우에 다음과 같은 함수들을 이용하여서 원을 그리도록 하자.

```
#include <windows.h>
#include <stdio.h>

int main()
{
    HDC hdc = GetWindowDC(GetForegroundWindow());

    // 원을 그린다.
    Ellipse(hdc, 100, 100, 180, 180);
}
```

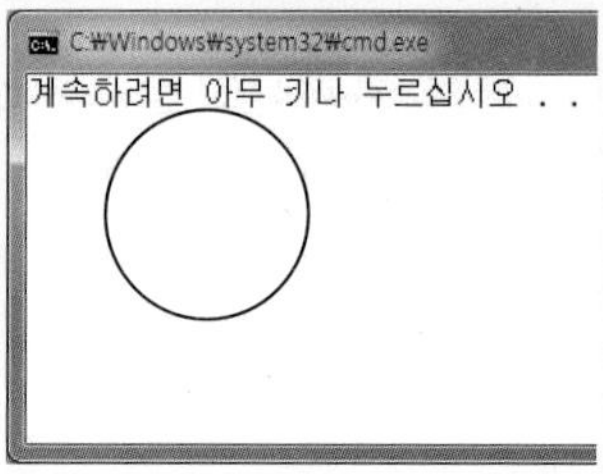


윈도우의 좌표계는 수학 좌표계와는 다르다. 윈도우에서는 왼쪽 상단이 (0, 0)이다. Circle 클래스에 draw()라는 멤버 함수를 추가하고 여기에 위의 코드를 넣도록 하자.

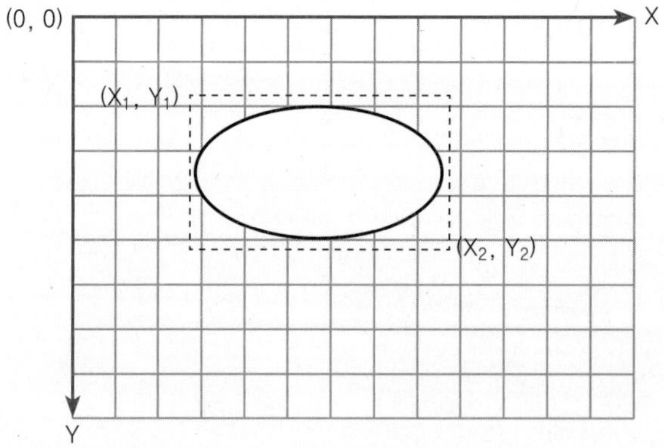


콘솔 윈도우의 크기를 조절하면 원은 사라진다. 이점 많은 양해 부탁드린다. 원이 사라지지 않게 하려면 좀 더 복잡한 코드를 추가하여야 한다.

SOLUTION

# 원 객체를 화면에 그려보자

```
#include <iostream>
#include <windows.h>

using namespace std;

class Circle {
public:
   int x, y, radius;     // 원의 중심점과 반지름
   string color;         // 원의 색상

   double calcArea() {  // 원의 면적을 계산하는 함수
      return 3.14*radius*radius;
   }
   void draw()   {       // 원을 화면에 그리는 함수
      HDC hdc = GetWindowDC(GetForegroundWindow());
      Ellipse(hdc, x - radius, y - radius, x + radius, y + radius);
   }
};

int main()
{
   Circle c;

   c.x = 100;     // 반지름
   c.y = 100;     // 반지름
   c.radius = 50;         // 반지름
   c.draw();

   return 0;
}
```

그림을 그리는 코드는 여기에 모여 있다. 리눅스라면 여기에서 cout<<"draw()가 호출되었음"이라고 출력하도록 하자.

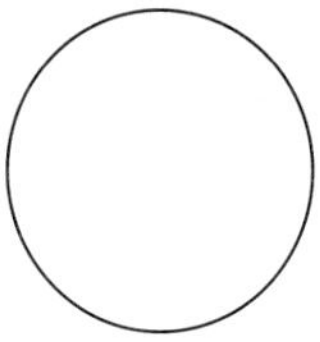

**도전문제**

main() 함수에서 반복문을 사용하여 Circle 객체의 멤버 변수 x를 100부터 200까지 10씩 증가시키면서 화면에 여러 개의 원을 그려보자.

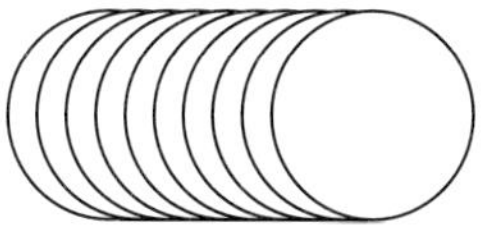

## LAB Car 클래스 작성

자동차를 나타내는 Car 클래스를 작성하여 보자. Car 클래스는 자동차에 관련된 속성과 동작을 묶은 것이다. 자동차는 모델, 색상, 가격, 속도, 기어, 주행 거리, 승차 인원 등의 속성을 가지고 있다. 자동차의 동작으로는 출발하기, 멈추기, 가속하기, 감속하기, 방향 변경 등을 생각할 수 있다. 많은 속성과 동작 중에서 문제 해결에 필요한 것만을 선택하도록 하자. 이 과정을 추상화라고 한다. 자동차의 속성 중에서 속도, 기어, 색상만을 선택하자. 자동차의 동작 중에서는 가속과 감속만을 선택한다.

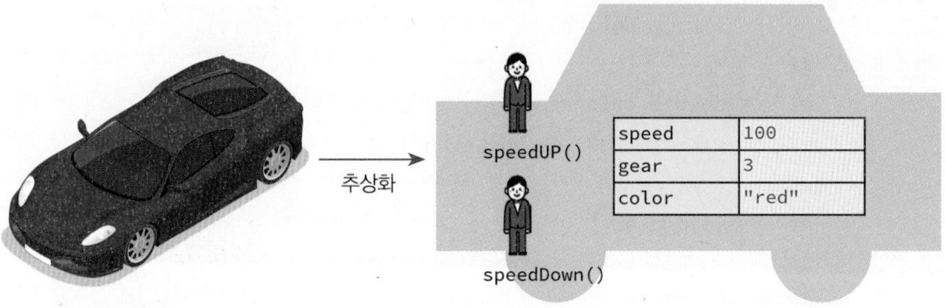


그림 4.10 추상화

자동차를 나타내는 클래스의 이름은 Car라고 하자. Car 클래스 안에 멤버 변수를 선언하고 이어서 멤버 함수를 정의하면 된다. 멤버 변수로는 speed, gear, color 등을 정의한다. 이들은 각각 자동차의 속도, 기어, 색상을 나타낸다. 또한 속도를 증가하고 감소시키는 speedUp()과 speedDown() 멤버 함수를 선언하라.

SOLUTION

# Car 클래스 작성

```
#include <iostream>
#include <string>
using namespace std;

class Car {
public:
    // 멤버 변수 선언
    int speed; // 속도
    int gear; // 기어
    string color; // 색상

     // 멤버 함수 선언
    void speedUp() { // 속도 증가 멤버 함수
       speed += 10;
    }

    void speedDown() { // 속도 감소 멤버 함수
       speed -= 10;
    }
};

int main()
{
    Car myCar;

    myCar.speed = 100;
    myCar.gear = 3;
    myCar.color = "red";

    myCar.speedUp();
    myCar.speedDown();

    return 0;
}
```

멤버 변수 접근

멤버 함수 접근

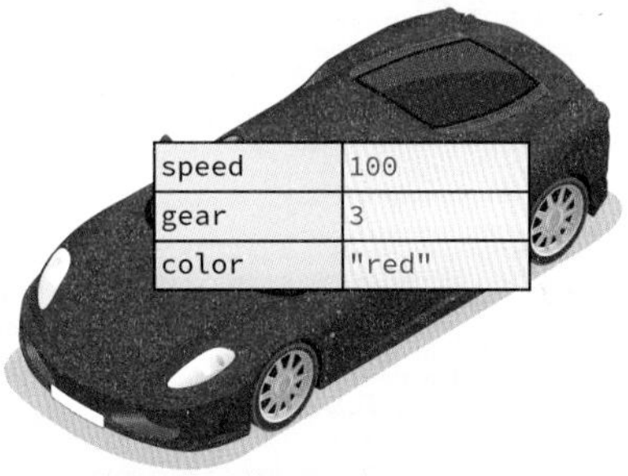


myCar

# 04.5 멤버 함수 중복 정의

멤버 함수도 함수의 일종이므로 중복 정의가 가능하다. 또 디폴트 매개 변수 기법도 사용할 수 있다. 예를 들어서 데이터를 출력하는 클래스 PrintData를 작성하고 중복 정의와 디폴트 인수를 사용해보자.

```
#include <iostream>
#include <string>
using namespace std;

class PrintData {
public:
    void print(int i) { cout << i << endl; }
    void print(double f) { cout << f << endl; }
    void print(string s = "No Data!") { cout << s << endl; }
};

int main() {
    PrintData obj;

    obj.print(1);
    obj.print(3.14);
    obj.print("C++14 is cool.");
    obj.print();

    return 0;
}
```

실행결과

```
C:\Windows\system32\cmd.exe
1
3.14
C++14 is cool.
No Data!
계속하려면 아무 키나 누르십시오 . . .
```

위의 코드에서 멤버 함수 print()는 정수, 실수, 문자열에 대하여 중복 정의되어 있다. 따라서 어떤 자료형의 데이터든지 출력할 수 있다. 또 문자열을 출력하는 print()는 매개 변수가 주어지지 않아도 문자열 "No Data!"를 출력한다.

# 04.6 클래스의 인터페이스와 구현의 분리

우리는 지금까지 멤버 함수를 클래스 내부에 정의하였다. 지금까지 등장한 멤버 함수들은 길이가 짧아서 특별한 문제가 없었다. 하지만 만약 멤버 함수가 아주 복잡하여서 100줄이 넘으면 어떻게 될까? 이 경우, 멤버 함수 때문에 클래스의 정의가 어디서 시작하여서 어디서 끝나는지를 분간하기가 어려워질 것이다. 이런 경우에는 클래스 외부에 멤버 함수를 정의하여야 한다.

C++에서는 멤버 함수를 클래스 외부에 저장할 수 있는 기능이 있다. 멤버 함수를 클래스 외부에서 정의하려면 클래스 안에서는 함수들의 원형(프로토타입)만 정의한다. 원형이란 함수의 이름과 매개변수만을 정의하는 것이다. Circle 클래스의 멤버 함수를 외부에 정의해보자.

**circle7.cpp**

```
#include <iostream>
#include <string>
using namespace std;

class Circle {
public:
   double calcArea();

   int radius;   // 반지름
   string color; // 색상
};
```

클래스에서는 함수 원형만 정의한다.

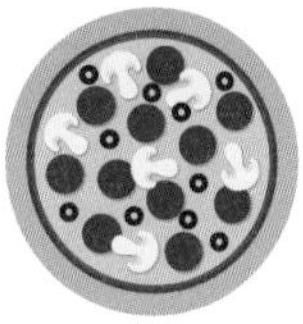

이 버전에서는 멤버 함수를 앞에 위치시켰다. 일반적으로 다른 사람들이 관심을 가지고 보는 영역은 클래스를 사용하기 위한 인터페이스(함수)이다. 따라서 인터페이스 부분을 먼저 작성하는 것도 좋다. 컴파일러는 멤버들의 순서에 대하여 신경 쓰지 않는다.

이제는 클래스 외부에서 멤버 함수들을 정의할 차례이다.

```
// 클래스 외부에서 멤버 함수들이 정의된다.
double Circle::calcArea() {
   return 3.14*radius*radius;
}
```

클래스의 외부에서 멤버 함수를 정의할 때는 함수 이름 앞에 "클래스 이름::"을 붙이는 것이 좀 특이하다. 이것은 함수가 클래스의 멤버 함수임을 나타낸다고 보면 된다. :: 연산자는 이름공간(name space)을 지정하는 연산자이다. 따라서 함수가 정의된 이름공간이 클래스임을 지정한다고 생각하여도 된다. 이것을 생략하면 멤버 함수가 아니라 일반 함수가 된다.

전체 소스는 다음과 같다.

```
#include <iostream>
#include <string>
using namespace std;

class Circle {
public:
   double calcArea();

   int radius;   // 반지름
   string color; // 색상
};

// 클래스 외부에서 멤버 함수들이 정의된다.
double Circle::calcArea() {
   return 3.14*radius*radius;
}

int main()
{
   Circle c;
   c.radius = 10;
   cout << c.calcArea() << endl;
   return 0;
}
```

클래스에서는 함수 원형만 정의한다.

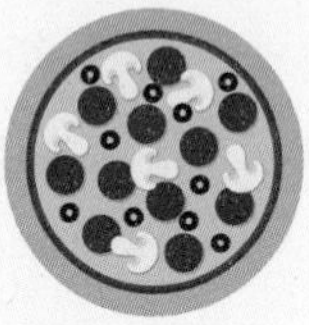

실행결과

```
C:\Windows\system32\cmd.exe
314
계속하려면 아무 키나 누르십시오 . . .
```

### 이름 공간

이름 공간(name space)은 식별자 (자료형, 함수, 변수 등의 이름)의 영역이다. 이름 공간은 코드를 논리적 그룹으로 구성하고 특히 코드에 여러 라이브러리가 포함되어있을 때 발생할 수 있는 이름 충돌을 방지하는 데 사용된다. 모든 변수 이름 앞에 이름 공간을 붙일 수도 있고 아니면 using namespace std;와 같은 선언문을 사용하여서 현재의 이름 공간을 지정하여도 된다. 우리가 항상 프로그램의 첫 부분에 사용하였던 using namespace std; 문장은 이름 공간을 std로 지정하는 역할을 한다. 만약 이 문장을 사용하지 않으려면 다음과 같이 작성하여야 한다.

```
#include <iostream>
#include <string>

class Circle {
public:
    double calcArea();

    int radius;              // 반지름
    std::string color;       // 색상
};

double Circle::calcArea() {
    return 3.14*radius*radius;
}

int main()
{
    Circle c;
    c.radius = 10;
    std::cout << c.calcArea() << std::endl;
    return 0;
}
```

앞에 std를 붙여야 한다.

string이나 cout, endl과 같은 식별자들이 모두 std 이름 공간에 정의되어 있어서 앞에 std::을 붙여야 한다. 우리는 하나의 프로그램에서 여러 개의 이름 공간을 사용할 수 있다.

```
#include <iostream>
#include <string>

using namespace std;
using namespace sfml;
...
```

> 참고
> **멤버 함수의 내부 정의와 외부 정의 차이점**
>
> 멤버 함수를 클래스 내부에 정의하는 것과 클래스 외부에 정의하는 것은 약간의 차이가 있다.
>
> - 멤버 함수가 클래스 내부에 정의되면 자동적으로 인라인(inline) 함수가 된다. 따라서 멤버 함수 호출이 멤버 함수의 코드로 대치된다.
> - 멤버 함수가 클래스 외부에 정의되면 일반적인 함수와 동일하게 호출된다. 즉 스택에 인수들을 저장하고 복귀 주소를 저장한 후에 멤버 함수로 제어가 이동한다.
>
> 따라서 일반적으로 멤버 함수의 크기가 작으면 클래스 내부에 정의하는 것이 좋을 수 있다. 하지만 멤버 함수의 크기가 큰 경우에 클래스 내부에 정의하면 코드의 복사가 여러 번 일어나서 실행 파일의 크기가 커질 수 있다. 즉 인라인 함수의 장단점을 가지게 된다. 이것은 개발자가 선택할 문제이다. 실전에서는 보통 멤버 함수를 클래스 외부에 많이 정의한다. 하지만 이 책에서는 이론을 설명할 때는 클래스 내부에 멤버 함수들을 위치시켰다. 그렇게 하는 편이 클래스를 더 쉽게 파악할 수 있기 때문이다.

## 클래스의 선언과 클래스의 정의 분리

일반적으로 선언(declaration)은 컴파일러에게 식별자에 대한 정보를 주는 것이다. 반면에 정의(definition)은 식별자가 참조하는 대상을 생성하는 것이다. 선언과 정의가 동시에 이루어지는 경우도 있고 선언과 정의가 분리되는 경우도 있다.

예를 들어서 다음과 같은 문장들을 살펴보자.

```
❶ int value;                   // 선언과 정의가 동시에 이루어진다.
❷ double sqrt (double) ;   // 선언만 주어져 있다.
```

문장 ❶은 컴파일러에게 식별자 value의 자료형을 알려주므로 선언이고 동시에 메모리에 변수 value의 공간도 생성하므로 정의에도 해당된다. 문장 ❷는 식별자 sqrt에 대하여 반환형, 매개 변수 정보만 주어져 있고 함수 몸체가 주어지지 않았으므로 선언만 된 것이다.

클래스에 대해서도 똑같은 이야기를 할 수 있다. 멤버 함수에 대한 정의가 포함되어 있지 않으면 클래스 선언이라고 할 수 있다. 반면에 멤버 함수에 대한 정의가 포함되어 있으면 클래스 정의라고 할 수 있다.

멤버 함수들을 외부에 정의하는 것은 그 자체로도 상당한 의미가 있다. 우리가 클래스를 작성하는 이유는 여러 소스 파일에서 이 클래스를 사용하기 위해서이다. 다른 소스 파일에서 클래스를 사용하려면 클래스 선언을 포함하여야 한다. 만약 하나의 파일에 클래스에 대한 모든 것이 들어 있다면, 상당한 양이 될 수도 있다. 따라서 대부분의 프로그래머들이 선호하는 방법은 클래스를 헤더 파일과 소스 파일로 나누어서 작성하는 방법이다. 자동차를 나타내는 Car 클래스를 예로 하여 살펴보자.

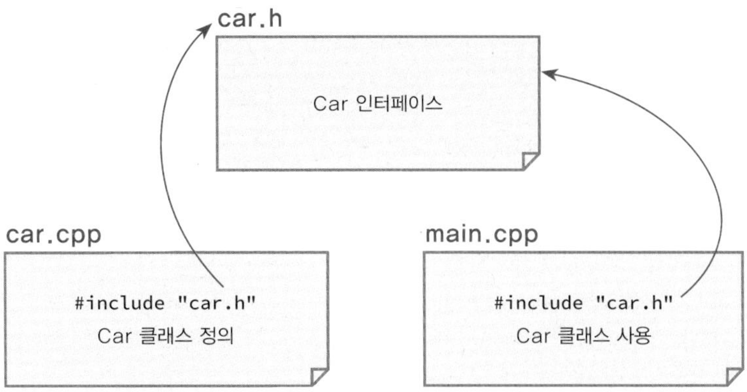


**그림 4.11** 클래스를 헤더 파일과 소스 파일로 분리

예를 들어서 Car 클래스는 car.h와 car.cpp에 나누어서 저장된다. car.h에는 Car 클래스를 사용하는데 필요한 Car 클래스 선언이 들어간다. 멤버 함수들의 몸체는 car.h에 포함되지 않는다. car.cpp에서는 Car 클래스의 본격적인 정의가 주어진다. car.cpp에서는 멤버 함수들의 몸체가 클래스의 외부에서 작성된다. Car 클래스를 사용하려면 main.cpp처럼 car.h 파일을 포함한 후에 Car 클래스의 객체를 생성하여 사용하면 된다.

지금까지 설명한 내용을 소스 파일로 정리하여 보자. 편의상 접근자와 설정자는 일부만 포함시켰다. 먼저 헤더 파일인 car.h는 다음과 같다. car.h에는 클래스의 선언이 들어간다.

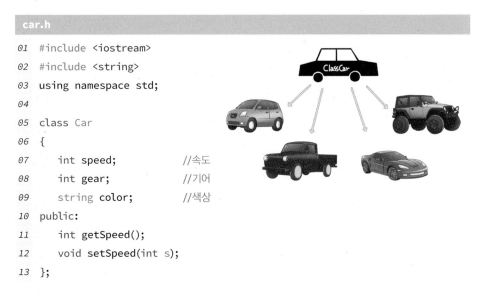

**car.h**

```
#include <iostream>
#include <string>
using namespace std;

class Car
{
    int speed;              //속도
    int gear;               //기어
    string color;           //색상
public:
    int getSpeed();
    void setSpeed(int s);
};
```

멤버 함수의 몸체는 별도의 소스 파일인 car.cpp에서 정의된다. 여기서 주의할 점은 car.cpp에서도 car.h를 반드시 포함하여야 한다는 점이다.

**car.cpp**

```
#include "car.h"          // 현재 위치에 car.h를 읽어서 넣으라는 것을 의미한다.

int Car::getSpeed()
{
   return speed;
}
void Car::setSpeed(int s)
{
   speed = s;
}
```

만약 다른 소스 파일에서 이 클래스를 사용하려면 헤더 파일만을 포함하면 된다. 예를 들어서 main.cpp에서 Car 클래스를 사용하고자 하면 다음과 같이 한다.

**main.cpp**

```
#include "car.h"          // 현재 위치에 car.h를 읽어서 넣으라는 것을 의미한다.
using namespace std;

int main()
{
   Car myCar;

   myCar.setSpeed(80);
   cout << "현재 속도는 " << myCar.getSpeed() << endl;

   return 0;
}
```

**실행결과**

```
C:\Windows\system32\cmd.exe
현재 속도는 80
계속하려면 아무 키나 누르십시오 . . .
```

어차피 다시 읽어서 포함시킬 것이라면 왜 이런 식으로 클래스의 선언과 구현을 분리하는가? 클래스를 사용하는 사람들은 클래스의 자세한 구현에는 관심이 없다. 클래스를 사용하는데 필요한 최소한의 정보만 있으면 되는 것이다. 바로 헤더 파일 car.h에 그 정보가 들어 있다. 또한 개발자 자신도 car.h를 여러 소스 파일에서 사용할 수도 있다.

참고 앞으로 이 책에서는 멤버 함수를 클래스 내부에 정의하는 코드와 멤버 함수를 클래스 외부에 정의하는 코드가 섞여서 나오게 될 것이다. 멤버 함수가 간단하면 클래스 내부에 정의할 것이다. 만약 멤버 함수가 5줄 이상이면 클래스 외부에 정의할 것이다.

**중간점검**

1. 멤버 함수는 클래스의 외부에서 정의될 수 있는가?
2. 멤버 함수는 별도의 소스 파일에서 정의될 수 있는가?

# 04.7 객체 지향 프로그래밍의 개념들

객체 지향의 중요한 개념들을 살펴보자. 객체 지향의 개념을 조금 늦게 학습하는 이유는 학습자가 클래스에 대해서 전혀 모르면 무슨 이야기를 하는지 감을 잡을 수 없기 때문이다. 우리는 앞에서 클래스를 작성해보았기 때문에 어느 정도는 설명이 이해가 갈 것이다.

### 캡슐화

객체 지향 기술은 소프트웨어 개발자에게 많은 이득을 줄 수 있다. 지금까지 소프트웨어 개발이 힘들었던 이유는 이전의 사람들이 작성하였던 수많은 코드가 있음에도 불구하고 새로운 소프트웨어를 개발하기 위해서는 다시 처음부터 모든 것을 개발하여야 한다는 점이다. 따라서 이전의 코드들을 재사용할 수 있는 체제가 필요하다는 것을 인식하게 되었는데 다른 사람이 작성한 코드를 쓰기 위해서는 코드 자체가 잘 정리되어 있어야만 할 것이다. 즉 관련된 데이터와 알고리즘이 하나의 묶음으로 정리되어 있어야 한다. 객체 지향 프로그래밍에서는 이것을 **캡슐화(encapsulation)**라고 부른다. 캡슐화는 용어 그대로 서로 관련된 데이터와 알고리즘을 캡슐에 넣어서 포장한다는 것을 의미한다.

여러분이 앞에서 학습한 내용을 기억한다면 **객체(object)가 바로 하나의 캡슐**임을 알 수 있을 것이다. 객체는 멤버 변수와 멤버 함수를 가진다고 하였는데 멤버 변수는 데이터에 해당되고 멤버 함수는 알고리즘에 해당된다. 캡슐화에는 2가지의 목적이 있다.

캡슐화의 첫 번째 목적은 서로 관련되어 있는 데이터와 알고리즘을 묶는 것이다. 데이터와 알고리즘이 묶여 있으면 사용하기가 매우 편리하다. 캡슐로 된 약을 생각해보자. 캡슐로 싸여 있지 않으면 안의 내용물들이 흩어지게 되고 복용하기 힘들 것이다. 자바는 그래픽, 네트워크, 데이터베이스 등의 많은 기능들을 클래스 형태로 제공한다. 따라서 개발자들은 이들 클래스를 이용하여 자신이 원하는 애플리케이션을 쉽게 제작할 수 있다.

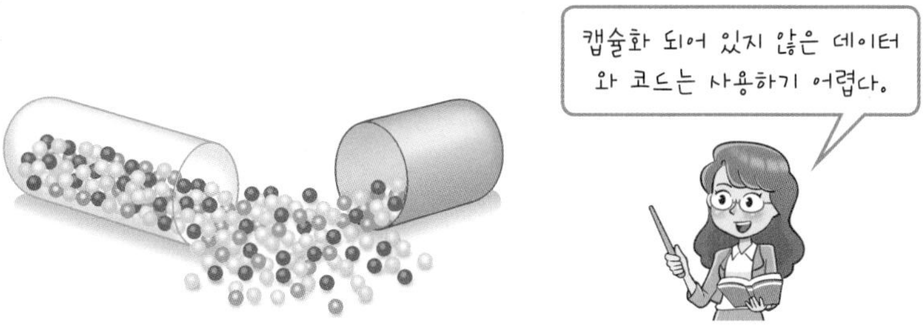


캡슐화의 두 번째 목적은 객체를 캡슐로 싸서 객체의 내부를 보호하는 하는 것이다. 즉 객체의 실제 구현 내용을 외부에 감추는 것이다. 이것을 **정보 은닉(information hiding)**이라고 한다. 역시 캡슐로 된 약을 생각해보자. 캡슐이 없으면 안의 내용물들이 보호되지 않을 것이다. 객체에서도 내부의 구현 내용을 보호하는 것이 필요하다.

외부에서 객체의 세부 사항을 너무 많이 알아도 문제가 된다. 왜 그럴까? 예를 들어서 어떤 사람이 특정회사의 TV에 대하여 너무 잘 알아서 내부 회로들을 마구 변경하면서 사용하고 있었다. 갑자기 TV가 고장 났다고 가정해보자. TV 제조사의 서비스 기사가 와서 이 TV을 고칠 수 있을까? 아마 고칠 수 없을 것이다. 사용자가 TV 내부를 건드리지 않아야 TV의 수리가 가능한 것이다. 단 사용자도 TV의 외부 인터페이스를 통하여 사용하는 것은 얼마든지 가능하다. 즉 전원버튼이나 채널 변경 버튼을 이용하는 것은 가능하다. 이것은 공식적으로 TV의 제조사가 허용한 부분이기 때문이다.

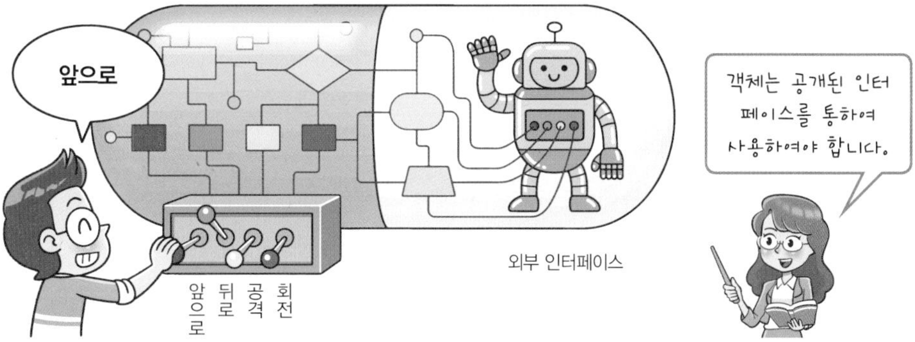


소프트웨어에서도 똑같은 일이 발생한다. 어떤 프로그래머가 객체를 구입하여서 잘 사용하고 있었다. 그런데 시간이 지나서 객체의 업그레이드가 필요해졌다. 만약 사용자가 객체의 내부 데이터를 마구 변경하여 사용하였다면 그 객체는 업그레이드 될 수 없다. 객체의 내부를 건드리지 않아야 객체의 업그레이드가 가능한 것이다. TV의 외부 인터페이스와 마찬가지로 객체에서도 외부와의 접속을 위하여 몇 가지의 멤버 함수는 외부에 공개한다. 외부에서는 이들 멤버 함수만을 이용하여서 객체를 사용하여야 한다.

다음 그림은 라디오를 객체로 표시한 것이다. 라디오에 필수적인 데이터들은 모두 안에 감싸여져서 보호되고 있다. 외부와의 통신을 위하여 turnOn()이나 changeChannel()과 같은 멤버 함수가 외부로 공개되어 있다.

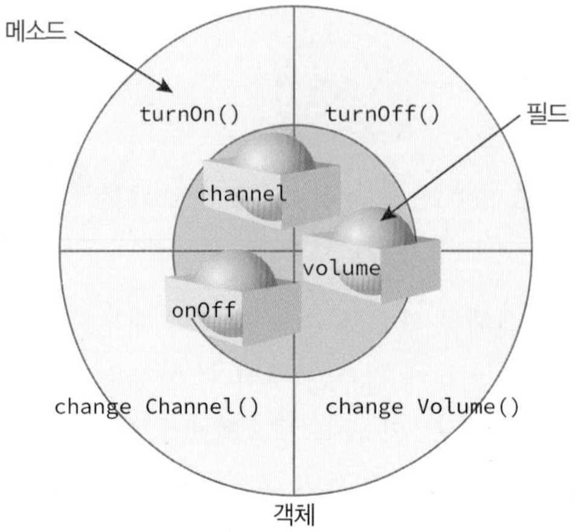

구체적인 예로 우리의 Rectangle 클래스를 보자. width와 같은 변수와 calcArea()와 같은 함수들이 서로 묶여 있음을 알 수 있다. 이것이 캡슐화이다.

```
class Rectangle {
public:
    int width, height;
    int calcArea() {
        return width*height;
    }
};
```

## 정보 은닉

객체 지향 기법에서는 객체는 다른 객체의 내부적인 데이터를 직접 조작하지 않는 것이 좋다. 객체간의 상호 작용은 함수 호출을 통하는 것이 좋다는 것이다. 객체의 함수를 가지고만 상호 작용을 함으로써 객체 내부 구현의 세부 사항은 외부 세계로부터 감춰진다. 이런 식으로 객체의 데이터를 은폐하는 것을 **정보 은닉(information-hiding)** 이라고 한다.

예를 들어서 은행계좌를 나타내는 다음 그림을 보자. 사용자 프로그램은 객체 안에 있는 변수 balance를 직접 조작하면 좋지 않다. 오른쪽 그림처럼 getBal()과 putBal()을 사용하여 조작하는 것이 좋다는 의미이다.

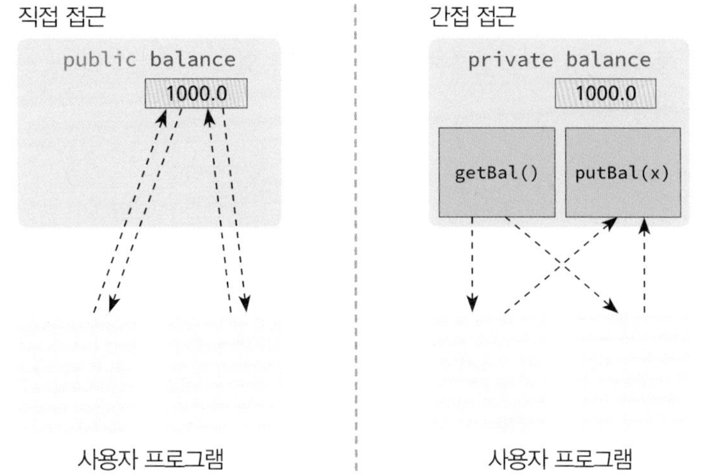


왜 객체의 내부 데이터를 보호하여야 하는가? 내부 데이터가 숨겨져 있다는 것은 이들 부분이 프로그램의 다른 부분에 영향을 미치지 않고 쉽게 변경될 수 있음을 의미한다. 소프트웨어의 기능을 간편하게 수정할 수 있고 기능을 쉽게 추가하고, 교체할 수 있으려면 정보 은익이 잘되어 있어야 한다. 예를 들어서 우리가 TV의 내부를 마음대로 뜯어서 건드렸다면 AS를 받지 못하는 것과 마찬가지이다. 앞에서 캡슐화를 이야기하였는데 캡슐화의 또 하나의 장점이 바로 정보 은닉을 쉽게 할 수 있다는 점이다. 은닉하고 싶은 변수 앞에 private를 붙이면 외부에서 접근할 수 없다.

구체적인 예로 우리의 Rectangle 클래스를 보자. 외부로부터 숨기기를 원하는 멤버 앞에 private를 붙이면 이후의 멤버들은 외부에서는 접근할 수 없다. public을 붙이면 외부에 공개된다.

```
class Rectangle {
private:
   int width, height;
public:
   int calcArea() {
      return width*height;
   }
};
```

## 상속과 다형성

상속은 기존의 코드를 재활용하기 위한 기법으로 이미 작성된 클래스(부모 클래스)를 이어받아서 새로운 클래스(자식 클래스)를 생성하는 기법이다. 자식 클래스는 부모 클래스의 모든 속성과 동작을 물려받는다. 추가로 만약 자식 클래스에만 필요한 기능이 있다면 추가 또는 변경할 수 있다. 다른 사람이 제공한 클래스는 아무래도 자신의 문제에 맞지 않는 경우가 종종 있다. 이런 경우에 상속을 사용하여서 다른 사람의 클래스를 상속받지만 약간 변경하여서 사용할 수 있다. 상속은 기존의 코드를 재사용하는 강력한 기법이다.

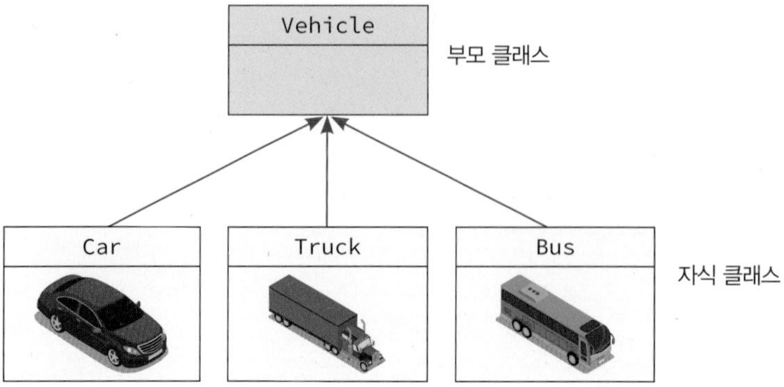


**그림 4.12** 상속의 개념

구체적인 예를 보자. `Shape` 클래스를 정의하고 이것을 상속받아서 `Rectangle`을 정의하면 다음과 같다. 도형의 일반적인 내용은 `Shape` 클래스에서 정의하고(`Shape`이 부모 클래스가 된다) 각 도형에 특수한 멤버만 자식 클래스에서 정의해준다. 아직은 이해하지 못해도 상관없다.

```
class Shape {
protected:
   int x, y;
public:
   void draw() {   }
   void move() {   }
};

class Rectangle : Shape {
public:
   int width, height;
   int calcArea() {
      return width*height;
   }
};
```

### 다형성

다형성이란 객체가 취하는 동작이 상황에 따라서 달라지는 것을 의미한다. C++에서는 서로 다른 자료형에 속하는 객체들이 같은 이름의 멤버 함수에 응답하여서 서로 다른 동작을 보여주는 것이 가능하다. 프로그래머는 객체의 자료형을 미리 알 필요가 없고 객체의 정확한 동작은 실행 시간에야 결정된다.

다형성을 사용하게 되면 실제 동작은 다르더라도 개념적으로 동일한 작업을 하는 멤버 함수들에 똑같은 이름을 부여할 수 있으므로 코드가 더 간단해진다. 예를 들어서 `draw()`라는 멤버 함수는 모든 객체 타입마다 정의되어 있어서 호출하면 객체를 화면에 그린다고 가정하자. 만약 프로그래머가 객체를 화면에 그리는 것이 필요하면 객체의 타입에 관계없이 `draw()` 멤버 함수를 호출하면 된다. 이것이 다형성이다.

**Tip** 어떤 프로그램이던지 계획 단계는 무척 중요하다. 계획 단계에서 프로그래머들은 프로그램의 요구 조건과 어떤 자료 구조와 알고리즘을 사용할 것인지를 결정하여야 한다. 객체 지향 프로그래밍 용어로는 객체 지향 분석(object-oriented analysis)이라고 한다. 어떤 클래스가 사용될 것인지를 결정하는 단계가 바로 이 단계이다. 객체 지향 분석은 다음과 같은 단계로 나누어 질 수 있다.

1. 프로그램에서 사용될 객체와 클래스를 식별한다.
2. 각 클래스의 속성을 정의한다.
3. 각 클래스의 동작을 정의한다.
4. 클래스 간의 관계를 정의한다.

**중간점검**

1. C++에서 코드 재사용이 쉬운 이유는 관련된 ________와 __________이 하나의 덩어리로 묶여 있기 때문이다.
2. 정보 은닉이란 ________을 외부로부터 보호하는 것이다.
3. 정보를 은닉하면 발생하는 장점은 무엇인가?

LAB

# 원들의 경주 게임

지금까지 학습한 내용을 바탕으로 "원들의 경주" 게임을 작성하여 보자. 두 개의 원을 생성한 후에 난수를 발생하여 원들을 움직인다. 원을 화면에 그리는 draw() 함수와 난수를 발생하여 원을 움직이는 함수 move()를 클래스에 추가하였다.

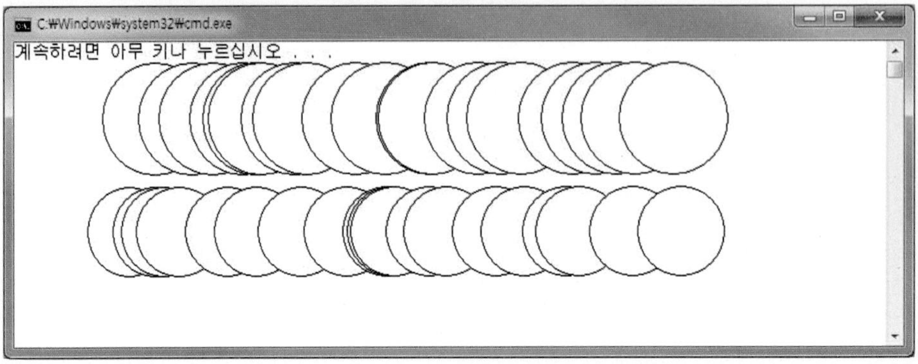


화면에 원을 그리려면 다음과 같은 코드를 사용한다.

```
HDC hdc = GetWindowDC(GetForegroundWindow());
Ellipse(hdc, 100, 100, 180, 180);
```

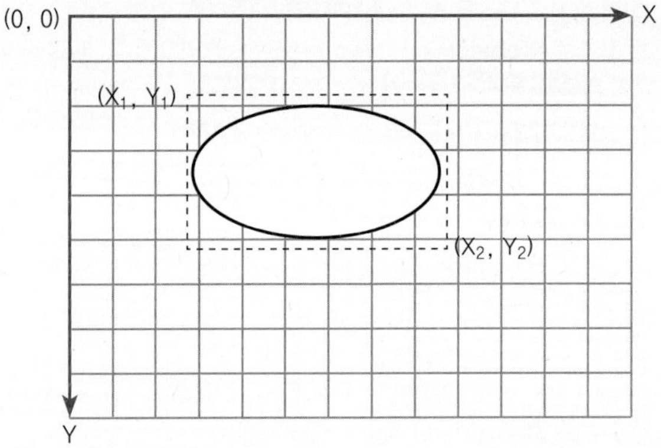

SOLUTION

# 원들의 경주 게임

circle_race.cpp

```
#include <iostream>
#include <windows.h>
using namespace std;

class Circle {
public:
   void init(int xval, int yval, int r);
   void draw();
   void move();
private:
   int x, y, radius;
};

// 아직 생성자를 학습하지 않았기 때문에 init() 함수 사용하여 초기화 한다.
void Circle::init(int xval, int yval, int r) {
   x = xval;
   y = yval;
   radius = r;
}

void Circle::draw() {
   HDC hdc = GetWindowDC(GetForegroundWindow());
   Ellipse(hdc, x - radius, y - radius, x + radius, y + radius);
}

void Circle::move() {
   x += rand() % 50;
}

int main()
{
   Circle c1;
   Circle c2;

   c1.init(100, 100, 50);
   c2.init(100, 200, 40);
   for (int i = 0; i < 20; i++) {
      c1.move();
```

```
        c1.draw();
        c2.move();
        c2.draw();
        Sleep(1000);        // 1초 동안 중지한다.
    }
    return 0;
}
```

# 04.8 UML

컴퓨터 프로그래밍 초기부터 사람들은 프로그램을 그림으로 표현하기를 좋아했다. 초기에는 알고리즘을 그림으로 표현하기 위하여 순서도(flow chart)를 그렸다. 순서도는 알고리즘을 표현하는 용도로는 좋았지만 너무 세부적이었다. 1970년대에 구조적인 프로그래밍이 유행하면서 프로그래머들은 프로그램의 전반적인 구조를 구조도(structure chart)로 그렸다. 구조도는 프로그램의 각 모듈 사이의 구조적인 관계를 나타낸다.

객체 지향 프로그래밍에서도 프로그래머들은 애플리케이션을 구성하는 클래스들 간의 관계를 그리기 위하여 클래스 다이어그램(class diagram)을 사용한다. 가장 대표적인 클래스 다이어그램 표기법은 **UML(Unified Modeling Language)**이다. 사실 UML은 클래스만을 그리는 도구는 아니고 객체지향설계 시에 사용되는 일반적인 모델링 언어라고 할 수 있다. UML을 사용하면 소프트웨어를 본격적으로 작성하기 전에 구현하고자 하는 시스템을 시각화하여 검토할 수 있다.

UML은 Rational Software의 Grady Booch, Ivar Jacobson, James Rumbaugh에 의하여 1994~95에 걸쳐서 첫 번째 버전이 완성되었다. 1997년에 Object Management Group (OMG)에 의하여 표준으로 채택되었다. 2005년에 International Organization for Standardization (ISO)에 의하여 ISO 표준으로 되었다.

UML의 구성 요소에는 클래스 다이어그램, 객체 다이어그램, 상태 다이어그램, 시퀀스 다이어그램 등과 같은 많은 다이어그램이 있다. 우리는 클래스 다이어그램에 대해서만 살펴볼 것이다.

각 클래스는 사각형으로 그려진다. 사각형은 반드시 클래스 이름을 포함하여야 한다. 사각형은 세부분으로 나누어져 있다. 첫 번째 부분은 클래스의 이름이다. 중간 부분은 멤버 변수들이 나열되고 아래 부분에는 멤버 함수들이 나열되어 있다. 예를 들어서 아래 그림은 자동차를 나타내는 car 클래스를 UML로 그려본 것이다.

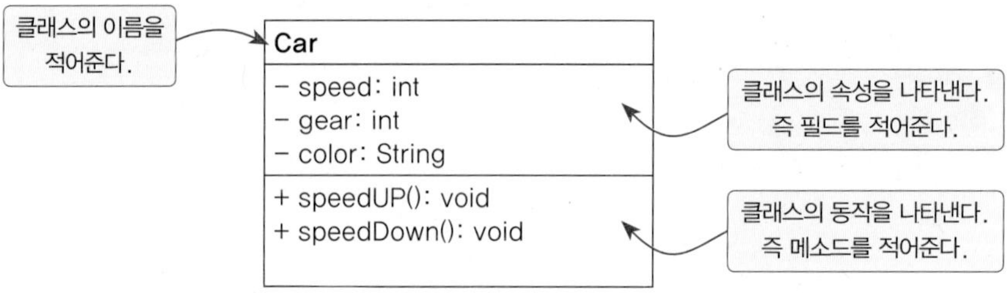


그림 4.13 UML의 예

멤버 변수에 대해서는 자료형을 표기할 수 있고, 멤버 함수에 대해서는 매개 변수와 반환형을 표기할 수 있다. 멤버 변수의 자료형은 이름 뒤에 : 기호를 쓰고 자료형을 적으면 된다.

멤버 변수나 멤버 함수의 이름 앞에는 접근 지정자가 올 수 있다. +는 `public`을, -는 `private`을 의미한다.

| | |
|---|---|
| + | Public |
| - | Private |
| # | Protected |
| / | Derived |
| ~ | Package |

클래스 다이어그램에서는 화살표를 사용하여 클래스 간의 관계를 나타낼 수 있다. UML은 다양한 화살표를 사용한다. 용어들은 아직 학습하지 않은 것이다.

| 관계 | 화살표 |
|---|---|
| 일반화(generalization), 상속(inheritance) |  |
| 구현(realization) | 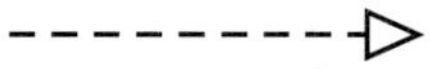 |
| 구성관계(composition) |  |
| 집합관계(aggregation) |  |
| 유향 연관(direct association) |  |
| 양방향 연관(bidirectional association) |   |
| 의존(dependency) | 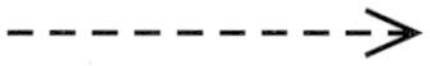 |

그림 4.14 UML에서 사용되는 화살표의 종류

중요한 클래스 관계에는 가장 일반적인 클래스 연결 관계인 연관(association), 전체와 부분을 나타내는 집합(aggregation), 다른 클래스의 코드를 상속받는 상속(inheritance), 하나의 클래스가 다른 클래스에 영향을 주는 의존(dependency)이 있다. 우리는 일단 하나만 알아두자.

### 의존 관계

점선의 열린 화살표는 의존을 나타낸다. 의존(dependency)이란 하나의 클래스가 다른 클래스를 사용하는 관계이다. 예를 들어서 CarTest 클래스는 Car 클래스의 객체를 생성하여 Car 클래스를 사용한다고 볼 수 있다. 따라서 아래와 같은 표시로 그릴 수 있다.

**CarTest.cpp**

```
int main() {
       Car myCar;
       myCar.speed = 30;
       myCar.speedUp();
}
```

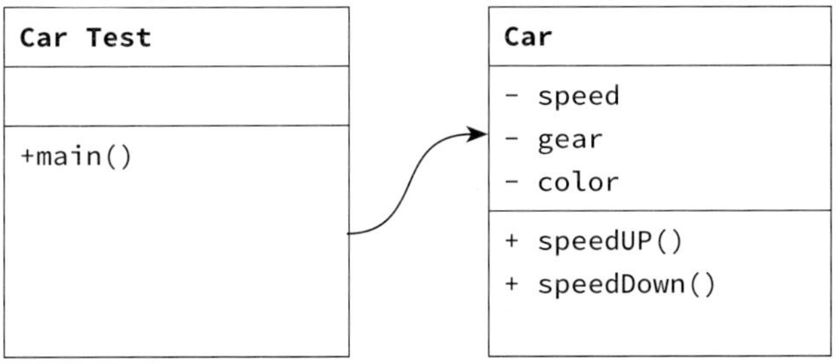


그림 4.15 Car 예제의 UML

## EXERCISE

**1.** 다음의 클래스에서 각 멤버 변수가 공용 멤버인지 전용 멤버 인지를 구분하시오.

```
class Test
{
   int x;
public:
   int y;
}
```

**2.** 2차원 공간에서 하나의 점을 나타내는 Point 클래스를 작성하여 보자.

```
class Point {
   int x;
   int y;
public:
   int getX() // 접근자
   {
   ______________________;
   }
   void setX(int x) // 설정자
   {
   ______________________;
   }
}
```

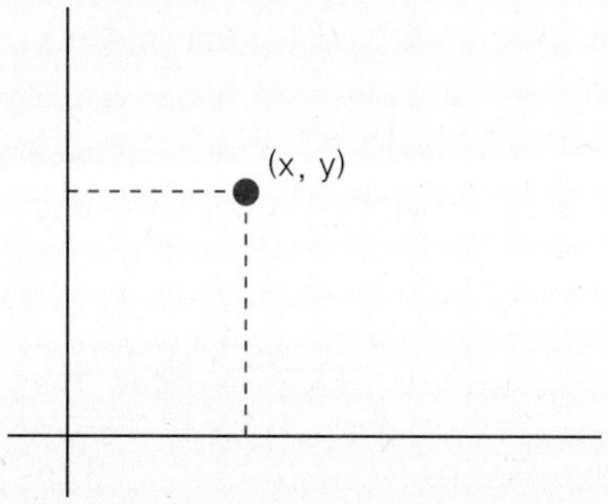


❶ 위의 빈칸을 채우고 실행하여 보자.

❷ 멤버 변수 y에 대해서도 접근자와 설정자를 추가하여 보자.

❸ 접근자와 설정자를 클래스 외부에 정의하여 보자.

❹ p1이라는 이름의 객체를 생성하고 p1을 통하여 설정자를 호출하여 p1의 x 좌표를 100, y 좌표를 200으로 설정하여 보라.

**3.** 직원을 나타내는 Employee 클래스를 다음의 단계에 따라서 작성하여 보자.

❶ name, age, salary, years 등을 멤버 변수로 가지는 클래스를 정의한다.

❷ 모든 멤버 변수를 private로 정의하고 접근자와 설정자를 제공하라.

❸ Employee 클래스의 객체를 생성하고 설정자를 통하여 { "홍길동", 26, 1000000, 1 }으로 설정하고 접근자를 이용하여서 멤버 변수의 값을 화면에 출력한다.

4. 다음의 은행 업무를 기술한 문장을 읽고 클래스의 후보를 생각하여 보자.

은행은 정기 예금과 보통 예금 업무를 제공한다. 고객들은 자신의 계좌에 돈을 입금할 수 있으며 계좌에서 돈을 인출할 수 있다. 그리고 각 계좌는 기간에 따라 이자를 지급한다. 계좌마다 이자는 달라진다.

❶ 이 문제 영역 기술 문서를 읽고 잠재적인 클래스 후보를 찾아보라. 참고로 업무 기술서의 문장에 등장하는 명사가 클래스의 후보가 된다.

❷ 이 문제를 해결하는 데 필요한 클래스만을 선별하여 보자.

❸ 각 클래스에 필요한 멤버 변수와 멤버 함수를 생각하여 보자.

## PROGRAMMING EXERCISE

1. 사람을 나타내는 클래스 Person을 작성한다. Person은 이름(name), 나이(age),를 나타내는 변수를 가지고 있다. Person은 정보를 설정하는 함수 setPerson(name, age)과 정보를 출력하는 함수 print()도 가지고 있다. Person의 객체 obj를 생성하고 여기에 "김철수", 21을 저장해보자.

```
C:\Windows\system32\cmd.exe
이름 : 김철수
나이 : 21
계속하려면 아무 키나 누르십시오 . . .
```

```
class Person
{
    string name;
    int age;
    ...
};
```

**Tip** 이름은 문자열로, 나이는 정수형 변수로 나타낸다.

2. 컴퓨터를 나타내는 클래스 Computer을 작성한다. Computer는 이름(name), 메모리 용량(RAM), CPU속도(cpu_speed)를 나타내는 변수를 가지고 있다. Computer는 정보를 설정하는 함수 setComputer(name, RAM, cpu_speed)와 정보를 출력하는 함수 print()도 가지고 있다. Computer의 객체 obj를 생성하고 여기에{ "오피스컴퓨터", 8, 4.2}를 저장해보자.

```
C:\Windows\system32\cmd.exe
이름: 오피스컴퓨터
RAM: 8
CPU 속도: 4.2
계속하려면 아무 키나 누르십시오 . . .
```

```
class Computer {
    string name;
    int RAM;
    double cpu_speed;
    ...
};
```

> **Tip** 이름은 문자열로, 메모리 용량은 정수로, CPU속도는 실수형 변수로 나타낸다.

3. 클래스 Sum을 작성한다. Sum 클래스는 정수형 변수 n1과 n2를 가진다. init(x, y) 멤버 함수에서 두 개의 정수를 받아서 n1과 n2에 저장한다. add() 멤버 함수를 호출하면 (n1+n2)를 계산하여 반환한다. 클래스의 객체 obj를 생성하여서 다음과 같이 테스트하라.

```
class Sum {
    int n1, n2;
    ...
};
```

4. 책을 나타내는 Book 클래스를 정의하여 보자. Book 클래스는 제목(title)과 저자(author)를 나타내는 멤버 변수를 가진다. 각 멤버 변수를 직접 접근하여서 제목에 "Great C++"를 대입하고 저자에 "Bob"을 대입하여 보자.

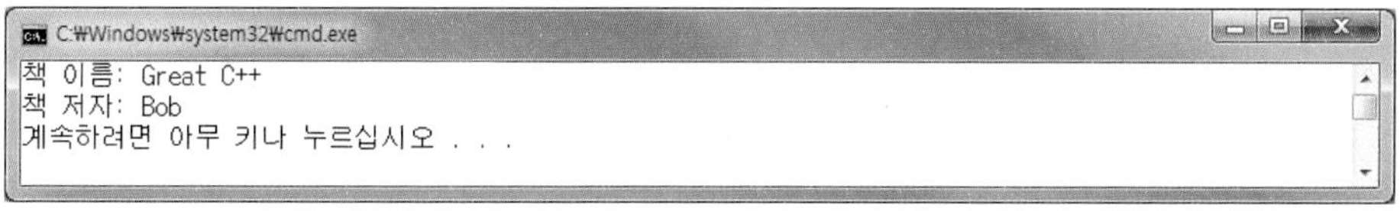

C:\Windows\system32\cmd.exe
책 이름: Great C++
책 저자: Bob
계속하려면 아무 키나 누르십시오 . . .


```
class Book {
public:
    string title;
    string author;
};
```

5. 주사위를 나타내는 클래스인 Dice를 작성하여 보자. Dice 클래스에 필요한 멤버 변수와 멤버 함수를 생각하여 보자. 멤버 함수에는 주사위를 굴리는 멤버 함수인 roll()을 포함하라. roll() 멤버 함수를 작성할 때 난수는 다음과 같이 생성할 수 있다.

```
face = (int) (rand()%6 + 1)
```

Dice 객체를 생성하여서 테스트하라.

```
주사위 값=4
주사위 값=6
계속하려면 아무 키나 누르십시오 . . .
```

6. 직원을 나타내는 Employee 클래스를 작성하여 보자. 직원은 이름, 나이, 월급을 멤버 변수로 가지고 있다. Employee 객체를 생성하여서 다음과 같이 테스트하라.

```
Employee1:
김철수
38
2000000
계속하려면 아무 키나 누르십시오 . . .
```

```
class Employee
{
    string name;
    int age;
    int salary;
    ...
};
```

7. 핸드폰을 나타내는 CellPhone 클래스를 작성하여 보자. 핸드폰의 상태는 전화번호(number), 모델명(model), 색상(color)으로 나타낸다. 이것들은 멤버 변수로 정의한다. 전원을 끄고 켜는 멤버 함수 setOn()도 추가하여 보자. CellPhone 객체를 생성하여서 다음과 같이 테스트하라.

```
CellPhone1:
010-1234-5678
Galaxy
Black
true
계속하려면 아무 키나 누르십시오 . . .
```

```
class CellPhone
{
```

```
    bool on;
    string number;
    string model;
    string color;
    ...
};
```

8. 복소수를 나타내는 Complex 클래스를 작성하라. 복소수는 실수부와 허수부로 이루어진다. 필요한 멤버 변수를 정의하라. 복소수를 5 + 3i와 같이 출력하는 print() 멤버 함수를 정의하라. Complex 객체를 생성하여서 다음과 같이 테스트하라.

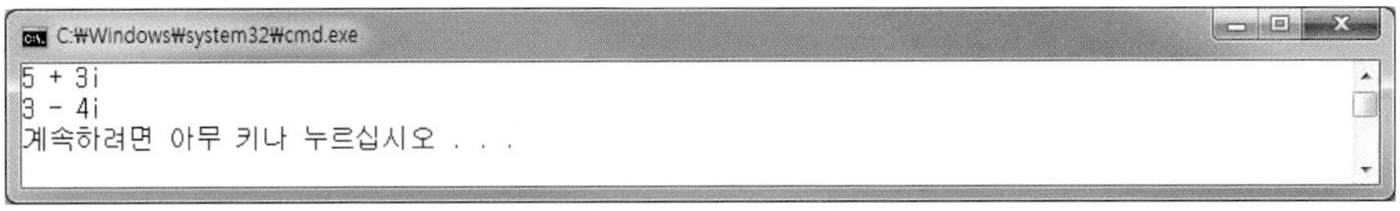

C:\Windows\system32\cmd.exe
5 + 3i
3 - 4i
계속하려면 아무 키나 누르십시오 . . .


```
class Complex
{
public:
    double r;
    double i;
    ...
};
```

9. 삼각형을 나타내는 Triangle 클래스를 정의하여 보자. Triangle 클래스는 밑변과 높이, 면적을 나타내는 멤버 변수를 가진다. 삼각형의 면적을 구하는 멤버 함수 area()를 추가하라. Triangle 객체를 생성하여서 다음과 같이 테스트하라.

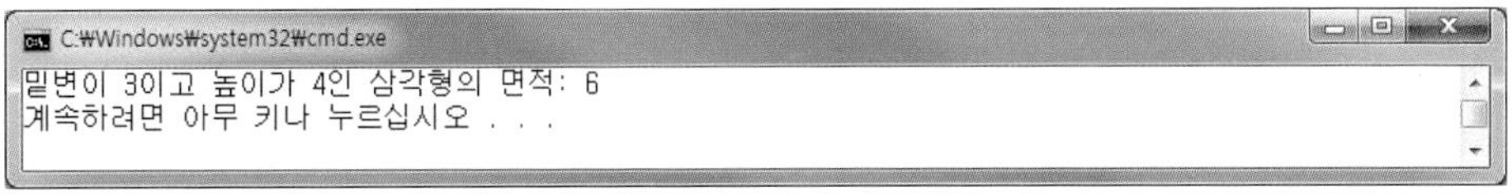

C:\Windows\system32\cmd.exe
밑변이 3이고 높이가 4인 삼각형의 면적: 6
계속하려면 아무 키나 누르십시오 . . .


```
class Triangle {
    int b, h;
    ...
};
```

**10.** 은행 계좌를 나타내는 BankAccount 클래스를 작성해보자. BankAccount 클래스는 계좌 번호(number), 잔액(balance)을 멤버 변수로 가진다. 입금 함수 deposit(), 출금 함수 withdraw()를 멤버 함수로 가진다. 객체를 생성하여서 다음과 같이 테스트 하라.

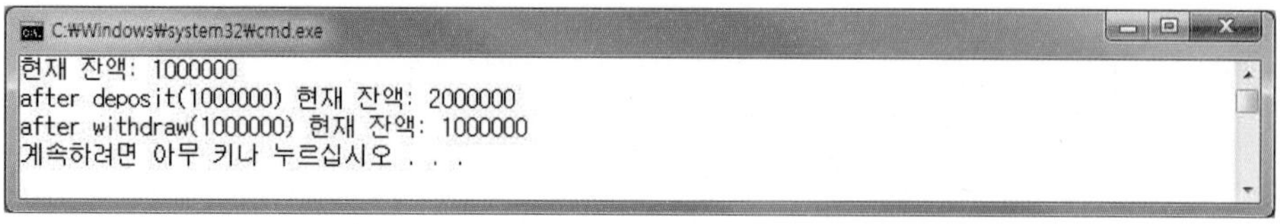


```
class BankAccount
{
   string number;
   int balance;
public:
   void init(string, int);
   void deposit(int amount);
   void withdraw(int amount);
   ...
};
```

**11.** 상자를 나타내는 Box 클래스를 작성해 보자. Box 클래스는 상자의 길이(length), 너비(width), 높이(height) 등의 변수를 가진다. 또 상자의 부피를 계산하여 반환하는 getVolume() 함수를 가지고 있다. 객체를 하나 생성하여 다음과 같이 테스트하라. 각 멤버 변수에 대하여 접근자와 설정자를 작성한다.

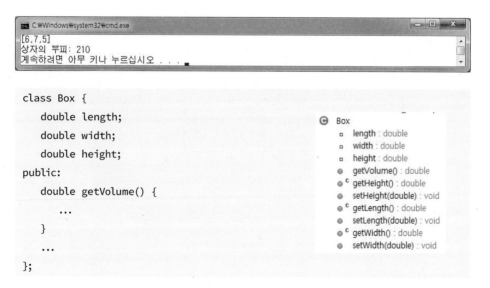

```
class Box {
   double length;
   double width;
   double height;
public:
   double getVolume() {
      ...
   }
   ...
};
```

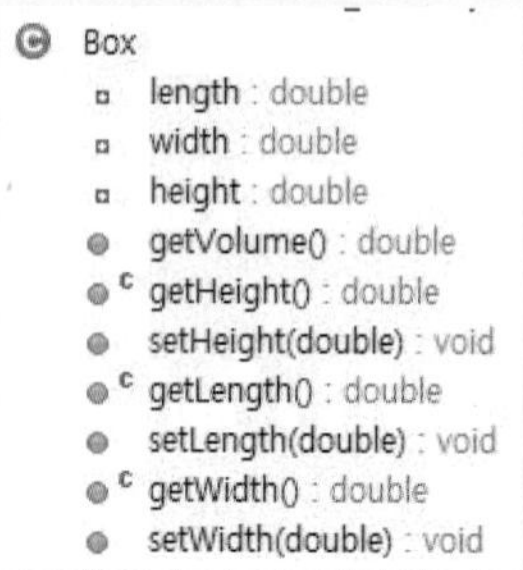

**12.** 시간을 나타내는 `Time` 클래스를 작성해보자. `Time` 클래스는 시(`time`), 분(`minute`), 초(`second`)를 멤버 변수로 가진다. 또 시간을 설정하는 `setTime()` 함수와 현재 시간을 출력하는 `print()` 함수를 가지고 있다. 객체를 하나 생성하여 다음과 같이 테스트하라.

```
class Time
{
private:
   int hour;
   int minute;
   int second;
public:
   void setTime(const int h, const int m, const int s);
   void print() const;
};
```

CHAPTER

# 05 생성자와 접근제어

## 학습목표

- 객체 지향 기법을 이해한다.
- 클래스를 작성할 수 있다.
- 클래스에서 객체를 생성할 수 있다.
- 생성자를 이용하여 객체를 초기화할 수 있다.
- 접근자와 설정자를 사용할 수 있다.

## 학습목차

# 05.1 이번 장에서 만들어 볼 프로그램

이번 장에서는 객체를 초기화하는 방법에 대하여 자세히 살펴본다. 구체적으로 다음과 같은 프로그램을 작성해보자.

**1.** 시간을 나타내는 클래스 `Time`의 객체를 생성자로 초기화해보자.

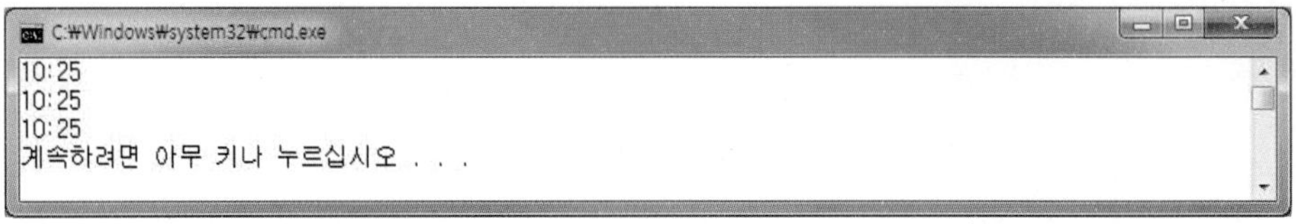


**2.** 생성자를 이용하여 랜덤한 크기의 `Circle` 객체를 많이 생성해보자.

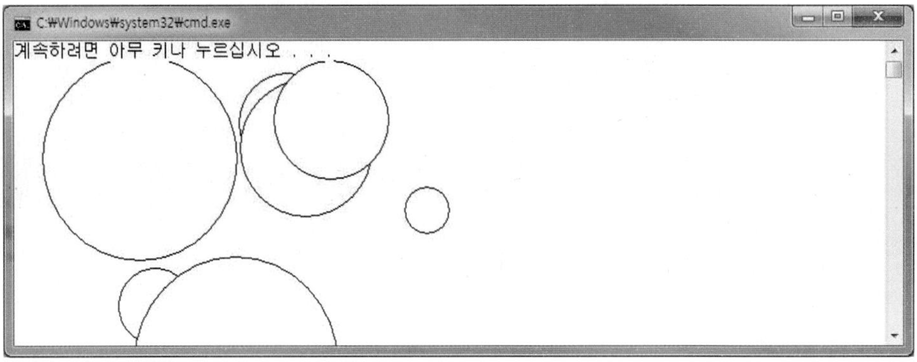

# 05.2 생성자

## 생성자란?

변수의 경우, 초기화를 하지 않으면 쓰레기값을 가지는 경우가 종종 있다. 객체도 마찬가지이다. 객체도 초기화하지 않으면 쓰레기값을 가진다. 따라서 객체가 생성된 후에는 반드시 객체를 초기화하여야 한다. 객체의 초기화에는 멤버 변수의 값을 초기화하는 것뿐만 아니라 객체의 동작에 필요한 메모리 공간이나 기타 자원들을 할당하는 것도 포함된다.

**그림 5.1** 생성자의 역할

C++에서는 초기화를 담당하는 생성자(constructor)라는 특수한 함수가 존재한다. 생성자를 사용하면 객체의 생성과 동시에 초기화가 가능하다.

## 생성자는 왜 필요한가?

시간을 나타내는 클래스 Time을 다음과 같이 정의하여 보자.

**time1.cpp**

```
#include <iostream>
using namespace std;

class Time {
public:
   int hour;     // 시를 나타낸다. 0-23가 가능하다.
   int minute;   // 분을 나타낸다. 0-59가 가능하다.

   void print() {
      cout << hour << ":" << minute << endl;
   }
};
```

클래스 Time의 객체를 생성해보고 객체의 변수에 여러 가지 값들을 저장해보자.

```
Time a;                        // 객체 a를 생성한다.

a.hour = 10;                   // 객체 a를 10시 25분으로 설정한다.
a.minute = 25;
```

객체를 이런 식으로 사용하는 것은 그다지 편하지 않다. 물론 변수와 함수를 하나로 묶을 수 있어서 어떤 개념을 나타내기 좋지만 객체를 초기화하려면 다음과 같이 값들을 하나씩 저장해야 하기 때문이다. 이것은 매우 지루한 방법이고 오류가 발생하기도 쉽다. 예를 들어서 다음과 같이 설정하면 올바르지 않은 값이 저장된다.

```
Time b;

b.hour = 26;                   // 26시??
b.minute = 70;                 // 70분??
```

26시 70분은 불가능하다! 따라서 이 문제를 해결하고 보다 쉽게 Time 객체를 사용하기 위하여 초기화를 담당하는 외부 함수를 작성하여 보자.

```
// 보조 함수
void init_time(Time& obj, int h, int m)
{
    obj.hour = h;              // 아직 값이 올바른지를 검사하는 기능은 넣지 않았다!
    obj.minute = m;
}
```

외부 함수를 이용하면 조금 편해지기는 한다. 하지만 깜빡하고 초기화 함수를 호출하지 않는 경우도 발생한다(프로그래머의 나이가 들면 건망증이 더 심해진다).

```
int main()
{
    Time a;                    // a는 Time 자료형의 변수이다.

    init_time(a, 10, 25);      // a가 10시 25분으로 설정된다.
    a.print();                 // "10:25"가 출력된다.

    Time b;                    // b는 Time 자료형의 변수이다.
    b.print();                 // init_time()을 호출하지 않아서 잘못된 값이 들어있다.
                               // 쓰레기 값이 출력된다.

    return 0;
}
```

실행결과

```
C:\Windows\system32\cmd.exe
10:25
-858993460:-858993460
계속하려면 아무 키나 누르십시오 . . .
```

객체를 생성할 때 객체를 초기화하는 함수가 자동으로 호출된다면 매우 편리할 것이다. 이것이 바로 **생성자(constructor)**이다.

**time2.cpp**

```
class Time {
public:
    int hour;              // 0-23
    int minute;            // 0-59

    Time(int h, int m) {
        hour = h;
        minute = m;
    }
    void print() {
        cout << hour << ":" << minute << endl;
    }
};
```

생성자

생성자는 클래스 이름과 똑같은 멤버 함수이다. 생성자는 객체를 초기화하는데 사용된다. 인수가 있는 생성자가 정의되어 있는데 프로그래머가 깜박 잊어버리고 값들을 주지 않으면 컴파일러가 오류를 발생한다. 따라서 편리하게 객체를 초기화할 수 있다.

위와 같이 생성자가 선언되었다고 하고 생성자를 호출해보자.

```
Time a;                  // ❶ 오류이다! 초기화값이 없다!
Time b(10, 25);          // ❷ OK 하지만 예전의 방법이다.
Time c { 10, 25 };       // ❸ OK 최신의 방법이다.
Time d = { 10, 25 };     // ❹ OK 하지만 간결하지 않다.
```

❶ 객체 a을 선언한 문장은 오류이다. 왜냐하면 Time 생성자를 호출하는데 필요한 인수들을 제공하지 않았기 때문이다.

❷ 이렇게 객체 b를 선언하는 방식은 예전(C++98)부터 많이 사용했던 방법이다. 하지만 이 방식은 ( ) 기호를 사용하는데 () 기호는 함수 선언하는데도 사용되기 때문에 혼동할 위험성이 있다. 따라서 최근 버전(C++14)에서는 장려되지 않는다.

❸ 이것이 최근의 표준적인 방법이다. 변수의 이름 뒤에 { } 기호를 사용하여 초기값을 제공한다. 보편적인 초기화 방법이다. 이 방법은 일반적인 변수에 초기값을 줄때도 사용할 수 있다.

```
int x { 10 } ;      // 변수 x를 선언하고 초기값을 10으로 한다. int x = 10;과 같다.
```

❹ 이 방법도 좋다. 하지만 = 기호 때문에 약간은 간결하지 못한 방법이다. 하지만 가독성은 좋다. = 기호가 있어야 심리적으로 안정되는 프로그래머이거나 타이핑하는 것을 좋아한다면 이 방법을 사용하라.

생성자를 사용하는 전체 프로그램은 다음과 같다.

**time3.cpp**

```
#include <iostream>
using namespace std;

class Time {
public:
    int hour;              // 0-23
    int minute;            // 0-59

    Time(int h, int m) {
        hour = h;
        minute = m;
    }
    void print() {
        cout << hour << ":" << minute << endl;
    }
};

int main()
{
    //Time a;                     // ❶ 오류이다! a는 초기화되지 않았다.
    Time b(10, 25);               // ❷ OK 하지만 예전의 방법이다.
    Time c{ 10, 25 };             // ❸ OK 최신의 방법이다.
    Time d = { 10, 25 };          // ❹ OK 약간은 간결하지 않다.

    b.print();
    c.print();
    d.print();

    return 0;
}
```

생성자

**실행결과**

```
C:\Windows\system32\cmd.exe
10:25
10:25
10:25
계속하려면 아무 키나 누르십시오 . . .
```

## 생성자 중복 정의

생성자도 멤버 함수의 일종이라고 생각할 수 있다. 따라서 생성자도 중복 정의될 수 있다. 매개 변수가 없는 생성자와 매개 변수가 있는 생성자를 동시에 정의하면 다음과 같다.

**time4.cpp**

```
#include <iostream>
using namespace std;

class Time {
public:
   int hour;              // 0-23
   int minute;            // 0-59

   Time() {
      hour = 0;
      minute = 0;
   }
   Time(int h, int m) {
      hour = h;
      minute = m;
   }
   void print() {
      cout << hour << ":" << minute << endl;
   }
};

int main()
{
   Time a;                        // 매개변수가 없는 생성자가 호출된다.
   Time b( 10, 25 );              // 매개변수가 있는 생성자가 호출된다.

   a.print();
   b.print();
   return 0;
}
```

생성자가 중복 정의되었다.

실행결과

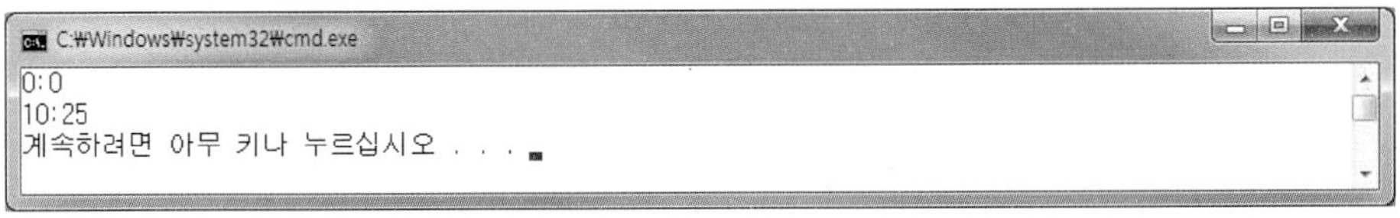


위의 예제에서는 2개의 Time 클래스의 객체 a와 b가 생성되었다. b는 앞의 예제와 같이 2개의 인수로 초기화되었다. 하지만 a는 인수가 없는 생성자로 초기화되었다. 인수가 없는 생성자를 기본 생성자(`default constructor`)라고 한다. 기본 생성자는 객체를 생성시 인수를 주지 않으면 자동으로 호출된다.

컴파일러는 어떻게 프로그래머가 원하는 생성자를 찾을 수 있을까? 중복 함수와 마찬가지로 컴파일러는 생성자의 호출 시에 전달하는 매개 변수의 개수와 타입을 보고 자동적으로 원하는 생성자를 알아낸다. 예를 들어 `Time a;`과 같은 식으로 호출했다면 이것은 매개 변수가 없는 생성자를 의미한다. 만일 `Time b (10, 25);`와 같이 호출했다면 이는 2개의 매개 변수를 가지는 생성자라는 것을 컴파일러가 알 수 있다.

**경고** 여기서 주의할 점은 기본 생성자를 호출할 때, 소괄호를 사용하면 안 된다.

```
Time a;   // ok, 기본 생성자가 호출된다.
Time b(); // 이것은 기본 생성자가 아니다.
```

컴파일러는 두 번째 문장을 b()라는 함수를 정의하는 것으로 생각하기 때문이다. 즉 인수를 받지 않고 Time 객체를 반환하는 함수 b()의 원형을 정의하는 것으로 생각한다.

### 디폴트 인수를 사용하는 생성자

생성자도 함수의 일종이기 때문에 매개 변수는 디폴트 값을 가질 수 있다. 예를 들어서 `Time` 클래스의 생성자가 디폴트 인수를 가지게끔 코드를 작성해보면 다음과 같다.

**time5.cpp**

```cpp
#include <iostream>
using namespace std;

class Time {
public:
    int hour;              // 0-23
    int minute;            // 0-59

    Time(int h=0, int m=0) {
        hour = h;
        minute = m;
    }
    void print() {
        cout << hour << ":" << minute << endl;
    }
};

int main()
{
    Time a;                // OK
```

(디폴트 인수 사용)

```
    Time b( 10, 25 );     // OK

    a.print();
    b.print();
    return 0;
}
```

실행결과

### 멤버 초기화 리스트

앞에서 클래스 Time의 생성자는 다음과 같었다.

```
Time(int h, int m)          // 생성자
{
   hour = h;
   minute = m;
}
```

NEW C++14

아래와 같이 C++에서는 생성자를 좀 더 쉽게 작성할 수 있는 방법이 존재한다.

```
Time(int h, int m) : hour(h), minute(m)
{
}
```

이것을 **초기화 리스트(initializer list)**라고 부른다. hour(m)은 멤버 변수 hour를 m으로 초기화한다는 의미이다. **초기화 리스트**를 사용하면 멤버들을 더 쉽게 초기화할 수 있다. 또 익숙해지면 더 알기 쉽다는 의견이 많다. 물론 프로그래머의 취향이지만 실제로 C++에서는 멤버 초기화 리스트가 많이 사용된다. 우리도 많이 사용해보자. 처음에는 이상하지만 하다 보면 익숙해진다. 실행도 효율적이라고 한다. C++ 11에서는 다음과 같은 형식도 사용할 수 있다. 이 방법도 기억해 두자.

```
Time(int h, int m) : hour{h}, minute{m}
{
}
```

초기화 리스트와 디폴트 인수를 동시에 사용하여도 된다.

```
Time(int h=0, int m=0) : hour{h}, minute{m} {
}
```

# 05.3 소멸자

객체가 소멸될 때도 호출되는 함수가 있다. 이것을 소멸자(destructor)라고 한다.

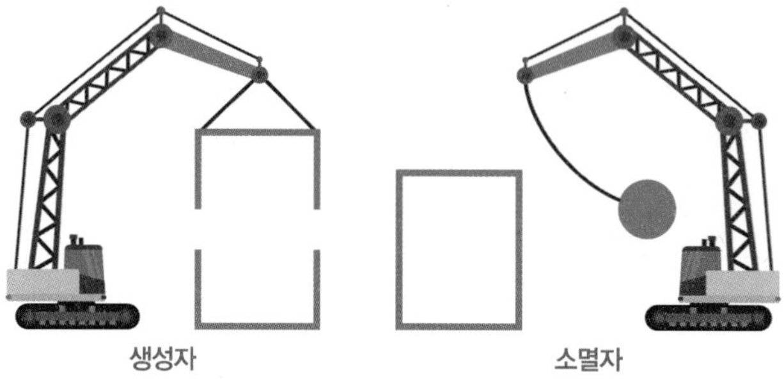


생성된 객체가 범위를 벗어나면 객체는 소멸된다. 이때마다 호출되는 특정한 멤버 함수가 소멸자이다. 소멸자는 클래스 이름에 물결표(~) 접두사를 붙여서 만든다. 소멸자는 생성자와 마찬가지로 값을 반환하거나 매개 변수를 사용할 수 없다. 소멸자는 파일을 닫거나 메모리를 반환하는 작업과 같이 프로그램을 종료하기 전에 자원을 반납하는데 매우 유용하게 사용될 수 있다.

다음 예제는 소멸자의 개념을 설명한다. 문자열을 나타내는 MyString이라는 클래스를 동적 메모리 할당을 이용하여 작성해본 것이다.

```
#include <string.h>

class MyString
{
private:
   char *s;
   int size;

public:
   MyString(char *c) {
      size = strlen(c)+1;
      s = new char[size];
      strcpy(s, c);
   }
   ~MyString() {
      delete[]s;
   }
```

생성자에서 동적 메모리를 할당받아서 문자열을 저장하고 있다. 동적메모리 할당은 8장을 참조한다.

소멸자에서 동적 메모리를 반환하고 있다. 동적메모리 할당은 8장을 참조한다.

```
};
int main() {
  MyString str("abcdefghijk");
}
```

## LAB Rect 클래스

사각형을 나타내는 Rectangle 클래스에 생성자를 추가해보자. 객체를 생성하고 사각형의 넓이를 출력하라. 멤버 함수는 클래스 외부에서 정의해보자.

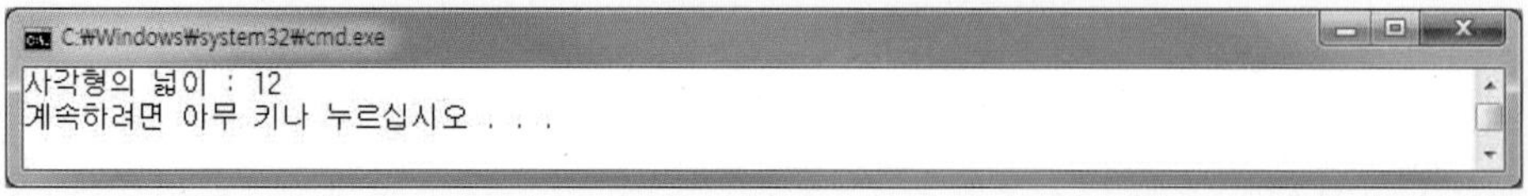


생성자는 클래스와 같은 이름으로 선언되는 함수이다. 클래스 이름이 Rectangle 이므로 생성자는 Rectangle()이 될 것이다. Rectangle() 생성자는 사각형의 가로와 세로를 받을 수 있게 하면 된다. 생성자를 외부에 정의한다면 다음과 같은 형태가 될 것이다.

```
Rectangle::Rectangle(int w, int h)
{
    ...
}
```

main() 안에서 객체를 생성하면 생성자가 자동으로 호출된다. Rectangle r {3, 4}와 같이 호출하면 3과 4의 값이 생성자를 통하여 객체 안의 width와 height로 전달된다.

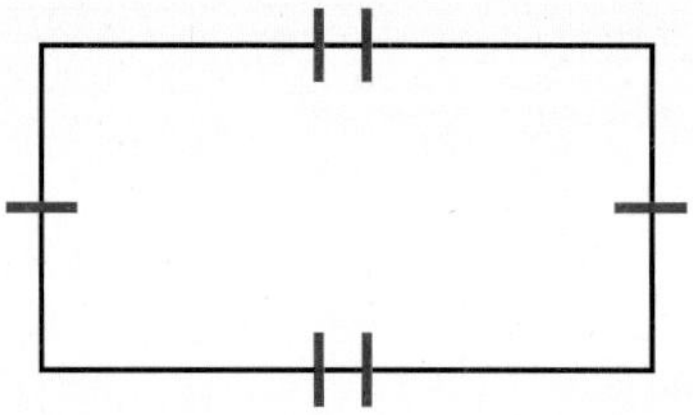

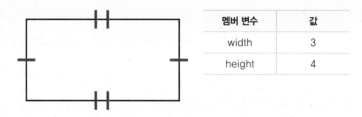

| 멤버 변수 | 값 |
|---|---|
| width | 3 |
| height | 4 |

SOLUTION

# Rect 클래스

```cpp
#include <iostream>
using namespace std;

class Rectangle
{
   int width, height;
public:
   Rectangle(int w, int h);
   int calcArea();
};

Rectangle::Rectangle(int w, int h)
{
   width = w;
   height = h;
}

int Rectangle::calcArea()
{
   return width*height;
}

int main()
{
   Rectangle r( 3, 4 );

   cout << "사각형의 넓이 : " << r.calcArea() << '\n';
   return 0;
}
```

## LAB Circle 클래스

앞에서 우리는 원을 나타내는 `Circle` 클래스를 작성하여 보았다. 원은 중심점 및 반지름과 색상으로 표현된다. 약 10개의 `Circle` 객체를 생성하면서 랜덤한 위치와 랜덤한 반지름으로 화면에 원을 그려보자. 원의 중심점과 반지름은 생성자를 호출하여 설정하라. 멤버 함수를 클래스 외부에 정의해보자.

```
class Circle {
public:
   int x, y, radius;                // 원의 중심점과 반지름
   string color;                    // 원의 색상
   void draw();
};

void Circle::draw()      {          // 원을 화면에 그리는 함수
   HDC hdc = GetWindowDC(GetForegroundWindow(););
   Ellipse(hdc, x - radius, y - radius, x + radius, y + radius);
}
```

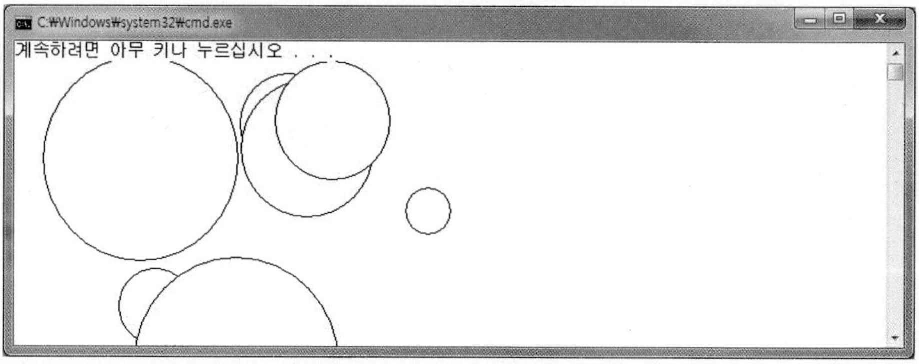


**도전문제**

앞에서 작성한 Rect 클래스에 생성자를 추가하여 화면에 사각형을 랜덤하게 그리는 프로그램도 작성할 수 있는가?

## SOLUTION Circle 클래스

```cpp
#include <windows.h>
#include <iostream>
using namespace std;

class Circle
{
   int x, y, radius;
   string color;
public:
   Circle(int xval = 0, int yval = 0, int r = 0, string c = "");
   double calcArea()    {       return radius*radius*3.14;      }
   void draw();
};

Circle::Circle(int xval, int yval, int r, string c)
{
   x = xval;
   y = yval;
   radius = r;
   color = c;
}

void Circle::draw()      {        // 원을 화면에 그리는 함수
   HDC hdc = GetWindowDC(GetForegroundWindow());
   Ellipse(hdc, x - radius, y - radius, x + radius, y + radius);
}

int main()
{
   for (int i = 0; i < 10; i++) {
      int x = 100 + rand() % 300;
      int y = 100 + rand() % 300;
      int r = rand() % 100;
      Circle c( x, y, r, "yellow" );
      c.draw();
   }
   return 0;
}
```

# 05.4 접근 제어

### 접근제어란?

접근 제어(access control)란 외부에서 특정한 멤버 변수나 멤버 함수에 접근하는 것을 제어하는 것이다. private이나 public 등의 접근 지정자를 멤버 변수나 멤버 함수 앞에 붙여서 접근을 제한하게 된다. private가 붙으면 전용 멤버로 되어서 클래스 안에만 사용할 수 있다. public이 붙으면 외부 클래스들이 사용할 수 있다. public을 붙이면 모든 사람들이 볼 수 있는 공용 문서와 같고 private를 붙이면 클래스 내부에서만 볼 수 있는 기밀 문서라고 생각하면 된다.

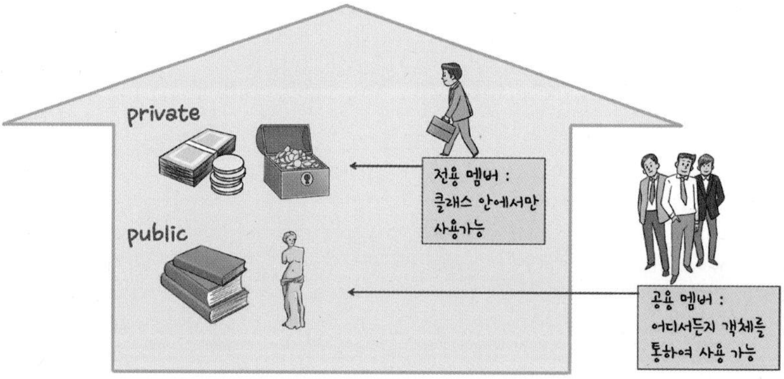


그림 5.2 접근 지정자

### 전용 멤버(private member)

클래스 내부에서만 접근이 허용된다. 멤버 정의 시에 앞에 private:를 적어주면 이후에 정의되는 모든 멤버는 전용 멤버가 된다. 만약 멤버 앞에 접근 지정자가 생략되면 자동적으로 전용 멤버가 된다. 전용 멤버는 클래스 내부에서만 사용이 가능하다. 일반적으로 정보 은닉의 취지에 따라서 멤버 변수는 전용 멤버로 선언하는 것이 좋다.

공용 멤버는 다른 모든 클래스들이 사용할 수 있다. 공용 멤버를 선언하기 전에 접근 지정자인 public:을 적어주면 된다. public: 이후에 선언된 모든 멤버는 다른 접근 지정자가 나오기 전까지 공용 멤버가 된다. 공용 멤버는 객체를 통하여 접근할 수 있다.

### 접근 제어는 왜 필요한가?

우리는 앞에서 시간을 나타내는 Time 클래스를 작성하였다. 근데 약간의 문제가 있다. 멤버 변수들이 전부 공개되어 있다. 만약 어떤 개발자가 다음과 같이 객체 안의 hour를 잘못 변경한다면 어떻게 될까(물론 고의가 아니고 실수이지만)?

```
Time a { 23, 59 };
++a.hour;             // a.hour가 24시가 되어서 잘못된 값이 된다.
```

hour 변수는 24시가 될 수 없다. 0에서 23까지의 값만 가능하다. 이러한 실수를 막을 수 있을까? 이러한 실수를 방지하기 위하여 private와 같은 접근 지정자가 있다.

**time5.cpp**

```
class Time {
private:                    // 이후에 선언되는 멤버는 모두 전용 멤버가 된다.
   int hour;                // 0-23
   int minute;              // 0-59

public:
   Time(int h, int m);
   void inc_hour();
   void print();
};

Time::Time(int h, int m) {
   hour = h;
   minute = m;
}

void Time::inc_hour() {
   ++hour;
   if (hour > 23)
      hour = 0;
}

void Time::print() {
   cout << hour << ":" << minute << endl;
```

```
}
```

위의 코드에서 hour와 minute 선언 앞에는 private가 있다. 사적인 영역이라는 의미로 외부에서는 접근하지 못한다는 뜻이다. 다음과 같이 private로 선언된 변수를 변경하려고 하면 오류가 발생한다.

```
Time a ( 24, 59 );
++a.hour;                     // 이제는 오류가 발생한다!!
```

그리고 외부에서 안전하게 시간을 증가시킬 수 있는 함수 inc_hour()를 제공하고 있다. 이제는 외부에서 시간을 1시간 증가시키려면 이 함수를 사용하면 된다.

```
Time a ( 24, 59 );
a.inc_hour();                 // 안전하게 시간을 증가할 수 있다.
```

### 접근자와 설정자

우리는 앞에서 Time 클래스 안에 정의된 hour 변수와 minute 변수를 밖에서 읽지 못하게 하였다. 하지만 Time 객체가 가지고 있는 시와 분을 외부에서 읽을 수 있어야 한다. 어떻게 하면 좋을까? 우리는 private로 선언된 멤버 변수들을 읽어서 외부로 전달해주는 함수를 제공한다. 이것을 접근자(getter)라고 한다. 또 외부에서 안전하게 멤버 변수들을 변경할 수 있는 함수도 제공한다. 이것을 설정자(setter)라고 한다.

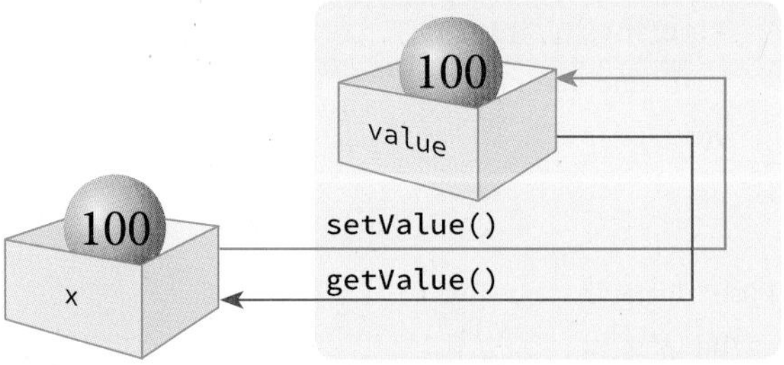


그림 5.3 접근자와 설정자는 멤버 변수의 접근을 제한한다.

Time 클래스에 접근자와 설정자를 추가하여 보자. 접근자 함수는 앞에 get을 붙이고 설정자 함수는 앞에 set을 붙이는 것이 불문율이다.

**time6.cpp**

```
#include <iostream>
using namespace std;

class Time {
public:
```

```
    Time(int h, int m);
    void inc_hour();
    void print();

    int getHour() { return hour; }
    int getMinute() { return minute; }
    void setHour(int h) { hour = h; }
    void setMinute(int m) { minute = m; }

private:
    int hour;           // 0-23
    int minute;         // 0-59
};

Time::Time(int h, int m) {
    hour = h;
    minute = m;
}

void Time::inc_hour() {
    ++hour;
    if (hour > 23)
        hour = 0;
}

void Time::print() {
    cout << hour << ":" << minute << endl;
}
```

접근자와 설정자를 정의하고 있다.

접근자와 설정자는 크기가 작으므로 클래스 내부에 정의하는 것이 보통이다.

```
int main()
{
    Time a( 0, 0 );

    a.setHour(6);
    a.setMinute(30);

    a.print();
    return 0;
}
```

**실행결과**

```
C:\Windows\system32\cmd.exe
6:30
계속하려면 아무 키나 누르십시오 . . .
```

**중간점검**

1 접근자와 설정자 함수를 사용하는 이유는 무엇인가?

2 강아지(종, 나이, 몸무게)를 클래스로 모델링하고 각 멤버 변수에 대하여 접근자와 설정자를 작성하여 보라.

**Tip**

### 접근자와 설정자를 사용하는 이유

프로그램을 처음 시작하는 입장에서는 접근자와 설정자를 귀찮은 것으로 생각하기 쉽다. 하지만 멤버 함수를 직접 사용하지 않고 함수를 거쳐서 접근해야 하는 이유를 잘 이해하는 것은 중요하다. 접근자나 설정자를 사용하여 멤버 변수를 간접적으로 접근하는 것은 다음의 이점이 있다.

- 가장 중요한 이유는 바로 정보 은닉이다. 앞장에서도 설명하였지만 클래스의 인터페이스와 구현을 분리하는 것이 좋다. 클래스의 인터페이스와 구현이 분리되면 구현을 변경하기가 쉬워진다. 예를 들어서 은행 계좌 클래스의 경우, number 변수를 encrypted_number로 변경하고 싶다고 가정하자. 만약 외부에서 number 멤버 변수를 직접 사용하였다면 number 멤버 변수의 이름을 마음대로 변경할 수 없다. 하지만 접근자와 설정자를 사용하였다면 다음과 같이 접근자와 설정자만 변경하면 number 멤버 변수의 이름을 encrypted_number로 변경할 수 있다.

```
int getNumber() {
   return encrypted_number;
}
void setNumber(int n) {
   encrypted_number = n;
}
```

- 설정자에서 매개 변수를 통하여 잘못된 값이 넘어오는 경우, 이를 사전에 차단할 수 있다. 즉 새로운 값이 적절한지를 판단할 수 있다. 예를 들어서 시간의 값을 25시로 변경하는 시도는 거부되어야 한다. 또한 인간의 나이를 음수로 변경하려는 것도 거부되어야 한다. 은행계좌 예제에서 계좌 번호는 음수가 될 수 없다. 만약 설정자를 통하지 않고 멤버 변수를 직접 조작하게 한다면 다음과 같은 잘못된 값이 변수에 들어갈 수 있다.

```
myAccount.number = -123456;    // 계좌 번호가 음수?
```

따라서 다음과 같이 설정자를 사용하는 편이 여러모로 안전하다.

```
void setNumber(int n) {
   if( n < 0 ){
      number = 0;
      cout << "계좌 번호 오류입니다.";
   }
   else
      number = n;
}
```

- 멤버 변수값을 필요할 때마다 계산하여 반환할 수 있다. 만약 계좌번호를 매번 새롭게 생성하여서 반환할 수도 있다.

```
int getNumber()
{
   return rand();
}
```

- 접근자만을 제공하면 자동적으로 읽기만 가능한 멤버 변수를 만들 수 있다. 또한 접근자는 반환하는 데이터의 형식을 제어할 수 있어서 외부 코드가 실제 데이터 표현 방식을 모르게 할 수 있다.

LAB

# 원들의 경주 게임

지금까지 학습한 내용을 바탕으로 "원들의 경주" 게임을 다시 작성하여 보자. 두 개의 원을 생성한 후에 난수를 발생하여 원들을 움직인다. 원을 화면에 그리는 `draw()` 함수와 난수를 발생하여 원을 움직이는 함수 `move()`를 클래스에 추가한다.

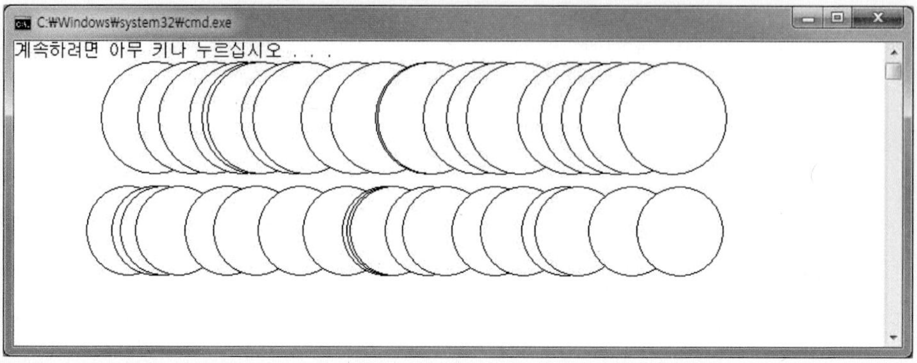


생성자를 반드시 정의하여 사용한다. 생성자를 정의할 때는 초기화 리스트 기법을 사용하라.

**도전문제**

1 접근자와 설정자를 정의하여 사용해본다.

2 원을 사각형으로 변경하여 "사각형의 경주" 프로그램을 작성해보자.

SOLUTION

# 원들의 경주 게임

circle_race.cpp

```
#include <iostream>
#include <windows.h>
using namespace std;

class Circle {
public:
   Circle(int xval, int yval, int r);
   void draw();
   void move();
private:
   int x, y, radius;
};

Circle::Circle(int xval, int yval, int r)
      : x( xval ), y( yval ), radius( r ) {
}

void Circle::draw() {
   HDC hdc = GetWindowDC(GetForegroundWindow());
   Ellipse(hdc, x - radius, y - radius, x + radius, y + radius);
}

void Circle::move() {
   x += rand() % 50;
}

int main()
{
   Circle c1( 100, 100, 50 );
   Circle c2( 100, 200, 40 );

   for (int i = 0; i < 20; i++) {
      c1.move();
      c1.draw();
      c2.move();
      c2.draw();
      Sleep(1000);
   }
   return 0;
}
```

# 05.5 객체와 함수

객체와 함수와의 관계를 살펴보자. 구체적으로 다음과 같은 3가지의 경우에 대하여 살펴볼 것이다.

❶ 객체가 함수의 매개 변수로 전달되는 경우

❷ 객체의 참조자가 함수의 매개 변수로 전달되는 경우

❸ 함수가 객체를 반환하는 경우

### 객체가 함수의 매개 변수로 전달되는 경우

함수의 인수는 기본적으로 값에 의하여 매개 변수로 전달된다. 이것은 인수가 객체일 때도 마찬가지이다. 객체 변수를 매개 변수로 받아서 객체를 교환하는 프로그램을 작성하여 보자.

어떤 피자 체인점에서 미디엄 크기의 피자를 주문하면 무조건 라지 피자로 변경해준다고 하자. 다음과 같이 프로그램을 작성하면 피자의 크기가 커질까?

**pizza1.cpp**

```
#include <iostream>
using namespace std;

class Pizza {
public:
   Pizza(int s) : size(s) { }
   int size;              // 단위: 인치
};

void makeDouble(Pizza p)
{
   p.size *= 2;
}

int main()
{
   Pizza pizza(10);
   makeDouble(pizza);
   cout << pizza.size << "인치 피자" << endl;
   return 0;
}
```

**실행결과**

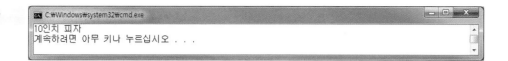

```
C:\Windows\system32\cmd.exe
10인치 피자
계속하려면 아무 키나 누르십시오 . . .
```

위의 결과를 보면 피자의 크기가 전혀 변경되지 않았다! 손님들의 항의가 이어질 거 같다. 객체를 함수로 전달하는 경우에는 객체가 복사된다. 위의 예에서 `main()`의 객체 `pizza`는 `makeDouble()` 함수의 매개 변수 `p`로 복사되는 것이다. `p`의 `size`는 변경되었지만 `main()` 안의 `pizza` 객체는 변경되지 않는 것이다.

우리는 여기서 이 방법의 장단점을 알 수 있다. 장점은 안전성이다. 함수에서 매개 변수를 어떻게 변경하건 원본 객체에는 영향을 주지 않는다는 것이다. 하지만 객체의 크기가 커지면 객체를 복사하는 것도 상당히 시간이 걸린다.

> **참고** 매개 변수 객체의 생성자는 호출되지 않지만 매개 변수 객체의 소멸자는 호출된다. 매개 변수 객체의 생성자가 호출되지 않는 이유는 다른 객체의 값이 복사되어야 하기 때문이다. 복사 생성자를 설명할 때 이 문제를 자세히 다루어본다.

### 객체의 참조자가 함수의 매개 변수로 전달되는 경우

참조자란 변수에다가 하나의 이름을 더 주는 것이다. 참조자는 & 기호를 이용하여 정의한다.

```
int i;                    // 변수 정의
int& j = i;               // 참조자 정의
```

따라서 참조자를 통하여 변수의 값을 변경하면 원본 변수를 변경하는 것이나 마찬가지이다. 객체에 대한 참조자도 마찬가지의 역할을 한다.

**pizza2.cpp**

```
#include <iostream>
using namespace std;

class Pizza {
public:
    Pizza(int s) : size(s) { }
    int size;                     // 단위: 인치
};

void makeDouble(Pizza& p)
{
    p.size *= 2;
```

```
}

int main()
{
    Pizza pizza(10);
    makeDouble(pizza);
    cout << pizza.size << "인치 피자" << endl;

    return 0;
}
```

실행결과

```
C:\Windows\system32\cmd.exe
20인치 피자
계속하려면 아무 키나 누르십시오 . . .
```

참조자로 객체를 받으면 객체의 이름이 하나 더 생기는 것과 마찬가지이다. 따라서 참조자를 통하여 객체를 변경하면 원 객체를 변경하는 것이다.

일반적으로 객체를 값으로 전달하는 것보다 객체의 참조자를 전달하는 편이 더 효율적이다. 객체의 크기가 큰 경우에 객체를 복사하는 시간이 많이 걸리기 때문이다. 따라서 객체의 참조자를 전달하여도 무방한 경우에는 참조자를 전달하도록 하자.

### 함수가 객체를 반환하는 경우

함수가 객체를 반환할 때도 객체의 내용이 복사될 뿐 원본이 전달되지 않는다. 다음의 코드를 살펴보자.

**pizza3.cpp**

```
#include <iostream>
using namespace std;

class Pizza {
public:
    Pizza(int s) : size(s) { }
    int size;                          // 단위: 인치
};

Pizza createPizza()
{
    Pizza p(10);
    return p;
}

```

```
int main()
{
    Pizza pizza = createPizza();
    cout << pizza.size << "인치 피자" << endl;

    return 0;
}
```

**실행결과**

먼저 createPizza()의 반환형은 Pizza이어야 한다. createPizza()는 함수 안에서 정의된 객체 변수 p를 반환한다. 이 경우, p가 전달되는 것이 아니라 p의 내용이 복사된다. 즉 main()에서 createPizza()의 반환값을 받는 변수인 pizza로 복사되는 것이다. 따라서 pizza가 가지고 있었던 값은 사라지고 createPizza()가 반환한 객체의 값이 덮여 씌워진다.

**중간점검**

1. 함수 안에서 매개 변수로 전달받은 객체의 내용을 수정하려면 매개 변수를 어떤 타입으로 선언하여야 하는가?
2. 매개 변수로 포인터와 참조자를 사용하는 경우를 비교하여 보자. 이 문제는 포인터에 대하여 알고 있는 경우에만 풀어보자.

## EXERCISE

1. 다음 클래스 Point는 2차원 공간에서 한 점을 나타내는 클래스이다.

```
class Point {
private:
    int x, y;
};
```

❶ 생성자와 소멸자를 클래스 내부에 정의하여 보라. 생성자는 주어진 x, y 좌표를 멤버 변수 x와 y에 저장한다.

❷ 생성자와 소멸자를 클래스 외부에 정의하여 보라.

❸ 생성자에서 초기화 리스트를 사용하여서 멤버 변수를 초기화하여 보라.

❹ 생성자에서 디폴트 인수를 사용하여서 x, y값이 주어지지 않으면 0으로 초기화하라.

❺ Point 클래스의 객체를 생성하고 (100, 200)으로 초기화하는 문장을 작성하여 보자.

2. 사람을 나타내는 Person이라는 클래스는 다음과 같이 정의된다.

```
class Person
{
private:
    string name;
    int snumber;            // 주민등록번호
    int age;
};
```

❶ 생성자와 소멸자를 클래스 내부에 정의하여 보라. 생성자는 다음과 같은 시그니처를 가진다.

```
Person();
Person(string name, int snum, int age);
```

❷ 초기화 리스트를 사용하여서 멤버 변수를 초기화하여 보라.

3. BankAccount 클래스는 예금 계좌를 나타낸다. balance와 rate는 각각 잔고와 이자율을 나타낸다.

```
class BankAccount {
private:
```

```
    int balance;
    double rate;
}
```

❶ 기본 생성자가 호출되면 잔고는 0으로 이자율은 5%로 설정하는 코드를 추가하라.

❷ 만약 매개 변수가 있는 생성자가 호출되면 매개 변수로 전달된 값을 멤버 변수에 할당하라.

❸ 예금 계좌에 입금과 출력을 수행하는 deposit()와 withdraw() 멤버 함수를 구현하여 보라.

4. Dog이라는 이름의 클래스를 설계한다. Dog 클래스는 다음과 같은 데이터를 가져야 한다.

- name: 강아지의 이름, 전용 멤버
- breed: 강아지의 종류, 예를 들면 "요크셔테리어", "푸들", "말티즈" 등등, 공용 멤버
- age: 강아지의 나이, 전용 멤버

Dog 클래스는 다음과 같은 생성자를 가져야 한다. 초기화되지 않은 데이터는 0으로 초기화하라.

- Dog(string name, int age): 강아지의 이름과 나이로 초기화
- Dog(string name, string breed, int age): 강아지의 이름, 종류, 나이로 초기화

5. 정육면체를 나타내는 클래스 Cube가 다음과 같이 정의되어 있다.

```
class Cube {
private:
    double side;     // 정육면체의 한 변
public:
    double getSide() {
        return side;
    }
    double getVolume() {
        return side*side*side;
    }
}
```

❶ 매개 변수가 없는 생성자를 작성하라. 이 생성자는 side를 0으로 할당한다.

❷ 또 하나의 생성자를 중복 정의하라. 이 생성자는 매개 변수를 통하여 전달된 값을 side에 할당한다.

## PROGRAMMING EXERCISE

1. 앞장의 연습문제에서 책을 나타내는 Book 클래스를 정의한 바 있다. 생성자, 설정자, 접근자 등의 개념을 적용하여 Book 클래스를 다시 작성해보자. Book 클래스는 제목(title)과 저자(author)를 나타내는 멤버 변수를 가진다. 각 멤버 변수에 대하여 접근자와 설정자 함수를 정의한다. 생성자를 통하여 "Great C++", "Bob" 객체를 생성해 본다.

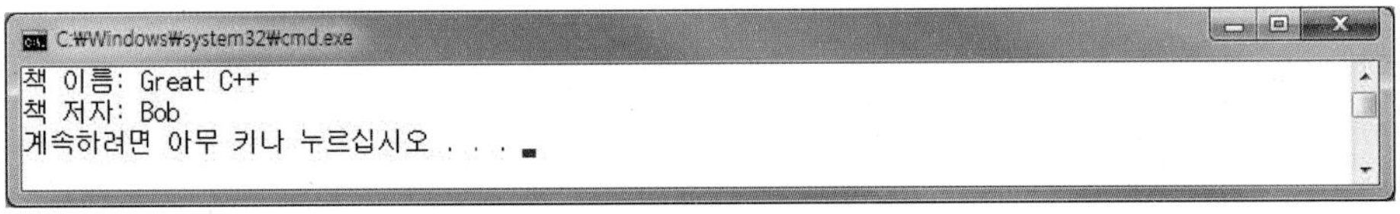

C:\Windows\system32\cmd.exe
책 이름: Great C++
책 저자: Bob
계속하려면 아무 키나 누르십시오 . . .


```
class Book {
    string title;
    string author;
public:
    Book(string t, string a)
        ...
    }
    string getAuthor() {
        ...
    }
};
```

2. 비행기를 나타내는 Airplane라는 이름의 클래스를 설계하라. Airplane 클래스는 이름(name), 승객수(capacity), 속도(speed)를 멤버 변수로 가지고 있다.

   - 멤버 변수를 정의하라. 모든 멤버 변수는 전용 멤버로 하라.
   - 모든 멤버 변수에 대한 접근자와 설정자 멤버 함수를 작성한다.
   - Airplane 클래스의 생성자 몇 개를 중복 정의하라. 생성자는 모든 데이터를 받을 수도 있고 아니면 하나도 받지 않을 수 있다.
   - Airplane 객체의 현재 상태를 콘솔에 출력하는 print() 함수도 포함시켜라.
   - main()에서 Plane 객체 2개를 생성하고 접근자와 설정자를 호출하여 보라.

```
C:₩Windows₩system32₩cmd.exe
비행기 #1
비행기의 이름: 보잉 787
비행기의 용량:  900
비행기의 속도: 300 Km/h

비행기 #2
비행기의 이름: 에어버스 350
비행기의 용량:  400
비행기의 속도: 1000 Km/h
```

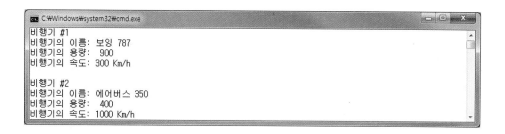

3. 상자를 나타내는 Box라는 이름의 클래스를 설계하라. Box 클래스는 상자의 길이(length), 너비(width), 높이(height) 등의 변수를 가진다.

- 멤버 변수는 전용 멤버로 한다.
- Box 클래스의 생성자를 중복 정의하라. 생성자는 모든 데이터를 받을 수도 있고 아니면 하나도 받지 않을 수 있다. 멤버 초기화 리스트를 사용해본다.
- 접근자와 생성자를 추가하라.
- 박스가 비어 있는지 그렇지 않은지를 나타내는 empty()라는 멤버 함수도 추가한다. 부피를 계산하는 getVolume() 멤버 함수도 추가한다. Box 객체의 현재 상태를 콘솔에 출력하는 print() 함수도 포함시켜라.
- main()에서 Box 객체 여러 개를 생성하고 접근자와 설정자를 호출하여 보라.

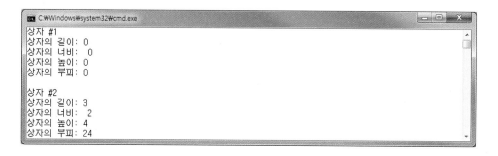

```
C:₩Windows₩system32₩cmd.exe
상자 #1
상자의 길이: 0
상자의 너비:  0
상자의 높이: 0
상자의 부피: 0

상자 #2
상자의 길이: 3
상자의 너비:  2
상자의 높이: 4
상자의 부피: 24
```

4. 영화를 나타내는 Movie라는 이름의 클래스를 설계하라. 제목(title), 감독(director), 평점(rating)을 나타내는 멤버 변수를 가진다.

- 멤버 변수는 전용 멤버로 한다.
- Movie 클래스의 생성자를 중복 정의한다. 생성자는 모든 데이터를 받을 수도 있고 아니면 하나도 받지 않을 수 있다.
- 접근자와 생성자를 비롯하여 필요한 멤버 함수들을 추가하라.
- main()에서 Movie 객체 여러 개를 생성하고 접근자와 설정자를 호출하여 보라.

```
C:\Windows\system32\cmd.exe
영화 #1
영화 제목: 타이타닉
영화 감독: 제임스 카메론
영화 평점: 9.5

영화 #2
영화 제목: 지오스톰
영화 감독: 딘 데블린
영화 평점: 8.34
```

5. 앞장의 연습문제에서 우리는 복소수를 나타내는 `Complex` 클래스를 작성한 바 있다. 복소수는 실수부와 허수부로 이루어진다. 이번 장에서 학습한 생성자, 접근자, 설정자를 이용하여 `Complex` 클래스를 다시 작성하라. 특히 이번 장에서는 복소수의 덧셈을 구현하는 `add()` 함수를 작성하고 테스트하자. `add()`는 다음과 같은 원형을 가진다.

```
Complex add(Complex a, Complex b);
```

```
C:\Windows\system32\cmd.exe
(5 + 3i)+(3 - 4i)=(8 - 1i)
계속하려면 아무 키나 누르십시오 . . .
```

```
class Complex
{
    double r;
    double i;
public:
    Complex()     {
        ...
    }
    Complex(double _r, double _i) {
        ...
    }
    void    print();
};
```

6. 핸드폰의 문자 메시지를 나타내는 클래스 `SMS`를 작성하여 보자. `SMS`는 송신자의 전화 번호(`sender`), 수신자의 전화 번호(`receiver`), 메시지 텍스트(`text`) 등의 데이터를 가진다.

- 멤버 변수는 전용 멤버로 한다.

- 적절한 생성자를 추가한다.
- 멤버 함수 `print()`는 메시지에 헤더를 붙여서 콘솔에 출력한다. 기타 적절한 접근자와 설정자를 추가한다.
- 몇 개의 문자 메시지를 생성하여서 테스트하라.

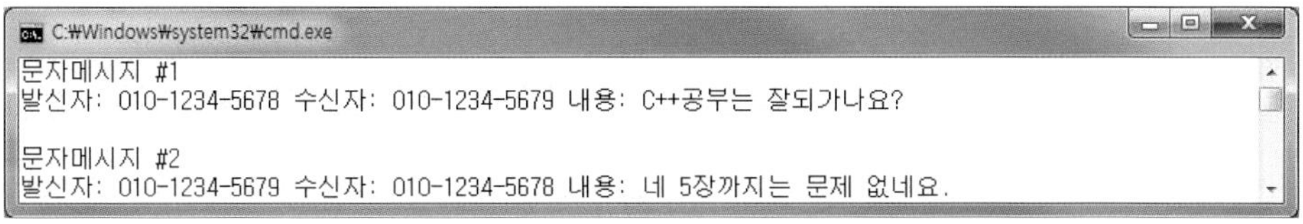


7. 게임에 등장하는 일반적인 캐릭터를 클래스로 작성해보자. 캐릭터는 현재의 x좌표, y좌표, HP(활력) 등의 변수를 가진다. 또한 화면에 자기 자신의 상태를 출력하는 `print()` 함수를 가지고 있고 가정한다. `main()`에서 캐릭터의 설정자 함수 `setX()`를 호출하여 (0, 0)위치에서 (90, 0) 위치로 캐릭터를 이동하는 프로그램을 작성해보자.

```
class Character
{
   int x, y;
   double HP;
public:
   Character() {
      ...
   }
   Character(int px, int py, double pHP) {
      ...
   }
   ...
};
```

8. 날짜를 나타내는 Date 클래스를 작성해보자. Date 클래스는 year, month, day를 멤버 변수로 가진다. 화면에 자기 자신의 상태를 출력하는 print() 함수를 가지고 있고 가정한다. print()는 다양한 형식으로 날짜를 출력할 수 있도록 중복정의해 본다. nextMonth()는 다음 달을 나타내는 객체를 반환한다. isLeapYear()는 윤년이면 true를 반환한다. 몇 개의 객체를 생성하여 테스트하라.

```
Date nextMonth();
bool isLeapYear(); // 윤년이면 true 반환
```

```
C:\Windows\system32\cmd.exe
2017,9,1
2017,10,1
계속하려면 아무 키나 누르십시오 . . .
```

```
class Date {
    int year;
    int month;
    int day;
public:
    Date();
    Date(int y, int m, int d);
    bool isLeapYear(int y);
    void print() const;
    Date nextMonth();
    ...
};
```

CHAPTER

# 06 객체 배열과 벡터

## 학습목표

- 객체 배열을 이해한다.
- 벡터(vector) 클래스를 사용할 수 있다.

## 학습목차

객체 배열은 객체들의 배열인가요?
네 여러 개의 객체들을 가지고 있는 배열입니다. 실제로 많이 사용됩니다. 간단한 게임도 제작해봅시다.

# 06.1 이번 장에서 만들어 볼 프로그램

이번 장에서는 객체 배열에 대하여 살펴본다. 객체 배열을 생성하는 전통적인 방법을 우선적으로 살펴본다. 그리고 동적 배열을 구현하는 벡터 클래스에 대하여 상세히 살펴보자. 벡터 클래스는 실제 C++ 프로그램을 작성할 때는 매우 중요한데 대부분의 C++ 책에서는 맨 뒷부분에서 다루고 있어서 학습자가 실습해보기가 힘들었다. 파이썬 언어가 성공한 이유도 이러한 라이브러리들을 쉽게 사용할 수 있도록 하였기 때문이다.

1. 10개의 원을 저장할 수 있는 배열을 선언하고 사용자가 키 'c'를 누르면 각각의 원의 위치와 반지름을 난수로 초기화한 후에 화면에 그린다. 사용자가 키 'q'를 누르면 프로그램을 종료한다.

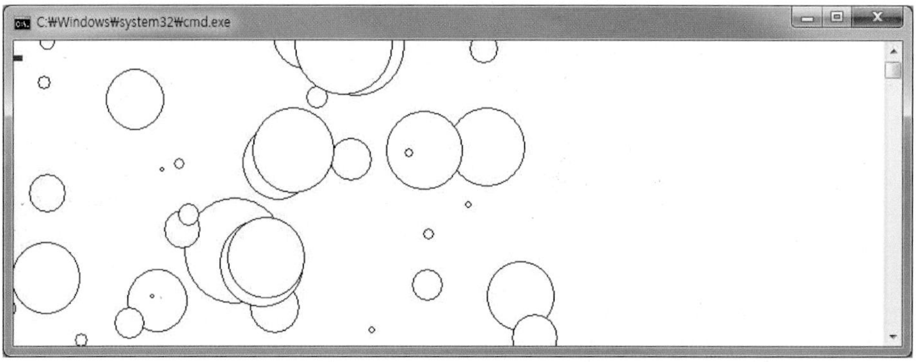


2. 벡터를 이용하여 영화에 대한 정보를 저장했다가 출력하는 프로그램을 작성해보자.

```
C:\Windows\system32\cmd.exe
titinic: 9.9
gone with the wind: 9.6
terminator: 9.7
계속하려면 아무 키나 누르십시오 . . .
```

# 06.2 객체 배열

원을 나타내는 객체를 여러 개 생성하여서 화면에 그려보는 프로그램을 작성하고자 한다. 객체를 여러 개 생성하는 것은 어렵지 않으나 어디에 저장하여야 할까? 다음과 같이 변수를 여러 개 만드는 것은 무척이나 비효율적이다.

```
Circle c1;
Circle c2;
Circle c3;
...
```

정수 배열을 생성할 수 있는 것처럼 객체들의 배열도 생성할 수 있다. 객체 배열의 요소는 객체가 된다. 즉 객체들이 모여 있는 컨테이너가 객체 배열이다. 전통적인 객체 배열은 다음과 같은 형식을 사용하여 선언된다.

**문법 6.1** **객체 배열 선언**

```
클래스_이름        배열_이름[배열_크기];
```

3개의 원 객체를 저장할 수 있는 배열을 작성해보자.

```
Circle objArray[3];
```

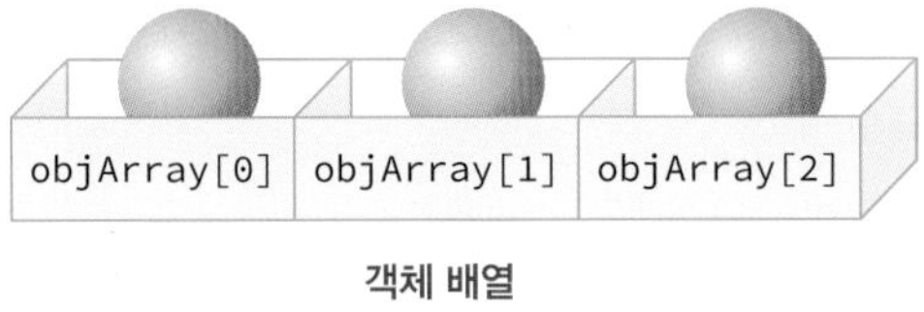


그림 6.1 객체 배열

위와 같이 객체 배열을 생성하면 크기가 3인 객체 배열이 생성된다. 일단 생성되면, 배열의 크기는 변경할 수 없다. 배열 안에는 객체들이 생성되어 저장되는데 이 때 객체의 기본 생성자가 호출된다. 기본 생성자를 정의하지 않으면 오류가 발생한다. 객체 배열에 저장된 객체의 멤버 함수를 호출하려면 다음과 같이 한다.

```
objArray[0].calcArea();      // 멤버 함수 호출
```

간단한 예제 프로그램을 작성해보자. 프로그램을 최대한 간결하게 하기 위하여 접근자나 설정자를 생략하였다. 이점 많은 양해를 부탁드린다.

```
#include <iostream>
using namespace std;

class Circle
{
public:
   int x, y;
   int radius;
   Circle() : x( 0 ), y( 0 ), radius( 0 ) {     }
   Circle(int x, int y, int r) : x( x ), y( y ), radius( r ) {   }
   void print() {
      cout << "반지름: " << radius << " @(" << x << ", " << y <<")"
                                                              << endl;
   }
};

int main()
{
   Circle objArray[10];

   for (Circle& c: objArray) {
      c.x = rand()%500;
      c.y = rand()%300;
      c.radius = rand()%100;
   }
   for (Circle c: objArray)
      c.print();

   return 0;
}
```

기본 생성자가 정의되어 있어야 함

❶ 객체 배열이 정의된다. 여기서 기본 생성자가 호출된다.

❷ ❸ 범위 기반 for 루프를 사용하고 있다.

**실행결과**

```
C:\Windows\system32\cmd.exe
반지름: 34 @(41, 167)
반지름: 24 @(0, 269)
반지름: 62 @(478, 258)
반지름: 45 @(464, 5)
반지름: 61 @(281, 27)
반지름: 42 @(491, 295)
반지름: 91 @(327, 36)
반지름: 53 @(104, 2)
반지름: 21 @(292, 82)
반지름: 95 @(216, 218)
계속하려면 아무 키나 누르십시오 . . .
```

### 프로그램 설명

❶ 원을 표현하기 위하여 Circle 클래스를 정의한다. 다음과 같은 문장으로 크기가 10인 Circle 객체 배열을 생성할 수 있다. 이때 Circle 클래스의 기본 생성자가 호출된다. 따라서 소스에 기본 생성자가 정의되어 있지 않으면 오류가 발생한다.

```
Circle objArray[10];
```

❷ 이제 각 객체의 중심점과 반지름을 난수로 설정해보자. 범위 기반 for 루프에서 배열 요소에 저장된 객체의 x, y, radius 멤버 변수를 변경한다.

```
for (Circle& c: objArray) {
   c.x = rand()%500;
   c.y = rand()%300;
   c.radius = rand()%100;
}
```

❸ 배열에 저장된 원들의 정보를 화면에 출력하는 코드는 다음과 같다. 역시 범위 기반 for 루프를 사용하고 있다.

```
for (Circle c: objArray)
   c.print();
```

### 객체 배열의 초기화

객체 배열 안의 객체들을 서로 다르게 초기화하려면 어떻게 해야 할까? 이때에는 다음과 같이 각 배열 요소별로 생성자를 호출하면 된다.

```
Circle objArray[10] = {
   Circle(100, 100, 30),
   Circle(100, 200, 50),
   Circle(100, 300, 80),
   ...
};
```

객체 배열은 일반 배열과 같은 초기화 형태를 가지지만 값 대신에 생성자를 호출한다. 각 배열의 요소마다 서로 다른 생성자를 호출할 수도 있다. C++11에서는 = 기호는 없어도 된다.

```
Circle objArray[10] {
   Circle(100, 100, 30),
   Circle(100, 200, 50),
   Circle(100, 300, 80),
   ...
};
```

## LAB 여러 권의 책을 저장해보자

여러 권의 책을 저장할 수 있는 객체 배열 books를 생성하여 보자.

```
C:\Windows\system32\cmd.exe
소장하고 있는 책 정보
=======================
제목:어서와 C++,         가격:30000
제목:어서와 C  ,         가격:22000
=======================
계속하려면 아무 키나 누르십시오 . . .
```

객체 배열에 다음과 같은 도서 정보들을 저장하였다가 전부 출력한다.

| 도서 제목 | 가격 |
|---|---|
| C++ | 30000 |
| C | 22000 |

책은 다음과 같은 Book 클래스로 나타낸다.

**도전문제**

사용자로부터 도서 제목과 가격을 받아서 객체 배열에 저장하는 것으로 변경해보자. 배열 크기는 최대 10으로 한다. 10권을 넘어가는 도서 정보를 저장할 수 없다.

## SOLUTION 여러 권의 책을 저장해보자

**book.cpp**

```
#include <iostream>
#include <string>
using namespace std;

class Book
{
   string title;
   int price;
public:
   Book(string name, int price) : title( name ), price( price ) { }
   void print() {
      cout << "제목:" << title << ", 가격:" << price << endl;
   }
};

int main(void)
{
   Book books[2] = {
      Book("어서와 C++", 30000),
      Book("어서와 C ", 22000)
   };

   cout << "소장하고 있는 책 정보" << endl;
   cout << "======================" << endl;
   for (Book& b : books)
      b.print();
   cout << "======================" << endl;
   return 0;
}
```

생성자를 호출하여서 배열 요소를 초기화한다.

여기서 생성자를 호출할 때, { ... } 기호를 사용할 수 있다.

```
Book books[2] = {
   Book{"어서와 C++", 30000},
   Book{"어서와 C ", 22000}
};
```

LAB

# 여러 원들을 배열에 저장해보자

10개의 원을 저장할 수 있는 배열을 선언하고 사용자가 키 'c'를 누르면 각각의 원의 위치와 반지름을 난수로 초기화한 후에 화면에 그린다. 사용자가 키 'q'를 누르면 프로그램을 종료한다.

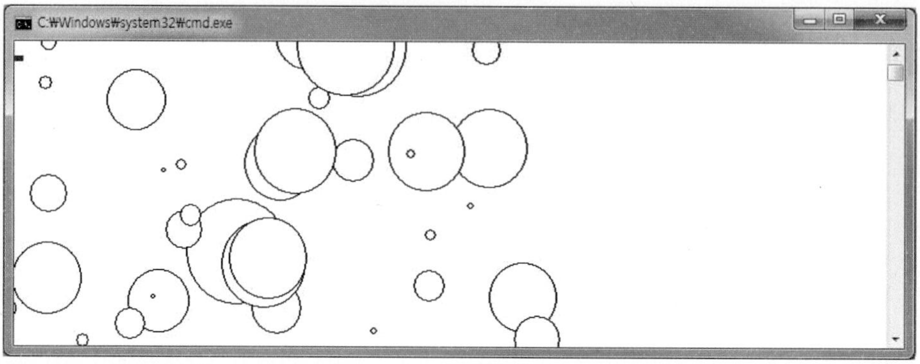


원을 나타내는 클래스 Circle은 다음과 같이 정의된다. 기본 생성자와 매개 변수를 받는 생성자가 선언되었다. draw() 멤버 함수는 화면에 원을 그리는 함수이다.

```
class Circle
{
public:
   int x, y;
   int radius;
   Circle() : x(0), y(0), radius(0) {     }
   Circle(int x, int y, int r) : x(x), y(y), radius(r) { }
   void draw()
   {
      int r = radius/2;
      Ellipse(hdc, x-r, y-r, x+r, y+r);
   }
};
```

윈도우 GDI를 이용하여 화면에 원을 그린다.

SOLUTION

# 여러 원들을 배열에 저장해보자

circle.cpp

```
#include <windows.h>
#include <conio.h>
#include <iostream>

using namespace std;

class Circle
{
public:
   int x, y;
   int radius;
   Circle() : x( 0 ), y( 0 ), radius( 0 ) {     }
   Circle(int x, int y, int r) : x( x ), y( y ), radius( r ) {   }
   void draw()
   {
      int r = radius/2;
      HDC hdc = GetWindowDC(GetForegroundWindow());
      Ellipse(hdc, x-r, y-r, x+r, y+r);
   }
};

int main(void)
{
   Circle objArray[10];

   while(true){
      for (Circle& c: objArray) {
         c.x = rand()%500;
         c.y = rand()%300;
         c.radius = rand()%100;
         c.draw();
      }
      char ch = getch();
      if (ch == 'q') break;
   }
   return 0;
}
```

윈도우 GDI 기능을 이용하여 화면에 원을 그린다.

객체 배열을 선언한다.

사용자로부터 하나의 글자를 받는다.

사용자가 'q'를 누르면 빠져 나간다.

소스를 간결하게 하기 위하여 접근자나 설정자가 생략되었다. 이점 많은 양해를 부탁드린다.

**도전문제**

사용자가 'm' 키를 누르면 배열 안의 모든 원들을 오른쪽으로 100만큼 이동시켜보자.

# 06.3 벡터

이제까지 우리가 학습한 배열은 정적 배열이라 할 수 있다. 즉 컴파일 시간에 배열의 크기가 결정되고 더 이상 크기의 변경은 불가능하다. C++에서는 실행 시간에 크기를 변경할 수 있는 동적 배열(dynamic array)도 제공한다. 이것은 **벡터(vector)**라고 불리며 라이브러리로 제공된다. 동적 배열의 장점은 컴파일 시간에 배열의 크기를 미리 결정할 필요가 없다는 점이다. 동적 배열은 추가되는 요소의 개수에 따라서 자동적으로 크기가 조절된다. 또한 배열을 조작하는 많은 함수들이 함께 제공된다. 여러분이 프로그램을 편하게 작성하려면 벡터를 미리부터 사용하는 것이 중요하다.

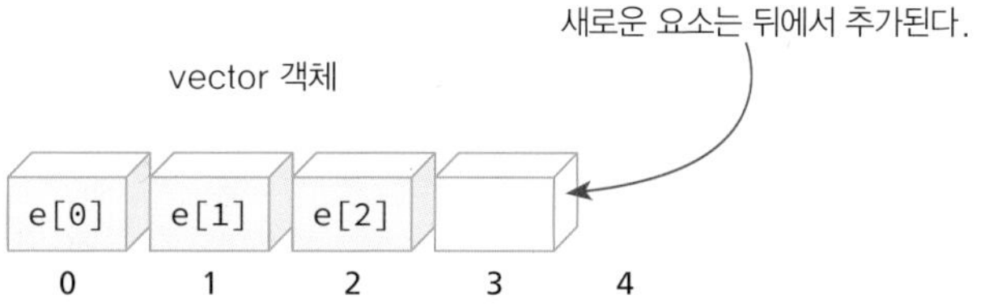


**그림 6.2** 벡터

벡터는 템플릿(template)으로 설계되어 있다. 템플릿이란 다양한 자료형을 사용할 수 있도록 클래스를 설계하는 기법이다. 템플릿으로 작성된 클래스를 사용할 때 원하는 자료형을 지정하여야 한다.

벡터는 어떤 자료형이든지 저장할 수 있고 요소가 증가하거나 감소하면 자동으로 크기가 조절된다. 벡터는 배열의 특징을 그대로 가지고 있기 때문에 배열의 표기법을 이용하여서 임의의 위치에 있는 요소에 빠르게 접근할 수 있다. 반면에 요소를 중간에 삽입하거나 삭제하게 되면 뒤의 요소들을 모두 이동하여야 하기 때문에 약간의 시간이 걸린다(너무 걱정하지 말자. 요즘의 컴퓨터는 충분히 빠르다). 실행 속도가 중요하지 않고 다차원 배열이 아니고 입력 데이터가 가변적이면 벡터로 하는 것이 좋다. C++에서는 어떤 작업을 할 수 있는 방법이 너무 많아서 혼동이 된다. 배열을 생성하는 방법도 아주 많다. 하지만 벡터는 그 중에서도 좋은 방법 중의 하나이다. 벡터가 지원되는데 구태여 전통적인 배열을 사용할 필요는 없다.

### 벡터의 기초

학원에서 학생들의 성적을 읽어서 평균 성적을 계산하는 프로그램을 작성한다고 가정하자. 벡터를 사용하여 사용자로부터 학생들의 성적을 입력받아서 저장해보자. 먼저 벡터를 생성하여야 한다. 만약 학원에 등록한 학생이 10명이라면 다음과 같이 고정된 크기의 벡터를 정의할 수 있다.

**문법 6.1** **벡터 선언**

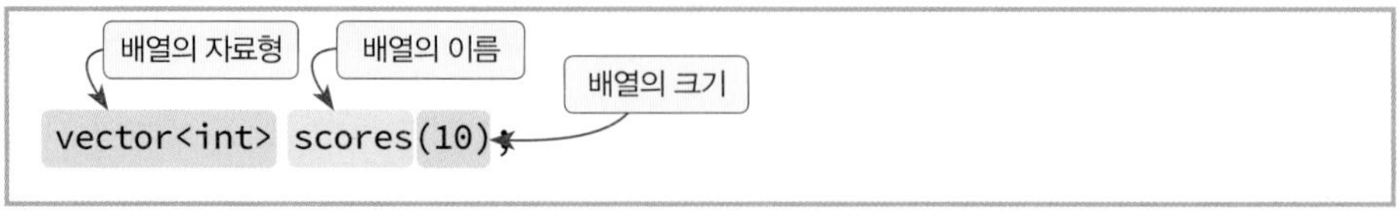


템플릿을 사용하는 것은 간단하다. 클래스 이름 뒤에 < >를 붙인 후에 < >안에 우리가 원하는 자료형을 기입하는 것이다. 위에서는 우리가 저장하고 싶은 자료형은 int 형이다. 따라서 vector<int>이라고 적은 것이다. 클래스 이름 뒤에 < >가 붙는 것만 제외하면 일반적인 클래스와 동일하다.

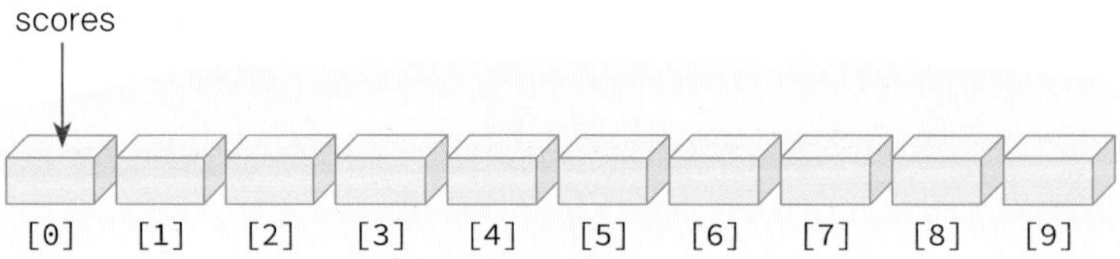


만약 데이터를 scores에 입력하고 싶으면 배열처럼 [ ] 연산자를 사용하면 된다.

```
scores[2] = 78;
```

만약 score[2]을 콘솔에 출력하고 싶으면 다른 변수들과 똑같이 하면 된다.

```
cout << score[2] << endl;
```

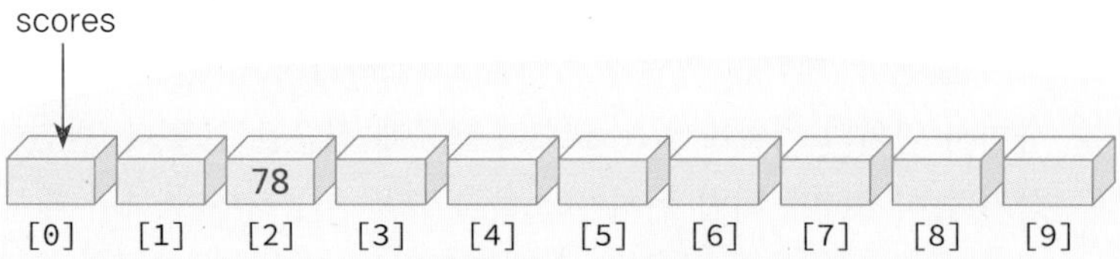


벡터도 배열과 마찬가지로 첫 번째 요소의 인덱스는 0이다. 마지막 요소의 인덱스는 (크기-1)이 되어서 위의 예제에서는 9가 된다. 배열의 크기는 scores.size()로 알 수 있다.

### 예제 #1

첫 번째 예제로 피보나치 수열을 저장하고 있는 벡터를 생성하고 초기화한 후에 하나씩 꺼내서 화면에 출력해보자.

**vector1.cpp**

```cpp
#include <vector>
#include <iostream>
using namespace std;

int main(void)
{
   vector<int> fibonacci { 0, 1, 1, 2, 3, 5, 8, 13, 21, 34, 55, 89 };

   for (auto& number : fibonacci)
      cout << number << ' ';

   cout << endl;
   return 0;
}
```

**실행결과**

1. 벡터 클래스를 사용하려면 <vector> 헤더 파일을 포함하여야 한다. int형의 동적 배열을 생성하는 것이므로 < > 안에 int를 적어주면 된다. 또 보편적 초기화 방법을 사용하여 초기값들을 { } 안에 나열하면 된다.

```cpp
vector<int> fibonacci { 0, 1, 1, 2, 3, 5, 8, 13, 21, 34, 55, 89 };
```

불안하면 초기화할 때 예전처럼 = 기호를 사용하여도 된다.

```cpp
vector<int> fibonacci = { 0, 1, 1, 2, 3, 5, 8, 13, 21, 34, 55, 89 };
```

2. 벡터 안에 저장된 값들을 순차적으로 방문하려면 많은 방법이 있으나 아마도 범위-기반 루프가 가장 적당할 것이다. C++의 최신 기능을 적극적으로 사용하자.

```cpp
for (auto& number : fibonacci)
   cout << number << ' ';
```

2장에서 학습한대로 number 변수를 참조자로 선언하고 앞에는 auto를 붙인다. 컴파일러가 적절한 자료형을 찾을 것이다. : 뒤에 컨테이너를 적어주면 된다. 여기서는 컨테이너가 벡터가 된다.

물론 예전처럼 다음과 같이 하여도 된다. 하지만 모던한 방법이 더 좋지 않을까?

```
for (int i = 0; i < fibonacci.size(); i++)
    cout << fibonacci[i] << ' ';
```

### push_back()과 pop_back()

정적 배열을 사용하는데 가장 문제점은 저장되는 데이터의 개수를 미리 알지 못한다는 것이다. 예를 들어서 성적 평균을 계산하는 프로그램에서도 학원생들이 수시로 등록하거나 취소하기 때문에 학원생이 몇 명인지 미리 알 수 없다고 하자. 이럴 때 사용할 수 있는 멤버 함수가 push_back()이다. push_back()은 공백 벡터에서 시작하여서 성적이 하나씩 추가될 때마다 벡터의 크기를 확대한다.

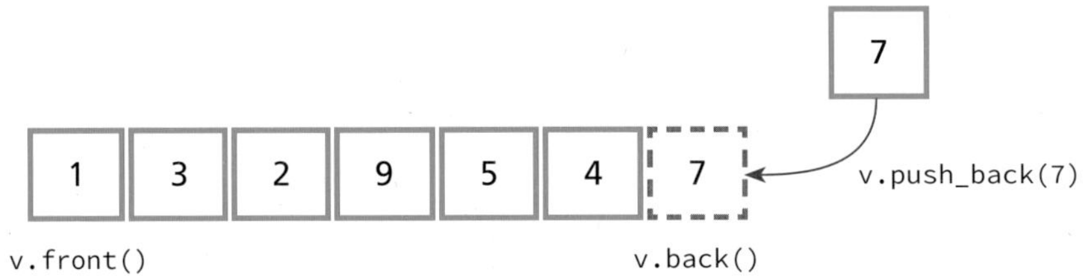


push_back()을 사용하는 간단한 예제를 작성해보자.

**vector2.cpp**

```
#include <vector>
#include <iostream>
using namespace std;

int main(void)
{
    vector<int> v1;

    v1.push_back(10);
    v1.push_back(20);
    v1.push_back(30);
    v1.push_back(40);
    v1.push_back(50);

    cout << "v1 = ";
    for (auto& e : v1) {
        cout << e << " ";
    }
    cout << endl;
    return 0;
}
```

**실행결과**

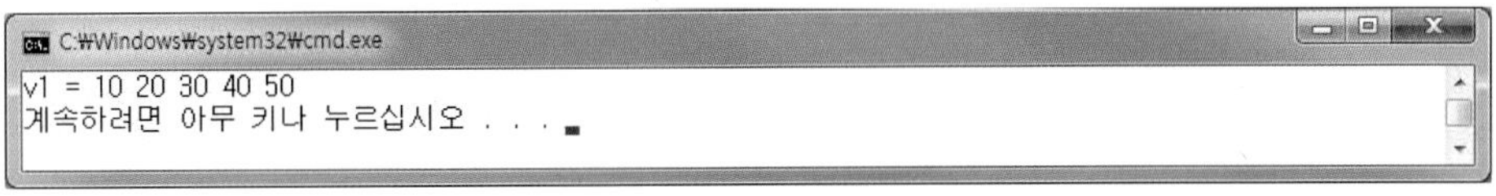


push_back()은 함수의 이름에서도 알 수 있듯이 새로운 데이터를 벡터의 끝에 추가하고 벡터의 크기를 1만큼 증가시킨다. push_back()은 편리하기는 하지만 비효율적이다. 왜냐하면 벡터의 크기가 1만큼 증가하게 되면 새로운 메모리 영역을 찾아서 벡터를 이동하여야 하기 때문이다. 이것은 마치 우리가 식구가 1명 증가할 때마다 더 큰 아파트를 찾아서 이사하는 것과 같다. 따라서 미리 크기를 어느 정도 짐작할 수 있으면 고정된 크기를 사용하는 편이 낫다.

push_back()과 반대의 기능을 하는 함수가 pop_back()이다. pop_back()은 벡터의 끝에서 요소를 제거하고 벡터의 크기를 하나 감소시킨다. 한 가지 주의할 점은 pop_back()은 요소를 반환하지 않는다. 따라서 삭제하기 전에 미리 삭제할 요소를 다른 곳에 저장하여야 한다.

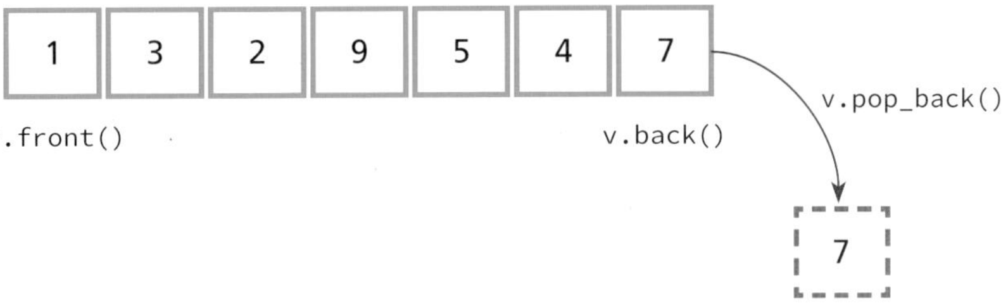


pop_back()을 사용하는 간단한 예제를 작성해보자.

**vector3.cpp**

```
#include <vector>
#include <iostream>
using namespace std;

int main(void)
{
   vector<int> v;
   for (int i = 0; i < 10; ++i) {
      v.push_back(i);
   }

   cout << "현재의 v = ";
   for (auto& e : v)
      cout << e << " ";
   cout << endl;
```

```
    cout << "삭제 요소 = ";
    // 벡터가 공백이 될 때까지 pop_back() 호출
    while (v.empty() != true) {
        cout << v.back() << " ";
        v.pop_back();
    }
    cout << endl;
}
```

실행결과

```
C:\Windows\system32\cmd.exe
현재의 v = 0 1 2 3 4 5 6 7 8 9
삭제 요소 = 9 8 7 6 5 4 3 2 1 0
계속하려면 아무 키나 누르십시오 . . .
```

벡터의 처음은 v.begin()이나 v.front()로 알 수 있다. 벡터의 끝은 v.end() 또는 v.back()으로 알 수 있다. 코드에서 삭제하기 전에 v.back()을 호출하여서 맨 끝의 요소를 출력하고 있다.

### 벡터에서 요소의 위치

벡터에서 요소의 위치는 반복자(iterator)를 이용하여 표시한다. 예를 들어서 begin()과 end()는 반복자로서 벡터의 시작과 끝을 식별한다. begin()으로 식별되는 요소는 시퀀스의 일부이지만 end()는 시퀀스의 끝을 하나 넘는 요소를 가리킨다.

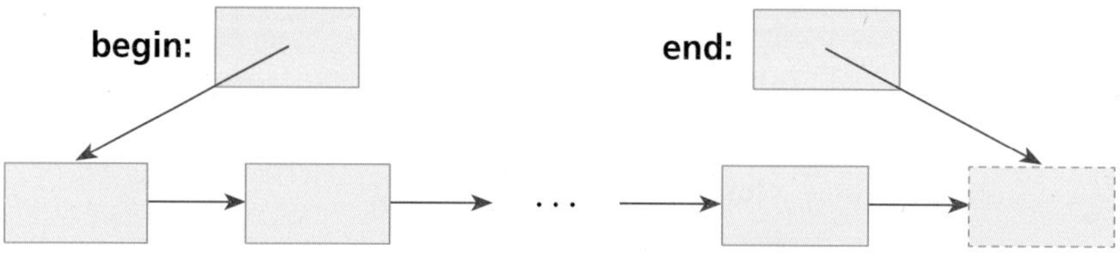


반복자를 사용하여 벡터 안의 모든 요소를 출력하는 문장은 다음과 같다. 반복자는 일반화된 포인터라고 생각하면 된다(포인터는 8장에서 다룬다).

```
for (auto p = v.begin(); p != v.end(); ++p)
    cout << *p << endl;
```

반복자로부터 요소의 값을 얻으려면 *p하면 된다. 반복자가 중요한 것은 벡터 안의 요소들을 가리킬 수 있기 때문이다. STL 알고리즘을 적용할 때는 반복자를 사용하여야 한다.

### 중간에서 삭제하는 방법

벡터는 동적 배열이라고 하였다. 중간에서 삭제할 수 있을까? 중간에서 삭제하려면 삭

제하려는 요소의 인덱스를 알아야 한다. 인덱스가 i라고 하면 다음과 같은 문장으로 i번째 요소를 삭제할 수 있다.

```
v.erase(v.begin()+i);
```

벡터는 동적 배열이기 때문에 배열의 중간에서 요소를 삭제할 수도 있다. 어떤 경우에 이러한 기능이 필요할까? 예를 들어서 우리가 갤러그와 같은 게임을 구현한다고 하자. 갤러그란 1980년대 유행하였던 고전 게임으로 외계 우주선을 격추하는 게임이다. 외계 우주선은 상당히 많은 개수이기 때문에 벡터를 사용하여 구현한다고 하자.

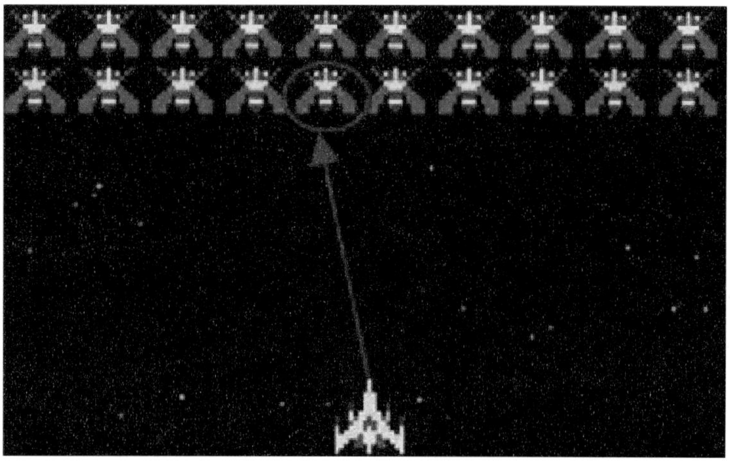

우리 우주선에서 포를 쏘아서 하나씩 격추하여야 한다. 만약 중간에 있는 외계 우주선이 격추되었다면 우리는 이것을 벡터의 중간에서 삭제하여야 할 것이다. 이때 erase()와 같은 함수가 필요하다. 즉 동적 배열이 필요한 것이다. 이것은 7장에서 자세히 다루어보자.

### 벡터와 연산자

벡터에는 편리성을 위하여 연산자들이 중복 정의되어 있다. 대입 연산자인 = 연산자를 이용하면 하나의 벡터를 다른 벡터로 복사할 수 있다. 기존의 배열에서는 하나의 배열을 다른 배열로 대입 연산자를 이용하여서 복사할 수 없다. 하지만 벡터에서는 = 연산자를 이용하여서 벡터끼리 복사를 할 수 있다. 벡터와 벡터를 비교할 때도 ==나 != 연산자를 사용할 수 있다. ==연산자는 벡터의 요소의 개수와 값이 모두 일치할 때만 true를 반환한다.

**vector_op.cpp**

```
#include <vector>
#include <iostream>
using namespace std;
```

```cpp

int main(void)
{
    vector<int> v1{ 1, 2, 3, 4, 5 };
    vector<int> v2(v1);   // v1을 복사하여 v2를 생성한다.

    if (v1 == v2) {
        cout << "2개의 벡터가 일치합니다. " << endl;
    }
    return 0;
}
```

실행결과

```
C:\Windows\system32\cmd.exe
2개의 벡터가 일치합니다.
계속하려면 아무 키나 누르십시오 . . .
```

### 문자열을 저장해보자.

앞 절에서처럼 객체 배열은 전통적인 방식으로 만들 수도 있지만 벡터(vector 클래스)를 이용하여서 동적인 객체 배열을 만들 수도 있다. 이번 절에서는 벡터를 이용하여 동적인 객체 배열을 만들고 사용해보자. string 클래스로 생성되는 문자열도 하나의 객체이다. 여러 개의 문자열을 저장하는 벡터를 생성해보자.

**vector_str.cpp**

```cpp
#include <iostream>
#include <vector>
#include <string>
using namespace std;

int main(void)
{
    vector<string> vec;          // 벡터를 생성한다.

    vec.push_back("MILK");                    // 벡터의 끝에 자료를 저장한다.
    vec.push_back("BREAD");
    vec.push_back("BUTTER");
    for (auto e : vec) {
        cout << " " << e;
    }
    cout << endl;
    return 0;
}
```

실행결과

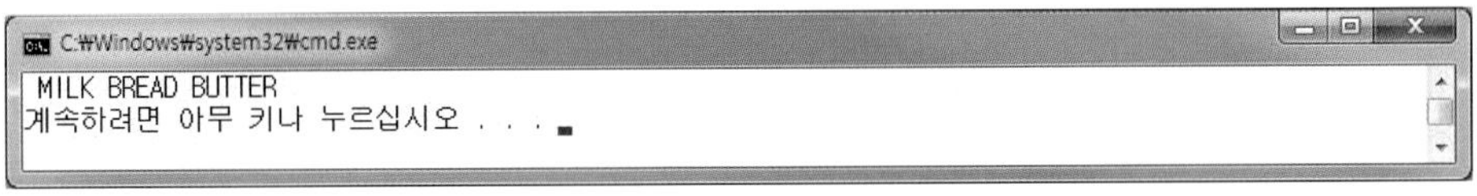


## Circle 객체를 저장해보자.

Circle 객체들을 벡터에 저장하여 보자.

**vector_obj.cpp**

```
#include <iostream>
#include <vector>
using namespace std;

class Circle
{
public:
   int x, y;
   int radius;
   Circle() : x( 0 ), y( 0 ), radius( 0 ) {      }
   Circle(int x, int y, int r) : x( x ), y( y ), radius( r ) {   }
   void print() {
      cout << "반지름: " << radius << " @(" << x << ", " << y <<")"
                                                          << endl;
   }
};

int main(void)
{
   vector<Circle> objArray;

   for (int i = 0; i < 10; i++) {
      Circle obj{ rand()%300, rand()%300, rand()%100 };
      objArray.push_back(obj);
   }
   for (Circle c : objArray)
      c.print();

   return 0;
}
```

두 번째 생성자를 호출한다.

벡터에서 하나씩 꺼내서 print()를 호출한다.

실행결과

```
C:\Windows\system32\cmd.exe
반지름: 34 @(41, 167)
반지름: 24 @(100, 269)
반지름: 62 @(78, 258)
반지름: 45 @(164, 5)
반지름: 61 @(181, 27)
반지름: 42 @(191, 295)
반지름: 91 @(27, 36)
반지름: 53 @(204, 2)
반지름: 21 @(292, 82)
반지름: 95 @(116, 218)
계속하려면 아무 키나 누르십시오 . . .
```

1. 다음 문장으로 Circle 객체를 저장할 수 있는 벡터가 생성된다.

```
vector<Circle> objArray;
```

2. Circle 클래스의 두 번째 생성자를 호출하여서 객체를 생성하고 초기화한다.

```
Circle obj{ rand()%300, rand()%300, rand()%100 };
```

3. 생성된 Circle 객체를 벡터의 끝에 추가한다.

```
objArray.push_back(obj);
```

### 벡터와 알고리즘

우리가 벡터를 사용하는 중요한 이유 중의 하나는 편리한 STL 알고리즘을 사용할 수 있기 때문이다. 예를 들어서 우리는 벡터 안의 요소들을 어떤 기준에 의하여 정렬시킬 수 있다. 간단한 예를 들어보자.

다음과 같이 일반적인 사람을 나타내는 Person 클래스를 작성한다. Person 클래스는 이름(name)과 나이(age)를 가지고 있다.

```
#include <iostream>
#include <algorithm>
#include <vector>
#include <string>
using namespace std;

class Person
{
private:
    string name;
    int age;
public:
    Person::Person(string n, int a)
```

```
    {
        name = n;
        age = a;
    }
    string get_name() { return name; }
    int get_age(){ return age; }
    void print() {
        cout << name << " " << age << endl;
    }
};
```

회사에서 직원들을 관리하기 위하여 직원들의 리스트를 만든다고 하자. 이때 벡터를 사용할 수 있다. 직원들을 나이순으로 출력하는 것이 필요하다고 하자. 일단 필요한 것은 Person 객체들을 나이순으로 정렬하는데 사용되는 비교 함수이다. 나이를 사용하여 비교하는 함수인 compare()를 다음과 같이 작성한다.

```
bool compare(Person &p, Person &q)
{
    return p.get_age() < q.get_age();
}
```

main() 함수에서는 Person 객체를 저장하고 있는 벡터 list를 생성한다. 벡터 list에 push_back()을 호출하여서 직원들의 정보를 객체로 저장한다.

```
int main()
{
    vector<Person> list;

    list.push_back(Person("Kim", 30));
    list.push_back(Person("Park", 22));
    list.push_back(Person("Lee", 26));

    sort(list.begin(), list.end(), compare);

    for (auto& e : list) {
        e.print();
    }
    return 0;
}
```

STL 알고리즘에서는 sort()라는 함수를 제공한다. 이것을 벡터에 적용하면 된다. 이때 반복자를 사용하여서 정렬의 대상이 되는 범위를 지정하여야 한다. 우리는 처음부터 끝까지 정렬하도록 하자. 따라서 정렬의 범위는 list.begin()에서 list.end()가 된다. 또 두개의 객체를 비교할 때 사용되는 함수 compare()를 전달하여야 한다.

```
sort(list.begin(), list.end(), compare);
```

정렬이 완료되면 범위기반 루프를 이용하여서 벡터 안의 모든 요소들을 출력하였다.

C:\Windows\system32\cmd.exe
Park 22
Lee 26
Kim 30
계속하려면 아무 키나 누르십시오 . . .


STL 알고리즘에서는 정렬뿐만 아니라 주어진 조건을 만족하는 요소들을 찾는 함수들이 제공된다. 자세한 내용은 15장을 참조한다.

### 2차원 벡터

우리는 앞에서 vector 클래스를 사용하면 동적 배열을 만들 수 있다고 배웠다. 2차원 동적 배열은 어떻게 생성할까? 가장 쉬운 방법은 2차원 벡터를 "벡터의 벡터"로 생각하는 것이다. 2차원 배열의 각 행은 벡터로 구현된다. 여러분은 각 행의 크기를 마음대로 늘릴 수 있다.

```
vector< vector<int> > vec; // 벡터의 벡터로 선언한다.

for (int i = 0; i < 3; i++) {
    vector<int> row; // 하나의 행을 나타내는 공백 벡터를 생성한다.
    for (int j = 0; j < 5; j++) {
        row.push_back((i + 1) * (j + 1)); // 원소를 공백 벡터에 추가한다.
    }
    vec.push_back(row); // 하나의 행을 벡터에 추가한다.
}
```

LAB

# 성적 평균 계산하기

학생들의 평균 성적을 계산하는 예제에서 학생이 몇 명인지 알 수 없다고 하자. 동적 배열인 벡터를 이용하여서 작성해보자.

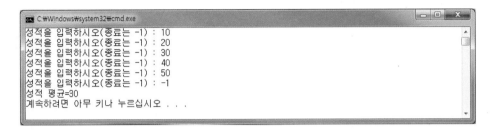

```
C:\Windows\system32\cmd.exe
성적을 입력하시오(종료는 -1) : 10
성적을 입력하시오(종료는 -1) : 20
성적을 입력하시오(종료는 -1) : 30
성적을 입력하시오(종료는 -1) : 40
성적을 입력하시오(종료는 -1) : 50
성적을 입력하시오(종료는 -1) : -1
성적 평균=30
계속하려면 아무 키나 누르십시오 . . .
```

공백 벡터를 선언하고 사용자가 -1을 입력할 때까지 push_vector() 함수를 호출하여 벡터에 성적을 추가한다. 입력이 종료되면 범위 기반 for 루프를 이용하여서 벡터에서 요소를 하나씩 꺼내서 평균을 계산한다.

SOLUTION

# 성적 평균 계산하기

vector_score.cpp

```
#include <iostream>
#include <vector>
using namespace std;

int main() {
   vector<int> scores;  // int 동적 배열을 생성한다.
   int i, sum = 0;

   while (true) {
      int score;
      cout << "성적을 입력하시오(종료는 -1) : ";
      cin >> score;
      if (score == -1) break;
      scores.push_back(score);
   }

   // 향상된 for 루프 사용
   for (auto& value : scores) {
      sum += value;
   }
   double avg = (double)sum / scores.size();
   cout << "성적 평균=" << avg << endl;

   return 0;
}
```

# 영화 정보 저장

벡터를 이용하여 영화에 대한 정보를 저장했다가 출력하는 프로그램을 작성해보자.

```
C:\Windows\system32\cmd.exe
titinic: 9.9
gone with the wind: 9.6
terminator: 9.7
계속하려면 아무 키나 누르십시오 . . .
```

벡터에 다음과 같은 영화 정보들을 저장하였다가 전부 출력한다.

| 영화 제목 | 평점 |
|---|---|
| "titinic" | 9.9 |
| "gone with the wind" | 9.6 |
| "terminator" | 9.7 |

영화는 다음과 같은 `Movie` 클래스로 나타낸다.

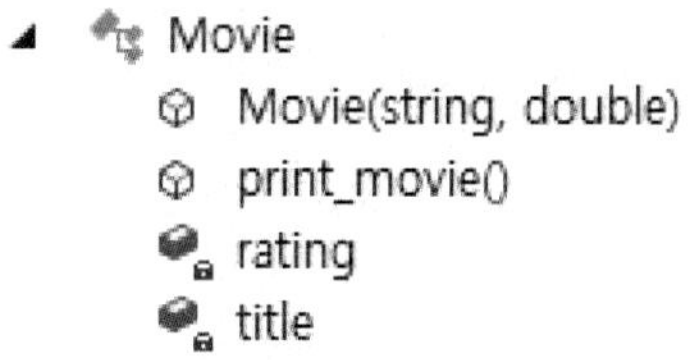


**도전문제**

영화 정보에 감독과 주연배우 정보를 추가해보자.

**도전문제**

사용자로부터 영화 세목과 평점을 받아서 벡터에 저징하는 것으로 변경해보자.

SOLUTION

# 영화 정보 저장

vector_movie.cpp

```
#include <iostream>
#include <string>
#include <vector>
using namespace std;

class Movie
{
private:
   string title;
   double rating;
public:
   Movie(string t = "", double r = 0.0) { title = t; rating = r; }
   void print_movie() { cout << title << ": " << rating << endl; }
};

int main(void)
{
   vector<Movie> movies;

   movies.push_back(Movie("titinic", 9.9));
   movies.push_back(Movie("gone with the wind", 9.6));
   movies.push_back(Movie("terminator", 9.7));

   for (auto& e : movies)
      e.print_movie();

   return 0;
}
```

# 06.4 array 클래스

앞의 vector는 크기를 미리 결정하지 않아도 된다는 큰 장점을 가지고 있다. 또 다양한 STL의 알고리즘들을 사용할 수 있다(아직 학습하지 않았다). 하지만 성능이 중요한 애플리케이션을 작성할 때는 문제점이 있다. vector는 생성과 소멸을 하는데 상당한 시간이 소요된다. 따라서 vector의 장점이 많지만 성능 때문에 기존의 배열을 사용하는 경우도 많다.

NEW C++11 C++14

이 문제를 해결하기 위해 C++11에서는 std::array를 새롭게 제시하였다. array 클래스를 사용하면 벡터의 장점과 기존 배열의 성능을 동시에 누릴 수 있다. C++에서는 항상 성능(속도)을 중요시한다는 것을 잊으면 안 된다.

**array6.cpp**

```
#include <iostream>
#include <array>
using namespace std;

int main()
{
    array<int, 3> list{ 1, 2, 3 };

    for (int i = 0; i<list.size(); ++i)
        ++list[i];

    for (auto& elem : list)
        cout << elem << " ";
    cout << endl;

    return 0;
}
```

실행결과

```
C:\Windows\system32\cmd.exe
2 3 4
계속하려면 아무 키나 누르십시오 . . .
```

위의 코드 예제에서는 int 타입의 크기가 3인 배열을 선언과 동시에 초기화하였다. array가 기존의 배열에 비하여 편리한 점은 다음과 같은 함수들을 제공하기 때문이다.

- size(): 배열의 크기
- fill(): 배열의 모든 원소를 동일한 값으로 채운다.
- empty(): 배열이 비어있는지를 검사한다.
- at(): 배열의 요소에 접근할 때 사용된다. 물론 [] 기호를 사용하여도 된다.
- front(): 배열의 첫 번째 요소
- back(): 배열의 마지막 요소

다만 array 클래스는 vector처럼 동적으로 크기를 변경하는 기능은 없다. 따라서 동적 배열이 필요하면 vector를 사용하여야 한다.

## EXERCISE

**1.** 다음 클래스에 대하여 다음 질문에 답하라.

```
class Test {
   int x;
public:
   Test() { x=0; cout << x << " "; }
   Test(int x): x{x} { }
};
```

❶ Test a[2]; 문장이 실행될 때 어떤 메시지가 출력될까?

❷ Test b[2] = { Test(1), Test(2) }; 문장이 실행될 때 어떤 메시지가 출력될까?

❸ 배열 b의 모든 요소를 출력하는 범위기반 루프를 작성하여 보자. 필요하면 클래스 Test에 멤버 함수를 추가한다.

**2.** 사각형을 나타내는 Rect 클래스에 대하여 다음 질문에 답하라.

```
class Rect {
   int w, h;
public:
   Rect() : w{0}, h{0}{ }
   Rect(int w, int h) : w{w}, h{h}{ }
};
```

❶ 크기가 3인 Rect 객체의 배열 list를 생성해보자. Rect 객체의 w와 h의 값은 모두 0으로 초기화한다.

❷ 사용자로부터 사각형의 폭과 높이 값을 받아서 list 배열 안에 저장해보자.

❸ 벡터 v를 생성하고 사용자로부터 사각형의 폭과 높이 값을 받아서 벡터 안에 저장해보자.

❹ 벡터 v 안에 저장된 사각형 객체를 꺼내서 사각형의 폭과 높이 값을 출력하는 범위기반 루프를 작성하고 테스트한다.

❺ 벡터 v 안에 저장된 사각형 객체를 꺼내서 사각형의 면적 순으로 출력하는 코드를 작성한다. 본문에 언급된 sort() 함수를 사용해본다.

**3.** 색상을 나타내는 `Color` 클래스에 대하여 다음 질문에 답하라.

```
class Color {
   int r, g, b;
public:
   Color(int r, int g, int b) : r{r}, g{g}, b{b} { }
};
```

❶ 크기가 3인 `Color` 객체의 배열 `list`를 생성해보자. `Color` 객체의 r, g, b의 값을 랜덤한 값을 초기화해보자. `rand()` 함수를 사용하라. r, g, b의 값은 `0`에서 `255` 사이의 값이어야 한다.

❷ ❶과 동일한 작업을 벡터를 이용하여 수행한다. 즉 벡터에 `Color` 객체 3개를 저장한다.

## PROGRAMMING EXERCISE

1. 사용자로부터 정수의 개수를 입력받고, 정수의 개수만큼 사용자로부터 정수를 입력받아서 벡터에 저장한다. 벡터에 저장된 정수 중에서 최대값과 최소값을 찾는 프로그램을 작성해보자. 범위 기반 루프를 사용한다.

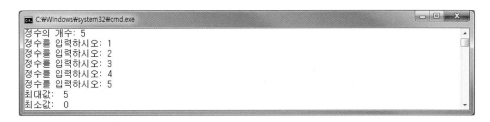

```
C:\Windows\system32\cmd.exe
정수의 개수: 5
정수를 입력하시오: 1
정수를 입력하시오: 2
정수를 입력하시오: 3
정수를 입력하시오: 4
정수를 입력하시오: 5
최대값: 5
최소값: 0
```

**Tip** 개수를 입력받아서 vector〈int〉 vec(size);와 같이 벡터를 생성한다. push_back()을 사용하여 정수들을 벡터에 추가한다.

2. 사용자로부터 문자열의 개수를 입력받는다. 그 개수만큼 문자열을 입력받아서 벡터에 저장하는 프로그램을 작성해보자. 벡터에 저장된 문자열을 알파벳순으로 정렬하여 화면에 출력할 수 있는가? `sort()` 함수와 `string` 클래스의 연산자 <과 >을 사용해보자.

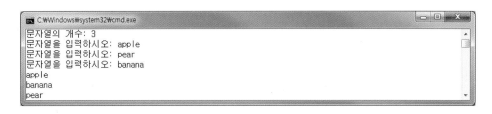

```
C:\Windows\system32\cmd.exe
문자열의 개수: 3
문자열을 입력하시오: apple
문자열을 입력하시오: pear
문자열을 입력하시오: banana
apple
banana
pear
```

**Tip** #include 〈algorithm〉을 추가하여야 한다. sort(vec.begin(), vec.end(), compare);를 사용한다.

3. 사용자로부터 사각형의 개수를 입력받고 사각형의 개수만큼, 사각형의 폭과 높이를 입력받아서 동적 배열에 저장한다. 사각형을 나타내는 `Rect` 클래스를 사용하라. 면적이 `100`보다 큰 사각형만을 출력하는 프로그램을 작성한다.

```
class Rect {
   int w, h;
public:
```

```
    Rect() : w{ 0 }, h{ 0 } { }
    Rect(int w, int h) : w{ w }, h{ h } { }
    int area()  { return w*h; }
    void print() {
        cout << "(" << w << "," << h << ")" << endl;
    }
};
```

```
C:\Windows\system32\cmd.exe
사각형의 개수: 3
사각형의 폭: 100
사각형의 높이: 100
사각형의 폭: 10
사각형의 높이: 10
사각형의 폭: 20
사각형의 높이: 20
(100,100)
(20,20)
```

4. 4장 연습문제에서 우리는 핸드폰의 문자 메시지를 나타내는 클래스 SMS를 작성한 적이 있다. SMS는 송신자의 전화 번호(sender), 수신자의 전화 번호(receiver), 메시지 텍스트(text) 등의 데이터를 가진다. 몇 개의 문자 메시지를 다음과 같은 방법으로 생성하여서 테스트하라.

- 전통적인 객체 배열을 이용하여 3개의 문자메시지를 생성하여 저장해보자.
- 벡터를 이용하여 3개의 문자메시지를 동적으로 생성하여 저장해보자.

```
C:\Windows\system32\cmd.exe
발신자: 010-1234-5678 수신자: 010-1234-5679 내용: C++공부는 잘되가나요?
발신자: 010-1234-5679 수신자: 010-1234-5678 내용: 네 5장까지는 문제 없네요.
계속하려면 아무 키나 누르십시오 . . .
```

```
class SMS
{
    string sender;
    string receiver;
    string text;
public:
    SMS()   {
        sender = "";
        receiver = "";
        text = "";
    }
    ...
};
```

5. 학생을 나타내는 클래스 Student를 정의한다. Student는 이름(name), 성적(marks)을 멤버 변수로 가진다. 벡터를 이용하여서 동적 객체 배열을 만든다. 사용자로부터 데이터를 입력받아서 배열에 저장한 후에 sort() 함수를 사용하여 학점이 가장 높은 순으로 모든 학생들의 정보를 출력하라.

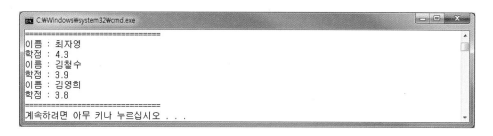

```
C:\Windows\system32\cmd.exe
==============================
이름 : 최자영
학점 : 4.3
이름 : 김철수
학점 : 3.9
이름 : 김영희
학점 : 3.8
==============================
계속하려면 아무 키나 누르십시오 . . .
```

**Tip** 정렬을 위하여 #include <algorithm>을 추가하여야 한다. sort(vec.begin(), vec.end(), compare);를 사용한다.

```
class Student
{
   string name;
   double marks;
public:
   Student(string n, double m) : name{ n }, marks{ m } { }
   ...
};
```

6. 다음과 같이 연락처를 나타내는 Contact 클래스를 작성한다. Contact 클래스는 이름(name)과 전화 번호(tel)를 가지고 있다. 3개의 Contact 객체를 저장하는 동적 배열을 정의하고 사용자로부터 연락처 정보를 받아서 동적 배열 안에 저장한다. 이어서 사용자로부터 이름을 받아서 동적 배열에서 탐색한 후에 연락처 전화번호를 출력하는 프로그램을 작성한다.

```
C:\Windows\system32\cmd.exe
이름을 입력하시오 : 홍길동
전화번호를 입력하시오 : 010-1111-2222
이름을 입력하시오 : 김철수
전화번호를 입력하시오 : 010-1111-3333
이름을 입력하시오 : 최자영
전화번호를 입력하시오 : 010-1111-7777
탐색하고 싶은 이름을 입력하시오 : 홍길동
전화번호 : 010-1111-2222
계속하려면 아무 키나 누르십시오 . . .
```

```
class Contact
{
private:
    string name;
    string tel;
    ...
}
```

CHAPTER

# 07

# SFML로 작성해보는 프로젝트 I

## 학습목표

- SFML 라이브러리의 기초 사항을 살펴본다.
- SFML을 이용하여 몇 가지의 클래식 게임을 작성해본다.

## 학습목차

# 07.1 이번 장에서 만들어 볼 프로그램

이번 장에서는 멀티미디어 라이브러리인 SFML을 설치하고 SFML을 사용하여 몇 가지의 클래식 게임들을 작성해본다. 이제까지 우리가 학습한 클래스와 객체, 생성자 등의 지식만 가지고도 기초적인 게임은 작성이 가능하다. SFML을 사용하는 과정에서 우리는 클래스와 객체에 대하여 심도 있게 이해할 수 있을 것이다.

1. "루나 랜더" 게임을 작성해보자.

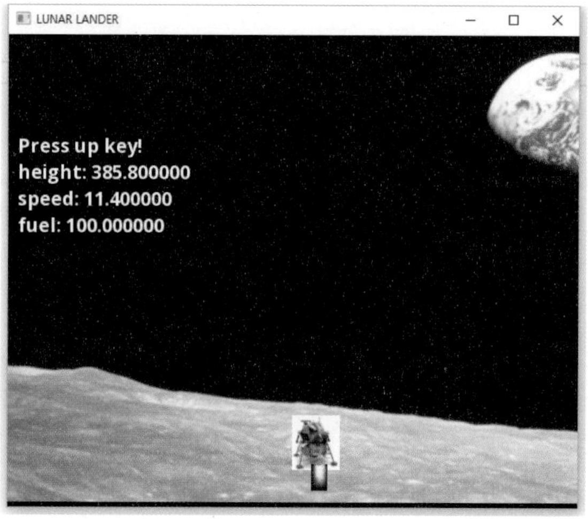


2. "벽돌깨기" 게임을 작성해보자.

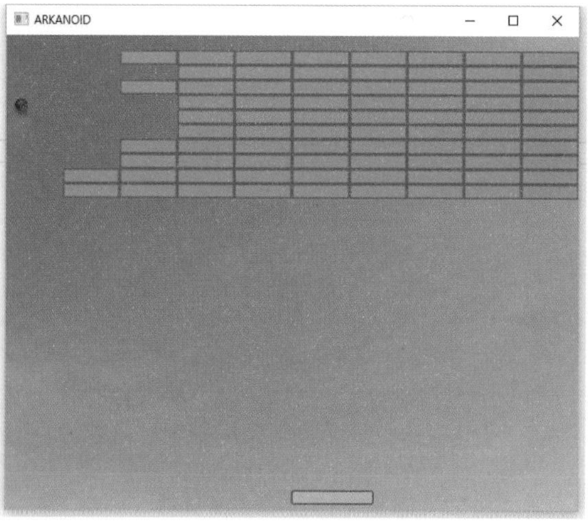

# 07.2 SFML이란?

C++은 자바나 파이썬과 같은 언어와는 다르게 공식 GUI 플랫폼이 없다. 따라서 C++ 교재에서도 일반적으로 GUI 플랫폼을 소개하지 않는다. 이것은 참으로 안타까운 일이다. 실제로 C++은 빠른 실행 속도 때문에 많은 게임 제작과 GUI 프로그램 작성에 사용되는데 말이다. 마이크로소프트사는 C++로 작성된 MFC과 같은 GUI 플랫폼을 제공하지만 너무 어려운 설계나 특정한 문법으로 말미암아 C++ 교재에서 간단히 다루기에는 무리가 있다.

그림출처: https://www.sfml-dev.org/tutorials

이 책에서는 SFML(Simple and Fast Multimedia Library)을 여러분들에게 소개하고자 한다. SFML은 OpenGL에 기반을 둔, 쉽고 가벼운 라이브러리이다. 여러 플랫폼에서 실행이 가능하고 게임이나 멀티미디어 응용 프로그램 제작에 사용할 수 있다. 이 라이브러리를 통하여 우리는 라이브러리가 객체 지향으로 설계되면 아주 쉽게 사용할 수 있다는 것을 알게 될 것이다. 우리는 비주얼 스튜디오에 외부 라이브러리를 연결하여 사용하는 방법도 학습할 것이다. 기말 프로젝트에도 SFML을 이용해보자.

홈페이지에 설명된 SFML의 장점은 다음과 같다.

- SFML은 PC의 애플리케이션에 간단한 멀티미디어 인터페이스를 제공하여 게임 및 멀티미디어 애플리케이션 개발을 용이하게 한다. 시스템, 윈도우, 그래픽, 오디오 및 네트워크의 5개 보듈로 구성된다.

- SFML을 사용하면 애플리케이션을 Windows, Linux, Mac OS X, Android, iOS와 같은 가장 일반적인 운영체제에서 즉시 컴파일하여 실행할 수 있다. 많이 사용하는 OS용 SDK는 홈페이지에서 다운로드 할 수 있다.

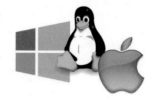

- SFML은 C++, Java, Ruby, Python, Go 등과 같은 다른 많은 언어에서도 사용할 수 있다.

# 07.3 SFML의 설치

웹페이지 http://www.sfml-dev.org/download.php에서 [SFML 2.4.2] 버튼을 누른다. 구체적인 버전 숫자는 변경될 수 있으니 최신 버전을 다운로드하면 된다.

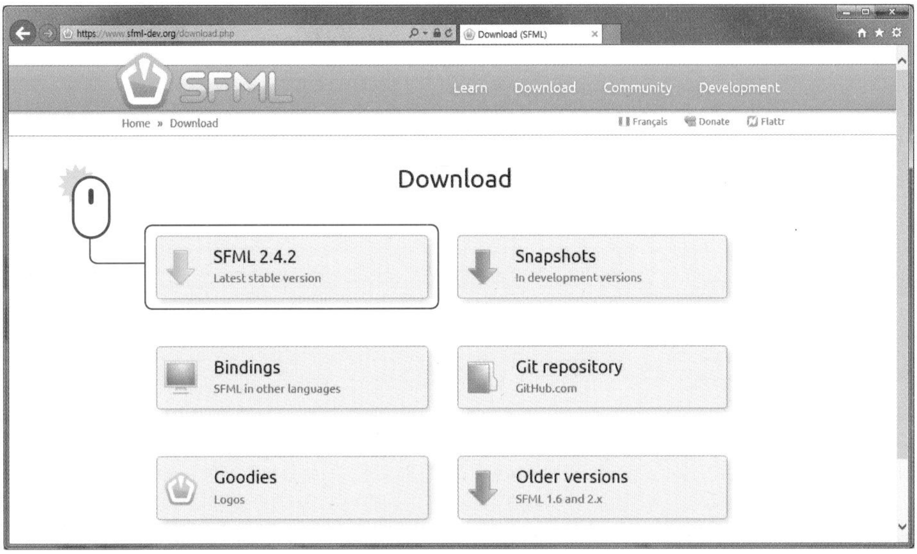


1. Visual C++ 14(2015) 32-bit를 선택하여 다운로드한다. 32비트와 64비트 운영체제에서 모두 실행시키려면 32비트 버전을 선택하여야 한다. 비주얼 스튜디오 2017은 2015와 호환된다.

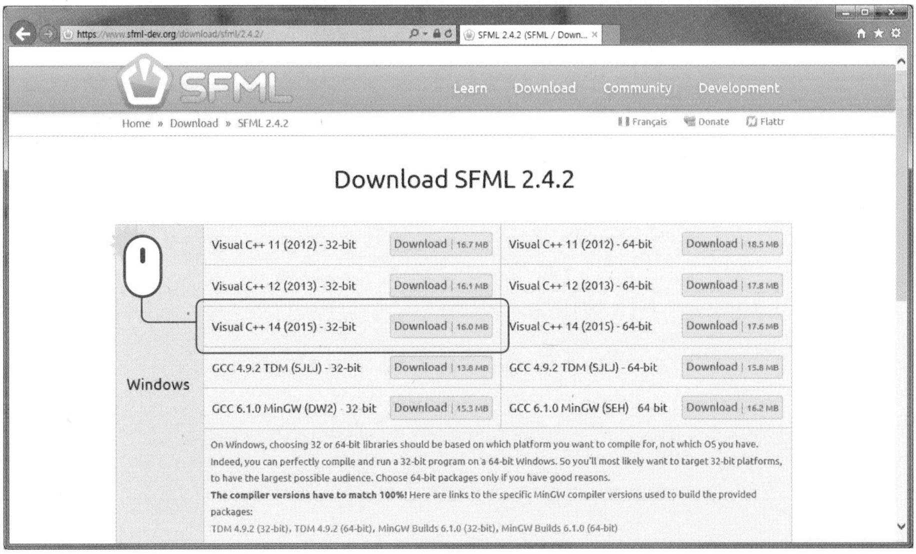

2. 파일을 다운로드하여 적당한 위치에 압축을 푼다. 여기서는 e 드라이브에 압축을 푸는 것으로 가정한다.

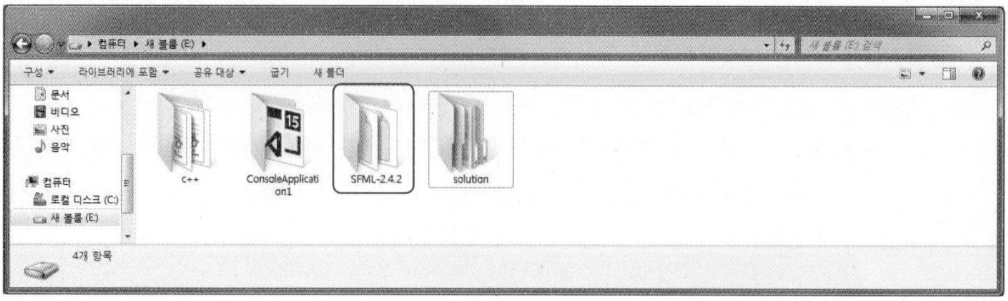

# 07.4 SFML 프로젝트 만들기

SFML을 사용하여 프로그램을 개발하려면 컴파일러가 헤더 파일과 라이브러리를 찾을 수 있는 위치를 알려주어야 한다. 이 과정은 조금 복잡하지만 외부 라이브러리를 사용하려면 반드시 거쳐야 하는 과정이다. 이 과정이 복잡하다면 출판사 홈페이지를 통하여 미리 만들어진 프로젝트 sfml_sample이 제공되니 이것을 다운로드한 후에 소스만 수정하여 사용하여도 된다. 다음과 같은 3단계를 거쳐야 한다.

헤더파일 폴더 지정하기 → 라이브러리파일 폴더 지정하기 → 사용하는 라이브러리 파일 지정하기

1. 비주얼 스튜디오를 이용하여 새로운 프로젝트 sfml_ex를 생성한다. 프로젝트의 타입으로는 지금과 동일하게 "Win32 콘솔 응용 프로그램"을 선택한다. 프로젝트 마법사에서 "빈 프로젝트" 체크 박스를 선택한다. 소스 파일 test.c를 프로젝트에 추가한다.

2. 컴파일러에게 SFML 헤더 파일을 찾을 위치를 알려줘야 한다. 메뉴 [프로젝트] → [sfml_ex 속성]을 선택하여 다음과 같은 대화 상자를 연다. 화면 왼쪽 상단의 구성에서 [모든 구성]을 선택한다. [구성 속성] → [C/C++] → [일반] → [추가 포함 디렉토리]에 SFML이 있는 경로를 붙여준다. 즉 "E:\SFML-2.4.2\include"를 추가한다.

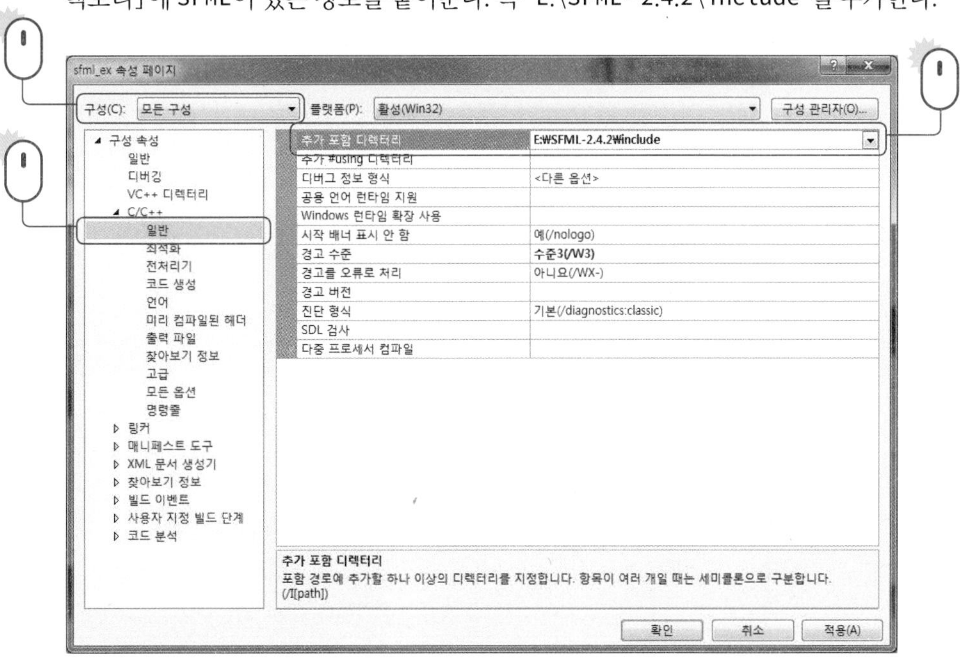

3. 컴파일러에게 SFML 라이브러리 파일들을 찾을 위치를 알려줘야 한다. 앞의 화면에서 [구성 속성] → [링커] → [일반] → [추가 라이브러리 디렉토리]에 "E:\SFML-2.4.2\lib"를 추가한다.

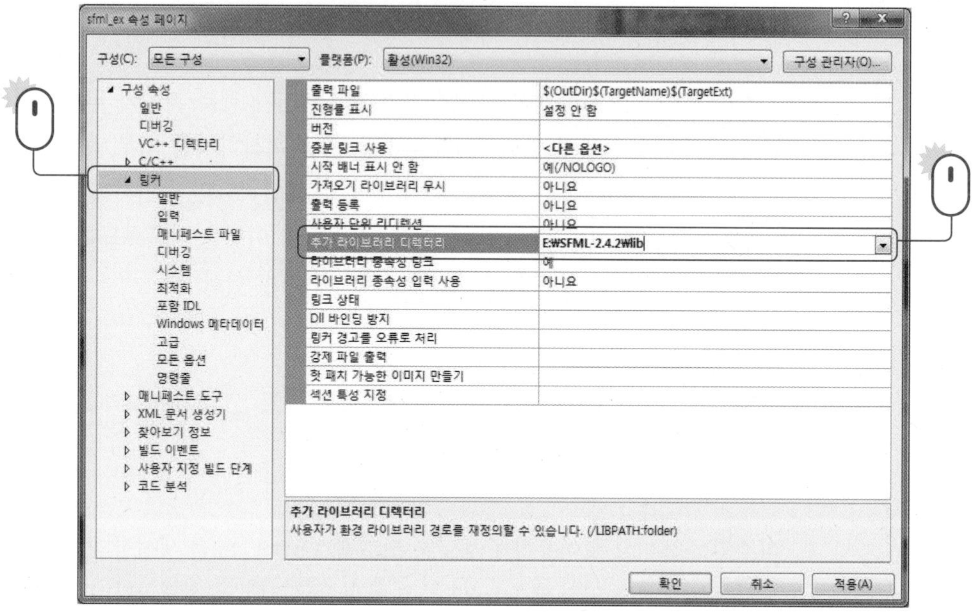


4. 다음 단계는 코드에 필요한 SFML 라이브러리 (.lib 파일)을 지정하는 단계이다. SFML은 5개의 모듈(시스템, 윈도우, 그래픽, 네트워크, 오디오)로 구성되며 각각에 대해 하나의 라이브러리가 있다. 구성은 [모든 구성]으로 한다. 라이브러리는 [프로젝트 속성] → [링커] → [입력] → [추가 종속성]의 맨 앞에 sfml-graphics.lib;sfml-window.lib;sfml-system.lib;을 추가한다. 라이브러리 이름 사이에 ; 기호가 있어야 한다.

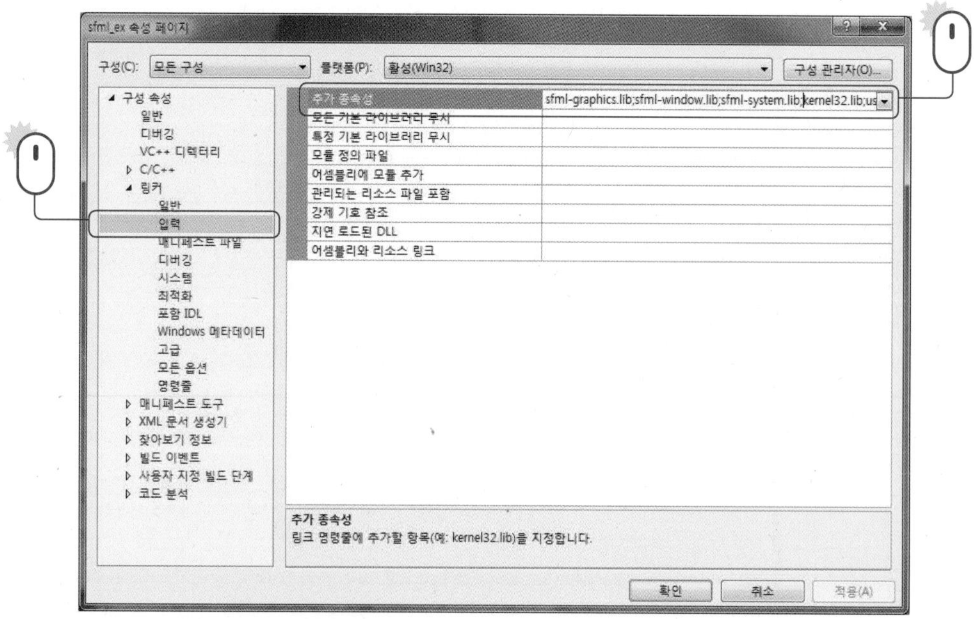

5. E:\SFML-2.4.2\bin 디렉토리 안의 모든 DLL 파일들을 현재 프로젝트 디렉토리로 복사한다.

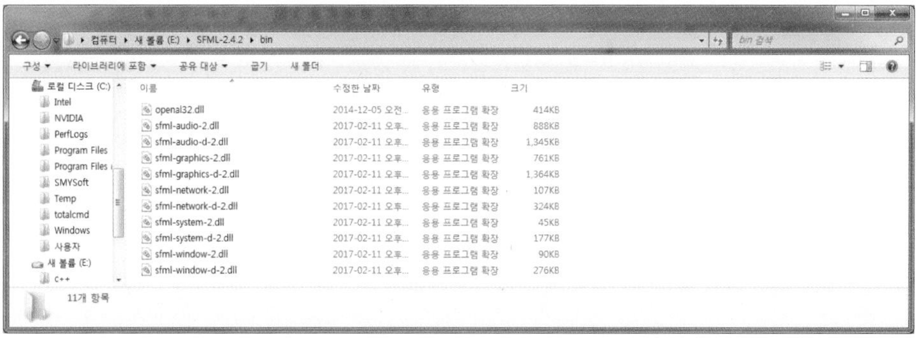


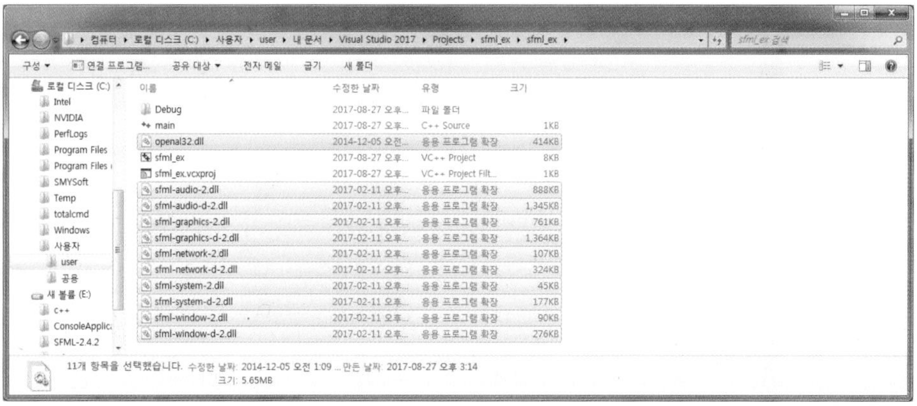


6. 소스 파일 test.c 안에 다음 코드를 입력하고 컴파일하여 실행한다.

```
#include <SFML/Graphics.hpp>

int main()
{
   sf::RenderWindow window(sf::VideoMode(200, 200), "SFML works!");
   sf::CircleShape shape(100.f);
   shape.setFillColor(sf::Color::Green);

   while (window.isOpen())
   {
      sf::Event event;
      while (window.pollEvent(event))
      {
         if (event.type == sf::Event::Closed)
            window.close();
```

```
        }

        window.clear();
        window.draw(shape);
        window.display();
    }

    return 0;
}
```

**7.** 다음과 같은 실행결과를 확인한다.

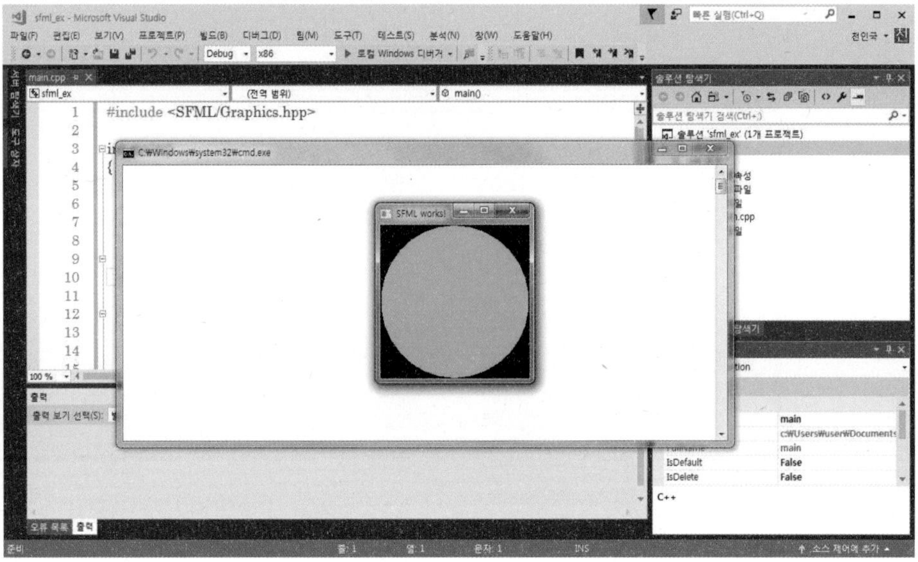

# 07.5 SFML 기초

여기서는 sfml을 사용하기 위한 최소한도의 내용만을 다룬다. 보다 자세한 내용은 이 책의 부록이나 sfml 튜토리얼 (https://www.sfml-dev.org/tutorials/2.4/)을 참조하기 바란다.

## 일반적인 구조

SFML을 이용한 응용 프로그램은 다음과 같은 일반적인 구조를 가진다.

```
#include <SFML/Graphics.hpp>
using namespace sf;

int main()
{
    // 그림이 그려지는 화면을 생성한다.
    RenderWindow window(VideoMode(600, 480), "LUNAR LANDER");
    window.setFramerateLimit(60);

    // 게임에 필요한 스프라이트를 생성한다.
    Texture t2;
    Sprite lander;
    t2.loadFromFile("images/spaceship.png");
    lander.setTexture(t2);

    // 여기서부터 게임 루프이다.
    while (window.isOpen())
    {
        // 이벤트 검사 및 처리
        Event e;
        while (window.pollEvent(e))   {
            if (e.type == Event::Closed)
            window.close();
        }



        // 화면을 지운다.
        window.clear();
```

❶ 윈도우 생성

❷ 스프라이트 생성

❸ 사용자 이벤트 처리

❹ 장면을 업데이트한다.

❺ 장면을 그린다.

```
            // 화면에 스프라이트를 그린다.
            window.draw(lander);
            // 화면을 표시한다.
            window.display();
        }
    return 0;
}
```

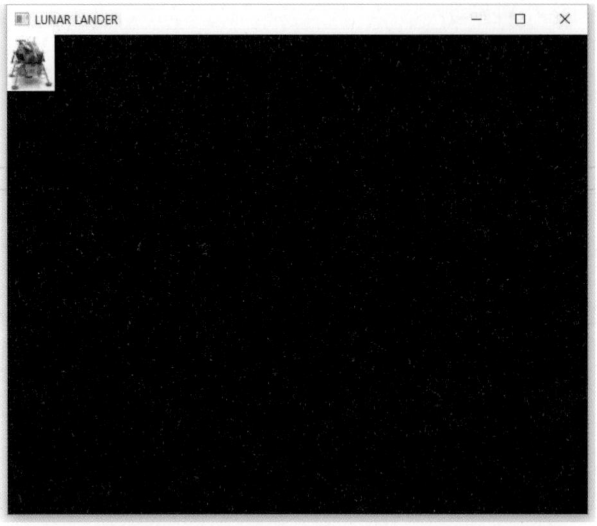

1. 600 × 480 크기의 윈도우를 생성한다.

```
// 그림이 그려지는 화면을 생성한다.
RenderWindow window(VideoMode(600, 480), "LUNAR LANDER");
window.setFramerateLimit(60);
```

RenderWindow 클래스의 생성자가 호출된 것을 알 수 있다. 생성자의 첫 번째 인수인 비디오 모드는 윈도우의 크기를 정의한다. 여기에서는 600x480 크기의 윈도우를 만든다. 생성자의 두 번째 인수는 윈도우 제목이다.

2. 게임에 필요한 스프라이트를 선언한다.

스프라이트(sprite)는 텍스처가 있는 직사각형이라고 생각할 수 있다. 스프라이트는 텍스처(이미지)를 가질 수 있다. 스프라이트를 만들기 전에 유효한 텍스처가 필요하다. SFML에서 텍스처를 캡슐화하는 클래스가 Texture이다. 현재 코드에서 텍스처는 이미지 파일 "images/spaceship.png"을 적재하여 생성하고 있다. 현재 프로젝트 디렉토리 안에 이미지 파일이 있어야 한다.

```
Texture t2;                                  // 텍스처 객체
Sprite lander;                               // 스프라이트 객체
t2.loadFromFile("images/spaceship.png");     // 이미지 파일을 텍스처 객체로 적재한다.
lander.setTexture(t2);                       // 스프라이트의 텍스처를 설정한다.
```

3. 게임 루프를 작성한다.

게임 루프(game loop)는 게임에 필요한 작업들을 처리하는 반복 루프이다.

```
while (window.isOpen()) {
    ...
}
```

윈도우가 열려져 있는 동안에는 게임 루프가 무한히 반복된다. 게임 루프에서는 다음과 같이 3가지의 작업이 반복된다.

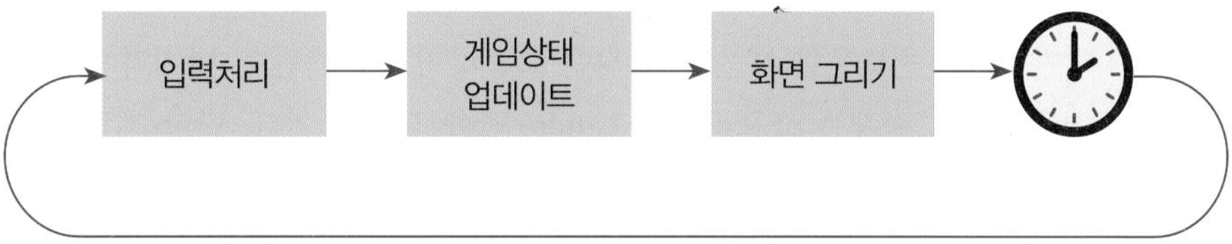


4. 사용자의 입력 처리

게임 루프 내에서 제일 먼저 하는 일은 발생한 모든 이벤트를 확인하는 것이다. 보류중인 모든 이벤트가 처리 될 수 있도록 while 루프를 사용한다. pollEvent() 함수는 이벤트가 처리대기 중이면 true를 반환하고 그렇지 않으면 false를 반환한다.

```
// 이벤트 검사 및 처리
Event e;
while (window.pollEvent(e)) {
    if (e.type == Event::Closed)
        window.close();
}
```

이벤트가 생길 때마다 우리는 이벤트 타입(윈도우가 닫혀 있는지, 키가 눌려 졌는지, 마우스가 움직 였는지, 조이스틱이 연결된 상태인지 ...)를 확인하고 반응해야 한다. 여기서는 사용자가 윈도우를 닫을 때 발생하는 이벤트 Event::Closed에만 신경 쓰고 있다. Closed 이벤트가 발생한 시점에서 윈도우가 열려 있다면 close() 함수를 사용하여 명시적으로 윈도우를 닫아야 한다.

**5.** 장면을 업데이트한다.

게임 루프에서 다음에 해야 할 일은 장면을 업데이트하는 것이다. 예를 들어서 사용자의 입력에 따라서 스프라이트의 위치를 이동시키는 것이다. 현재는 아무 것도 하지 않고 있다.

**6.** 장면을 그린다.

```
// 화면을 지운다.
window.clear();

// 화면에 스프라이트를 그린다.
window.draw(lander);

// 화면을 표시한다.
window.display();
```

여기서는 윈도우를 지운 후에 모든 스프라이트를 그린다. 마지막으로 화면에 윈도우를 표시한다. 현재는 스프라이트 `lander`만을 그리고 있다. 만약 게임에 `100`개의 스프라이트가 있다면 여기서 모두 그려야 한다.

### 스프라이트를 움직여 보자.

키보드의 화살표키를 움직여서 스프라이트를 움직여 보자. 우리는 언제든지 키보드나 마우스의 상태를 조회할 수 있다. 키보드 상태에 대한 정보를 제공하는 클래스는 `sf::Keyboard`이다. 키보드의 현재 상태(키를 누르거나 해제한 상태)를 검사하는 함수는 `isKeyPressed()`이다. `isKeyPressed()` 함수는 직접 키보드 상태를 읽는다. 이것은 윈도우가 비활성 인 경우에도 `isKeyPressed()`가 `true`를 반환할 수 있음을 의미한다.

다음과 같은 코드를 앞의 코드의 ❹ 위치에 추가한다.

```
if (Keyboard::isKeyPressed(Keyboard::Left))
    lander.move(-10.0, 0.0);
if (Keyboard::isKeyPressed(Keyboard::Right))
    lander.move(10.0, 0.0);
```

위의 코드를 추가하면 키보드의 왼쪽 화살표키와 오른쪽 화살표키에 따라 스프라이트가 좌우로 움직이는 것을 볼 수 있다.

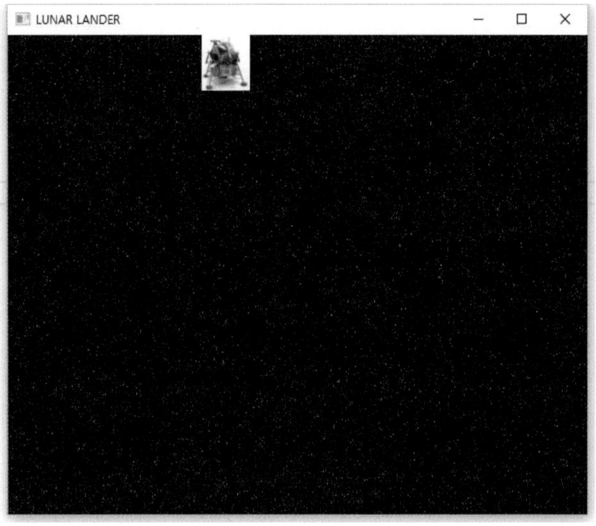


스프라이트의 현재 위치는 setPosition(x, y) 함수로도 설정이 가능하다.

마우스 상태는 다음과 같이 확인할 수 있다.

```
if (sf::Mouse::isButtonPressed(sf::Mouse::Left)) {
  // 왼쪽 마우스 버튼이 눌려있으면 ...
}
```

마우스의 현재 위치는 다음과 같이 알 수 있다.

```
sf::Vector2i localPosition = sf::Mouse::getPosition(window);
```

배경 화면을 생성해보자.

위의 코드의 ❷ 위치에 배경 이미지를 적재하는 코드를 추가해보자.

```
Texture t1;                                    // 텍스처 객체
Sprite background;                             // 스프라이트 객체
t1.loadFromFile("images/background.png");      // 이미지를 텍스처 객체로 적재한다.
background.setTexture(t1);                     // 스프라이트의 텍스처를 설정한다.
```

배경 이미지도 ❺에서 그려주어야 한다.

```
// 화면에 스프라이트를 그린다.
window.draw(background);
window.draw(lander);
```

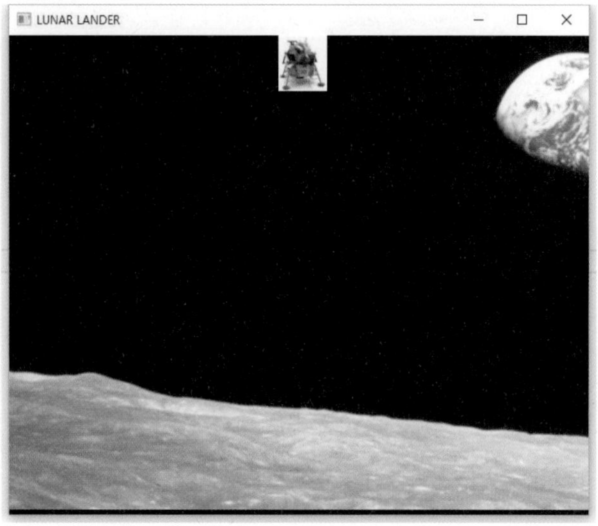


현재까지의 소스는 다음과 같다.

```
#include <SFML/Graphics.hpp>
using namespace sf;

int main()
{
    // 그림이 그려지는 화면을 생성한다.
    RenderWindow window(VideoMode(600, 480), "LUNAR LANDER");
    window.setFramerateLimit(60);

    Texture t1;                                    // 텍스처 객체
    Sprite background;                             // 스프라이트 객체
    t1.loadFromFile("images/background.png");      // 이미지를 텍스처 객체로 적재한다.
    background.setTexture(t1);                     // 스프라이트의 텍스처를 설정한다.

    // 게임에 필요한 스프라이트를 생성한다.
    Texture t2;
    Sprite lander;
    t2.loadFromFile("images/spaceship.png");
    lander.setTexture(t2);

    // 여기서부터 게임 루프이다.
    while (window.isOpen())
    {
        // 이벤트 검사 및 처리
        Event e;
        while (window.pollEvent(e)) {
```

```
            if (e.type == Event::Closed)
                window.close();
        }
        if (Keyboard::isKeyPressed(Keyboard::Left))
            lander.move(-10.0, 0.0);
        if (Keyboard::isKeyPressed(Keyboard::Right))
            lander.move(10.0, 0.0);

        // 화면을 지운다.
        window.clear();

        // 화면에 스프라이트를 그린다.
        window.draw(background);
        window.draw(lander);

        // 화면을 표시한다.
        window.display();
    }
    return 0;
}
```

**도전문제**

착륙선이 위쪽이나 아래쪽으로 움직이도록 키보드 이벤트 처리를 추가해보자.

# 07.6 Lunar Lander 게임

Lunar Lander 게임은 달에 우주선을 착륙시키는 게임이다. 우주선이 하강하는 속도가 너무 빠르면 우주선은 추락한다. 따라서 로켓 분사를 통하여 우주선의 속도를 적절하게 유지하여야 한다. 로켓 분사가 없다면 우주선의 떨어지는 속도가 중력 때문에 계속 빨라질 것이다. 실제 상용 게임의 화면은 다음과 같다.

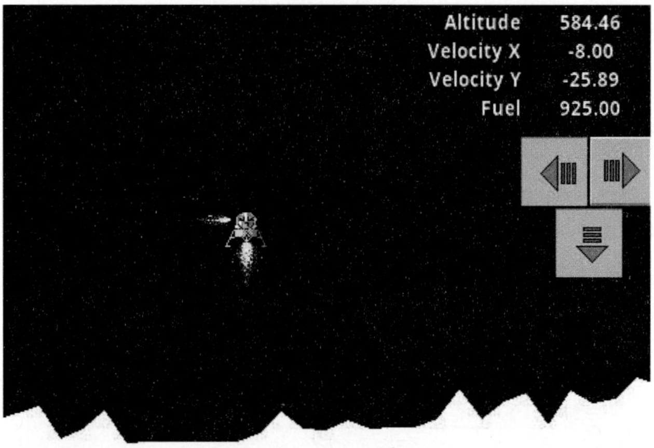


우리는 간단히 다음과 같이 작성할 것이다. 착륙선은 이미지로 화면에 그려진다. 착륙선의 현재 위치, 현재 속도, 남아 있는 연료의 양을 텍스트로 화면에 표시한다. 코드를 간단하게 하기 위하여 착륙선은 상하로만 움직인다(좌우로는 움직이지 않는다). 사용자가 위쪽 화살표키를 누르면 로켓이 분사된다.

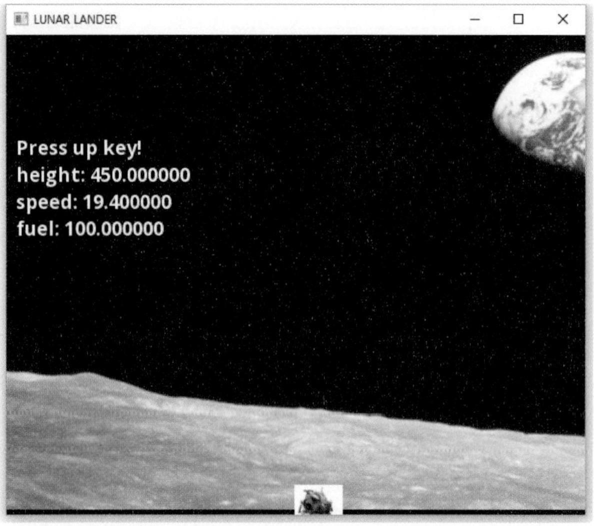

일단 주어진 소스를 실행하여서 어떤 게임인지 살펴보자. 착륙 속도가 너무 빠르면 추락으로 판정한다(현재는 구현되어 있지 않다). 즉 높이가 0에 가까워질 때 우주선의 속도가 중요하다. 위쪽 화살표 키를 누르면 한 번씩 로켓 분사가 일어나서 우주선이 위로 움직인다. 연료의 양은 한정되어 있기 때문에 아껴 써야 한다.

### 전체 소스

전체 소스는 다음과 같다.

```
#include <SFML/Graphics.hpp>
#include <windows.h>
#include <string>
#include <vector>
#include <iostream>
using namespace sf;
using namespace std;

class LunarLander {
private:
    double x, y;                                          // 현재 위치
    double velocity;                                      // 속도
    double fuel;                                          // 연료
    string status;                                        // 현재 상태
    Texture t1, t2;                                       // 텍스처 객체
    Sprite spaceship, burst;                              // 스프라이트 객체
    Font font;                                            // 폰트 객체
    Text text;                                            // 텍스트 객체
public:
    LunarLander(double h, double v, double f);            // 생성자
    bool checkLanded();                                   // 착륙 검사 함수
    void update(double rate);                             // 상태 업데이트 함수
    void draw(RenderWindow &window);                      // 착륙선 그리는 함수
};

// 생성자 함수
LunarLander::LunarLander(double h, double v, double f) {
    x = 300;
    y = h;
    velocity = v;
    fuel = f;
    t1.loadFromFile("images/spaceship.png");
    t2.loadFromFile("images/burst.png");
    spaceship.setTexture(t1);
```

```
    burst.setTexture(t2);
    spaceship.setPosition(x, y);
    burst.setPosition(x + 20, y + 50);
    if (!font.loadFromFile("OpenSans-Bold.ttf")) {
        cout << "폰트 파일을 오픈할 수 없음!" << endl;
    }
    text.setFont(font);
}
// 착륙했는지를 검사하는 함수. 만약 높이가 0보다 작으면 착륙한 것이다.
bool LunarLander::checkLanded() {
    if (y <= 0)
        return true;
    return false;
}

// 게임 상태를 업데이트한다.
void LunarLander::update(double amount) {
    if (fuel <= 0) {
        fuel = 0;
        amount = 0;
    }
    fuel = fuel - amount;
    velocity = velocity - amount + 0.8;
    y = y + velocity;
    if (y > 450) y = 450;
    spaceship.setPosition(x, y);
    burst.setPosition(x + 20, y + 50);
    status = "Press up key!\nheight: " + to_string(y) + "\nspeed: " +
                        to_string(velocity) + "\nfuel: " + to_string(fuel);
}

// 화면에 착륙선과 불꽃, 현재 상태를 그린다.
void LunarLander::draw(RenderWindow &window) {
    window.draw(spaceship);
    window.draw(burst);
    text.setString(status);
    text.setCharacterSize(20);
    text.setPosition(10, 100);
    window.draw(text);
}

int main()
{
```

```
    RenderWindow window(VideoMode(600, 480), "LUNAR LANDER");
    window.setFramerateLimit(60);

    Texture t;
    Sprite background;
    t.loadFromFile("images/background.png");
    background.setTexture(t);

    LunarLander lander(300.0, 1.0, 100.0);          // 착륙선 객체 생성
    while (window.isOpen())
    {
        Event e;
        while (window.pollEvent(e))  {
            if (e.type == Event::Closed)
                window.close();
        }

        if (Keyboard::isKeyPressed(Keyboard::Up))
            lander.update(3.0);
        else
            lander.update(0.0);

        window.clear();
        window.draw(background);
        lander.draw(window);

        window.display();
        Sleep(100);                                  // 0.1초 동안 잠재운다.
    }

    return 0;
}
```

### 소스 설명

여기서는 main() 함수가 게임 루프의 역할을 한다. 다음과 같은 작업을 한다.

```
int main()
{
    while (true) {
        사용자 이벤트를 처리한다.
        사용자가 위쪽 화살표 키를 누르면 엔진 분사를 한다.
        착륙선의 속도, 위치, 연료량을 업데이트한다.
```

```
        화면을 지운다.
        착륙선을 화면에 그린다.
    }
}
```

우리가 첫 번째 생각해야 할 것은 과연 어떤 클래스가 필요한가이다. 이번 프로그램에서는 단 하나의 객체, 착륙선만 있으면 된다. 따라서 나음과 같이 LunarLander 클래스를 작성해보자.

```
class LunarLander {
private:
    double x, y;
    double velocity;
    double fuel;
    ...
public:
    LunarLander(double h, double v, double f);       // 생성자
    bool checkLanded();
    void update(double rate);
    void draw(RenderWindow &app);
};
```

LunarLander 클래스의 멤버 변수로 현재 위치를 저장하고 있는 x와 y, 현재 속도를 저장하고 있는 velocity, 현재 남아 있는 연료량을 저장하고 있는 fuel을 가지고 있다. 이들 멤버 변수에 대한 접근자와 설정자 함수도 작성하면 좋다.

LunarLander 클래스의 멤버 함수는 생성자와 checkLanded(), update(), draw() 등이 정의된다. 이중에서 가장 중요한 함수는 update()이다. 이 함수는 0.1초에 한 번씩 호출되며 착륙선의 위치와 속도, 연료량을 업데이트한다.

```
void LunarLander::update(double amount) {
    if (fuel <= 0) {
        fuel = 0;
        amount = 0;
    }
    fuel = fuel - amount;                     // 연료 감소
    velocity = velocity - amount + 0.8;
    y = y + velocity;
    spaceship.setPosition(x, y);
    ...
}
```

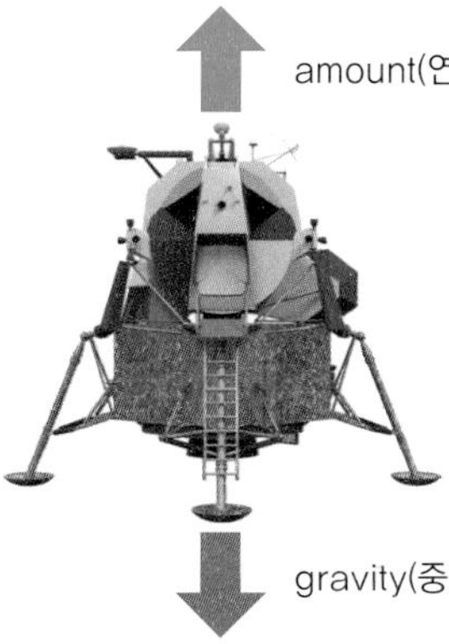


이 함수의 매개변수 amount는 연료 분사량이다. 연료 분사가 있으면 3.0이 전달되고, 연료 분사가 없으면 0.0이 전달된다. 연료의 양은 amount만큼 감소된다. 연료를 분사하면 착륙선의 하강 속도는 늦춰진다. 따라서 연료분사량 amount만큼 하강 속도를 감속한다. 중력가속도는 착륙선의 하강 속도를 증가시킨다. 따라서 기존의 착륙선 속도에 중력가속도는 더해진다. 현재 중력가속도는 0.8이라고 생각한다. 1초가 흐른 것으로 가정하므로 착륙선의 높이는 기존의 높이에다가 (속도*1초)를 더한 것이 된다.

화면에 착륙선을 그리는 멤버 함수는 draw()이다.

```
// 화면에 착륙선을 그린다.
void LunarLander::draw(RenderWindow &window) {
    window.draw(spaceship);
    window.draw(burst);
    text.setString(status);
    text.setCharacterSize(20);
    text.setPosition(10, 100);
    window.draw(text);
}
```

draw()에서는 매개 변수를 통하여 RenderWindow 객체를 받고 있다. 이 객체가 있어야 그리기가 가능하다. draw()에서는 착륙선과 함께 불꽃 모양도 함께 그려준다. 그리고 화면의 왼쪽에 착륙선의 현재 상태를 텍스트로 표시한다. SFML에서 텍스트를 화면에 표시하려면 Font 객체와 Text 객체가 필요하다. 한 가지 특이한 사항은 폰트 파일이 현재 프로젝트 디렉토리에 있어야 한다는 점이다. 폰트 파일은 .ttf라는 확장자를 가지면 몇 가지의 폰트 파일은 인터넷에서 자유롭게 다운로드받아서 사용할 수 있다. 첨부된 소스에서는 "OpenSans-Bold" 파일을 사용하고 있다.

**도전문제**

1. 착륙선이 지표면에 닿았을 때 착륙선의 속도가 빠르면 착륙에 실패했다고 화면에 표시한다. 반대로 착륙선의 속도가 느리면 성공이라고 화면에 표시한다.
2. 착륙선이 왼쪽이나 오른쪽으로 움직이도록 키보드 이벤트 처리를 추가해보자.

# 07.7 벽돌깨기

"벽돌깨기" 게임을 SFML을 이용하여 작성해보자.

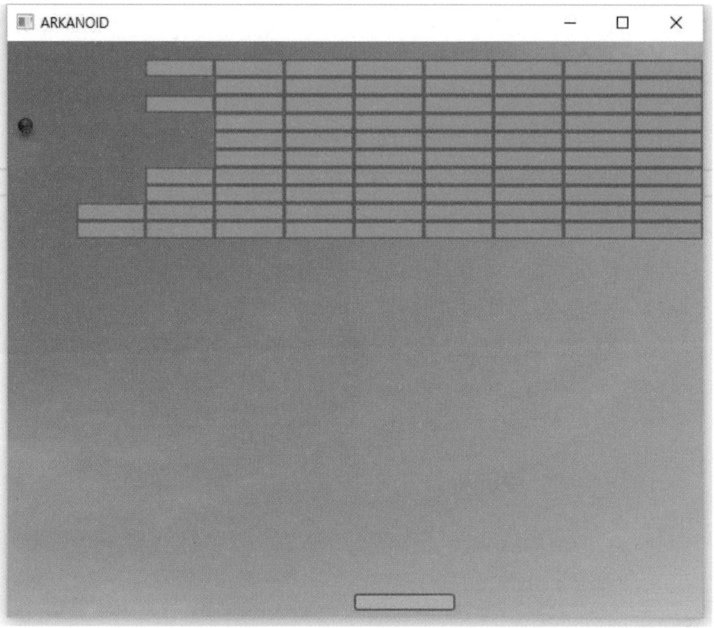


이 게임에서는 벽돌, 공, 패들을 클래스로 작성하여야 한다. 공과 패들은 하나만 있으면 되지만 벽돌은 상당히 많다. 무엇을 사용해야 할까? 2차원 배열을 사용하여도 된다. 하지만 벽돌이 공과 충돌하면 소멸되어야 한다. 따라서 동적 배열인 벡터를 사용하면 편리하다. 공과 충돌한 벽돌은 erase() 함수를 이용하여서 벡터에서 제거하면 된다.

### 전체 소스

전체 소스는 다음과 같다. 각 부분은 상세하게 다시 설명된다.

```
#include <SFML/Graphics.hpp>
#include <vector>
#include <time.h>
using namespace sf;

int main()
{
    srand(time(NULL));
```

```
RenderWindow window(VideoMode(600, 480), "ARKANOID");
window.setFramerateLimit(60);

Texture t1, t2, t3, t4;
t1.loadFromFile("images/block.png");
t2.loadFromFile("images/background.png");
t3.loadFromFile("images/ball.png");
t4.loadFromFile("images/paddle.png");

Sprite background(t2), ball(t3), paddle(t4);
paddle.setPosition(300, 460);

const int size = 100;
std::vector<Sprite> blocks(100);
int n = 0;
auto bsize = t1.getSize();
for (int i = 1; i <= 10; i++)
   for (int j = 1; j <= 10; j++)
   {
      blocks[n].setTexture(t1);
      blocks[n].setPosition(i * bsize.x, j * bsize.y);
      n++;
   }

float dx = 3, dy = 3;
while (window.isOpen())
{
   Event e;
   while (window.pollEvent(e)) {
      if (e.type == Event::Closed)
         window.close();
   }

   auto ball_pos = ball.getPosition();

   ball_pos.x += dx;
   for (int i = 0; i < blocks.size(); i++) {
      if (FloatRect(ball_pos.x + 3, ball_pos.y + 3, 6, 6).intersects(
               blocks[i].getGlobalBounds()))  {
               blocks.erase(blocks.begin() + i);
         dx = -dx;
      }
```

```
        }
        ball_pos.y += dy;
        for (int i = 0; i < blocks.size(); i++) {
            if (FloatRect(ball_pos.x + 3, ball_pos.y + 3, 6, 6).intersects(
                        blocks[i].getGlobalBounds()))    {
                        blocks.erase(blocks.begin() + i);
                dy = -dy;
            }
        }

        if (ball_pos.x<0 || ball_pos.x>520) dx = -dx;
        if (ball_pos.y<0 || ball_pos.y>450) dy = -dy;

        if (Keyboard::isKeyPressed(Keyboard::Right))
            paddle.move(5, 0);
        if (Keyboard::isKeyPressed(Keyboard::Left))
            paddle.move(-5, 0);

        if (FloatRect(ball_pos.x, ball_pos.y, 12, 12).intersects(paddle.
                                                          getGlobalBounds()))
            dy = -(rand() % 5 + 2);

        ball.setPosition(ball_pos.x, ball_pos.y);

        window.clear();
        window.draw(background);
        window.draw(ball);
        window.draw(paddle);

        for (auto& obj : blocks)
            window.draw(obj);

        window.display();
    }

    return 0;
}
```

### 소스 설명

1. 배경, 볼, 패들은 모두 스프라이트 객체로 생성하면 된다. 적당한 이미지 파일을 구해서 텍스처 객체로 만들어둔다.

```
Texture t1, t2, t3, t4;
t1.loadFromFile("images/block.png");
t2.loadFromFile("images/background.png");
t3.loadFromFile("images/ball.png");
t4.loadFromFile("images/paddle.png");

Sprite background(t2), ball(t3), paddle(t4);
paddle.setPosition(300, 460);
```

2. 벽돌은 스프라이트 100개를 벡터에 저장하여 작성한다.

```
vector<Sprite> blocks(100);
```

3. 벽돌 100개를 화면에 2차원 형태로 배치한다. 각 벽돌의 위치는 setPosition() 함수를 사용한다. 각 벽돌의 텍스처를 t1으로 설정한다.

```
for (int i = 1; i <= 10; i++)
   for (int j = 1; j <= 10; j++)
   {
      blocks[n].setTexture(t1);
      blocks[n].setPosition(i * bsize.x, j * bsize.y);
      n++;
   }
```

4. 게임 루프를 생성한다.

```
while (window.isOpen())
{
   Event e;
   while (window.pollEvent(e))
   {
      if (e.type == Event::Closed)
         window.close();
   }
```

사용자가 “Closed” 아이콘을 누르면 전체 응용 프로그램은 종료된다.

5. 공의 현재 위치를 얻어서 벽돌과 충돌하였는지를 검사한다. 이때 FloatRect 객체의 intersect() 함수를 사용한다.

```
auto ball_pos = ball.getPosition();

ball_pos.x += dx;
```

```
for (int i = 0; i < blocks.size(); i++) {
    if (FloatRect(ball_pos.x + 3, ball_pos.y + 3, 6, 6).intersects(blocks[i].
                                                          getGlobalBounds()))
    {
        blocks.erase(blocks.begin() + i);
        dx = -dx;
    }
}
```

FloatRect 클래스는 사각형을 나타내는 클래스이다. 현재 공의 위치를 기준으로 조그마한 사각형을 만들어서 벽돌과 충돌했는지를 검사한다. 만약 충돌하였으면 blocks 벡터의 i번째 요소를 삭제한다. 그리고 공이 벽돌에 맞으면 반사되는 것으로 방향을 변경한다.

공의 x방향 속도와 y방향 속도는 각각 dx 변수와 dy 변수에 저장되어 있다. 이것을 음수로 하면 공이 움직이는 방향이 반대가 된다.

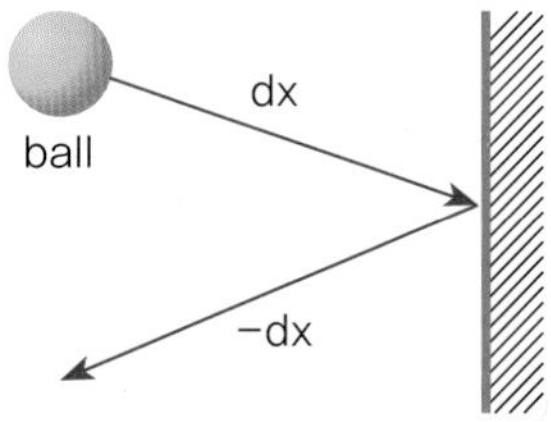


**6.** 공이 화면을 벗어나면 방향을 반대로 한다.

```
if (ball_pos.x<0 || ball_pos.x>520) dx = -dx;
if (ball_pos.y<0 || ball_pos.y>450) dy = -dy;
```

**7.** 키보드 이벤트를 처리하여서 패들을 움직인다.

```
if (Keyboard::isKeyPressed(Keyboard::Right))
    paddle.move(5, 0);
if (Keyboard::isKeyPressed(Keyboard::Left))
    paddle.move(-5, 0);
```

**8.** 공과 패들이 충돌하면 약간의 난수를 이용하여 불규칙하게 반사시킨다.

```
if (FloatRect(ball_pos.x, ball_pos.y, 12, 12).intersects(paddle.
                                                          getGlobalBounds()))
    dy = -(rand() % 5 + 2);

ball.setPosition(ball_pos.x, ball_pos.y);
```

9. 화면에 모든 스프라이트를 그려준다. 범위 기반 루프가 사용되고 있다.

```
window.clear();
window.draw(background);
window.draw(ball);
window.draw(paddle);

for (auto& obj : blocks)
   window.draw(obj);

window.display();
```

**도전문제**

1 공이 화면의 하단을 벗어나면 게임이 종료되는 것으로 변경해보자.

2 공의 속도를 느리게 하려면 어떤 변수의 값을 변경하여야 하는가?

# 07.8 지뢰 찾기 게임 작성

지뢰 찾기 게임은 예전 윈도우에는 기본으로 포함된 게임이었다. 플레이어는 처음에 사각형의 격자가 제시된다. 무작위로 선택된 일부 사각형은 지뢰를 포함하도록 지정된다. 일반적으로 격자의 크기와 지뢰의 수는 사용자가 미리 설정할 수 있다.

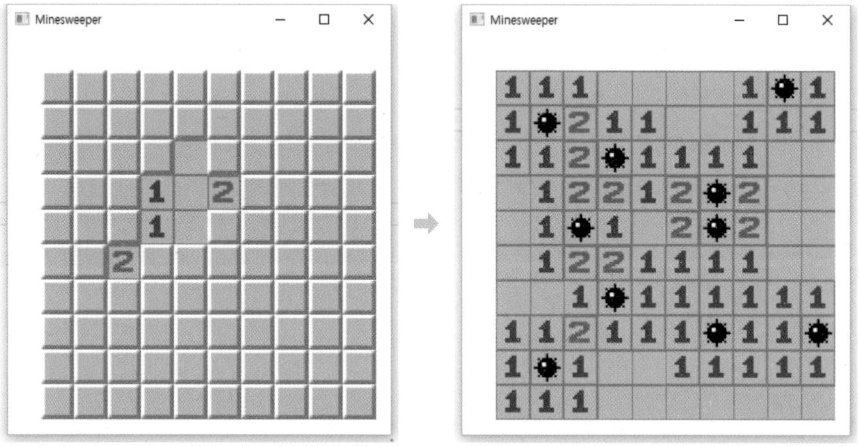


사용자는 각 사각형을 클릭하여 사각형을 열 수 있다. 지뢰가 있는 사각형을 클릭하면 사용자가 진다. 지뢰가 없으면 인근의 8개의 사각형에 있는 지뢰의 개수를 나타내는 숫자가 표시된다. 인접한 지뢰가 없다면 사각형은 공백이 된다. 사용자가 이 정보를 사용하여 다른 사각형의 내용을 추론하고 사각형이 지뢰를 포함하고 있는 것으로 표시할 수 있다.

### 전체 소스

```
#include <iostream>
#include <string>
#include <time.h>
#include <SFML/Graphics.hpp>
using namespace sf;
using namespace std;

// 격자의 하나의 사각형을 나타낸다.
class Tile {
public:
    bool open;
```

```
    int number;
};

const int TILE_SIZE = 35;

// 사각형의 상태를 나타낸다.
const int BOMB = 9;
const int HIDDEN = 10;

int main()
{
    srand(time(NULL));
    RenderWindow app(VideoMode(400, 400), "Minesweeper");

    // 게임보드를 grid[][] 배열로 나타낸다.
    Tile grid[12][12];
    bool game_ended = false;

    // 12개의 텍스처와 스프라이트를 생성한다.
    Sprite sprites[12];
    Texture t[12];
    for (int k = 0; k < 12; k++) {
        t[k].loadFromFile("images/tile"+to_string(k)+".png");
        sprites[k].setTexture(t[k]);
    }

    // 게임보드에 지뢰를 저장한다.
    for (int i = 1; i <= 10; i++) {
        for (int j = 1; j <= 10; j++)
        {
            grid[i][j].open = false;
            grid[i][j].number = 0;
            if ((rand() % 10) == 1)
                grid[i][j].number = BOMB;
        }
    }

    // 게임보드에 인근지뢰의 개수를 계산하여 저장한다.
    for (int i = 1; i <= 10; i++) {
        for (int j = 1; j <= 10; j++)
        {
            int n = 0;
            if (grid[i][j].number == BOMB)      continue;
```

```
            if (grid[i + 1][j].number == BOMB) n++;
            if (grid[i][j + 1].number == BOMB) n++;
            if (grid[i - 1][j].number == BOMB) n++;
            if (grid[i][j - 1].number == BOMB) n++;
            if (grid[i + 1][j + 1].number == BOMB) n++;
            if (grid[i - 1][j - 1].number == BOMB) n++;
            if (grid[i - 1][j + 1].number == BOMB) n++;
            if (grid[i + 1][j - 1].number == BOMB) n++;
            grid[i][j].number = n;
        }
    }

    // 메인루프이다.
    while (app.isOpen())
    {
        // 마우스가 놓인 사각형의 번호를 계산한다.
        Vector2i pos = Mouse::getPosition(app);
        int x = pos.x / TILE_SIZE;
        int y = pos.y / TILE_SIZE;

        // 윈도우 이벤트를 처리한다.
        Event e;
        while (app.pollEvent(e))
        {
            if (e.type == Event::Closed)
                app.close();

            // 왼쪽 마우스 버튼이 눌렸으면 해당 사각형에 표시한다.
            if (e.type == Event::MouseButtonPressed)
                if (e.key.code == Mouse::Left) {
                        grid[x][y].open = true;
                        if (grid[x][y].number == BOMB) game_ended = true;
                }
        }

        // 게임 보드를 화면에 그린다.
        app.clear(Color::White);
        for (int i = 1; i <= 10; i++) {
            for (int j = 1; j <= 10; j++)
            {
                int n;
                // 사각형의 상태에 따라 이미지를 지정히여 화면에 그린다.
                if (grid[i][j].open == false && game_ended == false)
```

```
                    n = HIDDEN;
                else
                    n = grid[i][j].number;
                sprites[n].setPosition(TILE_SIZE * i, TILE_SIZE * j);
                app.draw(sprites[n]);
            }
        }
        app.display();
    }

    return 0;
}
```

### 소스 설명

1. 이미지를 준비하자.

   다음과 같은 12개의 이미지 파일을 준비한다.

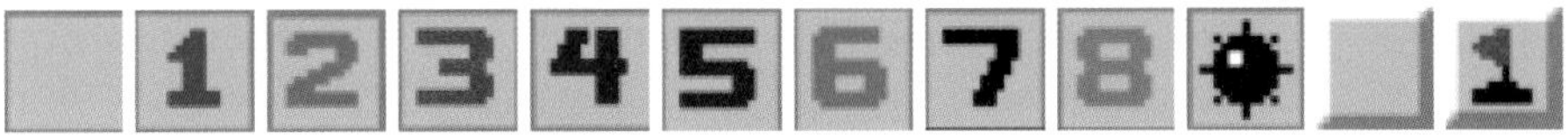


2. 게임 보드를 2차원 객체 배열로 나타내자.

   게임 보드의 하나의 사각형을 클래스 Tile의 객체로 나타낸다.

```
class Tile {
public:
    bool open;
    int number;
};

Tile grid[12][12];
```

   클래스 Tile은 사각형이 열려 있는지를 표시하는 open 변수와 인근의 지뢰를 나타내는 number 변수로 이루어져 있다. 게임 보드는 10×10 크기이지만 경계 조건을 쉽게 검사하기 위하여 12×12로 정의한다.

3. 2차원 배열 grid에 지뢰를 저장한다.

   지뢰는 10%의 확률로 저장된다. 난수를 발생하여서 난수를 10으로 나누었을 때 나머지가 1이 나오면 그 위치에 지뢰를 저장한다. 지뢰는 BOMB 상수로 표시된다. 지뢰가 없는 사각형에는 0을 저장한다.

```
for (int i = 1; i <= 10; i++) {
    for (int j = 1; j <= 10; j++)
    {
        grid[i][j].open = false;
        grid[i][j].number = 0;
        if ((rand() % 10) == 1)
            grid[i][j].number = BOMB;
    }
}
```

**4.** 인근 지뢰의 개수를 계산한다.

2차원 배열 grid[][]에 인근 지뢰의 개수를 계산하여 저장한다. 게임 보드는 10×10 크기이지만 경계 조건을 쉽게 검사하기 위하여 12×12로 정의되어 있다.

```
for (int i = 1; i <= 10; i++) {
    for (int j = 1; j <= 10; j++)
    {
        int n = 0;
        if (grid[i][j].number == BOMB)                    continue;
        if (grid[i + 1][j].number == BOMB) n++;
        if (grid[i][j + 1].number == BOMB) n++;
        if (grid[i - 1][j].number == BOMB) n++;
        if (grid[i][j - 1].number == BOMB) n++;
        if (grid[i + 1][j + 1].number == BOMB) n++;
        if (grid[i - 1][j - 1].number == BOMB) n++;
        if (grid[i - 1][j + 1].number == BOMB) n++;
        if (grid[i + 1][j - 1].number == BOMB) n++;
        grid[i][j].number = n;
    }
}
```

**5.** 텍스처와 스프라이트 객체를 생성한다.

총 12개의 서로 다른 이미지가 있다. 따라서 크기가 12인 Texture 배열과 Sprite 배열을 생성하여 이들을 표현한다.

```
Sprite sprites[12];
Texture t[12];
for (int k = 0; k < 12; k++) {
    t[k].loadFromFile("images/tile"+to_string(k)+".png");
    sprites[k].setTexture(t[k]);
}
```

Texture 배열의 각 요소에 디스크에 있는 이미지 파일을 읽어 놓는다. Texture 배열과 Sprite 배열을 연결한다.

6. 사용자로부터 이벤트를 받아서 처리한다.

```
while (app.isOpen())
{
   Vector2i pos = Mouse::getPosition(app);
   int x = pos.x / TILE_SIZE;
   int y = pos.y / TILE_SIZE;

   Event e;
   while (app.pollEvent(e))
   {
      if (e.type == Event::Closed)
         app.close();

      if (e.type == Event::MouseButtonPressed)
         if (e.key.code == Mouse::Left) {
            grid[x][y].open = true;
            if (grid[x][y].number == BOMB) game_ended = true;
         }
   }
```

윈도우가 열려 있는 동안에는 마우스의 위치를 받아서 마우스가 놓인 사각형의 번호를 계산한다.

```
Vector2i pos = Mouse::getPosition(app);
int x = pos.x / TILE_SIZE;
int y = pos.y / TILE_SIZE;
```

이벤트 중에서 2가지의 이벤트만 처리한다. 하나는 “close” 이벤트이다. 또 하나는 마우스 버튼 클릭 이벤트 Event::MouseButtonPressed로 특히 왼쪽 마우스 버튼만을 처리한다. 왼쪽 마우스 버튼이 눌리면 해당되는 사각형의 open 변수를 true로 변경한다. 그리고 만약 지뢰가 들어 있는 사각형이라면 게임의 종료를 의미하는 game_ended 변수를 true로 설정한다.

7. 현재 상태를 그린다.

```
app.clear(Color::White);
for (int i = 1; i <= 10; i++) {
   for (int j = 1; j <= 10; j++)
   {
```

```
            int n;
            if (grid[i][j].open == false && game_ended == false)
                n = HIDDEN;
            else
                n = grid[i][j].number;
            sprites[n].setPosition(TILE_SIZE * i, TILE_SIZE * j);
            app.draw(sprites[n]);
        }
    }
    app.display();
```

제일 먼저 하는 작업은 `clear()`를 호출하여서 이전에 그려진 것들을 지우는 것이다. 이중 루프를 실행하면서 `grid[][]`의 각각의 요소를 검사한다. `open`이 `false`이면 `HIDDEN` 사각형으로 분류한다. 그렇지 않으면 인근 지뢰의 개수를 변수 n에 저장한다. 스프라이트의 위치를 현재 그리고 있는 사각형의 위치로 변경하고 `draw()`를 호출하여서 사각형을 이미지로 화면에 그린다.

CHAPTER

# 08 포인터와 동적객체 생성

학습목표

- 포인터의 개념을 이해한다.
- 포인터와 관련된 연산을 이해한다.
- 동적 메모리 할당을 사용할 수 있다.
- 스마트 포인터를 사용할 수 있다.
- 동적으로 객체를 생성하는 과정을 이해한다.

학습목차

포인터는 어려워요? 꼭 배워야 하나요?
네, 입문자들이 어려워하는 부분, 맞습니다. 하지만 C++의 강력한 도구 중의 하나가 포인터입니다. 객체를 동적으로 생성하고 포인터로 가리켜서 작업을 쉽게 할 수 있습니다.

# 08.1 이번 장에서 만들어 볼 프로그램

이번 장에서는 포인터에 대하여 학습하고 동적 메모리 할당에 대하여 자세히 살펴본다. 궁극적으로 객체를 어떻게 동적으로 생성할 수 있는지도 살펴본다. 이번 장에서는 다음과 같은 프로그램을 작성해보자.

1. 정수 10개를 저장할 수 있는 동적 배열을 생성하고 난수를 저장한 후에 화면에 출력하는 프로그램을 작성해보자.

2. 사용자가 입력한 개수만큼의 원을 동적으로 생성하여서 화면에 그리는 프로그램을 작성해보자.

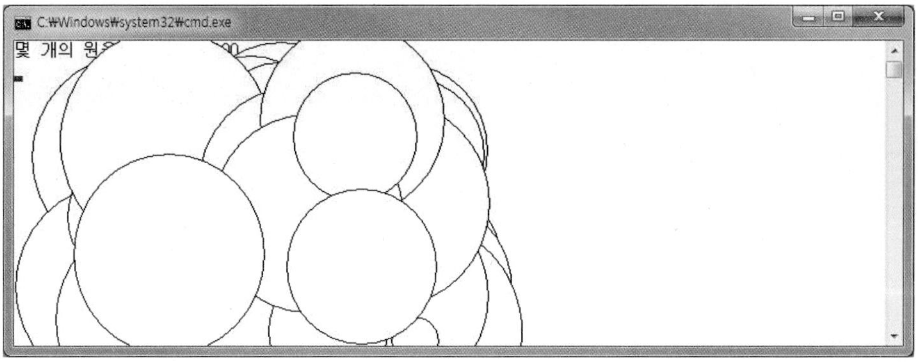

# 08.2 포인터란?

컴퓨터 메모리는 여러 개의 바이트로 구성되어 있으며 각 바이트마다 0부터 시작하는 주소가 붙여져 있다. 변수는 컴퓨터 메모리에 이름을 붙여서 참조하는 것이다. 변수를 사용하면 프로그래머가 특별히 컴퓨터 메모리의 주소에 대하여 신경 쓸 필요가 없다. 메모리가 필요하면 변수를 생성하여 사용하면 된다.

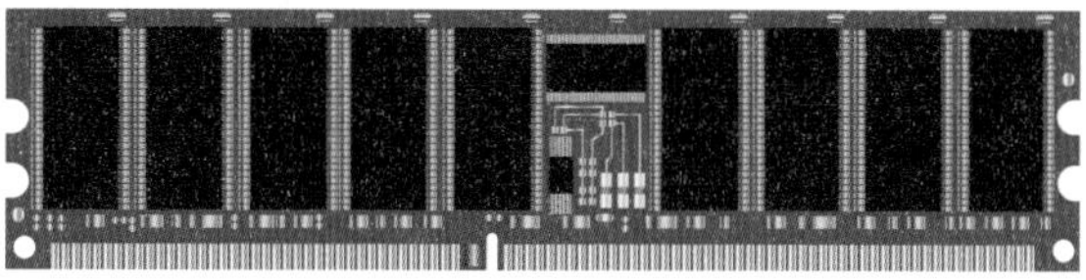

하지만 장치 드라이버나 동적 메모리 할당에서는 메모리를 주소로 참조해야 하는 경우가 발생한다. 이때 포인터가 사용된다. **포인터(pointer)**는 가리킨다는 뜻의 동사 point에 er을 붙인 것이다. 따라서 무언가를 가리키는 변수라는 뜻이다. 포인터에는 메모리의 주소가 저장되어 있다.

포인터는 다음과 같은 형식으로 선언된다.

**문법 8.1** 포인터 선언

```
int* p;
```

(정수를 가리키는 포인터 정의)

위의 코드에서 포인터 p는 int형을 가리키는 포인터로 선언되었다. 포인터가 생성된 직후에는 아직 초기화되어 있지 않다. 따라서 포인터는 사용하기 전에 반드시 초기화를 하여야 한다. 포인터에는 메모리 주소가 저장되어야 한다.

> **참고** **다양한 자료형의 포인터**
>
> 포인터는 다양한 타입의 포인터를 생성할 수 있다.
>
> ```
> double *p;
> char *p;
> short *p;
> ```

## 주소 연산자 &

C++에서는 변수의 주소를 계산하는 연산자 &(주소 연산자)가 있다. & 연산자를 이용하여 변수의 주소를 계산한 후에 포인터에 저장하면 된다.

**문법 8.2** **주소 연산자**

```
p = &number;
```

변수 number의 주소를 계산하여 p에 저장한다.

간단한 예제를 작성해보면 다음과 같다.

```
int number = 10;          // 변수 정의
int *p;                   // 포인터 정의

p = &number;              // 변수 number의 주소를 포인터 p에 저장
```

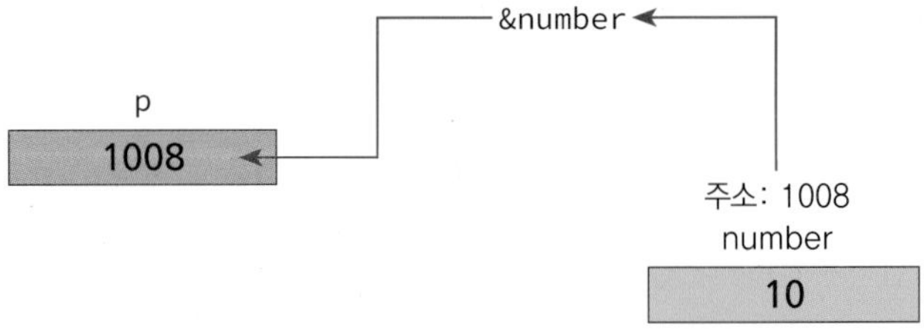

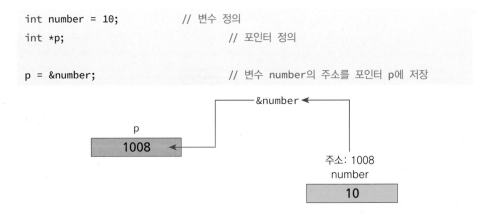

위의 그림에서 p가 포인터로서 변수 number의 주소인 1008이 p에 저장된다. 위와 같은 상황을 보통 "포인터 p가 변수 number를 가리킨다."라고 한다.

## 간접 참조 연산자 *

포인터가 단순히 메모리의 주소만 저장할 수 있는 것이라면 별로 유용하지 않을 것이다. 포인터가 유용한 이유는 포인터가 가리키는 메모리 공간의 값을 읽어오거나 변경할 수 있기 때문이다. 포인터 p가 가리키는 메모리 공간의 내용을 가져오려면 *p하면 된다. 이것을 포인터를 통하여 **간접 참조(dereferencing, indirection)**한다고 한다.

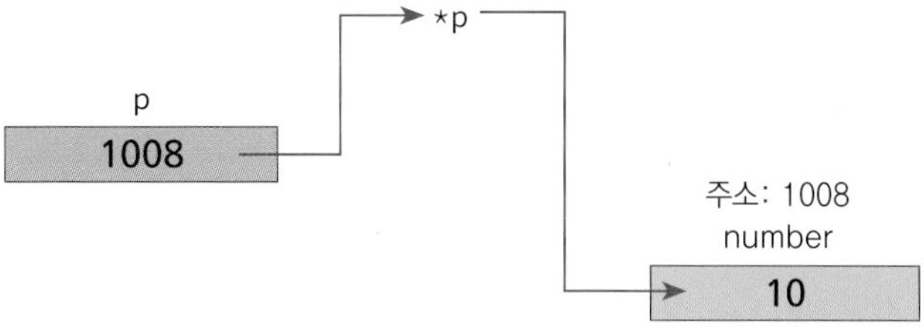


이제까지 설명한 내용을 아주 간단한 예제로 작성해보자.

**pointer1.c**

```
#include <iostream>
using namespace std;

int main()
{
    int number = 10;
    // 변수 number의 주소를 계산하여 p에 저장한다.
    int *p = &number;

    // p가 가리키는 공간에 저장된 값을 출력한다.
    cout << *p << endl;
    return 0;
}
```

실행결과

```
C:\Windows\system32\cmd.exe
10
계속하려면 아무 키나 누르십시오 . . .
```

## nullptr

NEW C++11 C++14

만약 포인터가 선언만 되고 초기화되지 않았다면 포인터는 임의의 주소를 가리키게 된다. 따라서 이런 상태에서 포인터를 이용하여 메모리의 내용을 변경한다면 문제가 발생한다.

```
int *p;            // 포인터 p는 초기화가 안 되어 있음
*p = 100;          // 위험한 코드
```

포인터가 아무것도 가리키고 있지 않을 때는 `nullptr`로 설정하는 것이 바람직하다.

```
int *p = nullptr;
```

왜냐하면 `nullptr`을 사용하여서 어딘가에 접근하려고 시도하면 시스템에서 자동적으로 오류를 감지하고 이것을 해결할 수 있기 때문이다.

기존의 C++에서는 포인터가 아무것도 가리키고 있지 않을 때, NULL 값을 포인터에 저장시켜서 사용하였다.

```
int *p = NULL;
```

하지만 NULL은 정수 0이여서 약간의 문제가 있다. 예를 들어서 다음과 같이 함수가 중복정의되어 있는 경우에 함수를 잘못 선택하게 된다.

**pointer2.c**

```
#include <iostream>
using namespace std;

void f(int i)
{
    cout << "f(int)" << endl;
}

void f(char *p)
{
    cout << "f(char *)" << endl;
}

int main()
{
    f(NULL);
    return 0;
}
```

실행결과

```
C:\Windows\system32\cmd.exe
f(int)
계속하려면 아무 키나 누르십시오 . . .
```

우리는 NULL을 포인터의 일종으로 알고 있지만 컴파일러의 입장에서는 NULL을 정수로 인식하기 때문에 f(int)를 선택하게 된다.

C++11에서는 이러한 문제점을 해결하기 위하여 nullptr를 도입하였다. 키워드 nullptr은 그야말로 널포인터(아무 것도 가리키고 있지 않은 포인터)를 의미한다. 위의 프로그램에서 NULL을 nullptr로 변경하여서 실행하면 아래와 같은 실행 결과를 얻을 수 있다.

**pointer3.c**

```c
...
int main()
{
    f(nullptr);
    return 0;
}
```

**실행결과**

```
C:\Windows\system32\cmd.exe
f(char *)
계속하려면 아무 키나 누르십시오 . . .
```

**참고**

### 포인터 사용시 주의할 점

포인터 타입과 변수의 타입은 일치하여야 한다. 즉 int형 포인터는 int형만을 가리킬 수 있다. 마찬가지로 double형 포인터는 double형만을 가리킬 수 있다. 다음과 같은 문장은 오류이다.

```c
int i;
double *pd;
pd = &i;        // 오류! double형 포인터에 int형 변수의 주소를 대입
```

**중간점검**

1. 포인터도 변수인가?
2. 변수의 주소를 추출하는데 사용되는 연산자는 무엇인가?
3. 변수 x의 주소를 추출하여 변수 p에 대입하는 문장을 쓰시오.
4. 정수형 포인터 p가 가리키는 위치에 25를 저장하는 문장을 쓰시오.

# 08.3 동적 할당 메모리

**동적 메모리 할당(dynamic memory allocation)**이란 프로그램이 실행 도중에 동적으로 메모리를 할당받는 것을 말한다. 컴퓨터는 아직 사용하지 않은 메모리 공간을 관리하고 있는데 이것을 히프(heap)이라고 한다. 동적 메모리는 이 히프에서 할당받는 메모리이다.

동적 할당 메모리를 이용하면 필요한 때에 필요한 만큼만 할당 받을 수 있기 때문에 메모리를 매우 효율적으로 사용할 수 있다. 얼마나 할당을 받을 것인지를 결정하고 라이브러리 함수를 호출하여 운영 체제에게 메모리를 요청하는 단계가 필요하다. 만약 충분한 메모리가 존재하면 그 요청은 승인되고 메모리가 할당된다. 프로그램은 할당된 메모리를 사용하여 작업을 한다. 사용이 끝나면 메모리를 다시 운영 체제에게 반납하는 단계가 필요하다. 만약 메모리를 반납하지 않으면 다른 프로그램이 동적 메모리를 사용할 수 없게 될 것이다. 따라서 반드시 동적 메모리는 명시적으로 반납을 해주어야 한다.

그림 8.1 동적 메모리 사용 단계

우리가 앞에서 포인터에 대하여 학습하였는데, 포인터가 실제로 가장 많이 이용되는 경우가 동적 메모리를 사용하는 경우이다. 동적 메모리는 포인터 말고는 접근할 수 있는 방법이 없다.

### new와 delete

동적 메모리 사용은 이제 모든 프로그래밍 언어에서 일반화가 되었기 때문에 C++에서는 new와 delete라고 하는 별도의 연산자를 제공한다. new 연산자의 사용 형식을 살펴보자. C++11에서는 다음과 같은 3가지의 문법을 사용할 수 있다.

NEW C++11 C++14

동적 메모리는 new 연산자를 이용하여서 할당된다. new 뒤에는 자료형을 적는다. 만약 하나 이상의 요소가 필요하다면 [ ] 안에 요소의 숫자를 적는다. new 연산자는 할당되는 동적 메모리의 시작 주소를 반환한다.

**문법 8.3** new 연산자

```
p = new T;
p = new T[N];
p = new T[N] {initializer1, ..., initializerN};
```

동적 메모리의 타입

동적 메모리의 개수

동적 메모리의 초기값들

동적 메모리를 가리키는 포인터

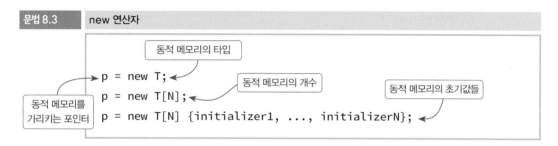

첫 번째 문법은 T 타입의 변수 하나를 저장할 수 있는 공간을 할당한다. 두 번째 문법은 T 타입의 배열을 할당한다. 세 번째 문법은 할당되는 배열의 초기값을 지정한다.

예를 들어서 다음과 같이 작성할 수 있다.

```
int *p;
p = new int[5];
```

위의 문장을 실행하면 컴퓨터는 int형의 변수 5개를 저장할 수 있는 공간을 동적으로 할당하고 첫 번째 변수를 가리키는 주소를 반환한다.

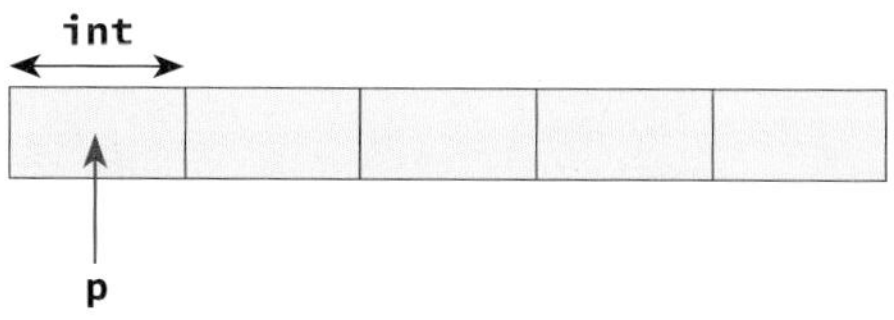


p는 포인터이다. 따라서 p가 가리키는 첫 번째 변수는 p[0] 또는 *p로 접근할 수 있다. 두 번째 변수는 p[1] 또는 *(p+1)로 접근할 수 있을 것이다.

정적 배열과 동적 배열은 어떤 차이점이 있을까? 정적 배열은 컴파일 시에 크기가 결정되어야 한다. 반면에 동적 배열은 new에 의하여 생성되는데 그 크기를 변경할 수 있다. 동적 배열은 컴퓨터 시스템에 의하여 히프 메모리 영역에서 할당된다. 컴퓨터 메모리는 한정된 자원이기 때문에 동적 메모리 할당 요청은 항상 만족되지 않는다. 요청한 메모리가 없는 경우에 bad_alloc이라는 오류(exception)가 발생한다.

만약 특정한 값으로 초기화한 메모리를 원한다면 다음과 같은 문법을 사용한다.

```
int *p = new int[5] { 0, 1, 2, 3, 4 };
```

동적 메모리는 사용이 끝나면 반드시 해제하여야 한다. 동적 메모리를 해제하려면 delete 키워드를 사용한다.

**문법 8.4** delete 연산자

```
delete p;
delete [] p;
```

동적 할당받은 메모리 공간을 반납하려면 위의 문장을 사용하여야 한다. 주의할 점이 있다. 만약 p = new int[10];과 같이 할당받은 공간은 해제할 때도 반드시 delete[] p;하여야 한다. delete p;하면 잘못될 수 있다.

**참고** C++언어에서도 C언어처럼 malloc()과 free()를 사용하는 것은 아무런 문제가 없다. 하지만 C++에서는 보다 편리한 new와 delete을 사용하는 것이 좋다. C++에서 메모리 관리 기술의 발전을 다음 그림에서 볼 수 있다.

C++에서의 메모리 관리

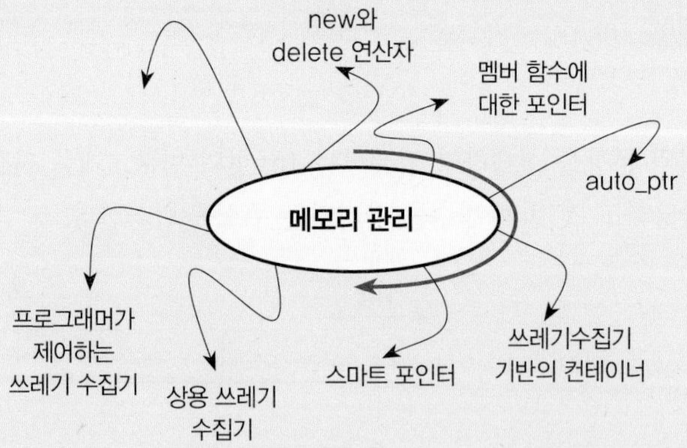


### 예제

정수 10개를 저장할 수 있는 동적 배열을 생성하고 난수를 저장한 후에 화면에 출력하는 코드는 다음과 같다.

**new1.cpp**

```
#include <iostream>
#include <time.h>
using namespace std;

int main()
{
    int *ptr;                       // 동적 메모리를 가리키는 포인터

    srand(time(NULL));              // 난수 발생기 시드 설정
    ptr = new int[10];              // ❶ 동적 메모리 할당

    for (int i = 0; i<10; i++)
        ptr[i] = rand();            // ❷ 동적 메모리 사용: 동적 메모리에 난수 저장

    for (int i = 0; i<10; i++)
        cout << ptr[i] << " ";

    delete[] ptr;                   // ❸ 동적 메모리 반납
    cout << endl;
    return 0;
}
```

**실행결과**

```
C:\Windows\system32\cmd.exe
11380 28672 20222 24337 27112 4516 5467 24160 30721 14719
계속하려면 아무 키나 누르십시오 . . .
```

**중간점검**

1. 프로그램의 실행 도중에 메모리를 할당받아서 사용하는 것을 ________이라고 한다.
2. 동적으로 메모리를 할당받을 때 사용하는 키워드는 _____이다.
3. 동적으로 할당된 메모리를 해제하는 키워드는 _____이다.

# 08.4 스마트 포인터

최신의 C++에는 **스마트 포인터(smart pointer)**가 포함되어 있다. 스마트 포인터는 일반 포인터처럼 생겼지만, 똑똑한 포인터라는 의미이다. 우리는 동적 메모리를 할당받은 후에 사용이 끝나면 반드시 동적 메모리를 삭제하여야 한다. 삭제하지 않으면 메모리 누수가 생기기 때문이다. 자바나 C#이 그동안 C++에 비하여 편리했던 이유가 동적 메모리 삭제에 신경 쓰지 않아도 되기 때문이다. 자바나 C#에서는 쓰레기 수집기가 있어서 사용하지 않는 동적 메모리가 자동으로 수집되어 삭제된다.

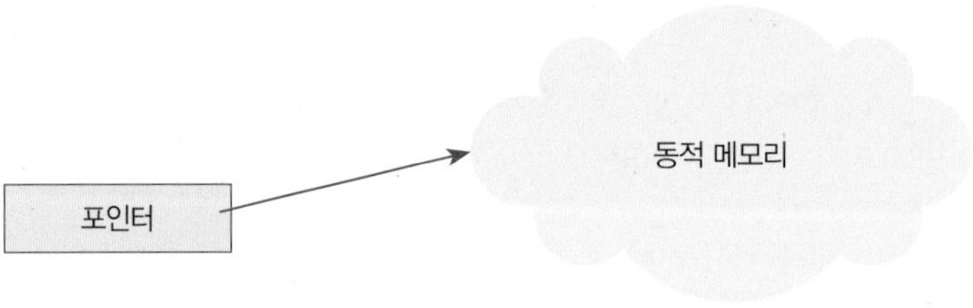


최신 버전의 C++에는 스마트 포인터 기능이 포함되어 있다. 스마트 포인터를 사용하면 프로그래머가 동적 메모리 할당 후에 잊어버려도 자동으로 동적 메모리가 삭제된다. 스마트 포인터를 사용하면 버그를 줄일 수 있다. 또 스마트 포인터는 자동으로 nullptr로 초기화된다.

## 누수가 일어나는 경우

일반 포인터를 사용하여서 메모리 누수가 일어나는 경우를 살펴보자.

**smart1.cpp**

```
#include <iostream>
using namespace std;

int main()
{
    int *p = new int;

    *p = 99;        // p를 사용한다.
                    // delete p;을 하지 않았기 때문에 메모리 누수가 발생한다.
}
```

## 스마트 포인터

NEW C++11 C++14

이번에는 스마트 포인터의 일종인 unique_ptr을 사용하는 예를 보자. unique_ptr는 C++11에서 도입되었다. unique_ptr는 기본 포인터를 감싸서 객체로 만든다. 객체에 소멸자를 추가하여서 객체가 소멸될 때, 포인터가 가리키는 메모리 공간도 해제한다. 스마트 포인터는 실행 시간의 부담이 전혀 없어서 자바나 C#의 쓰레기 수집기에 비하면 성능의 향상을 꾀할 수 있다.

일단 스마트 포인터를 이용하여서 동적 할당된 정수 변수를 가리키는 포인터를 선언하고 사용해보자.

**smart2.cpp**

```
#include <iostream>
#include <memory>
using namespace std;

int main()
{
   unique_ptr<int> p(new int);

   *p = 99;                // p를 사용한다.
   // p가 삭제되면서 동적 메모리도 함께 삭제하기 때문에 메모리 누수가 발생하지 않는다.
}
```

포인터의 자료형

포인터의 초기값

스마트 포인터는 객체 생성과 유사하다. 객체를 만든 후에 올바른 시간에 객체를 삭제하도록 한다. 차이점은 별도의 쓰레기 수집기(가비지 컬렉터)가 백그라운드에서 실행되지 않는다는 것이다. 동적 메모리는 컴파일 단계에서 모두 안전하게 처리되기 때문에 실행될 때는 쓰레기 수집기가 없어도 되고 실행 속도가 빨라진다.

unique_ptr은 어떠한 자료형의 포인터도 감쌀 수 있다. 이번에는 정수형 배열을 동적으로 생성하여 스마트 포인터로 가르켜 보자.

**smart3.cpp**

```
#include <iostream>
#include <memory>
using namespace std;

int main()
{
   unique_ptr<int[]> buf(new int[10]);

   for (int i = 0; i<10; i++) {
      buf[i] = i;
```

정수형 배열을 가리키는 포인터

```
    }

    for (int i = 0; i<10; i++) {
       cout << buf[i] << " ";
    }
    cout << endl;
    return 0;
}
```

여기도 스마트 포인터가 소멸되면서 자동으로 동적 메모리가 해제된다.

**실행결과**

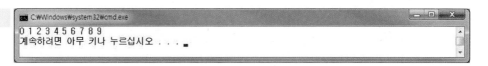

C:\Windows\system32\cmd.exe

```
0 1 2 3 4 5 6 7 8 9
계속하려면 아무 키나 누르십시오 . . .
```

참고

**스마트 포인터의 종류**

스마트 포인터에는 3가지가 있지만 여기서는 2가지만 살펴보자. 여기서 개략적인 내용만 살펴본다.

```
* unique_ptr
```

포인터에 대해 오직 하나의 소유자만 허용한다. shared_ptr이 필요하다는 점을 확실히 알지 못하는 경우에만 사용한다. 새 소유자로 이동할 수 있지만 복사하거나 공유할 수 없다. 노후된 auto_ptr을 대체한다.

```
* shared_ptr
```

참조 횟수가 계산되는 스마트 포인터이다. 원시 포인터 하나를 여러 소유자에게 할당하려고 할 경우 사용한다. 원시 포인터는 모든 shared_ptr 소유자가 범위를 벗어나거나 소유권을 포기할 때까지 삭제되지 않는다.

# 08.5 객체의 동적 생성

앞에서 우리는 포인터를 이용하여서 컴퓨터 메모리를 직접 조작할 수 있다. 우리는 앞에서 new와 delete를 사용하여서 동적으로 변수나 배열을 생성하여 보았다. 그렇다면 객체도 new와 delete를 사용하여서 동적으로 생성할 수 있을까? 물론이다. 어떤 경우에는 객체를 동적으로 생성하는 것이 객체 지향의 관점에서 바람직하다. 가끔은 객체가 몇 개나 생성되어야 하는지 알 수 없는 경우가 종종 있기 때문이다. 예를 들면 온라인 게임에서 사용자가 몇 명이나 접속할 것인지는 미리 알 수가 없다. 이런 경우에는 상황에 맞추어서 객체를 동적으로 생성하면서 프로그램을 실행하여야 한다.

다음 코드를 예로 들어서 설명하여 보자. 만약 Dog 클래스가 작성되어 있다고 하자. new를 사용하여서 동적으로 Dog 클래스의 객체를 생성한다. 동적으로 생성된 객체는 포인터를 통하여 사용한다. 사용이 끝나면 delete를 이용하여 명시적으로 객체를 삭제하여야 한다.

```
Car *pDog = new Dog;                  // 동적 객체 생성
pDog->age = 10;                       // 동적 객체 사용
...
delete pDog;                          // 동적 객체 삭제
```

위와 같이 객체를 생성하면 클래스의 디폴트 생성자를 호출하게 된다. 지금까지의 설명을 종합하여서 하나의 예제로 만들어 보면 다음과 같다.

**dog1.cpp**

```
#include <iostream>
using namespace std;

class Dog {
private:
   string name;
   int age;

public:
   Dog() {
      cout << "생성자 호출\n";
      age = 1;
      name = "바둑이";
   }
```

```
    ~Dog() {
        cout << "소멸자 호출\n";
    }
};

int main()
{
    Dog * pDog = new Dog;
    delete pDog;

    return 0;
}
```

실행결과

```
C:\Windows\system32\cmd.exe
생성자 호출
소멸자 호출
계속하려면 아무 키나 누르십시오 . . .
```

## 포인터를 통하여 멤버 접근하기

동적으로 생성된 객체의 멤버에 접근하기 위해서는 도트 연산자(.)를 사용하면 된다. 예를 들어서 동적으로 생성된 Dog 객체의 멤버에 접근하기 위해서는 다음과 같은 문장을 사용한다.

```
(*pDog).getAge();
```

위에서는 pDog에 *을 붙였으므로 "pDog이 가리키는 것" 즉 Dog 객체가 된다. 객체 안의 getAge() 함수이므로 (*pDog).getAge()가 된다. 괄호가 필요한 이유는 * 연산자를 적용한 후에 도트 연산자(.)를 적용해야 하기 때문이다.

이러한 표기법이 번거롭기 때문에 C++는 → 연산자를 사용한다. → 연산자를 이용하여 위의 문장을 다시 작성하면 다음과 같다. *와 . 연산자를 사용하지 않아도 된다.

```
pDog->getAge();
```

앞의 dog1.cpp 예제에서 → 연산자를 이용하여 멤버 함수를 호출해보자.

**dog2.cpp**

```
#include <iostream>
using namespace std;

class Dog {
private:
    string name;
```

```
07     int age;
08
09 public:
10     Dog() {
11         age = 1;
12         name = "바둑이";
13     }
14     ~Dog() {     }
15     int getAge() { return age; }
16     void setAge(int dog_age) { age = dog_age; }
17 };
18
19 int main()
20 {
21     Dog * pDog = new Dog;
22     cout << "강아지의 나이: " << pDog->getAge() << endl;
23
24     pDog->setAge(5);
25     cout << "강아지의 나이: " << pDog->getAge() << endl;
26
27     delete pDog;
28     return 0;
29 }
```

**실행결과**

```
C:\Windows\system32\cmd.exe
강아지의 나이: 1
강아지의 나이: 5
계속하려면 아무 키나 누르십시오 . . .
```

21번째 줄에서 히프에 Dog 객체가 생성된다. 디폴트 생성자는 9번째 줄에서 강아지의 나이를 1살로 설정한다. getAge() 멤버 함수는 22번째 줄에서 호출된다. pDog은 포인터이기 때문에 -> 연산자를 사용하여서 객체 안의 멤버 변수와 멤버 함수에 접근하고 있다. 24번째 줄에서 setAge() 함수가 호출되고 다시 getAge()가 25번째 줄에서 호출된다.

### 멤버도 동적 생성하기

클래스의 멤버도 히프에 동적 생성할 수 있다. 이럴 경우에 생성자에서 동적 할당되어야 하고 소멸자에서 동적 메모리를 해제하여야 한다.

**dog3.cpp**

```
#include <iostream>
using namespace std;

```

```
class Dog {
private:
    int *pWeight;
    int *pAge;

public:
    Dog() {
        pAge = new int{1};
        pWeight = new int{10};
    }
    ~Dog() {
        delete pAge;
        delete pWeight;
    }
    int getAge() { return *pAge; }
    void setAge(int age) { *pAge = age; }
    int getWeight() { return *pWeight; }
    void setWeight(int weight) { *pWeight = weight; }
};

int main()
{
    Dog * pDog = new Dog;
    cout << "강아지의 나이: " << pDog->getAge() << endl;

    pDog->setAge(5);
    cout << "강아지의 나이: " << pDog->getAge() << endl;

    delete pDog;
    return 0;
}
```

실행결과

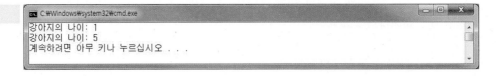

```
C:\Windows\system32\cmd.exe
강아지의 나이: 1
강아지의 나이: 5
계속하려면 아무 키나 누르십시오 . . .
```

Dog 클래스는 2개의 멤버 변수를 가지고 있다. 이들 변수들은 모두 정수형 포인터이다. 클래스의 생성자에서 동적 할당하고 디폴트 값으로 설정한다.

소멸자에서는 동적 할당된 메모리를 삭제한다. 소멸자이기 때문에 이들 포인터를 nullptr로 설정할 필요는 없다. 더 이상 사용되지 않을 것이기 때문이다.

main()에서는 클래스 멤버 변수 pAge와 pWeight가 포인터인 것을 인지하지 못한다.

main()은 이전과 동일하게 getAge()와 setAge()를 호출한다. 메모리 관리는 전적으로 클래스의 구현 안에 감추어져 있다.

pDog이 32번째 줄에서 삭제될 때, pDog의 소멸자가 호출된다. 소멸자는 동적 할당된 멤버들을 삭제한다. 만약 이들이 사용자가 정의한 다른 클래스의 객체였다면 그 클래스의 소멸자가 호출되었을 것이다.

여기서는 소멸자를 작성하는 것이 반드시 필요하다. 소멸자는 개발자가 작성하지 않고 디폴트 구현을 사용할 수도 있지만 디폴트 소멸자에서는 14번째 줄에서 17번째 줄까지의 문장이 실행되지 않을 것이다. 이들 문장이 없다면 객체는 소멸되지만 히프에서 동적할당된 메모리는 여전히 남아 있게 된다. 따라서 메모리 누수가 일어나게 된다.

### this 포인터

모든 클래스 멤버들은 숨어 있는 하나의 매개 변수를 가지고 있다. 바로 this 포인터이다. 이 포인터는 함수가 실행되는 객체를 가르킨다. getAge()나 setAge() 호출에서 객체를 참조하는 이들 포인터를 사용할 수 있다.

이 포인터의 목적은 함수를 호출하고 있는 객체를 알려주는 것이다. 일반적으로는 몰라도 문제가 없다. 하지만 가끔은 객체 자체를 참조하는 것이 필요해진다. 예를 들어서 현재의 객체를 반환할 필요도 있다. 이런 때, this 포인터가 사용된다.

이들 포인터를 이용해서 멤버를 참조할 필요는 없다. 하지만 개발자가 원한다면 언제든지 이들 포인터를 통하여 멤버에 접근할 수 있다.

**rect1.cpp**

```
#include <iostream>
using namespace std;

class Rectangle
{
private:
   int length;
   int width;

public:
   Rectangle() {
      width = 30;
      length = 40;
   }
   ~Rectangle() {}
   void setLength(int length) { this->length = length; }
   int getLength() { return this->length; }
```

```
18     void setWidth(int width) { this->width = width; }
19     int getWidth() { return width; }
20 };
21 
22 int main()
23 {
24     Rectangle rect;
25     cout << "사각형의 길이: " << rect.getLength() << endl;
26     cout << "사각형의 너비: " << rect.getWidth() << endl;
27 
28     rect.setLength(20);
29     rect.setWidth(10);
30 
31     cout << "사각형의 길이: " << rect.getLength() << endl;
32     cout << "사각형의 너비: " << rect.getWidth() << endl;
33     return 0;
34 }
```

**실행결과**

```
C:\Windows\system32\cmd.exe
사각형의 길이: 40
사각형의 너비: 30
사각형의 길이: 20
사각형의 너비: 10
계속하려면 아무 키나 누르십시오 . . .
```

위의 프로그램을 실행하면 다음과 같은 출력이 표시된다.

16번째 줄과 17번째 줄 setLength()와 getLength() 함수는 객체의 멤버에 접근하기 위하여 this 포인터를 명시적으로 사용하고 있다. 함수의 매개 변수와 멤버 변수의 이름이 동일할 때는 this포인터를 사용하는 것이 도움이 된다.

> **참고** 단순히 멤버 변수와 매개 변수를 구별하는 용도라면 this를 사용하려고 고생할 필요는 없다. 하지만 this는 포인터이기 때문에 객체의 주소를 저장하고 있어서 강력한 도구가 될 수 있다. this의 실질적인 용도는 연산자 중복에서 보게 될 것이다. 개발자가 this 포인터를 생성하거나 소멸할 필요는 없다. 모든 것은 컴파일러가 알아서 한다.

> **참고** **길잃은 포인터**
>
> 아주 찾기 어려운 버그가 "길잃은 포인터" 때문에 발생한다. "길잃은 포인터(stray pointer)"는 포인터가 가리키고 있던 메모리를 해제한 후에 다시 사용하는 것이다. 한번 delete를 호출한 포인터를 다시 사용하지 않도록 주의하여야 한다. 포인터는 메모리에서 할당되었던 영역을 가리키고 있을 것이다. 하지만 컴파일러는 여기에 다른 데이터를 놓을 수 있다. 따라서 포인터를 사용하게 되면 프로그램이 종료될 것이다.

## unique_ptr을 이용한 동적 객체 생성

NEW
C++11
C++14

앞에서 스마트 포인터 unique_ptr을 소개하였는데 동적 객체를 가리키는 스마트 포인터를 생성하고 사용해보자.

**dog5.cpp**

```cpp
#include <iostream>
#include <memory>
using namespace std;

class Dog {
private:
    string name;
    int age;

public:
    Dog() {
        age = 1;
        name = "바둑이";
    }
    ~Dog() {      }
    int getAge() { return age; }
    void setAge(int dog_age) { age = dog_age; }
};

int main()
{
    std::unique_ptr<Dog> pDog(new Dog);
    cout << "강아지의 나이: " << pDog->getAge() << endl;

    pDog->setAge(5);
    cout << "강아지의 나이: " << pDog->getAge() << endl;

    return 0;
}
```

실행결과

```
C:\Windows\system32\cmd.exe
강아지의 나이: 1
강아지의 나이: 5
계속하려면 아무 키나 누르십시오 . . .
```

# 동적 원 생성

사용자가 입력한 개수만큼의 원을 동적으로 생성하여서 화면에 그리는 프로그램을 작성해보자.

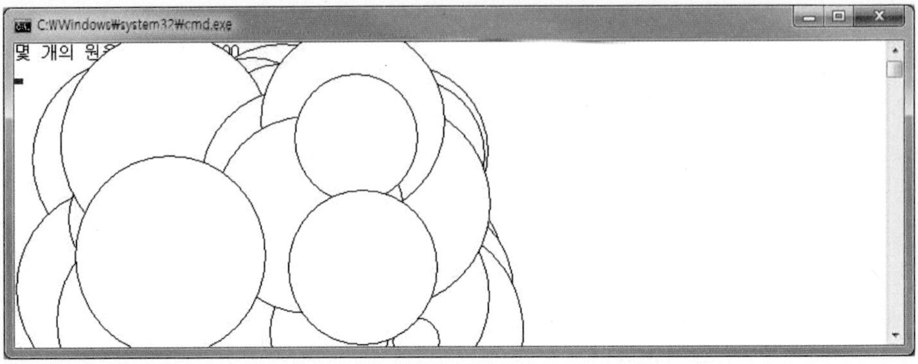


원은 `Circle` 클래스로 표현한다. 생성된 원들은 동적 배열에 저장된다. 동적 배열은 `new`와 `delete`를 사용하여 구현한다. 다음과 같은 코드를 참조하라.

```
p = new Circle[n];
...
delete[] p;
```

원의 크기와 위치는 난수를 발생하여서 결정한다.

SOLUTION

# 동적 원 생성

lab1.cpp

```
#include <iostream>
#include <string>
#include <windows.h>
#include <conio.h>

using namespace std;

class Circle {
public:
    int x, y, radius;                          // 원의 중심점과 반지름
    string color;                              // 원의 색상
    void draw();
};

void Circle::draw()
{                                              // 원을 화면에 그리는 함수
    HDC hdc = GetWindowDC(GetForegroundWindow());
    Ellipse(hdc, x - radius, y - radius, x + radius, y + radius);
}

int main()
{
    int n;
    Circle *p;

    cout << "몇 개의 원을 만들까요: ";
    cin >> n;
    p = new Circle[n];              // 동적 메모리 할당
    for (int i = 0; i < n; i++) {
        p[i].x = 100 + rand() % 300;
        p[i].y = 100 + rand() % 200;
        p[i].radius = rand() % 100;
        p[i].draw();
    }
    delete[] p;                     // 동정 메모리 해제
    getch();
    return 0;
}
```

# 08.6 const 포인터

const 키워드는 포인터 앞이나 뒤에 사용할 수 있다. 예를 들어서 다음과 같은 것은 모두 올바르다.

```
const int *p1;          // ❶
int * const p2;         // ❷
const int * const p3;   // ❸
```

❶ 이들 3개의 문장은 모두 의미가 다르다. p1은 변경되지 않는 정수를 가리키는 포인터이다. 이 포인터를 통하여 참조되는 값은 변경이 불가능하다. 따라서 다음과 같은 문장을 사용할 수 없다.

```
*p1 = 5;
```

여러분이 위와 같은 문장을 작성한다면 컴파일러가 오류를 발생한다.

❷ p2는 정수에 대한 상수 포인터이다. 정수는 변경될 수 있지만 p2는 다른 것을 가리킬 수 없다. 상수 포인터는 재할당될 수 없다. 이것은 즉 다음과 같은 문장을 작성할 수 없다는 것을 의미한다.

```
p2 = &a;
```

❸ p3는 상수에 대한 상수 포인터이다. 포인터가 가리키는 값도 변경이 불가능하고 포인터 p3도 다른 것을 가리키게끔 변경될 수 없다.

정리해보자. 별표 기호(*)를 중심으로 const가 왼쪽에 있으면 이것은 객체가 변경되지 않는다는 것을 의미한다. const가 기호 오른쪽에 있으면 포인터 자체가 변경되지 않는다는 것을 의미한다.

```
const int *p1;  // 가리키는 정수가 상수
int * const p2; // p2가 상수가 된다. 따라서 다른 것을 가리킬 수 없다.
```

## const 포인터와 const 멤버 함수

멤버 함수를 const로 정의하면 함수 안에서 멤버 변수를 변경하는 것이 금지된다. const 객체를 가리키는 포인터를 정의하면 이 포인터로 호출할 수 있는 함수는 const 함수뿐이다.

**const1.cpp**

```cpp
#include <iostream>
using namespace std;

class Circle
{
private:
   int radius;

public:
   Circle() :radius(10){ }
   ~Circle() { }
   void setRadius(int radius) { this->radius = radius; }
   int getRadius() const { return radius; }
};

int main()
{
   Circle* p = new Circle();
   const Circle *pConstObj = new Circle();
   Circle *const pConstPtr = new Circle();

   cout << "pRect->radius: " << p->getRadius() << endl;
   cout << "pConstObj->radius: " << pConstObj->getRadius() << endl;
   cout << "pConstPtr->radius: " << pConstPtr->getRadius()
                                                   << endl<<endl;

   p->setRadius(30);
   // pConstObj->setRadius(30);
   pConstPtr->setRadius(30);

   cout << "pRect->radius: " << p->getRadius() << endl;
   cout << "pConstObj->radius: " << pConstObj->getRadius() << endl;
   cout << "pConstPtr->radius: " << pConstPtr->getRadius() << endl;
   return 0;
}
```

멤버변수를 변경할 수 없다.

**실행결과**

C:\Windows\system32\cmd.exe

```
pRect->radius: 10
pConstObj->radius: 10
pConstPtr->radius: 10

pRect->radius: 30
pConstObj->radius: 10
pConstPtr->radius: 30
계속하려면 아무 키나 누르십시오 . . .
```

4-14번 째 줄에서 클래스 Circle을 선언한다. 13번째 줄에서 getRadius() 멤버 함수를 const로 선언하고 있다. 18번째 줄에서 Circle에 대한 포인터를 선언하였다. 19번째 줄에서 constant Circle에 대한 포인터 pConstObj를 선언하였다. 19번째 줄에서 pConstPtr을 선언하였다. 이 포인터는 상수 포인터로 Circle을 가리킨다. 22-24 번째 줄에서는 radius의 값을 출력하고 있다.

26번째 줄에서, p는 Circle의 radius를 30으로 설정하는데 사용된다. 27번째 줄에서, pConstObj가 사용된다. 하지만 이 포인터는 constant Circle을 가리키도록 선언되었다. 따라서 멤버 변수를 변경하는 멤버 함수를 호출할 수 없다. 따라서 주석 처리되었다. 28번째 줄에서 pConstPtr는 Circle에 대한 상수 포인터로 선언되었다. 다른 말로, 포인터가 상수이기 때문에 다른 객체를 가리킬 수 없다. 그러나 객체는 변경가능하다.

> **참고** 상수 객체에 대한 포인터를 선언하는 것은 이 포인터를 통하여 상수 함수만을 호출할 수 있다고 말하는 것과 같다.

LAB

# 객체 포인터를 언제 사용하는가?

이 예제에서는 객체 포인터를 이용하여 효율적으로 문제를 해결해보자. 학교의 연구실(lab)을 클래스로 나타낸다. 연구실은 "영상 처리 연구실"과 같은 이름이 있고 일반적으로 실장 학생이 존재한다. 연구실에 따라서는 실장이 없을 수도 있다. 이런 경우에 포인터를 사용하면 효과적이다.

```
class Lab
{
private:
    string name;              // 연구실 이름
    Student *chief; // 실장
public:
    ...
};
```

만약 연구실에 실장이 있다면 chief 포인터는 학생 객체의 주소를 가지게 된다. 그렇지 않다면 nullptr 값을 가지게 된다.

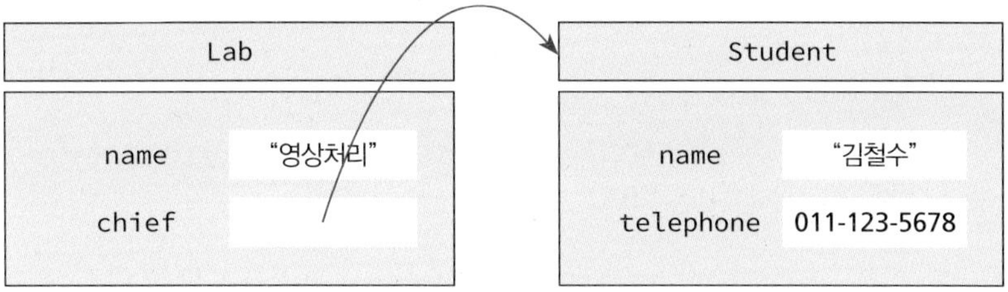


만약 다음과 같이 학생 객체를 Lab 안에 포함시켰다면 좀 더 복잡하게 되었을 것이다. 즉 실장이 있는지 없는지를 표시하는 bool 변수가 필요해진다.

```
class Lab
{
private:
    string name;     // 연구실 이름
    bool hasChief;   // 실장 존재 여부 표시
    Student chief;   // 실장
public:
    ...
};
```

또 두 번째 구현은 명백하게 첫 번째 구현에 비하여 비효율적이다. 두 번째 구현에서는 실장이 없어도 Lab 클래스 안의 메모리 공간을 차지한다. 전체 프로그램을 작성해보자.

SOLUTION

# 객체 포인터를 언제 사용하는가?

lab.cpp

```cpp
#include <iostream>
#include <string>
using namespace std;

// 학생을 나타낸다.
class Student {
private:
   string name, telephone;
public:
   Student(const string n = "", const string t = ""):
                                             name(n), telephone(t) { }
   string getTelephone() const { return telephone; }
   void setTelephone(const string t) { telephone = t; }
   string getName() const { return name; }
   void setName(const string n) { name = n; }
};

// 연구실을 나타낸다.
class Lab {
   string name;
   Student *chief;
public:
   Lab(string n = ""): name(n), chief(nullptr) { }
   void setChief(Student *p) {  chief = p; }
   void print() const {
      cout << name << "연구실" << endl;
      if (chief != nullptr)
         cout << "실장은 " << chief->getName() << endl;
      else
         cout << "실장은 현재 없습니다" << endl;
   }
};

int main()
{
   Lab lab("영상 처리");
   Student *p = new Student("김철수", "011-123-5678");

```

```
    lab.setChief(p);
    lab.print();

    delete p;
    return 0;
}

```

**실행결과**

```
C:₩Windows₩system32₩cmd.exe
영상 처리연구실
실장은 김철수
계속하려면 아무 키나 누르십시오 . . .
```

**도전문제**

위의 코드를 스마트 포인터 unique_ptr을 사용하여 다시 구현해보자.

## EXERCISE

1. Point라는 클래스가 다음과 같이 정의되어 있다고 하자. 다음 코드 중에서 오류를 찾아서 올바르게 수정하라.

```
#include <iostream>
using namespace std;

class Point {
   int x, y;
public:
   Point(int x, int y) : x(x), y(y) { }
   void setX(int x) { this->x = x; }
   void setY(int y) { this->y = y; }
   int getX() { return x; }
   int getY() { return y; }

int main()
{
   Point *p = new Point(100, 200);
   p.setX(30);
   p.setY(60);
   delete p;
   return 0;
}
```

2. 1번 코드를 스마트 포인터의 일종인 unique_ptr을 사용하여 다시 작성하라.

3. 1번 코드에서 100개의 Point 객체를 저장할 수 있는 동적 객체 배열을 생성하고 Point 객체의 x, y값을 난수로 채워보자.

4. 1번 코드의 Point 클래스의 멤버 함수에 최대한 많이 const를 추가하여 보라.

5. 1번 코드의 Point 클래스의 멤버 함수에 최대한 많이 this를 추가하여 보라.

6. 2개의 Point 객체가 동일한지를 검사하는 다음과 같은 함수를 정의한다고 하자. "값에 의한 호출"을 사용하는 것과 "참조에 의한 호출"을 사용하는 것을 효율적 측면에서 비교하여 보자. 어떤 방법이 효율적인가?

```
bool isEqual(Point p1, Point p2) {
    return ((p1.getX() == p2.getX()) && (p1.getY() == p2.getY()));
}

bool isEqual(Point *p1, Point *p2) {
    return ((p1->getX() == p2->getX()) && (p1->getY() == p2->getY()));
}
```

7. 6번 문제의 isEqual() 함수를 참조자로 다시 작성해보자. 효율성면에서 분석하여 보자.

```
bool isEqual(Point& p1, Point& p2) {
}
```

8. 1번 문제의 Point 클래스를 사용하여서 다음과 같이 객체 배열을 생성하면 오류가 발생한다. 어떻게 Point 클래스를 수정하여야 하는가?

```
Point *p = new Point[100];
```

9. 다음 코드의 문제점은 무엇인가? 올바르게 수정해보자.

```
Point *p = new Point[100];
delete p;
```

10. 어떤 경우에 메모리 누수가 발생하는가? 구체적인 예를 들어보자. 메모리 누수를 막기 위해서는 어떻게 작성하는 것이 좋은가?

11. 사각형을 나타내는 클래스 Rect를 가지고 실습하여 보자. Rect 클래스에 접근자와 설정자, 사각형의 면적을 계산하는 getArea()와 둘레를 계산하는 getPerimeter()를 추가하여 보자. 기타 print()와 같은 필요한 멤버 함수도 추가한다. const를 추가할 수 있으면 최대한 추가하라.

```
#include <iostream>
#include <string>
using namespace std;

class Rect {
   int width, height;
};

int main()
{
   Rect *p = ______________;                    // ❶
   return 0;
}
```

**12.** 11번 코드에 필요한 생성자를 추가하여 보자.

**13.** ❶ 위치에 동적으로 객체를 생성하여 보자. 폭과 높이를 10과 20으로 설정하는 생성자를 호출한다. 동적 객체를 삭제하는 코드도 추가한다.

**14.** p를 통하여 getArea()를 호출하여 보자.

**15.** Rect 객체 두개를 받아서 같은 크기인지를 체크하는 일반 함수 is_equal()을 작성하여 보자. 다음과 같은 함수 원형을 가정한다.

```
bool is_equal(Rect r1, Rect r2);
```

**16.** 15번 함수 is_equal()을 약간 수정하여 보자. 이번에는 함수의 매개 변수를 참조자로 선언하여 보자. 수정되어야 하는 코드가 있는가? 15번과의 차이점은 무엇일까? 실행 속도는 어떤 것이 빠를까? 위험성은 없는가?

```
bool is_equal(Rect& c1, Rect& c2);
```

**17.** 참조자 타입의 매개 변수를 가지는 is_equal()에 const 키워드를 추가하여서 코드를 보다 안전하게 만들어보라. 어디에 const를 추가하여야 하는가?

## PROGRAMMING EXERCISE

1. 사용자가 몇 개의 정수를 입력할 것인지를 물은 후에 동적 배열을 생성하여 사용자로부터 받은 정수를 저장하는 프로그램을 작성하라. `new`를 이용하여 `int`형의 동적 배열을 생성한다. 이 동적 배열에 정수들을 저장한다.

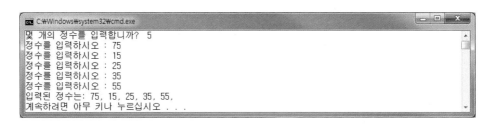

```
C:\Windows\system32\cmd.exe
몇 개의 정수를 입력합니까? 5
정수를 입력하시오 : 75
정수를 입력하시오 : 15
정수를 입력하시오 : 25
정수를 입력하시오 : 35
정수를 입력하시오 : 55
입력된 정수는: 75, 15, 25, 35, 55,
계속하려면 아무 키나 누르십시오 . . .
```

**Tip** 동적 배열은 p = new int[i];와 같이 생성한다.

2. 사용자가 몇 개의 이름을 입력할 것인지를 물은 후에 동적 배열을 생성하여 사용자로부터 받은 이름을 저장하는 프로그램을 작성하라. `new`를 이용하여 `string`의 동적 배열을 생성한다. 이 동적 배열에 이름들을 저장한다.

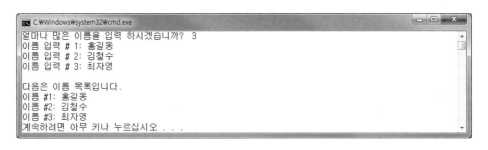

```
C:\Windows\system32\cmd.exe
얼마나 많은 이름을 입력 하시겠습니까? 3
이름 입력 # 1: 홍길동
이름 입력 # 2: 김철수
이름 입력 # 3: 최자영

다음은 이름 목록입니다.
이름 #1: 홍길동
이름 #2: 김철수
이름 #3: 최자영
계속하려면 아무 키나 누르십시오 . . .
```

**Tip** 문자열을 저장하는 동적 배열은 string *names = new string[length];와 같이 생성한다.

3. 본문에서 정의한 `Circle` 클래스를 이용하여 동적 배열을 생성한다. 동적 배열의 크기는 사용자가 입력한다. 원의 반지름은 `1`부터 `100` 사이의 난수로 설정한다. 동적 배열에 저장된 원의 면적이 `100`을 초과하는 원의 개수를 출력하는 프로그램을 작성한다. 동적 배열은 사용이 끝나면 삭제하도록 하자.

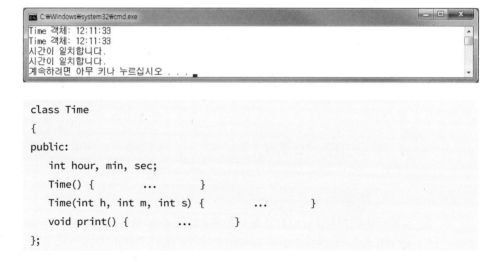

```
생성할 원의 개수:  3
원 1의 반지름 >> 10
원 2의 반지름 >> 20
원 3의 반지름 >> 30
면적이 100보다 큰 원은 3개 입니다
계속하려면 아무 키나 누르십시오 . . .
```

```
class Circle {
    int radius; // 원의 반지름 값
public:
    void setRadius(int radius); // 반지름을 설정한다.
    double getArea(); // 면적을 리턴한다.
};
```

**4.** 시간을 나타내는 Time 클래스를 작성하여 보자. 전용 멤버로 hour, min, sec를 가지며 각 멤버 변수에 대하여 접근자와 설정자 함수를 제공하라. 생성자와 소멸자도 적절하게 정의하라. print() 멤버 함수는 현재 시간을 콘솔에 출력한다. 전달된 2개의 Time 객체가 동일한지를 검사하는 다음과 같은 전역 함수들을 중복 정의하여 보자.

```
bool isEqual(Time& t1, Time& t2);
bool isEqual(Time *pt1, Time *pt2);
```

몇 개의 Time 객체를 생성하고 위의 함수로 전달하여서 위의 함수들을 테스트하라.

```
Time 객체: 12:11:33
Time 객체: 12:11:33
시간이 일치합니다.
시간이 일치합니다.
계속하려면 아무 키나 누르십시오 . . .
```

```
class Time
{
public:
    int hour, min, sec;
    Time() {          ...          }
    Time(int h, int m, int s) {          ...          }
    void print() {          ...          }
};
```

**5.** 클래스 Student는 학생을 나타낸다. 클래스 MyClass는 하나의 학급을 나타낸다. 학급의 학생 수는 학급마다 다르다. 따라서 정적 배열 대신에 동적 배열을 사용하기로 하

였다.

```
class Student {
   string name;
public:
   Student(string name = "") : name name {}
   string getName() { return name; }
   void setName(string name) { this->name = name; }
};

class MyClass {
   string className;
   Student* p;
   int size;
}
```

학생수가 3명인 학급 "special"을 생성하고 동적 배열을 생성하여서 학생들의 이름을 저장해보자.

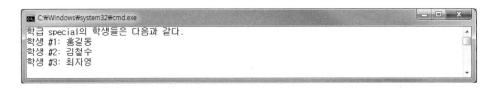

```
C:\Windows\system32\cmd.exe
학급 special의 학생들은 다음과 같다.
학생 #1: 홍길동
학생 #2: 김철수
학생 #3: 최자영
```

Introduction to **C++ Programming**

CHAPTER

# 09 복사생성자와 정적 멤버

## 학습목표

- 함수가 객체를 받아들이고 반환하는 과정을 자세히 살펴본다.
- 복사 생성자의 개념을 이해한다.
- 정적 멤버의 개념을 이해한다.

## 학습목차

복사 생성자라니 꼭 필요한 가요?
얕은 복사와 깊은 복사 문제 때문에 그렇습니다. 이 문제는 객체 지향 언어라면 다 가지고 있는 문제입니다.

# 09.1 이번 장에서 만들어 볼 프로그램

이번 장에서는 객체를 함수로 전달하는 방법, 함수에서 객체를 반환하는 방법, 객체들 사이에 공통적인 값을 저장하는 방법, 복사 생성자, 얕은 복사와 깊은 복사의 차이점 등을 학습한다. 구체적으로 다음과 같은 프로그램을 작성해보자.

1. 색상을 나타내는 `Color` 클래스를 정의하고 `Color` 객체를 `Circle` 클래스의 생성자로 전달해보자.

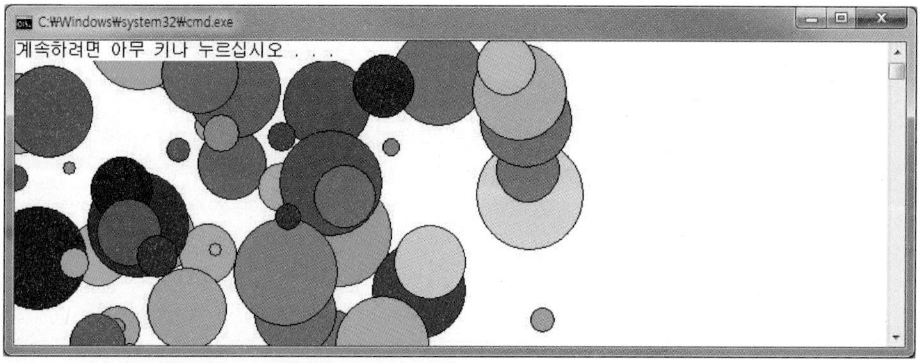


2. 싱글톤 디자인 패턴을 정적 멤버로 구현해보자.

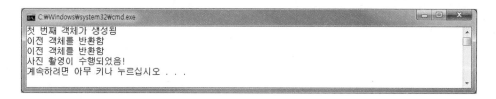

# 09.2 함수로 객체 전달하기

객체 지향 프로그래밍에서 함수를 호출할 때 객체를 전달하는 것은 상당히 자주 등장한다. 따라서 우리는 객체가 함수로 전달될 때 어떤 일이 발생하는 지를 확실하게 알고 있어야 자신 있게 사용할 수 있다.

C++에서 함수로 인수를 전달하는 방법에는 다음과 같이 2가지 방법이 있다고 볼 수 있다. 3장에서 이미 설명한 바 있다.

- 값에 의한 호출(call-by-value)
- 참조에 의한 호출(call-by-reference)

가장 기본적인 방법은 "값에 의한 호출"이다. 특별한 상황이 아니라면 항상 인수의 값이 매개 변수로 복사된다. "참조에 의한 호출"은 변수의 주소를 함수로 보내거나 변수의 참조자를 함수로 보내는 방법이다. 이것은 3장에서 자세하게 다룬바 있다.

함수로 객체를 전달하면 어떻게 될까? 이번 장에서는 함수로 객체를 전달하거나 함수로부터 객체를 반환받는 방법을 학습한다.

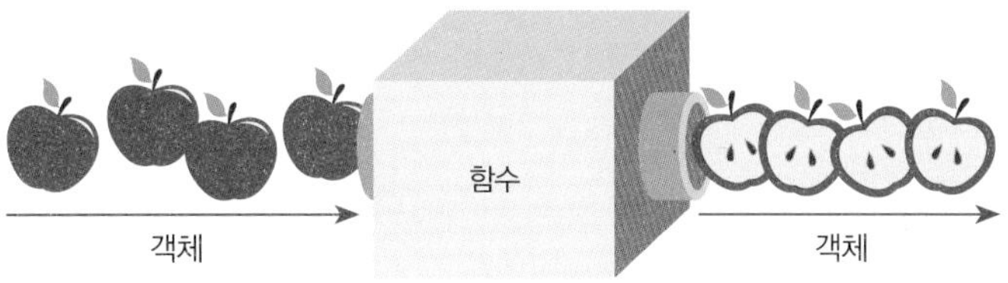


## 객체를 함수로 전달하기

설명을 위하여 간단한 예제를 만들어보자. 어떤 피자 가게에서 레귤러 피자를 주문하면 라지 피자로 업그레이드해준다고 하자.

```
#include <iostream>
using namespace std;

class Pizza {
    int radius;
public:
    Pizza(int r= 0) : radius{ r } { }
    ~Pizza() {       }
    void setRadius(int r) { radius = r; }
    void print() { cout << "Pizza(" << radius << ")" << endl; }
};

void upgrade(Pizza p) {
    p.setRadius(20);
}

int main()
{
    Pizza obj(10);
    upgrade(obj);

    obj.print();
    return 0;
}
```

복사 생성자가 호출되어서 객체 r의 내용이 그대로 p로 복사

실행결과

```
C:\Windows\system32\cmd.exe
Pizza(10)
계속하려면 아무 키나 누르십시오 . . .
```

반지름인 10인치인 피자 객체가 생성되어서 함수 upgrade()로 전달된다. upgrade() 함수에서는 피자의 반지름을 20인치로 변경하려고 시도하였으나 변경되지 않는다. 따라서 우리는 객체를 함수로 전달하면 "값에 의한 호출"이 적용되어서 main() 함수의 객체 regular의 내용이 upgrade()의 매개 변수에 객체 p로 복사된다는 것을 확인할 수 있다.

upgrade()의 매개 변수 p도 객체이다. 이 객체는 생성될 때 다른 객체의 내용을 복사하여서 생성된다. 따라서 일반적인 생성자가 호출되는 것이 아니라 **복사 생성자(copy constructor)**라는 특수한 생성자가 호출된다. 복사 생성자는 우리가 만들지 않아도 컴파일러가 기본적인 버전은 만들어서 사용한다. 기본 복사 생성자에서는 객체 멤버의 값을 전부 다른 객체로 복사한다. 복사 생성자는 3절에서 자세히 살펴보자.

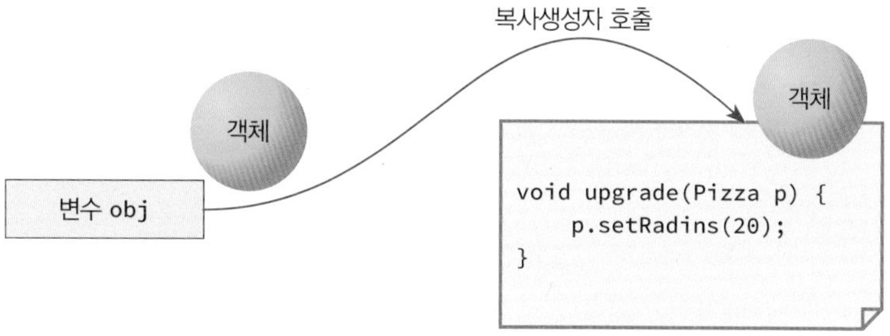


### 객체의 주소를 함수로 전달하기

객체의 주소를 & 연산자로 추출하여서 함수로 전달하면 이것은 객체가 아니기 때문에 생성자나 소멸자가 호출되지 않는다. 그리고 객체를 복사하지 않아도 되기 때문에 시간 소모도 줄어든다. 함수 안에서 주소를 이용하여 원본 객체의 내용을 조작할 수 있다. 하지만 이것 때문에 의도하지 않은 원본 객체 훼손이 일어날 수도 있다. 장단점을 잘 알고 사용하면 된다. 앞의 피자 예제를 다시 작성해보자.

```
// 앞의 소스와 동일
...
void upgrade(Pizza *p) {
   p->setRadius(20);
}

int main()
{
   Pizza obj(10);
   upgrade(&obj);

   obj.print();
   return 0;
}
```

객체의 주소가 p에 전달된다.

실행결과

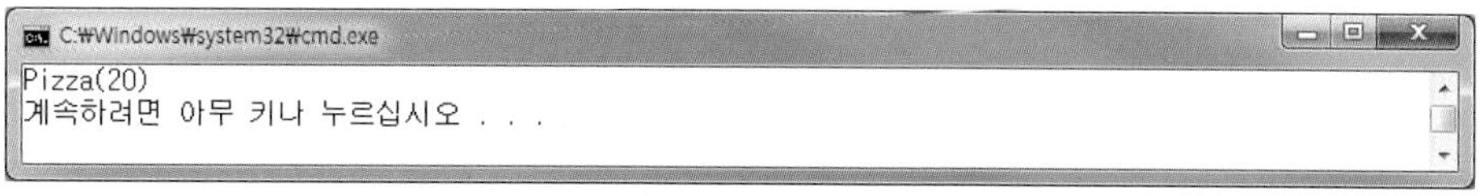


객체를 주소를 전달하면 실제로 원본 피자 객체의 반지름이 변경되는 것을 알 수 있다.

### 참조자 매개 변수 사용하기

C++에서는 참조 매개 변수를 사용하여 원본 객체를 함수로 전달할 수 있다. 사실 참조자란 포인터를 쉽게 사용하기 위한 기법이다. 앞의 포인터와 동일한 효과이지만 코드는 훨씬 알아보기 쉽다.

```
// 앞의 소스와 동일
...
void upgrade(Pizza& pizza) {
   pizza.setRadius(20);
}

int main()
{
   Pizza obj(10);
   upgrade(obj);

   obj.print();
   return 0;
}
```

참조자를 통하여 원본 객체를 변경할 수 있다.

**실행결과**

```
C:\Windows\system32\cmd.exe
Pizza(20)
계속하려면 아무 키나 누르십시오 . . .
```

# 09.3 함수가 객체 반환하기

이번에는 피자 객체를 반환하는 함수를 만들어서 실험해보자.

```
#include <iostream>
using namespace std;

class Pizza {
   int radius;
public:
   Pizza(int r = 0) : radius{ r } {        }
   ~Pizza() {      }
   void setRadius(int r) { radius = r; }
   void print() { cout << "Pizza(" << radius << ")" << endl; }
};

Pizza createPizza() {
   Pizza p(10);
   return p;
}

int main()
{
   Pizza obj;
   obj = createPizza();

   obj.print();
   return 0;
}
```

피자 객체를 반환하고 있다.

실행결과

```
C:\Windows\system32\cmd.exe
Pizza(10)
계속하려면 아무 키나 누르십시오 . . .
```

어떤 일이 벌어질까? 위의 코드에서 createPizza() 함수는 객체를 반환한다. createPizza() 함수는 객체 p를 복사하여 반환 객체를 생성한다. 이때 복사 생성자가 호출된다(기본 복사 생성자가 사용된다). 이 반환 객체가 main() 함수에서 객체 obj로 대입된다. 조금 헷갈릴 수 있다. 이것은 다음과 같이 생각하자.

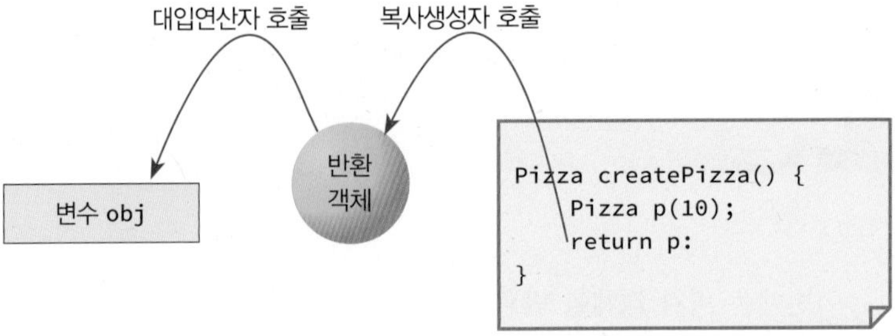


위의 코드에서는 우리가 복사 생성자를 따로 정의하지 않았으므로 컴파일러가 가지고 있는 기본 복사 생성자가 사용된다. 즉 객체의 모든 멤버가 복사된다.

## LAB 객체를 함수로 전달하기

복소수를 클래스로 정의하고 복소수 덧셈 연산을 구현해보자. 복소수는 다음과 같은 클래스로 정의할 수 있다.

```
class Complex {
public:
    double real, imag;
    Complex(double r = 0.0, double i = 0.0) : real{ r }, imag{ i } {
        cout << "생성자 호출";
        print();
    }
    ~Complex() { cout << "소멸자 호출"; print();      }
    void print() {
        cout << real << "+" << imag << "i" << endl;
    }
};
```

다음과 같은 함수 원형을 가지는 add()를 구현해본다.

```
Complex add(Complex c1, Complex c2) {
    ...
}
```

## SOLUTION 객체를 함수로 전달하기

complex.cpp

```cpp
#include <iostream>
using namespace std;

class Complex {
public:
   double real, imag;
   Complex(double r = 0.0, double i = 0.0) : real{ r }, imag{ i } {
      cout << "생성자 호출" << endl;
   }
   ~Complex() {          cout << "소멸자 호출" << endl;     }
   void print() {
      cout << real << "+" << imag << "i" << endl;
   }
};

Complex add(Complex c1, Complex c2) {
   Complex temp;
   temp.real = c1.real + c2.real;
   temp.imag = c1.imag + c2.imag;
   return temp;
}

int main()
{
   Complex c1{ 1,2 }, c2{ 3,4 };
   Complex t;
   t = add(c1, c2);
   t.print();
   return 0;
}
```

위의 코드에서 가장 중요한 함수는 2개의 복소수를 더하는 add() 함수이다. add() 함수는 2개의 매개 변수를 통하여 Complex 객체 2개를 전달받는다. 함수로 객체를 전달하면 "값으로 전달하기" 원칙이 적용된다. 따라서 객체가 복사된다.

```
Complex add(Complex c1, Complex c2) {
   ...
   return temp;
}


int main()
{
   Complex c1{ 1,2 }, c2{ 3,4 }, t;
   t = c1.add(c1, c2);
}
```

위의 코드에서 add() 함수는 객체 temp를 반환한다. 반환 객체가 생성되면서 add() 함수 안의 temp 객체의 내용이 복사된다. 이때 복사 생성자가 호출된다. 이 반환 객체는 객체 t로 대입된다.

만약 객체의 전달을 빠르게 하고 싶으면 참조자를 사용할 수 있다.

```
Complex add(Complex &c1, Complex &c2) {
   Complex temp;
   temp.real = c1.real + c2.real;
   temp.imag = c1.imag + c2.imag;
   return temp;
}
```

이때는 함수 add() 안에서 c1과 c2를 변경할 수 있다. 이러한 위험을 제거하려면 참조자와 함께 const를 붙이면 된다.

```
Complex add(const Complex &c1, const Complex &c2) {
   Complex temp;
   temp.real = c1.real + c2.real;
   temp.imag = c1.imag + c2.imag;
   return temp;
}
```

const를 붙이면 참조자를 통하여 객체를 변경하는 것은 금지된다. 즉 속도와 안전성을 동시에 얻을 수 있다.

**실행결과**

```
생성자 호출
생성자 호출
생성자 호출
생성자 호출
소멸자 호출
소멸자 호출
소멸자 호출
소멸자 호출
4+6i
소멸자 호출
소멸자 호출
소멸자 호출
계속하려면 아무 키나 누르십시오 . . .
```

LAB

# 복사 생성자 사용

화면에 컬러풀한 원들을 그려보자. 색상도 Color 클래스로 나타내고 Circle 클래스의 생성자에 Color 객체를 전달하자. 객체를 함수로 전달하는 것은 많이 등장한다. 따라서 어떤 방법으로 객체가 함수로 전달되고 또 반환되는지를 정확히 알아두어야 한다.

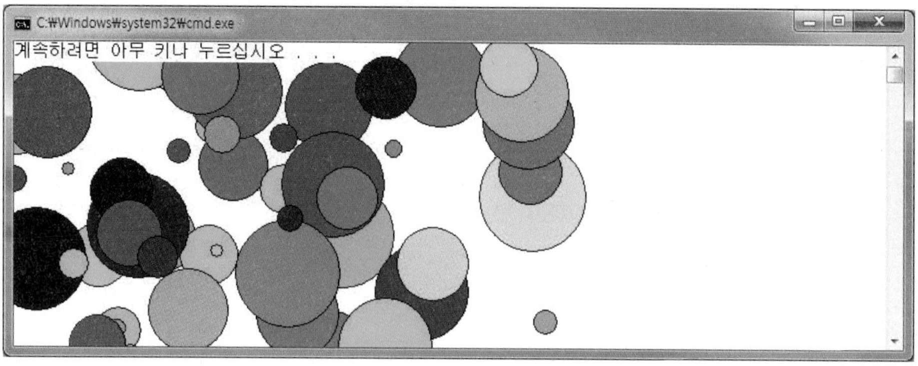


Color 클래스는 다음과 같이 정의된다.

```
class Color
{
public:
    int red, green, blue;
    Color(int r=0, int g=0, int b=0) : red{r}, green{g}, blue{b} { }
};
```

이 Color 객체를 Circle 클래스의 생성자에 전달하여서 Circle이 지정된 색상으로 칠해지도록 하자. 기본 복사 생성자가 호출된다. 여기서는 우리가 복사 생성자를 따로 정의할 필요는 없다.

```
class Circle
{
    ...
    Circle(int x, int y, int r, Color c) {
        ...
    }
};
```

SOLUTION

# 복사 생성자 사용

color_circle.cpp

```
#include <windows.h>              // 그리기를 위하여 필요하다.
#include <iostream>
#include <vector>
using namespace std;

class Color
{
public:
   int red, green, blue;
   Color() {
      red = rand() % 256;
      green = rand() % 256;
      blue = rand() % 256;
   }
};

class Circle
{
   int x, y;
   int radius;
   Color color;

public:
  Circle(int x, int y, int r, Color c) : x(x), y(y), radius(r), color(c) { }
   void draw();
};

// 원을 화면에 그리는 코드이다. 이해하지 않아도 된다.
void Circle::draw()
{
   int r = radius / 2;
   HDC hdc = GetWindowDC(GetForegroundWindow());
   SelectObject(hdc, GetStockObject(DC_BRUSH));
   SetDCBrushColor(hdc, RGB(color.red, color.green, color.blue));
   Ellipse(hdc, x - r, y - r, x + r, y + r);
}

int main()
```

```
{
   for (int i = 0; i < 100; i++) {
      Circle obj(rand() % 500, rand() % 500, rand() % 100, Color());
      obj.draw();
   }
   return 0;
}
```

이번에는 Circle 클래스의 생성자에서 Color 객체를 인수로 받는다. main()에서 생성된 Color 객체가 Circle 클래스의 생성자로 전달되는 것이다. 이때 바로 복사 생성자가 호출된다. 우리는 복사 생성자를 정의하지 않았으므로 컴파일러가 만든 기본 복사 생성자가 호출된다. 이 소스에서는 동적 메모리 할당과 포인터를 사용하지 않았으므로 기본 복사 생성자를 사용하여도 전혀 문제가 없다.

# 09.4 복사 생성자

**복사 생성자(copy constructor)는** 동일한 클래스의 객체를 복사하여 객체를 생성할 때, 사용하는 생성자이다. 객체를 생성할 때는 일반적인 경우에는 구체적인 값들을 넘기지만 다른 객체를 전달하여 그 객체와 동일한 값으로 객체를 초기화하는 경우도 많다.

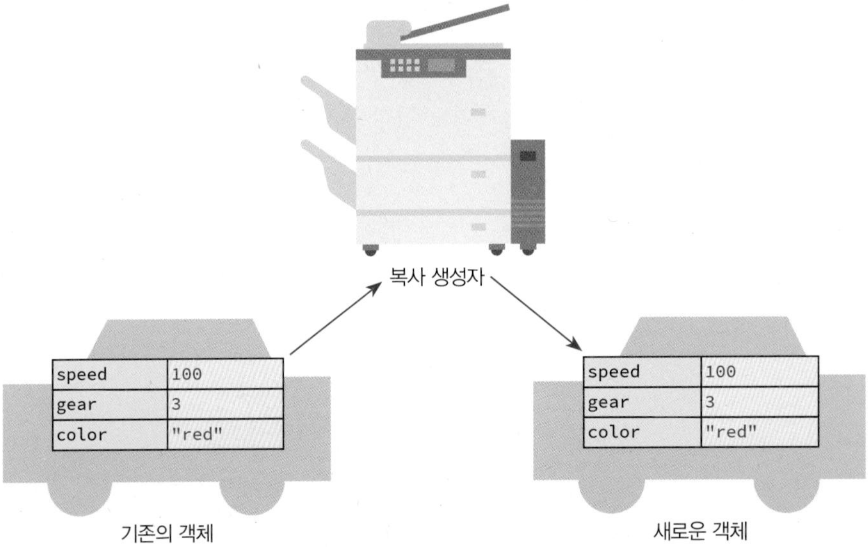


**그림 9.1** 복사 생성자는 다른 객체의 내용을 복사하여서 새로운 객체를 생성한다.

구체적으로 다음과 같은 형태의 생성자가 복사 생성자이다.

**문법 9.1 복사 생성자**

```
MyClass( const MyClass& other )
{
    ....// other로 현재 객체를 초기화한다.
}
```

다음과 같은 형태는 무한 루프를 발생하는 관계로 사용하면 안 된다.

```
MyClass( MyClass other );
```

앞에서 살펴본 대로, 다음과 같은 경우에 복사 생성자가 호출된다.

### 같은 종류의 객체로 초기화하는 경우

```
MyClass obj(obj2);                          // 여기서 복사 생성자가 호출
```

### 객체를 함수에 전달하는 경우

```
MyClass func(MyClass obj){          // 여기서 복사 생성자가 호출
   ...
}
```

### 함수가 객체를 반환하는 경우

```
MyClass func(MyClass obj){
   MyClass tmp;
   ...
   return tmp;              // 여기서 복사 생성자가 호출
}
```

만약 복사 생성자가 클래스 안에 정의되어 있지 않으면 컴파일러가 기본 복사 생성자를 정의한다. 일반적인 경우에는 복사 생성자를 정의할 필요가 없다. 그러나 클래스가 포인터 변수를 가지고 있고 동적 메모리 할당을 사용하는 경우에는 복사 생성자 정의가 필요하다.

먼저 복사 생성자가 필요 없는 경우를 살펴보자. 다음과 같은 코드를 살펴보자. 출력은 어떻게 될까?

```
#include <iostream>
using namespace std;

class Person {
public:
   int age;
   Person(int a) : age(a) { }
};

int main()
{
                                         복사 생성자 호출
   Person kim(21);
   Person clone( kim );

   cout << "kim의 나이: " << kim.age << " clone의 나이: " << clone.age
                                                        << endl;
   kim.age = 23;
```

```
    cout << "kim의 나이: " << kim.age << " clone의 나이: " << clone.age
                                                              << endl;


    return 0;
}
```

**실행결과**

```
C:\Windows\system32\cmd.exe
kim의 나이: 21 clone의 나이: 21
kim의 나이: 23 clone의 나이: 21
계속하려면 아무 키나 누르십시오 . . .
```

여기서 흥미로운 부분은 다음과 같은 문장이다.

```
Person clone{ kim };
```

kim과 clone는 모두 객체이다. clone 객체를 생성하면서 객체 kim를 객체 clone으로 복사하였다. 상식적으로 당연히 컴파일러는 kim의 모든 멤버를 clone으로 복사할 것이다. 현재로서는 전혀 문제가 없다. 이렇게 객체를 생성할 때 다른 객체에서 복사하여 생성하는 경우에 호출되는 생성자를 **복사 생성자(copy constructor)**라고 한다. 컴파일러는 거의 모든 경우에 사용할 수 있는 기본 복사 생성자(default copy contrcutor)를 자동으로 제공한다. 따라서 일반적인 경우에는 골치 아프게 복사 생성자에 대하여 생각할 필요가 없다!! 컴파일러가 생성하는 기본 복사 생성자는 다음과 같은 형태일 것이다.

```
Person(const Person& other) : age{other.age}
{
}
```

### 복사 생성자가 필요한 경우

하지만 다음과 같은 코드를 생각해보자. 간단한 동적 배열 클래스를 우리가 직접 작성하였다. 기본 복사 생성자를 사용하였을 때에 발생할 수 있는 문제점을 살펴보자.

**MyArray.cpp**

```
#include <iostream>
using namespace std;

class MyArray {
public:
    int size;
    int* data;
```

```
    
    MyArray(int size)
    {
        this->size = size;
        data = new int[size];
    }

    ~MyArray()
    {
        if (data != NULL) delete[] this->data;
    }
};

int main()
{
    MyArray buffer(10);
    buffer.data[0] = 1;
    {
        MyArray clone = buffer;
    }
    buffer.data[0] = 2;

    return 0;
}
```

기본 복사 생성자 호출

**실행결과**

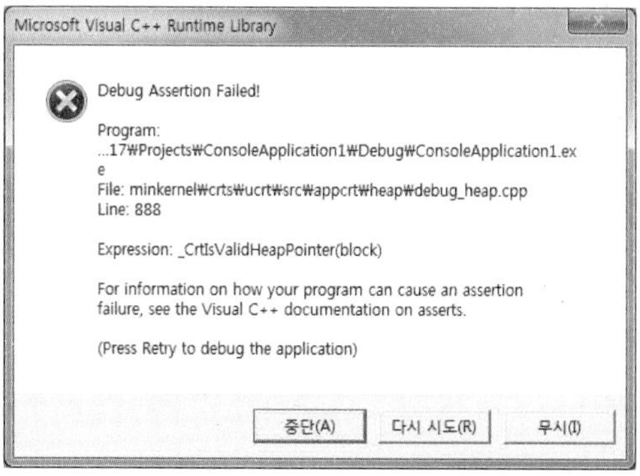


MyArray 클래스 생성자에서 new를 사용하여서 정수를 저장할 수 있는 동적 메모리를 할당하고 있다. 소멸자에서는 이 동적 메모리를 해제한다. main()에서는 buffer라는 이름으로 객체를 생성하고 1을 저장하였다. {와 }를 이용하여 블록을 만들고 여기다가 지역 변수로 객체 clone을 생성한 후에 buffer를 복사하여서 초기화하였다. 여기까지는 전혀 문제가 없다. 블록이 종료되어서 clone은 소멸된다. 이어서 buffer 객체에 2를 저장하려고 하면 오류가 발생한다. 읽어보면 히프 메모리 포인터가 잘못되었다는 이야기이다.

문제는 다음과 같은 문장 때문이다.

```
MyArray clone = buffer;
```

컴파일러는 디폴트로 buffer의 모든 멤버를 clone의 멤버로 복사한다. 따라서 복사가 끝나면 다음과 같은 형태가 될 것이다.

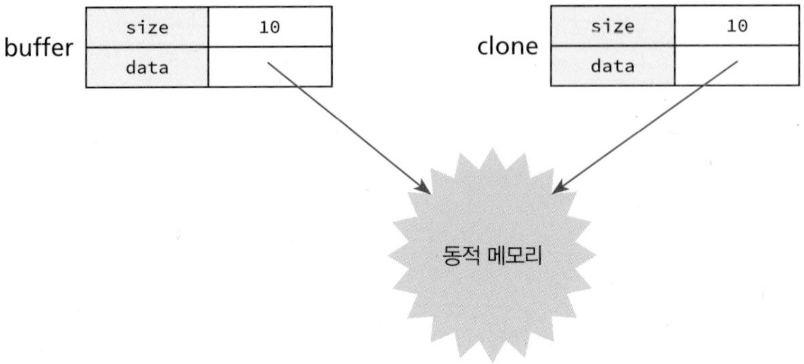


독자들도 위의 그림을 보면 무엇이 잘못되는지 감이 올 지 모르겠다. 2개의 객체가 하나의 동적 메모리를 공유하고 있다. 코드를 보면 블록이 종료되면서 지역 변수인 clone은 소멸된다. 따라서 clone의 소멸자인 ~MyArray()가 호출되고 여기서 동적 메모리가 해제되어 버린다.

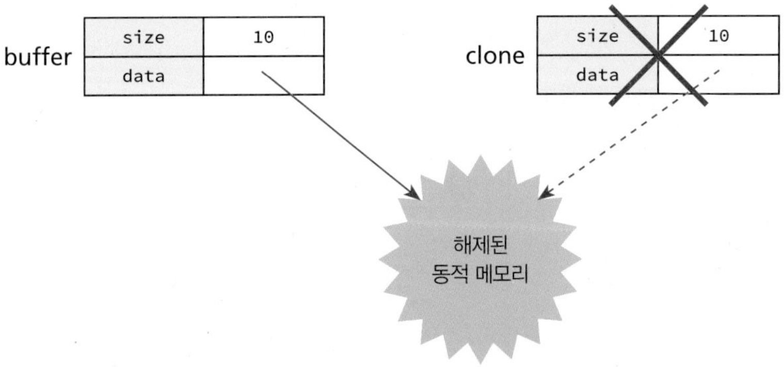


이후에 buffer 객체가 동적 메모리를 사용하려고 하면 오류가 발생할 것이다. 이러한 결과가 나오는 이유는 기본 복사 생성자에서 단순히 멤버의 값을 다른 객체로 복사하였기 때문이다. 즉 data라는 포인터 안에 들어 있었던 주소값이 복사되었기 때문이다. 즉 clone을 위한 새로운 공간이 할당되지 않았고 동일한 공간을 buffe와 clone이 공유하는 상황이 된 것이다. 실행 오류가 발생하는 이유는 지역 변수인 clone이 소멸되면서 이름을 저장한 메모리 공간을 반납하게 되고 이 동일한 공간을 다른 변수 buffer가 사용하려고 하기 때문이다. 이러한 문제를 **얕은 복사(shallow copy)**라고 한다.

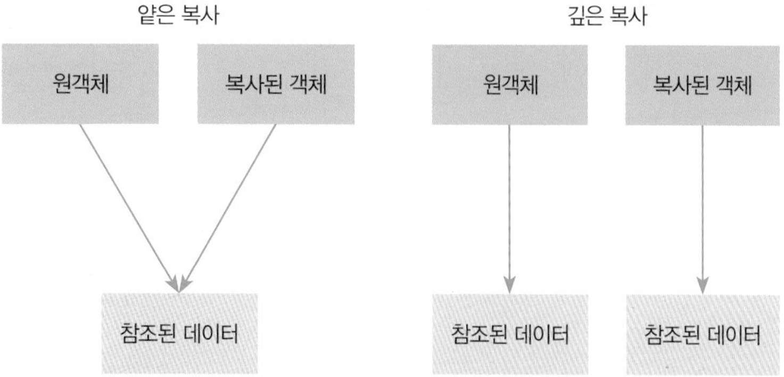


이 문제를 해결하려면 어떻게 하면 될까? 이것은 기본 복사 생성자를 사용하지 않고 우리가 직접 복사 생성자를 구현하여 주면 된다. 이것을 **깊은 복사(deep copy)**라고 한다.

**MyArray.cpp**

```
class MyArray {
public:
    int size;
    int* data;
    MyArray(int size);
    MyArray(const MyArray& other);
    ~MyArray();
};

MyArray::MyArray(int size)
{
    this->size = size;
    data = new int[size];
}

MyArray::MyArray(const MyArray& other)
{
    this->size = other.size;
    this->data = new int[other.size];
    for (int i = 0; i < size; i++)
        this->data[i] = other.data[i];
}

MyArray::~MyArray()
{
    if (data != nullptr) delete[] this->data;
    data = nullptr;
}
```

이것이 바로 복사 생성자이다.

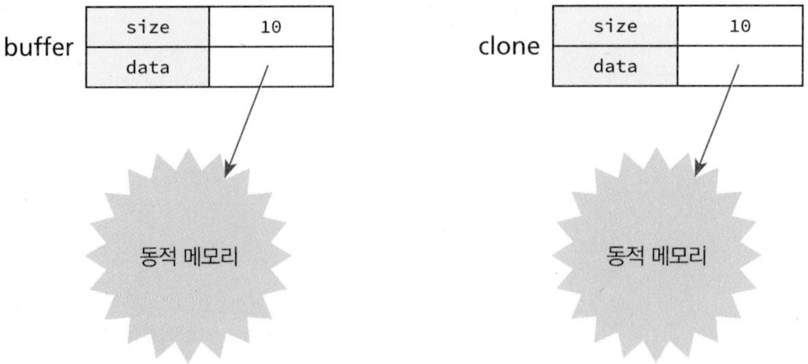


복사 생성자에서는 새로운 메모리 공간을 할당받은 후에 데이터를 복사해준다.

```
MyArray::MyArray(const MyArray& other)
{
    this->size = other.size;
    this->data = new int[other.size];         // 새로운 공간 할당
    for (int i = 0; i < size; i++)            // 데이터 복사
        this->data[i] = other.data[i];
}
```

buffer와 clone이 모두 별도의 동적 메모리를 할당받아서 사용하는 관계로 이전과 같은 오류는 발생하지 않는다. 자 정리해보자. 일반적인 경우에는 복사 생성자를 정의할 필요가 없다. 하지만 특별한 경우에는 복사 생성자를 정의하여야 한다.

최신 버전의 C++에서는 shared_ptr을 이용하여서 이 문제를 해결하고 있다. shared_ptr을 사용하면 얼마나 많은 객체들이 동일한 동적 데이터를 참조하고 있는지를 알 수 있다. 만약 카운트값이 0이 되면 동적 데이터가 삭제된다.

### 복사 생성자 vs 대입 연산자

이미 생성된 객체를 다른 객체에 복사하는 경우에는 호출되지 않는다. 이때는 대입 연산자가 적용된다.

```
MyArray buffer1(20);
MyArray buffer2(30);
buffer2 = buffer1;          // 이것은 대입 연산이다!!
```

객체가 새롭게 생성될 때만 호출된다. 주의하도록 하자!!

```
MyArray s1;                 // 일반 생성자 사용
MyArray s2 = s1;            // 복사 생성자 사용!!
MyArray s2(s1);             // 복사 생성자 사용!!
MyArray s2{s1};             // 복사 생성자 사용!!
```

### 객체와 연산자

객체에 대하여 대입 연산자인 =을 사용할 수 있을까? 즉 다음과 같이 하나의 객체를 다른 객체에 복사할 수 있을까?

```
class Person {
public:
   int age;
   Person(int a) : age(a) { }
};

int main()
{
   Person obj1(20);
   Person obj2(20);

   obj2 = obj1;     // obj1의 멤버 변수가 obj2으로 복사된다.
   return 0;
}
```

결론적으로 객체끼리 복사할 수 있다. obj1이 가지고 있는 모든 멤버 변수의 값이 obj2로 복사된다. 같은 타입의 객체끼리는 대입 연산이 가능하다. C++에서는 대입 연산자를 개발자가 재정의하여 사용할 수도 있다. 10장을 참조하라.

객체와 객체를 비교 연산자인 ==을 이용하여서 비교할 수 있을까?

```
class Person {
public:
   int age;
   Person(int a) : age(a) { }
};

int main()
{
   Person obj1(20);
   Person obj2(20);

   if (obj1 == obj2) {
      cout << "같습니다" << endl;
   }
   else {
      cout << "같지 않습니다" << endl;
   }
   return 0;
}
```

| | 코드 | 설명 | 프로젝트 | 파일 | 줄 | Suppression State |
|---|---|---|---|---|---|---|
| | E0349 | 이러한 피연산자와 일치하는 "==" 연산자가 없습니다. | ConsoleApplication1 | 소스.cpp | 12 | |

위의 코드를 컴파일하면 오류가 발생한다. `MyPerson` 클래스에서 `==` 연산자를 정의하지 않았다는 것이다. 만약 `MyPerson` 클래스 객체들을 `==` 연산자를 이용하여서 서로 비교할 수 있으면 상당히 편리할 것이다. 이것을 위하여 연산자 중복(`operator overloading`)이라는 메카니즘이 존재한다. 연산자 중복을 이용하면 객체에 대하여 원하는 연산자를 마음대로 정의하여서 사용할 수 있다. 10장에서 학습하도록 하자.

**중간점검**

1. = 연산자를 이용하여서 하나의 객체를 다른 객체에 대입할 수 있는가?
2. == 연산자를 이용하여서 하나의 객체와 다른 객체를 비교할 수 있는가?
3. 복사 생성자는 언제 사용되는가?
4. 얕은 복사와 깊은 복사의 차이점은 무엇인가?

# 09.5 클래스 안에 객체 포함하기

객체 지향 프로그래밍 언어의 장점 중 하나는 코드 재사용이다. 객체 지향에서는 코드를 재사용을 할 수 있는 2가지의 방법이 있다.

- is-a 관계: 객체 지향 프로그래밍에서 is-a의 개념은 상속을 기반으로 한다. 우리는 아직 상속은 학습하지 않았다. "A는 B 유형의 물건"이라고 말하는 것과 같다. 예를 들어, Apple은 과일의 일종이고, Car는 자동차의 일종이다.
- has-a 관계: has-a는 하나의 객체가 다른 객체를 가지고 있는 관계이다. 예를 들어서 Car에는 Engine이 있고 House에는 Bathroom이 있다.

객체 지향 프로그래밍에서는 하나의 객체 안에 다른 객체가 포함될 수 있다. 이것을 has-a 관계라고 한다. 하나의 객체가 다른 객체를 멤버로 가진다는 의미이다. 예를 들어서 자동차를 나타내는 Car 클래스는 Engine 클래스를 멤버로 가질 수 있다. 은행 계좌를 나타내는 Account 클래스 안에는 소유자의 이름을 나타내는 string 객체가 포함될 수 있는데 이것도 has-a 관계라고 할 수 있다.

Car 클래스에서 예를 들어 보면 다음과 같다. 이 절에서는 has-a 관계만을 학습한다.

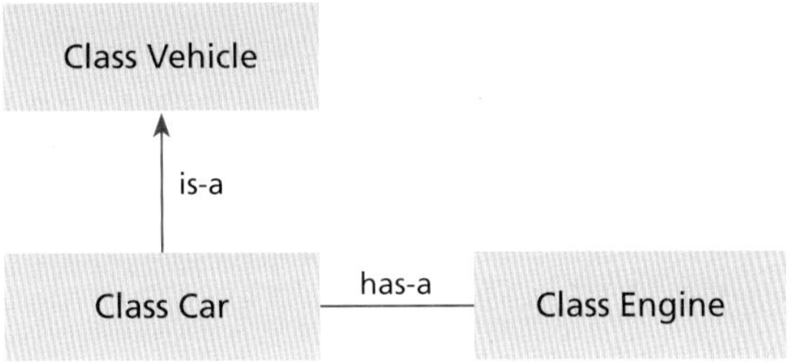


### 예제

날짜를 나타내는 Date 클래스를 정의하자. 이 Date 클래스의 객체를 Person 클래스 안에 포함시켜서 생년월일을 나타내보자.

```
class Date {
   int year, month, day;
public:
   Date(int y, int m, int d) : year( y ), month( m ), day( d ) {   }
   ...
};
```

인간을 나타내는 Person 클래스는 다음과 같이 정의한다.

```
class Person {
    string name;
    Date birth;
public:
    Person(string n, Date d) : name( n ), birth( d ) {      }
    ...
};
```

전체 프로그램은 다음과 같다.

**person.cpp**

```
#include <iostream>
#include <string>

using namespace std;

class Date {
    int year, month, day;
public:
    Date(int y, int m, int d) : year( y ), month( m ), day( d ) {      }
    void print() {
        cout << year << "." << month << "." << day <<endl;
    }
};

class Person {
    string name;
    Date birth;
public:
    Person(string n, Date d) : name( n ), birth( d ) {   }
    void print() {
        cout << name << ":";
        birth.print();
        cout << endl;
    }
};

int main()
{
    Date d( 1998, 3, 1 );
    Person p( "김칠수", d );
```

has-a관계이다.

```
    p.print();
    return 0;
}
```

**실행결과**

```
C:\Windows\system32\cmd.exe
김철수:1998.3.1

계속하려면 아무 키나 누르십시오 . . .
```

# 09.6 정적 변수

## 정적 변수

다음과 같은 문제를 생각하여 보자. 우리는 원을 나타내는 Circle 클래스를 정의하여 사용하고 있다. Circle 클래스의 객체가 몇 개나 생성되었는지를 파악할 수 있을까? 하나의 객체가 생성될 때마다 생성자가 한번 호출되므로 생성자 안에서 카운터 변수를 증가시키면 된다. 하지만 카운터 변수를 인스턴스 변수로 선언하면 안 된다. 인스턴스 변수는 객체 안에 따로 따로 생성되고 다른 객체들이 이용하지 못하기 때문이다. 아래 그림을 참조하라.

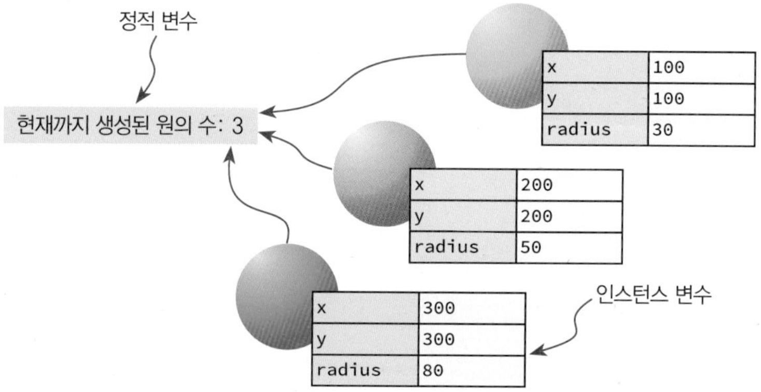


**그림 9.2** 정적 멤버

이럴 경우에 적합한 방법이 존재한다. 바로 **정적 변수(static variable)**이다. 정적 변수는 static를 붙여서 선언하는 변수로서 클래스마다 하나만 생성된다. 클래스의 모든 객체가 하나의 변수를 공유한다. 카운터 변수를 정적 변수로 선언하고 생성자 안에서 증가시키면 지금까지 생산된 Circle 객체의 개수를 알 수 있다. 정적 변수는 클래스 변수(class variable)라고도 한다. 정적 변수는 앞에 static을 붙여서 선언한다.

```
class Circle {
   int x, y;
   int radius;
   static int count;        // 정적 변수

public:
   Circle() : x(0), y(0), radius(0) {
      count++;
```

```
    }
    Circle(int x, int y, int r) : x(x), y(y), radius(r) {
        count++;
    }
};

int main()
{
    Circle c1;
    Circle c2;
    ...
}
```

만약 위와 같이 2개의 객체를 생성하게 되면 count 변수는 생성자에서 2번 증가되어서 2가 된다. 정적 변수는 클래스 안에서만 사용되는 전역 변수라고 생각하면 된다.

정적 변수의 초기화는 전역 변수와 비슷하게 클래스 외부에서 다음과 같이 수행한다.

```
int Circle::count = 0;
```

지금까지의 설명을 바탕으로 원 객체가 생성되면 카운터 변수를 증가시키고 소멸되면 카운터 변수를 감소시키는 예제를 작성하여보자. 카운터 변수를 증가시키는 작업은 생성자에서, 감소시키는 작업은 소멸자에서 하면 된다.

**static1.cpp**

```
#include <iostream>
#include <string>
using namespace std;

class Circle {
    int x, y;
    int radius;

public:
    static int count;     // 정적 변수
    Circle() : x(0), y(0), radius(0) {
        count++;
    }
    Circle(int x, int y, int r) : x(x), y(y), radius(r) {
        count++;
    }
    ~Circle() {
        count--;
```

```
    }
};

int Circle::count = 0;          // ❶

int main()
{
    Circle c1;
    cout << "지금까지 생성된 원의 개수 = " << Circle::count << endl; // ❷

    Circle c2(100, 100, 30);
    cout << "지금까지 생성된 원의 개수 = " << Circle::count << endl; // ❸

    return 0;
}
```

**실행결과**

```
C:\Windows\system32\cmd.exe
지금까지 생성된 원의 개수 = 1
지금까지 생성된 원의 개수 = 2
계속하려면 아무 키나 누르십시오 . . .
```

위의 코드에서 바로 count가 바로 정적 변수이다. 정적 변수의 초기화는 반드시 클래스 외부에서 ❶과 같이 하여야 한다. 인스턴스 변수들은 생성자 안에서 초기화를 하지만 정적 변수는 클래스의 외부에서 초기화를 한다. 정적 변수는 객체의 변수가 아니고 일종의 전역 변수로 보아야 하기 때문이다.

정적 변수는 객체를 만들지 않고서도 사용될 수 있다. 객체가 없으므로 ❷와 같이 "Circle::count"와 같이 접근한다. 객체가 생성될 때마다 count가 증가되는 것을 알 수 있다. 위의 예에서 2개의 객체가 생성되었으므로 최종적으로 정적 멤버 변수 count는 2이 된다.

### 정적 멤버 함수

멤버 함수도 정적 멤버 함수로 만들 수 있다. 정적 멤버 함수는 static 수식자를 멤버 함수 선언에 붙이며 클래스 이름을 통하여 호출된다. 정적 멤버 함수도 클래스의 모든 객체들이 공유한다. 정적 멤버 함수도 클래스의 객체를 만들지 않고서도 호출될 수 있다. 객체가 없으므로 클래스의 이름을 객체처럼 사용하여 호출한다.

```
Circle::getCount();
```

앞의 Circle 클래스에서 정적 변수 count의 값을 반환해주는 정적 멤버 함수를 작성하여 보면 다음과 같다.

**static2.cpp**

```cpp
#include <iostream>
#include <string>
using namespace std;

class Circle {
   int x, y;
   int radius;

public:
   static int count;     // 정적 변수
   Circle() : x(0), y(0), radius(0) {
      count++;
   }
   Circle(int x, int y, int r) : x(x), y(y), radius(r) {
      count++;
   }
   // 정적 멤버 함수
   static int getCount() {
      return count;
   }
};

int Circle::count = 0;           // ❶

int main()
{
   Circle c1;
   cout << "지금까지 생성된 원의 개수 = " << Circle::getCount() << endl; //
   Circle c2(100, 100, 30);
   cout << "지금까지 생성된 원의 개수 = " << Circle::getCount() << endl; //

   return 0;
}
```

실행결과

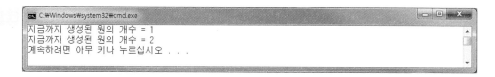

```
C:\Windows\system32\cmd.exe
지금까지 생성된 원의 개수 = 1
지금까지 생성된 원의 개수 = 2
계속하려면 아무 키나 누르십시오 . . .
```

정적 멤버 함수는 객체가 생성되지 않은 상태에서 호출되는 멤버 함수이므로 일반 멤버 변수들은 사용할 수 없고 정적 변수와 지역 변수만을 사용할 수 있다. 또한 정적 멤

버 함수에서 일반 멤버 함수를 호출하면 역시 오류가 된다. 일반 멤버 함수도 객체가 생성되어야만 사용할 수 있기 때문이다. 하지만 정적 함수에서 정적 함수를 호출하는 것은 가능하다. 또한 정적 멤버 함수는 this 포인터를 사용할 수 없다. 왜냐하면 this가 가리키는 객체가 없기 때문이다.

### 정적 상수

클래스의 선언에서 정적 멤버로 많이 정의되는 것은 바로 상수이다. 상수는 클래스의 모든 객체들이 공유하게 되기 때문이고 정적 멤버로 선언하면 각각의 객체 안에 저장되지 않고 객체를 통틀어서 하나만 존재하기 때문에 메모리를 절약할 수 있다.

```
class Circle {
    ...
public:
    const static int MAX_CIRCLES = 300;   // 이런 식의 초기화 가능
    ...
};
```

정적 상수의 경우에는 선언과 동시에 초기화가 가능하다.

> **참고** 정적 변수의 또 하나의 용도는 객체 사이에 통신이 필요할 때이다. 즉 하나의 객체가 다른 객체로 정보를 전달하는 용도로도 사용된다.

**중간점검**

1. 정적 변수는 어떤 경우에 사용하면 좋은가?
2. 정적 변수나 정적 멤버 함수를 사용할 때, 클래스 이름을 통하여 접근하는 이유는 무엇인가?
3. 정적 멤버 함수 안에서 인스턴스 멤버 함수를 호출할 수 없는 이유는 무엇인가?

## LAB Singleton 디자인 패턴

디자인 패턴(design pattern)은 객체 지향 프로그래밍에서 자주 등장하는 여러 가지 패턴을 정리해놓은 것이다. 그 중에서 싱글톤(singleton) 디자인 패턴은 한 클래스에서는 오직 하나의 객체만을 생성하는 패턴이다. 싱글톤 패턴은 시스템에서 어떤 자원이 공유될 때 사용된다. 예를 들어서 스마트폰에서 카메라는 여러 앱 사이에서 공유된다. 카메라를 관리하는 클래스는 딱 하나의 객체만을 생성하여야 한다. 싱글톤 패턴은 이런 경우에 사용된다.

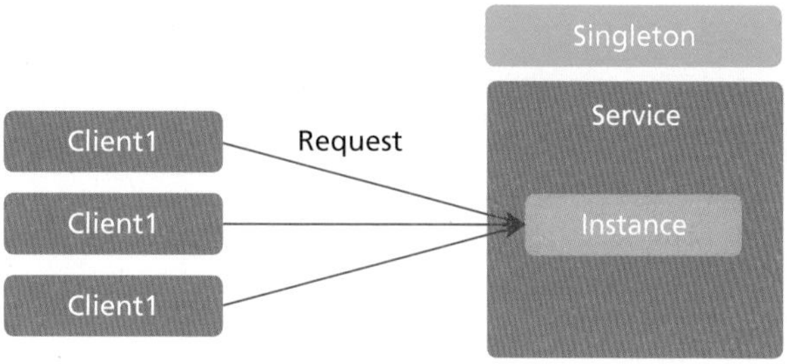


싱글톤 디자인 패턴은 정적 멤버 함수와 정적 멤버 변수를 사용하는 좋은 예이다. 이 패턴에서는 생성자를 클래스의 public 섹션이 아닌 private 섹션에 넣는다. 따라서 우리는 생성자를 호출하여서 클래스의 객체를 생성할 수 없다. 대신에 정적 함수인 public 함수 getInstance()가 있다. 이 함수를 호출하면 클래스의 객체가 반환된다. getInstance()는 딱 한 번만 객체를 생성한다. getInstance() 메소드가 정적이 아니라면 우리는 public 메소드임에도 불구하고 getInstance()를 호출 할 수 없다. 왜냐하면 객체가 없기 때문이다.

카메라를 관리하는 클래스 Camera를 싱글톤 패턴으로 작성해보자. 물론 실제로 카메라를 관리할 필요는 없고 뼈대만 만들어보자. 싱글톤 패턴은 다음과 같은 멤버 변수와 함수를 가진다. 정적 변수와 함수를 사용한다.

| Singleton |
|---|
| -instance: singleton |
| -Singleton()<br>+GetInstance(): Singleton |

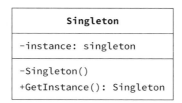

```
C:\Windows\system32\cmd.exe
첫 번째 객체가 생성됨
이전 객체를 반환함
이전 객체를 반환함
사진 촬영이 수행되었음!
계속하려면 아무 키나 누르십시오 . . .
```

## SOLUTION Singleton 디자인 패턴

```cpp
#include <iostream>
using namespace std;

class Camera
{
public:
   static Camera *getInstance();
private:
   Camera() {}
   static Camera *instance;
public:
   void capture() {
      cout << "사진 촬영이 수행되었음!" << endl;
   }
};

Camera* Camera::instance = 0;
Camera* Camera::getInstance() {
   if (!instance) {
      instance = new Camera();
      cout << "첫 번째 객체가 생성됨" << endl;
      return instance;
   }
   else {
      cout << "이전 객체를 반환함" << endl;
      return instance;
   }
}

int main()
{
   Camera* s1 = Camera::getInstance();
   Camera* s2 = Camera::getInstance();
   Camera* s3 = Camera::getInstance();
   s1->capture();
   return 0;
}
```

## EXERCISE

1. 함수 호출시 데이터를 전달하는 방법 중에서 가장 시간이 많이 걸리는 방법은?

   ❶ 값에 의한 호출

   ❷ 참조자를 사용한 호출

   ❸ 포인터를 사용한 호출

2. 클래스 Point를 사용하여 객체를 생성할 때, 복사 생성자가 호출되는 문장을 만들어 보라.

```
#include<iostream>
using namespace std;

class Point
{
private:
   int x, y;
public:
   Point(int x1, int y1) : x{ x1 }, y{ y1 } { }
   Point(const Point &p2) : x{ p2.x }, y{ p2.y } { }
   int getX() { return x; }
   int getY() { return y; }
};

int main()
{
   // 복사 생성자를 사용하는 문장을 여기에
   ____________________________________;
   return 0;
}
```

3. 2번 문제의 Point 클래스를 인수로 받는 다음과 같은 함수를 작성하였다. 어떤 부분에서 복사생성자가 호출될까?

```
Point add(Point p1, Point p2) {
   Point tmp;
   tmp.x = p1.x + p2.x;
```

```
        tmp.y = p1.y + p2.y;
        return tmp;
    }
```

**4.** 복사 생성자가 사용되는 3가지 경우를 정리해보자.

**5.** 어떤 경우에 별도의 복사 생성자를 정의하여야 하는가?

**6.** Test가 클래스 이름이라고 하자. 다음 중에서 복사 생성자가 호출되는 문장은?

❶ `Test t1{10};`

❷ `Test t2{20};`

❸ `t2 = t1;`

❹ `Test t3{t1};`

**7.** MyClass가 아래와 같이 정의되었다고 하자. 복사 생성자를 구현해보자. 복사 생성자의 동작은 기본 복사 생성자와 동일하게 하라.

```
class MyClass {
    int x;
    char c;
    string s;
};
```

**8.** 정적 변수 i를 클래스 Test 안에서 정의하였다. 정적 변수 i를 0으로 초기화하는 문장을 작성하라.

```
class Test
{
public:
    static int i;
    GfG() { };
};
```

1. 본문에 사용된 원을 나타내는 Circle 객체 2개를 받아서 더 큰 원을 반환하는 함수 getLargerCircle() 함수를 작성하고 테스트하라. 복사 생성자가 호출되는 곳은 어디인가?

```
Circle getLargerCircle(Circle c1, Circle c2) {
    ...
}
```

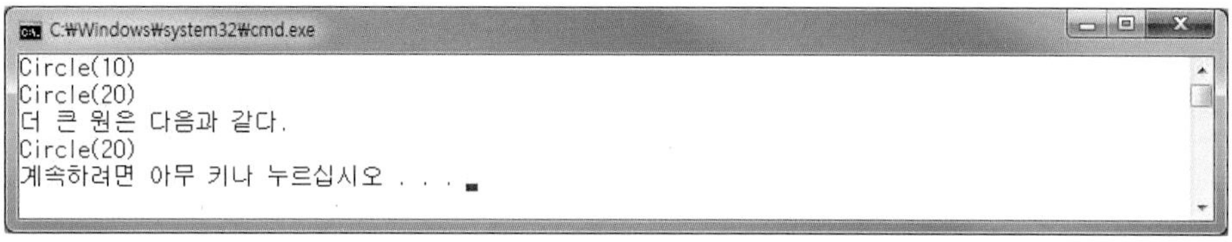


```
class Circle {
public:
    int x, y;
    int radius;
    Circle() : x( 0 ), y( 0 ), radius( 0 ) { }
    Circle(int x, int y, int r) : x( x ), y( y ), radius( r ) { }
    void print() { cout << "Circle(" << radius << ")" << endl; }
};
```

2. 선을 나타내는 클래스 Line을 다음과 같이 정의하였다. 생성자 안에서 동적 메모리 할당을 하고 있어서 우리 나름의 복사 생성자를 정의하여야 한다. 복사 생성자를 작성하고 테스트하라.

```
class Line {
    public:
        int getLength( void );
        Line( int len );
        ~Line();

    private:
        int *ptr;     // 선의 길이를 저장한다.
};

// 일반 생성자
Line::Line(int len) {
```

```
    cout << "일반 생성자" << endl;
    ptr = new int;
    *ptr = len;
}
```

```
C:\Windows\system32\cmd.exe
일반 생성자
복사 생성자
복사 생성자
선의 길이: 10
복사 생성자
선의 길이: 10
계속하려면 아무 키나 누르십시오 . . .
```

**3.** 다음 클래스를 위한 복사 생성자를 정의하고 테스트하라.

```
class MyClass {
public:
    MyClass( const char* str );
    ~MyClass();
private:
    char* stored;
};

MyClass::MyClass( const char* str )
{
    stored = new char[strlen( str ) + 1 ];
    strcpy( stored, str );
}

MyClass::~MyClass()
{
    delete[] stored;
}
```

**4.** 2차원 공간의 한 점을 나타내는 Point 클래스를 생각하자. 두 개의 Point 객체를 교환하는 swap() 함수를 작성하고 테스트하는 프로그램을 작성해보자. 원본 객체를 받아서 실제로 객체의 내용이 교환되어야 한다.

```
C:\Windows\system32\cmd.exe
(1.2,-2.8)
(3,6)
(3,6)
(1.2,-2.8)
계속하려면 아무 키나 누르십시오 . . .
```

```
class Point {
private:
   double xval, yval;
public:
   Point(double x = 0.0, double y = 0.0) { ... }
   double getX() { return xval; }
   double getY() { return yval; }
   ...
};
```

5. 상자를 나타내는 Box를 다음과 같이 클래스로 정의한다. 지금까지 생성된 Box 객체를 세기 위하여 정적 변수 count를 사용하고자 한다. 코드를 추가하여 보자.

```
class Box {
   private:
      double length;
      double width;
      double height;
   public:
      Box(double l = 2.0, double w = 2.0, double h = 2.0) {
         length = l;
         width = w;
         height = h;
      }
      double Volume() {
         return length * width * height;
      }
};
```

6. 온라인 게임을 작성하고 있다고 하자. 클래스 Game을 만든 후에 이 클래스의 객체 player1, player2 등을 만들었다. 클래스 Game로 생성된 플레이어의 수를 계산하려고 한다. 플레이어 수를 계산하기 위해 정적인 데이터 멤버를 정의하여 새로운 플레이어가 생성되거나 기존 플레이어가 삭제 될 때마다 현재 남아있는 플레이어의 수를 화면에 표시하라.

```
현재 경기자수: 0
현재 경기자수: 1
계속하려면 아무 키나 누르십시오 . . .
```

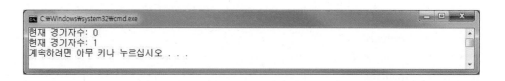

Tip 정적 변수를 사용해 본다.

Introduction to
**C++ Programming**

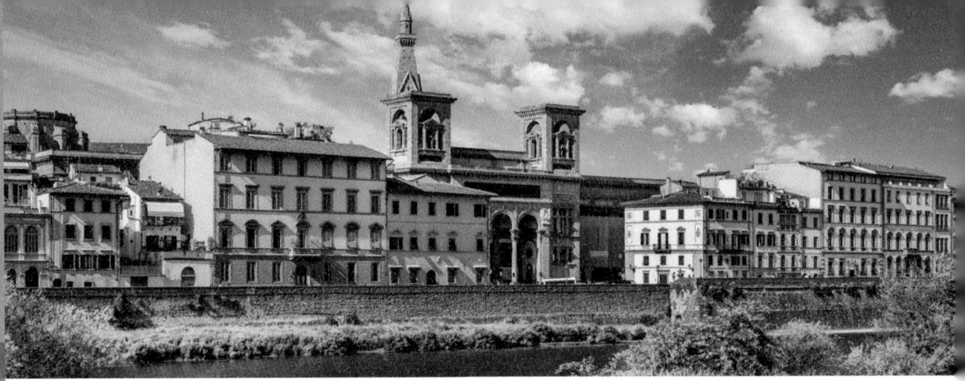

CHAPTER

# 10 연산자 중복과 프렌드 함수

## 학습목표

- 연산자 중복의 개념을 이해한다.
- 여러 가지 연산자들을 중복 정의해본다.
- 프렌드 함수의 개념을 이해한다.
- 프렌드 함수로 연산자를 중복 정의할 수 있다.

## 학습목차

문자열을 + 기호로 합치는 기능은 아주 편리해요!
C++에서는 연산자들을 사용자가 원하는 대로 재정의할 수 있답니다!

# 10.1 이번 장에서 만들어 볼 프로그램

이번 장에서는 연산자를 객체의 특징에 맞추어서 중복 정의하는 방법을 살펴본다. 구체적으로 다음과 같은 프로그램을 작성해보자.

1. 2차원 벡터를 나타내는 클래스 `MyVector`에 + 연산자를 중복 정의해보자.

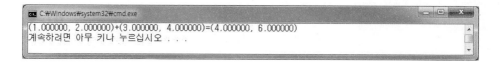

```
C:\Windows\system32\cmd.exe
(1.000000, 2.000000)+(3.000000, 4.000000)=(4.000000, 6.000000)
계속하려면 아무 키나 누르십시오 . . .
```

2. 카운터를 나타내는 클래스 `Counter`에 ++ 연산자를 중복 정의해본다.

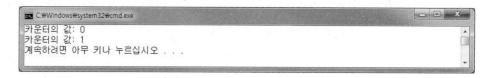

```
C:\Windows\system32\cmd.exe
카운터의 값: 0
카운터의 값: 1
계속하려면 아무 키나 누르십시오 . . .
```

3. 2차원 벡터를 나타내는 클래스 `MyVector`에 >> 연산자를 중복 정의해보자.

```
C:\Windows\system32\cmd.exe
(1,2)
(3,4)
(0,0)
계속하려면 아무 키나 누르십시오 . . .
```

# 10.2 연산자 중복 소개

**연산자 중복(operator overloading)**은 개발자가 연산자의 의미를 객체에 대하여 다시 정의할 수 있는 기능이다. 연산자는 사용자에게 간결하게 의미를 전달할 수 있는 기호이다. 따라서 연산자 기호를 사용하는 편이 함수를 사용하는 것보다 이해하기가 쉽다.

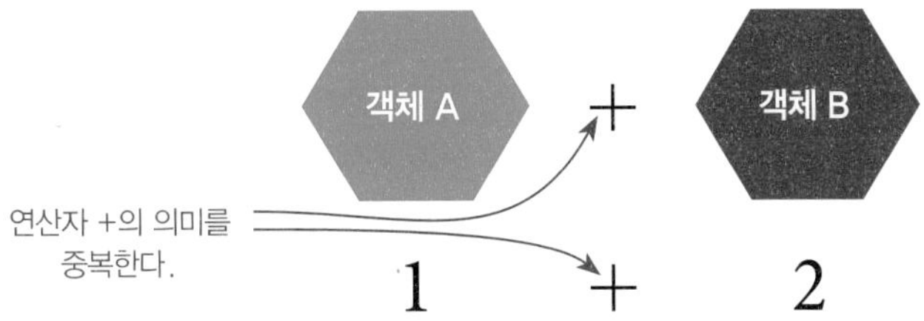


간단한 예를 보자. 우리가 중학교 물리 시간에 배웠던 위치 벡터를 `MyVector` 클래스로 나타내어 보자. 벡터는 방향과 크기를 가지는 물리량으로 힘을 나타낼 수 있다.

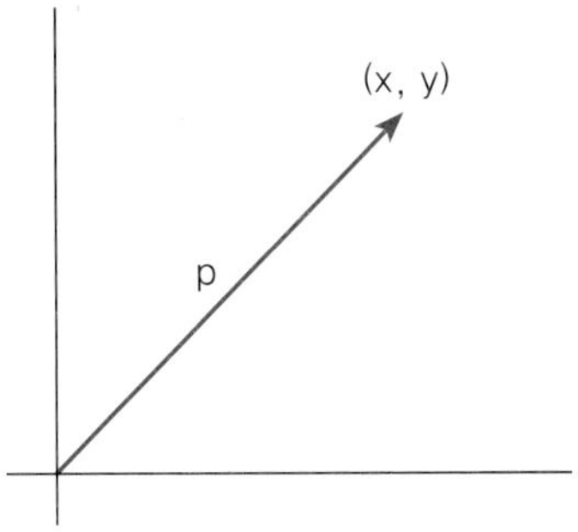


아래 그림과 같이 두개의 벡터는 합하여 하나의 벡터로 만들 수 있다.

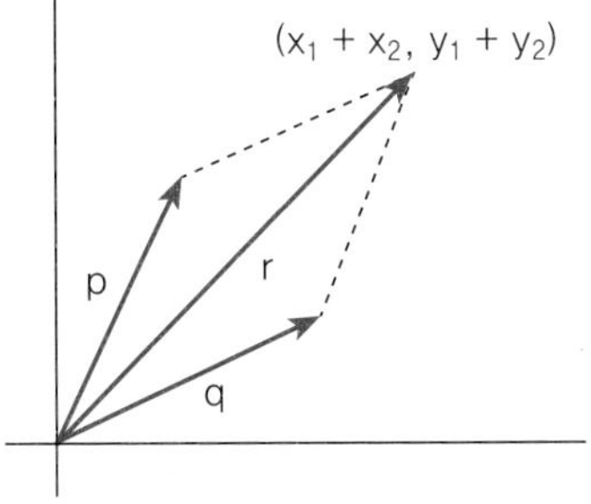


벡터의 덧셈을 + 연산자를 이용하여 실행하거나 또는 `add()` 함수를 호출하여 실행할 수 있다고 가정하자. 다음의 두 가지 문장 중에서 어떤 문장이 더 이해하기 쉬운가?

```
MyVector v1, v2, v3;

cout << (v1 + v2 + v3);                    // ❶ 연산자 중복 사용
cout << add(v1, add(v2, v3));              // ❷ 함수 사용
```

대부분의 사람들이 ❶이 ❷보다 이해하기 쉽다고 할 것이다. ❶과 같이 + 연산자를 MyVector 타입의 객체에 사용할 수 있다면 편리할 것이다. C++에서는 연산자 중복이라는 메커니즘을 통하여 이것이 가능하다.

연산자 중복이란 연산자들을 객체에 대해서도 적용할 수 있도록 정의하는 것을 의미한다. 예를 들면 + 연산자는 기본적으로 정수나 실수와 같은 기초 자료형에 대해서만 사용이 가능하다. 하지만 C++에서는 +연산자를 MyVector와 같은 사용자 정의 클래스에 대해서도 사용할 수도 있도록 연산자의 의미를 확대할 수 있다. 즉 연산자의 의미가 객체마다 다르게 할 수 있다(그래서 연산자 중복이라고 한다). 연산자 중복을 이용하면 특정한 클래스에다 적합한 연산자의 의미를 정의할 수 있다. 연산자 중복은 상당히 편리한 매카니즘으로 클래스에 따라서 다양한 용도로 사용할 수 있다. 연산자 중복은 동일한 기호를 상황에 따라서 다른 의미로 해석하는 일종의 다형성 기법이다.

우리는 이미 연산자 중복을 많이 사용해왔다. 예를 들면 우리가 이제까지 사용해왔던 string 클래스는 연산자 중복을 사용하고 있다. string 클래스에서는 +, =, ==, != 등의 연산자들이 정의되어 있어서 우리는 이제까지 편리하게 문자열을 처리할 수 있었다. 간단한 프로그램으로 다시 한 번 확인해보자.

**string.cpp**

```
#include <iostream>
#include <string>
using namespace std;

int main()
{
    string s1 = "Rogue One: ";
    string s2 = "A Star Wars Story";

    string s3;
    s3 = s1 + s2;

    cout << "s1=" << s1 << endl;
    cout << "s2=" << s2 << endl;
    cout << "s1+s2= " << s3 << endl;
    cout << "s1==s2 " << boolalpha << (s1 == s2) << endl;

```

여기서 연산자 중복을 사용하고 있다.

```
    return 0;
}
```

**실행결과**

```
C:\Windows\system32\cmd.exe
s1=Rogue One:
s2=A Star Wars Story
s1+s2= Rogue One: A Star Wars Story
s1==s2 false
계속하려면 아무 키나 누르십시오 . . .
```

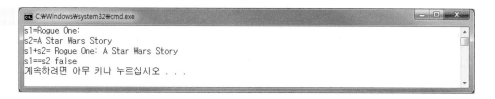

위의 코드에서 +, == 연산자는 모두 `string` 클래스에서 중복 정의한 연산자들이다. 문자열을 합하고 문자열과 문자열을 비교하는데 편리하게 사용할 수 있다.

## 중복할 수 없는 연산자

C++의 대부분의 연산자들은 중복 정의가 가능하다. 연산자 중에서 중복할 수 없는 연산자는 다음과 같다.

| 연산자 | 설명 |
|---|---|
| :: | 범위 지정 연산자 |
| . | 멤버 선택 연산자 |
| .* | 멤버 포인터 연산자 |
| ?: | 조건 연산자 |

이들 연산자들은 모두 상당히 중요한 역할을 하는 연산자이기 때문에 이들 연산자의 의미를 변경하는 중복 정의는 금지하고 있다. 예를 들어서 클래스의 멤버를 지정하는 .연산자의 의미를 변경하게 되면 엄청난 혼란에 빠질 수 있다. ?: 연산자는 피연산자가 3개나 되기 때문에 중복시키려면 새로운 규칙이 필요하게 된다.

# 10.3 연산자 중복의 기초

연산자를 중복하려면 다음과 같은 형식을 사용한다.

문법 10.1 **연산자 중복**

```
반환형  operator연산자(매개 변수 목록)
{
    ....// 연산 수행
}
```

중복된 연산자는 특수한 이름은 가진 함수라고 생각하면 된다. 즉 키워드 operator에 연산자 기호가 붙어 있는 함수이다. 함수는 중복이 가능하고 따라서 연산자도 중복이 가능한 것이다. 예를 들어서 MyVector 클래스에 +연산자를 중복한 함수 이름은 opertaor+()이다.

| 연산자 | 중복 함수 이름 |
|---|---|
| + | operator+() |
| − | operator−() |
| * | operator*() |
| / | operator/() |

그렇다면 연산자 중복은 어디에 정의하여야 하는가? 연산자도 근본적으로 클래스에 속하는 것으로 보아야 한다. 따라서 연산자는 클래스의 멤버로 정의하는 것이 원칙이다. 하지만 프렌드 함수를 이용하여서 클래스의 외부에서 정의될 수도 있다. 프렌드 함수를 사용하는 경우는 이번 장의 후반부에서 살펴보자.

### + 연산자를 중복해보자.

연산자도 클래스가 가진 함수로 보는 것이 객체 지향 원리에 맞다. 예를 들어서 + 연산자는 MyVector 클래스의 멤버 함수 operator+()로 정의된다. 우리가 + 연산자를 이용하여 (v1 + v2)와 같은 문장을 작성하면 그림 9.3와 같이 컴파일러가 이 수식을 v1.operator+(v2)와 같이 함수 호출로 변경하여서 실행한다. 즉 v1 객체가 가진 함수 operator+()를 호출하고 매개 변수로 v2를 보내는 것이다.

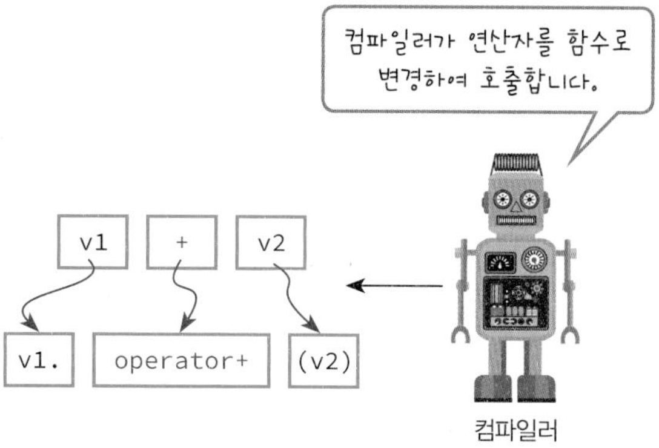


그림 10.1 멤버 함수로 연산자 중복

멤버 함수로 구현하면 첫 번째 피연산자가 객체가 되고 + 연산자가 operator+() 함수로 변환되며 두 번째 피연산자가 함수의 매개 변수가 된다.

**MyVector.cpp**

```
#include <iostream>
#include <string>
using namespace std;

class MyVector
{
private:
   double x, y;
public:
   MyVector(double x = 0.0, double y = 0.0) : x(x), y(y) {       }
   string toString() {
      return "("+to_string(x) +", "+to_string(y)+")" ;
   }
   MyVector operator+(const MyVector& v2);
};

MyVector MyVector::operator+(const MyVector& v2)
{
   MyVector v;
   v.x = this->x + v2.x;
   v.y = this->y + v2.y;
   return v;
}

int main()
{
```

여기서 연산자 중복을 정의하고 있다.
매개 변수는 참조자로 정의되어야 한다.

```
    MyVector v1(1.0, 2.0), v2(3.0, 4.0);
    MyVector v3 = v1 + v2;

    cout << v1.toString() << "+"<<v2.toString() << "="<<
                                                        v3.toString()<<endl;
    return 0;
}
```

**실행결과**

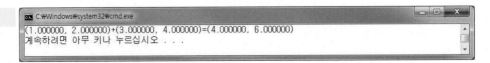

```
C:\Windows\system32\cmd.exe
(1.000000, 2.000000)+(3.000000, 4.000000)=(4.000000, 6.000000)
계속하려면 아무 키나 누르십시오 . . .
```

위의 코드에서 연산자 중복은 다음과 같이 `operator+()` 함수로 정의되고 있다.

```
MyVector operator+(const MyVector& v2)
{
    ...
}
```

함수의 반환형은 `MyVector`가 되는데 왜냐하면 `((v1+v2)+v3)`와 같이 연산자들이 연속하여 이어질 수 있기 때문에 현재의 객체를 반환하는 것이다. 매개 변수에 `const`가 붙은 것은 매개 변수가 변경되지 않음을 명시적으로 표시한 것이다.

**중간점검**

1 MyVector 사이의 뺄셈 연산자 –를 중복하여 보자.

# 10.4 == 연산자의 중복

일반적으로 == 연산자는 두개의 객체가 동일한 데이터를 가지고 있는지를 체크하는데 사용된다. 즉 각 멤버 변수의 값을 비교하여서 일치하는 지를 검사하게 된다.

| 연산자 | 중복 함수 이름 |
|---|---|
| == | operator==() |
| != | operator!=() |

두개의 객체가 같은 데이터를 가지고 있는지를 검사하는 함수를 별도로 두는 것보다 == 연산자를 중복하는 편이 더 좋다. 그 이유는 표준 라이브러리를 사용할 때 == 연산자가 정의되어 있으면 find()와 같은 라이브러리 함수를 쉽게 사용할 수 있기 때문이다. 또한 == 연산자가 정의되어 있으면 != 연산자도 당연히 정의하는 편이 혼란을 일으키지 않는다.

**Time.cpp**

```
#include <iostream>
using namespace std;

class Time
{
   int hour, min, sec;
public:
   Time(int h=0, int m=0, int s=0) : hour(h), min(m), sec(s) { }

   bool operator== (Time &t2)   {
      return (hour == t2.hour &&
         min == t2.min &&
         sec == t2.sec);
   }

   bool operator!= (Time &t2)   {
      return !(*this == t2);
   }
};

int main()
{
```

```
    Time t1(1, 2, 3), t2(1, 2, 3);

    // 참과 거짓을 1, 0이 아니라 true, false로 출력하도록 설정한다.
    cout.setf(cout.boolalpha);
    cout << (t1 == t2) << endl;
    cout << (t1 != t2) << endl;
    return 0;
}
```

실행결과

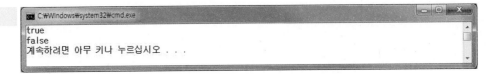

```
C:\Windows\system32\cmd.exe
true
false
계속하려면 아무 키나 누르십시오 . . .
```

위의 코드에서는 == 연산자를 중복 정의하여 보았다. Time 클래스는 시간을 나타낸다. 시간 객체들을 ==로 비교할 수 있으면 편리할 것이다. 위의 코드에서는 다음과 같은 함수를 이용하여서 == 연산자 중복을 정의하고 있다.

```
bool operator== (Time &t2) {
    return (hour == t2.hour &&
            min == t2.min &&
            sec == t2.sec);
}
```

여기서 한 가지, 생성자의 멤버 초기화 리스트를 정의할 때 보편적 초기화 방법인 { ..} 을 사용할 수 있다. 본 책에서는 이전의 방법과 최신 기법을 혼용하여 사용하였다. 독자들의 예전의 C++ 코드로 읽을 수 있어야 하기 때문이다. 이점 많은 이해 부탁드린다.

```
Time(int h=0, int m=0, int s=0) : hour{h}, min{m}, sec{s} { }
```

# 10.5 ++ 연산자 중복

증가 또는 감소 연산자도 얼마든지 중복이 가능하다. 이 연산자들이 다른 연산자와 다른 점은 피연산자의 개수가 한 개라는 점이다. 계수기를 표현하는 Counter 클래스를 예로 들어서 설명해보자. Counter 클래스의 객체 c가 정의되었다고 가정하자. ++c;와 같은 객체 c를 하나 증가시키자.

```
Counter c;
++c;
```

증가 연산자가 어떤 의미를 가지는 가는 프로그래머가 결정한다. Counter 클래스의 경우, 카운터의 값이 1 증가한다고 가정하자.

| 연산자 | 중복 함수 이름 |
|---|---|
| ++c | c.operator++() |
| --c | c.operator--() |

### 전위 연산자 ++의 중복 정의

전위 연산자로 ++를 정의하는 것은 어렵지 않다. 계수기를 표현하는 Counter 클래스를 예로 들어서 설명해보자. Counter 클래스의 객체 c가 정의되었다고 가정하자. ++c;와 같은 객체 c를 하나 증가시키자.

```
Counter c;
++c;
```

컴파일러는 Counter 클래스 안에 다음과 같은 멤버 함수가 정의되어 있는 지를 살펴본다.

```
class Counter {
    ...
    Counter& operator++() { ... }
}
```

++ 연산자는 연속하여 적용할 수 있고 현재 객체의 값이 변경되어야 하기 때문에 operator++() 함수는 현재 객체의 참조자를 반환하여야 한다(++ 연산을 하면 원본이 변경되어야 한다). 전체 소스는 다음과 같다.

**Counter.cpp**

```
#include <iostream>
using namespace std;

class Counter
{
private:
    int value;

public:
    Counter() : value(0) { };
    ~Counter() { }
    int getValue() const { return value; }
    void setValue(int x) { value = x; }
    Counter& operator++()
    {
        ++value;
        return *this;
    }

};

int main()
{
    Counter c;
    cout << "카운터의 값: " << c.getValue() << endl;
    ++c;
    cout << "카운터의 값: " << c.getValue() << endl;

    return 0;
}
```

함수의 반환값이 const라는 의미이다.

++ 연산자의 중복 정의

**실행결과**

```
C:\Windows\system32\cmd.exe
카운터의 값: 0
카운터의 값: 1
계속하려면 아무 키나 누르십시오 . . .
```

위의 코드에서 ++ 연산자를 중복하는 함수는 다음과 같다.

```
Counter& operator++()
{
    ++value;
    return *this;
}
```

여기서 주의할 점은 operator++()에서 *this를 반환한다는 점이다. this는 자기를 가리키는 포인터이므로 *this는 바로 객체 자신이다. 왜 객체 자신을 반환하는 것인가? 그 이유는 다음과 같은 수식을 가능하도록 해야 되기 때문이다.

```
++(++c);
```

위의 수식을 함수 호출의 형태로 변환하면 다음과 같이 된다.

```
++(c.operator++());
```

여기서 c.operator++()가 c의 참조값을 반환해야만 맨 앞의 ++ 연산이 제대로 실행된다.

```
++(c);
```

따라서 operator++()의 반환형은 반드시 참조자 Counter&이어야 한다. 만약 반환형이 단순히 Counter로 선언되었다면 객체 c의 복사본이 반환되어서 ++ 연산이 원본 객체 c에 적용되지 않는다.

### 후위 연산자 ++의 중복 정의

후위 연산자 ++을 중복 정의하는 것은 컴파일러 입장에서는 상당히 도전적인 작업이다. 무엇보다도 전위 연산자 ++와 후위 연산자 ++을 구별하여야 하기 때문이다. ++와 -- 연산자는 피연산자의 앞에 올수도 있고 피연산자의 뒤에 올 수도 있다. 이 두 가지를 구별하기 위하여 ++가 피연산자 뒤에 오는 경우에는 int형 매개 변수를 추가한다.

| 연산자 | 중복 함수 이름 |
|---|---|
| ++c | c.operator++() |
| c++ | c.operator++(int) |

v.operator++(int)에서 int 매개 변수는 아무런 의미가 없으며 전혀 사용되지 않는다. Counter 클래스에 다음과 같은 함수만 추가하면 된다.

```
const Counter operator++(int i)
{
    Counter temp={*this};     // 현재의 상태를 저장한다.
    ++value;
    return temp;
}
```

operator++(int)는 참조자가 아닌 객체 복사본을 반환한다. ++연산자가 뒤에 실행이 되어야 하므로 현재 객체를 보관한 후에 x와 y값을 증가시키고 보관된 객체를 반환한다. operator++(int)는 const 객체를 반환한다. 따라서 반환된 임시 객체는 변경이 불가능하다. 따라서 다음과 같은 문장은 불가능하다.

```
(v++)++;      // 오류!
```

반면에 다음과 같은 문장은 허용이 된다.

```
++(++v);      // OK!
```

이것은 기존의 ++ 연산자와의 호환성을 위한 것이다.

**중간점검**

1. Counter 클래스에서 -- 연산자를 중복 정의해보자. -- 연산자는 카운터의 값을 1 감소하는 것으로 하라.

# 10.6 대입 연산자의 중복

몇 개의 객체들이 이미 생성되어 있다고 하자. 다음과 같이 객체와 객체 사이에 대입 연산을 수행한다면 어떻게 될까?

```
MyVector v1, v2;
v1 = v2;
```

객체 간의 대입 연산도 연산자 중복을 통하여 이루어진다. 하지만 대입 연산자의 경우는 조금 특수한데, 만약 프로그래머가 중복하지 않았더라도 기본 대입 연산자가 자동으로 생성되고 이것을 통하여 객체 간의 대입 연산이 이루어진다. 기본 대입 연산자는 단순히 한 객체의 모든 멤버들을 다른 객체로 복사한다.

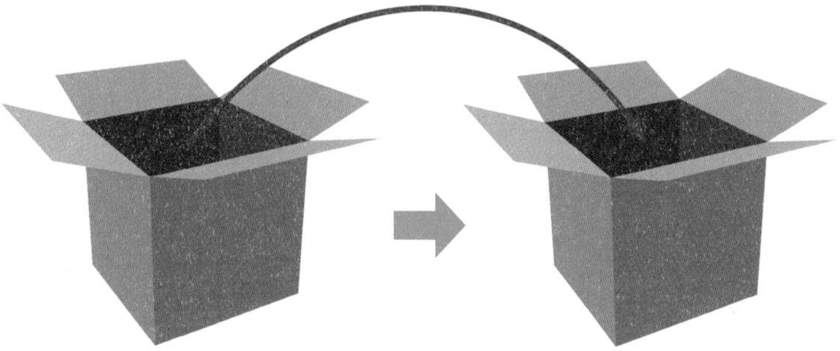

만약 기본 대입 연산자 대신에 자신만의 대입 연산자가 필요하다면 얼마든지 작성이 가능하다. 예를 들어서 상자를 나타내는 Box 클래스에 대입 연산자를 추가하여 보자. 일단은 기본 대입 연산자와 같은 기능만을 구현하여 보자.

대입 연산자를 중복할 때는 약간의 주의가 필요하다. 먼저 대입 연산자의 매개 변수는 일반적으로는 객체에 대한 상수 참조자이지만 코드에 따라서 그냥 객체이거나 상수가 아닌 참조자일 수 있다. 이 경우에는 컴파일러에 의하여 매개 변수가 적절하게 변환된다. 컴파일러가 매개 변수를 변환할 수 있으려면 대입 연산자는 반드시 멤버 함수이어야 한다.

**Box.cpp**

```
#include <iostream>
using namespace std;
class Box
{
```

```cpp
private:
   double length, width, height;
public:
   Box(double l = 0.0, double w = 0.0, double h = 0.0)
      : length(l), width(w), height(h) { }
   void display() {
      cout << "(" << length << ", " << width << ", " << height << ")"
                                                                  << endl;
   }
   Box& operator=(const Box& b2)
   {
      this->length = b2.length;
      this->width = b2.width;
      this->height = b2.height;
      return *this;
   }
};

int main()
{
   Box b1(30.0, 30.0, 60.0), b2;
   b1.display();

   b2 = b1;
   b2.display();

   return 0;
}
```

= 연산자의 중복 정의, 참조자를 반환하여야 한다.

**실행결과**

```
C:\Windows\system32\cmd.exe
(30, 30, 60)
(30, 30, 60)
계속하려면 아무 키나 누르십시오 . . .
```

여기서 반환값에 주의하여야 한다. 대입 연산자는 참조자를 반환하여야 한다. 대입 연산자는 연속하여 적용될 수 있기 때문이다. 연속적으로 대입 연산자를 사용한 문장은 다음과 같은 과정을 거쳐서 실행된다.

```
b3 = b2 = b1;
        ↓
b3 = (b2.operator=(b1));
        ↓
b3 = b2;
```

다시 한 번 구별해보자.

대입 연산자와 복사 생성자는 많이 혼동하는 문제이다. 다시 한 번 아래의 코드에서 확실하게 이해하고 지나가자.

```
MyArray first; // 기본 생성자 호출
MyArray second(first); // 복사 생성자 호출
MyArray third = first; // 복사 생성자 호출
MyArray third {first}; // 복사 생성자 호출

second = third; // 대입 연산자 호출
```

객체가 생성되면서 다른 객체로부터 데이터를 복사할 때는 복사 생성자가 호출된다. 생성된 객체를 다른 객체로 복사할 때는 대입 연산자가 호출된다.

**참고** 우리는 7장 복사 생성자에서 "얕은 복사" 문제를 경험한 적이 있다. 즉 멤버만을 복사하는 경우에는 동적 할당 공간 등이 복사되지 않는 문제가 있었다. 비슷하게 대입 연산의 경우에도 유사한 얕은 복사 문제가 존재한다. 예를 들어서 동적 배열을 우리가 스스로 구현하여 사용한다면 얕은 복사 문제를 해결하기 위하여 대입 연산자를 중복 정의하여야 한다.

# 10.7 인덱스 연산자 [ ]의 중복

인덱스 연산자 [ ]은 번호를 가지고 해당되는 요소를 찾는 연산자이다. 인덱스 연산자도 중복 정의하여서 우리가 원하는 기능을 수행하도록 할 수 있다. 예를 들어서 인덱스 연산자를 중복 정의하여 배열의 경계에서 벗어나는 것을 막을 수 있다. 사실 많은 오류가 배열의 경계를 벗어나는 접근 때문에 발생한다.

```
int A[10];
A[-1] = 0;          // 오류!
```

인덱스 연산자를 중복 정의할 때, 함수 이름은 어떻게 될까? `operator[](int)`와 같다.

| 연산자 | 중복 함수 이름 |
|---|---|
| obj[] | obj.operator[](int) |

예를 들어서 `MyArray` 클래스에서 인덱스 연산자를 중복 정의하였다면 다음과 같이 변환되어서 호출된다.

```
MyArray A;
A[3] = 10;
    ↓
A.operator[](3) = 10;
```

인덱스 연산자인 [ ]를 중복하여서 향상된 정수 배열 `MyArray`을 작성하여 보자. 기존의 배열은 인덱스에 대하여 전혀 검사를 하지 않는다. `MyArray`에서는 인덱스 연산을 사용할 때마다 인덱스가 경계를 넘었는지를 검사한다.

**my_array.cpp**

```
#include <iostream>
using namespace std;
const int SIZE = 10;

class MyArray {
private:
   int a[SIZE];
public:
   MyArray() {
```

```
        for (int i = 0; i < SIZE; i++)
            a[i] = 0;
    }

    int &operator[](int i) {
        if (i >= SIZE) {
            cout << "잘못된 인덱스:" ;
            return a[0];
        }
        return a[i];
    }
};

int main() {
    MyArray A;

    A[3] = 9;
    cout << "A[3]= " << A[3] << endl;
    cout << "A[16]= " << A[16] << endl;

    return 0;
}
```

**실행결과**

```
C:\Windows\system32\cmd.exe
A[3]= 9
잘못된 인덱스:A[16]= 0
계속하려면 아무 키나 누르십시오 . . .
```

인덱스 연산자는 참조자를 반환한다. 참조자가 반환되면 대입 연산자의 왼쪽과 오른쪽에 모두 사용할 수 있다.

```
MyArray A;
A[3] = 9;
A[5] = A[2] + 87;
```

# 10.8 포인터 연산자의 중복

.포인터와 관련된 두 가지의 연산자인 *과 ->도 중복이 가능하다. 특히 이 두 가지 연산자를 중복하면 포인터와 비슷한 클래스를 작성하여 사용할 수 있다. 두 연산자 모두 멤버 함수로 작성하는 것이 좋다. 포인터와 비슷한 역할을 하는 Pointer 클래스를 작성하여 보자. * 연산자와 -> 연산자를 중복하면 어떤 함수 이름이 될까?

| 연산자 | 중복 함수 이름 |
|---|---|
| * | operator*() |
| -> | operator->() |

클래스에서 * 연산자와 -> 연산자를 위의 이름대로 생성하여 주면 된다. 우선 간단한 예제로 int형 포인터를 감싸는 사용자 정의 포인터를 작성하여 보자. 클래스 안에는 int형 포인터가 저장되고 생성자, 소멸자, 연산자 중복 함수 등이 정의된다.

**smartp.cpp**

```
#include <iostream>
using namespace std;

class Pointer {
   int *p;
public:
   Pointer(int *p) : p(p)        {      }
   ~Pointer()   {                delete p;               }
   int* operator->() const       {             return p;       }
   int& operator*() const        {             return *p;      }
};

int main()
{
   Pointer p(new int);

   *p = 100;
   cout << *p << endl;
   return 0;
}
```

실행결과

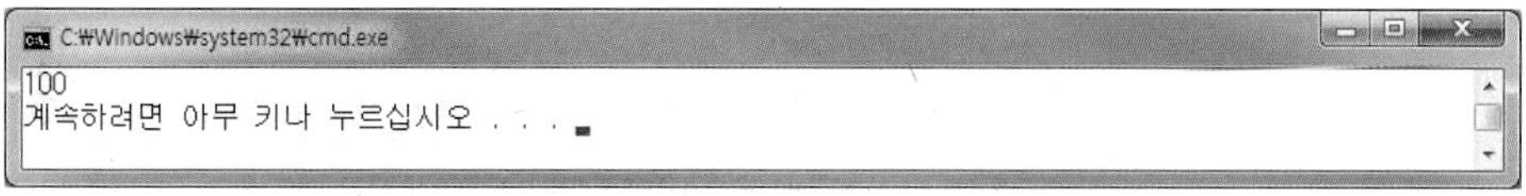


사용자 정의 포인터를 사용하려면 일단은 생성자를 호출하여서 포인터를 초기화하여야 한다. 일단 포인터가 정의되면 * 연산자와 -> 연산자를 사용할 수 있다. int형 포인터에서는 -> 연산자는 사용할 수 없어서 * 연산자 만을 테스트하였다.

그렇다면 위의 포인터가 int형 포인터에 비하여 나은 점이 있을까? 한 가지 있다. 소멸자에서 만약 포인터가 소멸되면 동적 할당 받은 공간도 반납하게 되어 있다. 사용자가 동적 메모리 공간을 반납할 필요가 없어지는 것이다.

이렇게 포인터 연산 중복 정의를 이용하여서 만들어진 향상된 포인터를 **스마트 포인터(smart pointer)**라고 한다. 최신 C++ 버전에서는 이러한 연산자 중복 정의와 템플릿을 이용하여 스마트 포인터들을 정식으로 제공하고 있다. 스마트 포인터는 포인터와 같이 동작하면서 객체가 스마트 포인터를 통하여 접근될 때마다 필요한 어떤 동작을 수행하는 객체이다.

## 스마트 포인터

스마트 포인터 중에서 가장 많이 사용되는 unique_ptr을 살펴보자. unique_ptr는 연산자 중복과 템플릿을 사용해서 만든 스마트 포인터이다. unique_ptr는 C++11에서 도입되었다. unique_ptr는 기본 포인터를 감싸서 객체로 만든다. 객체에 소멸자를 추가하여서 객체가 소멸될 때, 포인터가 가리키는 메모리 공간도 해제한다. 스마트 포인터는 실행 시간의 부담이 전혀 없어서 자바나 C#의 쓰레기 수집기에 비하면 성능의 향상을 꾀할 수 있다. 스마트 포인터를 이용하여서 동적 할당된 정수 변수를 가리키는 포인터를 선언하고 사용해보자.

**smart1.cpp**

```
#include <iostream>
#include <memory>
using namespace std;

int main()
{
   unique_ptr<int> p(new int);

   *p = 99;               // p를 사용한다.

   // 여기서 지역 변수인 p가 삭제되면서 소멸자가 호출되고 소멸자에서
   // 동적 메모리도 함께 삭제하기 때문에 메모리 누수가 발생하지 않는다.
}
```

포인터의 자료형 (unique_ptr<int>)

포인터의 초기값 (int)

우리가 앞에서 만든 Pointer 클래스와 유사하다. unique_ptr에는 템플릿 기술이 추가되어 있다. 템플릿은 자료형도 변수처럼 만들어서 바꿀 수 있도록 하는 기법이다. 스마트 포인터는 근본적으로 객체로 포인터를 감싸는 것이기 때문에 객체가 소멸되면 소멸자가 호출되기 때문에 소멸자에서 할당받은 동적 메모리 공간을 삭제할 수 있다. 자바와 같은 언어와 차이점이라면 C++에서는 별도의 쓰레기 수집기(가비지 컬렉터)가 실행되지 않는다는 것이다. 동적 메모리는 컴파일 단계에서 모두 안전하게 처리되기 때문에 실행될 때는 쓰레기 수집기가 없어도 되고 실행 속도가 빨라진다.

# 10.9 프렌드 함수와 프렌드 클래스

클래스 안에서 private로 선언된 멤버들은 내부 데이터를 저장하고 있고 외부에서는 이들 내부 데이터에 접근할 수 없다. 하지만 어떤 경우에는 특정한 클래스나 함수가 내부 데이터에 접근할 수 있도록 만드는 것이 효율적이다. C++에서는 **프렌드(friend)**라는 메카니즘을 사용하면 외부의 클래스나 함수가 자신의 내부 데이터를 사용하도록 허가할 수 있다.

그림 10.2 프렌드의 개념

프렌드는 전역 함수일수도 있고 어떤 클래스의 멤버 함수일 수도 있고 아니면 전체 클래스일 수도 있다. 특정한 클래스를 프렌드로 지정하면 그 클래스의 모든 멤버 함수는 내부 데이터를 참조할 수 있다. 하나의 예로 특정한 함수를 프렌드로 지정하여 보자. 프렌드를 선언하기 위해서는 클래스 안에 프렌드로 지정하고 싶은 함수의 원형을 적고 원형 앞에 friend라는 키워드를 붙인다.

```
class MyClass
{
    friend void sub();      // 프렌드 선언
    ...
};
```

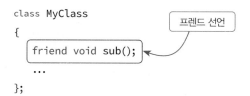

프렌드 함수 선언은 클래스 안의 어떤 위치에서도 가능하지만 일반적으로 시작 부분에 두는 것이 바람직하다. 프렌드 함수 선언은 클래스의 멤버가 아니므로 public이나 private의 영향을 받지 않는다. 프렌드 함수의 원형은 비록 클래스 안에 포함되어 있

으나 멤버 함수는 아니며 프렌드 함수의 본체는 외부에서 따로 정의된다. 프렌드 함수는 클래스 내부의 모든 멤버 변수를 사용할 수 있으며 어떤 멤버 함수도 호출할 수 있다.

간단한 예로 Box 클래스에 printBox()를 프렌드 함수로 지정해보자. printBox()는 Box 클래스의 전용 멤버들에 접근할 수 있다.

**Box2.cpp**

```
#include <iostream>
using namespace std;

class Box {
   double length, width, height;
public:
   Box(double l, double w, double h) : length(l), width(w),
                                                      height(h) { }
   friend void printBox(Box box);
};

void printBox(Box box) {
   cout << "Box( " << box.length << ", " << box.width << ", "
                                       << box.height<<") " << endl;
}

int main() {
   Box box(10, 20, 30);
   printBox(box);

   return 0;
}
```

프렌드 선언 (friend void printBox(Box box);)

프렌드 정의 (void printBox(Box box) { ... })

**실행결과**

```
C:\Windows\system32\cmd.exe
Box( 10, 20, 30)
계속하려면 아무 키나 누르십시오 . . .
```

### 프렌드 클래스

클래스 전체를 프렌드로 지정할 수도 있다. 프렌드 클래스는 private로 선언된 멤버들에 접근하여 사용할 수 있다.

**friend2.cpp**

```
#include <iostream>
#include <string>
using namespace std;
```

```

class A {
public:
   friend class B;                    // B는 A의 프렌드가 된다.
   A(string s = "") : secret(s) { }
private:
   string secret;                     // B는 여기에 접근할 수 있다.
};

class B {
public:
   B() { }
   void print(A obj) {
      cout << obj.secret << endl;
   }
};

int main()
{
   A a("이것은 기밀 정보입니다.");
   B b;
   b.print(a);

   return 0;
}
```

프렌드 선언

프렌드 클래스

실행결과

```
C:\Windows\system32\cmd.exe
이것은 기밀 정보입니다.
계속하려면 아무 키나 누르십시오 . . .
```

위의 코드에서 클래스 B는 클래스 A의 프렌드로 선언되었다. 따라서 클래스 B는 클래스 A의 private 멤버도 접근할 수 있다. 클래스 B의 print() 멤버 함수는 클래스 A의 객체를 받아서 객체를 통하여 멤버 변수 secret에 접근하여 화면에 출력하고 있다. 만약 프렌드 클래스가 아니라면 이것은 불가능하다. 클래스를 프렌드로 선언하는 것은 객체 지향 프로그래밍의 중요한 원칙들을 손상하는 것이므로 꼭 필요한 경우가 아니면 사용을 자제하여야 한다.

### 프렌드 함수의 주된 용도

프렌드 함수는 두개의 객체를 비교할 때 많이 사용된다. 프렌드를 사용하지 않으면 약간은 이해하기 어려운 멤버 함수 형태를 사용하여야 하기 때문이다.

❶ 예를 들어서 날짜를 나타내는 `Date` 클래스를 다음과 같이 정의하였다고 하자. `Date`는 년, 월, 일에 대한 정보를 가지고 있다.

```
class Date
{
   int year, month, day;
public:
   Date(int y=0, int m=0, int d=0) : year(y), month(m), day(d) { }
   bool equals(Date obj) {
      return year == obj.year && month == obj.month && day == obj.day;
   }
};
```

우리는 하나의 `Date` 객체가 다른 `Date` 객체와 동일한지를 검사하는 `equals()` 멤버 함수를 위와 같이 작성하였다. `equals()` 멤버 함수를 사용하려면 다음과 같이 약간은 어색한 함수 호출을 하여야 한다.

```
int main()
{
   Date d1(1960, 5, 23), d2(2002, 7, 23);
   if( d1.equals(d2) == true ) {
      ...
   }
}
```

❷ 프렌드 함수를 이용한다면 다음과 같은 형태로 `equals()` 함수를 작성할 수 있다.

```
#include <iostream>
using namespace std;

class Date
{
   friend bool equals(Date d1, Date d2);
   int year, month, day;
public:
   Date(int y=0, int m=0, int d=0) : year(y), month(m), day(d) { }
};

// 프렌드 함수
bool equals(Date d1, Date d2)
{
   return d1.year == d2.year && d1.month == d2.month && d1.day == d2.day;
```

프랜드 함수 선언

```
}

int main()
{
   Date d1(1960, 5, 23), d2(2002, 7, 23);
   cout << equals(d1, d2) << endl;
}
```

실행결과

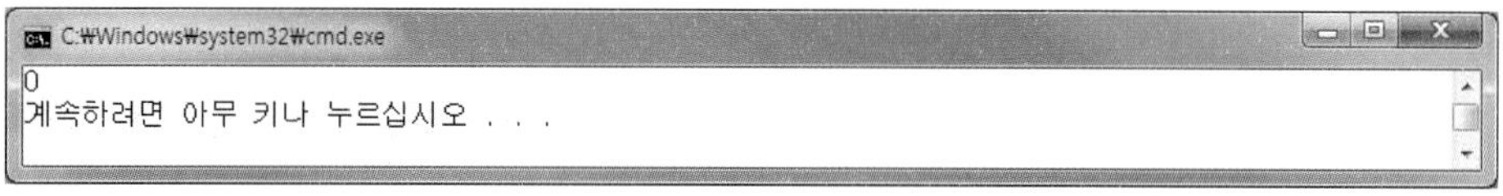


프렌드 함수를 이용하면 비교하는 함수가 일반 함수가 될 수 있고 비교 대상 객체들이 모두 매개 변수로 전달된다. equals()의 경우, 프렌드 함수로 지정되어 있기 때문에 멤버 변수를 직접 접근하여서 비교할 수 있다.

## 예제

프렌드 함수는 두개의 객체를 가지고 연산을 하는 경우에도 많이 사용된다. 프렌드를 사용하지 않으면 약간은 이해하기 어려운 멤버 함수 형태를 사용하여야 하기 때문이다. 예를 들어서 두개의 복소수를 더하는 함수인 add()를 프렌드 함수로 구현하여 보면 다음과 같다. 만약 프렌드 함수로 구현하지 않았으면 사용이 어려운 멤버 함수 형태로 구현하여야 한다.

**complex.cpp**

```
#include <iostream>
using namespace std;

class Complex {
public:
   friend Complex add(Complex, Complex);
   Complex(double r=0.0, double i=0.0) { re = r; im = i; }
   void print() {
      cout << re << " + " << im << "i" << endl;
   }
private:
   double re, im;
};

Complex add(Complex a1, Complex a2)
{
   return Complex(a1.re + a2.re, a1.im + a2.im);
```

```
}

int main()
{
   Complex c1(1, 2), c2(3, 4);
   Complex c3 = add(c1, c2);
   c3.print();
   return 0;
}
```

```
C:\Windows\system32\cmd.exe
4 + 6i
계속하려면 아무 키나 누르십시오 . . .
```

참고

**참고: 멤버 함수와 프렌드 함수의 선택**

멤버 함수와 프렌드 함수는 비슷한 역할을 수행한다. 그렇다면 어떤 경우에 멤버 함수로 정의하고 어떤 경우에 프렌드 함수로 정의하여야 하는가?

- 함수가 수행하는 작업이 오직 하나의 객체에만 관련된다면 멤버 함수로 정의한다.
- 함수가 수행하는 작업이 두개 이상의 객체에 관련된다면 프렌드 함수로 정의한다.

물론 함수가 수행하는 작업이 두개 이상의 객체에 관련되더라도 접근자와 설정자를 사용하면 똑같이 수행할 수 있다. 하지만 효율성을 생각하면 프렌드 함수로도 정의할 수 있는 것이다.

경고

프렌드 함수나 프렌드 클래스는 객체 지향의 중요한 원칙인 정보 은닉을 무너뜨리는 것이 된다. 따라서 반드시 필요한 경우에만 선별적으로 사용하여야 한다.

**중간점검**

1. 프렌드 함수란 무엇인가?
2. 어떤 경우에 프렌드 함수가 유용한가?
3. 두개의 MyVector 객체를 더하는 프렌드 함수를 정의하라.

# 10.10 << 연산자의 중복 정의

2차원 벡터를 나타내는 MyVector 객체에 대해서도 출력 연산자 <<가 동작되도록 할 수 있을까? 즉 MyVector 객체에 << 연산자를 적용하여 벡터 정보를 화면에 출력할 수 있다면 상당히 편리할 것이다.

```
MyVector v(2, 3);
cout << v;            // 화면에 (2, 3)이 출력된다.
```

위의 문장이 가능하려면 << 연산자를 중복 정의하여야 한다. cout은 ostream 클래스의 객체이다. 따라서 멤버 함수로 추가하려면 ostream 클래스 안에 operator<<() 함수를 추가하여야 한다. 하지만 ostream 클래스는 컴파일러가 제공하는 라이브러리에 속하므로 우리가 변경할 수 없다. 따라서 다음과 같이 프렌드 함수 형태로 MyVector 클래스 안에 연산자 <<을 중복 정의할 수밖에 없다.

```
friend ostream& operator<<(ostream& os, const MyVector& v)
{
    ...
}
```

또 하나 주의할 점은 연산의 결과로 반드시 ostream 참조자를 반환하여야 한다는 점이다. ostream 참조자를 반환하지 않으면 다음과 같이 << 연산자가 연속적으로 사용되었을 경우에 제대로 작동되지 않는다.

```
MyVector v(2, 3);
MyVector w(3, 4);
cout << v << w;
```

위의 코드에서 cout << v << w;는 결합 법칙에 의하여 (cout << v) << w;와 같이 실행되고 이때에 (cout << v)가 cout를 반환해야만 cout << w;의 형태가 되어서 올바르게 실행된다.

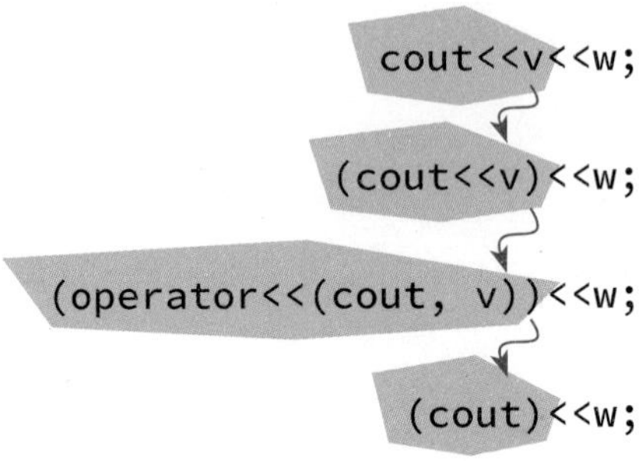


지금까지 설명한 내용을 코드로 정리하여 보면 다음과 같다.

**MyVector.cpp**

```
#include <iostream>
using namespace std;

class MyVector
{
private:
   double x, y;
public:
   MyVector(double xvalue = 0.0, double yvalue = 0.0) : x(xvalue),
                                                        y(yvalue) {   }
   friend ostream& operator<<(ostream& os, const MyVector& v){
      os << "(" << v.x << "," << v.y << ")" << endl;
      return os;
   }
};

int main()
{
   MyVector v1(1.0, 2.0), v2(3.0, 4.0), v3;
   cout << v1 << v2 << v3;
   return 0;
}
```

**실행결과**

```
C:\Windows\system32\cmd.exe
(1,2)
(3,4)
(0,0)
계속하려면 아무 키나 누르십시오 . . .
```

**중간점검**

1. 시간을 나타내는 Time 클래스를 정의하고 여기에 << 연산자를 중복 정의하여 보자.

# 10.11 >> 연산자의 중복 정의

입력 연산자인 >>은 출력 연산자와 비슷한 과정을 거쳐서 중복 정의하면 된다.

```
friend istream& operator>> (istream& in, MyVector& v) {
    in >> v.x >> v.y;
    if (!in)
        v = MyVector(0, 0);
    return in;
}
```

입력 오류 처리

여기서 주의할 점은 두 번째 매개 변수를 const로 선언하면 안 된다는 것이다. 입력 연산자는 입력을 받아서 객체에 저장하여야 하기 때문에 const로 선언해서는 안 된다. 그리고 입력 연산자는 입력 시에 발생되는 오류에 대하여 대비를 하여야 한다. 예를 들어서 입력된 데이터가 수치가 아닌 문자열이었을 경우에는 오류가 발생하게 되고 이때는 변수 v를 초기화 상태로 만들어 주는 것이 좋다. 입력 단계에서 오류가 발생하면 in은 0이 아닌 값을 반환하게 된다. 따라서 in이 0이 아닌 값을 반환하면 v에 (0, 0)으로 초기화한 임시 객체를 복사하여 준다.

**중간점검**

1 시간을 나타내는 Time 클래스를 정의하고 여기에 >> 연산자를 중복 정의하여 보자.

# 10.12 연산자 중복 시에 유의할 점

- 새로운 연산자를 만드는 것은 허용되지 않는다. 예를 들어서 지수승을 나타내기 위하여 ^ 연산자를 새롭게 정의할 수 없다.
- 거의 모든 연산자가 중복이 가능하다. 하지만 :: 연산자, .* 연산자, . 연산자, ?: 연산자는 중복이 불가능하다.
- 중복된 연산자는 클래스 타입의 피연산자를 반드시 가져야 한다. 즉 내장된 int형이나 double형에 대한 연산자의 의미를 변경할 수는 없다.

```
// 컴파일 오류!! : double형에 대하여 연산자 *의 의미를 변경할 수는 없다.
double operator*(double, double);
```

- 연산자들의 우선순위나 결합 법칙은 변경되지 않는다.
- 만약 + 연산자를 중복하였다면 일관성을 위하여 -, +=, -= 연산자도 중복하는 것이 좋다.

## EXERCISE

1. 프렌드 함수와 멤버 함수와의 차이점은 무엇인가?

2. 다음 클래스 Test 안에 클래스 MyClass를 프렌드 클래스로 선언해보라.

```
class Test {
    ...
};
```

3. 중복 정의할 수 없는 연산자에는 어떤 것들이 있는가?

4. 클래스 Test 안에 연산자 + 함수를 선언해 보자.

```
class Test {
    ...
};
```

5. 어떤 경우에 대입 연산자도 중복 정의하여야 하는가?

6. 누를 때마다 1씩 증가하는 카운터를 나타내는 클래스를 작성하여 보자. Counter 클래스는 count를 멤버 변수로 가진다. 단항 연산자인 ++와 -- 연산자를 중복 정의하여 보자. 빈칸을 채워서 클래스 정의를 완성하여 보자.

```
class Counter
{
    int count;      //카운터 값
public:
    Counter() { count = 0; }        // 생성자
    Counter(int value) { _______________ } // 생성자
    void operator ++() { count++; } // ++ 연산자 중복
    ____________________________  // -- 연산자 중복
}
int main()
{
```

* 다음의 Box 클래스를 사용하여 1번부터 4번까지의 문제를 해결하라.

```
class Box {
   private:
      double length;
      double width;
      double height;
   public:
      Box(int l=0, int w=0, int h=0) : length(l), width(w), height(h) { }
      double getVolume(void) {
         return length * width * height;
      }
};
```

1. Box 객체에 대하여 다음과 같이 + 연산을 정의하고자 한다. + 연산을 하면 상자의 길이, 폭, 높이가 서로 합쳐진다고 가정하자. + 연산자 중복 함수를 Box 클래스의 멤버 함수로 작성해보자.

```
Box a(10,10,10), b(20,20,20), c;
c = a + b;
```

2. Box 객체에 대하여 다음과 같이 == 연산을 정의하고자 한다. == 연산을 하면 2개의 상자가 동일한 부피인지를 검사한다. == 연산자 중복 함수를 Box 클래스의 멤버 함수로 작성해 보자.

```
Box a(10,10,10), b(20,20,20);
cout << ( a == b );
```

3. Box 객체에 대하여 다음과 같이 < 연산을 정의하고자 한다. < 연산에서 첫 번째 상자의 부피가 두 번째 상자보다 작으면 참을 반환한다. 그렇지 않으면 거짓을 반환한다. < 연산자 중복 함수를 Box 클래스의 멤버 함수로 작성해 보자.

```
Box a(10,10,10), b(20,20,20);
cout << ( a < b );
```

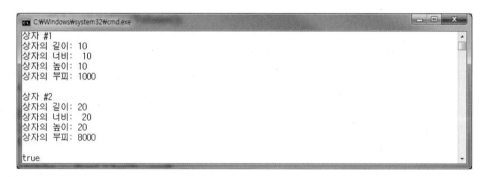


4. Box 객체에 대하여 다음과 같이 프렌즈 함수 printBox()를 정의해 보자. printBox()는 박스 객체의 모든 데이터를 화면에 출력한다.

```
void printBox( Box box ) {
    ...
}
```

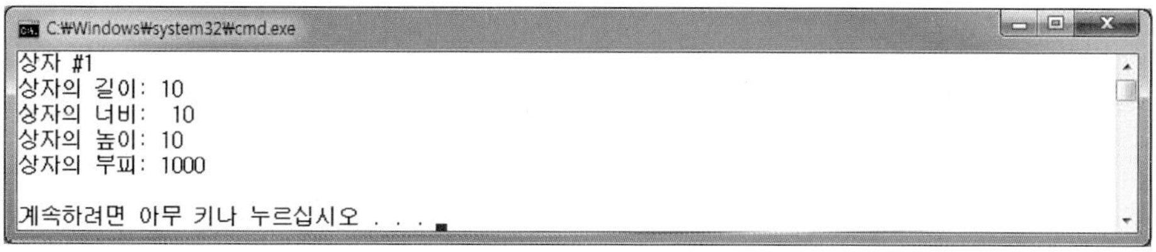


5. 현재 시각을 나타내는 `Time` 클래스를 정의한다. `Time` 클래스는 `hours`, `minutes`를 멤버 변수로 가진다. 필요한 멤버 함수나 생성자, 소멸자를 정의하라. `Time` 클래스에 `++` 연산자를 중복 정의하라. `++` 연산자는 시간을 1분 증가시킨다.

```
class Time {
   private:
      int hours;
      int minutes;

   public:
      Time() : hours(0), minutes(0) { }
      Time(int h, int m) : hours{h}, minutes{m} { }

      void displayTime() {
         cout << hours << ": " << minutes <<endl;
      }
};
```

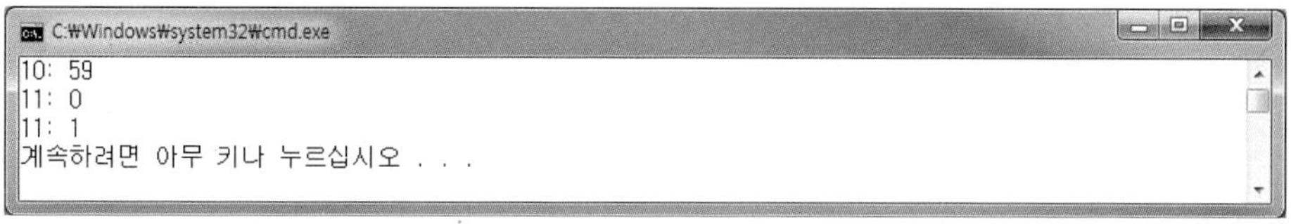

Introduction to
**C++ Programming**

CHAPTER

# 11 상속

## 학습목표

- 상속의 개념을 이해한다.
- 상속을 이용하여 자식 클래스를 작성할 수 있다.
- 상속과 접근 지정자와의 관계를 이해한다.
- 상속시 생성자와 소멸자가 호출되는 순서를 이해한다.

## 학습목차

# 11.1 이번 장에서 만들어 볼 프로그램

우리는 4장에서 원과 사각형을 나타내는 클래스 Circle과 Rect를 작성하였다. 그런데 혹시 동일한 정보가 양쪽 클래스에 저장된 것을 알아차렸는지 모르겠다.

```
class Circle {
    int x, y;
    int radius;
    ...
}
class Rect {
    int x, y;
    int width, height;
    ...
}
```

변수 x와 y가 중복되어 있다. 이것을 하나의 클래스로 모으면 어떨까? 상속을 이용하면 가능하다.

1. 상속을 이용하여서 각 클래스에 중복된 정보를 부모 클래스로 모아보자. 구체적인 예로 Circle 클래스와 Rect 클래스의 부모 클래스인 Shape 클래스를 작성해보자.
2. 상속을 사용할 때, 자식 클래스와 부모 클래스의 생성자가 호출되는 순서를 살펴보자.
3. 부모 클래스의 함수를 재정의하여 자식 클래스의 기능을 강력하게 하는 기법을 살펴보자.

# 11.2 상속의 개요

우리는 현실 세계에서의 상속에 대해서는 잘 알고 있다. 우리는 부모에게서 재산을 상속받을 수 있으며 우리가 재산을 추가할 수 있다. 객체 지향 프로그래밍에서도 비슷한 개념이 존재한다. 상속은 기존에 존재하는 클래스로부터 속성과 동작을 이어받고 자신이 필요한 기능을 추가하는 기법이다. 상속은 이미 작성된 검증된 소프트웨어를 재사용할 수 있어서 신뢰성 있는 소프트웨어를 손쉽게 개발, 유지 보수할 수 있게 해주는 중요한 기술이다. 또한 상속을 이용하면 코드의 중복을 줄일 수 있어서 전체적으로 코드의 크기가 작아진다.

그림 11.1 상속의 개념

### 상속

상속(inheritance)이란 이미 존재하는 클래스로부터 멤버들을 물려받는 것이다. 이미 존재하는 클래스를 부모 클래스(parent class)라고 하고 상속을 받는 클래스를 자식 클래스(child class)라고 한다. 상속은 다음과 같은 구문을 사용한다.

**문법 11.1 상속**

```
class ChildClass : 접근지정자 ParentClass
    ...         // 추가된 멤버 변수와 멤버 함수
}
```

스포츠카는 일반적인 자동차의 특징을 모두 가지고 있고 추가로 스포츠카에 필요한 장치(예를 들어서 터보 차저)가 추가되어 있다고 하자. 이런 경우에는 스포츠카를 위한 클래스를 처음부터 다시 작성하는 것보다는 일반적인 자동차를 나타내는 클래스인 Car 클래스를 상속받아서 수퍼카를 나타내는 클래스인 SportsCar를 작성하는 것이 쉽다. 간단하게 클래스를 정의하여서 상속의 개념을 기술하여 보자.

```
class Car
{
   int speed;
};
class SportsCar : public Car
{
   bool turbo;
};
```

클래스 간의 상속은 UML을 이용하여 표시할 경우, 자식 클래스에서 부모 클래스로의 화살표로 표시한다.

**그림 11.2** 자동차에서의 상속의 예

자식 클래스는 부모 클래스가 가지고 있는 모든 멤버들을 전부 상속받고 자신이 필요한 멤버를 추가하기 때문에 항상 자식 클래스가 부모 클래스를 포함하게 된다.

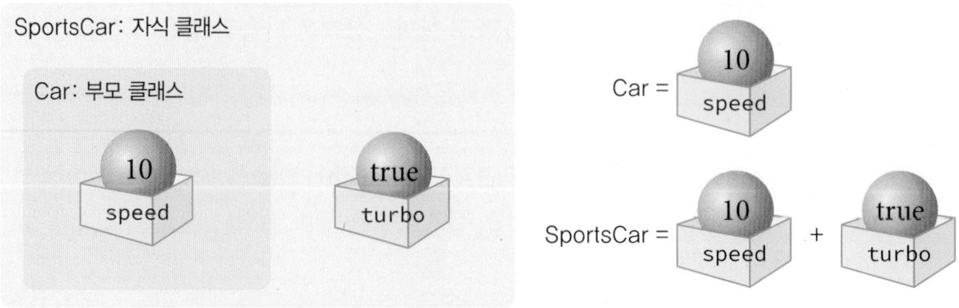


**그림 11.3** 자식 클래스는 부모 클래스를 포함한다.

예를 들어서 SportsCar 클래스는 Car 클래스가 가지고 있는 speed 변수는 물론 포함하고 추가로 자신이 정의한 turbo 변수까지 가지고 있다. 상속을 나타낼 때 확장(extend) 또는 파생(derive)이라는 용어를 사용하는 이유도 상속을 하게 되면 멤버가 증가하기 때문이다.

많이 등장하는 부모 클래스와 자식 클래스의 예를 표로 정리하여 보면 다음과 같다. 대개 부모 클래스는 추상적이고 자식 클래스는 구체적이다.

| 부모 클래스 | 자식 클래스 |
|---|---|
| Animal(동물) | Lion(사자), Dog(개), Cat(고양이) |
| Bike(자전거) | MountainBike(산악자전거) |
| Vehicle(탈것) | Car(자동차), Bus(버스), Truck(트럭), Boat(보트), Motocycle(오토바이), Bicycle(자전거) |
| Student(학생) | GraduateStudent(대학원생), UnderGraduate(학부생) |
| Employee(직원) | Manager(관리자) |
| Shape(도형) | Rectangle(사각형), Triangle(삼각형), Circle(원) |

참고

- 부모 클래스 == 수퍼 클래스(super class) == 베이스 클래스(base class)
- 자식 클래스 == 서브 클래스(sub class) == 파생된 클래스(derived class)

### 상속되는 것

그렇다면 도대체 무엇이 상속되는 것인가? 부모 클래스의 멤버 변수와 멤버 함수가 자식 클래스로 상속된다. 따라서 자식 클래스는 부모 클래스의 멤버 변수와 멤버 함수를 자유롭게 사용할 수 있다. 자식 클래스는 필요하면 자신만의 변수와 멤버 함수를 추가시킬 수도 있고 부모 클래스에 이미 존재하는 멤버 함수를 새롭게 정의하여 사용할 수도 있다. 상속의 강점은 부모 클래스로부터 상속된 특징들을 자식 클래스에서 추가, 교체, 상세화시킬 수 있는 능력으로부터 나온다.

### 예제

앞의 예제를 좀 더 구체적으로 설명하여 보자. 앞에서 설명한 Car 클래스와 SportsCar 클래스를 UML로 그려보면 다음과 같다.

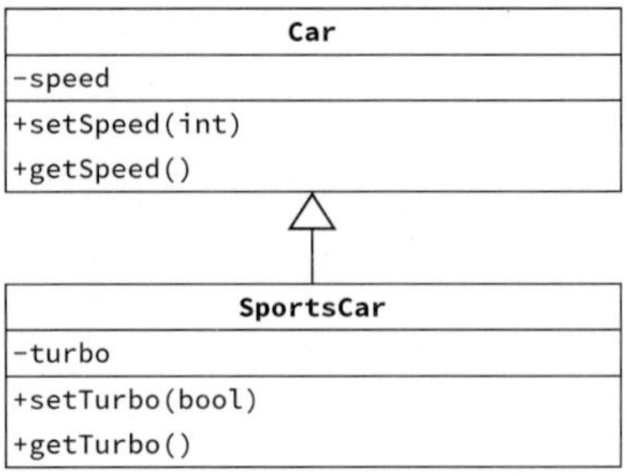


위의 UML 표기법을 코드로 옮겨보면 다음과 같다.

**inhri_car.cpp**

```
#include <iostream>
#include <string>
using namespace std;

class Car {
    int speed; // 속도

public:
    void setSpeed(int s)          {       speed = s;          }
    int getSpeed()                {       return speed;       }
};

// Car 클래스를 상속받아서 다음과 같이 SportsCar 클래스를 작성한다.
class SportsCar : public Car {
    bool turbo;

public:
    void setTurbo(bool newValue) {       turbo = newValue;   }
    bool getTurbo()               {       return turbo;       }
};
```

상속을 이용하지 않고 작성하였다면 SportsCar는 2개의 멤버 변수와 4개의 멤버 함수를 가진 클래스로 새로 작성하여야 했을 것이다. 여기서는 간단하게 설명하기 위하여 Car의 멤버 변수와 멤버 함수를 대폭 줄였지만 만약 부모 클래스가 복잡한 클래스였다면 자식 클래스가 상당히 복잡해졌을 것이다. 상속은 시간을 절약하고 버그를 줄여주는 소중한 기법이다.

자 이제부터는 SportsCar 클래스의 객체를 생성하여서 상속받은 멤버 변수와 멤버 함수를 사용하여 보자. 자식 클래스 객체는 부모 클래스의 멤버들을 사용할 수 있다.

```
int main()
{
    SportsCar c;

    c.setSpeed(60);          // 부모 클래스 함수 호출
    c.setTurbo(true);        // 자식 클래스 함수 호출
    c.setSpeed(100);
    c.setTurbo(false);
    return 0;
}
```

자식 클래스는 부모 클래스 중에서 public으로 선언된 멤버 변수와 멤버 함수를 마치 자기 것처럼 사용할 수 있다. 예를 들어서 c은 SportsCar 클래스의 객체이지만 Car 클래스의 멤버 함수인 setSpeed()를 마음대로 사용할 수 있다. 자체 멤버 함수인 setTurbo()를 사용할 수 있음은 물론이다. 상속된 변수나 멤버 함수는 원래의 가시성을 유지한다. 즉 부모 클래스에서 public이었으면 자식 클래스에서도 public이 된다.

**경고** 상속은 일방향성임을 기억해야 한다. 즉 자식 클래스에서 추가된 멤버 변수나 멤버 함수는 부모 클래스에 의해 사용될 수 없다. 위의 예제 프로그램에서 Car 클래스 객체는 SportsCar 클래스의 setTurbo()를 사용할 수 없다.

# 11.3 왜 상속이 필요한가?

상속을 사용하면 중복되는 코드를 줄일 수 있다. 예를 들어서 승용차, 트럭, 버스는 모두 가속 페달을 밟아서 가속시키고 브레이크 페달을 밟아서 감속시킨다. 이들 각각을 클래스로 표현한다면 동일한 멤버 함수들이 중복되어서 각 클래스에 포함되게 된다.

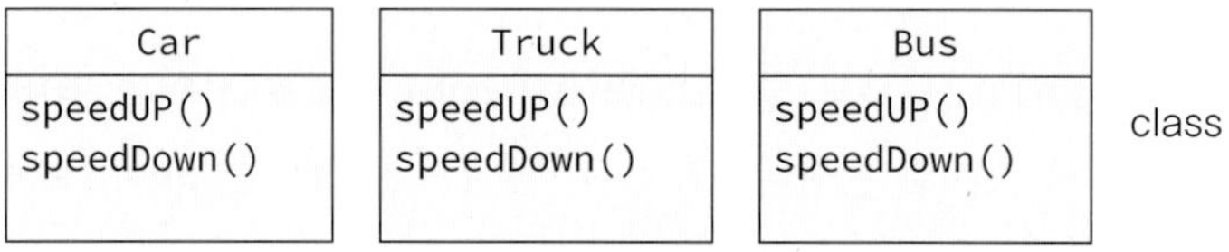


**그림 11.4** 각 클래스에 코드가 중복된다.

만약 여러 클래스에 공통적인 특징을 새로운 클래스 Vehicle로 만들고 Vehicle을 상속 받는다면 중복되는 부분을 최소화할 수 있다.

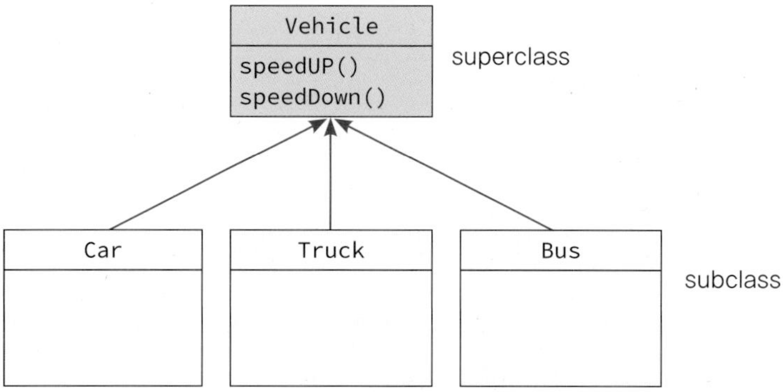


**그림 11.5** 중복되는 코드는 부모 클래스에 모은다.

이제는 공통 부분은 하나로 정리되어서 관리하기 쉽고 유지 보수와 변경도 쉬워진다. 이것을 SportsCar까지 집어 넣어서 다시 상속 계층도로 그려보면 다음과 같다.

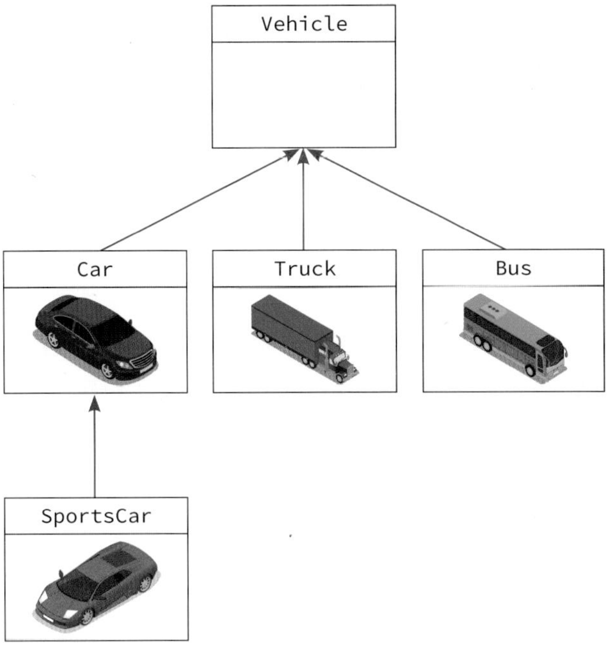


그림 11.6 상속 계층 구조도

위의 상속 계층도에 맞추어 클래스를 정의하여 보면 다음과 같을 것이다.

```
class Vehicle {     ...     }
class Car : public Vehicle { ...    }
class Truck : public Vehicle { ... }
class Bus : public Vehicle { ...    }
class SportsCar : public Car { ... }
```

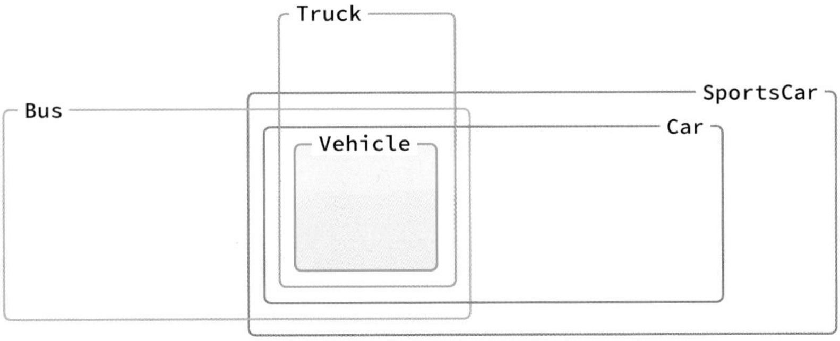


그림 11.7 클래스들의 크기

## 상속은 is-a 관계

상속에서 자식 클래스와 부모 클래스는 "~은 ~이다"와 같은 is-a 관계가 있다. 따라서 상속의 계층 구조를 올바르게 설계하였는지를 알려면 is-a 관계가 성립하는 지를 생각해보면 된다.

- 자동차는 탈것이다. (Car is a Vehicle).
- 사자, 개, 고양이는 동물이다.

만약 "~은 ~을 가지고 있다"와 같은 has-a(포함) 관계가 성립되면 이 관계는 상속으로 모델링을 하면 안 된다. 예를 들어서 다음과 같다.

- 도서관은 책을 가지고 있다(Library has a book).
- 거실은 소파를 가지고 있다.

has-a 관계가 성립되는 경우에는 상속을 이용하는 것이 아니라 하나의 클래스 안에 다른 클래스의 객체를 포함시키면 된다. 예를 들면 직선은 양 끝점을 가지고 있다(has-a). 따라서 직선을 나타내는 클래스 안에 점을 나타내는 객체를 포함시키면 된다.

```
class Point {
    int x;
    int y;
}
class Line {
    Point p1;          // 객체 포함
    Point p2;          // 객체 포함
}
```

**중간점검**

1. 상속은 왜 필요한가?
2. 일반적인 휴대폰과 스마트폰을 상속 계층 구조를 이용하여 표현하여 보자.

LAB

# 도형과 사각형

사각형은 도형의 일종이다. 다음과 같이 `Shape` 클래스와 `Rectangle` 클래스를 상속을 이용하여 정의해보자.

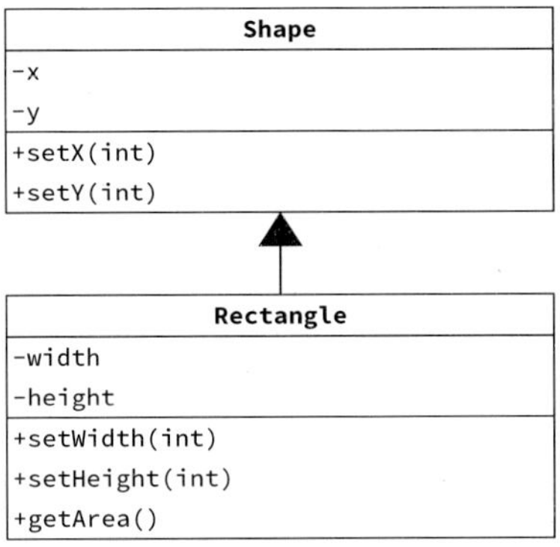


기타 필요한 멤버 변수나 멤버 함수가 있으면 추가하여 본다.

SOLUTION

# 도형과 사각형

shape.cpp

```
#include <iostream>
using namespace std;

class Shape {
   int x, y;
public:
   void setX(int xval) {
      x = xval;
   }
   void setY(int yval) {
      y = yval;
   }
};

class Rectangle : public Shape {
   int width, height;
public:
   void setWidth(int w) {
      width = w;
   }
   void setHeight(int h) {
      height = h;
   }
   int getArea() {
      return (width * height);
   }
};

int main() {
   Rectangle r;

   r.setWidth(5);
   r.setHeight(6);

   cout << "사각형의 면적: " << r.getArea() << endl;

   return 0;
}
```

상속을 이용하여 자식 클래스 정의

# 11.4 상속과 생성자/소멸자

자식 클래스의 객체가 생성될 때에 당연히 자식 클래스의 생성자는 호출된다. 이때에 부모 클래스 생성자도 호출될까? 우리는 자식 클래스의 객체는 부모 클래스의 객체를 포함하고 있음을 알고 있다. 앞의 Car와 SportsCar의 예에서도 보듯이 SportsCar 객체 안에는 Car 객체가 있는 것이나 마찬가지이다.

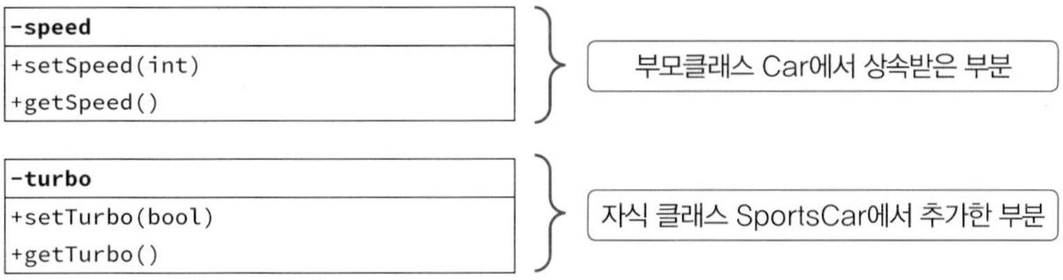


자식 클래스 객체 안의 부모 클래스 부분을 초기화하기 위해서는 부모 클래스의 생성자도 호출되어야 하는 것이 논리적이다. 실제로 자식 클래스의 생성자에서 제일 먼저 하는 일이 부모 클래스의 생성자를 호출하는 일이다. 만약 특별히 지정하지 않으면 부모 클래스의 기본 생성자가 호출된다.

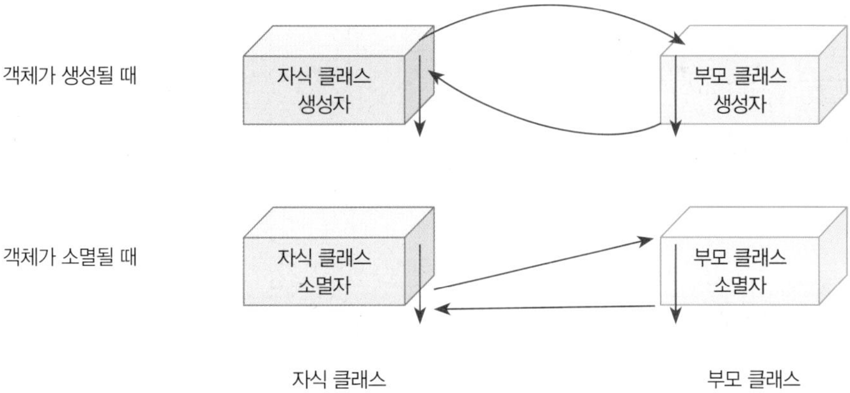


**그림 11.8** 상속에서 생성자와 소멸자의 호출

소멸자의 경우에는 역순으로 호출된다. 즉 자식 클래스의 소멸자가 먼저 호출되고 이어서 부모 클래스의 소멸자가 호출된다.

이것을 알아보기 위하여 다음과 같이 2차원 도형을 나타내는 Shape 클래스를 만들고 이것을 상속받아서 Rectangle 클래스를 정의하여 보자. 각 생성자와 호출자에 출력문을 추가한 후에 Rectangle 객체를 생성하여 보면 다음과 같은 실행 결과가 출력된다.

**inheri_shape.cpp**

```cpp
#include <iostream>
#include <string>
using namespace std;

class Shape {
   int x, y;
public:
   Shape() {             cout << "Shape 생성자() " << endl;      }
   ~Shape() {            cout << "Shape 소멸자() " << endl;      }
};

class Rectangle : public Shape {
   int width, height;
public:
   Rectangle() {         cout << "Rectangle 생성자()" << endl;    }
   ~Rectangle() {        cout << "Rectangle 소멸자()" << endl;   }
};

int main()
{
   Rectangle r;
   return 0;
}
```

**실행결과**

```
C:\Windows\system32\cmd.exe
Shape 생성자()
Rectangle 생성자()
Rectangle 소멸자()
Shape 소멸자()
계속하려면 아무 키나 누르십시오 . . .
```

출력 결과를 보면 부모 클래스의 기본 생성자가 먼저 호출되고 이어서 자식 클래스의 생성자, 다시 자식 클래스의 소멸자, 부모 클래스의 소멸자 순으로 호출되는 것을 알 수 있다. 여기서는 부모 클래스의 생성자를 특별히 지정하지 않았으므로 기본 생성자가 호출되었다.

### 부모 클래스의 생성자를 지정하는 방법

부모 클래스의 생성자를 지정하지 않으면 항상 기본 생성자(매개 변수가 없는 생성자)가 호출된다. 그렇다면 매개 변수가 있는 다른 생성자를 호출하려면 어떻게 하여야 하는가? 이때에는 자식 클래스의 생성사 헤더의 뒤에 콜론(:)을 추가한 후에 원하는 부모 클래스의 생성자를 적어주면 된다.

**문법 11.2** **자식 클래스의 생성자 호출**

```
자식클래스의 생성자() : 부모클래스의 생성자()
{
}
```

앞의 예제에서 Shape와 Rectangle의 생성자가 모두 매개 변수를 받는다고 가정하자. 만약 Rectangle 클래스에서 Shape의 생성자 중에서 Shape(int x, int y) 생성자를 호출하려고 하면 다음과 같이 : 다음에 적어주면 된다.

부모클래스의 생성자호출

```
Rectangle(int x=0, int y=0, int w=0, int h=0) : Shape(x, y)
{
   width = w;
   height = h;
}
```

부모 클래스의 생성자 호출 다음에 멤버 초기화 리스트를 붙여도 된다.

```
Rectangle(int x=0, int y=0, int w=0, int h=0) :
                                        Shape(x, y), width(w), height(h)
{
}
```

완전한 프로그램으로 작성하여 보면 다음과 같다.

**inheri_shape2.cpp**

```
#include <iostream>
#include <string>
using namespace std;

class Shape {
   int x, y;
public:
   Shape() {
      cout << "Shape 생성자() " << endl;
   }
   Shape(int xloc, int yloc) : x(xloc), y(yloc) {
      cout << "Shape 생성자(xloc, yloc) " << endl;
   }
   ~Shape() {
      cout << "Shape 소멸자() " << endl;
   }
```

```cpp
};

class Rectangle : public Shape {
   int width, height;
public:
   Rectangle::Rectangle(int x, int y, int w, int h) : Shape(x, y) {
      width = w;
      height = h;
      cout << "Rectangle 생성자(x, y, w, h)" << endl;
   }
   ~Rectangle() {
      cout << "Rectangle 소멸자()" << endl;
   }
};

int main()
{
   Rectangle r(0, 0, 100, 100);
   return 0;
}
```

**실행결과**

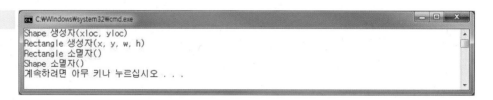

```
C:\Windows\system32\cmd.exe
Shape 생성자(xloc, yloc)
Rectangle 생성자(x, y, w, h)
Rectangle 소멸자()
Shape 소멸자()
계속하려면 아무 키나 누르십시오 . . .
```

**참고** C++11에서 도입된 보편적 초기화 기호인 {...}을 사용해도 된다.

**경고** Rectangle::Rectangle(int x, int y, int w, int h) : Shape(int x, int y) { ... }와 같이 작성하는 것은 오류이다.

**중간점검**

1. 상속에서 자식 클래스의 생성자와 부모 클래스의 생성자 중에서 먼저 실행되는 것은?
2. 상속에서 자식 클래스의 소멸자와 부모 클래스의 소멸자 중에서 먼저 실행되는 것은?

# LAB 컬러 사각형

사각형을 Rect 클래스로 나타내자. 이 클래스를 상속받아서 컬러 사각형 ColoredRect을 정의해보자. ColoredRect 클래스를 이용하여 화면에 다음과 같은 색깔있는 사각형을 그려보자.

다음과 같은 멤버 변수와 멤버 함수(메서드)를 가진다.

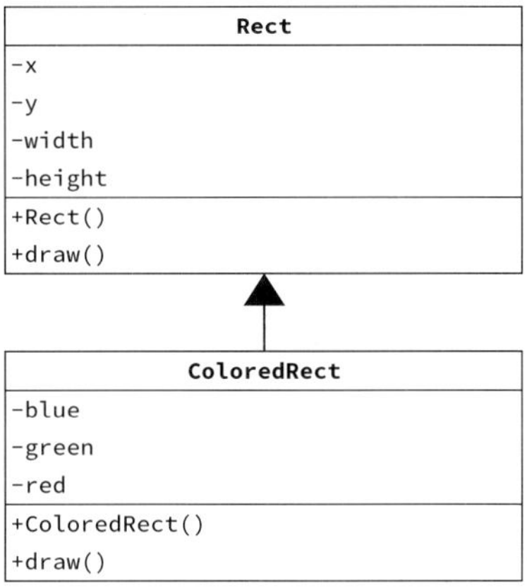


draw() 함수에서는 다음과 같은 코드를 이용하여 컬러 사각형을 그린다.

```
HDC hdc = GetWindowDC(GetForegroundWindow());
SelectObject(hdc, GetStockObject(DC_BRUSH));
SetDCBrushColor(hdc, RGB(red, green, blue));
Rectangle(hdc, x, y, x + width, y + height);
```

SOLUTION

# 컬러 사각형

colored_rect.cpp

```
#include <windows.h>

class Rect {
protected:
   int x, y, width, height;
public:
   Rect(int x, int y, int w, int h) : x(x), y(y), width(h), height(h) { }
   void draw()
   {
      HDC hdc = GetWindowDC(GetForegroundWindow());
      Rectangle(hdc, x, y, x + width, y + height);
   }
};

class ColoredRect : Rect {
   int red, green, blue;
public:
   ColoredRect(int x, int y, int w, int h, int r, int g, int b) :
      Rect(x, y, h, w), red(r), green(g), blue(b) { }
   void draw()
   {
      HDC hdc = GetWindowDC(GetForegroundWindow());
      SelectObject(hdc, GetStockObject(DC_BRUSH));
      SetDCBrushColor(hdc, RGB(red, green, blue));
      Rectangle(hdc, x, y, x + width, y + height);
   }
};

int main()
{
   Rect r1(100, 100, 80, 80);
   ColoredRect r2(200, 200, 80, 80, 255, 0, 0);

   r1.draw();
   r2.draw();
   return 0;
}
```

부모클래스의 생성자 호출

# 11.5 접근 지정자

상속이 도입되기 전까지는 2개의 접근 지정자만을 사용했었다. 바로 private와 public이었다. 상속이 도입되면 protected라고 하는 접근 지정자가 하나 더 필요하다. 왜 필요한지 잠시 생각하여 보자.

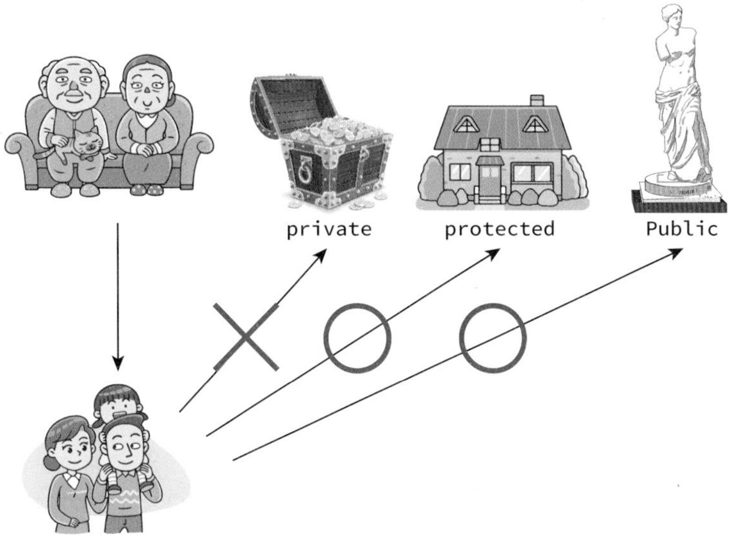


그림 11.9 상속에서의 접근 지정자

멤버 변수들은 대개 private로 지정되어서 외부의 접근이 차단된다. 멤버 변수를 접근하려면 접근자와 설정자라고 하는 특수한 멤버 함수를 사용하여야 한다. 하지만 private로 지정되면 자식 클래스에서도 접근할 수 없다. 그렇다고 만약 public으로 지정하면 정보 은닉이라는 객체 지향의 목표를 위반하는 것이 된다. 따라서 외부에서는 접근하지 못하지만 자식 클래스는 접근하게 하는 새로운 접근 지정자가 필요해지는 것이다. 이것이 바로 protected이다. protected로 지정되면 자식 클래스에서는 마음대로 사용할 수 있지만 외부에서는 접근할 수 없다. protected는 private와 public의 중간에 있다고 생각하면 된다.

| 접근 지정자 | 자기 클래스 | 자식 클래스 | 외부 |
|---|---|---|---|
| private | ○ | × | × |
| protected | ○ | ○ | × |
| public | ○ | ○ | ○ |

그렇다면 자식 클래스가 부모 클래스로부터 상속을 받는 것은 과연 무엇인지 자세히 살펴보자. 자식 클래스는 부모 클래스의 공용 멤버(public member)와 보호 멤버(protected member)를 상속받는다. 상속되지 않는 것도 있다. 부모 클래스의 전용 멤버(private member)는 상속되지 않는다. 멤버 함수가 private로 선언되면 자식 클래스조차 사용할 수 없는 것이다.

학생을 나타내는 Student 클래스에서 protected 멤버를 사용해보자.

**protected.cpp**

```cpp
#include <iostream>
#include <string>
using namespace std;

class Person {
    string name;
protected:
    string address;
};

class Student : Person {
public:
    void setAddress(string add) {
        address = add;
    }
    string getAddress() {
        return address;
    }
};

int main() {
    Student obj;

    obj.setAddress("서울시 종로구 1번지");
    cout << obj.getAddress() << endl;

    return 0;
}
```

protected 멤버는 자식 클래스에서 사용 가능

**실행결과**

```
C:\Windows\system32\cmd.exe
서울시 종로구 1번지
계속하려면 아무 키나 누르십시오 . . .
```

**중간점검**

1. protected가 의미하는 바는 무엇인가?
2. 부모 클래스에서 private로 선언된 변수를 자식 클래스에서 사용할 수 있는가?
3. 자식 클래스의 객체 obj를 통하여 부모 클래스에서 protected로 선언된 변수 x를 사용할 수 있는가? 즉 obj.x = 10;과 같은 문장을 작성할 수 있는가?

# 11.6 멤버 함수 재정의

만약 상속받은 멤버 함수의 변경이 필요하면 어떻게 하면 되는가? 이 경우에는 멤버 함수 재정의를 사용하면 된다. 재정의는 오버라이딩(overriding)이라고도 한다. 재정의는 자식 클래스가 필요에 따라 상속된 멤버 함수를 재정의하여 사용하는 것을 의미한다. 이 기법을 사용하면 자식 클래스에서는 상속받은 멤버 함수들을 자기 자신의 필요에 맞추어서 변경할 수 있다.

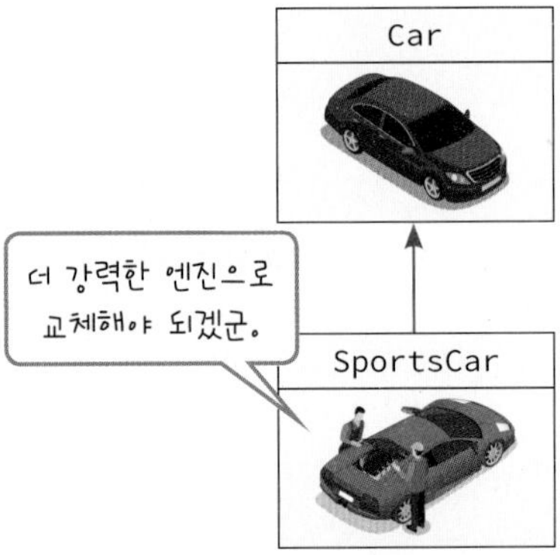


그림 11.10 멤버 함수 재정의

예를 들면 Animal 클래스에 speak()라는 멤버 함수가 선언되어 있다고 하자. Animal 클래스를 상속받은 Dog 클래스에서는 이 speak() 함수를 재정의할 수 있다.

**inheri_car1.cpp**

```
#include <iostream>
#include <string>
using namespace std;

class Animal {
public:
   void speak()
   {
      cout << "동물이 소리를 내고 있음" << endl;
   }
};
class Dog : public Animal {
public:

```

```
    void speak()
    {
        cout << "멍멍!" << endl;
    }
};

int main()
{
    Dog obj;
    obj.speak();
    return 0;
}
```

**실행결과**

```
C:\Windows\system32\cmd.exe
멍멍!
계속하려면 아무 키나 누르십시오 . . .
```

Dog 클래스의 객체인 obj를 통하여 speak()를 호출하면 부모 클래스의 speak()가 아니라 재정의한 speak()가 호출되는 것을 실행 결과에서 확인할 수 있다. 자식 클래스인 Cat 클래스는 부모의 speak()와 재정의된 speak()를 동시에 가지게 된다. Dog 객체인 obj을 통하여 접근하면 재정의된 함수가 우선권이 있으므로 Dog에서 재정의된 speak()가 호출된다. 이것이 멤버 함수 재정의이다.

### 재정의의 조건

재정의는 멤버 함수의 헤더는 그대로 두고 멤버 함수의 몸체만을 교체하는 것이다. 따라서 멤버 함수의 헤더 부분은 부모 클래스의 헤더와 동일하여야 한다. 즉 부모 클래스의 멤버 함수와 동일한 시그니처를 가져야 한다. 즉 멤버 함수의 이름, 반환형, 매개 변수의 개수와 자료형이 일치하여야 한다.

멤버 함수 재정의에서 흔히 하는 실수는 멤버 함수의 이름이 잘못되어서 자신이 재정의하였다고 믿고 있지만 실제로는 재정의되지 않은 경우이다. 예를 들어서 앞의 예에서 speak()라고 하여야 할 것을 speek()라고 하였다면 멤버 함수는 재정의되지 않는다. 하지만 컴파일러는 speek()를 새로운 멤버 함수로 인지하기 때문에 아무런 오류가 발생하지 않는다.

```
class Dog : public Animal {
public:

    void speek()
    {
        cout << "멍멍!" << endl;
```

철자가 잘못되어서 재정의되지 않음.

```
    }
};
int main()
{
    Dog obj;
    obj.speak();
    return 0;
}
```

부모 클래스의 speak() 호출

## 중복 정의와 재정의의 차이

여기서 잠깐 중복 정의(오버로딩)와 재정의(오버라이딩)의 차이점을 살펴보고 지나가자. 중복 정의는 같은 이름의 멤버 함수를 여러 개 정의하는 것이다. 반면에 재정의는 부모 클래스에 있던 상속받은 멤버 함수를 다시 정의해서 내용을 변경하는 것이다. 그림 11-10을 참고하라.

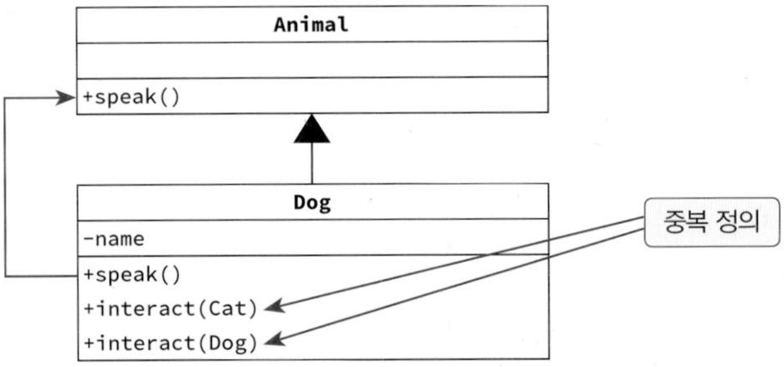


**그림 11.11** 재정의와 중복정의의 비교

## 부모 클래스의 멤버 함수 호출

상속에서 부모 클래스의 멤버 함수를 호출하려면 범위 연산자인 ::을 사용하여서 "부모 클래스::"을 함수 앞에 붙이면 된다. 만약 부모 클래스의 멤버 함수를 재정의한 경우에 이 방법을 사용하면 부모 클래스의 멤버 함수나 멤버 변수를 호출할 수 있다.

보통 자식 클래스에서는 부모 클래스의 멤버 함수를 완전히 대치하는 경우보다 내용을 추가하는 경우가 많다. 이런 경우에는 부모 클래스의 멤버 함수를 호출해준 후에 자신이 필요한 부분을 실행하면 된다.

**inheri_child.cpp**

```
#include <iostream>
#include <string>
using namespace std;

class ParentClass {
```

```
public:
    void print() {
        cout << "부모 클래스의 print() 멤버 함수" << endl;
    }
};

class ChildClass : public ParentClass {
    int data;
public:
    void print() { //멤버 함수 재정의
        ParentClass::print();
        cout << "자식 클래스의 print() 멤버 함수 " << endl;
    }
};
int main()
{
    ChildClass obj;
    obj.print();
    return 0;
}
```

**실행결과**

```
C:\Windows\system32\cmd.exe
부모 클래스의 print() 멤버 함수
자식 클래스의 print() 멤버 함수
계속하려면 아무 키나 누르십시오 . . .
```

위의 코드에서는 print()가 재정의되었다. ChildClass의 print()에서는 먼저 ParentClass의 print()를 호출한 후에 자신의 작업을 수행한다.

## 부모 클래스를 상속받는 3가지 방법

이제까지는 항상 부모 클래스를 public으로 상속받았었다. 즉 다음과 같은 형식만을 사용하였다.

public으로 상속

```
class 자식클래스 : public 부모클래스
{
    ...
}
```

일반적으로 가장 많이 사용하는 것이 public으로 상속받는 것이지만 protected나 private를 통해서도 부모 클래스를 상속받을 수 있다.

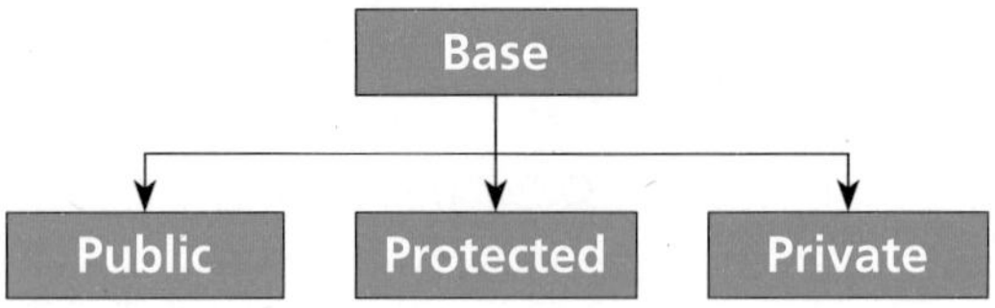


protected나 private를 통한 상속은 부모 클래스의 멤버들의 접근 권한이 다음 표와 같이 변경된다.

| | public으로 상속 | protected로 상속 | private로 상속 |
|---|---|---|---|
| 부모 클래스의 public 멤버 | ->public | ->protected | ->private |
| 부모 클래스의 protected 멤버 | ->protected | ->protected | ->private |
| 부모 클래스의 private 멤버 | 접근 안됨 | 접근 안됨 | 접근 안됨 |

부모 클래스 앞에 public을 쓰느냐, protected를 쓰느냐, private를 쓰느냐에 따라 상속 멤버의 접근 지정자가 달라진다. 예를 들어서 public을 부모 클래스 앞에서 사용하면 부모 클래스의 접근 지정자가 그대로 유지된다. 하지만 private를 사용하면 부모 클래스의 모든 멤버가 자식 클래스에서는 private 로 변경된다.

### 예제

간단히 Base 클래스와 Derived 클래스를 작성하여서 private로 상속받았을 때 멤버들의 접근 지정자가 어떻게 변경되는지를 느껴보자.

```
#include <iostream>
using namespace std;

class Base
{
   public: int x;
   protected: int y;
   private: int z;
};

class Derived : private Base
{
   // x는 자식 클래스에서 사용가능하지만 private로 지정된다.
   // y는 자식 클래스에서 사용가능하지만 private로 지정된다.
   // z는 자식 클래스에서도 사용할 수 없다.
};

int main()
{
```

```
    Derived obj;
    cout << obj.x;
}
```

x는 자식 클래스에서 private로 변경되었으므로 접근이 불가능하다.

**중간점검**

1. 자식 클래스에서 재정의시킨 부모 클래스의 멤버 함수는 어떻게 호출하는가?
2. 자식 클래스에서 재정의시키지 않은 부모 클래스의 멤버 함수는 어떻게 호출하는가?

# LAB 게임에서의 상속

우리가 자주 하는 게임에서도 상속은 사용되고 있을까? 경기자가 미사일을 쏴서 적을 파괴하는 게임을 가정하자. 미사일이나 경기자를 `Alien` 클래스와 `Player` 클래스로 나타낼려고 한다. 미사일이나 경기자는 공통부분을 가지고 있다. 이것들은 모두 화면에서 움직이는 작은 그림이다. 이것을 `Sprite` 클래스로 모델링하자. `Sprite` 클래스를 상속받아서 `Alien` 클래스와 `Player` 클래스를 작성한다.

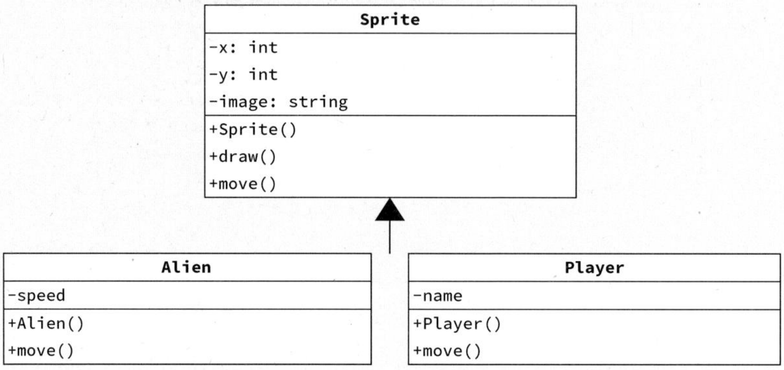

## SOLUTION 게임에서의 상속

```cpp
#include <iostream>
#include <string>
using namespace std;

class Sprite
{
   int x, y;
   string image;
public:
   Sprite(int x, int y, string image) : x(x), y(y), image(image) { }
   void draw() { }
   void move() { }
};

class Alien : public Sprite
{
   int speed;
public:
   Alien(int x, int y, string image) : Sprite(x, y, image) { }
   void move() { }
};

class Player : public Sprite
{
   string name;
public:
   Player(int x, int y, string image) : Sprite(x, y, image) { }
   void move() { }
};

int main()
{
   Alien a( 0, 100, "image1.jpg" );
   Player p(0, 100, "image1.jpg");
   return 0;
}
```

# 11.7 다중 상속

다중 상속(multiple inheritance)이란 하나의 자식 클래스가 두개 이상의 부모 클래스로부터 멤버를 상속받는 것을 의미한다. 이런 경우에는 다음과 같은 형식을 사용한다.

문법 11.3 다중 상속

```
class Sub : public Sup1, public Sup2
{
    ...// 추가된 멤버
    ...// 재정의된 멤버
}
```

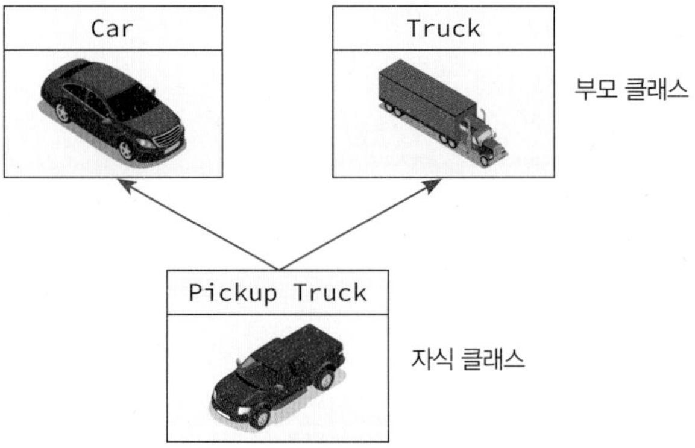


간단한 예로 픽업 트럭을 생각해보자. 최근에 미국 시장에서는 픽업 트럭이 인기가 많다고 한다. 픽업 트럭은 승용차의 특징도 일부 가지고 있고 트럭의 특징도 가지고 있다. 이런 경우에는 다중 상속을 사용하는 것도 하나의 방법이다.

inheri_multi.cpp

```
#include <iostream>
using namespace std;

class PassangerCar {
public:
    int seats; // 정원
    void set_seats(int n) { seats = n; }
};
```

```cpp

class Truck {
public:
    int payload; // 적재 하중
    void set_payload(int load) { payload = load; }
};

class Pickup : public PassangerCar, public Truck {
public:
    int tow_capability; // 견인 능력
    void set_tow(int capa) { tow_capability = capa; }
};

int main()
{
    Pickup my_car;
    my_car.set_seats(4);
    my_car.set_payload(10000);
    my_car.set_tow(30000);
    return 0;
}
```

2개의 부모 클래스가 있으므로 다중 상속이다.

### 다중 상속의 문제점

어떤 문제들이 다중 상속에서 나타날까? 다중 상속에 나타나는 전형적인 문제들 중 하나는 다음과 같다.

**inheri_multi2.cpp**

```cpp
#include <iostream>
using namespace std;

class SuperA
{
public:
    int x;
    void sub() {
        cout << "SuperA의 sub()" << endl;
    }
};
class SuperB
{
public:
```

```
    int x;
    void sub() {
        cout << "SuperB의 sub()" << endl;
    }
};
class Sub : public SuperA, public SuperB
{
};

int main()
{
    Sub obj;
    obj.x = 10;            // obj.x는 어떤 부모 클래스의 x를 참조하는가?
    return 0;
}
```

만약 SuperA와 SuperB에 똑같이 x라는 이름의 멤버 변수가 있는 경우에 obj.x는 과연 어떤 변수를 가리키는가? 위와 같이 입력하고 컴파일하면 다음과 같은 오류가 발생한다.

| | 코드 | 설명 | 파일 | 줄 | 비표시 오류(Suppr... | 프로젝트 |
|---|---|---|---|---|---|---|
| abc | | "Sub::x"이(가) 모호합니다. | hello.cpp | 27 | | ConsoleApplication4 |
| ⊗ | C2385 | 'x' 액세스가 모호합니다. | hello.cpp | 27 | | ConsoleApplication4 |

위의 오류를 제거하려면 다음과 같이 x의 앞에 범위 지정자를 붙여야 한다.

```
int main()
{
    Sub obj;
    obj.SuperA::x = 10;      // x는 SuperA의 x를 의미
    return 0;
}
```

결론적으로 다중 상속은 상당히 이해하기 어렵고 미묘한 문제들을 발생시킬 수 있으니 주의하여서 사용하여야 한다.

**중간점검**

1 다중 상속에서 나타날 수 있는 문제에는 어떤 것이 있는가?

# LAB Student 클래스 작성

다음과 같은 멤버들을 가지고 상속을 사용하는 클래스들을 작성해보자.

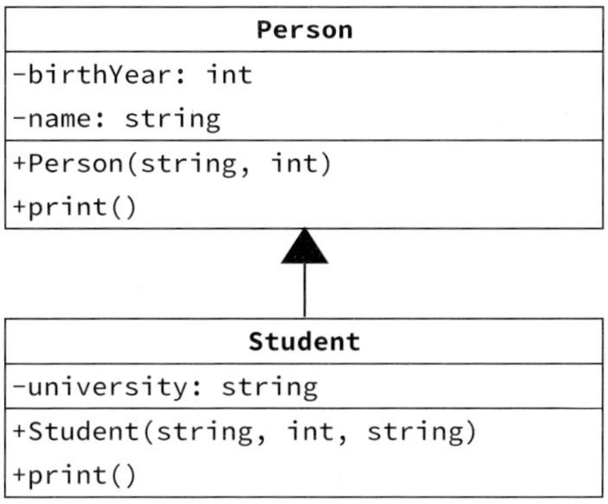


다음과 같은 구체적인 데이터를 객체에 입력하고 출력해보자.

SOLUTION

# Student 클래스 작성

person.cpp

```
#include <iostream>
#include <string>
using namespace std;

class Person
{
   string name;
   int birthYear;
public:
   Person(string name, int year)
   {
      this->name = name;
      this->birthYear = year;
   }
   void print()
   {
      cout << "성명: " << name << endl;
      cout << "출생연도: " << birthYear << endl;
   }
};

class Student :public Person
{
   string university;
public:
   Student(string name, int year, string university) :Person(name, year)
   {
      this->university = university;
   }
   void print()
   {
      Person::print();
      cout << "대학교: " << university << endl;
   }
};

int main()
{
   Student s("홍길동", 1997, "한국대학교");
   s.print();
   return 0;
}
```

## EXERCISE

1. 아래 그림에 해당하는 클래스들을 정의해보자. 멤버 변수와 멤버 함수는 없어도 된다.

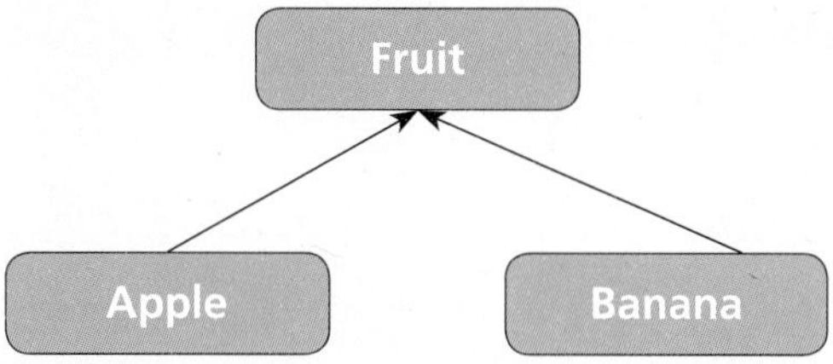


2. 아래 그림에 해당하는 클래스들을 정의해보자. 멤버 변수와 멤버 함수는 없어도 된다.

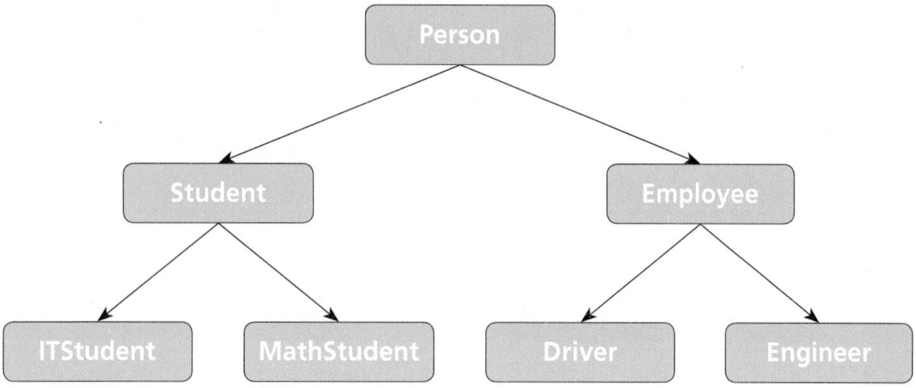


3. 다음 프로그램의 출력을 쓰시오.

```
#include <iostream>
#include <string>
using namespace std;

class Animal
{
   string name;
public:
   Animal(string name)      { cout << "동물(생성자)(string)\n"; }
   ~Animal()                { cout << "동물(소멸자)\n"; }
};
class Lion : public Animal
{
```

```
public:
    Lion(string name) : Animal(name)        { cout << "사자(생성자)\n"; }
    ~Lion()                                 { cout << "사자(소멸자)\n"; }
};

int main()
{
    Lion lion1("king");
    return 0;
}
```

**4.** 상속을 이용하여 다음의 두 개의 클래스를 간결하게 다시 작성하라.

```
class TwoDimension // 2차원 공간
{
        double x, y;
    public:
        TwoDimension(double i, double j):x(i), y(j){}
};

class ThreeDimension
{
        double x, y, z;
    public:
        ThreeDimension(double i, double j, double k):x(i), y(j), z(k){}
};
```

**5.** 클래스 SmartPhone을 클래스 Phone과 클래스 Computer를 다중 상속하여서 정의해 보자.

```
class Phone {
    void call();
    void receive();
    void sendSMS();
};
class Computer {
    void doInternet();
};
```

**6.** 아래 코드에서 잘못된 부분은 어디인가? 어떻게 바꾸어야 하는가?

```
class Box {
  private:
   double width;
};

class SmallBox : Box {
  public:
   void setWidth( double w ) { width = w; }
};
```

**7.** 다음과 같은 클래스 정의에서 질문에 답하라.

```
class TV {
   int size;
   string brand;
   int price;
};
class IPTV: public TV {
   int ipaddress;
};
```

❶ 위의 코드에서 부모 클래스는 ___________이고 자식 클래스는 ________이다.

❷ 위의 클래스 관계를 나타내는 UML 도형을 그려라.

❸ 각 멤버 변수의 접근자와 설정자를 작성하라.

❹ 생성자를 추가하여 보시오. 자식 클래스의 생성자에서 부모 클래스의 생성자를 명시적으로 호출하게 하라.

**8.** 클래스 Human을 정의하여 보자. 다음과 같은 멤버 변수를 정의한다.

```
class Human {
   string name;
   int age;
public:
   Human(string name, int age) {
      ...// 매개 변수의 값으로 멤버 변수를 초기화한다.
   }
};
```

❶ 각 멤버 변수에 대하여 접근자와 설정자를 작성하여 보자.

❷ 객체의 현재 상태를 콘솔에 출력하는 `print()`를 작성하여 보자.

❸ `main()` 함수 안에서 (“춘향”, 18세), (“몽룡”, 21세), (“사또”, 50세)에 해당하는 `Human` 객체를 생성하여 보라. 각 객체의 `print()`를 호출하여 보라.

❹ 클래스 `Human`을 상속하여서 `Student` 클래스를 작성하여 보자. `string major;` 멤버 변수가 추가된다.

❺ 다음과 같은 생성자를 정의하여 보자. 부모 클래스의 생성자를 호출하여 보자.

```
Student(string name, int age, string major) _______________________
{
    ...// 매개 변수의 값으로 멤버 변수를 초기화한다.
}
```

## PROGRAMMING EXERCISE

1. Point 클래스를 상속받아서 ThreeDPoint 클래스를 정의해보자. ThreeDPoint 클래스는 3차원 공간 상의 점을 나타내고 int z; 멤버 변수를 추가로 가진다.

```
class Point {
    int x, y;
};
...
int main()
{
    ThreeDPoint p(10, 10, 10);
    p.print();
}
```

- 위의 프로그램을 컴파일할 수 있도록 생성자, 접근자, 설정자 등의 함수를 추가하라.
- + 연산자를 중복 정의하여서 다음과 같은 연산이 가능하도록 하라.

```
ThreeDPoint p1(10, 10, 10);
ThreeDPoint p2(10, 10, 10);
ThreeDPoint p3;
p3 = p1 + p2;
```

2. 원을 나타내는 Circle 클래스를 상속받아서 ColoredCircle 클래스를 정의해 보자. ColoredCircle 클래스는 색깔 있는 원을 나타낸다. string color; 멤버 변수를 추가로 가진다. 본문의 코드를 참조하여서 색깔 있는 원을 화면에 그리는 draw() 멤버 함수도 추가해보자.

```
class Circle {
    int x, y, radius;
};
```

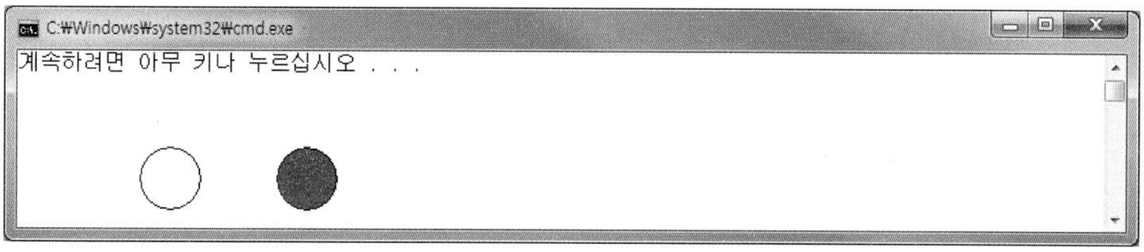

3. ❶ Employee 클래스를 설계하라. Employee 클래스는 이름(name), 월급(salary) 등의 정보를 멤버 변수로 가져야 한다. 생성자를 정의하고 접근자와 설정자도 작성하라. 월급을 계산하는 멤버 함수인 computeSalary()를 추가한다.

```
class Employee {
    string name;
    int salary;
    ...
};
```

❷ Employee 클래스를 상속받아서 Manager라는 클래스를 정의하여 보자. Manager 클래스는 보너스(bonus)라는 멤버 변수를 추가로 가진다. 생성자를 정의하고 접근자와 설정자 멤버 함수도 작성하라. 부모 클래스의 computeSalary()를 재정의하여 (salary+bonus)를 반환하도록 하라.

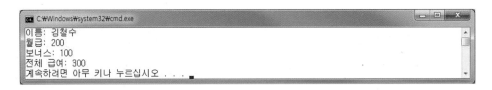

```
C:\Windows\system32\cmd.exe
이름: 김철수
월급: 200
보너스: 100
전체 급여: 300
계속하려면 아무 키나 누르십시오 . . .
```

4. Person 클래스를 설계하라. Person 클래스는 이름, 주소, 전화 번호를 멤버 변수로 가진다. 하나 이상의 생성자를 정의하고 각 멤버 변수에 대하여 접근자와 설정자 함수를 작성하라. 이어서 Person을 상속받아서 Customer를 작성하여 보자. Customer는 고객 번호(id)와 마일리지(mileage)를 멤버 변수로 가지고 있다. 한 개 이상의 생성자를 작성하고 적절한 접근자 함수와 설정자 함수를 작성하라.

```
class Person {
    string name;
    string address;
    string tel;
    ...
};
```

```
C:\Windows\system32\cmd.exe
이름: 김철수
주소: 서울시 종로구
전화번호: 010-1111-2222
아이디: 1
마일리지: 1000
계속하려면 아무 키나 누르십시오 . . .
```

5. 2차원 도형들을 나타내는 클래스들을 작성하여 보자. 부모 클래스인 `Shape`에는 도형의 위치(`x, y`), 색상(`color`) 등의 정보가 들어간다. 각각의 멤버 변수에 대하여 접근자와 설정자 함수를 정의하라. 도형의 둘레, 면적을 계산하는 멤버 함수 `getArea()`도 제공한다. `Shape` 클래스를 상속받아서 원을 나타내는 `Circle` 클래스를 작성하고 원에 맞도록 면적을 계산하는 `getArea()` 함수를 재정의한다.

```
class Shape {
    int x, y;
    string color;
    double getArea();
    ...
};
```

```
C:\Windows\system32\cmd.exe
원의 면적: 1256
계속하려면 아무 키나 누르십시오 . . .
```

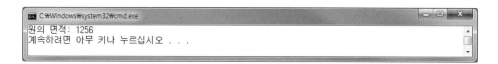

6. 다음 그림에 해당되는 클래스들을 작성해보자.

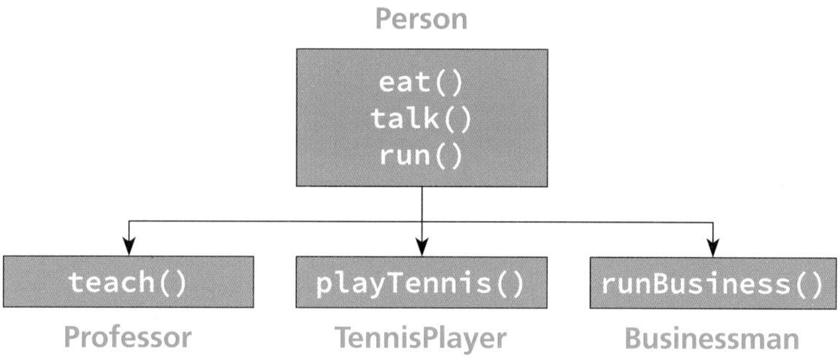


7. 다음과 같은 실행 결과를 출력할 수 있도록 프로그램을 작성한다.

```
C:\Windows\system32\cmd.exe
나의 직업: 교수
나의 나이: 39
걸을 수 있음.
말할 수 있음.
가르칠 수 있음.

나의 직업: 테니스 선수
나의 나이: 23
걸을 수 있음.
말할 수 있음.
테니스 경기를 할 수 있음.
```

Introduction to
C++ Programming

CHAPTER

# 12 다형성과 가상 함수

## 학습목표

- 다형성의 개념을 이해한다.
- 상향 형변환의 개념을 이해한다.
- 가상 함수의 개념을 이해한다.
- 다형성을 실제로 적용할 수 있다.

## 학습목차

다형성이면 형태가 다양한 것인가요?
동일한 메시지를 객체에 보내도 객체의 유형에 따라서 자동적으로 다른 동작을 하게 하는 기술입니다.

# 12.1 이번 장에서 만들어 볼 프로그램

이번 장에서는 가상 함수를 이용하여 실행 시간 다형성을 구현하는 기법을 학습한다. 구체적으로 다음과 같은 프로그램을 작성해보자.

1. 여러 가지 도형을 하나의 배열에 저장하고 배열 요소에 대하여 `draw()` 함수를 호출하여 화면에 도형을 그리는 프로그램을 작성한다.

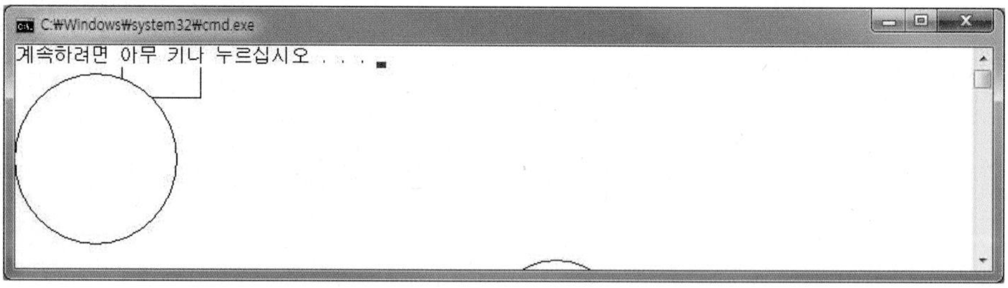


2. 문자 기반 던전 게임을 작성해보자.

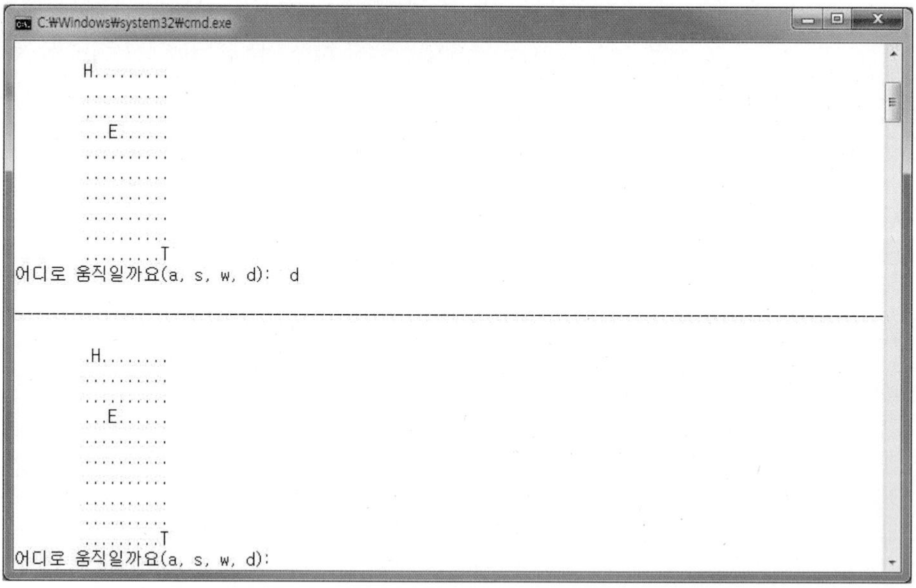

# 12.2 다형성이란?

객체 지향에서 다형성(**polymorphism**)이란 하나의 기호를 여러 가지 의미로 사용하는 기술이다. C++에서의 다형성은 다음과 같이 분류된다. 우리가 앞에서 학습한 함수 중복 정의나 연산자 중복 정의도 크게 분류하면 다형성에 포함된다. 이번 장에서 학습할 다형성은 실행 시간 다형성으로 가상 함수를 이용하는 방법이다.

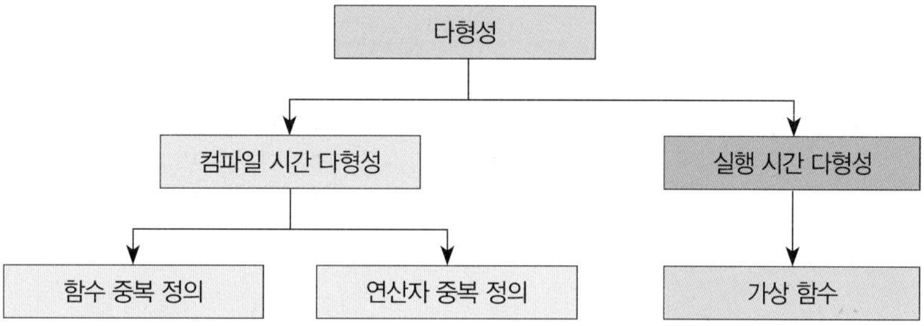


"실행 시간 다형성"이란 객체들의 타입이 다르면 똑같은 메시지가 전달되더라도 서로 다른 동작을 하는 것을 말한다. 예를 들어서 예를 들어서 한 곳에 모인 동물들이 각자의 소리를 내게 하고 싶으면 어떤 동물인지 신경 쓰지 말고 무조건 speak 메시지를 모내면 된다. 받은 동물은 자신이 낼 수 있는 소리를 낼 것이다. 강아지한테 "speak"라는 메시지를 보내면 강아지는 "멍멍"이라고 할 것이다. 고양이한테 "speak"라는 메시지를 보내면 고양이는 "야옹"이라고 할 것이다. 똑같은 메시지를 보내지만 객체의 타입이 다르면 서로 다른 결과를 얻는 것이 다형성이다.

그림 12.1 다형성의 개념

여기서 중요한 것은 메시지를 보내는 측에서는 객체가 어떤 타입인지 알 필요가 없다는 점이다. 실행 시간에 객체의 타입에 따라서 자동적으로 적합한 동작이 결정된다. 다형성은 객체 지향 기법의 특징 중의 하나로서 동일한 코드로 다양한 타입의 객체를 처리하는 기술이다.

### 상향 형변환

다형성은 객체 포인터를 통하여 이루어진다. 객체 포인터는 객체를 가리키는 포인터이다. 설명을 위하여 몇 가지 클래스가 정의되어 있다고 가정하자. Animal 클래스는 동물을 나타낸다. Animal 클래스에서 상속을 받아서 Dog과 Cat 클래스를 정의한다.

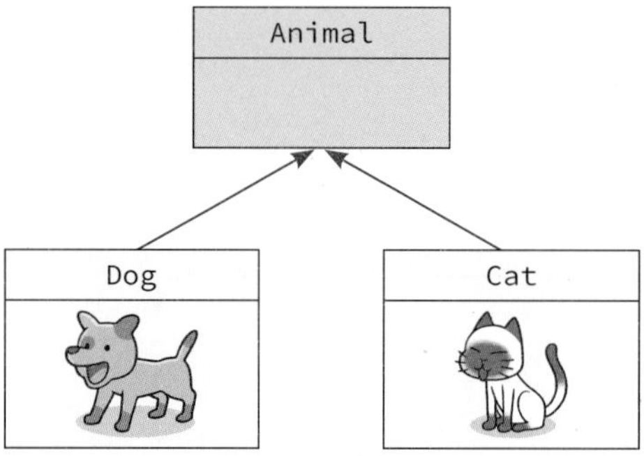


**그림 12.2** 상속 계층도

객체 포인터도 타입이 맞는 객체만을 가리킬 수 있다. 예를 들면 Dog 객체의 포인터는 Dog 타입의 객체만을 가리킬 수 있다. 하지만 다음과 같은 코드를 생각하여 보자.

```
Animal *pa = new Dog();                // 가능할까? ❶
```

위의 문장은 Animal 타입의 포인터로 Dog 타입의 객체를 가리키는 문장이다. 이 문장은 문법적으로 맞을까? 놀랍게도 컴파일러는 아무런 오류 메시지를 발생하지 않는다. 왜 그런가?

왜냐하면 자식 객체는 부모 객체를 포함하고 있기 때문에 자식 객체는 부모 객체이기도 하기 때문이다. 따라서 "**부모 포인터로 자식 객체를 가리킬 수 있다**". 위의 문장은 다형성의 핵심이 되므로 잘 이해하여야 한다.

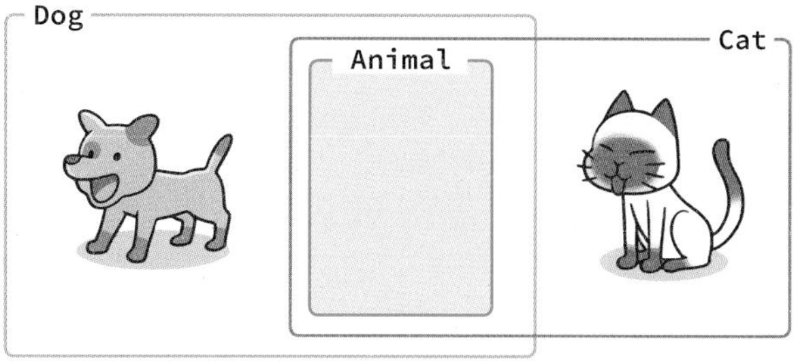


이러한 포인터 타입의 변환을 **상향 형변환(up-casting)**이라고도 한다. 상향이라고 하는 이유는 객체 포인터가 상속 계층도에서 부모 클래스 쪽을 가리킨다는 의미이다.

상향 형변환을 하면 자식 클래스 중에서 부모 클래스로부터 상속받은 부분만을 포인터를 통해서 사용할 수 있고 나머지는 사용하지 못한다. 즉 위의 ❶번 문장이 실행되면 dog 객체 중에서 Animal에 해당되는 부분은 pa를 통해서 사용할 수 있지만 dog 객체의 다른 부분은 pa를 통해서 사용할 수 없는 것이다. 좀 더 완전한 소스를 통해서 상향 형변환을 분석하여 보자.

**animal1.cpp**

```
#include <iostream>
using namespace std;

class Animal
{
public:
   void speak() { cout << "Animal speak()" << endl; }
};

class Dog : public Animal
{
public:
   int age;
   void speak() { cout << "멍멍" << endl; }
};

class Cat : public Animal
{
public:
   void speak() { cout << "야옹" << endl; }
```

```
};

int main()
{
    Animal *a1 = new Dog();
    a1->speak();

    Animal *a2 = new Cat();
    a2->speak();

    //a1->age = 10; // 오류!!
    return 0;
}
```

실행결과

```
C:\Windows\system32\cmd.exe
Animal speak()
Animal speak()
계속하려면 아무 키나 누르십시오 . . .
```

위의 코드에서 a1은 Animal 포인터이지만 Dog 객체를 가리킬 수 있다. Dog 객체는 Animal 클래스로부터 상속받았기 때문이다. a2도 Animal 포인터이지만 Cat 객체를 가리킬 수 있다. 하지만 a1 포인터를 가지고 age를 참조할 수는 없다. age 변수는 Animal 클래스에는 없기 때문이다.

여기까지는 이해가 되고 별 문제는 없지만 쓸모는 없다. 다형성이란 객체의 타입에 따라서 다르게 동작하는 것이지만 여기서는 Dog 객체나 Cat 객체나 모두 Animal 클래스의 speak()가 호출된다. 따라서 아직까지는 다형성이 동작되고 있지 않다.

## 가상 함수

만약 Animal 포인터를 통하여 객체의 멤버 함수를 호출하더라도 객체의 종류에 따라서 서로 다른 speak()가 호출된다면 상당히 유용할 것이다. 즉 강아지인 경우에는 "멍멍"을 출력하는 speak()가 호출되고 고양이인 경우에는 "야옹"을 출력하는 speak()가 호출된다면 유용할 것이다. C++에는 이것을 위한 메커니즘이 준비되어 있다. 부모 클래스의 함수를 **가상 함수(virtual function)**로 정의하면 된다.

animal2.cpp

```
#include <iostream>
using namespace std;

class Animal
{
```

```cpp
public:
    virtual void speak() { cout << "Animal speak()" << endl; }
};

class Dog : public Animal
{
public:
    int age;
    void speak() { cout << "멍멍" << endl; }
};

class Cat : public Animal
{
public:
    void speak() { cout << "야옹" << endl; }
};

int main()
{
    Animal *a1 = new Dog();
    a1->speak();

    Animal *a2 = new Cat();
    a2->speak();

    return 0;
}
```

가상 함수로 정의

실행결과

```
C:\Windows\system32\cmd.exe
멍멍
야옹
계속하려면 아무 키나 누르십시오 . . .
```

이번에는 Animal 포인터를 통하여 speak()가 호출되더라도 객체가 Dog이면 "멍멍"이 출력되었고 객체가 Cat이면 "야옹"이 출력되었다. virtual 키워드는 멤버 함수에만 사용할 수 있다. 멤버 변수에는 사용할 수 없다. 부모 클래스에서 virtual로 정의하면 자식 클래스에서는 virtual 키워드를 사용하지 않더라도 자동으로 가상 함수가 된다.

### 동적 바인딩

앞에서 Animal의 포인터를 통하여 가상 함수 speak()를 호출하면 자식 클래스 Dog의 함수가 호출된다. 그렇다면 과연 어떻게 해서 Dog의 speak()가 호출되는 것일까?

함수 호출을 함수의 몸체와 연결하는 것을 바인딩(binding)이라고 한다. 바인딩에는 정적 바이딩과 동적 바인딩이 존재한다. 컴파일 단계에서 모든 바인딩이 완료되는 것을 정적 바인딩(static binding)이라고 한다. 반대로 바인딩이 실행 시까지 연기되고 실행 시간에 호출되는 함수를 결정하는 것을 동적 바인딩(dynamic binding), 또는 지연 바인딩(late binding)이라고 한다.

동적 바인딩을 사용하면 객체 지향의 중요한 특징 중의 하나인 다형성을 구현할 수 있다. 즉 객체에 메시지를 보내면 객체가 메시지를 해석하여서 가장 적절한 동작을 하게 한다.

| 바이딩의 종류 | 특징 | 속도 | 대상 |
|---|---|---|---|
| 정적 바인딩<br>(static binding) | 컴파일 시간에 호출 함수가 결정된다. | 빠르다 | 일반 함수 |
| 동적 바인딩<br>(dynamic binding) | 실행 시간에 호출 함수가 결정된다. | 늦다 | 가상 함수 |

C++에서 가상 함수가 아니면 모든 함수가 정적 바인딩으로 호출된다. 정적 바인딩은 호출 속도가 빠르지만 호출 함수가 컴파일 단계에서 항상 결정되므로 유연성은 떨어진다. 가상 함수는 동적 바인딩으로 호출된다. 동적 바인딩은 테이블을 사용하여서 실제 호출되는 함수를 결정하여야 하므로 처리 속도가 늦어진다. 그렇지만 객체의 실제 타입에 알맞은 동작을 할 수 있다.

**참고** 만약 객체를 함수에 값으로 전달하는 경우에도 가상 함수 기능이 작동할까? 가상 함수 기능은 포인터와 참조자를 통해서만 가능하다. 객체를 값으로 전달하는 경우에는 동작하지 않는다.

**Q&A**

**Q** 부모 클래스에서 가상 함수로 정의했으면 자식 클래스에서도 가상 함수로 정의하여야 하나요?

**A** 한번 가상 함수로 정의하면 자식 클래스에서 재정의히더라도 자동적으로 가상 함수로 된다. 따라서 virtual을 써줄 필요는 없다. 하지만 가상 함수라는 것을 분명히 하기 위하여 virtual을 적어주는 것도 좋다.

**중간점검**

1 가상 함수를 사용하면 어떤 장점이 있는가?

2 동적 바인딩과 정적 바인딩을 비교하라.

참고

**하향 형변환**

하향 형변환(down-casting)은 상향 형변환의 반대이다. 즉 부모 클래스를 가리키는 포인터를 자식 클래스를 가리키도록 형변환하는 것을 의미한다. 하향이라고 하는 이유는 상속 계층도에서 아래 방향, 즉 자식 클래스를 가리키기 때문이다. 하향 형변환시에는 형변환 연산자를 앞에 지정하여야 한다.

```
BaseClass *pb = new DerivedClass();                  // ❶
DerivedClass *pd = (DerivedClass *)pb;               // ❷
```

위의 코드에서 ❷가 바로 하향 형변환이다. pb는 원래 BaseClass 타입의 포인터인데 DerivedClass 타입으로 하향 형변환을 하였다.

하향 형변환은 아무데서나 사용하면 안 된다. 포인터가 가리키는 실제 객체가 DerivedClass인 경우에만 사용하여야 한다. 다음과 같이 하향 형변환을 하면 잘못된 것이다.

```
BaseClass *pb = new BaseClass();                     // ❶
DerivedClass *pd = (DerivedClass *)pb;               // ❷
```

위의 코드에서 pb가 실제로 가리키는 객체는 BaseClass 타입이다. 이것을 DerivedClass 타입으로 하향 형변환을 하게 되면 BaseClass에는 없는 멤버를 참조할 수도 있다. 이때는 오류가 발생한다. 이것을 방지하기 위해서는 dynamic_cast라는 보다 진보된 형변환 연산자를 사용하는 것이 좋다.

```
DerivedClass *pd = dynamic_cast<DerivedClass *>(pb);          //
```

LAB

# 도형 예제 #1

다형성의 예로 Rect, Triangle, Circle와 같은 도형을 나타내는 클래스들이 부모 클래스인 Shape 클래스로부터 상속되었다고 가정하자.

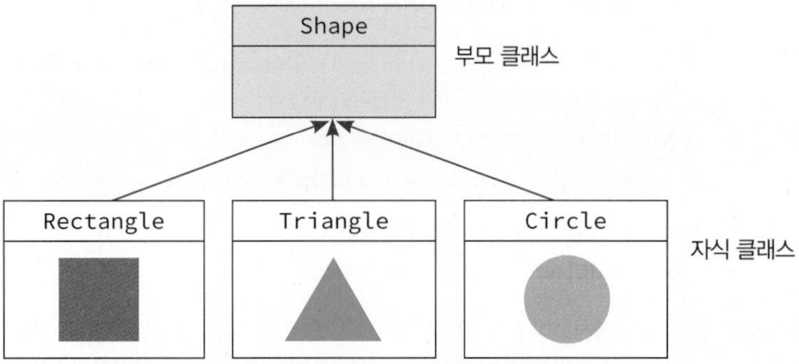


그림 12.3 도형의 상속 구조

각 도형들은 2차원 공간에서 도형의 위치를 나타내는 기준점 (x, y)을 가진다. 이것은 모든 도형에 공통적인 속성이므로 부모 클래스인 Shape에 저장한다. 또한 각 도형들을 화면에 그리는 멤버 함수 draw()가 필요하다. 이것도 모든 도형에 필요한 기능이므로 부모 클래스 Shape에 정의하도록 하자. 하지만 아직 특정한 도형이 결정되지 않았으므로 draw()에서 하는 일은 없다.

만약 Shape 포인터를 통하여 멤버 함수를 호출하더라도 도형의 종류에 따라서 서로 다른 draw()가 호출된다면 상당히 유용할 것이다. 즉 사각형인 경우에는 사각형을 그리는 draw()가 호출되고 원의 경우에는 원을 그리는 draw()가 호출된다면 좋을 것이다. 앞에서도 살펴보았지만 객체의 타입에 따라서 서로 다른 함수가 호출되게 하려면 부모 클래스의 함수를 가상 함수로 정의하면 된다.

**shape1.cpp**

```
#include <iostream>
using namespace std;

class Shape {
protected:
   int x, y;

public:
   Shape(int x, int y) : x(x), y(y) {    }
   virtual void draw() {
      cout << "Shape Draw" << endl;
```

가상 함수로 정의

```
    }
};
```

이어서 Shape에서 상속받아서 사각형을 나타내는 클래스 Rect를 정의하여 보자. Rect는 추가적으로 width와 height 변수를 가진다. 각 멤버 변수에 대하여 설정자를 정의한다. Shape 클래스의 draw()라는 멤버 함수를 사각형을 그리도록 재정의(오버라이드)한다.

```
class Rect: public Shape {
private:
   int width, height;

public:
   Rect(int x, int y, int w, int h) : Shape(x, y), width(w), height(h) {
   }
   void draw() {
      cout << "Rectangle Draw" << endl;
   }
};
```

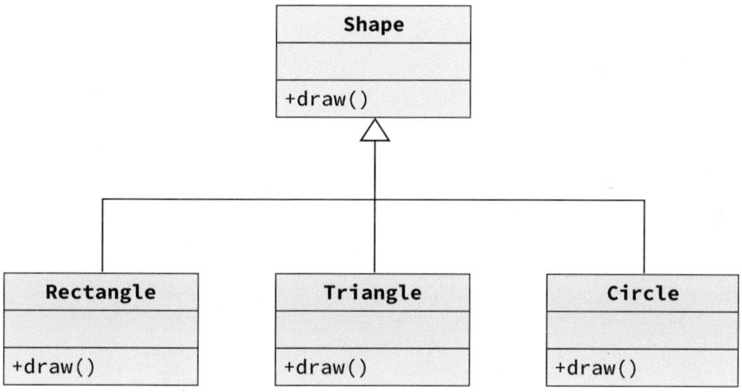

그림 12.5 도형의 UML

main() 함수를 작성하여서 가상 함수를 테스트해보자.

```
int main()
{
   Shape *ps = new Rect(0, 0, 100, 100);          // OK!
   ps->draw();

   delete ps;
   return 0;
}
```

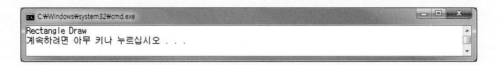

```
Rectangle Draw
계속하려면 아무 키나 누르십시오 . . .
```

여기서 다형성의 가장 중요한 특징을 알 수 있는데 가상 함수를 사용하면 ps가 실제로 가리키고 있는 객체의 타입이 Rect이기 때문에 Rect의 draw()가 호출된다. 즉 포인터 변수가 실제로 가리키는 객체에 따라 서로 다른 멤버 함수가 자동적으로 선택된다. 따라서 도형을 그릴 때 모든 도형을 부모 클래스인 Shape의 포인터로 가리키고 포인터를 통하여 draw() 함수를 호출하면 도형에 따라서 서로 다른 draw()가 자동적으로 선택된다.

LAB

# 도형 예제 #2

앞에서 부모 클래스의 함수를 가상 함수로 지정하면 객체의 타입에 따라서 서로 다른 함수가 호출된다는 것을 알았다. 우리는 이것을 어떻게 응용해야할 것인가? 도형이 하나만 있으면 별 쓸모가 없다. 무엇 때문에 복잡하게 Shape 포인터로 Rect 객체를 가리키게 하는가?

하지만 도형이 하나가 아니고 여러 가지가 있다고 하자. 즉 Rect, Circle, Triangle 객체가 한 곳에 모여 있다고 하자. 다양한 도형들이 배열에 저장되어 있고 draw() 함수를 호출하여 화면에 그리고 싶다. 어떻게 해야 할까?

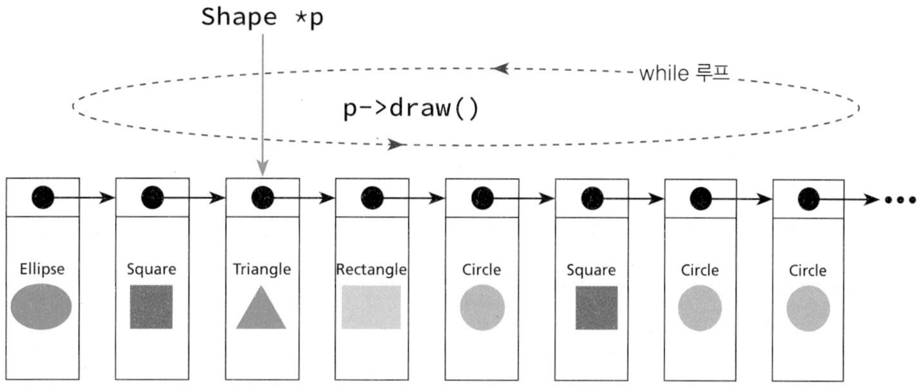


바로 다형성을 이용하여야 한다. 부모 클래스 Shape의 draw()를 가상 함수로 정의하고 자식 클래스에서 이것을 재정의하면 되는 것이다. 배열에 타입이 다른 객체들을 저장하고 이들 객체에 대하여 동일한 멤버 함수를 호출하여 보자. 여기서 배열은 물론 포인터들의 배열이여야 한다. C++에서 다형성은 포인터를 통하여 제공된다. 우리는 다음과 같은 main() 함수를 작성하고자 한다. 편리하지 않은가?

**Shape3.cpp**

```
int main()
{
    Shape *shapes[3];

    shapes[0] = new Rect(rand() % 600, rand() % 300, rand() % 100,
rand() % 100);
    shapes[1] = new Circle(rand() % 600, rand() % 300, rand() % 100);
    shapes[2] = new Circle(rand() % 600, rand() % 300, rand() % 100);
    for (int i = 0; i < 3; i++) {
        shapes[i]->draw();
    }
}
```

Shape, Rect 클래스에 Circle 클래스를 추가하고 위의 main() 함수를 붙여서 실행해보자. draw() 함수에서 윈도우의 GDI 함수를 호출하여서 콘솔 윈도우에 해당되는 도형을 그려보자.

위의 코드에서 마지막 for 루프는 다음과 같이 범위-기반 for 루프를 사용할 수 있다. 여기서는 독자들의 혼동을 최소화하기 위하여 전통적인 방법을 사용한 것이다.

```
for (auto& e: shapes) {
    e->draw();
}
```

# SOLUTION 도형 예제 #2

```
#include <windows.h>
#include <iostream>
using namespace std;

class Shape {
protected:
   int x, y;
public:
   Shape(int x, int y) : x(x), y(y) {   }
   virtual void draw() {
      cout << "Shape Draw" << endl;
   }
};

class Rect : public Shape {
private:
   int width, height;
public:
   Rect(int x, int y, int w, int h) : Shape(x, y), width(w), height(h) {   }
   void draw() {
      HDC hdc = GetWindowDC(GetForegroundWindow());
      Rectangle(hdc, x, y, x + width, y + height);
   }
};

class Circle : public Shape {
private:
   int radius;
public:
   Circle(int x, int y, int r) : Shape(x, y), radius(r) {  }
   void draw() {
      HDC hdc = GetWindowDC(GetForegroundWindow());
      Ellipse(hdc, x - radius, y - radius, x + radius, y + radius);
   }
};

int main()
{
   Shape *shapes[3];
```

```

    shapes[0] = new Rect(rand() % 600, rand() % 300, rand() % 100,
                                                    rand() % 100);
    shapes[1] = new Circle(rand() % 600, rand() % 300, rand() % 100);
    shapes[2] = new Circle(rand() % 600, rand() % 300, rand() % 100);
    for (int i = 0; i < 3; i++) {
        shapes[i]->draw();
    }
}
```

**실행결과**

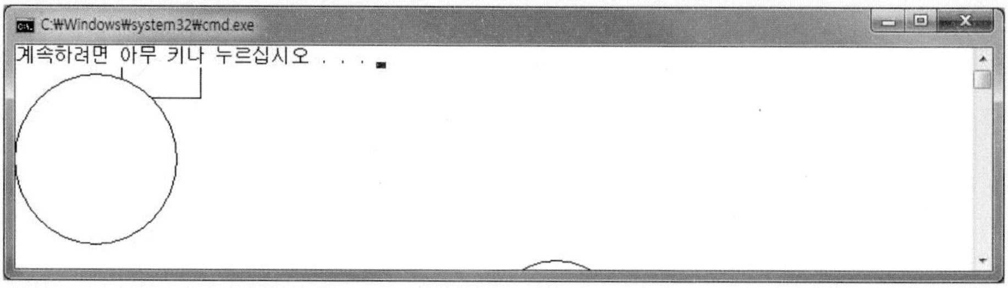


위의 코드에서 마지막 for 루프는 다음과 같이 범위-기반 for 루프를 사용할 수 있다. 여기서는 독자들의 혼동을 최소화하기 위하여 전통적인 방법을 사용한 것이다.

```
for (auto& e: shapes) {
    e->draw();
}
```

# 12.3 참조자와 가상 함수

앞에서는 포인터만을 이용하여서 다형성을 설명하였다. 그렇다면 참조자인 경우에는 다형성이 동작될 것인가? 참조자도 포인터와 마찬가지로 모든 것이 동일하게 적용된다. 즉 부모 클래스의 참조자로 자식 클래스를 가리킬 수 있으며 가상 함수의 동작도 동일하다. 앞의 동물 예제를 참조자로 다시 작성하여 보면 다음과 같다.

**Animal4.cpp**

```cpp
#include <iostream>
using namespace std;

class Animal
{
public:
    virtual void speak() { cout << "Animal speak()" << endl; }
};

class Dog : public Animal
{
public:
    void speak() { cout << "멍멍" << endl; }
};

class Cat : public Animal
{
public:
    void speak() { cout << "야옹" << endl; }
};

int main()
{
    Dog d;
    Animal &a1 = d;
    a1.speak();

    Cat c;
    Animal &a2 = c;
    a2.speak();
```

```
    return 0;
}
```

**실행결과**

```
C:\Windows\system32\cmd.exe
멍멍
야옹
계속하려면 아무 키나 누르십시오 . . .
```

# 12.4 가상 소멸자

다형성을 사용하는 과정에서 소멸자를 virtual로 해주지 않으면 문제가 발생한다. 어떤 문제가 발생하는지 다음의 코드에서 살펴보자.

**virtual1.cpp**

```
#include <iostream>
using namespace std;

class Parent
{
public:
    ~Parent() { cout << "Parent 소멸자" << endl; }
};

class Child : public Parent
{
public:
    ~Child() { cout << "Child 소멸자" << endl; }
};

int main()
{
    Parent* p = new Child();    // 상향 형변환
    delete p;
}
```

**실행결과**

```
C:\Windows\system32\cmd.exe
Parent 소멸자
계속하려면 아무 키나 누르십시오 . . .
```

위의 실행 결과를 보면 Child 객체를 생성하여서 Parent 포인터로 가리킨 후에 객체를 삭제하면 Child 소멸자가 호출되지 않았음을 알 수 있다. 이것은 실제로는 Child 객체이지만 Parent 포인터로 가리키고 있으므로 컴파일러는 Parent 객체로 생각한다. 따라서 삭제시에 Parent 소멸자만 호출하는 것이다.

그렇다면 어떻게 하여야 Child 소멸자도 호출되게 할 수 있는가? Parent 클래스의 소멸자를 virtual로 선언하면 된다. 즉 부모 클래스의 소멸자를 가상 함수로 선언하면 되는 것이다.

**virtual2.cpp**

```cpp
#include <iostream>
using namespace std;

class Parent
{
public:
   virtual ~Parent() { cout << "Parent 소멸자" << endl; }
};

class Child : public Parent
{
public:
   ~Child() { cout << "Child 소멸자" << endl; }
};

int main()
{
   Parent* p = new Child();    // 상향 형변환
   delete p;
}
```

**실행결과**

```
C:\Windows\system32\cmd.exe
Child 소멸자
Parent 소멸자
계속하려면 아무 키나 누르십시오 . . .
```

**중간점검**

1. 소멸자를 가상 함수로 만들지 않으면 어떤 문제점이 발생하는가?
2. 어떤 경우에 반드시 부모 클래스의 소멸자에 virtual을 붙여야 하는가?

# 12.5 순수 가상 함수

순수 가상 함수(pure virtual function)는 함수 헤더만 존재하고 함수의 몸체는 없는 함수이다. 다음과 같은 형식을 사용한다.

**문법 12.1 순수 가상 함수**

```
virtual 반환형 함수이름(매개변수리스트) = 0;
```

순수 가상 함수를 하나라도 가지고 있는 클래스를 **추상 클래스(abstract class)**라고 한다. 추상 클래스로는 객체를 생성할 수 없다. 그렇다면 추상 클래스의 용도는 무엇일까? 추상 클래스는 추상적인 개념을 나타내거나 클래스와 클래스 사이의 인터페이스를 나타내는 용도로 사용된다. 추상 클래스는 멤버 함수의 원형만을 정의하는 것이고 그 구현은 자식 클래스에서 하게 된다. 추상 클래스를 상속받는 자식 클래스는 반드시 순수 가상 함수를 구현하여야 한다.

예를 들어서 앞의 Shape 클래스를 추상 클래스로 작성하면 다음과 같다. Shape 클래스의 draw()는 어차피 도형의 종류가 결정되지 않았으므로 도형을 그릴 수가 없다. 따라서 순수 가상 함수로 선언하는 것이 바람직하다.

**Shape4.cpp**

```
#include <iostream>
#include <string>
using namespace std;

#include <iostream>
using namespace std;

class Shape {
protected:
    int x, y;

public:
    Shape(int x, int y) : x(x), y(y) {    }
    virtual void draw() = 0;
};
class Rect : public Shape {
private:
```

순수 가상 함수 정의

```
    int width, height;
public:
    Rect(int x, int y, int w, int h) : Shape(x, y), width(w), height(h) { }
    void draw() {
        cout << "Rectangle Draw" << endl;
    }
};

int main()
{
    Shape *ps = new Rect(0, 0, 100, 100); // OK!
    ps->draw();                          // Rectangle의 draw()가 호출된다.
    delete ps;

    return 0;
}
```

**실행결과**

```
C:\Windows\system32\cmd.exe
Rectangle Draw
계속하려면 아무 키나 누르십시오 . . .
```

여기서 한 가지 주의할 점이 있다. Shape가 추상 클래스이기 때문에 Shape을 가지고는 객체를 생성할 수 없다. 하지만 위에서 보듯이 포인터 변수는 생성할 수 있고 이 포인터 변수를 통하여 자식 클래스의 객체를 가리킬 수 있다. 또한 Shape에 정의된 함수들을 호출할 수 있다.

**중간점검**

1. 순수 가상 함수의 용도는?
2. 자식 클래스에서는 모든 순수 가상 함수를 구현하여야 하는가?

LAB

# 동물 예제

추상 클래스는 추상적인 개념을 표현할 수 있다. 하나의 예로 동물을 나타내는 상속 계층도를 생각하여 보자. 동물을 `Animal` 클래스로 정의할 수 있지만 약간의 문제가 있다. 우리는 동물의 추상적인 개념에 대해서는 알고 있지만 구체적으로 어떤 동물인지가 결정이 되지 않았으므로 구체적인 속성이나 동작에 대해서는 결정할 수 없다. 예를 들어서 동물이 움직인다는 것은 알지만 구체적으로 날아다니는지 기어다니는지는 알 수 없다. 즉 `Animal` 클래스의 멤버 함수들을 완전하게 작성할 수 없는 것이다. 따라서 이런 경우에 `Animal`은 추상 클래스로 정의된다. 마찬가지로 `Mammal`(포유류), `Fish`(어류), `Bird`(조류) 클래스도 마찬가지이다.

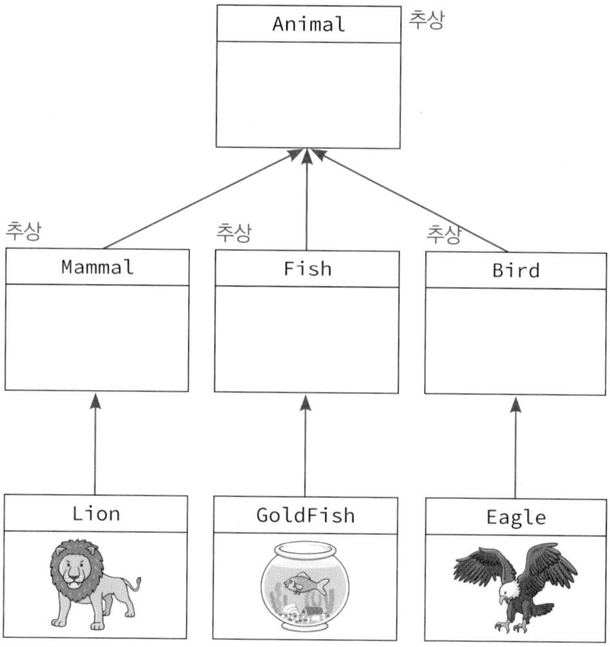


그림 12.4 동물의 상속 계층도에서 추상 클래스

추상 클래스를 만들기 위해서는 클래스 선언 안에 순수 가상 함수를 정의하면 된다.

SOLUTION

## 동물 예제

앞의 Animal 클래스를 추상 클래스로 정의하여 보면 다음과 같다.

```
class Animal {
    virtual void move() = 0;
    virtual void eat() = 0;
    virtual void speak() = 0;
};
class Lion : public Animal {
    void move(){
        cout << "사자의 move()" << endl;
    }
    void eat(){
        cout << "사자의 eat()" << endl;
    }
    void speak(){
        cout << "사자의 speak()" << endl;
    }
};
```

각종 동물들의 움직이는 방법은 동물에 따라 상당히 다르므로 추상 메소드로 선언하는 것이 논리적이다. 추상 클래스를 상속받는 자식 클래스에서는 반드시 추상 메소드를 재정의하여야 한다. 만약 재정의하지 않으면 오류가 발생한다.

# 인터페이스

추상 클래스는 객체들 사이에 상호 작용하기 위한 인터페이스를 정의하는 용도로 사용할 수 있다.

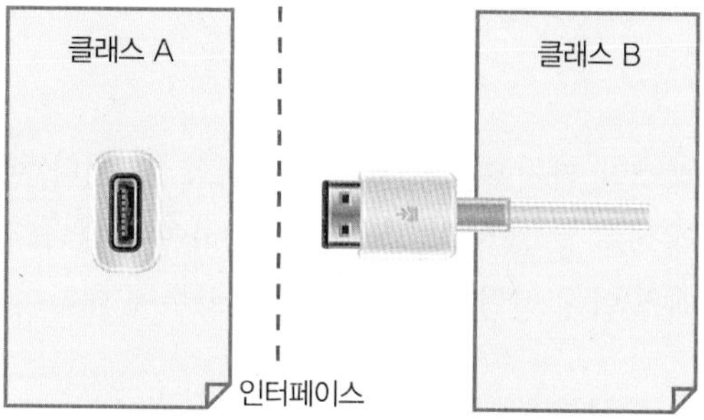


그림 12.5 추상 클래스는 클래스 간의 상호간의 인터페이스로 사용할 수 있다.

예를 들어서 홈 네트워크 시스템을 생각하여 보자. 홈 네트워크 시스템이란 가정에서 쓰이는 모든 가전 제품들이 유무선 하나의 시스템으로 연결, 쌍방향 통신이 가능한 미래형 가정 시스템을 말한다. 가전 제조사들과 홈 네트워크 업체 사이에는 가전 제품을 제어할 수 있는 일종의 표준 규격이 필요하다. C++로 작성한다면 이 표준 규격은 바로 추상 클래스로 나타난다. 가전 제조사들은 가전 제품을 원격 제어할 수 있도록 가전 제품을 제어할 수 있는 소프트웨어를 내장하여 제공한다. 반면 홈 네트워크 업체에서는 모든 가전 제품을 원격 제어할 수 있는 통일된 방법이 필요하다. 따라서 둘 사이에는 어떤 약속이 필요하게 되고, 구체적으로 원격으로 제어하는데 필요한 멤버 함수들에 대하여 합의하여야 한다. 가전 제품 안에서 멤버 함수가 어떻게 구현되는가는 전혀 필요가 없다. 외부에서 멤버 함수를 호출하여 사용할 수 있으면 그것으로 충분하다.

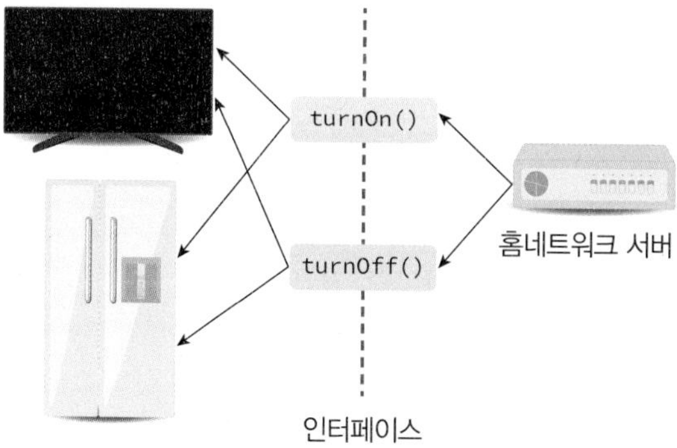


그림 12.6 홈네트워크 예제

일단 추상 클래스가 디자인되면, 클래스들간의 통합에 대하여 걱정할 필요없이 각 클래스들은 별도의 팀에 의해 병렬적으로 작성될 수 있다.

구체적으로 홈 네트워크의 가전 제품들을 원격 조종하기 위한 인터페이스를 정의하여 보자. 여기서는 가전 제품들을 켜고 끄는 기능만을 정의하기로 하자.

```
class RemoteControl {
    // 순수 가상 함수 정의
    virtual void turnON() = 0;          // 가전 제품을 켠다.
    virtual void turnOFF() = 0;         // 가전 제품을 끈다.
}
```

추상 클래스만 가지고서는 객체를 생성할 수 없다. 추상 클래스를 사용하기 위해서는 추상 클래스를 상속받는 클래스를 작성하여야 한다. 추상 클래스를 상속받으면 반드시 추상 클래스 안에 선언된 각 순수 가상 함수에 대하여 몸체를 제공하여야 한다.

```
class Television : public RemoteControl {
    void turnON()
    {
        // 실제로 TV의 전원을 켜기 위한 코드가 들어 간다.
        ...
    }
    void turnOFF()
    {
        // 실제로 TV의 전원을 끄기 위한 코드가 들어 간다.
        ...
    }
}
```

홈 네트워크 예제에서는 Televion 클래스가 RemoteControl 추상 클래스를 상속받게 된다. TV 생산 업체마다 상당히 다르게 인터페이스를 구현할 것이다. 하지만 여전히 동일한 제어 인터페이스를 지원한다. 따라서 홈 네트워크 업체에서는 이들 인터페이스 멤버 함수들을 호출하여서 가전 제품들을 원격 조종할 수 있다.

Television 클래스의 객체를 생성하여 인터페이스에 정의된 메소드를 호출하여 보자.

```
Television *pt = new Television();
pt->turnOn();
pt->turnOff();
```

만약 냉장고를 나타내는 Refrigerator 클래스도 동일한 추상 클래스를 상속받았다면 같은 방식으로 가전 제품을 제어할 수 있다.

```
Refrigerator *pr = new Refrigerator();
pr->turnOn();
pr->turnOff();
```

추상 클래스를 어떤 클래스가 사용하기 위해서는 추상 클래스에 포함된 모든 가상 함수를 구현하여야 한다. 즉 각 가상 함수들의 매개 변수의 수나 반환형 등을 맞추어 모든 가상 함수를 정의하여야 한다. 클래스가 추상 클래스에 있는 하나의 가상 함수라도 빠뜨린다면 컴파일러는 그 클래스도 추상 클래스로 정의되어야 함을 지적한다.

## LAB 던전 게임 작성

던전(dungeon)은 주로 RPG 게임에서 등장하는 지하 미궁을 의미한다. 던전에는 괴물나 보물이 묻혀있다. 요즘에는 던전을 사실적인 그래픽으로 묘사하지만 예전의 문자만 출력되는 터미널에서는 괴물이나 보물, 주인공을 모두 문자로 표시하였다. 간단한 문자 기반 던전 게임을 작성하면서 가상 함수를 사용해보자.

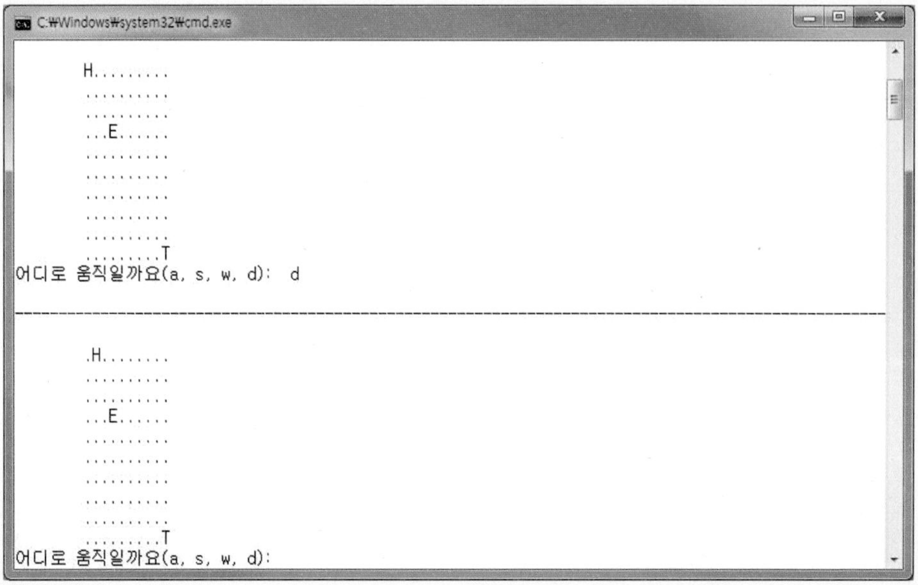


주인공은 H로 표시되며 보물은 T로 표시된다. 사용자가 a, s, w, d 키를 누르면 주인공은 왼쪽, 오른쪽, 위쪽, 아래쪽으로 움직인다. 괴물(E)을 피해서 보물이 있는 곳으로 이동하면 성공이다. 괴물(E)도 랜덤하게 움직일 수 있다.

게임에서는 보통 Sprite 클래스를 이용하여서 게임 보드 위에서 움직이는 작은 그림을 나타낸다. 이 Sprite 클래스는 위치나 이미지, move(), draw()와 같은 멤버들을 가지고 있다. Sprite 클래스를 상속받아서 Hero, Treasure, Enemy를 작성한다. Sprite 클래스의 move() 함수는 자식 클래스에 따라서 움직이는 방식이 다르므로 가상 함수로 지정하는 것이 편리하다. 또 다형성을 이용하여서 게임에 등장하는 모두 캐릭터들을 벡터 컨테이너에 저장하고 이들을 한꺼번에 꺼내서 움직여 보자. 이때 가상 함수 move()를 호출한다.

```
class Sprite {
protected:
    int x, y; // 현재 위치의 x좌표
    char shape;      // 현재의 모양
```

```
public:
    Sprite(int x, int y, char shape) : x{ x }, y{ y }, shape{ shape } { }
    virtual void move(char d) = 0;
    ... // 기타 필요한 멤버 함수들을 정의한다.
};
```

SOLUTION

# 던전 게임 작성

dungeon.cpp

```
#include <iostream>
#include <sstream>
#include <vector>
using namespace std;

// 게임에서 나타나는 스프라이트를 나타내는 클래스이다.
class Sprite {
protected:
   int x, y; // 현재 위치
   char shape;
public:
   Sprite(int x, int y, char shape) : x( x ), y( y ),
                                                      shape{ shape } { }
   virtual ~Sprite() { }

   virtual void move(char d) = 0;
   char getShape() { return shape; }

   int getX() { return x; }
   int getY() { return y; }

   // 다른 스프라이트와의 충돌 여부를 계산한다. 충돌이면 true를 반환한다.
   bool checkCollision(Sprite *other) {
      if (x == other->getX() && y == other->getY())
         return true;
      else
         return true;
   }
};

// 주인공 스프라이트를 나타낸다.
class Hero : public Sprite {
public:
   Hero(int x, int y) : Sprite(x, y, 'H') { }
   void draw() { cout << 'H'; }
   void move(char d) {
      if (d == 'a') { x -= 1; }
      else if (d == 'w') { y -= 1; }
```

```
        else if (d == 's') { y += 1; }
        else if (d == 'd') { x += 1; }
    }
};

// 보물을 나타내는 클래스이다.
class Treasure : public Sprite {
public:
    Treasure(int x, int y) : Sprite(x, y, 'T') { }
    void move(char d) {
    }
};

class Enemy : public Sprite {
public:
    Enemy(int x, int y) : Sprite(x, y, 'E') { }
    void move(char d) { }
};

// 게임 보드를 표시한다.
class Board
{
    char *board;
    int width, height;
public:
    Board(int w, int h) : width( w ), height( h ) {
        board = new char[width*height];
        clearBoard();
    }
    ~Board() {
        delete board;
    }
    void setValue(int r, int c, char shape) {
        board[r*width + c] = shape;
    }
    void printBoard() {
        for (int i = 0; i < height; i++) {
            cout << "\t";
            for (int j = 0; j < width; j++)
                cout << board[i*width + j];
            cout << endl;
        }
    }
```

```
    void clearBoard() {
        for (int i = 0; i < height; i++)
            for (int j = 0; j < width; j++)
                board[i*width + j] = '.';
    }
};

void drawLine(char x)
{
    cout << endl;
    for (int i = 0; i < 100; i++)
        cout << x;
    cout << endl;
}
int main()
{
    // 벡터를 사용하여 게임에서 나타나는 모든 스프라이트들을 저장한다.
    // 다형성을 사용해야 하므로 포인터를 벡터에 저장한다.
    // 다형성은 포인터를 이용해야 사용할 수 있음을 잊지 말자.
    vector<Sprite *> list;
    int width, height;

    cout << "보드의 크기를 입력하시오[최대 10X10]: " << endl;
    cout << "가로: ";
    cin >> width;

    cout << "세로: ";
    cin >> height;

    Board board(height, width);
    list.push_back(new Hero(0, 0));
    list.push_back(new Treasure(height - 1, width - 1));
    list.push_back(new Enemy(3, 3));

    // 게임 설명을 출력한다.
    drawLine('*');
    cout << "이 게임의 목표는 함정(T)이나 적(E)을 만나지 않고 보물에 도달하는 것이다. ";
    cout << "주인공은 a, s, w, d 키를 이용하여 움직일 수 있다. " << endl;
    drawLine('*');
    cout << endl;

    // 게임 루프이다.
    while (true)
```

```
    {
        // 보드를 다시 그린다.
        board.clearBoard();
        for (auto& e : list)
            board.setValue(e->getY(), e->getX(), e->getShape());
        board.printBoard();

        // 사용자의 입력을 받는다.
        char direction;
        cout << "어디로 움직일까요(a, s, w, d): ";
        cin >> direction;

        // 모든 스프라이트를 이동시킨다.
        for (auto& e : list)
            e->move(direction);
        drawLine('-');
    }

    // 벡터 안의 모든 동적 할당을 해제한다.
    for (auto& e : list)
        delete e;
    list.clear();
    return 0;
}
```

**도전문제**

1. 괴물이 랜덤하게 움직이는 코드를 추가해보자.
2. 괴물이 주인공을 잡으면 게임이 실패로 종료되는 것으로 수정해보자.
3. 주인공이 보물을 찾으면 게임이 성공적으로 종료되는 것으로 수정해보자.

## EXERCISE

1. 다음 문장의 의미를 설명하시오. 여기서 Base는 부모 클래스이고 Derived는 자식 클래스이다.

```
class Base{ };
class Derived : public Base { };

Base *p = new Derived();
```

2. 가상 메소드 speak()를 가지고 있는 추상 클래스 Bird를 작성하고 Bird를 상속받아서 Dove 클래스를 작성하라. Dove 클래스의 speak()에서는 "coo coo"를 출력한다.

3. 다음 중 순수 가상 함수를 올바르게 정의한 것은?

❶ void getArea() = 0;

❷ virtual getArea() = 0;

❸ virtual void getArea() = 0;

❹ virtual void getArea() { }

4. 아래 URL 그림과 같은 클래스 상속 관계를 가정하라.

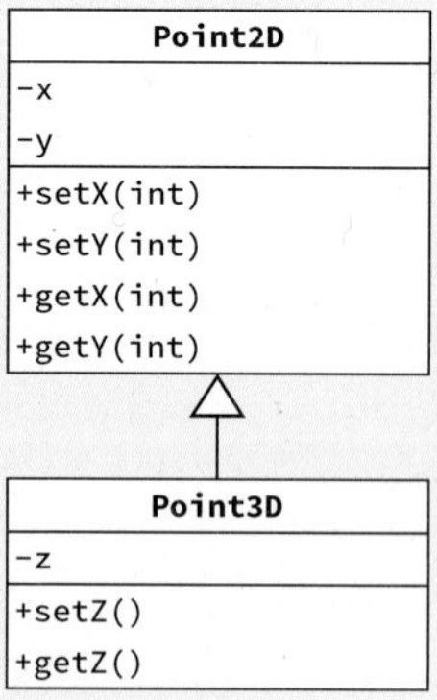


❶ 다음과 같은 문장은 올바른가? 그 이유는?

```
Point2D *p = new Point3D();
```

❷ 다음과 같은 문장은 올바른가? 만약 그렇지 않다면 올바르게 고쳐보라.

```
p->setX(100);
p->setZ(40);
```

❸ 다음과 같은 문장은 올바른가? 그 이유는?

```
Point2D *p = new Point3D();
```

❹ Point2D와 Point3D 클래스를 실제로 작성하여 보라.

5. 게임에서 나타나는 무기를 다음과 같은 클래스로 정리하였다. 실제 무기에 따라서 서로 다른 메시지가 출력되게 하려면 코드를 어떻게 고쳐야 하는가?

```
#include <iostream>
using namespace std;

class Weapon {
  public:
      void print() { cout << "무기가 설치됨" << endl; }
};
class Bomb : public Weapon {
  public:
      void print() { cout << "폭탄이 설치됨" << endl; }
};

class Gun : public Weapon {
  public:
      void print() { cout << "총이 설치됨" << endl; }
};

int main()
{
  Weapon *w = new Weapon;
  Weapon *b = new Bomb;
  Weapon *g = new Gun;

  w->print();
  b->print();
  g->print();
  return 0;
}
```

## PROGRAMMING EXERCISE

1. 일반적인 도형을 나타내는 Shape라는 클래스에 추가로 getArea() 함수를 가상 함수로 정의하라. getArea()는 도형의 면적을 구한다. Rect(사각형), Circle(원), Triangle(삼각형) 클래스는 Shape 클래스를 상속받아서 작성된다. Shape* 포인터 배열을 다양한 도형 객체로 채운다. 배열 안에 있는 도형들의 면적을 계산하는 프로그램을 작성해보자.

```
class Shape {
    int x, y;
    virtual double getArea() = 0;
    ...
};
```

```
C:\Windows\system32\cmd.exe
도형 #0의 면적: 2747
도형 #1의 면적: 14949.5
도형 #2의 면적: 1798
계속하려면 아무 키나 누르십시오 . . .
```

2. 게임에서 무기를 나타내는 Weapon라는 부모 클래스를 작성한다. Weapon 클래스는 무기를 적재하는 load()라고 하는 순수 가상 함수를 가진다. Bomb과 Gun 클래스는 Weapon을 상속하여 작성된다. Bomb과 Gun 클래스는 적재하는 방법이 다르기 때문에 load() 함수를 다르게 구현한다. 모든 무기는 포인터 배열을 통하여 관리된다. 포인터 배열 안에 있는 무기들을 적재하는 프로그램을 작성해보자.

```
class Weapon
{
public:
    virtual void load() = 0;
};
```

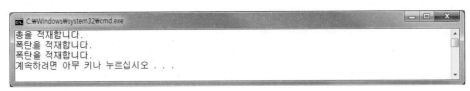

```
C:\Windows\system32\cmd.exe
총을 적재합니다.
폭탄을 적재합니다.
폭탄을 적재합니다.
계속하려면 아무 키나 누르십시오 . . .
```

3. 전자 제품을 나타내는 HomeAppliance 클래스를 작성한다. HomeAppliance 클래스는 가격을 반환하는 getPrice()라는 가상 함수를 가진다. Television 클래스와

Refrigerator 클래스는 HomeAppliance 클래스를 상속받는다. 제품의 종류에 따라서 할인율이 달라진다. 예를 들어서 텔레비전은 10% 할인, 냉장고는 5% 할인할 수 있다. 몇 개의 객체를 생성한 후에 getPrice() 함수를 호출하여서 제품의 가격을 출력하여 보자.

```
class HomeAppliance {
    int price;
    virtual double getPrice() = 0;
    ...
};
```

4. 간단한 게임 프로그램을 다형성을 이용하여서 작성하여 보자. 게임에는 많은 캐릭터들이 있다. 예를 들어서 호빗(Hobbit), 주술사(Sorcerer) 등이 있다. 이들 클래스들이 공통의 부모 클래스 GameCharacter로부터 상속받았다고 가정하라. 이 클래스는 draw()라는 가상 함수를 가지고 있다. 자식 클래스들은 이 draw() 메소드를 재정의한다. 이들 캐릭터들은 포인터 배열에 주소값이 저장된다. 화면을 다시 그리기 위하여 프로그램은 주기적으로 모든 캐릭터의 draw()를 호출한다. 예를 들어서 호빗의 경우, draw()가 호출되면 콘솔에 "호빗을 그립니다"라고 출력한다.

```
class GameCharactere {
public:
    GameCharactere() {}
    virtual void draw() = 0;
};
```

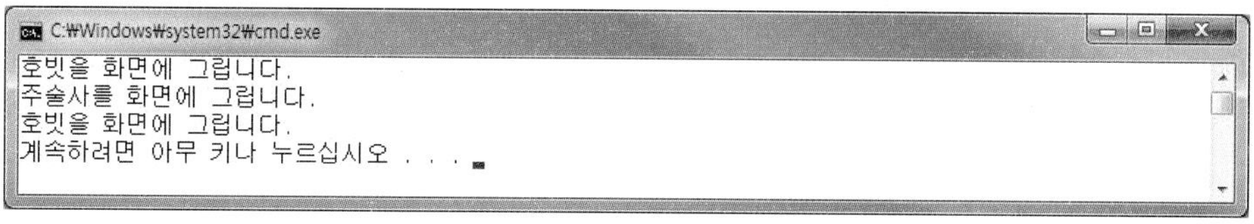


5. 동물 농장을 작성해보자. 벡터(vector)로 구현되는 동물 농장 Barn에는 동물을 나타내는 객체들이 저장된다. Animal 클래스는 일반적인 동물을 나타낸다. Animal 클래스를 상속받아서 Dog, Cat 클래스를 작성한다. Animal 클래스는 가상 함수 speak()

를 가지고 있고 이 함수는 자식 클래스에 따라서 구현이 달라진다. 벡터에는 객체를 가리키는 포인터를 저장한다.

```
class Animal
{
public:
    virtual void speak() = 0;
    virtual ~Animal() {}
};

class Dog : public Animal
{
public:
    virtual void speak() { cout << "멍멍!"; }
};
```

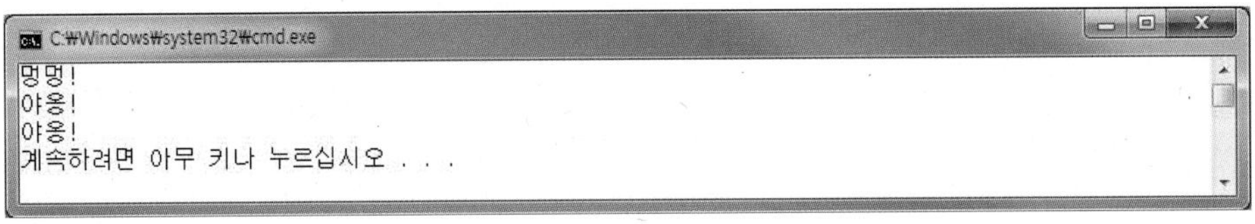

Introduction to
**C++ Programming**

CHAPTER

13

# 파일처리

## 학습목표

- 스트림의 개념을 이해한다.
- 객체 지향적인 방법을 사용하여 파일 입출력을 할 수 있다.
- 텍스트 파일과 이진 파일의 차이점을 이해한다.
- 순차 파일과 임의 접근 파일의 차이점을 이해한다.

## 학습목차

파일은 항상 등장하네요. C언어에서도 배웠거든요.
C++에서 파일을 처리하는 것은 C언어와 유사합니다. 다만 클래스로 처리하여야 합니다.

# 13.1 이번 장에서 만들어 볼 프로그램

이번 장에서는 파일에서 데이터를 읽고 쓰는 방법을 자세히 살펴본다. 최대한 객체 지향적인 방법을 사용한다. 구체적으로 다음과 같은 프로그램을 작성해보자.

**1.** 이진 파일을 복사하는 프로그램을 작성해보자.

**2.** 행맨 게임을 업그레이드하여 보자.

```
C:\Windows\system32\cmd.exe
이번에 선택된 단어는 automatic
이번에 선택된 단어는 river
이번에 선택된 단어는 knee
이번에 선택된 단어는 chalk
이번에 선택된 단어는 moon
이번에 선택된 단어는 little
이번에 선택된 단어는 low
이번에 선택된 단어는 married
```

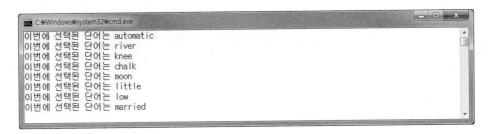

**3.** 이미지 파일을 읽어서 화면에 표시해보자.

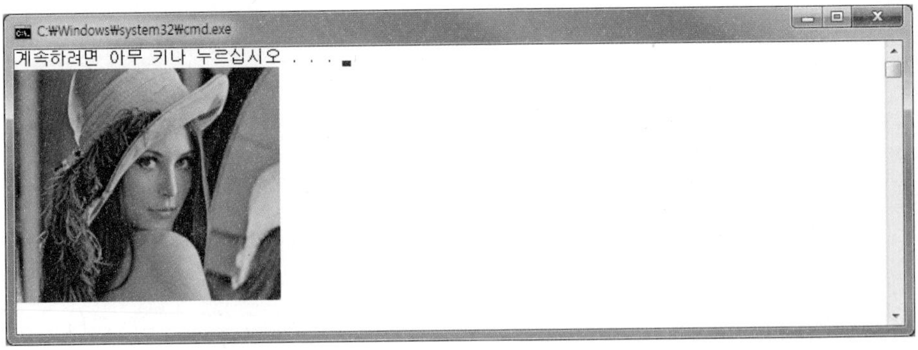

# 13.2 파일 입출력

입력과 출력은 프로그램에 있어서 대단히 중요하다. 입력이나 출력을 할 수 있어야만 사용자와 상호 대화적(interactive)인 프로그램 작성이 가능하다. 프로그래머가 입력 장치나 출력 장치의 종류에 따라서 서로 다르게 프로그램을 작성하여야 한다면 아주 불편한 일이 될 것이다. 예를 들어서 화면에 출력하는 것과 프린터에 출력하는 방법이 다르다면 출력 장치를 위하여 별도의 입출력 함수를 준비해야 할 것이다.

C++에서는 이 문제를 해결하기 위하여 스트림(stream)이란 개념을 사용하고 있다. C++에서의 입력과 출력은 모두 스트림으로 이루어진다. 스트림이란 입력과 출력을 바이트(byte)들의 흐름으로 생각하는 것이다. 프로그램에서 외부로 흘러나가는 연속된 바이트가 출력 스트림이다. 반대로 외부에서 프로그램으로 흘러들어오는 바이트가 입력 스트림이다. 입력 스트림에서는 키보드와 같은 입력 장치에서 바이트들이 프로그램으로 흐른다. 출력 스트림에서는 바이트가 프로그램에서 모니터의 화면과 같은 출력 장치로 흐른다. 스트림을 그냥 바이트들이 떠다니는 시냇물이라고 생각하면 된다.

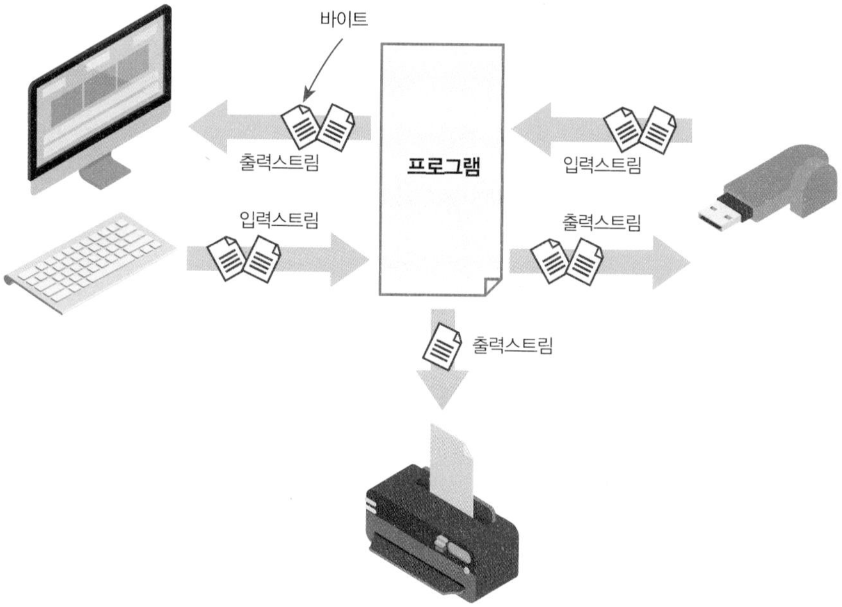


**그림 13.1** 스트림의 개념

스트림의 최대 장점은 장치 독립성이다. 입출력 장치에 상관없이 프로그램을 작성할 수 있다는 것이다. 입력 장치가 무엇이건 출력 장치가 무엇이건 간에 입력과 출력은 무조건 연속된 바이트의 스트림이라고 생각하면 된다.

이미 우리는 스트림을 사용하여서 프로그램을 작성한 적이 있다. 즉 입력을 위하여 사용하였던 cin이 키보드와 연결된 입력 스트림이다. 또한 출력을 위하여 사용한 cout가 콘솔과 연결된 출력 스트림이었던 것이다.

## 입출력 관련 클래스들

다음과 같은 클래스들이 입출력을 담당한다.

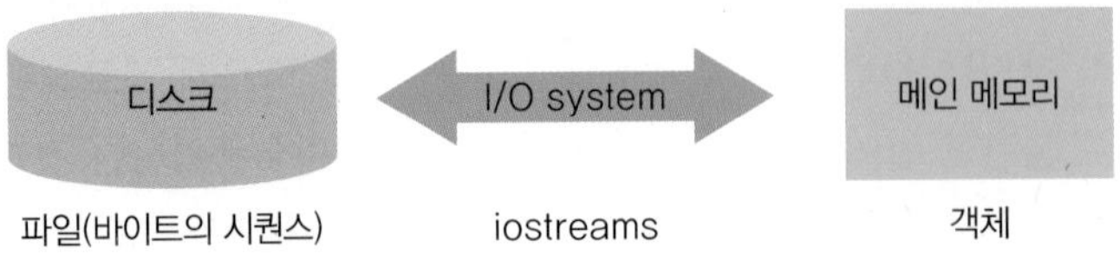


**그림 13.2** 스트림의 개념

| 클래스 | 설명 |
|---|---|
| ofstream | 출력 파일 스트림 클래스이다. 출력 파일을 생성하고 파일에 데이터를 쓸때 사용한다. |
| ifstream | 입력 파일 스트림 클래스이다. 파일에서 데이터를 읽을 때 사용한다. |
| fstream | 일반적인 파일 스트림을 나타낸다. |

C++에서 파일 처리를 수행할 때는 <iostream>과 <fstream> 헤더 파일을 포함시켜야 한다.

## 파일 쓰기

파일에 입출력하는 것도 스트림을 통하여 이루어진다. 파일에 데이터를 쓸 때, 사용되는 스트림은 클래스 ofstream의 객체이다. 먼저 객체를 나타내는 변수를 선언한 후에 이 변수를 파일과 연결하면 된다. 파일에 연결하려면 open() 멤버 함수를 사용하거나 생성자를 사용하면 된다.

**stream_write.cpp**

```
#include <iostream>
#include <fstream>
using namespace std;

int main()
{
   ofstream os( "numbers.txt" );
   if (!os) {
      cerr << "파일 오픈에 실패하였습니다" << endl;
      exit(1);
   }
   for(int i=0;i<100; i++)
```

```
        os << i <<" ";
    return 0;

    // 객체 os가 범위를 벗어나면 ofstream 소멸자가 파일을 닫는다.
}
```

실행결과

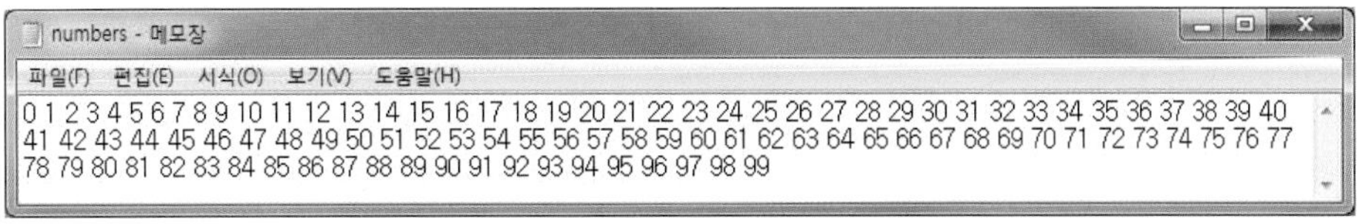


일단 스트림이 파일과 연결되면 >> 나 << 연산자를 사용하여서 입출력이 가능하다. 만약 여러분들이 위와 같이 파일을 열 때, 객체를 사용한다면 객체가 생성되면서 자동으로 파일이 열리고, 객체가 소멸되면서 파일을 자동적으로 닫기 때문에 open()이나 close() 함수를 호출할 필요가 없다.

우리는 항상 객체지향적인 방법을 사용하여야 한다. 특히 C++에서는 C언어의 함수들을 그대로 사용할 수 있기 때문에 open(), close()를 사용하는 경우도 많다. open()이나 close()를 사용하면 우리가 파일을 열고 닫는 것에 신경을 써야 한다. 물론 때에 따라서는 open()이나 close()를 명시적으로 호출해야 되는 경우도 있다. 그런 경우를 제외하고는 그냥 객체에 맡기자.

### 파일 읽기

파일에 입출력하는 것도 스트림을 통하여 이루어진다. 파일을 통하여 입력할 때 사용되는 스트림은 클래스 ifstream의 객체이다. 파일에 출력할 때 사용되는 스트림은 클래스 ofstream의 객체이다. 먼저 객체를 나타내는 변수를 선언한 후에 이 변수를 파일과 연결하면 된다. 파일에 연결하려면 open() 멤버 함수를 사용하거나 생성자를 사용하면 된다. 앞으로 생성한 파일을 읽어보자.

**stream_read.cpp**

```
#include <iostream>
#include <fstream>
using namespace std;

int main()
{
    ifstream is( "numbers.txt" );
    if (!is) {
        cerr << "파일 오픈에 실패하였습니다" << endl;
        exit(1);
    }
```

```
    int number;
    while (is) {
       is >> number;
       cout << number << " ";
    }
    cout << endl;
    return 0;

  // 객체 is가 범위를 벗어나면 ifstream 소멸자가 파일을 닫는다.
}
```

실행결과

```
C:\Windows\system32\cmd.exe
0 1 2 3 4 5 6 7 8 9 10 11 12 13 14 15 16 17 18 19 20 21 22 23 24 25 26 27 28 29 30 31 32 33 34 35 36
 37 38 39 40 41 42 43 44 45 46 47 48 49 50 51 52 53 54 55 56 57 58 59 60 61 62 63 64 65 66 67 68 69
70 71 72 73 74 75 76 77 78 79 80 81 82 83 84 85 86 87 88 89 90 91 92 93 94 95 96 97 98 99 99
계속하려면 아무 키나 누르십시오 . . .
```

### 파일 모드

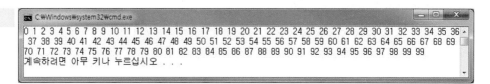

ifstream 생성자를 호출할 때 2번째 인수로 다음과 같은 것을 넘길 수 있다.

| ios::in | 입력을 위하여 파일을 연다. |
|---|---|
| ios::out | 출력을 위하여 파일을 연다. |
| ios::binary | 이진 파일 입출력을 위하여 파일을 연다. |
| ios::ate | 파일의 끝을 초기 위치로 한다. |
| ios::app | 파일의 끝에 추가된다. |
| ios::trunc | 새로운 내용으로 교체된다. |

예를 들어서 읽기 전용으로 파일을 열려면 다음과 같이 할 수 있다.

```
ifstream is( "numbers.txt", ios::in );
```

이들은 모두 | 연산자를 이용하여 합쳐질 수 있다.

```
ofstream myfile ("example.bin", ios::out | ios::app | ios::binary);
```

출력 파일을 추가 모드(ios::app)로 열어서 동일한 내용을 2번 파일에 써보자. 아래의 소스를 2번 실행 시킨다.

**fileapp.cpp**

```
#include <iostream>
#include <fstream>

```

```
int main()
{
   using namespace std;

   ofstream os("sample.txt", ios::app);
   if (!os)
   {
      cerr << "파일 오픈에 실패하였습니다" << endl;
      exit(1);
   }

   os << "추가되는 줄 #1" << endl;
   os << "추가되는 줄 #2" << endl;

   return 0;
}
```

**실행결과**

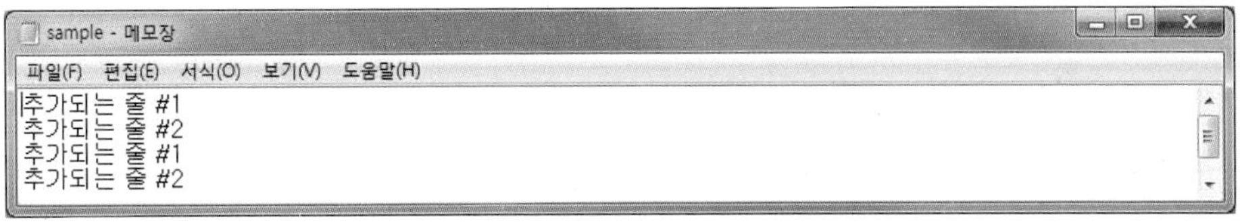

# LAB 온도 데이터를 처리해 보자. #1

파일은 간단한 데이터를 저장하고 처리하는데 데이터베이스 대용으로 사용될 수 있다. 파일에 다음과 같이 기상청에서 보내온 시간당 온도 정보가 저장되어 있다고 하자.

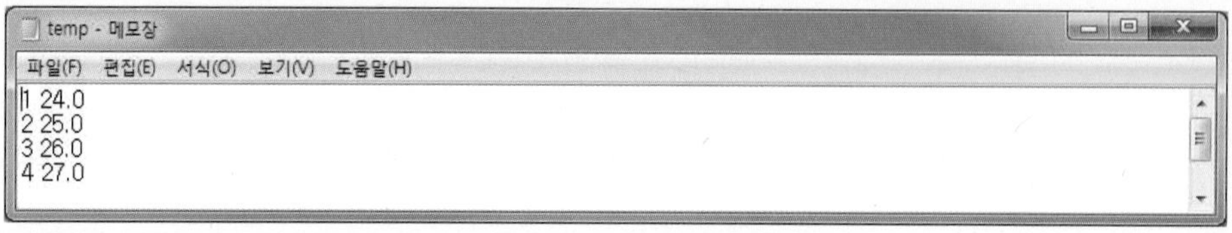


위의 파일을 읽어서 화면에 표시하는 프로그램을 작성하여 보자.

참고

파일은 상대 경로와 절대 경로를 사용할 수 있다. 그냥 파일의 이름만 지정하면 현재 프로젝트 위치에서 파일을 입력하거나 출력한다.

파일을 오픈하는 경우에는 오류가 발생할 수 있다. open() 함수가 성공했는지 실패했는지를 확인하려면 중복 정의된 ! 연산자를 사용할 수 있다.

```
if( !is ) {              // ! 연산자 중복 정의
   cerr << "파일 오픈에 실패하였습니다" << endl;
   exit( 1 );
}
```

또는 멤버 함수 fail()을 사용하여야 한다.

```
if( is.fail() ){
   cerr << "파일 오픈이 실패하였습니다" << endl;
   exit(1);
}
```

## SOLUTION 온도 데이터를 처리해 보자. #1

**temp.cpp**

```
#include <iostream>
#include <fstream>        // 파일 입출력을 하려면 헤더 파일을 포함하여야 한다.
using namespace std;

int main()
{
   ifstream is( "temp.txt" );
   if (!is) {              // ! 연산자 중복 정의
      cerr << "파일 오픈에 실패하였습니다" << endl;
      exit(1);
   }

   int hour;
   double temperature;

   while (is >> hour >> temperature) {
      cout << hour << "시: 온도 "<< temperature << endl;
   }
   return 0;
}
```

## LAB 온도 데이터를 처리해 보자. #2

파일에서 읽은 데이터를 객체로 벡터에 저장했다가 다시 꺼내서 화면에 출력해보자.

다음과 같이 온도를 나타내는 클래스를 작성하고 이 클래스의 객체를 저장할 수 있는 벡터를 생성하면 된다.

```
class TempData {
public:
    int hour;
    double temperature;
};

int main()
{
    vector<TempData> temps;
    temps.push_back(TempData{ hour, temperature });
    ...
}
```

SOLUTION

# 온도 데이터를 처리해 보자. #2

**temp2.cpp**

```
#include <iostream>
#include <fstream>        // 파일 입출력을 하려면 헤더 파일을 포함하여야 한다.
#include <vector>
using namespace std;

class TempData {
public:
    int hour;
    double temperature;
};

int main()
{
    ifstream is( "temp.txt" );
    if (!is) {               // ! 연산자 오버로딩
        cerr << "파일 오픈에 실패하였습니다" << endl;
        exit(1);
    }
    vector<TempData> temps;

    int hour;
    double temperature;
    while (is >> hour >> temperature) {
        temps.push_back(TempData{ hour, temperature });
    }
    for ( TempData t : temps) {
        cout << t.hour << "시: 온도 " << t.temperature << endl;
    }
    return 0;
}
```

# 13.3 멤버 함수를 이용한 파일 입출력

입출력 연산자인 >>와 <<를 이용하여서 여러 가지 데이터를 파일에 입출력할 수도 있지만 fstream의 멤버 함수들을 사용하여서 파일에 입출력할 수도 있다. 하나의 예로 파일에 문자를 읽고 쓰는 프로그램을 멤버 함수를 이용하여서 작성하여 보자. 하나의 문자를 읽는 데는 get()을 사용하고 하나의 문자를 출력할 때는 put()을 사용할 수 있다.

예를 들어서 파일의 끝까지 문자를 읽어서 콘솔에 표시하려면 다음과 같은 반복 루프를 사용한다. 파일의 끝에 도달하였는지를 검사하려면 eof() 함수를 사용한다.

**score.cpp**

```
#include <iostream>
#include <fstream>        // 파일 입출력을 하려면 헤더 파일을 포함하여야 한다.
using namespace std;

int main()
{
   ifstream is( "scores.txt" );
   if (!is) {             // ! 연산자 오버로딩
      cerr << "파일 오픈에 실패하였습니다" << endl;
      exit(1);
   }
   char c;
   is.get(c);             // 하나의 문자를 읽는다.
   while (!is.eof())      // 파일의 끝이 아니면
   {
      cout << c;
      is.get(c);
   }
   cout << endl;
   return 0;
}
```

**실행결과**

```
C:\Windows\system32\cmd.exe
20180001 홍길동 100
20180002 김유신 90
20180003 강감찬 80
```

### 예제 #1

키보드에서 입력받은 문자들을 파일에 저장하는 프로그램을 작성하여 보자. 콘솔에서는 컨트롤-Z를 누르면 파일의 끝이라는 의미가 된다.

input.cpp

```
#include <iostream>
#include <fstream>        // 파일 입출력을 하려면 헤더 파일을 포함하여야 한다.
using namespace std;

int main()
{
   ofstream os("test.txt");
   char c;
   while (cin.get(c))
   {
      os.put(c);
   }
   return 0;
}
```

실행결과

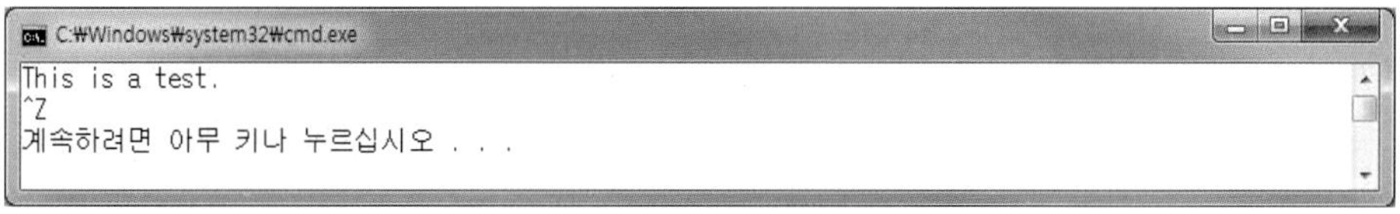


### 프로그램 설명

표준 입력에서 받아들일 때는 컨트롤-Z를 누르면 입력의 끝이라는 표시가 된다. 비주얼-C++ 2008 버전에서는 컨트롤-C가 입력의 끝이 된다. 또한 하나의 문자를 읽을 때 c=cin.get() 또는 cin.get(c)와 같은 형식을 사용하여도 된다.

위의 프로그램을 실행하면 하드 디스크에 다음과 같은 파일이 생성된다.

실행결과

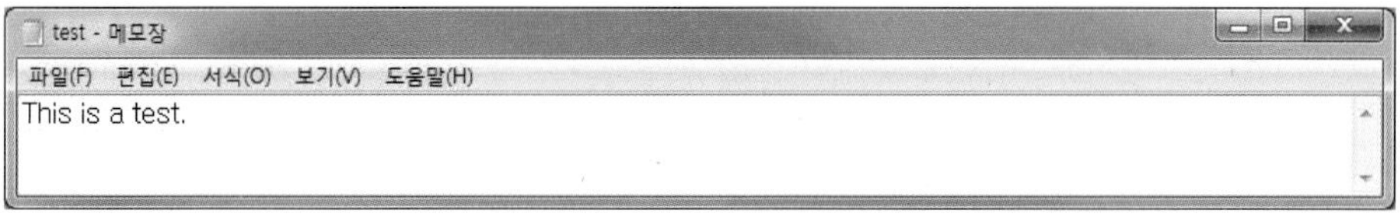


### 한 줄씩 읽기

스트림에서 한 줄을 읽을 때는 getline() 함수를 사용한다. 사용자로부터 여러 개의 단어로 이루어진 주소를 받는 프로그램을 작성해보면 다음과 같다.

getline.cpp

```cpp
#include <string>
#include <iostream>
using namespace std;

int main() {
    string address;
    cout << "주소를 입력하시오: ";
    getline(cin, address);
    cout << "안녕! " << address << "에 사시는 분" << endl;

    return 0;
}
```

실행결과

```
C:\Windows\system32\cmd.exe
주소를 입력하시오: 서울시 종로구 1번지
안녕! 서울시 종로구 1번지에 사시는 분
계속하려면 아무 키나 누르십시오 . . .
```

### 출력 형식 지정

콘솔이나 파일에 출력하는 경우에 출력 형식을 지정할 수 있다. 예를 들어서 소수점 이하의 자리수를 3개로 하려면 다음과 같은 멤버 함수를 사용한다.

```cpp
cout.precision(3);
```

또한 여러 가지의 출력 플래그를 설정하기 위하여 `setf()`라는 멤버 함수가 제공된다. 예를 들어서 고정 소수점 표기법을 사용하고 소수점을 항상 표시하려면 다음과 같은 문장을 사용한다.

```cpp
cout.setf(ios::fixed);
cout.setf(ios::show_point);
```

만약 왼쪽 정렬을 원하면 다음과 같은 문장을 사용할 수 있다.

```cpp
cout.setf(ios::left);
```

플래그들은 | 기호를 사용하여서 여러 개를 동시 설정할 수 있다.

```cpp
cout.setf(ios::left | ios::showpoint);
```

출력 필드의 너비를 지정하려면 `width()` 멤버 함수를 사용한다.

```cpp
cout.width(10);
```

많이 사용되는 플래그들을 다음 표에 나타내었다.

| 플래그 | 설명 |
|---|---|
| ios::fixed | 고정 소수점 표기법 사용 |
| ios::scientific | 과학적 표기법 사용(지수를 이용하여 표기) |
| ios::showpoint | 소수점을 반드시 표시한다. |
| ios::showpos | 양수 부호를 반드시 출력한다. |
| ios::right | 값을 출력할 때 오른쪽 정렬을 사용한다. |
| ios::left | 값을 출력할 때 왼쪽 정렬을 사용한다. |
| ios::dec | 값을 출력할 때 10진법을 사용한다. |
| ios::oct | 값을 출력할 때 8진법을 사용한다. |
| ios::hex | 값을 출력할 때 16진법을 사용한다. |
| ios::uppercase | 지수나 16진법으로 표시할 때 대문자를 사용한다. |
| ios::show | 8진수이면 앞에 0을 붙이고 16진수이면 앞에 0x를 붙인다. |

플래그를 해제할 때는 `unsetf()` 함수를 사용한다.

```
os.unsetf(ios::uppercase);
```

**중간점검**

1. 스트림의 장점은 무엇인가?
2. 사용자로부터 입력을 받아서 무조건 파일에 저장하는 프로그램을 작성하라.

LAB

# 줄 번호를 붙여보자

소스가 저장된 텍스트 파일을 읽어서 각 줄의 앞에 숫자를 붙인 후에 출력 파일에 기록하여 보자.

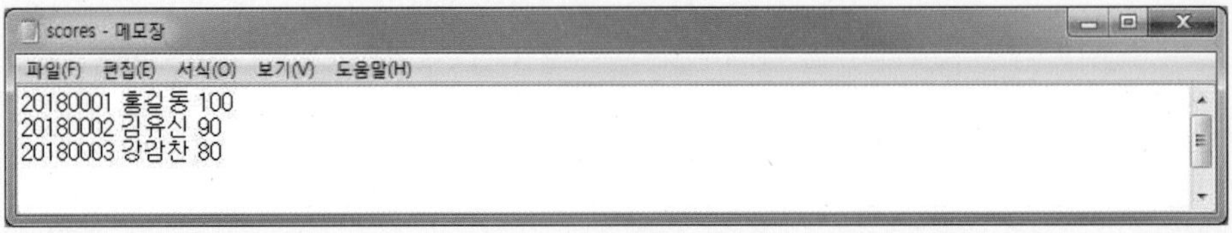


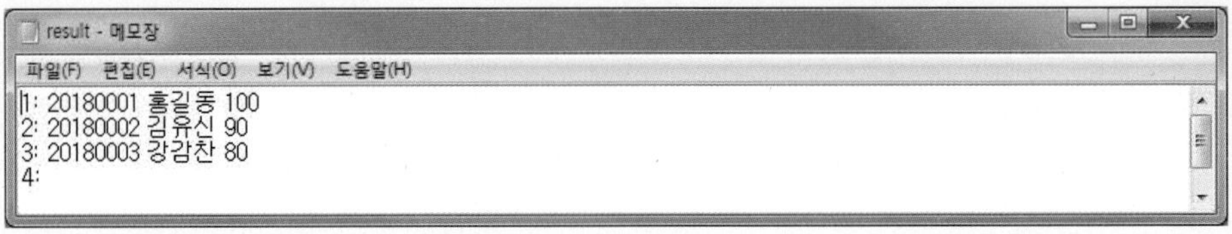


다음과 같이 파일과 관련된 객체를 생성하고 `eof()`가 참을 반환할 때까지 반복하면서 하나의 글자를 읽어서 출력 파일에 쓴다.

```
ifstream is("score.txt");
ofstream os("result.txt");
...
while (!is.eof())
{
   os << c;
   if (c == '\n') {
      line_number++;
      os << line_number << ": ";
   }
   is.get(c);
}
```

SOLUTION

# 줄 번호를 붙여보자

score2.cpp

```
#include <iostream>
#include <fstream>
using namespace std;

int main()
{
   ifstream is("scores.txt");
   ofstream os("result.txt");
   if (is.fail()) {
      cerr << "파일 오픈 실패" << endl;
      exit(1);
   }
   if (os.fail()) {
      cerr << "파일 오픈 실패" << endl;
      exit(1);
   }
   char c;
   int line_number = 1;
   is.get(c);
   os << line_number << ": ";
   while (!is.eof())
   {
      os << c;
      if (c == '\n') {
         line_number++;
         os << line_number << ": ";
      }
      is.get(c);
   }
   return 0;
}
```

# 13.4 이진 파일

C++에서는 텍스트 파일(text file)과 이진 파일(bianry file)의 두 가지 파일 유형을 지원한다. 텍스트 파일은 사람이 읽을 수 있는 텍스트가 들어 있는 파일이다. 소스 파일이나 메모장 파일이 텍스트 파일의 예이다. 텍스트 파일에는 문자들이 들어 있고 이들 문자들은 아스키 코드를 이용하여 표현된다. 텍스트 파일이 중요한 이유는 모니터, 키보드, 프린터 등이 모두 문자 데이터만을 처리하기 때문이다. 텍스트 파일은 연속적인 라인들로 구성된다.

텍스트 파일: 문자로 구성된 파일　　이진 파일: 데이터로 구성된 파일

**그림 13.3** 텍스트 파일과 이진 파일

반면에 이진 파일은 사람이 읽을 수는 없으나 컴퓨터는 읽을 수 있는 파일이다. 즉 문자 데이터가 아니라 이진 데이터가 직접 저장되어 있는 파일이다. 이진 파일은 텍스트 파일과는 달리 라인들로 분리되지 않는다. 모든 데이터들은 문자열로 변환되지 않고 입출력된다. 따라서 라인의 끝을 표시할 필요가 없으며 NULL이나 CR, LF와 같은 문자들은 특별한 의미를 가지지 않고 데이터로 취급된다. 이진 파일은 특정 프로그램에 의해서만 판독이 가능하다. 실행 파일, 사운드 파일, 이미지 파일 등이 이진 파일의 예이다.

텍스트 파일에서는 모든 정보가 문자열로 변환되어서 파일에 기록된다. 즉 정수값도 출력 연산자 <<을 통하여 문자열로 변환된 후에 파일에 쓰였다. 즉 123456와 같은 정수값을 화면에 출력하려면 6개의 문자 '1', '2', '3', '4', '5', '6'으로 변환하여 출력하였다. 마찬가지로 파일에서 숫자를 읽을 때도 파일의 문자를 읽어서 입력 연산자 >>가 숫자로 변환하게 된다.

반면에 이진 파일(binary file)은 사람이 읽을 수는 없으나 컴퓨터는 읽을 수 있는 파일이다. 즉 문자 데이터가 아니라 숫자 데이터가 직접 저장되어 있는 파일이다. 즉 정수 123456는 컴퓨터에서 4바이트로 표현되고 이 4바이트가 직접 파일에 써지는 것이다. 이진 파일이 필요한 이유는 컴퓨터 프로그램이 텍스트 파일에서 숫자 데이터를 읽으려면 먼저 문자를 읽어서 이것을 입력 연산자 >>을 사용하여 숫자로 변환하여야 하기 때문이다. 이 과정은 시간이 많이 걸리며 비효율적이다. 이진 파일을 사용하면 이러한 변환 과정이 필요없이 바로 숫자 데이터를 읽을 수 있으며 텍스트 파일에 비하여 저장 공간도 더 적게 차지한다.

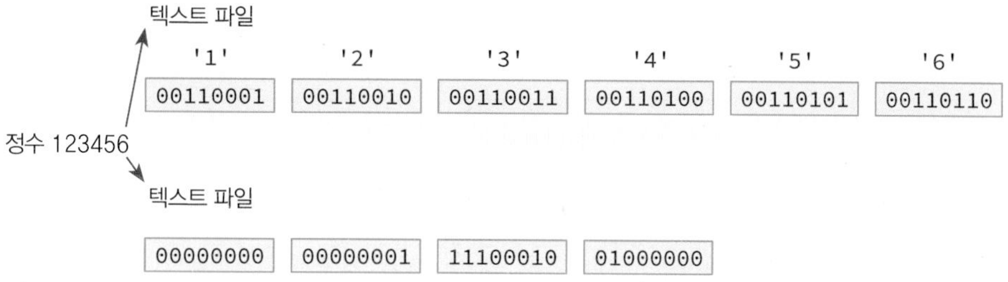


**그림 13.4** 정수 123456을 텍스트 파일에 저장하는 경우와 이진 파일에 저장하는 경우의 비교

이진 파일의 단점은 인간이 파일의 내용을 확인하기가 힘들다는 점이다. 문자 데이터가 아니므로 모니터나 프린터로 출력하는 것이 불가능하다. 또한 텍스트 파일은 컴퓨터의 기종이 달라도 파일을 이동할 수 있다. 왜냐하면 아스키 코드로 되어 있기 때문에 다른 컴퓨터에서도 읽을 수 있기 때문이다. 그러나 이진 파일의 경우, 정수나 실수 데이터를 표현하는 방식이 컴퓨터 시스템마다 다를 수 있기 때문에 이식성이 떨어진다. 따라서 이식성이 중요하다면 약간 비효율적이더라도 텍스트 형식의 파일을 사용하는 것이 좋다. 하지만 데이터가 상당히 크고 수행 속도가 중요하다면 이진 파일로 하는 것이 좋을 것이다.

## 이진 파일 입출력

이진 파일 입출력을 하려면 `open()`의 두 번째 인자로 `ofstream::binary`를 주어서 이진 파일 모드로 파일을 오픈하여야 한다. `write()` 함수를 사용하여서 변수의 값을 이진 모드로 파일에 쓴다. 읽을 때는 `read()` 함수를 이용한다.

```
ofstream os( "test.dat", ofstream::binary );
int x=5;
os.write((char*)&x, sizeof(int));     // 정수 변수는 4바이트로 이루어져 있다.
```

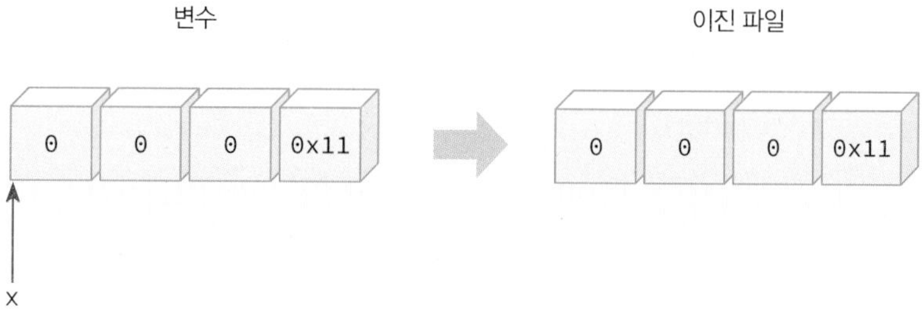


**그림 13.5** 이진 파일에 저장되는 모습

여기서는 int형 배열을 기록하는 예제를 다루어보자.

**binary.cpp**

```
#include <iostream>
#include <fstream>
using namespace std;

int main()
{
    int buffer[] = { 10, 20, 30, 40, 50 };
    ofstream os( "test.dat",ofstream::binary );
    if (!os)
    {
        cout << "test.txt 파일을 열 수 없습니다." << endl;
        exit(1);
    }
    os.write((char *)&buffer, sizeof(buffer));
    return 0;
}
```

**파일 test.dat**

```
00000000: 0A 00 00 00 14 00 00 00|1E 00 00 00 28 00 00 00 | ▮ ¢¢¢▮ ¢¢¢▮ ¢¢¢( ¢¢¢
00000010: 32 00 00 00                |                        | 2 ¢¢¢
```

**프로그램 설명**

파일 안의 데이터를 16진수 형식으로 표시한 것이다.

위와 같이 하면 배열의 int형이거나 float형이어도 변경 없이 사용할 수 있다. 이진 파일에서 읽을 때는 파일에 들어 있는 데이터들의 정확한 순서를 알고 있어야 한다.

이진 파일에서 데이터를 읽으려면 다음과 같은 프로그램을 사용한다. 이진 파일에서 읽을 때는 read() 함수를 이용한다.

**binary1.cpp**

```
#include <iostream>
#include <fstream>
using namespace std;

int main()
{
    int buffer[5];
    ifstream is( "test.dat", ifstream::binary );
    if (!is)
```

```
    {
        cout << "test.txt 파일을 열 수 없습니다." << endl;
        exit(1);
    }
    is.read((char *)&buffer, sizeof(buffer));
    for(auto& e: buffer)
        cout << e << " ";
    return 0;
}
```

**실행결과**

```
C:\Windows\system32\cmd.exe
10 20 30 40 50 계속하려면 아무 키나 누르십시오 . . .
```

**중간점검**

1. 정수 10은 텍스트 파일에서는 어떻게 저장되는가?
2. 정수 10은 이진 파일에서는 어떻게 저장되는가?

LAB

# 이진 파일 복사 프로그램

이미지 파일은 이진 파일이다. 즉 파일에 데이터가 이진수 형식으로 저장되어 있다. 하나의 이미지 파일을 다른 이미지 파일로 복사하는 프로그램을 작성하여 보자.

**실행결과**

```
C:₩Windows₩system32₩cmd.exe
원본 파일 이름:d:₩lena.png
복사 파일 이름:d:₩lena_copy.png
계속하려면 아무 키나 누르십시오 . . .
```

많은 방법이 있다. rdbuf()를 사용해도 된다. rdbuf()는 istream 객체가 사용하는 버퍼 객체의 포인터를 반환한다. 이것을 << 연산자를 이용하여 ostream으로 연결하면 문장 하나로 파일의 전체 내용을 복사할 수 있다.

```
dest << source.rdbuf();
```

아니면 전통적인 함수 get()과 put()을 사용하여도 된다.

```
if (source.is_open() && dest.is_open())     {
    while (!source.eof())    {
        dest.put(source.get());
    }
}
```

get()과 put()은 이진 파일에서도 사용이 가능하다. 물론 read()와 write()를 사용하여도 된다.

## SOLUTION 이진 파일 복사 프로그램

copy_binary.cpp

```
#include <iostream>
#include <fstream>
#include <string>
using namespace std;

int main() {
   string ifile, ofile;
   cout << "원본 파일 이름:";
   cin >> ifile;
   cout << "복사 파일 이름:";
   cin >> ofile;
   ifstream source(ifile, ios::binary);
   ofstream dest(ofile, ios::binary);

#if 1
   dest << source.rdbuf();
#else
   if (source.is_open() && dest.is_open()) {
      while (!source.eof()) {
         dest.put(source.get());
      }
   }
#endif

   return 0;
}
```

# 13.5 임의 접근 파일

지금까지의 파일 입출력 방법은 모두 데이터를 파일의 처음부터 순차적으로 읽거나 기록하는 것이었다. 이것을 **순차 접근(sequential access)** 방법이라고 한다. 이러한 방법은 한번 읽은 데이터를 다시 읽으려면 현재의 파일을 닫고 파일을 다시 열어야 한다. 또한 앞부분을 읽지 않고 중간이나 마지막으로 건너뛸 수도 없다. 또 다른 파일 입출력 방법으로 **임의 접근(random access)** 방법이 있다. 임의 접근 방법은 파일의 어느 위치에서든지 읽기와 쓰기가 가능하다.

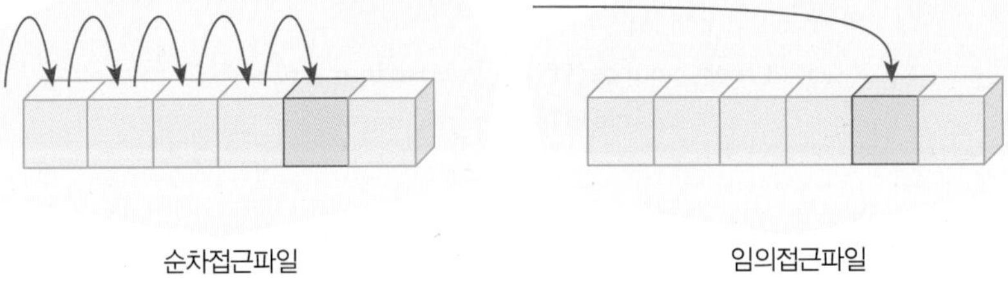


**그림 13.6** 순차 접근 파일과 임의 접근 파일의 비교

## 임의 접근 파일의 원리

모든 파일에는 파일 위치 표시자라는 것이 존재한다. 파일 위치 표시자는 읽기와 쓰기 동작이 현재 어떤 위치에서 이루어지는 지를 나타낸다. 새 파일이 만들어 지게 되면 파일 위치 표시자는 값이 0이고 이것은 파일의 시작 부분을 가리킨다. 기존의 파일의 경우, 추가 모드에서 열렸을 경우에는 파일의 끝이 되고, 다른 모드인 경우에는 파일의 시작 부분을 가리킨다.

파일에서 읽기나 쓰기가 수행되면 파일 위치 표시자가 갱신된다. 예를 들어 읽기 모드로 파일을 열고, 100바이트를 읽었다면 파일 위치 표시자의 값이 100이 된다. 다음에 다시 200바이트를 읽었다면 파일 위치 표시자는 300이 된다. 우리가 입출력 함수를 사용하면 그 함수의 내부에서 파일 위치 표시자의 값이 변경된다. 사실 프로그래머는 파일 위치 표시자에 대하여 크게 신경 쓸 필요는 없다.

보통 순차적으로 데이터를 읽게 되면 파일 위치 표시자는 파일의 시작 위치에서 순차적으로 증가하여 파일의 끝으로 이동한다. 그러나 만약 파일의 데이터를 전체를 다 읽지 않고 부분적으로 골라서 읽고 싶은 경우에는 파일 위치 표시자를 이동시켜서 임의 파일 액세스를 할 수 있다. 임의(random)이라는 말은 임의의 위치에서 데이터를 읽을 수 있다는 의미이다. 예를 들어서 데이터를 파일의 시작 부분으로부터 1000바이트 위치에서 읽었다가 다시 시작 위치로부터 500바이트 떨어진 위치에서 읽어야 하는 경우도 있다. 즉 데이터를 임의의 위치에서 읽는 기능이 필요한 경우도 있는 것이다. 이때는 위치 표시자를 조작하여야만 파일을 원하는 임의의 위치에서 읽을 수 있다. 위치 표시자를 조작하는 함수는 seekg()이다.

```
seekg(long offset, seekdir way);
```

여기서 두 번째 매개 변수인 way는 다음과 같은 값들을 가질 수 있다.

| way | 설명 |
|---|---|
| ios::beg | 처음부터의 offset |
| ios::cur | 현재 위치부터의 offset |
| ios_end | 파일의 끝에서부터의 offset |

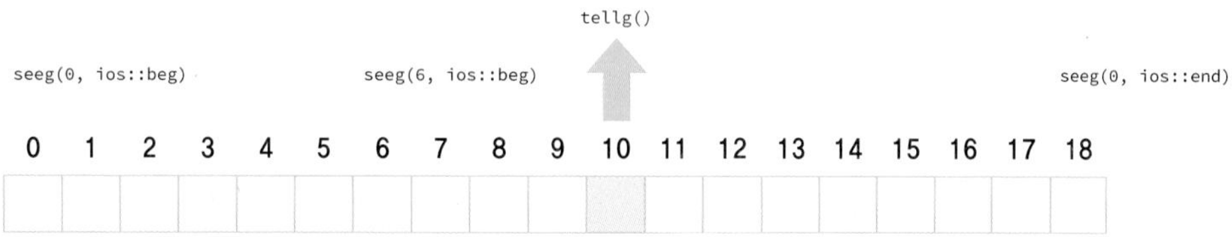


파일의 처음 위치부터 100바이트 떨어진 곳으로 이동하려면 다음과 같이 하면 된다.

```
is.seekg(100, ios::beg);
```

파일의 끝으로 이동하려면 다음과 같이 하면 된다.

```
is.seekg(0, ios::end);
```

현재 위치에서 100 바이트 앞으로 가려면 다음과 같이 하면 된다.

```
is.seekg(-100, ios::cur);
```

현재 파일 위치 표시자의 값을 얻으려면 tellg()를 호출한다.

### 예제

도대체 어떤 경우에 순차 접근이 아닌 임의 접근을 할 필요가 있을까? 우리가 음악 파일을 듣거나 동영상 파일을 보는 경우, 중간을 건너뛰고 뒷부분으로 가는 경우가 있다. 보통 멀티미디어 파일들은 그 크기가 커서 메모리에 전부 적재하지 못한다. 따라서 그런 경우에는 파일의 위치 표시자를 원하는 부분으로 보낸 후에 그 위치부터 읽으면 될 것이다. 또 파일의 크기를 알아낼 때도 seekg()와 tellg()를 사용할 수 있다. is.seekg(0, ios::end);을 실행한 후에 tellg()를 호출하면 파일의 크기를 알 수 있다.

예제에서는 10개의 난수를 저장한 이진 파일을 만들고 파일의 크기를 알아낸 다음에 파일의 중간으로 파일 위치 표시자를 이동시켜서 그 위치에 있는 난수를 읽어오는 프로그램을 작성하여 보자.

```
C:\Windows\system32\cmd.exe
41 18467 6334 26500 19169 15724 11478 29358 26962 24464
파일 크기는 40
중앙위치의 값은 15724
계속하려면 아무 키나 누르십시오 . . .
```

**fseek.cpp**

```
#include <iostream>
#include <fstream>
using namespace std;
const int SIZE = 10;

int main()
{
   int data;
   // 이진 파일을 쓰기 모드로 연다.
   ofstream os( "test.dat", ofstream::binary );
   if (os.fail()) {
      cout << "test.dat 파일을 열 수 없습니다." << endl;
      exit(1);
   }
   for (int i = 0; i < SIZE; i++) {
      data = rand();
      cout << data << " ";
      os.write((char *)&data, sizeof(data));
   }
   os.close();

   // 이진 파일을 읽기 모드로 연다.
   ifstream is( "test.dat", ofstream::binary );
   if (is.fail()) {
      cout << "test.dat 파일을 열 수 없습니다." << endl;
      exit(1);
   }
   // 파일 크기를 알아낸다.
   is.seekg(0, ios::end);
   long size = is.tellg();
```

```
    cout << endl << "파일 크기는 " << size << endl;

    // 파일의 중앙으로 위치 표시자를 이동시킨다.
    is.seekg(size/2, ios::beg);
    is.read((char *)&data, sizeof(int));
    cout << "중앙위치의 값은 " << data << endl;
    return 0;
}
```

**중간점검**

1. 파일의 처음으로 파일 위치 표시자를 이동시키는 문장을 작성하라.
2. 파일의 끝으로 파일 위치 표시자를 이동시키는 문장을 작성하라.

LAB

# 행맨 게임 업그레이드

행맨은 사용자가 단어를 알아 맞추는 게임이다. 우리는 3장에서 행맨 프로그램을 작성한 바 있다. 하지만 앞에서는 단어 3개 중에서 하나를 골라서 문제로 출제하였기 때문에 진정한 게임이 아니었다.

이제 우리가 파일에 대하여 학습하였으므로 단어들이 몇 천개가 들어 있는 파일이 있다고 가정하고(실제로 인터넷에서 많이 있다) 단어 파일을 읽어서 어딘가에 저장하였다가 임의로 하나의 단어를 골라서 문제로 출제하도록 수정하여 보자.

여기서는 단어들이 저장된 파일을 열어서 임의로 하나의 단어를 선택하는 부분만 구현해보자. 도전문제로 완전한 행맨 게임을 작성해본다.

```
C:\Windows\system32\cmd.exe
이번에 선택된 단어는 automatic
이번에 선택된 단어는 river
이번에 선택된 단어는 knee
이번에 선택된 단어는 chalk
이번에 선택된 단어는 moon
이번에 선택된 단어는 little
이번에 선택된 단어는 low
이번에 선택된 단어는 married
```

**도전문제**

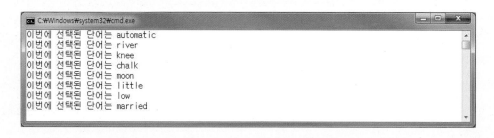

3장에 나온 행맨 게임에 이번 소스를 결합하여서 완전한 행맨 게임을 작성해본다.

SOLUTION

# 행맨 게임 업그레이드

**hangman.cpp**

```
#include <conio.h>
#include <iostream>
#include <string>
#include <fstream>
#include <vector>
using namespace std;

int main() {
   vector<string> words;
   ifstream infile("d:/words.txt");

   while (infile) {
      string word;
      infile >> word;
      words.push_back(word);
   }

   while (true) {
      string r = words[rand() % words.size()];
      cout << "이번에 선택된 단어는 " << r << endl;
      getch();
   }
   return 0;
}
```

getch(); ← 사용자가 하나의 문자를 누를 때까지 기다린다.

## LAB 파일 안의 모음을 *로 바꾸자

fstream 클래스는 동시에 파일을 읽고 쓸 수 있다. 여기서 주의해야 할 점은 임의로 읽기와 쓰기 사이를 전환할 수 없다는 것이다. 일단 읽기 또는 쓰기가 발생하면, 둘 사이를 전환하는 유일한 방법은 파일 위치 표시자를 수정하는 작업을 수행하는 것이다. 파일 위치 표시자를 이동하지 않으려면 현재 위치로 다시 설정하면 된다.

```
iofile.seekg (iofile.tellg (), ios :: beg); // 현재 파일 위치를 찾는다.
```

이렇게 하지 않으면 이상한 일이 발생할 수 있다.

fstream을 사용하는 파일 입출력 예제를 살펴 보자. 텍스트 파일을 열고, 내용을 읽어서 소문자 모음이 발견되면 모음을 '*'기호로 바꾸는 프로그램을 작성해보자.

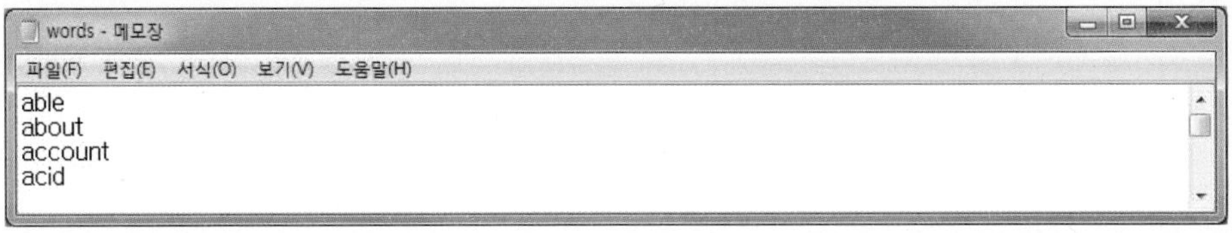

## SOLUTION 파일 안의 모음을 *로 바꾸자

**fseek2.cpp**

```
#include <iostream>
#include <fstream>
using namespace std;

int main()
{

   fstream iofile("words.txt", ios::in | ios::out);
   if (!iofile) {
      cout << "words.txt 파일을 열 수 없습니다." << endl;
      exit(1);
   }

   char ch;
   while (iofile.get(ch)) {
      switch (ch) {
      case 'a':
      case 'e':
      case 'i':
      case 'o':
      case 'u':
         // 한 글자 앞으로 간다.
         iofile.seekg(-1, ios::cur);

         // 쓰기 모드로 바꾸어서 모음 위치에 '*'을 쓴다.
         iofile << '*';

         // 다시 읽기 모드로 바꾼다.
         iofile.seekg(iofile.tellg(), ios::beg);
         break;
      }
   }
   return 0;
}
```

# 이미지 파일을 읽어서 표시해 보자

이진 파일의 가장 전형적인 예는 이미지 파일이다. 이미지 파일 안에는 이미지 픽셀 값들이 이진값으로 저장된다. 많은 이미지 파일은 앞에 헤더가 있어서 헤더를 해석해야 만이 이미지 픽셀값들을 꺼내서 사용할 수 있다. 다행하게도 RAW 파일 형식은 이미지 헤더가 없고 바로 픽셀값부터 시작한다. 따라서 쉽게 읽어서 처리할 수 있다. "lena(256x256).raw" 파일을 읽어서 화면에 표시하는 프로그램을 작성해보자. "lena(256x256).raw" 파일은 출판사 홈페이지나 인터넷에서 구할 수 있다.

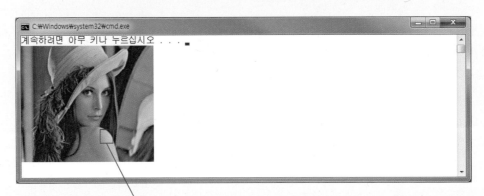


그레이스케일 이미지(검정색, 흰색, 회색만 있는 이미지)만을 생각하자. 이미지는 많은 점(픽셀)들로 되어 있고 이들 점의 밝기는 파일 안에 다음과 같이 8비트로 저장되어 있다.

| | | | | | | | | |
|---|---|---|---|---|---|---|---|---|
| 88 | 82 | 84 | 88 | 85 | 83 | 80 | 93 | 102 |
| 88 | 80 | 78 | 80 | 80 | 78 | 73 | 94 | 100 |
| 85 | 79 | 80 | 78 | 77 | 74 | 65 | 91 | 99 |
| 38 | 35 | 40 | 35 | 39 | 74 | 77 | 70 | 65 |
| 20 | 25 | 23 | 28 | 37 | 69 | 64 | 60 | 57 |
| 22 | 26 | 22 | 28 | 40 | 65 | 64 | 59 | 34 |
| 24 | 28 | 24 | 30 | 37 | 60 | 58 | 56 | 66 |
| 21 | 22 | 23 | 27 | 38 | 60 | 67 | 65 | 67 |
| 23 | 22 | 22 | 25 | 38 | 59 | 64 | 67 | 66 |

픽셀값을 화면에 그릴 때는 다음과 같은 함수를 사용한다.

```
SetPixel(hdc, x, y, RGB(red, green, blue));
```

SOLUTION

# 이미지 파일을 읽어서 표시해 보자

image.cpp

```
#include <windows.h>
#include <iostream>
#include <fstream>
using namespace std;

int main()
{
   HDC hdc = GetWindowDC(GetForegroundWindow());

   // 이진 파일을 쓰기 모드로 연다.
   ifstream is( "d:\\lena(256x256).raw", ifstream::binary );
   if (is.fail())
   {
      cout << "d:\\lena(256x256).raw 파일을 열 수 없습니다." << endl;
      exit(1);
   }
   int size = 256 * 256;
   char * memblock = new char[size];
   is.read(memblock, size);
   is.close();

   int r, c;
   for (r = 0; r < 256; r++) {
      for (c = 0; c < 256; c++) {
         int red, green, blue;
         red = green = blue = memblock[r * 256 + c];
         SetPixel(hdc, c, r, RGB(red, green, blue));
      }
   }
   delete memblock;
   return 0;
}
```

**도전문제**

seekg()를 이용하여 이미지 파일 중에서 일부만 읽어서 표시할 수 있는가? 예를 들어서 이미지의 아래쪽 절반만을 읽어서 화면에 표시해보자.

## EXERCISE

1. 다음 파일들을 텍스트 파일과 이진 파일로 분류하라.

   ❶ sample.hwp ❷ sample.txt

   ❸ sample.jpg ❹ sample.html

2. 다음은 텍스트 파일을 열어서 문자의 개수를 세는 프로그램이다. 빈칸을 채우시오.

```
ifstream infile("sample.txt");
int c, count=0;
while (______) {
   infile.getc();
   count++;
}
```

3. 파일 열기가 실패했는지는 어떻게 알 수 있는가? 다음의 소스에 파일 열기가 실패하면 오류 메시지를 출력하는 문장을 추가해보자.

```
ifstream infile("sample.txt");
```

4. 파일이 종료되었는지를 알아내는 전형적인 예제 문장을 작성하시오.

   ❶ 스트림 객체의 eof() 함수를 이용하는 방법

   ❷ >> 연산자가 반환하는 부울 값을 이용하는 방법

5. 순차 접근 파일과 임의 접근 파일의 차이점은 무엇인가?

6. 파일 위치 표시자를 파일의 맨 처음으로 이동하려면 어떻게 하여야 하는가?

7. 텍스트 파일에서 기본 자료형인 int, short, long, float, double형의 데이터를 읽는 문장을 작성해보라. 또 반대로 int, short, long, float, double형의 데이터를 출력하는 문장을 작성해보라.

**8.** 다음 문장들을 실행하였을 때 파일 위치 표시자의 값은?

```
ifstream infile("sample.txt");
infile.seekg(100, ios::cur);
infile.seekg(100, ios::cur);
int count = infile.tellg();
```

**9.** 다음과 같은 파일을 주어진 코드로 처리하는 경우의 화면 출력을 쓰시오.

**파일 input.txt**

```
1 2 3
4 5
6
```

```
ifstream infile;
infile.open("input.txt");
char c, count=0;
while( infile >> c )
{
   cout << c << endl;
   if( s == endl ) count++;
}
infile.close();
```

## PROGRAMMING EXERCISE

1. 다음과 같이 텍스트 파일을 생성하는 프로그램을 작성하시오. 입출력 클래스 `fstream`을 사용한다.

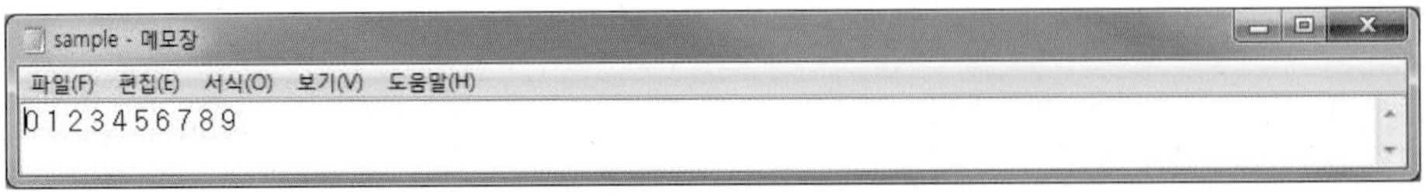

Tip ofstream os("sample.txt");를 사용하고 >>로 쓰면 된다.

2. 1번에서 생성한 텍스트 파일을 읽어서 파일 안의 모든 정수의 합을 계산하는 프로그램을 작성한다.

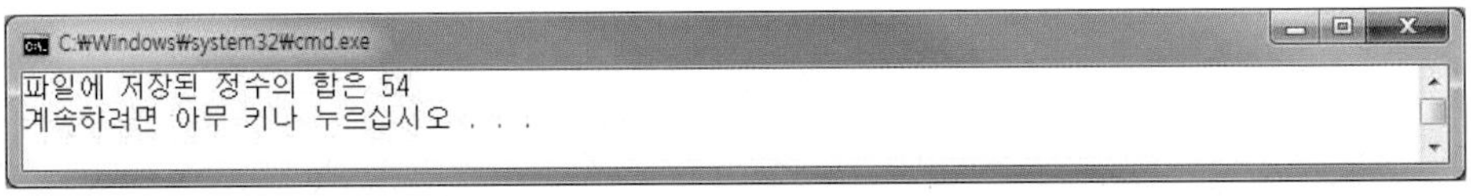

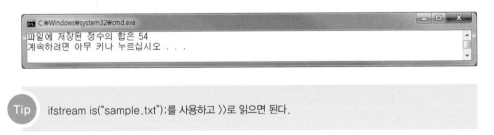

Tip ifstream is("sample.txt");를 사용하고 >>로 읽으면 된다.

3. 영문으로 작성된 텍스트 파일을 읽어서 대문자를 모두 소문자로 변경하여 저장하는 프로그램을 작성하라.

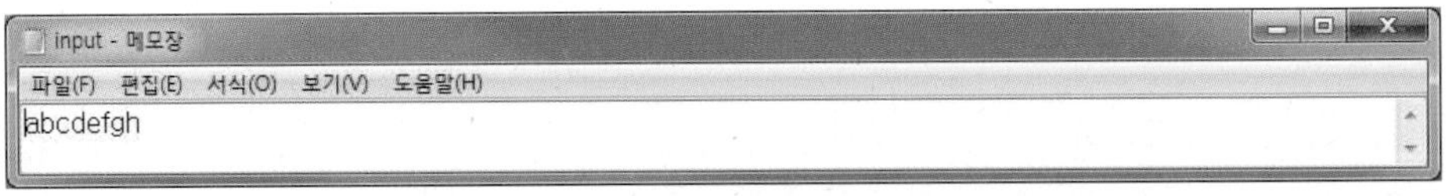


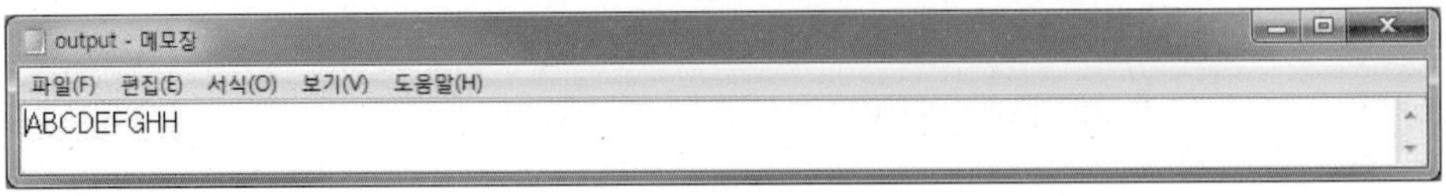

Tip 대문자로 파일에 쓰려면 os << (char)(toupper(c)); 를 사용한다.

4. 텍스트 파일에서 순서를 반대로 하여 문자를 읽고 화면에 출력하는 프로그램을 작성하라. seekg()와 tellg()를 이용해본다.

```
C:\Windows\system32\cmd.exe
hgfedcba
계속하려면 아무 키나 누르십시오 . . .
```

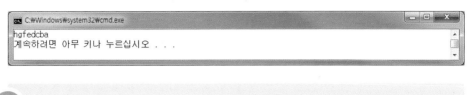

**Tip** 파일 크기를 알려면 in.seekg(0, ios::end); 한 후에 i = (long)in.tellg(); 하면 된다.

5. 요즘 대학교에서는 리포트 표절 감시 프로그램을 구입하여 사용한다. 리포트가 복사되었는지를 검사하는 프로그램을 작성해 보자. 두개의 텍스트 파일을 비교하여서 완전히 일치하는지를 검사하는 프로그램을 작성하시오.

```
C:\Windows\system32\cmd.exe
표절입니다.
계속하려면 아무 키나 누르십시오 . . .
```

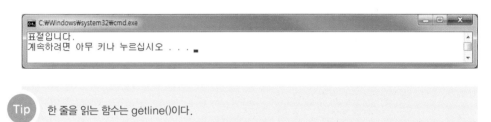

**Tip** 한 줄을 읽는 함수는 getline()이다.

6. 시저 암호를 구현하여 보자. 로마의 유명한 정치가였던 쥴리어스 시저(Julius Caesar, 100-44 B.C.)는 친지들에게 비밀리에 편지를 보내고자 할 때 다른 사람들이 알아보지 못하도록 문자들을 다른 문자들로 치환하였다. 시저 암호의 규칙을 표로 그려 보면 다음과 같다.

| 평 문 | a | b | c | d | e | f | g | h | i | j | k | l | m | n | o | p | q | r | s | t | u | v | w | x | y | z |
|---|---|---|---|---|---|---|---|---|---|---|---|---|---|---|---|---|---|---|---|---|---|---|---|---|---|---|
| 암호문 | D | E | F | G | H | I | J | K | L | M | N | O | P | Q | R | S | T | U | V | W | X | Y | Z | A | B | C |

7. 예를 들어 다음과 같은 평문 "come to me"은 "FRPH WR PH"으로 바뀐다. 시저 암호 방식을 이용하여서 파일을 암호화하고 복호화하는 프로그램을 작성하라.

```
C:\Windows\system32\cmd.exe
원문 : COMETOME
이동거리: 3
암호문: FRPHWRPH
계속하려면 아무 키나 누르십시오 . . .
```

Tip 암호화하려면 문자의 코드에 3을 더한 후에 (c+3)%26 연산을 적용한다.

**8.** 사용자로부터 다음과 같은 형식으로 사용자의 번호, 이름, 전화번호, 이메일 주소 등을 입력받아서 파일로 저장한다. 입력이 끝나면 사용자로부터 번호를 입력받아서 그 번호에 해당하는 전화 번호를 출력하는 프로그램을 작성하라. 벡터를 사용해도 좋다.

| 번호 | 이름 | 전화번호 | 이메일주소 |
|---|---|---|---|
| 1 | 홍길동 | 011-111-1111 | hong@hanmail.net |
| 2 | 김유신 | 010-222-2222 | kim@hanmail.net |

**9.** 파일에서 특정한 단어를 찾아서 파일 이름과 단어가 위치한 라인 번호를 출력하는 프로그램을 작성하라. 프로그램의 동작 예는 다음과 같다.

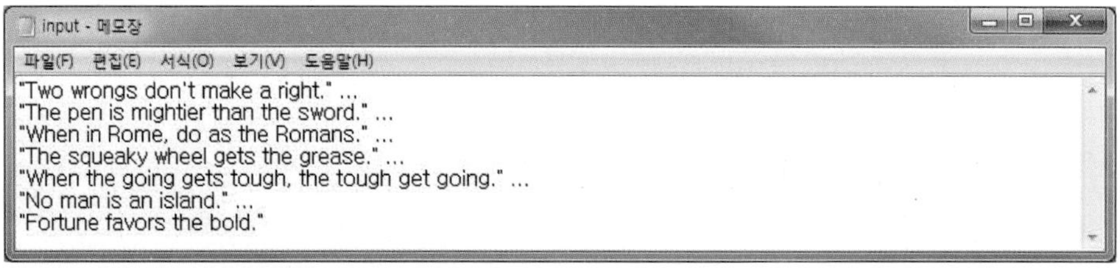

Tip getline()으로 한 줄을 읽어서 string 클래스가 가지고 있는 find() 함수를 사용한다.

**10.** 텍스트 파일을 입력받아서 파일 안에 포함된 단어의 개수를 계산하여 출력하는 프로그램을 작성하라.

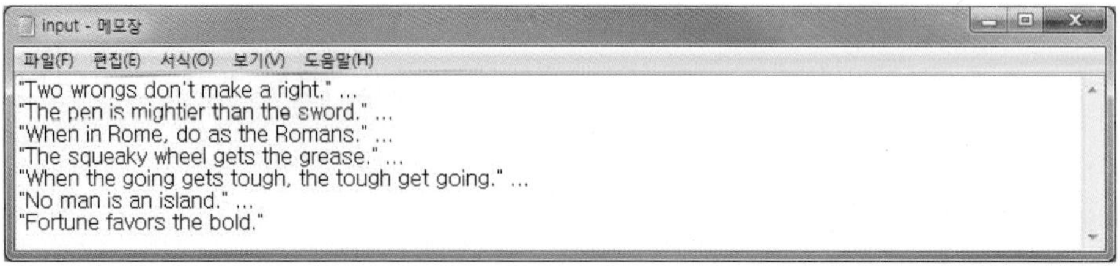

```
단어의 수: 50
계속하려면 아무 키나 누르십시오 . . .
```

**Tip** 파일 객체에서 string 타입의 변수로 읽으면 하나의 단어가 읽힌다.

```
string s;
infile >> s;
```

Introduction to **C++ Programming**

Introduction to
**C++ Programming**

CHAPTER

# 14 예외처리와 템플릿

## 학습목표

- 예외 처리의 개요를 학습한다.
- 예외 처리를 적용할 수 있다.
- 템플릿의 개념을 이해한다.
- 템플릿으로 간단한 클래스를 설계할 수 있다.

## 학습목차

템플릿은 어려운 것 같은데 많이 사용되나요?
C++에서는 라이브러리가 템플릿으로 작성되어 있습니다. 효율적이며 오류에 대하여 안전합니다.

# 14.1 이번 장에서 만들어 볼 프로그램

이번 장에서는 오류가 발생했을 경우에 부드럽게 해결하는 방법을 살펴본다. 구체적으로 다음과 같은 프로그램을 작성해보자.

1. 한 사람당 할당되는 피자 조각 개수를 계산하는 프로그램을 작성하자. 사람 수를 `0`으로 입력하여도 오류가 일어나지 않게 한다.

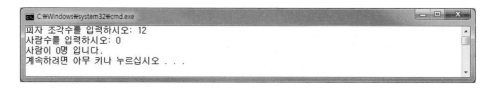

```
C:\Windows\system32\cmd.exe
피자 조각수를 입력하시오: 12
사람수를 입력하시오: 0
사람이 0명 입니다.
계속하려면 아무 키나 누르십시오 . . .
```

2. 템플릿을 사용하여서 어떤 자료형도 저장할 수 있는 `Box` 클래스를 작성하고 실험해보자.

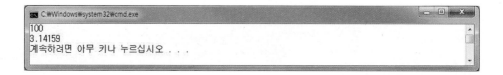

```
C:\Windows\system32\cmd.exe
100
3.14159
계속하려면 아무 키나 누르십시오 . . .
```

# 14.2 예외 처리란?

이 세상에 완벽한 프로그램은 없다. 따라서 어떤 프로그램이든지 잘못된 코드, 부정확한 데이터, 예외적인 상황에 의하여 오류(error)가 발생할 수 있다. 예를 들어 0으로 나누는 것과 같은 잘못된 연산이나 배열의 인덱스가 한계를 넘을 수도 있고, 디스크에서는 하드웨어 에러가 발생할 수 있다. 반드시 있어야 할 파일이 없을 수도 있고 네트워크가 다운될 수도 있다. C++에서는 이러한 오류를 예외(exception)라는 이름으로 부른다. 대개의 경우 오류가 발생하면 프로그램이 종료된다. 그러나 무조건 종료하는 것보다 프로그램에서 오류를 감지하여 우아하게 프로그램을 종료하거나 오류를 처리한 후에 계속 실행할 수 있다면 더 나은 프로그램이 될 수 있다. 이것을 예외 처리(exception handling)라고 한다.

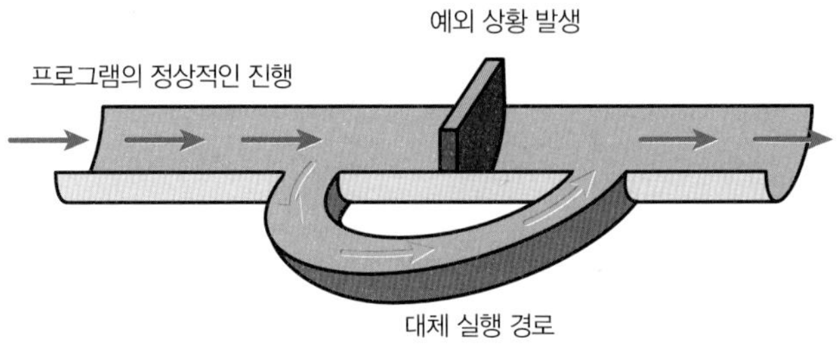


**그림 14.1** 예외 처리의 개요

예를 들어서 피자 한판을 여러 명이 나누어 먹는다고 할 때, 한 사람이 먹을 수 있는 피자 조각 수를 계산하는 프로그램을 작성하여 보자.

**pizza1.cpp**

```
#include <iostream>
using namespace std;

int main()
{
    int pizza_slices = 0;
    int persons = -1;
    int slices_per_person = 0;

    cout << "피자 조각수를 입력하시오: ";
    cin >> pizza_slices;
    cout << "사람수를 입력하시오: ";
```

```
    cin >> persons;
    slices_per_person = pizza_slices / persons;
    cout << "한사람당 피자는 " << slices_per_person << "입니다." << endl;

    return 0;
}
```

실행결과

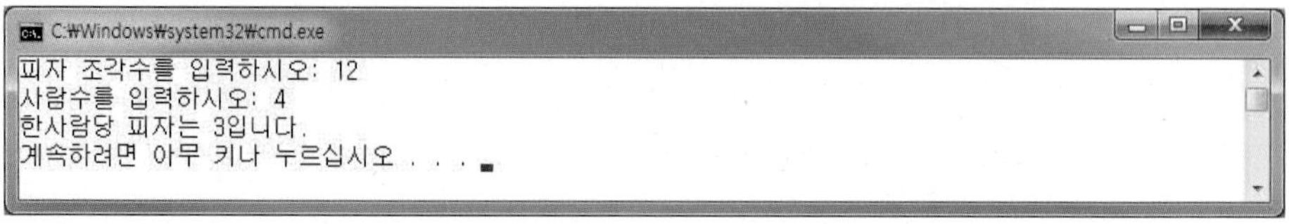


위의 프로그램은 사용자가 정상적인 값을 입력하면 아무런 문제가 없다. 그러나 만약 사용자가 사람 수를 0으로 입력하면 어떻게 되는가? 12를 0으로 나누게 되어서 프로그램이 실행 에러를 일으키면서 중단된다. 따라서 사람 수가 0이 아닌지를 항상 체크하여야 한다. 이 문제를 먼저 전통적인 오류 처리 방식으로 처리하여 보자.

## 전통적인 오류 처리 방식

전통적인 오류 처리 방식은 if-else를 사용하여서 조건을 검사하는 것이다. 일단 사람수가 0이면 오류 메시지를 출력한다. 사람수가 0이 아니면 피자 조각수를 사람수로 나누어서 출력한다.

**pizza2.cpp**

```
#include <iostream>
using namespace std;

int main()
{
    int pizza_slices = 0;
    int persons = -1;
    int slices_per_person = 0;

    cout << "피자 조각수를 입력하시오: ";
    cin >> pizza_slices;
    cout << "사람수를 입력하시오: ";
    cin >> persons;
```

```
    if (persons == 0) {
        cout << "사람이 0명 입니다. " << endl;
    }
    else {
        slices_per_person = pizza_slices / persons;
        cout << "한사람당 피자는 " << slices_per_person << "입니다." << endl;
    }
    return 0;
}
```

**실행결과**

```
C:\Windows\system32\cmd.exe
피자 조각수를 입력하시오: 12
사람수를 입력하시오: 0
사람이 0명 입니다.
계속하려면 아무 키나 누르십시오 . . .
```

하지만 이러 방식의 경우, 검사해야하는 조건이 많아지면 상당히 복잡해지고 동시에 어떤 코드가 정상적인 실행이고 어떤 코드가 오류 처리 코드인지를 구별하기 힘들다. 우리의 피자 프로그램에서도 체크해야 할 것은 더 있다. 즉 피자 조각이 0이나 음수이면 나눌 필요가 없다. 또한 사람수가 음수이어도 안 된다. 이것을 다 처리하려면 프로그램이 다음과 같이 수정되어야 한다. 따라서 조사해야되는 예외가 많아지게 되면 더 좋은 방법이 필요하다.

```
if (pizza_slices < 0) {
    cout << "피자 조각이 음수임 ";
}
else if (pizza_slices == 0) {
    cout << "피자 조각이 0임 ";
}
else {
    if (persons == 0) {
        cout << "사람이 0명 입니다. " << endl;
    }
    else if (persons < 0) {
        cout << "사람이 음수입니다. " << endl;
    }
    else {
        slices_per_person = pizza_slices / persons;
        cout << "한사람당 피자는 " << slices_per_person << "입니다." << endl;
    }
}
```

그리고 함수 안에서 오류가 발생하면 보통 함수의 반환값으로 오류가 일어났음을 알리게 된다. 하지만 이런 방법은 정상적인 처리에서는 함수의 반환값을 사용할 수 없게 한다.

경고 **버그와 예외**

여기서 한 가지 주의할 점은 버그와 예외는 구별하여야 한다. 실행 도중에 버그로 인해서도 실행 오류가 발생할 수 있지만 이러한 버그는 개발 과정에서 모두 수정되어야 한다. C++에서는 버그에 의한 실행 오류도 예외로 취급하지만 진정한 의미에서의 예외는 우리가 예상하였던 상황이 아닌 경우를 의미한다. 예를 들면 반드시 존재하여야 하는 파일이 없거나 인터넷 서버가 다운된 경우 등을 진정한 의미에서의 예외라고 할 수 있다.

**중간점검**

1 예외는 어떤 경우에 발생하는가?

2 예외를 처리하는 경우와 처리하는 않은 경우를 비교하여 보라. 장점은 무엇인가?

# 14.3 예외 처리기

예외 처리 과정을 개선하기 위한 많은 노력들이 있어 왔다. C++에서는 언어 차원에서 예외 처리 형식을 제공한다. C++ 예외 처리는 try, throw, catch의 키워드를 사용한다. 예외 처리기의 기본 형식은 다음과 같다.

**문법 13.1 예외 처리**

```
try {
    // 예외가 발생할 수 있는 코드
    if(예외가 발생하면)
        throw exception;
} catch (예외타입   매개변수) {
    // 예외를  처리하는  코드
}
```

먼저 try 블록에는 예외가 발생할 가능성이 있는 문장이 들어간다. 만약 예외 조건이 감지되면 throw 문장을 사용하여 예외를 던진다. 예외가 발생되었다는 것을 예외를 던진다고 표현한다. 예외가 던져지면 이 예외를 처리하는 catch문으로 점프한다. catch 블록에는 처리할 수 있는 예외의 타입을 지정하고 예외를 처리하기 위한 코드가 들어간다.

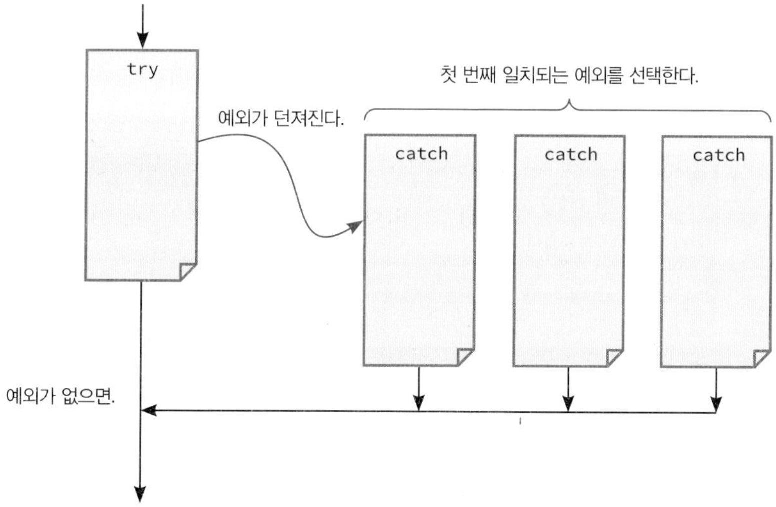


그림 14.2 try블록은 예외가 발생할 수 있는 위험한 코드이다. catch 블록은 예외를 처리하는 코드이다.

피자 예제에서 발생할 수 있는 예외를 try 블록과 catch 볼록을 이용하여서 처리하여 보자.

**pizza3.cpp**

```
#include <iostream>
using namespace std;

int main()
{
    int pizza_slices = 0;
    int persons = -1;
    int slices_per_person = 0;

    try
    {
        cout << "피자 조각수를 입력하시오: ";
        cin >> pizza_slices;
        cout << "사람수를 입력하시오: ";
        cin >> persons;

        if (persons == 0)
            throw persons;
        slices_per_person = pizza_slices / persons;
        cout << "한사람당 피자는 " << slices_per_person << "입니다." << endl;
    }
    catch (int e)
    {
        cout << "사람이 " << e << " 명 입니다. " << endl;
    }
    return 0;
}
```

사람수가 0이면 예외를 발생시킨다.

예외를 처리한다.

**정상적인 실행결과**

```
C:\Windows\system32\cmd.exe
피자 조각수를 입력하시오: 12
사람수를 입력하시오: 4
한사람당 피자는 3입니다.
계속하려면 아무 키나 누르십시오 . . .
```

**예외 발생 실행결과**

```
C:\Windows\system32\cmd.exe
피자 조각수를 입력하시오: 12
사람수를 입력하시오: 0
사람이 0 명 입니다.
계속하려면 아무 키나 누르십시오 . . .
```

여기서는 예외가 발생했을 경우, 단순히 경고 메시지를 출력하고 프로그램은 정상적으로 계속된다. 그리 간단하게 보이지는 않지만 적어도 try와 catch 블록에 의하여 정상적인 실행과 예외 처리가 더 확실하게 구분되었다.

## try/catch 블록에서의 실행 흐름

try/catch 블록에서 예외가 발생하는 경우와 발생하지 않는 경우의 실행 흐름을 비교하여 보자. 먼저 예외가 발생하지 않는 경우에는 catch 블록의 코드는 실행되지 않고 catch 블록의 아래에 있는 코드가 실행된다. 반면에 예외가 발생한 경우에는 catch 블록의 코드가 실행되고 이어서 다음 코드가 실행된다.

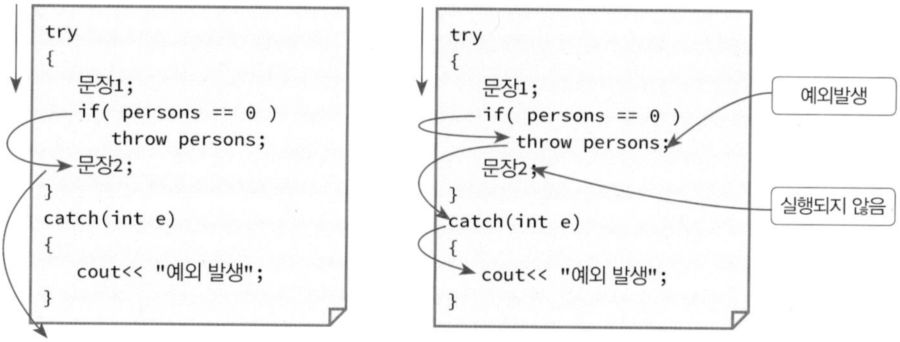
try
{
문장1;
if( persons == 0 )
throw persons;
문장2;
}
catch(int e)
{
cout<< "예외 발생";
}
try
{
문장1;
if( persons == 0 )
throw persons;
문장2;
}
catch(int e)
{
cout<< "예외 발생";
}
예외발생
실행되지 않음

예외가 발생하지 않은 경우 예외가 발생한 경우

**그림 14.3** try/catch 블록에서의 실행 흐름

## catch 블록의 매개 변수

위의 예제에서도 알 수 있듯이 catch 블록은 함수는 아니지만 매개 변수를 가지고 있다는 점에서 함수와 상당히 유사하다. catch 블록은 흔히 예외 처리기(exception handler)라고 불리는 것에도 알 수 있다. 아래 코드에서 catch 블록의 매개 변수 e는 어떤 역할을 하는가?

try
{
문장1;
if( persons == 0 )
throw persons;
문장2;
}
catch(int e)
{
cout<< "예외 발생";
}

예외 처리기의 매개 변수

**그림 14.4** catch 블록의 매개 변수

위의 코드에서 e는 함수의 매개 변수와 같은 역할을 한다. throw 문장에서 던진 값이 바로 매개 변수 e를 통하여 예외 처리기로 전달되는 것이다. 어떤 타입도 가능하므로 다양한 타입을 사용할 수 있다. 예제 코드에서처럼 정수 타입일 수도 있고 문자열, 만약 예외 정보가 복잡하다면 클래스 타입도 가능하다. 보통 예외 번호와 같은 예외에 대한 추가 정보를 전달한다.

### 타입이 일치되는 예외만 처리된다.

한 가지 주의할 점은 throw에서 던진 값의 타입과 catch 블록의 매개 변수의 타입이 일치해야만 예외가 처리된다. 예를 들어서 앞의 프로그램에서 예외 처리기 블록이 catch(char e)로 선언되어 있다면 예외가 처리되지 않는다.

```
try
{
   int person =0;
   ...
   if (persons == 0)
      throw persons;
   ...                  char 타입의 예외만 처리
}
catch(char e)
{
   cout << "사람이 " << e << " 명 입니다. "<< endl;
}
```

만약 발생하고 싶은 모든 예외를 잡고 싶으면 매개 변수를 ...로 표시하면 된다.

```
catch(...)
{
   // 모든 예외를 잡아서 처리할 수 있다.
}
```

**중간점검**

1. try 블록에서 예외가 발생한 지점 이후의 문장들은 실행되는가?
2. catch 블록에서 모든 예외를 다 잡으려면 매개 변수를 어떻게 정의하는가?

# 14.4 예외 전달

예외는 함수 범위를 넘어서 전달될 수 있다. 실제로 만약 함수 안에서 예외가 처리되지 않으면 예외는 해당 함수를 호출한 함수로 넘어간다. 던져진 예외를 처리할 때까지 함수 호출 체인을 따라가면서 예외의 타입과 같은 예외 처리기를 찾는다.

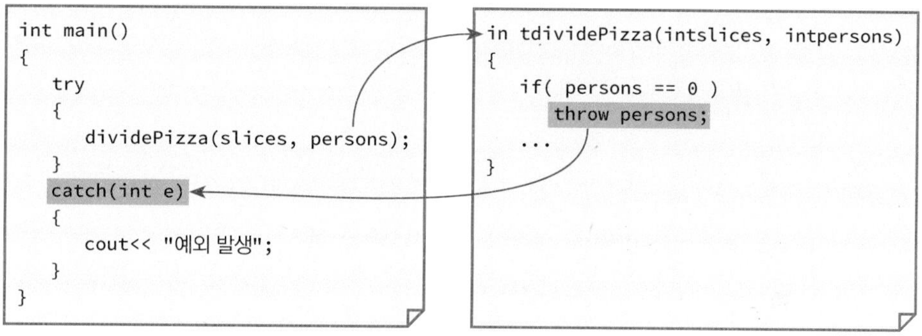


그림 14.5 예외는 함수를 넘어서 전달될 수 있다.

우리의 피자 나누기 프로그램에 이것을 적용하여 보면 다음과 같다.

**pizza4.cpp**

```
#include <iostream>
using namespace std;
int dividePizza(int pizza_slices, int persons);

int main()
{
   int pizza_slices = 0;
   int persons = 0;
   int slices_per_person = 0;

   try
   {
      cout << "피자 조각수를 입력하시오: ";
      cin >> pizza_slices;
      cout << "사람수를 입력하시오: ";
      cin >> persons;
      slices_per_person = dividePizza(pizza_slices, persons);
      cout << "한사람당 피자는 " << slices_per_person << "입니다." << endl;
```

```
    }
    catch (int e)
    {
        cout << "사람이 " << e << " 명 입니다. " << endl;
    }
    return 0;
}
int dividePizza(int pizza_slices, int persons)
{
    if (persons == 0)
        throw persons;
    return pizza_slices / persons;
}
```

**정상적인 실행결과**

```
C:\Windows\system32\cmd.exe
피자 조각수를 입력하시오: 12
사람수를 입력하시오: 4
한사람당 피자는 3입니다.
계속하려면 아무 키나 누르십시오 . . .
```

**예외 발생 실행결과**

```
C:\Windows\system32\cmd.exe
피자 조각수를 입력하시오: 12
사람수를 입력하시오: 0
사람이 0 명 입니다.
계속하려면 아무 키나 누르십시오 . . .
```

> 참고
> **만약 예외가 처리되지 않으면**
> 만약에 어떤 함수에서도 예외가 처리되지 않으면 어떻게 되는가? 이런 경우에는 시스템 라이브러리 함수인 abort()가 호출되어서 프로그램을 종료하게 된다.

**중간점검**

1. 예외를 처리했지만 호출한 함수에게도 예외를 보내줄 수 있는가?
2. 예외는 3개의 함수를 거쳐서도 전달될 수 있는가?

### 표준 예외

C++ 표준 라이브러리에서 예외가 발생하면 std::exception이라는 특별한 예외가 발생하며 <exception>헤더에 정의된다. 이것을 처리하려면 catch(exception& e) { } 블록이 필요하다.

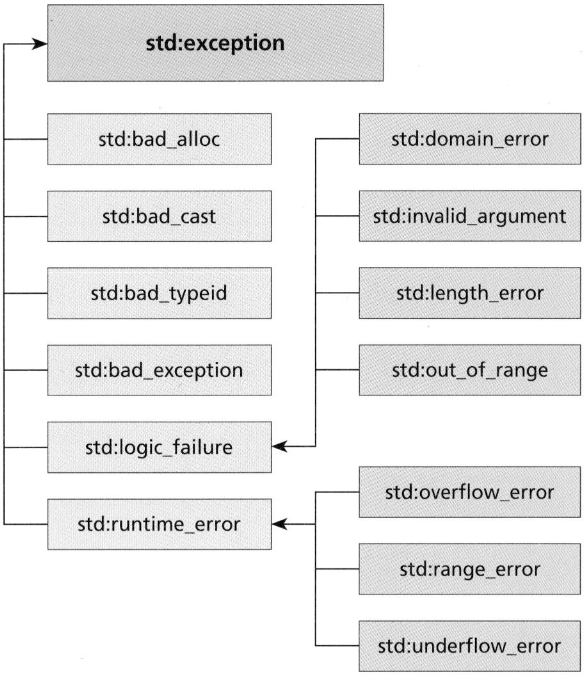


전형적인 예는 다음과 같다.

**std_error.cpp**

```
#include <iostream>
#include <exception>
using namespace std;

int main() {
   try {
      int* p = new int[100000];
      delete p;
   }
   catch (exception& e) {
      cout << "표준 예외가 발생했습니다. " << e.what() << endl;
   }
   return 0;
}
```

메모리 할당 오류를 처리한다.

# 14.5 다중 catch 문장

하나의 try 블록에서는 여러 개의 throw 문장을 가질 수 있다. 각각의 throw 문장은 타입이 다른 값을 던질 수 있다. 만약 여러 가지 타입의 값을 처리하려면 여러 개의 catch 블록을 두어야 한다. 예를 들어서 피자 나누기 예제에서 사람 수가 0이 될 수도 있고 사람 수가 음수가 될 수도 있다. 이것을 구분하여서 처리하려면 다음과 같이 두개의 catch 블록을 정의하여야 한다.

**pizza7.cpp**

```
#include <iostream>
using namespace std;

int main()
{
   int pizza_slices = 12;
   int persons = 0;
   int slices_per_person = 0;

   try {
      cout << "피자 조각수를 입력하시오: ";
      cin >> pizza_slices;
      cout << "사람수를 입력하시오: ";
      cin >> persons;

      if (persons < 0) throw "negative";        // 예외 발생!
      if (persons == 0) throw persons;          // 예외 발생!
      slices_per_person = pizza_slices / persons;
      cout << "한사람당 피자는 " << slices_per_person << "입니다." << endl;
   }
   catch (const char *e) {
      cout << "오류: 사람수가 " << e << "입니다" << endl;
   }
   catch (int e) {
      cout << "오류: 사람이 " << e << " 명입니다." << endl;
   }
   return 0;
}
```

**예외 발생 실행결과**

```
C:\Windows\system32\cmd.exe
피자 조각수를 입력하시오: 12
사람수를 입력하시오: -2
오류: 사람수가 negative입니다
계속하려면 아무 키나 누르십시오 . . .
```

### 구체적인 예외를 먼저 잡는다.

여러 개의 예외를 잡을 수도 있다. 이런 경우에는 보다 구체적인 예외를 먼저 적어야 한다.

```
try {
    getIput();
}
catch(TooSmallException e) {
    //TooSmallException만 잡힌다.
}
catch(...) {
    //TooSmallException을 제외한 나머지 예외들이 잡힌다.
}
```

만약 이것을 반대로 하면 두 번째 catch 블록은 아무것도 잡아내지 못한다.

```
try {
    getInput();
}
catch(...) {
    //모든 예외들이 잡힌다.
}
catch(TooSmallException e) {
    //아무 것도 잡히지 않는다!
}
```

따라서 구체적인 예외를 먼저 쓰고 일반적인 예외는 나중에 쓰는 것이 좋다. 즉 catch 블록을 사용할 때는 범위가 작은 것에서부터 큰 것 순서로 작성하여야 한다.

**중간점검**

1. 발생된 예외와 catch 블록의 매개 변수는 어떤 규칙에 의하여 매칭되는가?
2. 어떤 타입이라도 catch 블록의 매개 변수로 지정할 수 있는가?

# 14.6 함수 템플릿

템플릿(template)이란 물건의 본을 떠 놓은 것으로서 물건을 만들 때 사용되는 틀이나 모형을 의미한다. 예를 들면 여러 가지 도형을 그리기 위한 모양자도 템플릿이라 부른다. 템플릿이 있으면 복잡한 도형을 쉽게 그릴 수 있다.

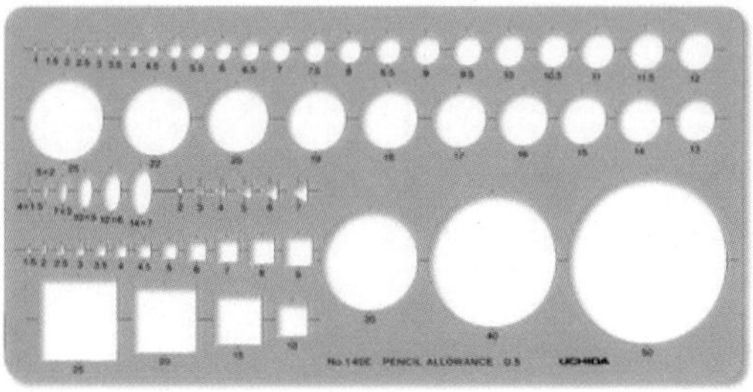

C++에서도 하나의 형틀을 만들어서 다양한 코드를 생산해 내도록 할 수 있는데 이것을 템플릿이라고 한다. 함수 템플릿(function template)은 함수를 찍어내기 위한 형틀이다. 예를 들어서 변수의 값을 서로 교환하는 함수를 살펴보자.

```
int get_max(int x, int y)
{
   if( x > y ) return x;
   else return y;
}
```

위의 함수는 int 변수에 대해서만 적용할 수 있다. 만약 float 변수에 대하여 최대값을 구하려면 어떻게 하여야 하는가? 템플릿을 사용하지 않는다면 함수를 또 하나 작성하여야 한다.

```
float get_max(float x, float y)
{
   if( x > y ) return x;
   else return y;
}
```

위의 두개의 중복 정의된 함수 get_max()를 비교하여 보자. 핵심적인 부분은 완전히 동일하다. 하지만 달라지는 것은 매개 변수의 타입뿐이다. 따라서 중복되는 코드가 많아서 상당히 비효율적임을 알 수 있다. 만약 추가적으로 char형이나 double 형의 변수의 최대값을 구하는 함수가 필요하면 어떡할 것인가? 역시 매개 변수의 타입만 변경한 함수를 작성하여야 한다.

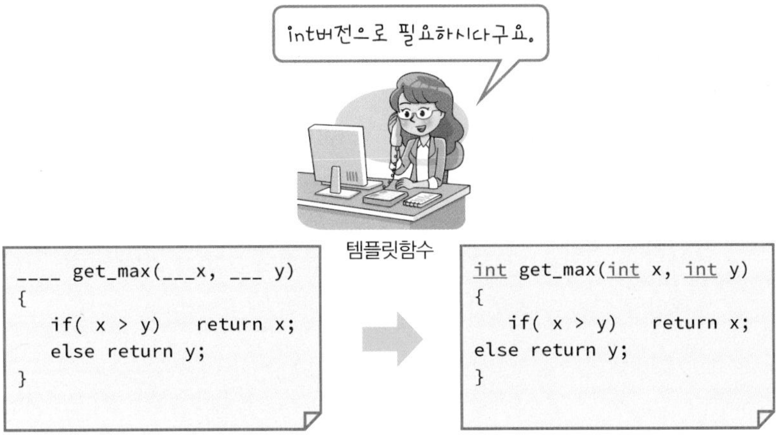


그림 14.6 일반화 프로그래밍의 개념

**일반화 프로그래밍(generic programming)**은 이러한 문제를 해결하기 위하여 제안되었다. 일반화 프로그래밍은 용어 그대로 일반적인 코드를 작성하고 이 코드를 정수나 문자열과 같은 다양한 타입에 대하여 재사용하는 프로그래밍 기법이다. 일반화 프로그래밍을 사용하면 하나의 코드로 정수도 처리할 수 있고, 실수도 처리할 수 있다. 앞의 get_max() 함수를 일반화 프로그래밍을 적용하여서 함수 템플릿으로 다시 정의하여 보면 다음과 같다.

```
template<typename T>
T get_max(T x, T y)
{
    if( x > y ) return x;
    else return y;
}
```

위의 코드를 살펴보면 자료형이 변수처럼 표기되어 있음을 알 수 있다. T 대신에 int를 넣으면 정수값 중에서 최대값을 구할 수 있는 함수가 되고 T 대신에 float를 넣으면 실수값 중에서 최대값을 구할 수 있는 함수가 된다.

아래의 문장은 T가 타입의 이름으로 사용된다는 것을 컴파일러에게 알려주기 위한 문장이다. 만약 아래의 문장이 없다면 컴파일 오류가 발생할 것이다.

```
template<typename T>
```

위와 같은 템플릿 함수 정의는 실제 함수를 정의한 것은 아니다. 함수를 생성하는 틀만 정의한 것이다. 실제 함수는 함수를 호출하는 순간에 생성된다. 즉 템플릿에 주어진 매개 변수의 타입에 따라 적절한 함수가 생성되는 것이다. 예를 들어서 다음과 같은 매개 변수를 전달하여 보자.

```
int x=20, y=30;
get_max(x, y);      // 이때에 실제 함수가 작성된다.
```

get_max()을 호출할 때에 정수형 변수를 인자로 전달하면 T가 int형으로 결정되고 T 대신에 int가 들어간 함수가 생성된다. 만약 get_max()을 호출할 때에 double형 변수를 인자로 전달하면 T가 double형으로 결정되고 T 대신에 double가 들어간 함수가 생성된다. 이것을 템플릿 함수의 인스턴화라고 한다. 템플릿 함수에는 정수형이나 실수형뿐만 아니라 구조체나 클래스 형도 인자로 전달할 수 있다.

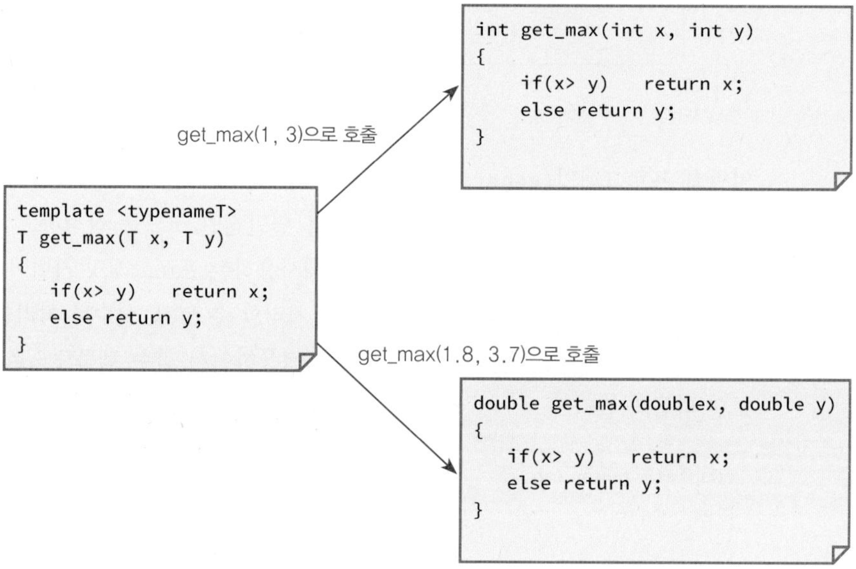


**그림 14.7** 템플릿 함수

**get_max.cpp**

```
#include <iostream>
using namespace std;

template <typename T>
T get_max(T x, T y)
{
   if (x > y)  return x;
   else return y;
}

int main()
```

```
{
    // 아래의 문장은 정수 버전 get_max()를 호출한다.
    cout << get_max(1, 3) << endl;

    // 아래의 문장은 실수 버전 get_max()를 호출한다.
    cout << get_max(1.2, 3.9) << endl;

    return 0;
}
```

**실행결과**

```
C:\Windows\system32\cmd.exe
3
3.9
계속하려면 아무 키나 누르십시오 . . .
```

### 다른 방법들과의 비교

함수 템플릿은 아래와 같이 매크로를 사용하는 방법과는 무엇이 다른가?

```
#define GET_MAX(x,y) ((x)>(y)? (x): (y))
```

매크로도 타입에 무관하게 작동되므로 일반화 프로그래밍의 한 형태이다. 매크로를 정의하여 사용하는 것은 유용하지만 완벽하게 타입에 안전한 방법은 아니다. 매크로를 사용하는 것에 따른 문제점은 매개 변수가 여러 번 계산될 수 있다는 것이다. 또한 사용자는 타입의 변환이 부적절한데도 불구하고 타입을 혼합하여 사용할 수 있다.

### 함수 템플릿의 특수화(template specialization)

함수 템플릿을 정의해 사용하다가 특수한 매개 변수에 대해서만 다른 동작을 하고 싶은 경우에는 템플릿 특수화 기능을 사용할 수 있다. 예를 들어서 아래와 같은 코드에서 배열 원소의 타입이 char인 경우에는 문자열로 출력하고 싶다고 가정하자.

```
template <typename T>              // 함수 템플릿으로 정의
void print_array(T[] a, int n)
{
   for (int i = 0; i<n; i++)
      cout << a[i] << " ";
   cout << endl;
}

template <>                        // 템플릿 특수화
void print_array(char[] a, int n) // 매개 변수가 char인 경우에는 이 함수가 호출된다.
```

```
{
    cout << a << endl;
}
```

### 함수 템플릿과 함수 중복 정의

함수 템플릿은 특정한 경우에는 동작하지 않을 수 있다. 매개 변수를 서로 교환하는 함수 템플릿 swap_values()를 살펴보자.

```
template <typename T>
void swap_values(T& x, T& y)
{
    T temp;
    temp = x;
    x = y;
    y = temp;
}
```

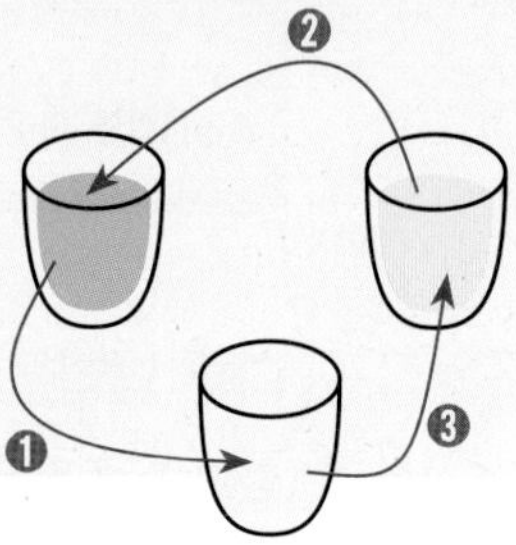


함수 템플릿 swap_values()는 int와 같은 기본 타입에 대해서 잘 동작한다.

```
int x, y;
swap_values(x, y);          // x, y가 모두 int 타입- OK!
```

그러나 만약 문자 배열이 매개 변수로 전달된다면 잘못된 결과가 발생한다.

```
char s1[100], s2[100];
swap_values(s1, s2);        // s1, s2가 모두 배열 - Error!
```

배열에 대해서도 swap_values()이 동작되게 하려면 다음과 같이 swap_values()를 함수 중복 정의로 정의하여야 한다.

**swap_values.cpp**

```
#include <iostream>
using namespace std;

template <typename T>
void swap_values(T& x, T& y)
{
    T temp;
    temp = x;
    x = y;
    y = temp;
}
```

템플릿함수

```
void swap_values(char* s1, char* s2)
{
   int len;

   len = (strlen(s1) >= strlen(s2)) ? strlen(s1) : strlen(s2);
   char* tmp = new char[len + 1];

   strcpy(tmp, s1);
   strcpy(s1, s2);
   strcpy(s2, tmp);
   delete[] tmp;
}
int main()
{
   int x = 100, y = 200;
   swap_values(x, y);          // x, y가 모두 int 타입- OK!
   cout << x << " " << y << endl;

   char s1[100] = "This is a first string";
   char s2[100] = "This is a second string";
   swap_values(s1, s2);        // s1, s2가 모두 배열 - 중복정의된 함수 호출
   cout << s1 << " " << s2 << endl;
   return 0;
}
```

**실행결과**

```
C:\Windows\system32\cmd.exe
200 100
This is a second string This is a first string
계속하려면 아무 키나 누르십시오 . . .
```

swap_values()를 함수 중복 정의의 형태로 제공하면 문자 배열에 대한 복사도 가능해진다. 이는 함수 템플릿 형태보다 함수 중복 정의의 우선 순위가 높기 때문이다.

### 두개의 타입 매개 변수를 갖는 함수 템플릿

템플릿 함수는 두개 이상의 타입 매개 변수를 가질 수 있다. 예를 들어서 배열을 다른 배열로 복사하는 함수를 템플릿 함수로 작성하여 보자. 만약 다음과 같이 작성하였다고 가정하자.

```
template<typename T>
void copy(T a1[], T a2[], int n)
{
   for (int i = 0; i < n; ++i)
```

```
        a1[i] = a2[i];
}
```

위의 템플릿 함수는 다음과 같은 경우에는 잘 동작한다.

```
int a[100], b[100];
copy(a, b, 100);     // OK!
```

하지만 배열의 타입이 다르면 제대로 컴파일되지 않을 것이다.

```
int a[100];
double b[100];
copy(a, b, 100);     // ERROR!
```

따라서 이런 경우에는 타입 매개 변수를 하나 더 사용하는 템플릿 함수를 작성할 필요가 있다.

```
template<typename T1, typename T2>
void copy(T1 a1[], T2 a2[], int n)
{
    for (int i = 0; i < n; ++i)
        a1[i] = a2[i];
}
```

### 예제 #1

하나의 배열을 다른 배열로 복사하는 함수 템플릿을 작성하여 보자.

```
template<typename T>
void copy_array(T a[], T b[], int n)
{
    for (int i = 0; i < n; ++i)
        a[i] = b[i];
}
```

### 예제 #2

주어진 배열에서 첫 번째 배열 원소를 반환하는 함수 템플릿을 작성하여 보자.

```
template <typename T>
T get_first(T[] a)
{
    return a[0];
}
```

`get_first()`는 T를 가지고 있으므로 함수 템플릿이다.

**중간점검**

1. 변수의 절대값을 구하는 int abs(int x)를 템플릿 함수로 정의하여 보자.
2. 두수의 합을 계산하는 int add(int a, int b)를 템플릿 함수로 구현하여 보자.
3. displayArray()라는 메소드는 배열을 매개 변수로 받아서 반복 루프를 사용하여서 배열의 원소를 화면에 출력한다. 어떤 타입의 배열도 처리할 수 있도록 제네릭 메소드로 정의하여 보라.

# 14.7 클래스 템플릿

클래스 템플릿(class template)도 함수 템플릿과 비슷하다. 다만 이번에는 함수를 찍어내는 틀이 아니라 클래스를 찍어내는 틀(template)이라는 점만 다르다. 타입만 다르고 비슷한 동작을 수행하는 클래스는 클래스 템플릿으로 제작할 수 있다.

간단한 예제로 하나의 값을 저장하고 있는 Box라고 하는 클래스를 설계하여 보자. 먼저 정수를 저장하는 Box 클래스를 정의하여 보자.

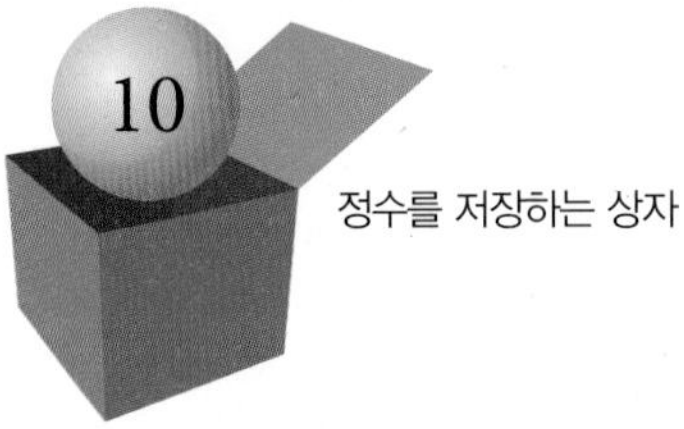


**그림 14.8** Box 클래스

정수는 private로 선언하고 접근자, 설정자 함수를 사용하여서 정수를 외부에서 접근한다.

**box1.cpp**

```
#include <iostream>
using namespace std;

class Box {
   int data;
public:
   Box() { }
   void set(int value) {
      data = value;
   }
   int get() {
      return data;
   }
};

int main()
{
   Box box;
```

```
    box.set(100);
    cout << box.get() << endl;
    return 0;
}
```

**실행결과**

위의 Box 클래스는 오직 정수형 값만을 저장할 수 있다. Box 클래스를 실수나 문자, 또는 객체를 저장하도록 만들 수 있을까? 물론 별도의 클래스로 작성하는 것은 얼마든지 가능하다. 그러나 하나의 클래스를 가지고도 여러 가지 타입에 대하여 사용할 수 있을까? 템플릿 개념을 적용하여서 클래스 템플릿으로 만들면 된다.

Box 클래스에서 저장되는 데이터의 타입을 변수 T로 표시하면 바로 이것이 클래스 템플릿이 된다.

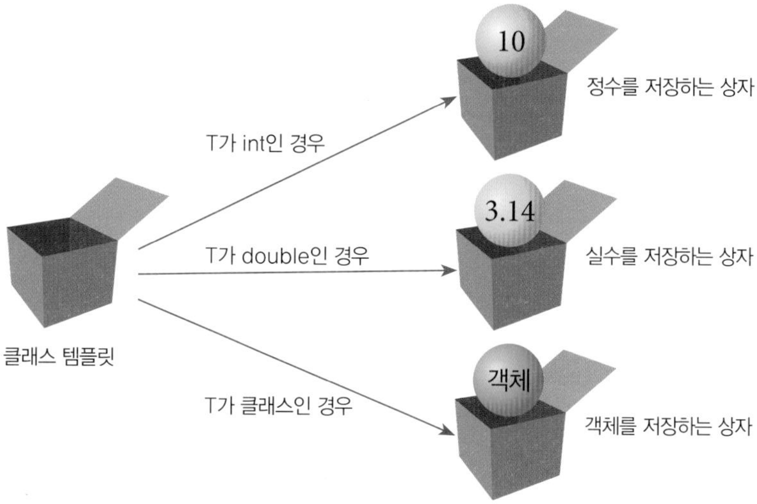


**그림 14.9** 클래스 템플릿

클래스 템플릿은 다음과 같은 형식으로 정의한다.

**문법 13.2 클래스 템플릿**

```
template <typename T>
class 클래스이름
{
    ...// T를 어디서든지 사용할 수 있다.
}
```

여기서 T가 바로 타입을 나타내는 타입 매개 변수이다. 타입 매개 변수는 int, double, char와 같은 기초형이 될 수도 있고 클래스와 같은 사용자 정의형이 될 수도 있다.

정의된 클래스 템플릿을 사용할 때는 클래스 이름 뒤에 <자료형>을 붙이면 된다.

```
Box<int>  box1;
Box<char> box2;
Box<float> box3;
Box<string> box4;
```

클래스 템플릿은 클래스가 아니고 클래스를 생성하는 틀에 불과하기 때문에 구체적 타입이 주어지지 않으면 클래스가 생성되지 않는다. 구체적인 타입이 주어지면 그때에 클래스를 생성하게 된다. 앞에서 하나의 값을 저장하고 있는 Box 클래스를 클래스 템플릿으로 다시 작성하여 보자.

**box2.cpp**

```
#include <iostream>
using namespace std;

template <typename T>
class Box {
   T data; // T는 타입(type)을 나타낸다.
public:
   Box() {   }
   void set(T value) {
      data = value;
   }
   T get() {
      return data;
   }
};

int main()
{
   Box<int> box;
   box.set(100);
   cout << box.get() << endl;

   Box<double> box1;
   box1.set(3.141592);
   cout << box1.get() << endl;

   return 0;
}
```

실행결과

```
C:\Windows\system32\cmd.exe
100
3.14159
계속하려면 아무 키나 누르십시오 . . .
```

### 클래스 외부에 멤버 함수를 정의하는 경우

멤버 함수를 클래스 외부에 정의하는 경우에는 함수 템플릿처럼 함수 정의 앞에 `template<typename ...>`을 써주어야 한다. 멤버 함수를 정의할 때마다 되풀이하여서 써주어야 한다는 점에 주의하자. `Box` 클래스의 모든 멤버 함수를 외부에 정의하면 다음과 같다.

**box3.cpp**

```
template <typename T>
class Box {
   T data; // T는 타입(type)을 나타낸다.
public:
   Box();
   void set(T value);
   T get();
};

template <typename T>
Box<T>::Box() {
}

template <typename T>
void Box<T>::set(T value) {
   data = value;
}

template <typename T>
T Box<T>::get() {
   return data;
}
```

이것은 상당히 번거로운 형식이나 이렇게 하지 않으면 컴파일러가 `T`를 템플릿 매개 변수로 인식하지 못한다. 생성자나 소멸자도 마찬가지로 `template` 문장이 함수 앞에 위치하여야 한다.

### 두개 이상의 타입 매개 변수를 가지는 경우

어떤 클래스에서는 타입 매개 변수가 두개 이상 필요한 경우가 있다. 예를 들어서 서로 타입이 다른 두개의 데이터를 저장하는 `Box2`라는 클래스 템플릿을 작성하여 보자.

그림 14.10 Box2 클래스 템플릿

이 경우에는 타입 매개 변수를 컴마로 분리하여서 template 문장에 지정하면 된다.

**box4.cpp**

```
#include <iostream>
using namespace std;

template <typename T1, typename T2>
class Box2 {

   T1 first_data; // T1은 타입(type)을 나타낸다.
   T2 second_data; // T2는 타입(type)을 나타낸다.

public:
   Box2() {      }
   T1 get_first();
   T2 get_second();
   void set_first(T1 value) {
      first_data = value;
   }
   void set_second(T2 value) {
      second_data = value;
   }
};
template <typename T1, typename T2>
T1 Box2<T1, T2>::get_first() {
   return first_data;
}

template <typename T1, typename T2>
T2 Box2<T1, T2>::get_second() {
   return second_data;
}
int main()
{
```

```
    Box2<int, double> b;
    b.set_first(10);
    b.set_second(3.14);
    cout << "(" << b.get_first() << ", " << b.get_second() << ")" << endl;
    return 0;
}
```

실행결과

```
C:\Windows\system32\cmd.exe
(10, 3.14)
계속하려면 아무 키나 누르십시오 . . .
```

### 클래스 템플릿의 사용

❶ 클래스 템플릿의 매개 변수에도 디폴트값을 부여할 수도 있다. 디폴트값을 부여하는 방법은 다음과 같다.

```
template <typename T=int>
class Box {
    ...
};
```

만약 디폴트값이 부여되어 있다면 다음과 같이 타입 매개 변수를 생략할 수 있다.

```
Box<> box;                  // int형의 Box
```

❷ 클래스 템플릿을 사용하여서 포인터나 레퍼런스도 정의할 수 있다.

```
Box<int> *pbox;             // 포인터
```

❸ 보통 typedef 문장을 이용하여서 간단한 이름으로 만들어서 사용한다. 예를 들면 다음과 같다.

```
typedef Box<int> iBox;
iBox box;
```

❹ 함수의 매개 변수나 반환형으로도 사용이 가능하다.

```
void sub(Box<int>& box);    // 매개 변수
```

❺ 템플릿에서 생성된 클래스로부터 상속하는 것도 가능하다. 다음 문장은 Box<int> 클래스로부터 상속받아서 새로운 클래스를 정의한다.

```
class AdvancedBox : public Box<int> { ... }
```

### 템플릿 사용의 장점

템플릿으로부터 실제로 클래스를 생성하기 전까지는 코드가 생성되지 않는다. 따라서 템플릿은 아무리 많이 있더라도 코드의 크기를 증가시키지 않는다. 따라서 라이브러리를 템플릿 형태로 제공하면 장점이 많다. 라이브러리 안의 템플릿 중에서 사용자가 실제로 타입 매개 변수를 주어서 사용한 템플릿만 코드로 변환된다. 나머지 템플릿은 코드 공간을 차지하지 않는다. C++에서는 STL이라고 하는 템플릿 기반의 라이브러리가 제공되며 이것은 확장성과 실행 속도 면에서 우수하다.

**중간점검**

1. 클래스 템플릿 형태로 라이브러리를 제공하면 어떤 장점이 있는가?
2. 세 개의 데이터를 가지고 있는 Triple라는 클래스를 클래스 템플릿으로 작성하여 보라.

## EXERCISE

**1.** 다음 코드의 실행 결과는?

```
int value = -1;
try {
   if( value < 0 ) throw value;
}
catch(int v) {
   cout << "negative" << endl;
}
```

**2.** 다음과 같은 try 블록에서는 정수형 예외, 문자형 예외가 발생할 수 있다고 하자. 이것을 처리하도록 아래의 코드에 catch 블록을 추가해보자.

```
try {
   // 예외를 발생시키는 코드
}
```

**3.** 발생되는 모든 예외를 다 받아서 처리하려면 catch 블록을 어떻게 작성하여야 하는가?

**4.** 다음 코드를 설명해보자.

```
try {
 // ...
}
catch (int param) { cout << "int exception"; }
catch (char param) { cout << "char exception"; }
catch (...) { cout << "default exception"; }
```

**5.** 어떤 타입의 배열도 받아서 합을 계산하는 함수를 작성해보자. 아래 코드를 참조하고 템플릿을 사용하라.

```
int getSum(int list[], int n)
{
```

```
    int sum = 0;
    for(int i=0; i<n; i++)
        sum += list[i];
    return sum;
}
```

**6.** 다음은 정수형 배열의 요소를 출력하는 `printArray()` 함수이다.

```
void printArray(int data[], int size)
{
    cout << "[ ";
    for(int i=0;i<size; i++){
        cout << data[i] << ", ";
    cout << " ]";
}
```

❶ 매개 변수 정의를 변경하여서 어떤 타입의 배열도 받을 수 있는 템플릿 함수로 변환하여 보라.

❷ `main()` 안에서 다양한 타입의 배열을 정의하여서 `printArray()`를 테스트하라.

**7.** 두 개의 값이 일치하는지를 검사하는 `equal()` 함수를 템플릿을 사용하여 다시 작성해 보자. 어떤 자료형의 값도 받을 수 있도록 하라.

```
bool equal(int x, int y) {
    if( x==y ) return true;
    else false;
}
```

**8.** 두 개의 값 중에서 최소값을 반환하는 함수 `min()`를 템플릿 함수로 작성하여 보라.

❶ 다음의 빈칸을 채워서 템플릿 함수를 완성하라.

```
template<____________ T>
T min(T& x, ______ y)
{
    if( x > y )      return y;
    else     return x;
}
```

❷ 다음과 같은 문장으로 min()를 호출해보자. 문제가 발생하는가?

```
int i = min(5, 6);
double f = min(6.78, 3.52);
double g = min(6, 3.52);
```

❸ 다음과 같은 문장으로 min()를 호출해보자. 문제가 발생하는가?

```
int i = min<int>(5, 6);
double f = min<double>(6.78, 3.52);
double g = min<double>(6, 3.52);
```

## PROGRAMMING EXERCISE

1. 사용자의 나이를 받아서 다시 출력하는 프로그램이 있다. 만약 음수를 입력하면 예외를 발생시켜서 오류 메시지를 출력하는 프로그램을 작성해보자. `try-catch` 블록을 사용한다.

```
C:\Windows\system32\cmd.exe
나이를 입력하시오: -1
오류: 양수를 입력하여야 함
계속하려면 아무 키나 누르십시오 . . .
```

> **Tip** try-catch 구문을 사용하고 나이가 음수이면 throw를 사용하여 예외를 발생시킨다.

2. 인간과 컴퓨터가 대결하는 가위, 바위, 보 게임을 작성해보자. 사용자는 "가위", "바위", "보" 중에 하나만 입력할 수 있다. 그 이외의 문자열이 입력되면 오류 메시지를 출력하는 프로그램을 작성해보자. `try-catch` 블록을 사용한다.

```
C:\Windows\system32\cmd.exe
가위, 바위, 보 게임입니다.
무엇을 내시겠습니까: 주먹
오류: "가위", "바위", "보" 중에서만 선택하세요.
계속하려면 아무 키나 누르십시오 . . .
```

> **Tip** try-catch 구문을 사용하고 기타 문자열이 입력되면 throw를 사용하여 예외를 발생시킨다.

3. 12장에서 작성하였던 "던전 게임"에서는 각종 오류를 전혀 처리하고 있지 않다. 사용자의 입력이 a, s, w, d가 아니면 오류 메시지를 출력하도록 수정하여 본다. `try-catch` 블록을 사용한다. 기타 다른 오류들도 `try-catch` 블록으로 처리해보자.

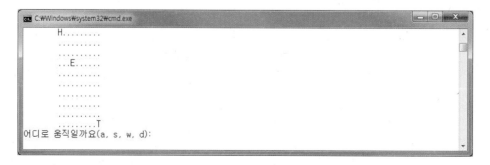

```
C:\Windows\system32\cmd.exe
        H.........
        ..........
        ..........
        ...E......
        ..........
        ..........
        ..........
        ..........
        ..........
        .........T
어디로 움직일까요(a, s, w, d):
```

**Tip** try-catch 구문을 사용하고 허용되지 않는 문자열이 입력되면 throw를 사용하여 예외를 발생시킨다.

4. 배열을 받아서 가장 작은 값을 반환하는 `getSmallest()` 함수를 제네릭을 사용하여 작성해보자. 다음은 `getSmallest()` 함수를 사용하는 예이다.

```
double list[] = { 1.2, 3.3, 9.0, 1.5, 8.7 };
getSmallest(list, 5);
```

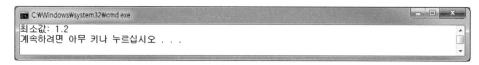

```
C:\Windows\system32\cmd.exe
최소값: 1.2
계속하려면 아무 키나 누르십시오 . . .
```

**Tip** 함수 템플릿을 사용한다.

```
template <class T>
T getSmallest(T arr[], int n){
    ...
}
```

5. 정수나 실수와 같은 다양한 타입의 배열에 대하여 평균을 구하는 `getAverage()` 함수를 템플릿으로 작성하여 보자.

```
double list[] = { 1.2, 3.3, 9.0, 1.5, 8.7 };
double n = getAvergage(list, 5);
```

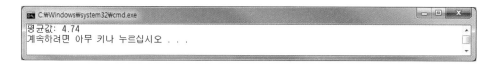

```
C:\Windows\system32\cmd.exe
평균값: 4.74
계속하려면 아무 키나 누르십시오 . . .
```

**Tip** 함수 템플릿을 사용한다.

6. 2개의 배열을 받아서 모든 요소가 동일하면 `true`를 반환하는 `isEqual()` 함수를 템플릿으로 작성하여 보자. 다양한 배열에 대하여 사용될 수 있도록 하라.

```
double list1[] = { 1.2, 3.3, 9.0, 1.5, 8.7 };
double list2[] = { 1.2, 3.3, 9.0, 1.5, 8.7 };
bool check = isEqual(list1, list2, 5);
```

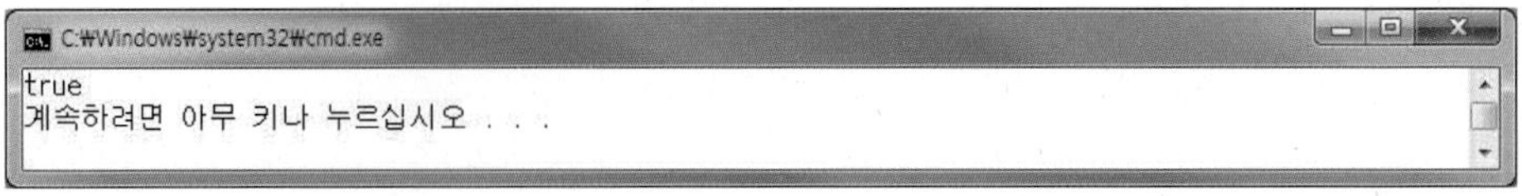


**Tip** 함수 템플릿을 사용한다.

7. 원을 나타내는 `Circle` 클래스에서 원의 중심을 정수(`int`) 또는 실수(`float` 또는 `double`)로 표시하고 싶다. 원의 중심을 나타내는 변수 x와 y의 자료형을 타입 매개 변수로 작성해보자.

```
class Circle
{
    ...
}
...
int main()
{
    Circle<double> circleA(0.0, 0.0, 10.0);
    cout << "면적: " << circleA.area() << endl;
    return 0;
}
```

CHAPTER

# 15 STL과 람다식

## 학습목표

- STL의 개념을 이해하고 사용할 수 있다.
- 람다식을 이해하고 사용할 수 있다.
- 각종 STL 알고리즘을 이해하고 사용할 수 있다.

## 학습목차

STL에서는 어떤 기능을 제공하나요?
객체들을 담을 수 있는 여러 가지 컨테이너와 알고리즘을 제공합니다. 아주 편리한 기능입니다.

# 15.1 이번 장에서 만들어 볼 프로그램

이번 장에서는 STL 알고리즘을 학습하고 실제 문제에 적용해보자. 구체적으로 다음과 같은 프로그램을 작성해보자.

**1.** 영어 사전을 만들어보자.

```
C:\Windows\system32\cmd.exe
단어를 입력하시오: boy
boy의 의미는 소년
단어를 입력하시오: house
house의 의미는 집
단어를 입력하시오: quit
계속하려면 아무 키나 누르십시오 . . .
```

**2.** 리포트 복사를 검사하는 프로그램을 작성해보자.

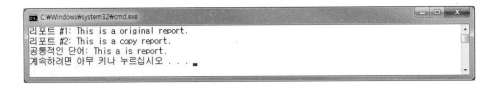

```
C:\Windows\system32\cmd.exe
리포트 #1: This is a original report.
리포트 #2: This is a copy report.
공통적인 단어: This a is report.
계속하려면 아무 키나 누르십시오 . . .
```

**3.** 정수들의 리스트를 STL 알고리즘을 이용하여 정렬해보자.

```
C:\Windows\system32\cmd.exe
3 5 9 12 15 26 33 78 80
3 5 9 12 15 26 33 78 80
계속하려면 아무 키나 누르십시오 . . .
```

# 15.2 표준 템플릿 라이브러리(STL)

STL은 표준 템플릿 라이브러리(Standard Template Library)의 약자로서 많은 프로그래머들이 공통적으로 사용하는 자료 구조와 알고리즘을 구현한 클래스들로 이루어져 있다. STL은 템플릿 기법을 사용하였기 때문에 어떤 자료형에 대해서도 사용할 수 있다.

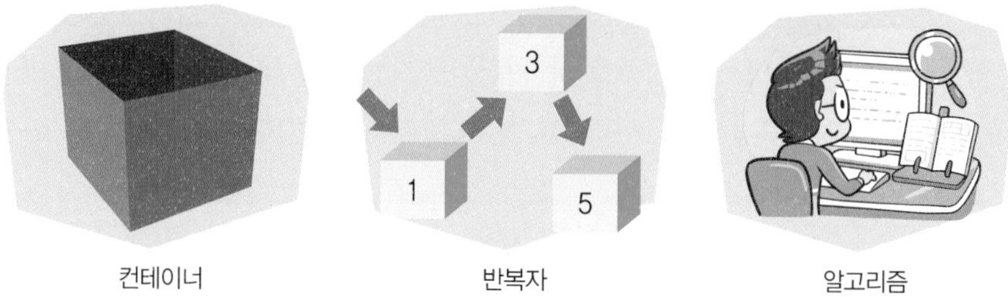


그림 15.1 STL

STL은 3가지 종류의 컴포넌트(컨테이너, 반복자, 알고리즘)를 제공한다.

### 컨테이너

컨테이너는 자료를 저장하는 창고와 같은 역할을 하는 구조이다. 즉 배열이나 연결 리스트, 벡터, 집합, 사전, 트리 등이 여기에 해당한다. 컨테이너는 최대한 일반화 기법을 사용하여 작성되었기 때문에 어떤 자료형도 저장할 수 있다. 예를 들어서 벡터는 문자, 정수, 실수 등 어떤 자료형도 저장할 수 있다.

### 반복자

반복자(iterator)는 컨테이너의 요소를 가리키는 데 사용된다. 반복자는 실제로 컨테이너와 알고리즘 사이의 다리 역할을 한다. 예를 들어 sort() 알고리즘은 시작 반복자와 종료 반복자라는 매개 변수를 가지고 있다. sort() 알고리즘은 반복자를 이용하여 컨테이너의 요소들을 비교하여서 정렬을 수행할 수 있다. 반복자를 사용하면 컨테이너의 유형에 상관없이 동일한 정렬 알고리즘을 적용할 수 있다.

### 알고리즘

우리는 새로운 프로그램을 작성할 때 상당히 많은 알고리즘들이 필요하다. 예를 들어서 게임 프로그램에서는 사용자가 가진 아이템들을 정렬해서 보여주는 기능이 필요하다. 많은 자료 중에서 특별한 자료를 탐색한다던지, 자료를 어떤 기준에 의하여 정렬한다던지, 자료의 순서를 거꾸로 한다든지 하는 많은 알고리즘들이 필요할 수 있다. 이들 알고리즘은 처음부터 새로 만드는 것보다는 누군가가 구현한 오류없는 버전을 사용하는 편이 빠르고 간편하다.

**그림 15.2** 알고리즘의 예

STL은 이런 이유로 컨테이너와 함께 사용되는 많은 알고리즘들을 작성하여서 제공한다. 예를 들어서 sort() 함수를 사용하여 범위 안의 요소들을 정렬하고, 범위 안의 요소들을 검색하는 작업을 binary_search() 함수로 수행할 수 있다. 또 reverse() 함수를 사용하면 범위 안에 있는 요소들을 뒤집을 수 있다. 몇 개의 알고리즘만 살펴보면 다음과 같다.

- 탐색(find): 컨테이너 안에서 특정한 자료를 찾는다.
- 정렬(sort): 자료들을 크기순으로 정렬한다.
- 반전(reverse): 자료들의 순서를 역순으로 한다.
- 삭제(remove): 조건이 만족되는 자료를 삭제한다.
- 변환(transform): 컨테이너의 요소들을 사용자가 제공하는 변환 함수에 따라서 변환한다.

### STL 사용의 장점

1. STL은 프로그래밍에 매우 유용한 수많은 컨테이너와 알고리즘을 제공한다. 예를 들어, C++로 연결 리스트(linked list)를 만드는 것은 노련한 프로그래머라고 하더라도 상당한 시간을 필요로 한다. 하지만 STL에서는 기본으로 연결 리스트가 제공된다. 개발자는 시간과 노력을 절약할 수 있다.

2. STL은 객체 지향 기법과 일반화 프로그래밍 기법을 적용하여서 만들어졌으므로 어떤 자료형에 대해서도 사용할 수 있다. 즉 컨테이너 또는 알고리즘을 어떤 자료형에서도 사용할 수 있다. 예를 들어 정수를 정렬하거나 객체를 정렬할 때도 사용할 수 있다. 즉 자료형마다 정렬 알고리즘을 구현할 필요가 없다.

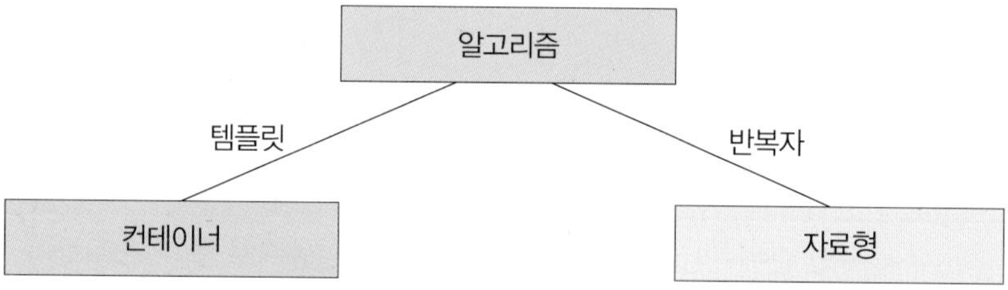


3. STL은 전문가가 만들어서 테스트를 거친 검증된 라이브러리이다. 따라서 버그를 발생시키지 않으므로 안심하고 사용할 수 있다. STL은 표준 라이브러리이기 때문에 어떤 C++ 컴파일러도 지원한다. 따라서 호환성 문제가 없다. 결론적으로 STL을 사용하면 개발 기간을 단축할 수 있고 버그가 없는 프로그램을 쉽게 만들 수 있다.

# 15.3 컨테이너

STL의 컨테이너 라이브러리는 컨테이너를 제공한다. 컨테이너는 데이터들을 저장하는 클래스라고 할 수 있다. 컨테이너는 배열, 리스트, 트리, 연관 배열 등과 같이 복잡한 데이터 구조를 쉽게 구현하는데 도움이 된다. 컨테이너는 템플릿으로 구현되므로 컨테이너가 서로 다른 종류의 객체를 저장하는 데 사용될 수 있다. 다음은 몇 가지 일반적인 컨테이너이다.

- 벡터(vector): 동적 배열처럼 동작한다. 뒤에서 자료들이 추가된다.
- 큐(queue): 데이터가 입력된 순서대로 출력되는 자료 구조
- 스택(stack): 먼저 입력된 데이터가 나중에 출력되는 자료 구조
- 우선 순위큐(priority queue): 큐의 일종으로 큐의 요소들이 우선 순위를 가지고 있고 우선 순위가 높은 요소가 먼저 출력되는 자료 구조
- 리스트(list): 벡터와 유사하지만 중간에서 자료를 추가하는 연산이 효율적이다.
- 집합(set): 중복이 없는 자료들이 정렬되어서 저장된다.
- Map: 키-값(key-value)의 형식으로 저장된다. 키가 제시되면 해당되는 값을 찾을 수 있다.

### 컨테이너의 분류

- 순차 컨테이너: 순차 컨테이너는 이름 그대로 자료를 순차적으로 가지고 있다. 대표적으로 벡터와 리스트(list)를 들 수 있다. 순차적인 컨테이너에서는 자료의 추가는 빠르지만 탐색할 때는 시간이 많이 걸린다.
- 연관 컨테이너: 연관 컨테이너는 사전과 같은 구조를 사용하여서 자료를 저장한다. 연관 컨테이너는 원소들을 검색하기 위한 키(key)를 가지고 있다. 자료들은 정렬되어 있다. 자료의 추가에는 시간이 걸리지만 자료의 탐색은 매우 빠르다. Map이나 집합이 대표적인 연관 컨테이너이다.

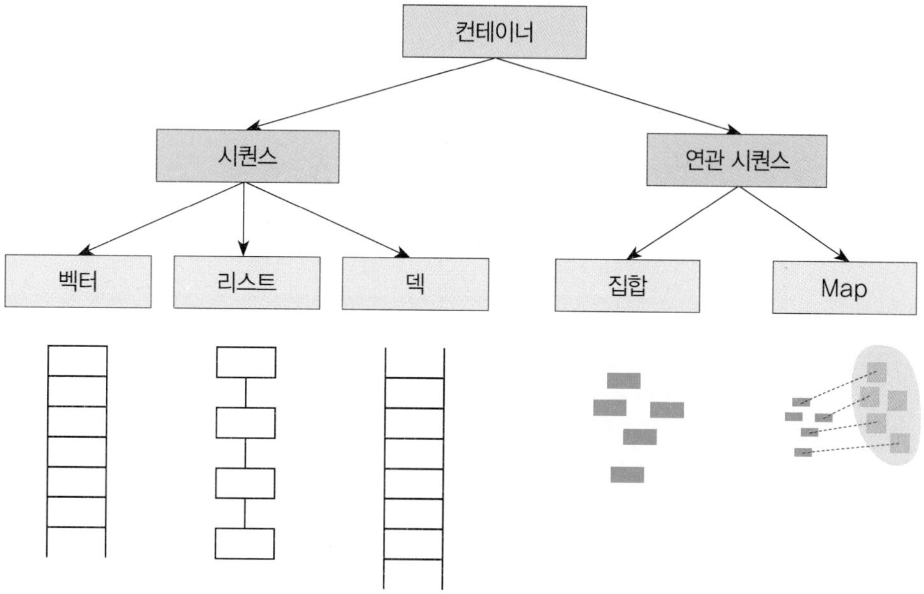


### 컨테이너 예제

우리는 6장에서 벡터라는 컨테이너를 학습한 적이 있다. 아마도 벡터는 가장 중요한 컨테이너 중의 하나이다. 여기서는 리스트 컨테이너를 사용해보자. 리스트 컨테이너도 일반적인 컨테이너로 많은 용도로 사용할 수 있다. 리스트에 난수를 저장하였다가 정렬하여 보자.

**vector.cpp**

```
#include <iostream>
#include <time.h>
#include <list>
using namespace std;

int main()
{
   list<int> values;

   srand(time(NULL));
   for (int i = 0; i < 10; i++) {
      values.push_back(rand()%100);
   }
   values.sort();

   for (auto& e: values){
      std::cout << e << ' ';
```

```
    }
    std::cout << endl;
    return 0;
}
```

**실행결과**

```
C:\Windows\system32\cmd.exe
17 23 27 34 39 41 58 74 97 97
계속하려면 아무 키나 누르십시오 . . .
```

1. 다음과 같은 선언으로 리스트가 생성된다.

```
list<int> values;
```

2. 리스트에 0에서 99사이의 난수를 저장한다. push_back()은 벡터에서와 마찬가지로 컨테이너의 끝에 데이터를 추가하는 함수이다.

```
for (int i = 0; i < 10; i++) {
    values.push_back(rand()%100);
}
```

3. 리스트에 들어 있는 값들을 크기 순으로 정렬한다. sort() 함수는 컨테이너에 들어 있는 값을 정렬한다.

```
values.sort();
```

4. 리스트에 들어 있는 값들을 화면에 출력한다. C11에서 추가된 범위 기반 루프를 사용하는 것이 제일 간편하다.

```
for (auto& e: values){
    std::cout << e << ' ';
}
```

앞으로 컨테이너를 하나씩 살펴보도록 하자. 하지만 그 전에 반복자를 학습하여야 한다.

# 15.4 반복자

컨테이너와 알고리즘을 제대로 사용하려면 **반복자(iterator)를** 올바르게 이해하여야 한다. 우선 왜 반복자라는 개념이 필요한지를 생각하여 보자. 컨테이너에는 요소들이 저장되어 있다. 각 요소들에 접근하려면 어떻게 하여야 하는가?

일단 예전의 방법들을 검토하여 보자. 배열과 비슷한 벡터에서는 인덱스를 사용하여 요소에 접근할 수 있다. 그러나 랜덤 접근을 허용하지 않는 연결 리스트에서는 인덱스는 사용할 수 없고 아마 포인터를 사용하여야 할 것이다. 문제는 컨테이너의 종류에 따라서 요소에 접근하는 방법이 상당히 다르다는 점이다. 따라서 일반적인 방법을 찾아야 한다.

STL을 작성한 사람들은 컨테이너의 종류에 관계없이 요소들에 접근하게 하기 위하여 반복자라는 방식을 제안하였다. 반복자는 컨테이너의 요소를 가리키는 객체이다. 기존의 포인터와 비슷하여서 반복자를 흔히 **일반화된 포인터(generalized pointer)**라고 한다. 반복자를 사용하게 되면 컨테이너의 종류에 상관없이 일관된 방법으로 컨테이너의 요소에 접근할 수 있다.

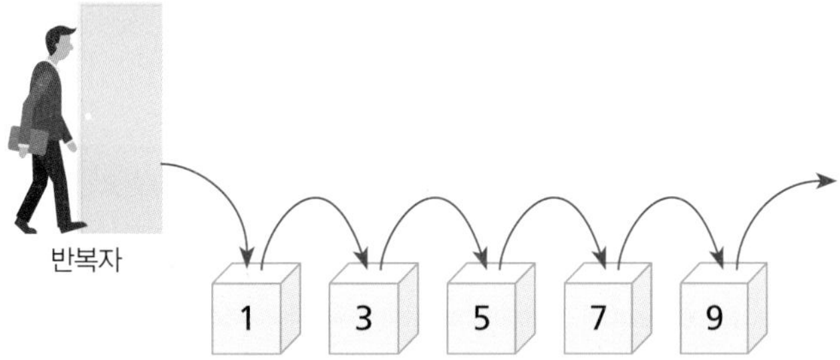


그림 15.3 반복자는 킨테이너에 저장된 요소들을 순치적으로 방문한다

반복자는 어디에 이용되는가? 알고리즘은 컨테이너의 요소에 접근하여서 읽거나 써야 한다. 이때에 반복자가 사용된다. 반복자를 사용하여서 컨테이너의 첫 번째 요소를 가리키게 한 후에 작업을 하고 작업이 끝나면 반복자를 증가하여서 다음 요소를 가리키게 한다. 반복자가 마지막 요소를 벗어나게 되면 작업을 끝내면 된다.

STL의 핵심 개념은 **시퀀스(sequence)**이다. 시퀀스는 어떤 순서를 가지고 있는 일련의 데이터이다. 시퀀스에는 시작과 끝이 있다. 시퀀스는 처음부터 끝까지 순회할 수 있으며 중간 요소 읽기 또는 쓰기가 가능하다. 반복자는 시퀀스의 요소를 식별하는 객체이다. 예를 들어서 begin()과 end()는 반복자로서 시퀀스의 시작과 끝을 식별한다.

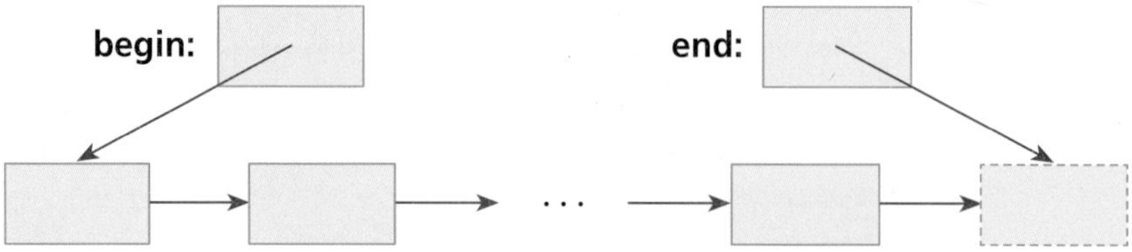


begin()으로 식별되는 요소는 시퀀스의 첫 번째 요소이고 end()는 시퀀스의 끝을 하나 지난 위치를 가리킨다.

반복자에서는 다음과 같은 연산자들을 사용할 수 있다. 반복자는 다음의 연산자가 중복 정의되어 있는 객체라고 생각하면 된다.

- 컨테이너에서 다음 요소를 가리키기 위한 ++ 연산자
- 컨테이너에서 이전 요소를 가리키기 위한 -- 연산자
- 두개의 반복자가 같은 요소를 가리키고 있는 지를 확인하기 위한 ==와 != 연산자
- 반복자가 가리키는 요소의 값을 추출하기 위한 역참조 연산자 *

각 컨테이너는 특별한 위치의 반복자를 얻는 함수를 지원한다.

- v.begin() 함수는 컨테이너 v에서 첫 번째 요소를 반환한다.
- v.end() 함수는 컨테이너 v에서 마지막 요소를 하나 지난 값을 반환한다. v.end()는 마지막 요소가 아니라 컨테이너의 끝을 나타내는 보초값(sentinel)을 반환한다. v.end()가 반환하는 값은 포인터에서의 NULL 값과 같은 의미를 지닌다.

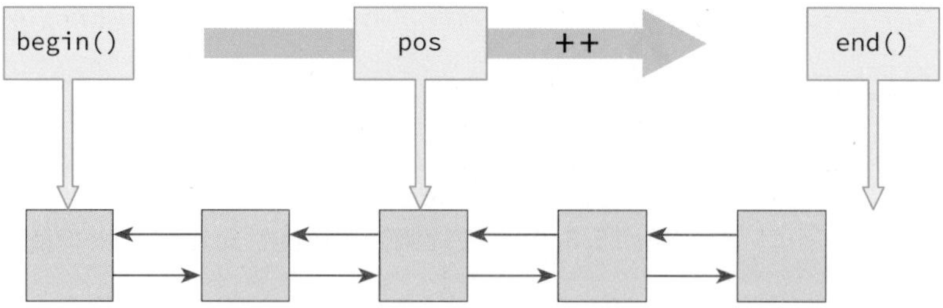


자 그러면 반복자를 사용한 전형적인 문장을 살펴보자. 이것은 예전부터 사용하던 방법이다. 최근 버전에서는 auto 키워드와 범위 기반 루프를 사용하여 훨씬 간단하게 작성할 수 있다. 최신 버전 코드는 잠시 후에 살펴본다.

```
❶ vector<int> vec;                    // 벡터 선언
❷ vector<int>::iterator it;           // 반복자 선언
❸ for(it = vec.begin(); it != c.end(); it++)
❹   cout << *it << " ";               // 반복자를 이용하여서 요소의 값을 추출한다.
```

❶ 벡터 객체를 생성한다.

❷ 위의 문장은 반복자 객체를 정의하는 문장이다. 반복자 타입은 컨테이너 안에 정의되어 있다. 즉 vector<int> 클래스 안에 사용할 수 있는 반복자의 타입이 정의되어 있다는 의미이다. vector<int> 객체에 사용하는 반복자의 타입은 vector<int>::iterator이다. 이 타입을 이용하여서 반복자 객체를 정의하면 된다.

❸ it의 초기값은 vec.begin()에서 얻는다. it는 반복할 때마다 증가되고 it가 vec.end()와 같아지면 컨테이너의 끝에 도달한 것이므로 반복을 종료한다.

❹ it가 가리키는 요소의 값은 *it로 얻을 수 있다. 여기서는 it가 가리키는 값을 콘솔에 출력한다.

반복자는 코드(알고리즘)을 데이터에 연결하는 데 사용된다. 코드 작성자는 반복자에 대해 알고 있지만 반복자가 실제로 데이터에 어떻게 접근하는지에 대해서는 자세히 알지 않으며 데이터 공급자는 데이터가 저장되는 방식에 대한 세부 정보를 표시하지 않고 단순히 사용자에게 반복자를 제공한다. 따라서 반복자는 알고리즘과 컨테이너 사이에 독립성을 제공한다. STL을 작성하였던 Alex Stepanov는 다음과 같이 말하고 있다. "STL 알고리즘과 컨테이너가 잘 작동하는 이유는 서로에 대해 알지 못하기 때문입니다."

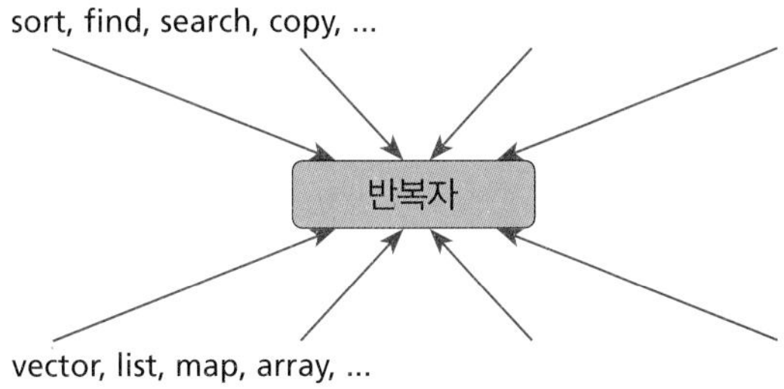


### 반복자의 종류

반복자에는 3가지의 종류가 있다. 예를 들어서 벡터는 무작위 접근 반복자이다.

- 전향 반복자(forward iterator): ++ 연산자만 가능하다.
- 양방향 반복자(bidirectional iterator): ++ 연산자와 -- 연산자가 가능하다.
- 무작위 접근 반복자(random access iterator): ++ 연산자와 -- 연산자, [ ] 연산자가 가능하다.

하지만 최신 버전인 C++11에서는 "범위 기반 루프(range-based loop)" 문법을 도입하면서 반복자를 사용해야 하는 필요성이 크게 감소되었다. 하지만 컨테이너의 중간에 삽입하는 경우에는 반드시 반복자를 사용하여야 한다. 그리고 std 이름 공간 안에 begin()과 end() 함수가 추가되었는데 이들은 컨테이너의 begin() 멤버 함수와 end() 멤버 함수를 호출해주는 기능을 한다.

벡터에서 값을 꺼내서 화면에 출력하는 예제를 이전 방법에서부터 최근 방법까지 작성하여 비교해보자.

### Old C++ 버전

예전의 C++에서는 반복자의 정확한 자료형을 알아야 한다는 점이 가장 귀찮은 점이었다. 아래 코드는 예전 코드이다. 물론 지금도 아래와 같이 작성하지 못할 이유는 없지만 반복자의 자료형이 너무 복잡하다.

**iterator1.cpp**

```
#include <iostream>
#include <vector>
using namespace std;

int main()
{
   vector<int> v;
   v.push_back(1);
   v.push_back(2);
   v.push_back(3);

   for (vector<int>::iterator p = v.begin(); p != v.end(); ++p)
      cout << *p << endl;
   return 0;
}
```

실행결과

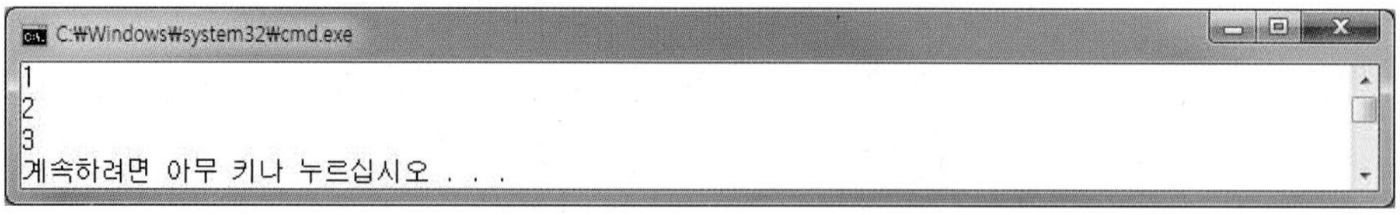

C:\Windows\system32\cmd.exe
1
2
3
계속하려면 아무 키나 누르십시오 . . .


### C++14 버전 #1

최신 버전의 C++에서는 반복자의 정확한 데이터 구조를 몰라도 auto 키워드를 사용하면 반복이 가능하다. auto 키워드는 초기값을 주면서 변수를 정의하는 경우에는 항상 사용할 수 있다.

**iterator2.cpp**

```
#include <iostream>
#include <vector>
using namespace std;

int main()
{
   vector<int> v;
   v.push_back(1);
   v.push_back(2);
   v.push_back(3);

   for (auto p = v.begin(); p != v.end(); ++p)
      cout << *p << endl;
   return 0;
}
```

## C++14 버전 #2

"범위 기반의 루프(range-based loop)"를 사용하여 작성하면 다음과 같다.

**iterator3.cpp**

```
#include <iostream>
#include <vector>
using namespace std;

int main()
{
   vector<int> v;
   v.push_back(1);
   v.push_back(2);
   v.push_back(3);

   for (auto& n : v )
      cout << n << endl;
   return 0;
}
```

앞에서도 이야기했지만 컨테이너의 모든 요소를 출력하는 것은 "범위 기반의 루프(range-based loop)"로 쉽게 할 수 있지만, 컨테이너의 중간에 insert()를 이용하여 데이터를 삽입하거나 erase()로 삭제하려면 아무래도 반복자가 있어야 한다.

**중간점검**

1. vec.begin()이 반환하는 값은 무엇인가?
2. vec.end()가 반환하는 값은 무엇인가?
3. 만약 it가 반복자라면 *it는 무엇인가?

# 15.5 컨테이너의 공통 멤버 함수

컨테이너는 데이터들을 저장하는 클래스라고 할 수 있다. 컨테이너에는 배열, 리스트, 트리, 연관 배열 등이 속한다. 여기서 모든 컨테이너가 공통으로 지원하는 멤버 함수들을 살펴보고 지나가자. 다음 표에 정리하였다. 여러분은 이들 함수들을 어떤 컨테이너에 대해서도 사용할 수 있다.

| 함수 | 설명 |
|---|---|
| Container() | 기본 생성자 |
| Container(size) | 크기가 size인 컨테이너 생성 |
| Container(size, value) | 크기가 size이고 초기값이 value인 컨테이너 생성 |
| Container(iterator, iterator) | 다른 컨테이너로부터 초기값의 범위를 받아서 생성 |
| begin() | 첫 번째 요소의 반복자 위치 |
| clear() | 모든 요소를 삭제 |
| empty() | 비어있는지를 검사 |
| end() | 반복자가 마지막 요소를 지난 위치 |
| erase(iterator) | 컨테이너의 중간 요소를 삭제 |
| erase(iterator, iterator) | 컨테이너의 지정된 범위를 삭제 |
| front() | 컨테이너의 첫 번째 요소 반환 |
| insert(iterator, value) | 컨테이너의 중간에 value를 삽입 |
| pop_back() | 컨테이너의 마지막 요소를 삭제 |
| push_back(value) | 컨테이너의 끝에 데이터를 추가 |
| rbegin() | 끝을 나타내는 역반복자 |
| rend() | 역반복자가 처음을 지난 위치 |
| size() | 컨테이너의 크기 |
| operator=(Container) | 대입 연산자의 중복 정의 |

이들 멤버 함수들은 모든 컨테이너에 의하여 지원되기 때문에 컨테이너의 종류에 상관없이 사용할 수 있다. 예를 들어서 컨테이너에 들어 있는 숫자 중에서 3의 배수만을 골라서 삭제하는 코드는 컨테이너의 종류와 상관없이 항상 다음과 같을 것이다.

```
it = container.begin();
while(it != container.end() )
{
   if( ( *it % 3 ) == 0 )
```

```
        it = container.erase(it);
    else
        it++;
}
```

erase()는 현재 요소를 삭제하고 다음 요소의 위치를 반환한다. 따라서 이 반환값을 다시 반복자에 넣으면 반복자가 다음 요소를 가리키게 된다.

여기서 container와 it는 다음과 같이 벡터로 정의될 수 있다.

```
vector<int> container(10);
vector<int>::iterator it;
```

또는 덱을 사용하여서 다음과 같이 정의하는 것도 가능하다. 덱은 다음에 설명된다.

```
deque<int> container(10);
deque<int>::iterator it;
```

또는 리스트를 사용하여서 다음과 같이 정의하는 것도 가능하다. 리스트는 뒤에 설명된다.

```
list<int> container(10);
list<int>::iterator it;
```

# 15.6 벡터

벡터는 아주 중요한 자료 구조여서 우리는 이미 6장에서 학습한 바 있다. 이번 장에서 벡터에 대하여 간단히 복습을 하였다. 자세한 내용은 6장을 참조하기 바란다.

# 15.7 덱

덱(deque)은 'double-ended queue'의 약자이다. 덱은 양방향으로 커질 수 있도록 구현된 동적 배열이다. 덱과 벡터가 다른 점은 덱의 경우, 전단과 후단에서 모두 요소를 추가하고 삭제하는 것을 허용한다는 점이다. 덱의 끝과 시작 부분에 요소를 추가하는 것이 빠르다. 하지만 중간에 요소를 추가하려면 요소를 이동해야 하므로 시간이 걸린다. 덱은 다음과 같이 나타낼 수 있다.

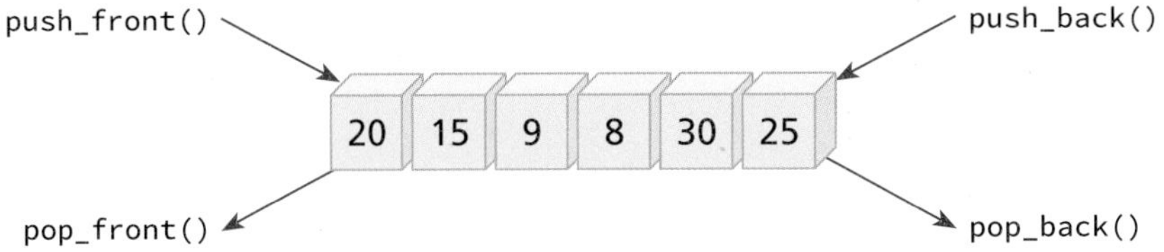


그림 15.4 덱

**deque.cpp**

```
#include <iostream>
#include <deque>
using namespace std;

int main()
{
   deque<int> dq = { 1, 2, 3, 4, 5, 6, 7, 8, 9, 10 };

   dq.pop_front();                // 앞에서 삭제
   dq.push_back(11);              // 끝에서 추가
   for (auto& n : dq)
      cout << n << " ";
   cout << endl;

   return 0;
}
```

**실행결과**

## 예제 #1

덱은 실제 애플리케이션에서 어떤 용도로 사용될까? 예를 들어서 웹브라우저의 히스토리 기능을 생각해보자. 가장 최근에 방문한 웹사이트는 첫 부분에 추가된다. 시간이 많이 경과한 사이트의 방문 기록은 끝에서 삭제되어야 한다. 이때 덱을 사용하면 적격이다. 또 애플리케이션의 “undo” 리스트를 저장할 때도 사용할 수 있다. 운영 체제의 작업 스케줄링 알고리즘에서도 덱을 사용한다.

**deque1.cpp**

```
#include <iostream>
#include <string>
#include <deque>
using namespace std;

int main()
{
   deque<string> dq = { "naver", "daum", "cnn", "yahoo", "google" };

   dq.push_front("infinity");            // 앞에서 추가
   dq.pop_back();                        // 끝에서 삭제
   for (auto& e : dq)
      cout << e << " ";
   cout << endl;

   return 0;
}
```

**실행결과**

```
C:\Windows\system32\cmd.exe
infinity naver daum cnn yahoo
계속하려면 아무 키나 누르십시오 . . .
```

# 15.8 리스트

리스트(list)는 외부에서 보면 벡터와 완전히 동일하다. 벡터와 마찬가지로 순차적인 데이터를 저장한다. 벡터를 리스트로 대체하는 것도 가능하다. 하지만 벡터와 리스트는 내부 구조가 다르다. 리스트 컨테이너는 이중 연결 리스트로 구현된다. 이중 연결 리스트는 중간 위치에서 삽입이나 삭제가 빈번한 경우에 효율적인 자료 구조이다. 이중 연결 리스트에서는 모든 노드가 앞 노드와 뒤 노드를 가리키는 포인터를 동시에 가지고 있다. 따라서 반복자를 이용하여서 양방향으로 이동하는 것이 가능하다.

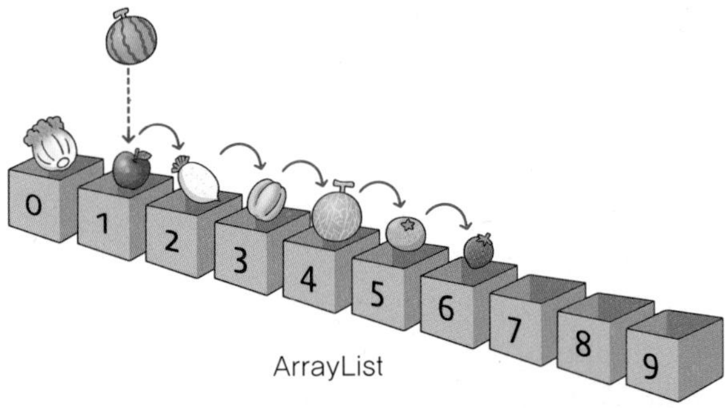


**그림 15.5** 배열의 중간에 삽입하려면 원소들을 이동하여야 한다.

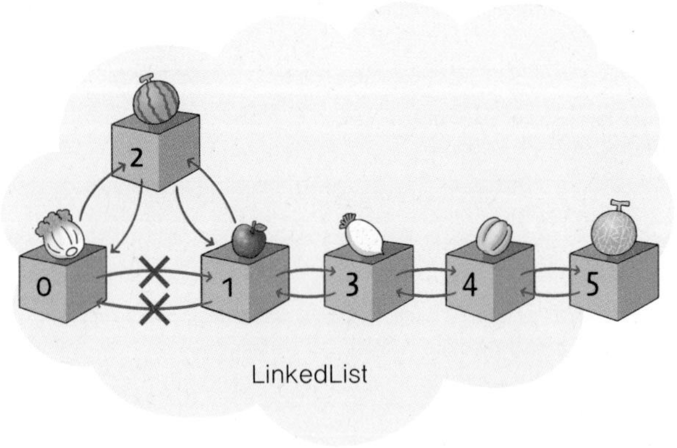


**그림 15.6** 연결 리스트 중간에 삽입하려면 링크만 수정하면 된다.

만약 삽입이나 삭제가 양 끝단에서만 빈번하게 발행한다면 덱(deque)을 사용하는 것이 유리하다. list 클래스는 순차 컨테이너 클래스들이 가지고 있는 공통 멤버 함수에 추가로 push_front(), pop_front(), remove(), unique(), merge(), reverse(), sort(), splice() 등을 가지고 있다.

### 벡터와 리스트의 차이점

- 벡터에서는 임의 접근이 가능하지만 리스트에서는 불가능하다. 리스트는 [] 연산자를 지원하지 않으며 리스트에서 어떤 요소에 접근하려면 첫 번째 요소부터 순차적으로 이동하여야 한다. 따라서 임의 접근 반복자를 필요로 하는 `binary_search()`와 같은 알고리즘은 적용할 수 없다.
- 벡터에서는 중간 위치에 삽입이나 삭제를 하려면 뒤의 요소들을 이동하여야 하므로 시간이 오래 걸린다. 반면에 리스트에서는 앞 노드의 링크만 조작하면 되므로 매우 효율적으로 삽입이나 삭제할 수 있다.
- 리스트에서는 각 데이터마다 링크를 저장하여야 하므로 기억 공간은 더 많이 차지한다. 반면에 벡터는 데이터만이 저장되므로 크기가 더 작다.

### 리스트의 중간에 자료 추가하기

리스트가 다른 컨테이너와 다른 점은 리스트의 중간 위치에 자료를 효율적으로 추가할 수 있다는 점이다. 중간에 자료를 추가하려면 `insert()` 멤버 함수를 사용하여야 한다.

**list1.cpp**

```cpp
#include <iostream>
#include <list>
using namespace std;

int main()
{
   list<int> my_list={ 10, 20, 30, 40 };

   auto it = my_list.begin();
   it++;
   it++;
   my_list.insert(it, 25);
   for (auto& n : li)
      cout << n << " ";
   cout << endl;
   return 0;
}
```

**실행결과**

```
C:\Windows\system32\cmd.exe
10 20 25 30 40
계속하려면 아무 키나 누르십시오 . . .
```

연결 리스트는 우리가 자료 구조 시간에 학습하는 중요한 자료 구조 중의 하나이다. 연결 리스트는 다음과 같은 경우에 많이 사용된다.

- 운영 체제에서 동적 메모리를 관리할 때 사용된다.
- 희소 행렬(Sparse Matrix)을 표현할 때 사용된다.
- 덱(deque)이나 스택, 큐와 같은 다른 자료 구조를 구현할 때 기초 자료 구조로 사용된다.
- 텍스트 에디터도 내부적으로 컨텐츠를 저장할 때 연결 리스트를 사용한다. 텍스트 파일의 중간에서 문자가 입력될 수 있기 때문이다.

### 예제 #1

우리가 사용자가 수정할 수 있는 메뉴 시스템을 구현하고 있다고 하자. 메뉴는 문자열들로 되어 있고 중간에 다른 메뉴가 추가될 수 있다. “view” 메뉴와 “help” 메뉴 중간에 “tools” 메뉴를 추가해보자. 탐색 알고리즘인 find()를 이용하여 “view”의 위치를 찾은 후에 insert()를 사용한다.

**list2.cpp**

```cpp
#include <iostream>
#include <algorithm>
#include <list>
#include <string>
using namespace std;

int main()
{
   list<string> my_list = { "file", "edit", "view", "help" };

   auto it = find(my_list.begin(), my_list.end(), "view");
   my_list.insert(++it, "tools");

   for (auto& n : my_list)
      cout << n << " ";
   cout << endl;
   return 0;
}
```

**실행결과**

```
C:\Windows\system32\cmd.exe
file edit view tools help
계속하려면 아무 키나 누르십시오 . . .
```

# 15.9 집합

앞에서 학습한 벡터나 리스트에는 자료 사이에 순서가 존재한다. 하지만 만약 순서에는 상관없이 자료만 저장하고 싶은 경우도 존재한다. 이때 사용할 수 있는 구조가 집합(set)과 다중집합(multi-set)이다. 집합에 저장된 자료를 키(key)라고 한다. 집합(set)은 동일한 키를 중복해서 가질 수 없다. 즉 A = { 1, 2, 3, 4, 5 }는 집합이지만 B = { 1, 1, 2, 2, 3 }은 집합이 아니다.

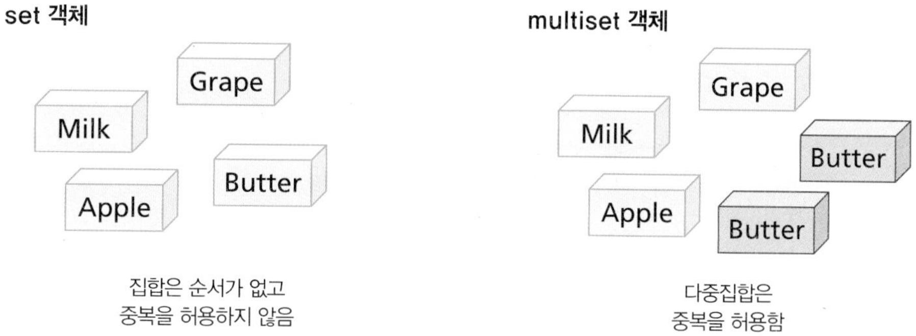


그림 15.7 집합과 다중집합

STL에 포함된 set 클래스는 템플릿을 사용하여서 집합을 정의한 것이다. 집합에는 정수 또는 문자열, 클래스 객체도 포함할 수 있다. 집합에 자료를 추가하려면 멤버 함수 insert()를 사용하면 된다. 집합에서 어떤 값을 삭제하려면 erase() 멤버 함수를 사용한다. erase()는 키를 받아서 연관된 값을 삭제한다.

```
my_set.erase(key);
```

또는 반복자를 사용하여서 해당되는 요소를 삭제하여도 된다.

```
my_set.erase(iterator);
```

set이나 map 같은 연관 컨테이너들은 모두 find()라고 하는 탐색 함수를 가지고 있다. find()는 키(key)를 매개 변수로 받아서 연관된 값(value)을 반환한다.

간단하게 집합을 생성하고 몇 가지 연산을 적용해보자.

**set1.cpp**

```
#include <iostream>
#include <set>
```

```cpp
using namespace std;

int main()
{
    set<int> my_set;

    my_set.insert(1);
    my_set.insert(2);
    my_set.insert(3);

    auto pos = my_set.find(2);
    if (pos != my_set.end())
        cout << "값 " << *pos << "가 발견되었음" << endl;
    else
        cout << "값이 발견되지 않았음" << endl;

    return 0;
}
```

**실행결과**

```
C:\Windows\system32\cmd.exe
값 2가 발견되었음
계속하려면 아무 키나 누르십시오 . . .
```

LAB

# 리포트 복사 검사 프로그램

요즘 대학에서는 학생들이 제출한 리포트가 다른 리포트를 복사하였는지를 검사하는 프로그램을 구입한다. C++를 이용하여 리포트들의 단어를 서로 비교하여서 단어가 얼마나 일치하는지를 출력하는 프로그램을 작성해보자.

```
C:\Windows\system32\cmd.exe
리포트 #1: This is a original report.
리포트 #2: This is a copy report.
공통적인 단어: This a is report.
계속하려면 아무 키나 누르십시오 . . .
```

일단 어떤 자료구조를 사용해야 할까? 필자의 생각에도 set을 사용해야 할 거 같지만 set에는 아직 intersection() 함수가 구현되어 있지 않다(boost 버전에는 이미 존재하고 표준에는 2020년도 버전에나 포함된다고 한다). 현재는 이런 용도로 vector를 사용하고 있다. 2개의 벡터에서 공통부분을 찾으려면 다음과 같이 한다.

```
// 먼저 정렬을 해야 한다.
sort(v1.begin(), v1.end());
sort(v2.begin(), v2.end());

// 알고리즘에 있는 set_intersection()을 사용한다.
vector<string> common;
set_intersection(v1.begin(), v1.end(),
   v2.begin(), v2.end(),
   back_inserter(common));
```

텍스트 파일에서 리포트를 읽어서 단어로 분리하는 과정은 다음과 같다. 14장 파일처리에서 학습한 바 있다.

```
ifstream is1( "report1.txt", ios::in );

for (string s; is1 >> s; ) {
   v1.push_back(s);
   cout << s << " ";
}
```

SOLUTION

# 리포트 복사 검사 프로그램

report_check.cpp

```
#include <iostream>
#include <vector>
#include <algorithm>
#include <iterator>
#include <sstream>
#include <string>
#include <set>
using namespace std;

int main()
{
   string report1 = "This is a original report.";
   string report2 = "This is a copy report.";

   vector<string> v1;
   vector<string> v2;

   // 첫 번째 리포트를 단어로 분리하는 과정
   istringstream iss1(report1);
   for (string s; iss1 >> s; )
      v1.push_back(s);

   // 두 번째 리포트를 단어로 분리하는 과정
   istringstream iss2(report2);
   for (string s; iss2 >> s; )
      v2.push_back(s);

   sort(v1.begin(), v1.end());
   sort(v2.begin(), v2.end());

   vector<string> common;
   set_intersection(v1.begin(), v1.end(),
      v2.begin(), v2.end(),
      back_inserter(common));

   cout << "report1=" << report1 << endl;
   cout << "report2=" << report2 << endl << endl;

```

```
    cout << "공통적인 단어: ";
    for (string e : common)
       cout << e << ' ';
    cout << endl;
    return 0;
}
```

**도전문제**

두 개의 파일이 서로 일치하는지 비교하는 프로그램을 작성해보자. 위의 프로그램을 참조한다.

# 15.10 Map

Map은 많은 데이터 중에서 원하는 데이터를 빠르게 찾을 수 있는 자료 구조이다. Map은 사전과 같은 자료 구조이다. 사전처럼 단어가 있고(이것을 키(key)라고 부른다) 이것에 대한 설명(이것을 값(value)라고 부른다)이 있다. Map은 중복된 키를 가질 수 없다. 각 키는 오직 하나의 값에만 매핑될 수 있다. 키가 제시되면 Map은 값을 반환한다. 예를 들어서 학생에 대한 정보를 Map에 저장할 수 있다. 여기서 키는 이름이고 값은 전화번호가 될 것이다.

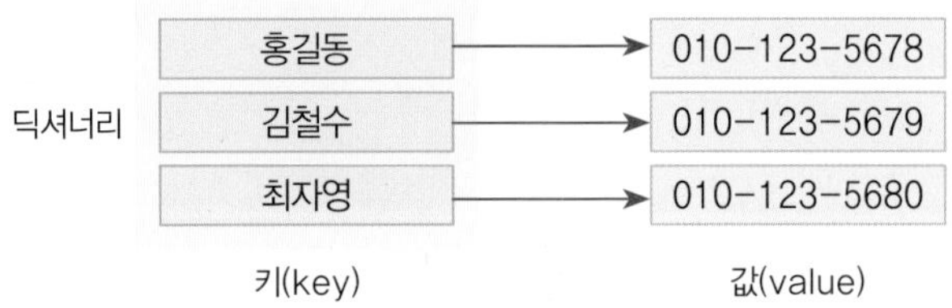


Map도 상당히 자주 사용되는 중요한 자료구조이다. Map의 객체를 생성하기 위해서는 두 가지의 타입을 명시하여야 한다. 하나는 키(key)를 위한 타입이고 또 하나는 값(value)을 위한 타입이다. Map의 장점은 탐색을 쉽게 할 수 있다는 점이다. 예를 들어서 문자열과 문자열을 저장하려면 다음과 같이 Map을 정의한다.

```
map<string, string> myMap;
```

Map에 데이터를 저장하는 방법은 여러 가지가 있지만 다음과 같이 [] 연산자를 사용하는 것이 제일 간편하다. insert()를 사용해도 된다.

```
myMap["최자영"] = "010-123-5680";
```

Map에서 어떤 자료를 찾을 때도 [] 연산자를 사용하는 것이 제일 쉽다. find()를 사용하여도 된다.

```
cout << myMap["최자영"] << endl;
```

예를 들어서 학생들의 이름을 키(key)로 하여서 연락처(전화번호)를 저장하는 프로그램을 다음과 같다.

**map1.cpp**

```
#include <iostream>
```

```
#include <map>
#include <string>
#include <iterator>
using namespace std;

int main()
{
    map<string, string> myMap;

    myMap.insert(make_pair("김철수", "010-123-5678"));
    myMap.insert(make_pair("홍길동", "010-123-5679"));

    myMap["최자영"] = "010-123-5680";

    // 모든 요소 출력
    for(auto& it : myMap){
        cout << it.first << " :: " << it.second << endl;
    }
    if (myMap.find("김영희") == myMap.end())
        cout << "단어 '김영희'는 발견되지 않았습니다. " << endl;
    return 0;
}
```

**실행결과**

```
C:\Windows\system32\cmd.exe
김철수 :: 010-123-5678
최자영 :: 010-123-5680
홍길동 :: 010-123-5679
단어 '김영희'는 발견되지 않았습니다.
계속하려면 아무 키나 누르십시오 . . .
```

LAB

# 영어 사전 구현

Map을 가지고 영어 사전을 구현해보자. 사용자로부터 단어를 받아서 단어의 설명을 출력한다.

```
C:\Windows\system32\cmd.exe
단어를 입력하시오: boy
boy의 의미는 소년
단어를 입력하시오: house
house의 의미는 집
단어를 입력하시오: quit
계속하려면 아무 키나 누르십시오 . . .
```

한영사전은 영어단어와 한글로 된 설명을 저장하여야 하므로 map<string, string> 형태로 정의된다.

```
map<string, string> dic;
```

Map을 이용하여서 영어 사전을 제작하여 보자. 먼저 Map에 자료를 추가하는 방법은 insert() 함수를 사용할 수도 있지만 가장 편리한 방법은 인덱스 연산자 [ ]를 사용하여서 추가하는 방법이다. 단어는 [ ] 연산자를 이용하여 Map에 추가되었으며 사용자로부터 단어를 받아서 역시 [ ] 연산자를 이용하여 Map에서 단어를 찾아서 단어의 설명을 화면에 출력한다.

```
dic["house"] = "집";
```

만약 house라는 단어가 아직 등록이 되어 있지 않다면 자동적으로 등록이 된다. Map에서 탐색하는 방법도 find()를 사용할 수도 있지만 등록할 때와 마찬가지로 인덱스 연산자를 사용하는 것이 제일 쉽다.

## SOLUTION 영어 사전 구현

dic.cpp

```
#include <iostream>
#include <string>
#include <map>
using namespace std;

int main()
{
   map<string, string> dic;
   dic["boy"] = "소년";
   dic["school"] = "학교";
   dic["office"] = "직장";
   dic["house"] = "집";
   dic["morning"] = "아침";
   dic["evening"] = "저녁";

   string word;
   while (true) {
      cout << "단어를 입력하시오: ";
      cin >> word;
      if (word == "quit") break;
      string meaning = dic[word];
      if (meaning != "")
         cout << word << "의 의미는 " << meaning << endl;
   }
   return 0;
}
```

# LAB 단어 빈도 계산하기

Map을 이용하여서 사용자로부터 문장을 받아들이고 각 단어가 나오는 빈도를 계산하는 프로그램을 작성하여 보자.

```
C:\Windows\system32\cmd.exe
문장을 입력하시오(종료는 Ctrl-Z): the good the bad the brave the ugly
^Z
bad : 1
brave : 1
good : 1
the : 4
ugly : 2
계속하려면 아무 키나 누르십시오 . . .
```

table을 Map의 객체로 정의한다. table은 string 타입의 키와 int 타입의 연관된 정수를 가진다.

```
map<string, int> table;
```

반복 루프를 돌면서 사용자로부터 단어를 입력받는다. 만약 사용자가 Ctrl-Z를 입력하면 반복을 중단한다.

```
while (true) {
    cin >> s;
    table[s]++;
    if (cin.eof()) break;
}
```

Map에는 [ ] 연산자가 중복정의되어 있어서 s가 주어지면 s에 연관되어 있는 정수를 찾는다. 연관된 정수를 증가한다. 연관된 정수는 즉 단어가 나타나는 빈도일 것이다. 만약 Map에 저장되지 않은 키값이 들어오면 자동적으로 그 키를 가지는 새로운 요소를 생성한다. 이 과정에서 단어 빈도를 나타내는 정수값은 0으로 초기화된다.

실제로 Map에 들어 있는 요소들은 모두 pair 타입이다. pair는 두개의 요소로 되어 있는 타입이다. 첫번째 요소 first에는 키가 저장되고 두번째 요소 second에는 값이 저장된다. 따라서 iter->first는 키값을, iter->second는 값을 나타낸다.

SOLUTION

# 단어 빈도 계산하기

word_freq.cpp

```
#include <iostream>
#include <string>
#include <map>
using namespace std;

int main()
{
   map<string, int> table;
   string s;

   cout << "문장을 입력하시오(종료는 Ctrl-Z): ";
   while (true) {
      cin >> s;
      table[s]++;
      if (cin.eof()) break;
   }
   for (auto& iter = table.begin(); iter != table.end(); iter++) {
      cout << iter->first << " : " << iter->second << endl;
   }
   return 0;
}
```

# 15.11 컨테이너 어댑터

컨테이너 어댑터(container adapter) 클래스는 이미 존재하는 컨테이너를 변경하여서 새로운 기능을 제공하는 클래스이다. 즉 기존의 컨테이너의 기능을 그대로 이용하면서 새로운 기능이나 인터페이스를 제공하는 것이다. 컨테이너 어댑터에는 스택, 큐, 우선 순위 큐 등이 있다.

### 스택

스택은 늦게 들어온 데이터들이 먼저 나가는 약간은 특이한 기능을 가지고 있는 자료 구조이다. 이것을 후입 선출(LIFO: last-in first-out)이라고 한다. 스택은 컴퓨터에서는 없어서는 안 될 중요한 자료 구조이다. 함수 호출이 스택을 사용하여 이루어진다. 함수가 호출되고 복귀할 때 바로 스택에 저장된 순서대로 복귀하는 것이다.

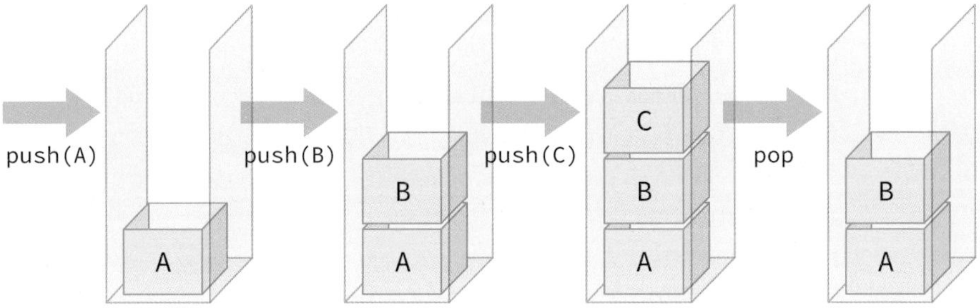


스택을 구현하기 위해서는 선형적인 자료 구조만 있으면 된다. 즉 배열이나 연결 리스트를 이용하여서 스택을 작성할 수 있다. 스택에서는 중간에서 데이터를 추가하거나 삭제하는 기능은 필요없다. 따라서 기존에 존재하는 순차 컨테이너를 이용하면 쉽게 만들 수 있다. 오히려 이들 순차 컨테이너의 기능이 너무 많아서 기능을 제약해야만 스택을 구현할 수 있다.

스택을 생성하려면 다음과 같이 스택에 저장할 타입만 템플릿 인자로 지정하면 된다.스택은 벡터, 리스트, 데크 등을 사용하여서 구현될 수 있다. 디폴트는 데크를 이용한다.

```
stack<int> st;          // 정수를 저장하는 스택
stack<string> st;       // 문자열을 저장하는 스택
```

만약 스택을 구현하는데 사용되는 기반 컨테이너를 변경하고 싶으면 다음과 같이 생성자에 두 번째 인자를 주면 된다.

```
stack<string, vector<string> > st; // 벡터를 사용하여 스택을 구현한다.
```

스택에서는 다음과 같은 함수들이 제공된다. 이중에서 가장 중요한 연산은 push()와 pop()이다. push()는 스택의 상단에 데이터를 집어 넣는 연산이다. pop()은 스택의 상단에서 데이터를 꺼내는 연산이다.

| 함수 | 설명 |
|---|---|
| void push(const value_type& v) | 스택에 v를 삽입한다. |
| void pop() | 스택의 상단 원소를 삭제한다. |
| value_type& top() const | 스택의 상단 원소를 반환한다. |
| bool empty() const | 스택이 공백이면 true를 복귀한다. |
| size_type size() const | 스택에 있는 원소의 개수를 반환한다. |

**stack.cpp**

```cpp
#include <iostream>
#include <stack>
#include <string>
using namespace std;

int main()
{
   stack<string> st;
   string sayings[3] =
   { "The grass is greener on the other side of the fence",
      "Even the greatest make mistakes",
      "To see is to believe" };

   for (auto& s : sayings)
      st.push(s);
   while (!st.empty()) {
      cout << st.top() << endl;
      st.pop();
   }
   return 0;
}
```

**실행결과**

```
C:\Windows\system32\cmd.exe
To see is to believe
Even the greatest make mistakes
The grass is greener on the other side of the fence
계속하려면 아무 키나 누르십시오 . . .
```

## 큐

큐(queue)는 먼저 들어온 데이터들이 먼저 나가는 자료 구조이다. 이것을 선입 선출(FIFO: first-in first-out)이라고 한다. 주로 큐는 데이터를 처리하기 전에 잠시 저장하고 있는 용도로 사용된다. 모든 전자 제품에 존재하는 버퍼가 바로 이 큐를 이용하여서 구현된다. 큐는 후단(tail)에서 데이터를 추가하고 전단(head)에서 데이터를 삭제한다. 큐에서도 스택과 마찬가지로 중간에서 데이터를 추가하거나 삭제할 수 없다.

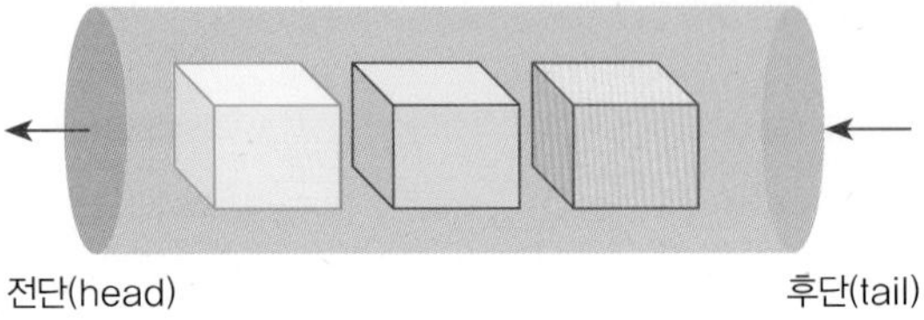


**그림 15.8 큐**

큐를 생성하려면 다음과 같이 큐에 저장할 타입만 템플릿 인자로 지정하면 된다. 큐는 스택과 아주 유사하다. 큐도 리스트, 데크 등을 사용하여서 구현될 수 있다. 디폴트는 데크를 이용한다.

```
queue<int> qu;       // 정수를 저장하는 큐
queue<string> qu;    // 문자열을 저장하는 큐
```

큐에서는 다음과 같은 함수들이 제공된다.

| 함수 | 설명 |
|---|---|
| void push(const value_type& v) | 큐의 끝에 v를 삽입한다. |
| void pop() | 큐의 첫 번째 원소를 삭제한다. |
| value_type& front() const | 큐의 첫 번째 원소를 반환한다. |
| value_type& back() const | 큐의 마지막 원소를 반환한다. |
| bool empty() const | 큐가 공백이면 true를 반환한다. |
| size_type size() const | 큐의 원소 개수를 반환한다. |

**queue.cpp**

```
#include <iostream>
#include <queue>
#include <string>
using namespace std;

int main()
{
    queue<int> qu;
```

```
    qu.push(100);
    qu.push(200);
    qu.push(300);
    while (!qu.empty()) {
        cout << qu.front() << endl;
        qu.pop();
    }
    return 0;
}
```

실행결과

### 우선 순위큐

우선 순위큐는 큐와 아주 비슷하지만 원소들이 우선 순위를 가지고 있다. 원소들은 들어온 순서와는 상관없이 우선 순위가 높은 원소가 먼저 나가게 된다. 우선 순위큐는 히프(heap)라고 하는 자료 구조를 내부적으로 사용한다. 우선 순위큐의 가장 대표적인 예는 작업 스케쥴링(job scheduling)이다. 각 작업은 우선 순위를 가지고 있고 가장 높은 우선 순위의 작업이 큐에서 먼저 추출되어서 시작된다.

그림 15.9 우선 순위큐

우선 순위 큐도 생성하려면 다음과 같이 큐에 저장할 타입만 템플릿 인자로 지정하면 된다.

```
priority_queue<int> pq;          // 정수를 저장하는 우선 순위 큐
priority_queue<string> pq;       // 문자열을 저장하는 큐
```

**pqueue.cpp**

```cpp
#include <iostream>
#include <queue>
#include <string>
using namespace std;

int main()
{
    priority_queue<int> pq;
    pq.push(100);
    pq.push(200);
    pq.push(300);
    while (!pq.empty()) {
        cout << pq.top() << endl;
        pq.pop();
    }
    return 0;
}
```

**실행결과**

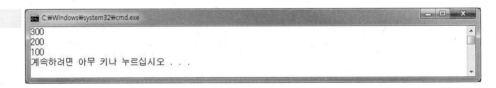

```
C:₩Windows₩system32₩cmd.exe
300
200
100
계속하려면 아무 키나 누르십시오 . . .
```

실행 결과를 보면 300이 가장 먼저 추출되는 것을 볼 수 있다. 디폴트로 값이 크면 우선 순위가 높다고 간주된다.

# 15.12 STL 알고리즘의 소개

탐색(searching), 정렬(sorting), 개수세기(counting)과 같은 일반적인 알고리즘은 프로그램에서 널리 사용된다. STL은 이러한 문제들을 해결하기 위하여 템플릿 기반의 함수들을 제공한다. 이들 알고리즘은 거의 모든 컨테이너에 대하여 같은 방식으로 동작한다. 템플릿을 사용하여서 일반화 프로그래밍을 적용하고 있는 것이다.

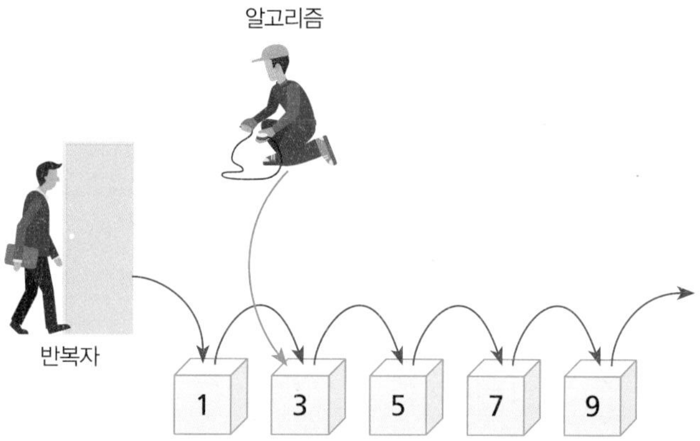


**그림 15.10** STL 알고리즘은 반복자를 통하여 컨테이너에 접근하여 작업을 한다.

STL 알고리즘은 일반적으로 반복자를 사용하여 주어진 타입으로 생성된 컨테이너에 접근한다. 반복자는 알고리즘과 컨테이너를 연결하는 역할을 한다. 이 라이브러리를 사용하는 코드는 프로그래머가 직접 작성한 코드와 비교하여도 효율성에 있어서 손색이 없다. 이들 알고리즘을 사용하려면 <algorithm> 헤더 파일을 포함하면 된다.

STL 알고리즘은 상당히 많기 때문에 이 책에서 전부 다룰 수는 없다. 가장 많이 사용되는 알고리즘을 예제 위주로 살펴보자. STL 알고리즘을 크게 나누면 컨테이너가 변경되지 않는 불변경 알고리즘과 컨테이너를 변경시키는 변경 알고리즘으로 나눌 수 있다.

**표 15.1** 불변경 알고리즘

| 분류 | 알고리즘 | 설명 |
|---|---|---|
| 개수 알고리즘 | count() | 주어진 값과 일치하는 요소들의 개수를 센다. |
| | count_if() | 주어진 조건에 맞는 요소들의 개수를 센다. |
| 탐색 알고리즘 | search() | 주어진 값과 일치하는 첫번째 요소를 반환한다. |
| | search_n() | 주어진 값과 일치하는 n개의 요소를 반환한다. |
| | find() | 주어진 값과 일치하는 첫번째 요소를 반환한다. |
| | find_if() | 주어진 조건에 일치하는 첫번째 요소를 반환한다. |
| | find_end() | 주어진 조건에 일치하는 마지막 요소를 반환한다. |
| | binary_search() | 정렬된 컨테이너에 대하여 이진 탐색을 수행한다. |
| 비교 알고리즘 | equal() | 두개의 요소가 같은지 비교한다. |
| | mismatch() | 두개의 컨테이너를 비교하여서 일치하지 않는 첫번째 요소를 반환한다. |
| | lexicographical_compare() | 두개의 순차 컨테이너를 비교하여서 사전적으로 어떤 컨테이너가 작은지를 반환한다. |

**표 15.2** 변경 알고리즘

| 분류 | 알고리즘 | 설명 |
|---|---|---|
| 초기화 알고리즘 | fill() | 지정된 범위의 모든 요소를 지정된 값으로 채운다. |
| | generate() | 지정된 함수의 반환값을 할당한다. |
| 변경 알고리즘 | for_each() | 지정된 범위의 모든 요소에 대하여 연산을 수행한다. |
| | transform() | 지정된 범위의 모든 요소에 대하여 함수를 적용한다. |
| 복사 알고리즘 | copy() | 하나의 구간을 다른 구간으로 복사한다. |
| 삭제 알고리즘 | remove() | 지정된 구간에서 지정된 값을 가지는 요소들을 삭제한다. |
| | unique() | 구간에서 중복된 요소들을 삭제한다. |
| 대치 알고리즘 | replace() | 지정된 구간에서 요소가 지정된 값과 일치하면 대치값으로 바꾼다. |
| 정렬 알고리즘 | sort() | 지정된 정렬 기준에 따라서 구간의 요소들을 정렬한다. |
| 분할 알고리즘 | partition() | 지정된 구간의 요소들을 조건에 따라서 두개의 집합으로 나눈다. |

**중간점검**

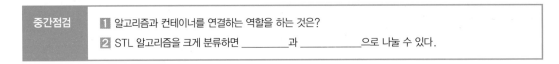

1 알고리즘과 컨테이너를 연결하는 역할을 하는 것은?

2 STL 알고리즘을 크게 분류하면 ________과 __________으로 나눌 수 있다.

# 15.13 많이 사용되는 알고리즘

## find()와 find_if() 함수

컨테이너에서 무엇을 찾으려면 find() 알고리즘을 사용할 수 있다. 반복자로 탐색 구간을 지정한다.

**find.cpp**

```
#include <iostream>
#include <vector>
#include <algorithm>
#include <string>
using namespace std;

int main()
{
   vector<string> vec = { "사과", "토마토", "배", "수박", "키위" };

   auto it = find(vec.begin(), vec.end(), "수박");
   if (it != vec.end())
      cout << "수박이 " << distance(vec.begin(), it) << "에 있습니다."
                                                            << endl;
   return 0;
}
```

실행결과

```
C:\Windows\system32\cmd.exe
수박이 3에 있습니다.
계속하려면 아무 키나 누르십시오 . . .
```

반환된 위치가 vec.end()라면 실패한 것이다. vec.end()가 아니면 distance() 함수를 이용하여서 "수박"이 위치한 요소의 인덱스 값을 추출한다.

find_if()는 주어진 함수 f를 사용하여서 [s, e) 구간에서 조건을 만족하는 요소를 찾는다. 구간의 요소 elem에 대해 func(elem) 함수를 호출하여 true가 반환되면 그것의 위치를 반환한다.

**find_if.cpp**

```
#include <iostream>
#include <vector>
```

```cpp
#include <algorithm>
#include <string>
using namespace std;

// 문자열 s가 "김"을 포함하면 true를 반환
bool checkKim(string s)
{
   if (s.find("김") != string::npos)
      return true;
   else
      return false;
}

int main()
{
   vector<string> vec = { "김철수", "박문수", "강감찬", "김유신", "이순신" };

   auto it = vec.begin();
   while (true) {
      it = find_if(it, vec.end(), checkKim);
      if (it == vec.end())        // 탐색 실패
         break;
      cout << "위치 " << distance(vec.begin(), it) <<
         "에서 " << *it << "를 탐색하였음" << endl;
      it++;
   }
   return 0;
}
```

실행결과

```
C:\Windows\system32\cmd.exe
위치 0에서 김철수를 탐색하였음
위치 3에서 김유신를 탐색하였음
계속하려면 아무 키나 누르십시오 . . .
```

## count() 함수

count()는 주어진 값과 일치하는 요소의 개수를 세는 함수이다. 구체적으로 count()는 지정된 구간에서 value와 일치하는 요소의 개수를 반환한다. count_if()는 지정된 구간에서 func()을 참으로 만드는 요소의 개수를 반환한다. count_if()를 이용하여서 정수가 저장된 벡터에서 짝수를 찾는 프로그램을 작성하여 보자.

**count.cpp**

```cpp
#include <iostream>
#include <vector>
#include <algorithm>
using namespace std;

template <typename T>
bool is_even(const T& num)
{
   return (num % 2) == 0;
}

int main()
{
   vector<int> vec;
   for (int i = 0; i<10; i++)
      vec.push_back(i);

   size_t n = count_if(vec.begin(), vec.end(), is_even<int>);
   cout << "값이 짝수인 요소의 개수: " << n << endl;
   return 0;
}
```

**실행결과**

```
C:\Windows\system32\cmd.exe
값이 짝수인 요소의 개수: 5
계속하려면 아무 키나 누르십시오 . . .
```

count_if()는 is_even()이라는 함수를 이용하여서 조건을 검사한다. is_even()은 요소가 짝수인지를 검사하는 함수이다.

## binary_search() 함수

탐색이란 리스트 안에서 원하는 원소를 찾는 것이다. 만약 리스트가 정렬되어 있지 않다면 처음부터 모든 원소를 방문할 수밖에 없다(선형 탐색). 하지만 리스트가 정렬되어 있다면 중간에 있는 원소와 먼저 비교하는 것이 좋다(이진 탐색). 정렬된 리스트에서 만약 찾고자 하는 원소가 중간 원소보다 크면 찾고자 하는 원소는 뒷부분에 있고 반대이면 앞부분에 있다. 이런 식으로 하여서 문제의 크기를 반으로 줄일 수 있다. 예를 들어서 1024개의 원소가 있는 리스트라면 최대 10번만 비교하면 원하는 원소를 찾을 수 있다. 만약 선형 탐색을 하였다면 평균 512번의 비교가 필요하다.

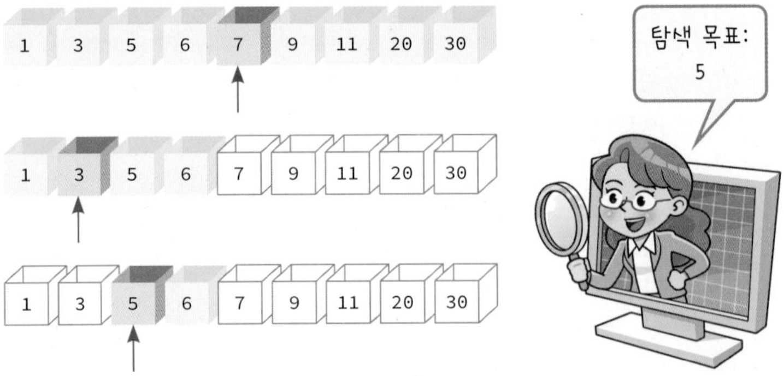


그림 15.11 이진 탐색의 개념

STL에서 binary_serach()는 이진 탐색을 구현한다. 다음과 같은 형식을 사용한다.

**binary_search.cpp**

```
#include <iostream>
#include <vector>
#include <algorithm>
#include <string>

using namespace std;

bool comp(string s1, string s2) {
   return (s1 == s2);
}

int main(void) {
   vector<string> v = { "one", "two", "three" };
   bool result;

   result = binary_search(v.begin(), v.end(), "two", comp);
   if (result == true)
      cout << "문자열 \"two\" 은 벡터 안에 있음." << endl;
   return 0;
}
```

**실행결과**

```
C:\Windows\system32\cmd.exe
문자열 "two" 은 벡터 안에 있음.
계속하려면 아무 키나 누르십시오 . . .
```

**중간점검**

1. 벡터 vec에서 특정한 값을 탐색하는 경우에 사용할 수 있는 알고리즘은?
2. 특정한 값을 가지는 요소들의 개수를 세려면 어떤 알고리즘을 사용하는가?

## copy()와 reverse() 함수

copy()는 컨테이너의 원소들을 복사한다. reverse()는 컨테이너의 모든 요소들을 역순으로 배치한다.

**copy.cpp**

```
#include <iostream>
#include <vector>
#include <algorithm>

using namespace std;

int main(void) {
   vector<int> v1 = { 1, 2, 3, 4, 5 };
   vector<int> v2(5);

   copy(v1.begin(), v1.end(), v2.begin());

   for (auto it = v2.begin(); it != v2.end(); ++it)
      cout << *it << " ";

   return 0;
}
```

실행결과

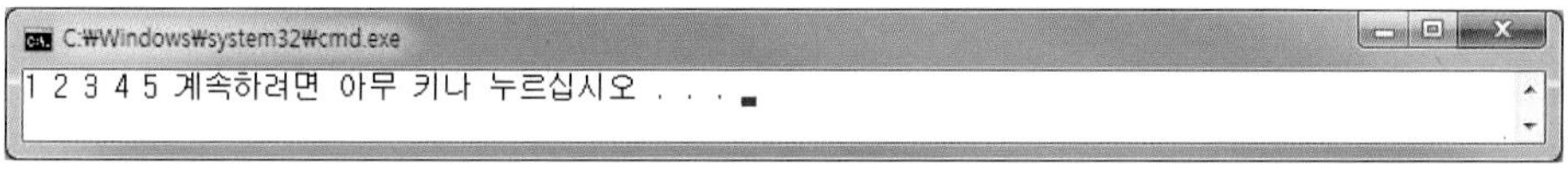


## for_each() 함수

함수 for_each()는 컨테이너의 요소에 대하여 func()를 호출한다. 함수 func()는 요소를 변경할 수도 있다.

**for_each.cpp**

```
#include <iostream>
#include <vector>
#include <algorithm>
using namespace std;

void printEven(int n) {
   if (n % 2 == 0)
      cout << n << ' ';
}
```

```

int main(void) {
    vector<int> v = { 1, 2, 3, 4, 5, 6, 7, 8, 9, 10 };

    for_each(v.begin(), v.end(), printEven);
    cout << endl;
    return 0;
}
```

**실행결과**

```
C:\Windows\system32\cmd.exe
2 4 6 8 10
계속하려면 아무 키나 누르십시오 . . .
```

### sort() 함수

정렬은 가장 중요한 컴퓨터 알고리즘이라고 하여도 과언이 아니다. 정렬은 데이터를 어떤 기준에 의하여 순서대로 나열하는 것이다. 정렬 알고리즘에는 퀵정렬, 합병 정렬, 히프 정렬 등의 다양한 방법이 존재한다. STL에서 정렬은 속도가 비교적 빠르고 안정성이 보장되는 합병 정렬을 이용한다. 합병 정렬은 시간 복잡도가 O(nlog(n))이며 특히 거의 정렬된 리스트에 대해서는 상당히 빠르다.

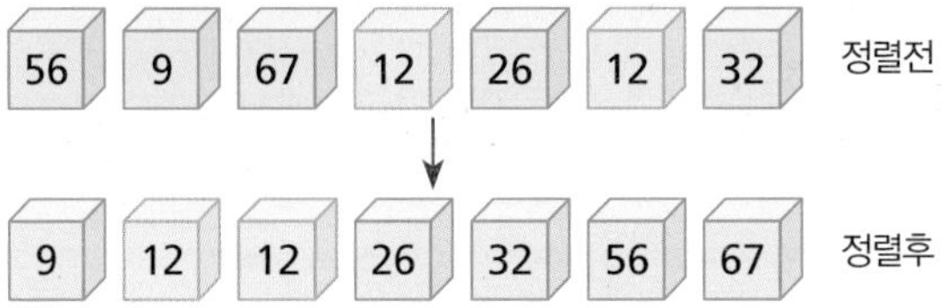


그림 15.12 안정된 정렬

STL은 구간의 요소들을 정렬하기 위한 많은 알고리즘을 제공한다. 또 전체를 정렬하는 알고리즘뿐만 아니라 부분적인 정렬을 실행하는 알고리즘도 제공한다. 사실 정렬을 하는 대신에 자동적으로 정렬이 되는 연관 컨테이너를 사용할 수도 있다. 하지만 모든 요소들을 한번 정렬하는 것이 매번 정렬 상태를 유지하려고 하는 것보다 빠르다.

**sort.cpp**

```
#include <iostream>
#include <algorithm>
#include <vector>
using namespace std;

bool function(int i, int j) {
    return (i<j);
```

```cpp
}

int main()
{
    vector<int> list = { 9, 12, 33, 78, 15, 5, 3, 80, 26 };

    sort(list.begin(), list.end());
    for (auto& e : list)
        cout << e << " ";
    cout << endl;

    random_shuffle(list.begin(), list.end());

    sort(list.begin(), list.end(), function);
    for (auto& e : list)
        cout << e << " ";
    cout << endl;

    return 0;
}
```

〈 연산자를 이용하여 컨테이너의 요소를 정렬한다.

컨테이너의 요소를 다시 섞는 함수이다.

function()을 사용하여 컨테이너의 요소를 정렬한다.

**실행결과**

```
C:\Windows\system32\cmd.exe
3 5 9 12 15 26 33 78 80
3 5 9 12 15 26 33 78 80
계속하려면 아무 키나 누르십시오 . . .
```

**중간점검**

1 컨테이너의 각각의 요소를 제곱하고 싶으면 어떤 알고리즘 함수를 사용하여야 하는가?

# 15.14 람다식

**람다식(lambda expression)**은 나중에 실행될 목적으로 다른 곳에 전달될 수 있는 함수 객체이다. 람다식은 이름이 없는 함수라고 할 수 있다. 우리가 람다식을 사용하는 이유는 간결함 때문이다. 람다식을 이용하면 함수가 필요한 곳에 간단히 함수를 보낼 수 있다. 특히 함수가 딱 한번만 사용되고 함수의 길이가 짧은 경우에 유용하다.

C++에서 함수는 정식 객체(일급 객체)가 아니다. 따라서 함수를 독립적으로 정의할 수 있는 방법이 없었다. 또 함수를 다른 함수의 인수로 전달하거나 함수 몸체를 반환할 수 있는 방법이 없었다.

하지만 함수형 프로그래밍 언어에서는 함수가 아주 중요시 된다. 함수형 프로그래밍 언어에서는 함수가 객체로 존재할 수 있다. 함수를 변수에 할당할 수 있으며 다른 함수의 인수로 함수를 전달 수 있다. 람다식은 함수형 프로그래밍을 C++에 도입한 것이다.

람다식은 함수를 객체로
취급할 수 있는 기능입니다.

## 람다식이란?

C++에서 람다식은 다음과 같은 구문을 사용하여 작성된다.

**문법 14.1** 람다식 정의

```
[  ] (arg1, arg2...) 반환형 { body }
```

간단하게 매개 변수 x와 y를 전달받아서 x+Y를 계산하여 반환하는 함수를 람다식으로 정의하면 다음과 같다.

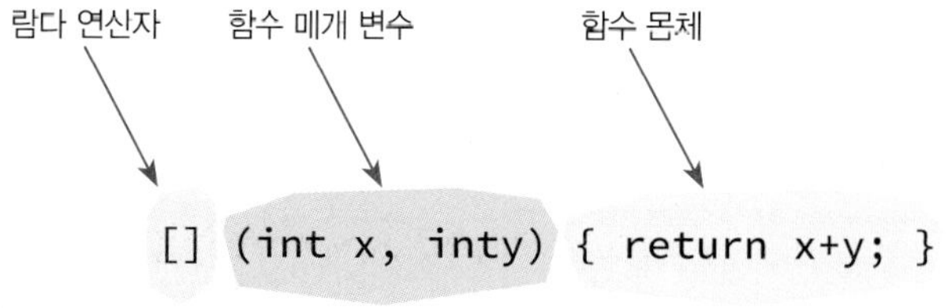


위의 람다식을 호출하는 코드를 작성하면 다음과 같다.

**lambda.cpp**

```
#include <iostream>
using namespace std;

int main()
{
   auto sum = [](int x, int y) { return x + y; };
   cout << sum(1, 2) << endl;
   cout << sum(10, 20) << endl;
   return 0;
}
```

**실행결과**

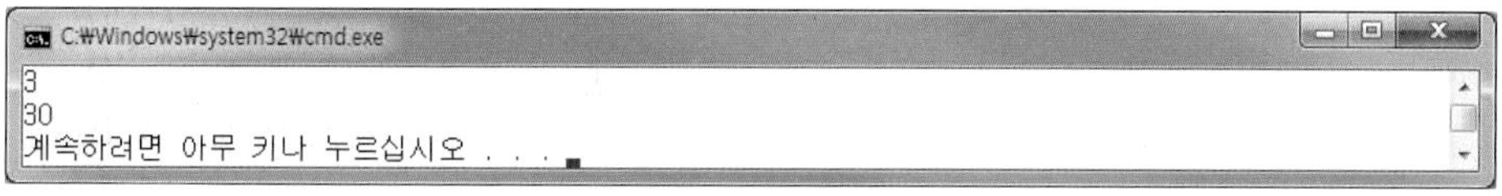


람다식을 사용하면 함수를 사용하려는 장소에서 바로 함수를 작성할 수 있다. 함수가 딱 한 번만 사용되고 메서드 정의가 짧은 경우에 특히 유용하다. 클래스 안에서 별도의 함수를 선언하고 작성하는 수고를 덜어주는 것이다.

람다식은 STL 알고리즘에서 많이 사용된다. 예를 들어서 count_if()를 사용하여 정수들을 저장하고 있는 벡터에서 5보다 큰 정수의 개수를 계산하려면 다음과 같이 작성해야 한다.

**lambda1.cpp**

```
#include <iostream>
#include <algorithm>
#include <vector>
using namespace std;

bool is_greater_than_5(int value)
{
   return (value > 5);
}
```

```
int main()
{
   vector<int> numbers{ 1, 2, 3, 4, 5, 6, 7, 8, 9, 10 };
   auto count = count_if(numbers.begin(), numbers.end(),
                                                    is_greater_than_5);

   cout << "5보다 큰 정수들의 개수: "      << count << endl;
   return 0;
}
```

실행결과

```
5보다 큰 정수들의 개수: 5
계속하려면 아무 키나 누르십시오 . . .
```

이것을 람다식으로 작성하면 다음과 같다.

**lambda2.cpp**

```
#include <iostream>
#include <algorithm>
#include <vector>
using namespace std;

int main()
{
   vector<int> numbers = { 1, 2, 3, 4, 5, 6, 7, 8, 9, 10 };
   auto count = count_if(numbers.begin(), numbers.end(), [](int x)
                                              { return (x > 5); });
   cout << "5보다 큰 정수들의 개수: " << count << endl;
   return 0;
}
```

람다식을 사용하는 편이 훨씬 간결하다.

## EXERCISE

1. STL가 정의된 이름 공간은?

2. 다음 코드에서 잘못된 점은 무엇인가?

```
vector<double> values(10);
for(int i = 0; i <= 10 ; i++)
   values[i] = i * i;
```

3. 2번 코드를 auto 키워드와 범위-기반 루프로 다시 작성해보자.

4. double형의 벡터를 매개 변수로 받아서 평균을 구하는 함수를 작성하여 보자. 다음 코드의 빈칸을 채워라.

```
double getAverage(vector<double> values)
{
   double sum = 0;
   for(auto& _________ : ___________)
      sum = sum + ____________;
   return sum / values._________;
}
```

5. Employee 타입을 저장하고 있는 벡터를 매개 변수로 받아서 각 직원들의 월급을 rate 만큼 올려주는 함수를 작성하여 보자. Employee 클래스는 salary(double형)와 name(문자열)을 멤버 변수로 가지고 있다고 가정하자.

```
void raiseSalary(______________________)
{
   for(__________________________________)
      ________________________________;
}
```

6. string 형의 key값과 int형의 value값을 가지는 Map의 처음부터 시작하여 Map의 끝까지 반복하면서 key값과 value값을 출력하는 반복 루프를 작성하라. 반복자를 사용하라.

```
map<string, int> table;
_____________________ iter = table.begin();
while( iter != table.end() )
{
   pair<string, int> element = _____________;
   cout << "key: " << pair.first << ", value:" << ____________ << endl;
   _________________;
}
```

**7.** 벡터를 sort()로 정렬하는 문장을 완성하여 보시오.

```
vector<int> v { 9, 1, 3, 5, 6, 10, 2 };
sort(_____________, ____________);
```

**8.** 다음과 같은 함수를 람다식으로 바꿔보자.

```
void print_it (int i)
{
   cout << ":" << i << ":";
}
```

**9.** 정수형 매개 변수 x 와 정수형 매개 변수 y를 받아서 (x+y)를 계산하여 반환하는 함수를 람다식으로 정의해보자.

**10.** 다음 코드의 실행 결과는?

```
auto func = [](int a, int b) -> int { return a*b; };
cout << func(2, 3) << endl;
```

## PROGRAMMING EXERCISE

1. STL에서 제공되는 컨테이너(예를 들어 벡터)를 사용하여서 사용자로부터 정수를 입력 받아서 컨테이너에 저장하고 입력된 정수들의 평균을 계산하는 프로그램을 작성하라. 어떤 컨테이너를 사용해도 좋다. 사용자가 음수를 입력하면 프로그램을 종료한다. 범위 기반 루프를 사용한다.

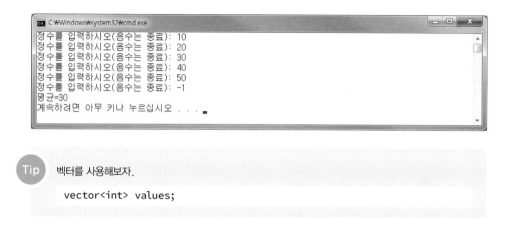

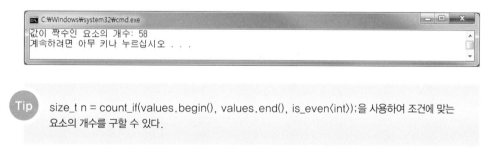

**Tip** 벡터를 사용해보자.

```
vector<int> values;
```

2. 크기가 100인 벡터를 0부터 99까지의 난수로 채우고 STL 알고리즘을 이용하여서 짝수의 개수를 구하는 프로그램을 작성하시오. 람다식을 사용해도 좋다.

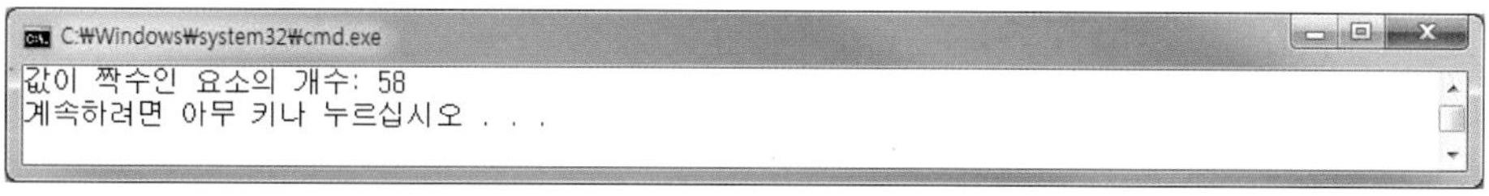


**Tip** size_t n = count_if(values.begin(), values.end(), is_even<int>);을 사용하여 조건에 맞는 요소의 개수를 구할 수 있다.

3. 본문에 나온 영어 사전 프로그램을 확장하여서 사용자가 영어 단어를 추가할 수 있도록 하라. 아래와 같은 메뉴 시스템을 구현하라.

```
C:\Windows\system32\cmd.exe
==============================================
단어 추가 : 1, 단어 테스트 : 2, 종료 : 3
==============================================
하나를 선택하세요 : 1
추가할 단어: book
추가할 의미: 책
==============================================
단어 추가 : 1, 단어 테스트 : 2, 종료 : 3
==============================================
하나를 선택하세요 :
```

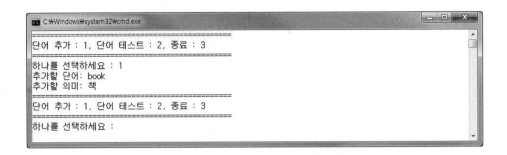

**Tip** Map을 사용한다. dic[word] = meaning;과 같이 단어를 추가할 수 있다.

4. 본문에 나온 영어 사전 프로그램을 확장하여서 영어 퀴즈 프로그램을 변경해보자. 영어 사전에 저장된 단어들의 리스트는 별도의 배열에 들어 있다고 가정하자.

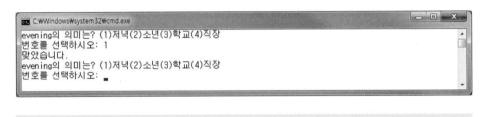

```
C:\Windows\system32\cmd.exe
evening의 의미는? (1)저녁(2)소년(3)학교(4)직장
번호를 선택하시오: 1
맞았습니다.
evening의 의미는? (1)저녁(2)소년(3)학교(4)직장
번호를 선택하시오:
```

**Tip** 난수를 발생하여서 단어를 고른다. 단어의 정답을 적절하게 배치한다.

5. 학생들의 정보를 저장하고 검색할 수 있는 프로그램을 작성하여 보자. 학생들의 정보는 `Student` 클래스로 표현된다. `Student` 클래스는 학생의 이름, 주소, 학번, 전화 번호 등의 정보를 멤버 변수로 가진다. 적절한 접근자와 설정자를 추가하라. 학생들의 정보를 추가하고 검색하는 간단한 메뉴 시스템도 구현한다. 검색은 학생의 이름으로만 할 수 있다. 어떤 컨테이너와 알고리즘을 사용하여도 좋다.

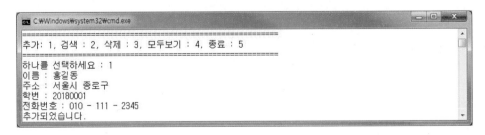

```
C:\Windows\system32\cmd.exe
============================================================
추가: 1, 검색 : 2, 삭제 : 3, 모두보기 : 4, 종료 : 5
============================================================
하나를 선택하세요 : 1
이름 : 홍길동
주소 : 서울시 종로구
학번 : 20180001
전화번호 : 010 - 111 - 2345
추가되었습니다.
```

6. 로또 번호를 생성하는 프로그램을 작성하여 보자. 로또는 1부터 45까지의 숫자 중에서 6개를 무작위로 선택한다. 로또 번호는 중복되면 안 된다. 따라서 컨테이너 중에서 집합(set)을 사용하는 것이 바람직하다. 난수 발생기를 이용하여서 1부터 45사이의 난수를 발생한다. 생성된 난수는 `insert()` 함수를 사용하여서 집합에 추가하라. 로또 번호가 완성되면 화면에 출력한다.

```
C:\Windows\system32\cmd.exe
생성된 로또 번호: 18 20 35 41 42 45
계속하려면 아무 키나 누르십시오 . . .
```

7. 람다식을 사용하여 연도들이 들어 있는 리스트에서 첫 번째 윤년을 `find_if()`를 이용하여 검색하여 보자.

```
C:\Windows\system32\cmd.exe
저장된 연도: 2012 2013 2014
윤년은 2012
계속하려면 아무 키나 누르십시오 . . .
```

8. 간단한 미팅 중개 프로그램을 작성하자. 가장 간단한 알고리즘만을 사용하기로 한다. 2개의 컨테이너를 사용한다. 하나의 컨테이너에는 남학생들의 리스트가 들어있고 또 다른 하나의 컨테이너에는 여학생들의 리스트가 들어가 있다. 만약 새로운 남학생이 등록을 하면 먼저 여학생이 들어있는 컨테이너를 검사하여 여학생이 존재하면 맨 첫 번째 여학생과 자동으로 미팅이 주선된다. 만약 여학생 컨테이너에 여학생이 없으면 신청하는 남학생은 남학생컨테이너에 들어가서 여학생이 신청하기를 기다리게 된다. 샘플 출력 화면은 다음과 같다.

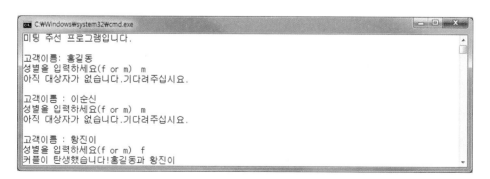

```
C:\Windows\system32\cmd.exe
미팅 주선 프로그램입니다.

고객이름: 홍길동
성별을 입력하세요(f or m) m
아직 대상자가 없습니다.기다려주십시요.

고객이름 : 이순신
성별을 입력하세요(f or m) m
아직 대상자가 없습니다.기다려주십시요.

고객이름 : 황진이
성별을 입력하세요(f or m) f
커플이 탄생했습니다!홍길동과 황진이
```

CHAPTER

# 16

# SFML로 작성해보는 프로젝트 II

## 학습목표

- 상속을 사용하여 게임에 필요한 클래스를 설계할 수 있다.

## 학습목차

이제 무엇을 하여야 하나요?
지금까지 학습한 내용을 바탕으로 기말 프로젝트를 제작해 보세요!

# 16.1 이번 장에서 만들어 볼 프로그램

이번 장에서는 지금까지 학습한 내용을 여러 가지로 응용해서 다음과 같이 공을 이용해서 벽돌을 깨는 고전 게임을 작성해보자. 7장에서도 만들어보았지만 이번 장에서는 상속을 이용하여 프로그램을 다시 작성해본다. 사용자는 마우스를 이용해서 패들을 움직이고 공은 패들에 맞으면 반사된다. 공이 벽돌에 맞으면 벽돌은 깨진다.

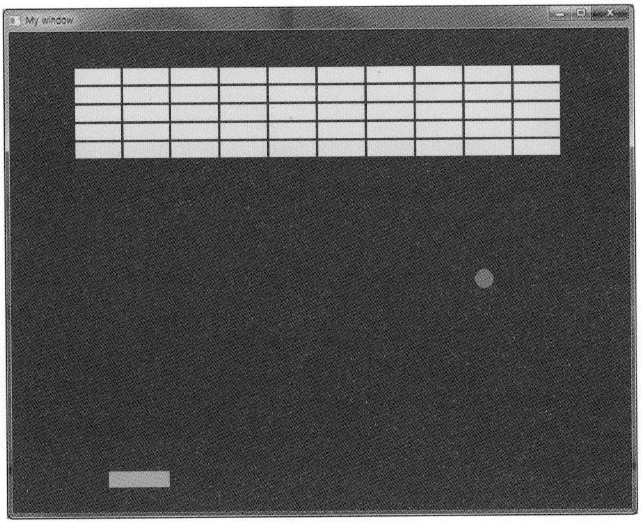

# 16.2 벽돌 깨기 게임 만들기

최초의 벽돌 깨기 게임은 아타리사가 만든 Breakout이었다. 놀라운 점은 이 게임의 프로그래머가 스티브 워즈니악과 스티브 잡스였다는 점이다(스티브 잡스는 아타리사에서 일했었다). 게임에서, 벽돌 층이 화면의 상단 1/3을 채운다. 공이 화면을 가로 질러 이동하면서 화면의 상단과 측면 벽에서 반사된다. 공이 벽돌에 부딪치면 벽돌이 파괴된다. 공이 화면 하단에 닿으면 플레이어가 진다. 플레이어는 공을 반사시키는 패들을 가지고 있다.

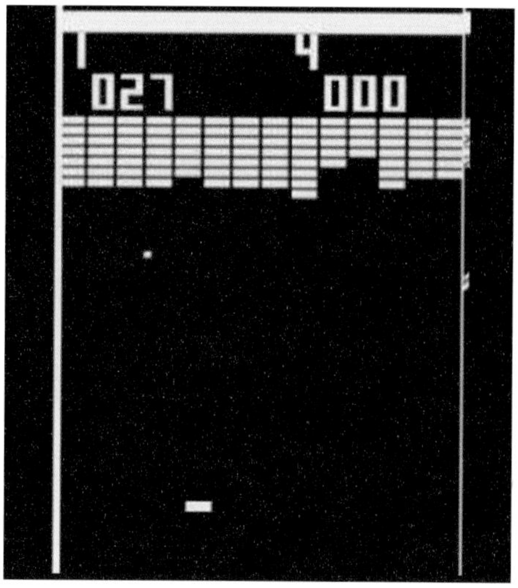


이 책에서는 위의 벽돌 깨기와 유사한 게임을 SFML로 단계적으로 작성해보자.

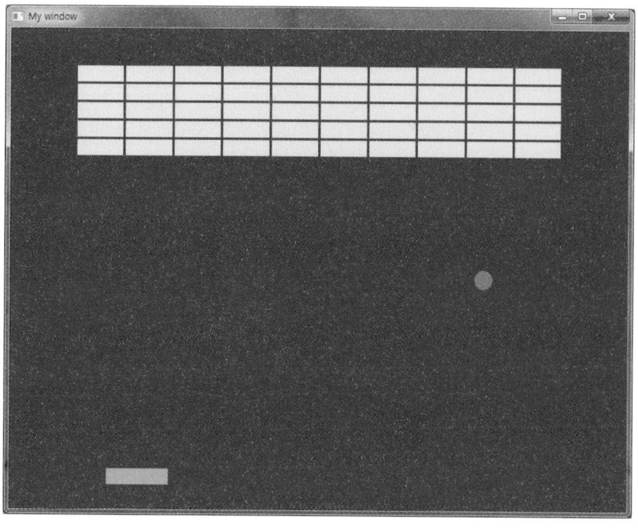

### Step #1 화면을 작성해보자.

다음과 같이 배경색이 청색으로 칠해진 윈도우를 생성해보자. 이것은 앞 절의 소스를 조금만 고치면 가능하다.

화면에 무엇인가를 그리려면 특수한 윈도우인 sf::RenderWindow를 사용하여야 한다. 이 클래스는 sf::Window및 모든 기능을 상속받은 자식 윈도우이다. 모든 sf::Window(생성, 이벤트 처리, 프레임 속도를 제어, OpenGL사용)의 기능은 sf::RenderWindow에서 사용할 수 있다.

sf::RenderWindow는 쉽게 그림을 그릴 수 있도록 sf::Window에 높은 수준의 기능을 추가한다. 여기서는 2개의 함수에 초점을 맞추어보자. clear()와 draw()이다. clear() 함수는 선택한 색상으로 전체 윈도우를 지우고 draw()는 여러분이 전달한 객체를 화면에 그린다. 아래의 반복 루프에서는 이벤트를 처리한다. 현재는 윈도우를 닫는 이벤트만을 처리하고 있다.

```
Event event;
while (window.pollEvent(event))
{
    if (event.type == sf::Event::Closed)
        window.close();
}
```

현재까지의 전체 소스는 다음과 같다.

```
#include <SFML/Graphics.hpp>
using namespace std;
using namespace sf;
```

```
int main()
{
    RenderWindow window(VideoMode(800, 600), "My window");
    window.setFramerateLimit(60);

    while (window.isOpen())
    {
        window.clear(sf::Color::Blue);

        Event event;
        while (window.pollEvent(event))
        {
            if (event.type == sf::Event::Closed)
                window.close();
        }
        window.display();
    }
    return 0;
}
```

### Step #2 공을 화면에 그려보자.

공을 클래스로 정의하고 객체를 생성하여 화면에 표시해 보자. 우리는 상속을 사용한다.

Ball 클래스는 CircleShape이라는 클래스를 상속받아서 작성하자. 우리가 추가한 멤버 변수로는 speedx와 speedy가 있다. 이것은 볼이 이동하는 x방향 속도와 y방향

속도를 나타낸다. Ball 클래스 Ball(float x, float y) 생성자와 update() 함수를 가지고 있다.

```
class Ball : public CircleShape
{
    ...
}
```

Ball(float x, float y) 생성자는 외부로부터 공의 위치를 받아서 객체를 생성한다. 객체가 생성되면서 부모 클래스의 생성자인 CircleShape(12.0)이 호출된다. 12.0은 공의 반지름이다.

```
Ball(float x, float y) : CircleShape(12.0)
{
    setPosition(x, y);                        // 공의 위치 설정
    setFillColor(Color(255,128,0));           // 공의 색상 설정
    setOrigin(0, 0);                          // 공의 기준점 설정
}
```

update() 함수는 공의 현재 위치를 이동한다. 공이 벽에 부딪치면 공의 방향을 변경하는 코드도 가지고 있다.

```
void update()
{
    move(speedx, speedy);                     // 공을 이동시킨다.
    if ((getPosition().x) < 0)                // 공의 왼쪽 벽에 부딪치면
        speedx = BALL_SPEED;                  // 공의 x방향 속도를 양수로 한다.
    else if ((getPosition().x + 2 * 20) > 800)     // 공의 오른쪽 벽에 부딪치면
        speedx = -BALL_SPEED;                 // 공의 x방향 속도를 음수로 한다.
    if (getPosition().y < 0)                  // 공이 위쪽벽에 부딪치면
        speedy = BALL_SPEED;                  // 공의 y방향 속도를 양수로 한다.
    else if ((getPosition().y + 2 * 20) > 600)     // 공이 아래쪽벽에 부딪치면
        speedy = -BALL_SPEED;                 // 공의 y방향 속도를 음수로 한다.
}
```

현재까지의 전체 소스는 다음과 같다.

```
#include <SFML/Graphics.hpp>

using namespace std;
using namespace sf;
const float BALL_SPEED = 5.0;
```

```
class Ball : public CircleShape
{
public:
   float speedx = BALL_SPEED, speedy = BALL_SPEED;
   Ball(float x, float y) : CircleShape(12.0)
   {
      setPosition(x, y);
      setFillColor(Color(255,128,0));
      setOrigin(0, 0);
   }
   void update();
};

void Ball::update()
{
   move(speedx, speedy);
   if ((getPosition().x) < 0)
      speedx = BALL_SPEED;
   else if ((getPosition().x + 2 * 20) > 800)
      speedx = -BALL_SPEED;
   if (getPosition().y < 0)
      speedy = BALL_SPEED;
   else if ((getPosition().y + 2 * 20) > 600)
      speedy = -BALL_SPEED;
}

int main()
{
   Ball ball ={ 800.0 / 2, 600.0 / 2 };

   RenderWindow window(VideoMode(800, 600), "My window");
   window.setFramerateLimit(60);

   while (window.isOpen())
   {
      window.clear(sf::Color::Blue);

      Event event;
      while (window.pollEvent(event))
      {
         if (event.type == sf::Event::Closed)
            window.close();
      }
```

```
        ball.update();
        window.draw(ball);
        window.display();
    }
    return 0;
}
```

### Step #3 패들과 벽돌을 화면에 그려보자.

패들과 벽돌을 화면에 그려보자. 패들과 벽돌은 모두 사각형이므로 RectangleShape에서 상속받자.

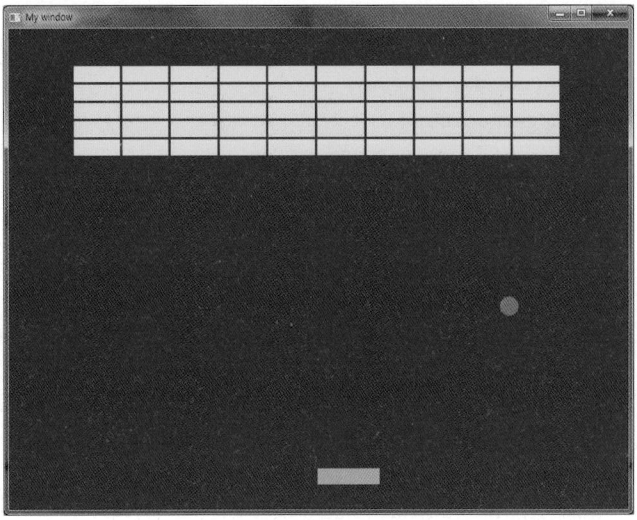


패들을 나타내는 Paddle 클래스를 살펴보자. 멤버 변수로는 패들의 초기 위치를 나타내는 init_x와 init_y가 추가되었다. 이들은 모두 실수형으로 정의된다. OpenGL에서는 모든 좌표가 기본적으로 실수이기 때문이다.

```
class Paddle : public RectangleShape
{
    float init_x, init_y;
public:
    Paddle(float x, float y): init_x(x), init_y(y)
    {
        setSize({ 80.0, 20.0 });              // 사각형의 크기 설정
        setPosition(x, y);                    // 사각형의 위치 설정
        setFillColor(Color(0,255, 64));       // 사각형의 색상 설정
        setOrigin(0, 0);                      // 사각형의 기준점 설정
    }
```

update() 함수는 패들의 위치를 설정하는데 사용된다. 패들은 x방향으로만 움직이므로 마우스에서 위치를 받아서 사각형의 위치를 설정한다.

```
    void update(int x)
    {
       setPosition(x, init_y);
    }
};
```

벽돌을 나타내는 Brick 클래스도 RectangleShape을 상속받아서 작성된다. 멤버 변수로는 deleted가 있는데 공이 벽돌을 맞추는 경우, 벽돌이 소멸되어야 하기 때문이다.

```
class Brick : public RectangleShape
{
public:
    bool    deleted = false;
    Brick(float x, float y)
    {
       setSize({ 60.0, 20.0 });
       setPosition(x, y);
       setFillColor(Color::Yellow);
       setOrigin(0, 0);
    }
};
```

중요한 코드는 바로 벽돌을 여러 개 생성하는 코드이다. 이 책에서 강조하였지만 동적 배열인 벡터(vector)를 사용하는 것이 좋다. main() 함수에서 Brick 객체를 여러 개 생성하여서 push_back() 함수를 이용하여 벡터에 추가한다. 각 Brick 객체의 위치는 조금씩 다르게 된다.

```
vector<Brick> bricks;
for (int x=0; x < 10; x++)
    for (int y=0; y < 5; y++)
       bricks.push_back( Brick( x*(60+3)+20, y*(20+3)+40));
```

벡터에서 각 Brick 객체를 꺼내서 화면에 그릴 때는 **범위-기반 반복 루프**를 사용해보자. auto 키워드도 사용한다.

```
for (auto& brick : bricks)
    window.draw(brick);
```

현재까지의 전체 소스는 다음과 같다.

```
#include <SFML/Graphics.hpp>

using namespace std;
using namespace sf;
const float BALL_SPEED = 5.0;

class Paddle : public RectangleShape
{
   float init_x, init_y;
public:
   Paddle(float x, float y): init_x(x), init_y(y)
   {
      setSize({ 80.0, 20.0 });
      setPosition(x, y);
      setFillColor(Color(0,255, 64));
      setOrigin(0, 0);
   }
   void update(int x)
   {
      setPosition(x, init_y);
   }
};

class Ball : public CircleShape
{
public:
   float speedx = BALL_SPEED, speedy = BALL_SPEED;
   Ball(float x, float y) : CircleShape(12.0)
   {
      setPosition(x, y);
      setFillColor(Color(255,128,0));
      setOrigin(0, 0);

   }
   void update();
};
void Ball::update()
{
   move(speedx, speedy);
   if ((getPosition().x) < 0)
      speedx = BALL_SPEED;
```

```
    else if ((getPosition().x + 2 * 20) > 800)
        speedx = -BALL_SPEED;
    if (getPosition().y < 0)
        speedy = BALL_SPEED;
    else if ((getPosition().y + 2 * 20) > 600)
        speedy = -BALL_SPEED;
}

class Brick : public RectangleShape
{
public:
    bool    deleted = false;
    Brick(float x, float y)
    {
        setSize({ 60.0, 20.0 });
        setPosition(x, y);
        setFillColor(Color::Yellow);
        setOrigin(0, 0);
    }
};

int main()
{
    Ball ball ={ 800.0 / 2, 600.0 / 2 };
    Paddle paddle ={ 800.0 / 2, 550.0 };
    vector<Brick> bricks;

    for (int x=0; x < 10; x++)
        for (int y=0; y < 5; y++)
            bricks.push_back( Brick(  x*(60+3)+20, y*(20+3)+40));

    RenderWindow window(VideoMode(800, 600), "My window");
    window.setFramerateLimit(60);

    while (window.isOpen())
    {
        window.clear(sf::Color::Blue);

        Event event;
        while (window.pollEvent(event))
        {
            if (event.type == sf::Event::Closed)
                window.close();
```

```
        }

        ball.update();

        window.draw(ball);
        window.draw(paddle);

        for (auto& brick : bricks)
            window.draw(brick);

        window.display();
    }
    return 0;
}
```

## Step #4 패들을 움직이고 충돌을 처리하자.

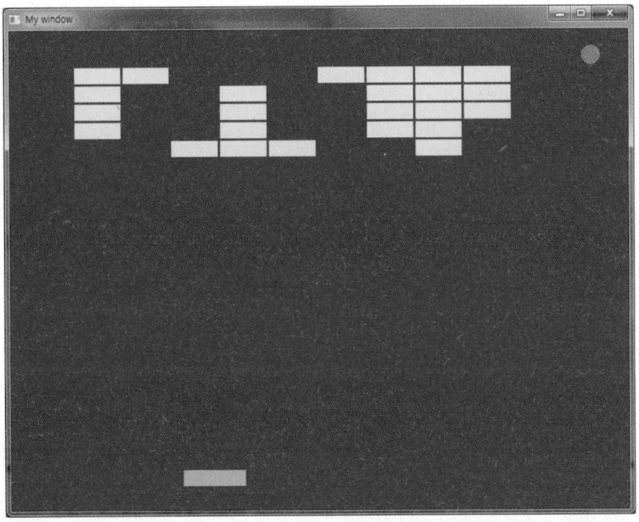


지금까지는 화면에 그림만 그렸다. 여기서는 패들을 마우스에 따라서 움직이고 공이 패들에서 반사되게 하며, 공이 벽돌이 부딪치면 벽돌이 소멸되도록 하자.

패들이 마우스를 따라서 움직이게 하는 것은 아주 쉽다. 마우스의 좌표는 다음과 같은 코드로 얻을 수 있고 패들의 update() 함수를 호출해주면 된다.

```
sf::Vector2i position = sf::Mouse::getPosition(window);
paddle.update(position.x);
```

공이 패들에 반사되게 하려면 공이 패들과 충돌하였는지를 검사하여야 한다. 게임에서 충돌 검사는 아주 중요한 부분으로 공을 감싸는 사각형과 패들을 감싸는 사각형이 겹치는 지를 검사하면 된다. 우리가 그냥 작성해도 그렇게 어렵지는 않다. 여기서는 SFML이 제공하는 함수를 이용하자.

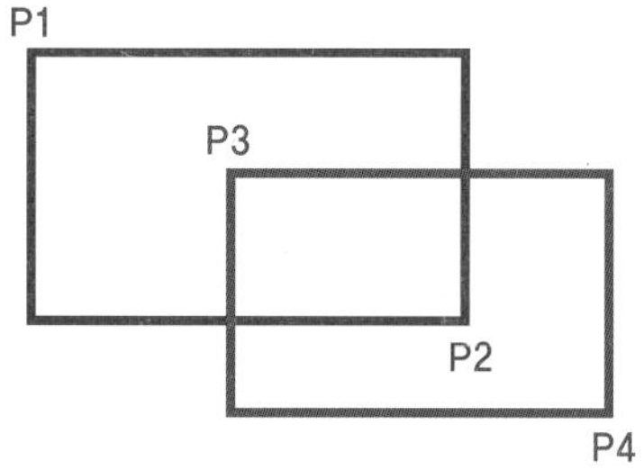


Ball 클래스의 멤버 함수로 isIntersecting()을 작성한다. isIntersecting()은 공 객체와 패들 객체가 충돌하였는지 getGlobalBounds().intersects()을 호출하여 알아낸다. getGlobalBounds() 함수는 공을 감싸는 사각형 객체를 반환하고 이 객체가 가지는 intersects()를 호출하면 사각형이 겹치는 지를 알 수 있다.

```
bool isIntersecting(Paddle& paddle)
{
    return getGlobalBounds().intersects(paddle.getGlobalBounds());
}
```

공이 패들과 충돌하면 반사되어야 한다. 이것은 다음과 같은 Ball 클래스의 멤버 함수로 구현된다.

```
    void handleCollision(Paddle& paddle)
    {
        if (!isIntersecting(paddle)) return;
        speedy = -BALL_SPEED;
        if (getPosition().x < paddle.getPosition().x)
            speedx = -BALL_SPEED;
        else
            speedx = BALL_SPEED;
    }
};
```

공과 패들이 충돌하면 그냥 볼의 속도를 음수로 만들면 공이 위쪽으로 방향을 변경한다. 공의 x좌표와 패들의 x좌표를 비교하여 공의 x축 방향도 변경한다.

공이 벽돌과 충돌하면 벽돌 객체는 삭제되어야 한다. 이것을 위해서 벡터 안의 모든 벽돌 객체와 공과의 충돌을 검사한다. 충돌이 발생한 벽돌 객체는 deleted 변수가 true로 설정된다.

```
for (auto& brick : bricks)
    brick.handleCollision(ball);
```

이어서 STL 알고리즘의 remove_if()와 erase() 함수를 사용한다. remove_if() 함수는 조건을 만족하는 객체들을 표시하고 erase() 함수는 이들 객체를 벡터에서 삭제한다.

```
bricks.erase(remove_if(begin(bricks), end(bricks),
    [](Brick& b)
{
    return b.deleted;
}),  end(bricks));
```

조건을 표시하기 위하여 람다식이 사용되었다. 람다식은 임시 함수 객체를 생성하는 기법이다. [ ]가 나오고 뒤에 매개 변수가 나온다. 여기서의 매개 변수는 b이다. 그리고 함수 몸체가 나온다. 여기서는 b.deleted를 반환하는 부분이 함수 몸체이다. 따라서 벡터 안의 객체 중에서 deleted가 true인 객체들만 추출되고 이들 객체가 erase()에 의하여 벡터에서 삭제된다.

전체 소스는 다음과 같다.

```
#include <SFML/Graphics.hpp>

using namespace std;
using namespace sf;
const float BALL_SPEED = 5.0;

class Paddle : public RectangleShape
{
    float init_x, init_y;
public:
    Paddle(float x, float y): init_x(x), init_y(y)
    {
        setSize({ 80.0, 20.0 });
        setPosition(x, y);
        setFillColor(Color(0,255, 64));
        setOrigin(0, 0);
    }
    void update(int x)
    {
        setPosition(x, init_y);
    }
```

```
};

class Ball : public CircleShape
{
public:
    float speedx = BALL_SPEED, speedy = BALL_SPEED;
    Ball(float x, float y) : CircleShape(12.0)
    {
        setPosition(x, y);
        setFillColor(Color(255,128,0));
        setOrigin(0, 0);

    }
    void update();
    bool isIntersecting(Paddle& paddle);
    void handleCollision(Paddle& paddle);
};
void Ball::update()
{
    move(speedx, speedy);
    if ((getPosition().x) < 0)
        speedx = BALL_SPEED;
    else if ((getPosition().x + 2 * 20) > 800)
        speedx = -BALL_SPEED;
    if (getPosition().y < 0)
        speedy = BALL_SPEED;
    else if ((getPosition().y + 2 * 20) > 600)
        speedy = -BALL_SPEED;
}
bool Ball::isIntersecting(Paddle& paddle)
{
    return getGlobalBounds().intersects(paddle.getGlobalBounds());
}
void Ball::handleCollision(Paddle& paddle)
{
    if (!isIntersecting(paddle)) return;
    speedy = -BALL_SPEED;
    if (getPosition().x < paddle.getPosition().x)
        speedx = -BALL_SPEED;
    else
        speedx = BALL_SPEED;
}
```

```
class Brick : public RectangleShape
{
public:
    bool    deleted = false;
    Brick(float x, float y)
    {
        setSize({ 60.0, 20.0 });
        setPosition(x, y);
        setFillColor(Color::Yellow);
        setOrigin(0, 0);
    }
    bool isIntersecting(Ball& ball)
    {
        return getGlobalBounds().intersects(ball.getGlobalBounds());
    }
    void handleCollision(Ball& ball)
    {
        if (!isIntersecting(ball)) return;
        deleted = true;
    }
};

int main()
{
    Ball ball ={ 800.0 / 2, 600.0 / 2 };
    Paddle paddle ={ 800.0 / 2, 550.0 };
    vector<Brick> bricks;

    for (int x=0; x < 10; x++)
        for (int y=0; y < 5; y++)
            bricks.push_back( Brick(x*(60+3)+20, y*(20+3)+40));

    RenderWindow window(VideoMode(800, 600), "My window");
    window.setFramerateLimit(60);

    while (window.isOpen())
    {
        window.clear(sf::Color::Blue);

        Event event;
        while (window.pollEvent(event))
        {
            if (event.type == sf::Event::Closed)
```

```
            window.close();
        }
        sf::Vector2i position = sf::Mouse::getPosition(window);
                                                  // window is a sf::Window
        paddle.update(position.x);

        ball.update();
        ball.handleCollision(paddle);
        for (auto& brick : bricks)
           brick.handleCollision(ball);
        bricks.erase(remove_if(begin(bricks), end(bricks),
           [](Brick& b)
        {
           return b.deleted;
        }),  end(bricks));

        window.draw(ball);
        window.draw(paddle);

        for (auto& brick : bricks)
           window.draw(brick);

        window.display();
    }
    return 0;
}
```

# 부록

# SFML 기초

여기서는 sfml을 사용하기 위한 기초적인 내용만을 다룬다. 보다 자세한 내용은 sfml 튜토리얼 (https://www.sfml-dev.org/tutorials/2.4/)을 참조하여야 한다. 여기 내용도 위의 튜토리얼을 요약한 것이다.

## SFML 윈도우 열기 및 관리

SFML의 윈도우는 Window 클래스에 의해 정의된다. Window 클래스의 생성자를 호출하면 윈도우가 생성되고 화면에 나타난다.

```
#include <SFML/Window.hpp>

int main()
{
   sf::Window window(sf::VideoMode(800, 600), "My window");
   ...
   return 0;
}
```

생성자의 첫 번째 인수인 비디오 모드는 윈도우의 크기(제목 표시 줄과 테두리를 제외한 내부 크기)를 정의한다. 여기에서는 800x600 픽셀 크기의 윈도우를 만든다. 생성자의 두 번째 인수는 단순히 윈도우 제목이다. 클래스 앞에서는 이름 공간 지정자인 sf를 붙이는 것이 좋다.

## 이벤트 처리하기

아무것도 없는 앞의 코드를 실행하려고하면 우리는 화면에서 아무 것도 볼 수 없다. 첫째, 프로그램이 즉시 종료되기 때문이다. 둘째, 이벤트 처리가 없으므로 이 코드에 무한 루프를 추가하더라도 이동하지 못하고 크기를 조정하거나 닫을 수 없는 윈도우를 보게 된다.

이 프로그램을 좀 더 재미있게 만들 수 있는 몇 가지 코드를 추가해 보자.

```
#include <SFML/Window.hpp>

int main()
{
   sf::Window window(sf::VideoMode(800, 600), "My window");

   // 윈도우가 오픈되어 있는 한 프로그램을 실행한다.
   while (window.isOpen())
   {
      // 윈도우의 이벤트를 처리한다.
```

```
        sf::Event event;
        while (window.pollEvent(event))
        {
            // "close" 이벤트를 처리한다.
            if (event.type == sf::Event::Closed)
                window.close();
        }
    }

    return 0;
}
```

위의 코드는 윈도우를 하나 만들고 사용자가 윈도우를 닫을 때 종료된다. 어떻게 작동하는지 살펴보자. 먼저, 윈도우를 닫을 때까지 애플리케이션을 새로 고치거나 업데이트하는 루프를 추가했다. 대부분의 sfml 프로그램은 이런 종류의 루프를 가지며 메인 루프 또는 게임 루프(game loop)라고 불린다.

게임 루프 내에서 제일 먼저 하는 일은 발생한 모든 이벤트를 확인하는 것이다. 보류중인 모든 이벤트가 처리 될 수 있도록 while 루프를 사용한다. pollEvent() 함수는 이벤트가 처리대기 중이면 true를 반환하고 그렇지 않으면 false를 반환한다.

이벤트가 생길 때마다 우리는 이벤트 타입(윈도우가 닫혀 있는지, 키가 눌려 졌는지, 마우스가 움직였는지, 조이스틱이 연결된 상태인지 ...)를 확인하고, 관심이 있다면 그에 따라 반응해야 한다. 여기서는 사용자가 윈도우를 닫을 때 발생하는 이벤트 Event::Closed에만 신경쓰고 있다. Closed 이벤트가 발생한 시점에서 윈도우가 열려 있다면 close() 함수를 사용하여 명시적으로 윈도우를 닫아야 한다. 이렇게 하면 애플리케이션의 현재 상태 저장이나 메시지 표시와 같이 윈도우를 닫기 전에 해야 하는 작업을 수행할 수 있다. 윈도우를 닫은 후에는 메인 루프가 종료되고 프로그램이 종료된다.

우리는 아직 화면에 아무 것도 그리지 않았다. 화면에 무엇인가를 그리는 작업은 나중에 설명된다.

## 키보드 상태 확인하기

여기서는 키보드, 마우스 및 조이스틱과 같은 입력 장치의 상태를 확인하는 방법에 대해 설명한다. 이것은 이벤트와 혼동되어서는 안 된다. 우리는 언제든지 키보드나 마우스의 상태를 조회할 수 있다. 키보드 상태에 대한 정보를 제공하는 클래스는 sf::Keyboard이다. 키보드의 현재 상태(키를 누르거나 해제한 상태)를 검사하는 하나의 함수 isKeyPressed()만 포함되어 있다. 정적 함수이므로 인스턴스화 할 필요가 없다.

isKeyPressed() 함수는 윈도우의 포커스 상태를 무시하고 직접 키보드 상태를 읽는다. 이것은 윈도우가 비활성인 경우에도 isKeyPressed()가 true를 반환할 수 있음을 의미한다.

```
if (sf::Keyboard::isKeyPressed(sf::Keyboard::Left))
{
    // 왼쪽 화살표키가 눌려있으면 주인공 캐릭터를 이동한다.
    character.move(1, 0);
}
```

### 마우스 상태 확인하기

마우스 상태에 대한 액세스를 제공하는 클래스는 sf::Mouse이다. sf::Keyboard처럼 sf::Mouse클래스도 정적 함수 isButtonPressed()와 같은 정적 함수만을 포함하고 있다. 다음 코드로 버튼이 눌려져 있는지 확인할 수 있다.

```
if (sf::Mouse::isButtonPressed(sf::Mouse::Left))
{
    // 왼쪽 마우스 버튼이 눌려있으면 총알을 발사한다.
    gun.fire();
}
```

마우스 버튼 코드는 열거형 sf::Mouse::Button에 정의된다. SFML은 왼쪽, 오른쪽, 가운데 버튼을 지원한다.

바탕 화면 또는 윈도우에 상대적인 마우스의 현재 위치를 가져 올 수 있다.

```
// 바탕 화면에 상대적인 마우스 위치를 가져온다.
sf::Vector2i globalPosition = sf::Mouse::getPosition();

// 윈도우에 상대적인 마우스 위치를 가져온다.
sf::Vector2i localPosition = sf::Mouse::getPosition(window);
```

```
// 바탕 화면에 상대적으로 마우스 위치를 설정한다.
sf::Mouse::setPosition(sf::Vector2i(10, 50));

// 윈도우에 상대적으로 마우스 위치를 설정한다.
sf::Mouse::setPosition(sf::Vector2i(10, 50), window);
```

## SFML에서의 그리기

SFML에서 무엇인가를 그리려면 그래픽 모듈을 사용한다. 그래픽 모듈이 제공하는 2차원 도형을 그리려면 특수한 윈도우 클래스인 sf::RenderWindow를 사용해야 한다. 이 클래스는 sf::Window에서 파생되며 모든 함수를 상속한다. sf::RenderWindow은 쉽게 도형을 그리는 데 도움이 되는 높은 수준의 함수를 추가한다. clear() 함수는 전체 윈도우를 선택한 색상으로 지우고, draw() 함수는 지정된 도형을 화면에 그린다.

```
#include <SFML/Graphics.hpp>

int main()
{
    // 윈도우를 생성한다.
    sf::RenderWindow window(sf::VideoMode(800, 600), "My window");

    // 윈도우가 오픈되어 있는 한 프로그램을 실행한다.
    while (window.isOpen())
    {
        // 윈도우의 이벤트를 처리한다.
        sf::Event event;
        while (window.pollEvent(event))
        {
            // "close" 이벤트를 처리한다.
            if (event.type == sf::Event::Closed)
                window.close();
        }

        // 윈도우를 배경색으로 지운다.
        window.clear(sf::Color::Black);

        // 여기서 무엇인가를 그린다.
        window.draw(...);

        // 현재 프레임을 종료한다.
        window.display();
    }

    return 0;
}
```

무언가를 그리기 전에 clear()를 호출하는 것은 필수적이다. 그렇지 않으면 이전 프레임의 내용이 그대로 화면에 표시된다.

display()를 호출하는 것도 필수적이며 마지막 호출 이후에 그려진 내용을 가져와 윈도우에 표시한다. 사실, SFML에서는 도형들이 윈도우에 직접적으로 그려지는 것이 아니라 숨겨진 버퍼 메모리에 그려진다. 이 버퍼 메모리는 display()를 호출할 때 윈도우에 복사된다. 이러한 기술을 이중 버퍼링이라고 한다. 이제 그릴 준비가 된 메인 루프가 생겼으니, 무엇을 실제로 그릴 수 있는지 살펴보자. SFML은 4가지 종류의 도형을 제공한다. 그 중 3가지(스프라이트, 텍스트, 도형)는 이미 사용할 준비가 되었다.

### 스프라이트와 텍스처

텍스처는 이미지이다. 그러나 2차원 도형에 매핑되는 역할을 하기 때문에 일반적으로 "텍스처"라고 부른다. 스프라이트(sprite)는 텍스처가 있는 직사각형에 지나지 않는다.

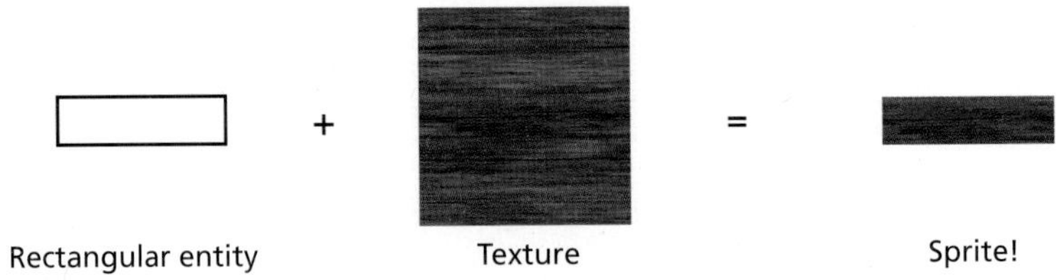


스프라이트를 만들기 전에 유효한 텍스처가 필요하다. SFML에서 텍스처를 캡슐화하는 클래스가 sf::Texture이다. 텍스처의 유일한 역할은 텍스처를 적재하고 업데이트하는 것이다.

텍스처를 적재하는 가장 일반적인 방법은 디스크의 이미지 파일에서 적재하는 것으로, loadFromFile()을 호출한다.

```
sf::Texture texture;
if (!texture.loadFromFile("image.png"))
{
    // error...
}
```

loadFromImage()는 이미지 데이터를 저장하고 조작하는 데 도움이 되는 유틸리티 클래스 sf::Image에서 텍스처를 적재한다. SFML은 가장 일반적인 이미지 파일 형식을 지원한다.

이 모든 로딩 함수는 선택적 인수를 가지며 이미지의 더 작은 부분을 적재하려는 경우 사용할 수 있다.

```
// (10, 10)에서 시작하는 32x32 사각형만을 적재한다.
if (!texture.loadFromFile("image.png", sf::IntRect(10, 10, 32, 32)))
{
    // error...
}
```

이 sf::IntRect클래스는 사각형을 나타내는 간단한 유틸리티 유형이다. 생성자는 왼쪽 상단의 좌표와 사각형의 크기를 받는다. 텍스처가 만들어지면 스프라이트를 만들 수 있다.

```
sf::Sprite sprite;
sprite.setTexture(texture);
```

스프라이트를 화면에 그리는 코드는 다음과 같다.

```
// 메인 루프 안에 window.clear()와 window.display() 사이에 있어야 한다.
window.draw(sprite);
```

## 흰색 사각형 문제

성공적으로 텍스처를 적재하고 스프라이트를 올바르게 구성했으며 화면에는 흰색 사각형밖에 보이지 않는다. 어떻게 된 것일까?

이것은 흔한 실수이다. 스프라이트의 텍스처를 설정할 때 스프라이트는 텍스처 객체에 대한 포인터만을 저장한다. 따라서 텍스처가 파괴되거나 메모리의 다른 곳으로 이동하면 스프라이트가 유효하지 않은 텍스처 포인터를 사용하게 된다. 예를 들어서 다음과 같이 코드를 작성하면 이러한 문제가 발생한다.

```
sf::Sprite loadSprite(std::string filename)
{
    sf::Texture texture;
    texture.loadFromFile(filename);

    return sf::Sprite(texture);
} // 텍스처 객체가 여기서 파괴되기 때문에 오류이다.
```

텍스처 객체의 수명을 정확하게 관리하고 스프라이트에 의해 사용되는 텍스처 객체들은 반드시 살아 있는지를 확인해야 한다. 또 가능한 한 적은 개수의 텍스처를 사용하는 것이 좋은 전략이며 그 이유는 간단하다. 텍스처를 변경하는 것은 비용이 많이 드는 작업이기 때문이다. 동일한 텍스처를 많이 사용하면 최상의 성능을 얻을 수 있다.

## 원 그리기

이제부터는 도형을 그리는 방법을 살펴보자. 원은 sf::CircleShape클래스에 의해 표현된다. 반지름이 50인 원을 그리는 코드는 다음과 같다. 도형의 색상은 setFillColor()로 변경할 수 있다.

```
sf::CircleShape shape(50);

// 도형의 색상을 녹색으로 변경한다.
shape.setFillColor(sf::Color(100, 250, 50));
shape.setRadius(50);
window.draw(shape);
```

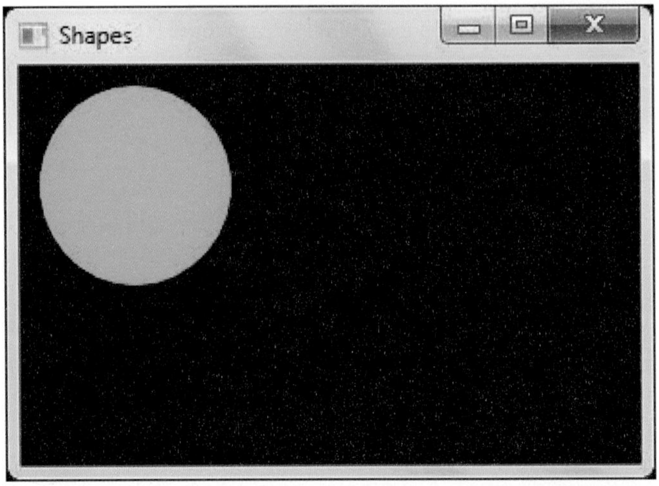


도형 객체가 생성되고 나서 화면에 도형을 그리려면 window.draw(shape);을 호출한다.

### 사각형 그리기

사각형을 그리려면 sf::RectangleShape클래스를 사용할 수 있다.

```
// 120x50 사각형을 정의한다.
sf::RectangleShape rectangle(sf::Vector2f(120, 50));

// 크기를 100x100으로 변경한다.
rectangle.setSize(sf::Vector2f(100, 100));
```

### 정다각형

실제로는 정다각형을 위한 전용 클래스가 없다. 하지만 sf::CircleShape 클래스는 두 번째 인수로 점들의 개수를 받는다. 이것을 이용하여 다각형을 그릴 수 있다. sf::CircleShape(100, 3)은 삼각형이고, sf::CircleShape(100, 4)는 사각형이다.

```
// 삼각형을 정의한다.
sf::CircleShape triangle(80, 3);
```

```
// 사각형을 정의한다.
sf::CircleShape square(80, 4);

// 팔각형을 정의한다.
sf::CircleShape octagon(80, 8);
```

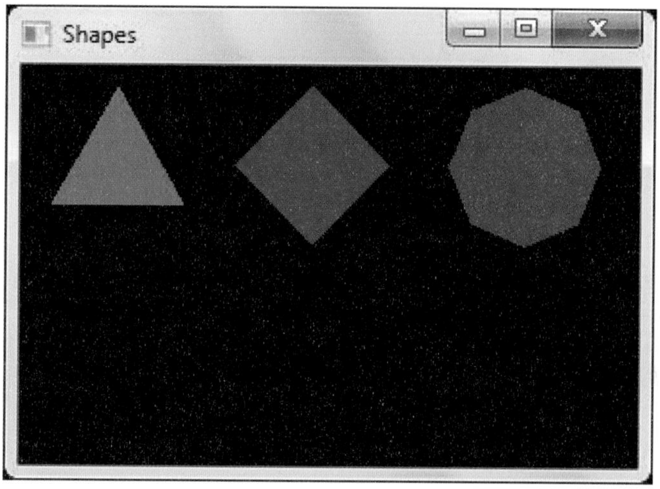


### 볼록다각형

볼록한 모양을 만들려면 먼저 필요한 점의 수를 설정한 다음 점을 정의해야 한다.

```
// 비어 있는 도형을 만든다.
sf::ConvexShape convex;

// 5개의 점으로 이루어진다.
convex.setPointCount(5);

// 점들을 정의한다.
convex.setPoint(0, sf::Vector2f(0, 0));
convex.setPoint(1, sf::Vector2f(150, 10));
convex.setPoint(2, sf::Vector2f(120, 90));
convex.setPoint(3, sf::Vector2f(30, 100));
convex.setPoint(4, sf::Vector2f(0, 50));
```

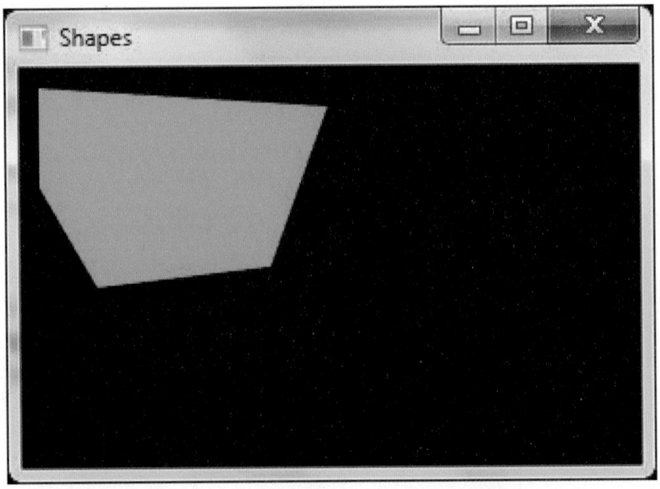


### 선 그리기

두께가 있는 선은 사각형 객체로 그릴 수 있다.

```
sf::RectangleShape line(sf::Vector2f(150, 5));
line.rotate(45);
```

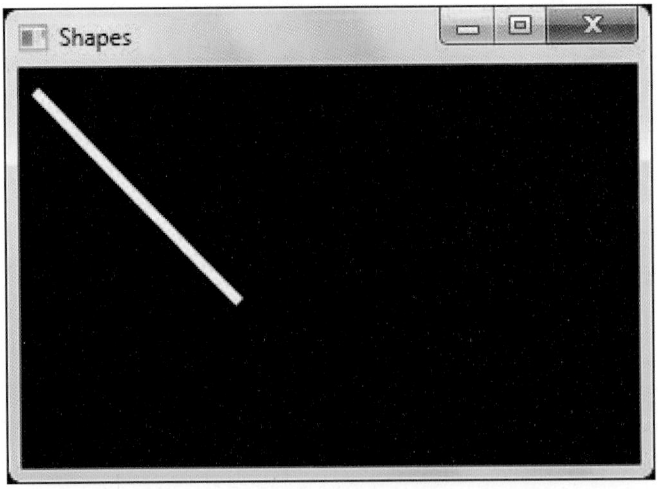


### 글꼴 불러 오기

텍스트를 그리기 전에 사용 가능한 글꼴을 가져와야 한다. 글꼴은 `sf::Font` 클래스에 캡슐화되어 글꼴을 적재하고, 글꼴을 가져오며, 속성 읽기와 같은 세 가지 주요 기능을 제공한다. 글꼴을 적재하는 가장 일반적인 방법은 `loadFromFile()` 함수를 호출하여 디스크의 파일에서 읽는 것이다.

```
sf::Font font;
if (!font.loadFromFile("arial.ttf"))
{
    // 오류
}
```

SFML은 자동으로 시스템 글꼴을 적재하지 않으므로 font.loadFromFile("Courier New")은 작동하지 않는다. 그 이유는 첫째, SFML은 글꼴 이름이 아닌 파일 이름을 필요로 하기 때문이다. 둘째, SFML은 시스템의 글꼴 폴더에 대한 액세스 권한이 없기 때문이다. 글꼴을 적재하려면 다른 모든 리소스 (이미지, 사운드, ...)와 마찬가지로 글꼴 파일을 애플리케이션에 포함시켜야 한다.

### 텍스트 그리기

텍스트를 그리려면 sf::Text클래스를 사용하면 된다.

```
sf::Text text;

// 폰트를 선택한다.
text.setFont(font);

// 출력할 문자열을 지정한다.
text.setString("Hello world");

// 글자 크기를 설정한다.
text.setCharacterSize(24); // 포인트가 아닌 픽셀 크기

// 색상을 지정한다.
text.setFillColor(sf::Color::Red);

// 텍스트 스타일을 설정한다.
text.setStyle(sf::Text::Bold | sf::Text::Underlined);

...

// 메인 루프 안에서 window.clear()와 window.display() 사이에서 그린다.
window.draw(text);
```

### 한글 출력하기

한글과 같은 비 아스키 문자를 올바르게 처리하는 것은 까다로울 수 있다. 이 때는 문자열 앞에 L을 붙이면 된다.

```
text.setString(L"한글");
```

## SFML에서의 시간 측정

SFML에서는 시간을 sf::Time 클래스로 나타낸다. Time 클래스는 날짜를 나타내는 것이 아니라 어떤 시점에서의 시각을 저장한다. 예를 들어서 경과된 시간을 측정하는 코드는 다음과 같다.

거의 모든 프로그램에서 필요한 것을 수행하는 방법을 살펴보자. 경과한 시간을 측정한다. SFML은 시간 측정을 위해 매우 간단한 클래스 sf::Clock를 가지고 있는데 즉, 두 가지 기능만 가지고 있다 : getElapsedTime()은 시계가 시작된 이래 경과된 시간을 검색하고 restart()는 시계를 다시 시작한다.

```
sf::Clock clock; // 시계를 시작한다.
...
sf::Time elapsed1 = clock.getElapsedTime();
std::cout << elapsed1.asSeconds() << std::endl;
clock.restart();
...
sf::Time elapsed2 = clock.getElapsedTime();
std::cout << elapsed2.asSeconds() << std::endl;
```

다음은 게임 루프를 반복할 때마다 경과된 시간을 사용하여 게임 로직을 업데이트하는 예제이다.

```
sf::Clock clock;
while (window.isOpen())
{
    sf::Time elapsed = clock.restart();
```

```
    updateGame(elapsed);
    ...
}
```

# 찾아보기

ㄱ



ㄴ



ㄷ



ㄹ



ㅁ



ㅂ

# 어서와 C++는 처음이지!


인 쇄 2023년 1월 2일 초판 3쇄
발 행 2023년 1월 6일 초판 3쇄

저 자 천인국
발 행 인 성희령
기 획 팀 채희만
영 업 팀 한석범, 최형진, 이호준
편 집 팀 한혜인, 임유리
경영관리팀 이승희
발 행 처 INFINITYBOOKS

주 소 경기도 고양시 일산동구 하늘마을로 158
대방트리플라온 C동 209호

대표전화 02)302-8441
팩 스 02)6085-0777

**도서 문의 및 A/S 지원**
Homepage www.infinitybooks.co.kr
E-mail helloworld@infinitybooks.co.kr

ISBN 979-11-85578-34-7
등록번호 제2021-000018호
판매정가 **30,000원**